基本に学ぶ憲法

◆

植野妙実子 著
Mamiko Ueno

日本評論社

はしがき

　憲法改正をめぐる議論が喧しく行われるようになっている。しかし、その議論の多くは的外れで憲法の基本に沿うものではないと思われる。

　本著は2000年4月から2002年3月にかけて、法学セミナーに連載した「基本に学ぶ憲法」を主に基礎として、そこに新たに書き起こしたものを併せて出版するものである。「基本に学ぶ…」とあるように、まさに基本的な学説と判例を紹介することを心がけ、そこに今日的視点をさらに加えて考察し、紹介するようにしたものである。教科書としても、また憲法に興味をもって勉強しようとする方達にも広く活用していただけるようにした。

　本来、法学セミナーの連載が終わったらすぐに出版すべきものであったし、そうするつもりであった。しかしながら、連載が終わった2002年には両親が相次いで亡くなり、その後の後片づけも多々あったために、先延ばしとなった。加えて、当時の私にはまず、博士論文を仕上げなければならないという使命があり、それをどのようにまとめるかが重要課題であった。さらにフランスでの指導教授であったエックス・マルセイユ第三大学のルイ・ファヴォルー教授が急逝され、後を引き継いでくださった同大学のティエリー・ルノー教授から急いでまとめるようにと促されて、それを優先せざるをえなかった。博士論文を仕上げて出版した後も連載「基本に学ぶ憲法」をまとめることを忘れていたわけではない。しかし、中央大学でいわゆる役職を務めねばならなかったり、運よく科研費にあたったりして、ますます忙しく、今日に至ってしまったというわけである。

　またこの出版を私自身が甘く考えていたところがある。実際、本格的に出版に向き合ってまとめるまでに5年余を要した。あらためて憲法の基本、すなわち基本となる学説を一つひとつ勉強し直すと「なるほど」と考えさせられることも多かった。今日問題になっている事柄が、当時はさほど注目を集めていなかったとしても、すでに議論はされていたということもあった。一つひとつが私にとっては新たな学び直しとなり、先人である先生方には心からお礼を申し上げ、敬意を表したいと思う。こうしたことがあった一方で、学際的研究が深

められていないというもどかしさもしばしば感じた。憲法と教育法、社会保障法、労働法など基本である憲法が定めていることを関連する各分野がどのように受けとめているか、あるいは、各分野での議論を憲法研究者がどのようにとらえ、学説に反映させているか、そうしたことは見えにくい。また、憲法学説と判例との乖離も感じた。フランスでは憲法研究者と憲法裁判官との対話がしばしば問題となり、憲法裁判官が憲法をどこでどのように学ぶかも議論されている（たとえば「憲法裁判官と対話」植野妙実子『フランスにおける憲法裁判』〔中央大学出版部、2015年〕303頁以下）。しかし日本にはそれがない。フランスと制度が違うといえばそれまでであるが、こうした現象は日本に特異なことと思われる。こうしたことから、憲法学がいわば孤高の存在になっているように思える。

憲法を生活に反映させる。憲法は最高法規であるが、同時に我々の生活を支えるものでもある。憲法を生活に取り戻し、根付かせることが必要である。そうした意味を込めて本著を書いた。憲法の基本を学ぶために本著がお役に立つことを願っている。

本著をまとめるにあたって、中央大学兼任講師の兼頭ゆみ子氏、小川有希子氏、大学院法学研究科後期課程の院生の萩原貴司氏には入力をお手伝いいただいた。御礼申し上げたい。また我慢強く出版を待っていただいた日本評論社の串崎浩氏、武田彩氏にはどんなに感謝してもしたりない。ここに厚く御礼を申し上げたい。

2019年1月31日

植野妙実子

目　次

はしがき　i

1　日本国憲法の成立と基本原理 …………………………………………1

はじめに　1
Ⅰ　日本国憲法の成立　1
Ⅱ　日本国憲法の特色　6
Ⅲ　民主主義と立憲主義　9
まとめにかえて　12

2　憲法解釈の意義 ……………………………………………………14

はじめに　14
Ⅰ　法解釈の方法　15
Ⅱ　法解釈論争　16
Ⅲ　憲法解釈論争　18
Ⅳ　憲法解釈の課題　20
まとめにかえて　23

3　永久平和主義 ………………………………………………………25

はじめに　25
Ⅰ　制定過程と9条の意味　25
Ⅱ　9条に関する有権解釈　28
Ⅲ　安保法制成立による有権解釈の変化　32
Ⅳ　学説　39
Ⅴ　憲法前文と9条　42
Ⅵ　国連憲章と日本国憲法　44
まとめにかえて　46

4　基本的人権総論 …………………………………48

はじめに　48
Ⅰ　基本的人権の定義　49
Ⅱ　基本的人権にかかわる原則　52
Ⅲ　基本的人権の種類・義務の種類　54
Ⅳ　基本的人権をめぐるその他の問題　57
まとめにかえて　63

5　人権規定の私人間効力 …………………………64

はじめに　64
Ⅰ　従来の学説　65
Ⅱ　判例の態度　67
Ⅲ　最近の学説の動向　68
まとめにかえて　71

6　個人の尊重と幸福追求権 ………………………72

はじめに　72
Ⅰ　個人の尊重の意味　72
Ⅱ　11条・12条・13条の権利　73
Ⅲ　幸福追求権と公共の福祉　75
Ⅳ　幸福追求権の意味　76
Ⅴ　13条の射程　78
まとめにかえて　80

7　平等原則 …………………………………………81

はじめに　81
Ⅰ　14条1項の趣旨と意義　82
Ⅱ　14条1項の解釈　85
Ⅲ　違憲審査基準　87
Ⅳ　個別的・具体的事例　89
まとめにかえて　96

8 アファーマティブ・アクション……98

はじめに　98
Ⅰ　アファーマティブ・アクションの定義　99
Ⅱ　アファーマティブ・アクションの正当性　100
Ⅲ　アファーマティブ・アクションの具体例　102
Ⅳ　平等原則と違憲審査基準　106
Ⅴ　アファーマティブ・アクションと司法統制　107
まとめにかえて　109

9 家族の権利と保護……110

はじめに　110
Ⅰ　24条の従来の解釈　110
Ⅱ　24条の法的性格　111
Ⅲ　家族の保護　114
Ⅳ　24条の含意　115
Ⅴ　24条をめぐる判決　118
まとめにかえて　122

10 思想及び良心の自由……123

はじめに　123
Ⅰ　思想及び良心の自由の規定の目的と意義　124
Ⅱ　思想及び良心の自由の解釈　125
Ⅲ　保障の効果　128
Ⅳ　思想及び良心の自由に関する事例　130
まとめにかえて　136

11 表現の自由……138

はじめに　138
Ⅰ　21条の解釈　139
Ⅱ　表現の自由をめぐる違憲判断基準　141
Ⅲ　表現の自由をめぐる問題　144
まとめにかえて　151

12 学問の自由 …………………………………………………………152

はじめに　152
Ⅰ　学問の自由の保障の意義と内容　153
Ⅱ　教授の自由と教育の自由　158
Ⅲ　大学の自治　161
Ⅳ　「大学改革」と学問の自由　165
まとめにかえて　169

13 信教の自由と政教分離原則 ……………………………………170

はじめに　170
Ⅰ　信教の自由の内容　171
Ⅱ　政教分離原則　176
Ⅲ　目的効果基準　180
まとめにかえて　184

14 経済的自由と公共の福祉 ………………………………………187

はじめに　187
Ⅰ　外在的制約説と内在的制約説　188
Ⅱ　自由国家的公共の福祉と社会国家的公共の福祉　189
Ⅲ　規制類型二分論　190
Ⅳ　内在的制約と消極的・警察的規制　192
Ⅴ　経済的自由の主体　194
まとめにかえて　195

15 人身の自由と適正手続保障 ……………………………………198

はじめに　198
Ⅰ　18条　199
Ⅱ　31条　200
まとめにかえて　206

16 生存権 ……………………………………………………………207

はじめに　207

Ⅰ　生存権の法的性格　209
　　Ⅱ　健康で文化的な最低限度の生活　212
　　Ⅲ　判例　213
　　Ⅳ　環境権　217
　　まとめにかえて　220

17　教育をめぐる権利と自由 …………………………………221

　　はじめに　221
　　Ⅰ　26 条の解釈　223
　　Ⅱ　教育思想の発展　224
　　Ⅲ　教育を受ける権利の性格　226
　　Ⅳ　教科書検定制度をめぐる問題　229
　　Ⅴ　教育権の所在　233
　　Ⅵ　公教育の意義　236
　　まとめにかえて　240

18　労働の権利 ………………………………………………………242

　　はじめに　242
　　Ⅰ　27 条の意義と内容　243
　　Ⅱ　28 条の意義と内容　244
　　Ⅲ　労働基本権の制限　250
　　Ⅳ　公務員の労働基本権をめぐる判例　254
　　まとめにかえて　256

19　選挙権の平等と立法裁量 ……………………………………257

　　はじめに　257
　　Ⅰ　昭和 51（1976）年衆議院議員定数配分規定違憲判決　258
　　Ⅱ　判決の論点　259
　　Ⅲ　小選挙区比例代表並立制の導入　262
　　Ⅳ　一人別枠方式の違憲性　265
　　Ⅴ　立法裁量　267
　　まとめにかえて　269

20 国家賠償請求権 ………………………………270

はじめに　270
Ⅰ　憲法17条と国家賠償法　270
Ⅱ　国家賠償請求権の法的性格　271
Ⅲ　国家賠償責任の本質　273
Ⅳ　公務員の意味　274
Ⅴ　行政の作為責任・不作為責任　274
Ⅵ　不法行為の意味　275
Ⅶ　立法行為・司法行為と国家賠償　276
Ⅷ　原告適格　278
まとめにかえて　279

21 裁判を受ける権利 ………………………………281

はじめに　281
Ⅰ　裁判を受ける権利の意味　282
Ⅱ　32条における裁判所の意味　283
Ⅲ　32条における裁判の意味　285
まとめにかえて　291

22 統治機構総論 ………………………………292

はじめに　292
Ⅰ　国民主権　293
Ⅱ　権力分立　296
Ⅲ　議院内閣制　298
Ⅳ　国権の最高機関性の意味　301
Ⅴ　責任内閣制　304
まとめにかえて　306

23 国会の権能と活動 ………………………………307

はじめに　307
Ⅰ　立法機関としての国会　308
Ⅱ　法律の成立過程　309
Ⅲ　法律案の成立　310

Ⅳ　立法過程の問題点　311
　　Ⅴ　国政調査権　314
　　Ⅵ　国会の活動と議員　316
　　Ⅶ　国会改革　319
　　まとめにかえて　321

24　違憲審査制 ……………………………………………………322

　　はじめに　322
　　Ⅰ　違憲審査制の根拠　323
　　Ⅱ　違憲審査権の法的性格　324
　　Ⅲ　通説の再検討　326
　　Ⅳ　憲法裁判の意味　330
　　Ⅴ　司法裁判の意味　333
　　Ⅵ　裁判所の二重の機能　334
　　Ⅶ　日本型違憲審査制　335
　　Ⅷ　裁判官の構成　336
　　Ⅸ　判例の効力　338
　　まとめにかえて　339

25　裁判官の独立 …………………………………………………340

　　はじめに　340
　　Ⅰ　76条3項の解釈　341
　　Ⅱ　裁判官の独立の実態　345
　　Ⅲ　裁判官の服務　348
　　Ⅳ　裁判官に禁止される行為　353
　　まとめにかえて　356

26　裁判員制度 ……………………………………………………358

　　はじめに　358
　　Ⅰ　裁判員制度と陪審制度　358
　　Ⅱ　裁判員制度違憲論　360
　　Ⅲ　裁判官と裁判員　362
　　Ⅳ　裁判員の職務　365

  V 被告人の権利 366
  VI 討議民主主義と裁判員制度 368
 まとめにかえて 369

27 財政をめぐる諸問題 …………………………………371

 はじめに 371
  I 83条 372
  II 84条 373
  III 85条 374
  IV 86条 375
  V 90条 381
  VI 健全財政 384
  VII 財政をめぐる訴訟 386
 まとめにかえて 389

28 地方自治 …………………………………………………391

 はじめに 391
  I 地方自治保障の根拠 393
  II 地方自治の本旨 395
  III 地方公共団体 397
  IV 地方公共団体の組織と権能 399
  V 条例制定権 402
  VI 住民の権利 405
 まとめにかえて 407

29 象徴天皇制 ………………………………………………409

 はじめに 409
  I 象徴天皇制の意味 411
  II 天皇の権能 414
  III 皇室財産と皇室費用 417
 まとめにかえて 419

30 憲法と条約 ……………………………………………………………………422

はじめに 422
Ⅰ 条約の国内法的効力 423
Ⅱ 条約と憲法の効力関係 424
Ⅲ 確立された国際法規 425
Ⅳ 条約と司法審査 427
Ⅴ 条約の多義性 428
まとめにかえて 430

31 外国人の人権と移民政策 ……………………………………………432

はじめに 432
Ⅰ 外国人をめぐる法令の変化 433
Ⅱ 外国人の人権享有主体性 434
Ⅲ 外国人の人権をめぐる判例 435
まとめにかえて 445

32 憲法改正 ……………………………………………………………………447

はじめに 447
Ⅰ 憲法改正の手続 448
Ⅱ 憲法改正の限界 453
Ⅲ 憲法の変遷 456
まとめにかえて 457

33 立憲主義と国家緊急権 ……………………………………………459

はじめに 459
Ⅰ 立憲主義と憲法保障 459
Ⅱ 憲法改正と国家緊急権 460
Ⅲ 国家緊急権にかかわる学説 462
Ⅳ 法律による緊急事態の制度化 465
まとめにかえて 467

事項索引 469
判例索引 473

【判例及び判例集の略記】

最大判（決）	最高裁判所大法廷判決（決定）
最判（決）	最高裁判所小法廷判決（決定）
高判（決）	高等裁判所判決（決定）
地判（決）	地方裁判所判決（決定）
簡判	簡易裁判所判決
支判	支部判決
刑集	最高裁判所刑事判例集
民集	最高裁判所民事判例集
集民	最高裁判所裁判集民事
下刑	下級裁判所刑事判例集
下民	下級裁判所民事判例集
行集	行政事件裁判例集
労民集	労働関係民事裁判例集
訟月	訟務月報
刑資	刑事裁判資料
判時	判例時報
判タ	判例タイムズ

1　日本国憲法の成立と基本原理

はじめに

　私たちが生活する「国家」は政治的に組織化された社会である。その社会に生活する人々としての「国民」、一定の「領土」、そしてこの人々と土地に対して行使される支配権力すなわち「統治権」を、一般に国家の三要素という。憲法は国家の基本法であり、近代以降、人権保障と権力分立を規定する。憲法は人々の自由や権利を保障するためにあり、さらにそれを保障するために権力を縛る仕組みを備えるもので、それこそが憲法という名にふさわしいと考えられるようになった。

　その意味では大日本帝国憲法（明治憲法）は、憲法という名にふさわしい内容を備えるものではなかった。権利についての規定はあるが、そもそも「臣民の権利」として設定されており、「法律の範囲内」で認められていたにすぎない。さらに非常時には天皇大権によって規制することも明示されていた。他方、権力は万世一系で神聖にして不可侵の天皇に集中しており（天皇主権）、帝国議会は協賛、内閣は輔弼、という役割を果たすにすぎず、司法権も天皇の名において裁判するところから、権力分立も成立していたとみることはできない。

　このような体制の下で、戦争への道を突き進んだことを反省し、平和主義を基礎にすえ、自然権思想に基づいた人権保障、またそれを十全に確保するための国民主権や権力分立が現行憲法では考えられている。

I　日本国憲法の成立

　日本国憲法の制定は、ポツダム宣言の受諾（昭和20（1945）年8月14日）が

契機となる。ポツダム宣言は、連合国側が提示する「大日本帝国」の降伏条件を含むもので、その中には、「日本国民の自由に表明する意思によって平和的傾向を有し、かつ責任ある政府が日本に樹立される」ことが占領目的とされており、それを実現するための条件も示されていた。ここから平和主義、民主主義を掲げる新たな憲法の制定が要請された[1]。神勅に由来する天皇主権主義をとり、その下で侵略を繰り返すことを許した大日本帝国憲法は、ポツダム宣言の要請をみたすものではなかったからである。

対日占領の連合国最高司令部（GHQ）のマッカーサーは東久邇宮内閣の国務大臣近衛文麿に改憲を示唆する。しかし、東久邇宮内閣が総辞職し、幣原内閣が成立することとなり、そこでポツダム宣言の履行の政策とともにあらためて改憲が示唆された。そして松本烝治国務大臣を委員長とする憲法問題調査委員会が内閣に設置された。この委員会では、憲法改正のための四原則を確認している。それは、①天皇が統治権を総攬せられるという大日本帝国憲法の基本原則には何ら変更を加えない、②議会の議決事項を拡充し、その結果大権事項はある程度制限される、③国務大臣の責任を国務全般にわたるものとして、この責任は議会に対するものとなる、④人民の自由、権利の保護を強化する。これがいわゆる松本四原則といわれるものである[2]。これに基づく憲法改正要綱は、昭和21（1946）年2月8日、マッカーサーに提出されたが、国体の護持という意識から脱却していなかったゆえにGHQの容認するところとならなかった。GHQは、この松本案を帝国憲法の字句を修正したにすぎず、ポツダム宣言の要請をみたすものではない、と判断したのである。

すでに2月1日の毎日新聞のスクープで日本側の改正案の内容を知ったマッカーサーは、憲法草案をGHQ自らが作成して日本政府に提示せざるをえない、と判断していた。その基礎となるマッカーサー三原則（マッカーサーノート）が作られてGHQのスタッフに示され、GHQ民政局の中に憲法各部担当の小委員会が設けられて、作業が進められることとなった[3]。マッカーサー三原則

---

1) ポツダム宣言に関しては、次のものを参照。現代憲法研究会編『日本国憲法：資料と判例〔6訂版〕』（法律文化社、2001年）49頁。また、制定経緯に関しては、杉原泰雄他著『日本国憲法史年表』（勁草書房、1998年）395頁以下、及び、高柳賢三他編『日本国憲法制定の過程Ⅱ』（有斐閣、1972年）3頁以下参照。
2) 現代憲法研究会編・前掲注1)・51頁。
3) 現代憲法研究会編・前掲注1)・57頁。

のとくに第二原則は、日本国憲法9条のもとになったものでもある。マッカーサーは、また帝国憲法の形式に則ることと国連憲章を念頭におくことも指示していたという。マッカーサー三原則がGHQスタッフに示されたのが昭和21 (1946) 年2月3日、日本政府に総司令部草案（マッカーサー草案）が示されたのが2月13日、「密室の9日間」といわれる猛スピードでGHQの憲法改正の準備はなされた[4]。日本政府側は、GHQ側が草案を準備したことに驚き、また内容についてもその後のGHQとの交渉の中で執拗な抵抗を示したが、結局、総司令部草案の基本方針をとり入れた改憲案を政府案として発表することとなった。それが昭和21 (1946) 年3月6日の憲法改正草案要綱である。しかし、当時、国民にはこの経緯の詳細は知らされていなかった。

　吉田内閣の下で6月20日、この憲法改正草案要綱は条文の体裁に整えられて、帝国憲法改正草案として帝国議会に提出された。帝国議会のうち衆議院は、昭和21 (1946) 年4月10日に成年男女による普通平等選挙に基づいて行われた総選挙によって選出された議員で構成されていた。他方、貴族院は、皇族・華族および勅任された議員という大日本帝国憲法34条の規定通りに構成されていた。帝国憲法改正草案は、衆議院、参議院で審議され、昭和21 (1946) 年10月7日帝国議会を通過した。さらに枢密院において審議、可決されて天皇が裁可し、昭和21 (1946) 年11月3日に日本国憲法として公布され、昭和22 (1947) 年5月3日に施行された。

　この経緯については、いくつかの疑問点が浮かび上がる。

　第一に、なぜGHQはこのように急いで憲法改正草案を作り上げたのか、という点である。これについては、アメリカとしては、極東委員会の発足前に——すなわち1946年2月下旬——アメリカの意に叶った憲法改正案を日本政府のものとして示しておく必要があった。というのも連合国の対日政策決定の最高機関であった極東委員会の構成国の中には天皇制に批判的な国もあったからである。さらに松本委員会の改憲作業は極秘に行われていたため、GHQはその内容について知りえなかったが、既述したように、2月1日の毎日新聞のスクープで改正内容が保守的で帝国憲法と基本的に変わりのないことを知った。2月8日に受け取った日本側の改正案の返答としてGHQは急いで準備したと考えられる。

---

[4]　鈴木昭典『日本国憲法を生んだ密室の9日間』（創元社、1995年）参照。

第二に、日本政府はなぜ執拗に抵抗したのか、という点である。これについては、日本政府は国体の護持・存続にこだわっていた。国体とは統治権の主体をさす。日本政府は、ポツダム宣言の受諾は国体を損なわない、と判断していた。そのことが帝国憲法の改正に対する消極的な態度として現れた。日本の統治体制の改革の具体的なあり方を示したSWNCC-228は、天皇制を現在の形で維持することは日本の統治体制の改革の目的と合致しないと考えていたが、マッカーサーは、マッカーサーノートにおいて天皇制の維持を明らかにしていた[5]。国民主権と両立する「社交的君主」として天皇の役割が制限されるべきことも要請された。こうしたことから結果として、戦前・戦中には現人神として崇められた天皇から全く異なる体制である戦後の象徴天皇制の下での天皇へと、異なる体制に同一人物の天皇が君臨することを許すこととなった。マッカーサーの考えは、日本国民が急激な変化を好まないだろうと配慮した結果といわれている。

　第三に、改正手続と内容についてである。改正されて成立した日本国憲法の冒頭には、上諭が置かれている。天皇自身が、「枢密顧問の諮詢及び帝国憲法第73条による帝国議会の議決を経た帝国憲法の改正を裁可し、……公布せしめる」という形をとっている。しかし、改正手続が帝国憲法73条に完全によったものかどうかというと、必ずしもそうとはいえない。衆議院の成年男女による普通平等選挙による公選議員からなる構成は予期するところではなかった。また、内容的には天皇主権から国民主権へと根本的に転換している。すなわち「改正」の範囲を超えているとみることができる。こうしたことをどのように解したらよいのかという疑問が生じる。

　根本的な変革をもたらし全面改正となった日本国憲法の誕生に対し、八月革命説が唱えられた。八月革命説は、概略次のように主張する。「一般国民にその最終的根拠を有するという意味の国民主権主義が、それまでの日本の政治の根本建前であったと解することも、また、それがそれまでの日本の政治の根本建前と少しも矛盾しないと考えることも、理論的には、どうしてもむりである。それまでの日本の政治の根本建前は、政治的権威は終局的には神に由来するとする神権主義であり、国民主権主義とは原理的にまったく性格を異にする。かような日本の政治の根本建前の変革を『憲法改正』の形で行うことが、憲法上

---

[5]　現代憲法研究会編・前掲注1)・57頁以下。

許されるか、きわめて重大な問題である。元来根本建前は、その改正手続によって改正されるものではない。それが許されるのは特別な理由があるからである。日本の降伏を決定づけたのはポツダム宣言の受諾であるが、降伏によって、『日本の最終の政治形体は、ポツダム宣言のいうところにしたがい、日本国民の自由に表明される意志によって定め』られるべきことが決まった。このとき、日本は神権主義をすてて、国民主権主義を採ることに改めたのである。この変革は、憲法上からいえば、ひとつの革命だと考えられる。敗戦という事実の力によって、ひとつの革命が行われた。ここで日本の政治は神から解放された。日本の政治は、神の政治から、人の政治へ、民の政治へ、と変わった。この革命によって、天皇制は廃止されたわけではないがその根柢は根本的に変わった。さらにこの革命が、『国体』の変革を意味するかについては『国体』を神権主義的天皇制と理解するならば、そういう『国体』は八月革命によって消滅した。『国体』を、単なる天皇制と理解するならば、『国体』は変革されなかったということもできないわけではないが、天皇制の根拠も国民の意志にあるとされることになったので、国民の意志いかんによっては、天皇制も廃止される可能性が与えられたのである。」すなわちポツダム宣言受諾が主権の交代という法的革命を示唆していたと主張するものである[6]。この革命によって主権者となった国民が日本国憲法を制定したとする。帝国憲法の改正という形式的手続と内容の根本的変革の接合を試みる説明である[7]。この説が神権天皇制からの解放を強調している点にも着目する必要がある。

　一方で、日本国憲法はアメリカから「押しつけられた」憲法であると主張する者がいる。それ故現行憲法を改正する必要があるという。この問題は、憲法成立の自律性にかかわる問題であり、国際法上の自律性と日本国民の自主性から考察される[8]。たとえば、フランス第五共和制憲法89条4項は、「領土の一体性が侵害されているときは、いかなる改正手続も着手されまたは継続されることはできない」と定める。他国の占領下での憲法改正を認めない趣旨である。ここから日本国憲法は「連合国の占領下において、同司令部が指示した草案を

---

[6] 宮澤俊義「日本国生誕の法理」有倉遼吉＝吉田善明編『文献選集日本国憲法1　憲法の基本原理』（三省堂、1977年）78頁以下。
[7] 八月革命説の矛盾、問題点については、さしあたり日比野勤「現行憲法の成立の法理」大石眞＝石川健治編『憲法の争点』ジュリスト増刊（有斐閣、2008年）10頁以下参照。
[8] 大沢秀介『憲法入門〔第3版〕』（成文堂、2003年）18頁。

もとに、その了解の範囲において制定されたもの」として自主憲法制定の必要性が主張される[9]。

しかし、他国の占領下での憲法改正を禁止する目的は、占領している他国の強権の下でその他国の利益に沿うような改正が行われることを阻止するためである。日本国憲法の場合は、まず、ポツダム宣言自体が「日本国民の自由に表明する意思によって平和的傾向を有し、かつ責任ある政府が日本に樹立される」ことを求めており、日本国民の自主性が重んじられている。また、要求されていた内容は、近代憲法の原理に沿うものであった。制定過程の出発点において、確かにたたき台となる原案はGHQ側が作成したものであるが、衆議院、貴族院において十分に議論され、修正や付加の上で採択されており日本国民の自主性が損なわれていたとはいえない。

ポツダム宣言の受諾によって大日本帝国憲法の根本的改正は必然であった。「押しつけ」憲法を主張する側には戦争への反省が不足しているといわざるをえない。

II　日本国憲法の特色

憲法制定の経緯と日本国憲法の特色を示す基本原理とは深くかかわっている。日本国憲法の基本原理の1つに永久平和主義が掲げられているのは、ポツダム宣言に「平和的傾向を有する憲法」が要請されていたからであるし、同様に国民主権が掲げられるのは「日本国民の自由意思」の尊重が要請されていたからである。

一般に日本国憲法の3つの基本原理とは、永久平和主義、国民主権、基本的人権の保障とされている。私見ではこれに立憲主義を加えたい[10]。いずれも大日本帝国憲法との比較で大きく変化があったと思われる事柄である。

基本原理の第一は、永久平和主義である。日本国憲法は随所に戦争の反省が認められるが、とりわけ永久平和主義は、大日本帝国憲法下では個人が蔑ろにされ、全体主義、国家主義そして軍国主義の道を突き進んだことへの悔悟の念を表明したものとみることができる。前文第1段では「政府の行為によって再

---

9)『日本国憲法改正草案Q&A〔増補版〕』(自由民主党、2013年)。
10)「法の支配」を立憲主義と同じ意味として示す場合もある。佐藤功『日本国憲法概説〔全訂第3版〕』(学陽書房、1996年) 67頁。

び戦争の惨禍が起ることのないやうにすることを決意」するとしている。また、前文第2段では「日本国民は、恒久の平和を念願し、人間相互の関係を支配する崇高な理想を深く自覚するのであつて、平和を愛する諸国民の公正と信義に信頼して、われらの安全と生存を保持しようと決意した」とある。ともすると、抽象的もしくは理想主義的とも評されるが、第2章の戦争放棄の条文と相まって、日本国憲法の平和主義の原点が力で相手をねじふせるのではなく、信頼に基礎をおいて、平和を構築していこうとする崇高な意気込みが感じられるものである。前文はさらに国際協調主義に基づいて平和を構築しようとする姿勢も示しているが、それは決して国連中心主義をストレートに意味するものではなく、互いの主権を尊重しあう平等な国際関係の確立を前提とするものである。また、前文には当時、世界に先駆けて「平和のうちに生存する権利」も明言された。

　前文の中に「恒久の平和」を念願することが述べられているが故に永久平和主義とするだけではない。世界の憲法に稀な形式と内容からも永久平和主義と呼ぶことができる。9条2項の「戦力の不保持」と「交戦権の否認」という徹底した内容をもつ憲法規定が示されているばかりでなく、それが「第2章　戦争の放棄」という章立てで平和条項をあらためて定めている点にも注目しなければならない。当時の日本国民の、戦争の加害者でもあり、支配者としての拭い去ることのできない戦争責任を有するものとしての反省と、同時に戦争の被害者でもあり、二度の原爆の犠牲者としての戦争の悲惨さを世に伝える責務を負うものとしての固い決意も示されているのである。

　基本原理の第二は、国民主権である。それまでの国民にとっては、自由で自立した意思形成をすることは困難であった。ともすると心の内の動きまで規制され、拘束されるような時代であった。日本国憲法は自由で自立した個人が尊重され、そうした個人の意思の表明を基礎として社会形成がなされることを予定している。国民主権とは、国家の意思の最終的かつ最高の決定権が国民にあることを示すことばであるが、自由で自立した個人の意思形成と表明がなされるためには、情報公開制度や知る権利の確立、国民の声が正しく反映される選挙制度の確立なども必要とされ、課題も多い。

　日本国憲法では、前文第1段に、間接民主制を原則的に採用する国民主権原理に基づく政治を行うことが述べられている。憲法1条においては、天皇の地位の変化を明確化する中で、「主権の存する日本国民」という表現で国民主権

が明らかにされている。この規定の仕方には理由がある。当時、君主制国家ではその憲法の文面上君主主権を実際上国民主権と読みかえている国家が多かった。今日でこそ、1974年成立のスウェーデン王国基本法の1つである統治法典の1条には国民主権の規定がある。1978年成立のスペイン憲法も1条に国民主権を明記し、同時にスペイン国家の政治形態を議会君主制とする。日本も、1条で国民主権を明示することによって日本国憲法における天皇制の意味、天皇の地位の変化を明らかにしようとしたのである。沿革上、君主制は国民主権と対抗する立場にあったが、日本国憲法における象徴天皇制は、国民主権の下での立憲主義的天皇制であるということを明示している。

憲法の中での国民主権の具体化としては、国政においては、原則的に間接民主制を採用し、その中心となる制度として議院内閣制を採用している。直接民主制も若干採用され、その現れとして、憲法改正の国民投票（96条1項）、1つの地方公共団体のみに適用される特別法についてのその地方公共団体の住民投票（95条）がある。また、最高裁判所の裁判官の国民審査（79条2項・3項・4項）という国民の直接関与の機会もあるが、これが直接民主制の現れであるかについては異論もある。他方、地方自治においては、直接民主主義、間接民主主義の双方が採用されて、地域の住民の声の反映がはかられている。

基本原理の第三は、基本的人権の保障である。帝国憲法でも「第二章　臣民権利義務」の規定はあった。しかし、その権利は臣民の権利であり、「法律ノ範囲内ニ於テ」認められ、「戦時又ハ国家事変ノ場合ニ於テ」天皇大権によって規制されるものでもあった。これに対し、日本国憲法においては「第3章　国民の権利及び義務」の規定は10条から40条に及び日本国憲法全体の約3分の1を占め、網羅的に定められている。また、基本的人権の定義については「侵すことのできない永久の権利」とされ、自然権的な観念の下で公共の福祉に反しない限り、最大に尊重されることを明言している。

3つの基本原理の関係は、基本的人権の保障を中心として、永久平和主義は人権保障の前提であり、平和でなければ人権の保障は危ういものとなることを示し、国民主権は人権保障の手段であり、人権保障が達成されるための最もふさわしい政治体制の決定権のあり方を示している。これに加えて、基本的人権の保障の確立のために立憲主義という考え方がとられている。

立憲主義とは、今日においては権力を制約する思想または仕組みをさす。近代立憲主義においては、本来の政治権力の保有者である人民が政府を組織し、

権力の行使を政府に信託するが、すべての権力の行使を委ねたのではなく、人民の権利と自由を保護し、公益を実現するという必要な限度で委ねていると解される[11]。一般的には憲法を最高規範として、国家権力の行使が憲法に基づいてなされるべきことをさす。

　帝国憲法において、万世一系、神聖不可侵の天皇を中心として、天皇が統治権を総攬し、天皇が帝国議会の協賛をもって立法権を行うとしていた。国務大臣も天皇を輔弼するにすぎなかった。輔弼とは、天皇の国務に関する行為について、適法妥当になされるよう助言する制度であったが、天皇はこれに拘束されない。このような天皇主権の下にあっては、裁判所が法に基づき人権の保障をしようとしても法自体が適正な内容を備えているものなのかは疑わしくなる。ましてや、国家行為が人権の保障にてらして適正であるかを問うことはきわめて難しい。

　日本国憲法においては、司法権の独立を確保した上で、裁判所はあらゆる国家行為を対象としてこれらの行為が憲法に適っているかどうか、違憲法令審査権を行使する。憲法は国家の法秩序の最高に位置し、法律をはじめとしてあらゆる国家行為は基本法である憲法の価値の具体化でなければならないと考えられている。憲法が最高法規とされる所以も基本的人権の規定をもち、その保障の実現をめざしているからである。また、永久平和主義の原理により日本国憲法は、緊急事態において人権が全面的に制限されることも予定していない。

Ⅲ　民主主義と立憲主義

　国家を構成する一要素である国民の概念に関して、フランスでは、人種や言語といった客観的観念に基づくのではなく、諸個人が集まり国民を形成するのはそれを望むからであるという、主観的観念に基づく国民を考える。すなわち国民とはともに生きるという意思をもった者の集まりであるとする[12]。こうした考えを基本とするフランスでは、民主主義について次のように説明される[13]。

　今日の西欧資本主義社会で実施されているのは、自由に基づく多元的民主主義 démocratie pluraliste である。この民主主義を実施するにはいくつかの条件

---

11)　長谷部恭男「立憲主義」大石＝石川編・前掲注7)　頁。
12)　Jean-Claude ACQUAVIVA, *Droit constitutionnel et institutions politiques*, Dunod, 1994, p.11.
13)　Gilles CHAMPAGNE, *L'essentiel du droit constitutionnel*, Gualino, 2009, pp.65 et s.

が必要とされる。1つは、直接普通選挙の導入である。すなわちすべての市民は選挙権を有する。2つは、多数決原理である。選挙を通して諸個人の意思は集計され、その結果形成された多数派には権力行使の資格が付与される。統治することの正当性は選挙から生まれる。3つは、政治的多元性である。選挙民は、異なる政治的プログラム、異なるイデオロギーから選択できるようでなければならない。政党の多様性は民主主義において必須である。4つは、反対派（少数派）の権利の尊重である。多数決原理がとられるとはいっても、多数派は少数派の権利を尊重しなければならない。少数派は政権交代によって権力につく可能性ももっている。代表機関である議会の中において、少数派は、議会における各種委員会や調査委員会の一員としても活動する。また質問権や調査権の行使、問責動議の提起などを通して執行権の活動をコントロールし、法案提出権や修正権の行使によって、立法過程に参加するなど、重要な役割も果たす。少数派は、フランスにおいてはとくに、憲法院への付託を通して違憲審査を請求することで、多数派や多数派の支持を得て構成される執行権へのチェックやコントロールをすることもできる。5つは、政治的自由主義の確立であり、そのためには報道の自由や通信の自由などを含む表現の自由の保障が不可欠である。少数派政党には政府の政策を批判し、彼らの政策方針を示すことができるようでなければならない。6つは、個人の尊重であり、個人の自由の尊重がなされなければならない。民主主義の基礎は、自分で考え、選択し、意見を表明する個人である。政権についている多数派がどのようなものであれ、こうした個人の尊重は蔑ろにされてはならない。

　このような民主主義を支える条件をみると、二大政党制に収斂することがより良い民主主義の実現であるかのように語られてきたことは、間違いではなかったのか、と思われる。今日の主権者のニーズはそれぞれの立場の違いから多様化しており、そうしたニーズに沿った選択の多様性・多元性が求められている。

　多元的民主主義における主権の概念に関しては、まずナシオン主権（国民主権）の理論とプープル主権（人民主権）の理論の検討が必要である。ナシオン主権においては、主権は国民に授けられるが、構成する個人から離れて共同的で不分割だという。それはまた、領土の上で生活する諸個人の集合体と同一のものとは考えられていない。この国民主権には、単一の不分割の主権、不可譲の主権（限定された期間で代表されるにすぎないことを意味する）、不可侵の主権

の3つの要素が含まれる。ここにおいては、国民は主権を行使するには、代表機関を通して行使する。したがってナシオン主権は、代表制の実施を前提とする。選挙民は、彼らに代わって公職を果たす代表者を選出する。選挙において選挙民は権利を行使するのではなく、職務を果たすと考えられる。選出された代表者は国民全体を代表する。彼らは、選挙民からいかなる命令も受けず、「代表」という職務を果たす。この概念は純粋代表の考え方に結びつく。これに対し、プープル主権とは、主権はそれぞれの市民に分割されて保有されるという。プープル主権は、不可譲で不可侵であるが、分割可能である。プープル主権には代表機関は必須とされない。直接もしくは半直接民主制と親和的である。また命令委任を認め、罷免手続を備えている。

　今日の多元的民主主義の憲法では、国民主権の概念に重きをおくものの上記2つの主権概念が混合して存在している。たとえばフランス第五共和制憲法においては、3条1項に「国民主権は人民に属する。人民は、その代表者を通じてもしくはレフェレンダムの方法によって主権を行使する」と規定されている。フランスでは国政レベルとして、11条に立法的レフェレンダム、89条に憲法改正にかかわるレフェレンダム、88-5条に欧州連合・欧州共同体への加盟にかかわるレファレンダム、地方レベルとして、53条に領土の割譲等にかかわる住民投票、72-1条は地方公共団体の住民投票、72-4条に海外公共団体にかかわる住民投票、76条にヌメア協定にかかわる住民投票について定め、日本と比較すると国民もしくは住民が直接投票により決定する機会が多く設けられている[14]。こうした、間接民主制と直接民主制の混合した形態を半直接制といい、優れた制度と評価されている。日本でも純粋代表ではなく半代表に沿った民主主義が主張されている[15]。

　ところで、今日では国民による直接投票制が「民意による政治」の正当性根拠としてしばしば用いられる。しかし、2016年のイギリスのEU離脱を決定

---

14) 横尾日出雄「国民投票」植野妙実子編『フランス憲法と統治構造』（中央大学出版部、2011年）253頁以下参照。

15) 樋口陽一『議会制の構造と動態』（木鐸社、1973年）、また、杉原泰雄『国民主権と国民代表制』（有斐閣、1983年）も参照。日本の解釈では、半直接制と半代表性は必ずしも同義とは捉えられていないが、フランスでは広義においては同義と捉えられている。より正確には半代表性は、何らかの手段、たとえば公約によって、選挙された者に対し選挙民からの拘束をかける制度である。植野妙実子「普通選挙制度」杉原泰雄編『講座・憲法学の基礎2』（勁草書房、1983年）97頁以下参照。

した国民投票では、国民による直接投票制がポピュリズムに陥りやすいことが指摘され、あらためてこの制度の意義が問われた。日本国憲法は、基本的に間接民主主義を中心にすえ、主に憲法改正の場合において直接投票を認めている。そこで間接民主制・直接民主制のメリット・デメリット、あるいはそれぞれの危険性は何か、考えてみる必要がある。

　一般に、国民投票は予測が難しく予期せぬ結果をもたらすことがあると指摘される。国民は、こうした投票において合理的に判断するというよりは、感情的・情緒的訴えに流されやすい。プロパガンダ（政治宣伝）やプレビシット（信任投票）の危険性もある[16]。他方で間接民主制は、「専門能力をもち、経験や選別を経た代表者が、できるだけ情報を集め、いろいろなところに配慮して判断する」といわれる[17]。現実にはそのような資質をもつ者がはたして選ばれているのか、またそれを担保するシステムも存在していないのではないか、という疑問が生じる。議会制の意義は本来、多方面から十分に議論して結論を出すというところにあるのではないか。また直接民主制の場合にはのちに決定されたことの責任を問うことはできないが、間接民主制ならば、選挙を通して責任を問うことも可能である。

　そこでこうした民主主義の過ちを正す考え方として立憲主義が着目される。いくら民主的な手続を経て決定された事柄であっても、憲法の価値や理念にそぐわない事柄は認められないとするものである。違憲審査制はそのことを具体化している。しかし、問題となるのはこうした判断をする憲法裁判官の正当性である。フランスではここでも憲法裁判官は政治権力（大統領、上下それぞれの議院議長）からの任命を受けるので民主的正当性があるとする。日本では立憲主義に対する認識はまだ薄いといえるが、民主的手続を経て決定された事柄に対する立憲主義の観点からの統制については同様の問題が意識されている。

まとめにかえて

　日本国憲法には、随所に大日本帝国憲法の反省が込められている。たとえば、

---

[16] 直接民主制の問題につき、さしあたり乗本せつ子「直接民主制」杉原泰雄編『講座・憲法学の基礎 1』（勁草書房、1983 年）143 頁以下参照。
[17] 成田憲彦「代議制鍛え直そう」2016 年 6 月 26 日読売新聞、なおここでも代議制の場合は政治責任のシステムが使えるという指摘がなされている。

19 条で、思想及び良心の自由、すなわち内心の自由を定め、重ねて 20 条では、信教の自由を定める。西欧では一般に良心の自由に信教の自由が含まれると解されているが、それと異なり、思想及び良心の自由と信教の自由は、別個の規定として存在する。

　日本国憲法は、大日本帝国憲法下で個人の内心にまで権力支配が及んだこと、また、神権的天皇主権原理によって大幅に信教の自由が制限されていたことを、反省するものである。また、22 条 2 項後段の国籍離脱の自由も、国家に忠誠義務を誓わされた国家主義の影響を排し、個人の選択の下に国家があることを示している。このような認識を風化させてはならず、常に基本に立ち返って憲法を読む必要があろう。

2　憲法解釈の意義

はじめに

　平成 23（2011）年の大震災は日本に多くの教訓をもたらした。科学技術が発達する一方で、そこにはまだ限界があることも自覚され、また人間の原点は自然とともに存在することであることも自覚された。人間の進歩はとくに人間が歴史的に過去をふまえ、反省し、学びながら生きるというその点で、固有の文化を築きあげたところにある。侵略と殺戮と征服を繰り返していた時代から脱却して、今日ではまがりなりにも安定した国民国家を形成するようになった。そして法規範はこうした安定に寄与するものとして存在している。

　こうした社会の進歩は遅々としたものでもあるし、しばしば大きく揺れ戻しながら進んできている。日本では平成 12（2000）年に国会法の一部を改正して、憲法調査会が設置された。昭和 31（1956）年 6 月に設置され、以来 7 年間、国会での改憲発議の前提である改憲案を作る目論見で活動した憲法調査会を彷彿とさせるものであった。その後平成 19（2007）年に、憲法改正に伴う国民投票法が制定されたことを契機に、さらに国会法が改正されて、憲法調査会の後継機関として、憲法審査会が両議院に設けられた。その目的は日本国憲法及び日本国憲法に密接に関連する基本法制について広範かつ総合的に調査を行い、憲法改正原案、日本国憲法にかかる改正の発議または法律案等を審査する機関とされている。こうしたことをどのように評価するかは別途問題になろう。

　憲法の内容を議論することはその内容を精査、認識する上で重要である。憲法は確かに変更不可能な、絶対的な不磨の大典ではない。しかしながら他方で憲法は国の最高法規、基本法でもあることから、基本としての憲法が揺らぐようなことがあれば、下位の法規範や政策にも支障が生じ社会の不安定を招きか

ねない。それゆえ「硬性憲法」という考え方の下で改正の手続がより複雑で普通法の成立よりも一層の民意の反映がはかられるようになっている。また憲法の基本理念や原則に対する改正の限界も考えられている。安易な改正、整合性のない改正、改正ありきの改正にいたることのないように心したい。

I 法解釈の方法

　憲法の内容を認識するには、憲法の解釈が必要である。憲法は具体的、個別的な書き方をしておらず、抽象的、一般的な書き方がされている。法治主義とは近代国家成立以降の原則の1つであるが、行政や裁判が法にしたがって行われることを要請し、その際法の意味するところが明らかにされる必要がある。すなわち法の解釈とは、法が何を命令・許容・禁止しているかを認識する作業である。法の解釈の方法としては次のようなものがあげられる[1]。
　①文言解釈または文理解釈——法文の文言の意味を、文法的、語源学的手法をかりて明らかにする方法で法解釈の第一段階といえる。
　②歴史的解釈——立法者の主観的意思をもって法の内容とする方法。あるいは制度の沿革にしたがって解釈する方法。しかし法は制定された以上、立法者の意思から独立するということも看過できない。
　③論理的、体系的解釈——法体系の統一的原理の下に、総合的観点から把握する方法。あるいは他の制度との比較、均衡等を考慮して解釈する方法。
　④目的論的解釈——法に内在する一定の目的または価値を探求し、これにそって解釈する方法。しかし何を目的とみるかに解釈者の主観的価値判断が入りやすいといわれている。
　⑤社会学的解釈——関連する社会的事実に検討を加え、社会情勢や社会的必要等を考慮して解釈する方法。
　その他、拡張解釈、縮小解釈、類推解釈、反対解釈、勿論解釈などの解釈方法もあげられる。なお後にふれる概念法学においてはせいぜい①②③の解釈方法がとられていたにすぎなかった。

---

1)　田上穣治編『体系憲法事典』（青林書院新社、1968年）205頁以下〔阿部照哉担当部分〕。また石田穣「法の解釈」中川善之助監修『現代法学事典4』別冊法学セミナー増刊（日本評論社、1973年）174頁以下も参照。

II 法解釈論争

　法の解釈は、法の適用という実践を前提として行われるものである。そこで解釈も実践的性格をおびることが指摘され、「法解釈における認識（理論的認識）と実践（価値判断）」という問題が生じる。ケルゼンは法解釈活動を法の許容する枠の認識と、その枠内における1つの可能性の選択という2つの要素から成り立つとした。日本においては、1950年代に法解釈論争がおこるがそれは来栖三郎の問題提起が契機となった。来栖三郎は、法の解釈には複数の可能性があり、法の解釈は解釈する個人の主観的な価値判断によって影響されるとし、概念法学の批判を前提として次のように述べた。「……一言で言えば、法規範を実定法の規定からの論理的演繹によってではなく、現実の社会関係の観察・分析によってその中から汲みとるべきである。……法の解釈に当っては社会学的方法を一貫することに努めなければならない。[2]」「法の解釈に当っては社会学的方法を一貫すべきであるというとき、一つ注意すべきことは、……自分の価値判断によって望ましいと考える法規範を具体的に作り出そうとする意欲が加わっているということである。従って、ある事件の法的判断については、(1) 一定のわく――という表現は前述の如く必ずしも適切ではないが――の範囲内における解釈の複数の可能性、(2) 自分の解釈はそのうちの一つの選択に過ぎないこと。(3) 選択可能な解釈の間の争いは、形式的な理由に基く争いでなくて、実質的な理由に基く争いであり、それは解釈するものの主観的価値判断によって影響されること、(4) 従って法の解釈の争いは、政治上の問題に関係するときは、一種の政治的争いであり、解釈の結果を単に法のせいにしてしまうことは許されず、それに対して政治的責任を持つべきことを率直に認めなければならない。[3]」そこから主観的価値判断が客観性を有するか、また法解釈学が科学として成り立つか、という論争に発展していった[4]。

---

[2] 来栖三郎「法の解釋と法律家」私法11号（1954年）23頁。
[3] 来栖・前掲注2)・23頁。
[4] 法解釈論争を含めた戦後の憲法解釈論争の整理については、山内敏弘「戦後における憲法解釈の方法」杉原泰雄編『講座・憲法学の基礎3』（勁草書房、1984年）71頁以下。法解釈論争の法の科学の展開に与えた影響の検討については、浦田一郎「日本における憲法科学の方法論」同書259頁以下。

碧海純一の整理による、法解釈論争の結果多くの学者によって認められている見解とは次のようなものである。第一に、法解釈学においては理論（認識）と実践（評価）との不断の交錯が不可避であり、価値判断の導入はいわば本質的なものである。第二に、価値判断と理論的認識がどのような形で結合するかについては、枠の中に含まれた複数の可能性のうちのいずれか1つを選択することが要求され、その選択は実践的な決断の問題である。そして最も重要な問題は、その選択をどの程度まで客観的に根拠づけることができるか、という点に帰着すると指摘されている[5]。

　ところで概念法学とは、19世紀のドイツ私法学をさし、当時における伝統的法学をイェーリングが批判するために用いた言葉であった（後掲図1参照）。加藤一郎の整理による概念法学の思考様式とは次のようなものである[6]。

　概念法学では、第一に、三段論法の論理にしたがい、大前提である法規が、小前提である事実に適用されて、結論としての判決が引き出される。第二に、法的判断からは、法規と事実以外のすべての考慮は排除されなければならない。このような概念法学の基本的な思考様式は、概念法学における論理の支配と利益衡量の排除と呼ぶことができる。概念法学における大前提としての法規ないし法は完結性をもち、法の欠缺はありえないとされている。さらに概念法学における法の解釈では正しい解釈はただ1つとされる。小前提としての事実は客観的に確定しうるとされ、法学の任務は、主として、大前提となる法規の解釈に限られるとする。

　加藤一郎は続けて、概念法学の機能は法の分野によりある程度異なるといい、公法の分野における機能として次のことをあげている。「公法、とくに刑法の分野では概念法学は、法規に忠実であるために、権力の側からの恣意的な解釈を防ぎ、それによって国民の権利を擁護するという機能をもつことにもなる。[7]」ここで概念法学が排除する利益衡量の問題と、はたして私法と公法とでは解釈の仕方が異なるのかという問題が浮かび上がる[8]。

---

5) 碧海純一「現代法解釈学における客観性の問題」碧海純一編『現代法15　現代法学の方法』（岩波書店、1966年）3頁以下。
6) 加藤一郎「法解釈学における論理と利益衡量」碧海編・前掲注5)・25頁以下。
7) 加藤・前掲注6)・32頁。
8) 利益衡量論その他の私法における法解釈論争後の発展については、淡路剛久他「私法における法の解釈」『法の解釈』ジュリスト増刊（1972年）5頁以下。公法解釈の特殊性については、阿部照哉他「公法における法の解釈」同書105頁以下、とりわけ64頁以下。

加藤一郎はさらに、自由法学においては、まず、裁判における現実の判断が、概念法学の考えるような三段論法の形をとってはなされないことを指摘する。実際の裁判では結論が先行する。この妥当と思われる結論は、事実の中の利益の比較衡量から生み出される。次に事実や法の多義性が強調される。自由法学では、1つの法規あるいは法原則について、複数の解釈が可能であることを承認する。いかにして妥当な法をみつけだすかが自由法学の大きな課題である。法の機能は、多くの利益や価値の比較衡量の中での、社会統制の手段にある。そこで判断過程における利益衡量をどのように図るかが問題となる。ここから私法学会では、利益衡量論の意義と限界についての議論が活発化していった。

Ⅲ　憲法解釈論争

　確かに法は自己目的ではなく、手段である。法にとっては現在の紛争をいかに妥当に処理し解決するかが問題となる。憲法においては、人々の自由や権利を保障し、社会の安定をはかり、正義や平和を実現することが目的となる。憲法裁判における多くの問題は、立法や行政といった国家行為が憲法にてらして、妥当であるかどうかである。その際憲法典にてらすことが基本であるが、憲法典の解釈にあたってもこれらの目的をふまえたり、社会の動きを考察したり、その他のことも視野に入れる必要がある。憲法解釈が憲法典を離れて存在しないことも当然である。にもかかわらず憲法典自体に不明確な点や欠缺のある場合もある。

　昭和39（1964）年に宮澤俊義は「学説というもの」の中で、科学学説と解釈学説の2つが存在するとした。そして解釈学説は主観的な性格をもつが、ある種の客観性が要求されるとした[9]。「法の解釈は、どこまでも、すでに存在する成文法（または、慣習法）のワク内で、それに内在する意味を引き出すことによって、それを具体化する、という作業である。解釈学説では、客観的な知識を内容とするものではない。それは、多かれ少なかれ作り手の意見に支配されるもの……であるから、その意味では、<u>主観的な性格をもつ</u>といえよう。しかし、……<u>ある種の客観性を有する理論</u>でなくてはならない。そういう理論性

---

9)　宮澤俊義「学説というもの」ジュリスト300号（1964年）14頁（傍点部分は下線に変更）。なお宮澤憲法学については高見勝利『宮沢俊義の憲法学史的研究』（有斐閣、2000年）。

がまったく失われてしまえば、そこにはもはや、学説といわれうるものはなくなってしまう」。

同年、小林直樹は渡辺洋三の立論の問題点の検討を通して、憲法の認識と解釈との関係および憲法解釈の枠組と方法について批判している。とりわけ後者の問題につき、解釈者の判断の究極の基準として現在の全体意思があげられている点、法解釈における価値（または利益）衡量が重要なプロセスであるはずなのに、質的に違うものを比較しても無意味だとしている点を批判している。そして次の4つの要請を法解釈の原則としてあげている[10]。

- a 論理上──文理・法論理の正確さと明晰さ、全法秩序における体系的な整合性の確保。
- b 心理上──対象となる事実の認識および価値＝利益の衡量において、公正さを維持する努力。
- c 認識上──事件の真実と社会的意味を正確に理解すること。対象の正確な認識、広い視野の下で法と事実の関連や法運用の効果等まで考察できる社会科学的な認識の能力。
- d 価値上──法の機能を「人間（の幸福）のために」いかすこと。人間疎外を克服する方向への積極的志向。

これらの原則は解釈の基本ともいえるものであろう。

佐藤功は、憲法の解釈には価値判断がともなうものなので、その解釈は目的論的・実践的になるとする。その基準として、客観的に認められる制定者の意思をあげる。目的論的・実践的解釈は、解釈者の主観的な解釈を容認することになるが、憲法の文字を離れての解釈はありえない。憲法は本質的に政治的な法であり、解釈問題は本来政治的な性質をもつ問題であることがむしろ普通である。憲法の解釈は、憲法の文字の中に制定者の意思を、したがってその理念を発見し、その理念に基づいてその憲法を解釈することで、それは「良い意味における政治的解釈」であるとする[11]。

昭和43（1968）年のシンポジウム「憲法学の方法」は、美濃部達吉、佐々木惣一、宮澤俊義、鈴木安蔵、長谷川正安、渡辺洋三の学問的方法の検討を通し

---

10) 小林直樹「憲法解釈学の若干の論点」法律時報36巻10号（1964年）29-30頁。憲法解釈の客観性や「わく」の問題については、小林直樹「憲法解釈学の基本問題」『公法の理論下1』（有斐閣、1977年）1249頁以下。

11) 佐藤功『憲法解釈の諸問題第2巻』（有斐閣、1962年）12頁以下。

て、社会科学としての憲法学の必要性、憲法解釈の方法、憲法解釈と社会科学の関係を明らかにするものであった。このシンポジウムの起点は宮澤憲法学において、法の科学は法の解釈から峻別され、イデオロギー批判を任務とすることをどう理解するかというものである。憲法解釈の方法においては①憲法解釈に価値判断の介入が不可避か、②憲法解釈において枠はあるのか、そもそも憲法解釈における枠とは何なのか、③憲法の基本原理及び解釈基準、④解釈の「正しさ」、⑤憲法解釈と私法解釈について論じられている[12]（後掲 図2参照）。

その中で、①については、解釈をどう定義するかにかかわる憲法典自体が一定の価値体系を法典化したものなので、価値判断を不可避とする（奥平）という主張もあるが、他方で、第1段階は解釈者の価値判断をもちこまない認識の作用がありえ、第2段階における価値判断は不可欠ではない（阿部）という主張もある。

②については、枠はない、機能的に伸び縮みするものとして存在している、枠はあるべきか、どのような枠であるべきかが問題だ（樋口）とする主張もあるが、論理的整合性を欠いた解釈は、憲法との関係において論理的に不可能な解釈として、「憲法典の枠」をこえたもの（杉原）、とも主張されている。

⑤についてもさまざまな点から論じられ、規制対象の性質の差異を強調して、国家を縛れというところに憲法解釈の力点をおくのが、古典的な近代立憲主義の立場に立つ解釈論、自分の解釈論を立てる場合は、今日でもそうすべきであると思う（樋口）とする主張もあるが、権力の現状を前提とする限り、厳格な論理実証主義の方法が重要な意義をもってくる（杉原）、とする意見もある。

このような議論から、既述したような法解釈論争によって克服されたとされる点が必ずしも憲法研究者によって共通の認識とはなっていないことがわかる。憲法においては、公権力に対して、より説得力のある解釈が求められるからである。ある種の客観性が要求され、意識されるのもこうした理由からである。

Ⅳ 憲法解釈の課題

私法における解釈との差異とはどのようなものなのだろうか。憲法の対象は

---

[12] 杉原泰雄＝奥平康弘＝樋口陽一＝影山日出弥＝阿部照哉「シンポジウム憲法学の方法」法律時報40巻11号（1968年）4頁以下。

多岐にわたり、取り扱われる範囲も広い。国民の権利や自由の保障という目的から憲法解釈には一定の方向性が要請される。しかしながら法規を忠実に解釈することによって恣意的な解釈を防ぐ効果（前述の加藤の指摘）というのは、憲法典自体が人々の自由や権利を護り、民主主義を志向していることが明らかなときはよいのだが、そうした志向がもはやみられず憲法改正が行われたときでも、同様の解釈方法が要請されるのかということに注意しなければならない。そこで、「正義こそが解釈の指針」で、「憲法典はその実現の補助物」という考え方も出てくる[13]。

ところで、憲法解釈の科学的解釈は、社会的発展法則の科学的認識とそれを可能にする立場が欠ける場合は不可能とする長谷川正安の主張[14]は、冷戦構造が崩壊し、マルクス主義法学がいわばたゆたう状況にある今日「社会的発展法則」の存在や内容があらためて問われよう。しかしながら歴史観や国家論はとりわけ憲法解釈においては不可欠と思われる。とくに国家をどう位置づけるのかは、国家の役割や権利の性格を画定することとかかわる重要な問題である。

最後に解釈は誰を基準としてするのか、解釈主体は誰か、主体によって解釈は変わるのかという問題がある。これについては、前述のシンポジウムにおいて樋口陽一の次の発言がある。「私自身の場合、解釈という場合には、裁判官の判決の作成、行政官の行政処分作成活動、これが一番中核になるものです。そういう解釈に直接あるいは間接に影響を与えようとして学者がいろいろな立場をとる。……そういうことを解釈と呼ぶことにしたほうがいいと思うのです。」

これに対し次のような主張もある。「厳格な規範解釈を経由したうえの違憲論と、ある立法を阻止するためという運動論上の違憲論とは、区別されるべきだと考える。……およそ憲法研究者と自己を規定する以上は、この区別をきちんとつけておくべきだと思う。憲法研究者というものは、まず第一にたんなる政治過程と区別された、特有な土俵の場——<u>憲法制度上、唯一のというわけではないが最後の拠り所</u>（the last resort）である裁判所——で通用する解釈を提供するように、社会的に期待されている。[15]」

---

13) 斉藤芳浩「憲法解釈と正義（2）」法学論叢 136 巻 3 号（1994 年）57 頁。
14) 長谷川正安『憲法判例の研究』（勁草書房、1956 年）。
15) 奥平康弘「試論・憲法研究者のけじめ」法学セミナー 1985 年 9 月号 8-9 頁（傍点部分は下線に変更）。

しかしながら、しばしば、憲法の最終的な公権的解釈権を有するとされる最高裁判所は、「権力の担い手以外の憲法解釈によって多かれ少なかれ影響をうけているはずである[16]」とするならば「自分の専門知識を活用して政治過程へと参入する[17]」こともときとしては必要であり、それは最終的に公権的解釈に何らかの作用をすることもあるといえよう。

解釈主体が裁判所であるか立法府であるかによって解釈は異なるのか、その点につき内野正幸は、統治制度全体における裁判所と立法府の機能や位置の違いにより、要請される解釈が同じものにならないと論じる見解を①機能的憲法解釈観、同じものだとする見解を②実体的憲法解釈観と呼ぶ。さらに憲法を実体的価値の体系とみるA実体的憲法観、憲法を統治の構造・過程を定めたものとみるBプロセス的憲法観との対立を指摘する。そして②はAを当然の前提とし、Bは①を必然的に帰結させるが、Aをとりつつ①を主張することも可能という[18]。

さらに「唯一の正しい客観的な憲法解釈は存在するのであり、裁判所も、この客観的憲法解釈に従って憲法判断を下すべきである、とする立場[19]」すなわち客観的憲法解釈観が存在する。たとえば佐藤幸治は「裁判所が司法権の行使に付随して違憲審査権を行使する場合も、憲法の客観的に唯一の正しい解釈を目指さなければならない[20]」という。しかし、これに対しては、客観的に唯一の正しい解釈を誰がどのようにして確定するのかという問題が生じよう。

裁判官には、裁判官の法創造を嫌うため法文に忠実に解釈すべきであることが要請された。これが概念法学の提起した問題でもあった。アメリカ合衆国連邦最高裁判所判事アントニン・スカリアによれば、「無制約な憲法解釈による司法部の法創造は、やがては適正に機能する民主主義によって拒絶される」とし、彼自身は「それら規定が採択された当時の社会がそれらの概念についてもっていた理解を包含する、裁判所が考えることができること」を唯一正当なものとしている[21]。このような裁判官の謙抑的な姿勢は司法消極主義との関連が

---

16) 樋口陽一『憲法』(創文社、1992年) 18頁。
17) 奥平康弘・前掲注15)・9頁。
18) 内野正幸『憲法解釈の論理と体系』(日本評論社、1991年) 182頁以下。
19) 内野・前掲注18)・188頁。
20) 樋口陽一他『注釈日本国憲法下巻』(青林書院、1988年) 1459頁〔佐藤幸治担当部分〕。
21) アントニン・スカリア=太田裕之訳「憲法解釈の方法」近畿大学法学44巻3・4号 (1997年) 13頁以下。これに対して疑問も提起されている。園部逸夫「憲法解釈の方法」同書1頁以下。

問われるものでもある[22]。社会における変化や発展を考慮しないことは現在の社会関係に対する適切な判断を欠くことになる場合もあろう。裁判官に解釈に際して謙抑的な態度を要請することは、客観性や中立性を過度に期待することにもなり、他面裁判官の市民としての思想や表現の自由を奪うことにもつながりやすい。

まとめにかえて

　ここであらためて解釈の問題をとりあげたのは、一方で科学技術が進歩し、他方で社会的関係もさまざまに変化する中で、これまで予想もされなかった法的問題も提示されたり、解決を迫られたりしているという社会背景があるからである。他方で政治家と研究者との、あるいは裁判官との解釈の違いも問題となっている。憲法理念にてらしてどのように考えるべきか、憲法解釈が問われることも多くなっている。

　解釈が主観的価値判断を含むことは否めない。憲法解釈は憲法という性格上、公権力との対峙は不可避である。そこで憲法解釈はときとして「闘い」という側面ももつ。他方で裁判所が解釈をするのではなく裁判官という人間が解釈をする限り、裁判所における解釈も1つではない。しかし、そもそも私法の解釈のアプローチと公法とくに憲法の解釈のアプローチが異なるとしたら、日本の憲法裁判の終審裁判所である最高裁判所において、下級裁判所裁判官からなる調査官の主導で判決が作成されていることが判決内容に何らかの影響をもたらしているとはいえないのか[23]。つまり、はじめに妥当とされる結論ありきで、利益衡量で理由づけをする。こうした解釈手法をとっていることが司法消極主義を生み出しているのではないかと思える。これらのことをふまえながら社会状況の変化の中で、憲法の基本に学び、変わらないもの、護るべきものを明らかにすることは決してむだではないだろう。

---

22) 裁判官の解釈の限定性については、樋口陽一『司法の積極性と消極性』（勁草書房、1978年）166頁以下。
23) 滝井繁男『最高裁判所は変わったか』（岩波書店、2009年）31頁以下参照。

図1　概念法学と自由法学の特徴

概念法学
- ①法の無欠欠性・無矛盾性
- ②法的概念の円滑な関係
- ③論理が必然的にえられる結論
- ④判決による社会的効果は関心外
- ⑤裁判官の機械のような論証的操作

自由法学
- ①法の欠欠の承認
- ②生ける法による欠欠の補塡
- ③国家的に作られた法に限定されない
- ④裁判官の法による拘束からの解放

矢崎光圀「自由法と概念法学」中川善之助監修『現代法学事典2』別冊法学セミナー増刊（日本評論社、1973年）427-428頁から作成。

図2　憲法解釈の方法

①憲法認識説
- a 形式論理的法実証主義的方法　佐々木惣一（京都学派）
- b 自由法的目的論的方法　美濃部達吉（東京学派）

②憲法実践説——憲法科学と憲法解釈の峻別　宮澤俊義

③憲法認識・憲法実践統一説
- a 歴史の発展法則をふまえたものこそ科学的認識と政治的価値判断を統一しうる　長谷川正安
- b 憲法規範及び憲法問題についての価値判断の論理的定着の形式が必要　渡辺洋三

杉原泰雄「公法における法の解釈」『法の解釈』ジュリスト増刊（有斐閣、1972年）112頁以下から作成。

3　永久平和主義

はじめに

　日本国憲法制定の契機はポツダム宣言にある。したがって戦争に対する反省や軍国主義、国家主義に対する反省が随所に現れている憲法だといえる。中でも「第2章　戦争の放棄」は9条のみで成り立つ章ではあるが、日本国憲法の基本理念の1つを構成する。最近「憲法改正」が叫ばれているが、9条がもっぱらそのターゲットとなっている。しかし、9条の改正は、一国の安全保障の問題のみならず、世界の権力構造や政治勢力、国際的安全保障体制にもつながる問題である。このグローバルな視点を欠いては、軽々に9条の改正の問題は語れない。混迷する9条をめぐる状況に対し、国際的な動向の中での9条の意義を明らかにし、9条の本意を考えてみたい。

I　制定過程と9条の意味

　大日本帝国憲法の改正はポツダム宣言の受諾と同時に義務づけられた。そのポツダム宣言は、日本国民の自由な意思によって「平和的傾向を有し、かつ責任ある政府」を日本に樹立することを究極の占領目的としていた。またそれが実現するための若干の条件も提示されていて、平和憲法の確立は戦後の日本において必須のことであった[1]。
　この他、制定過程においては、日本の統治体制に関するアメリカ政府の方針

---

1)　長谷川正安「第9条」有倉遼吉＝小林孝輔編『基本法コンメンタール憲法〔第3版〕』別冊法学セミナー78号（日本評論社、1986年）33頁以下参照。

(SWNCC-228、1946年1月7日)やマッカーサー・ノート(マッカーサー三原則、1946年2月3日)の存在も大きく影響していた。とりわけマッカーサー三原則の第二原則は、侵略戦争と自衛戦争、双方の放棄を明示しており、9条制定に直接影響を及ぼしたことは疑いがない[2]。同時にマッカーサーは、GHQ内で憲法草案を作成することを決定した際、大日本帝国憲法の形式に則ることと1995年に作られた国連憲章を念頭におくことを命じており[3]、日本国憲法の解釈においてもこの点は無視できない。

　結果的に、第二原則の中でマッカーサーが示した、侵略戦争の放棄と自衛戦争の放棄のうち、後者はGHQの草案作成の過程の中で抜け落ちる。草案を担当したケーディスによれば、それはあまりに理想的で現実的ではないので自分自身でカットしたとしている[4]。GHQの内部においても、平和条項の書き方に対立があったことがわかる。

　GHQの憲法草案(総司令部草案)から憲法改正草案要綱(3月6日)、次いで憲法改正草案(4月17日)が作成され、第一次吉田内閣の下で6月20日第90回帝国議会が開催され、帝国憲法改正草案として帝国議会に提出された。10月29日に枢密院で可決され、天皇の憲法改正の裁可となった。衆議院の憲法改正案特別委員会の修正において9条に関して特記すべきことは芦田修正といわれるものである。すなわち9条1項に「日本国民は、正義と秩序を基調とする国際平和を誠実に希求し」の文を、2項に「前項の目的を達するため」の文を挿入した[5]。後者の挿入により一定の条件の下に武力をもたないという意味が強まることになり、このことが国連加盟のときに、国連憲章との整合性ということで役立つと考えられた。実際には国連加盟のときにそのことは問題とはされなかった。

　制定過程における政府の9条解釈は、昭和21(1946)年6月26日衆議院本会議での吉田首相の答弁によると次のようであった。「戦争抛棄に関する本案の規定は、直接には自衛権を否定はして居りませぬが、第9条第2項に於て一切の軍備と国の交戦権を認めない結果、自衛権の発動としての戦争も、又交戦

---

[2]　マッカーサー・ノートは、マッカーサーとホイットニーが作ったといわれる。鈴木昭典『日本国憲法を生んだ密室の9日間』(創元社、1995年) 21頁。
[3]　鈴木・前掲注2)・67-68頁。
[4]　鈴木・前掲注2)・125-126頁。長谷川・前掲注1)・34頁。
[5]　鈴木・前掲注2)・325頁以下。長谷川・前掲注1)・35頁。

権も拠棄したものであります」。

　この時点においては、自衛権そのものも放棄されたと解釈されていた[6]。どのような自衛権が放棄されていると考えられていたかは問題になるが、1項では侵略戦争の放棄のみを示し、2項において、戦力の不保持、交戦権の否認を定めている結果、侵略戦争のみならず自衛戦争も含むあらゆる戦争が放棄されているとみるのが、当時の政府の解釈であり、今日の学界においても有力な説である[7]。1項が侵略戦争の放棄を示していることは、先のマッカーサー第二原則との関係、1928年の侵略戦争の放棄を国際的に定めたパリ条約の文言との類似などが根拠となる。

　政府自体の解釈は、昭和25（1950）年の朝鮮戦争の勃発、警察予備隊の創設、52年の講和・安保両条約の発効と保安隊、警備隊への拡大、54年のMSA協定と自衛隊の成立という、国際的・国内的政治状況の変化の中で、とりわけ、冷戦構造が意識され、アメリカ合衆国にとっての日本の極東での軍事的位置づけが明確化されるのにともなって、変わっていく[8]。

　昭和27（1952）年11月に内閣法制局がまとめた「戦力」に関する統一見解の中では、「9条2項は、侵略の目的たると自衛の目的たるとを問わず『戦力』の保持を禁止している」としながらも、「その『戦力』は、近代戦争遂行に役立つ程度の装備、編成を具えるもの」で、「その基準は、その国のおかれた時間的、空間的環境で具体的に判断せねばならない」とした。このことは「戦力」がときとともに変化しうる観念で、たとえば近代戦争が核で闘われることになれば、核にいたらざる実力は戦力ではないということを許すものとなる。この統一見解においては、「『戦力』に至らざる程度の実力を保持し、これを直接侵略防衛の用に供することは違憲ではない」ことも明らかにした。また9条2項の保持の主体は「わが国」とし、「米国駐留軍は、わが国を守るために米国の保持する軍隊であるから憲法第9条の関するところではない」とした。この最後の考え方は後の砂川事件最高裁判決の中で部分的にとりいれられている

---

[6]　長谷川・前掲注1）・37頁。
[7]　9条の解釈の整理については、さしあたり樋口陽一他『注釈日本国憲法上巻』（青林書院新社、1984年）164頁以下〔樋口陽一担当部分〕参照。但し、樋口は1項全面放棄説であり、2項全面放棄説は既出の長谷川正安の他、佐藤功もそうである。
[8]　この経緯と日米安保条約については、渡辺治編『現代日本社会論』（労働旬報社、1996年）54頁以下〔浅井基文担当部分〕。

(最大判昭 34・12・16 刑集 13 巻 13 号 3225 頁)。

II 9条に関する有権解釈

　こうした見解は、拡大されながらも、基本的には継承されてきたが[9]、平成27（2015）年の安保法制の成立で転機を迎えた。

　これまでの政府の見解は、独立国である以上、主権国家としての固有の自衛権を有している、自衛権を有している以上、「その行使を裏付ける自衛のための必要最小限度の実力を保持することは、憲法上認められている」として、「日本国憲法の下、専守防衛を我が国の防衛の基本的な方針として、実力組織としての自衛隊を保持」しているとしてきた。すなわち、侵略戦争のための戦力は保持しないが、自衛のための必要最小限度の実力の保持だとしていた。そして、日米安全保障条約に基づく駐留米軍の存在は 9 条の関するところではない[10]、としている。

　たとえば平成 25 年度版防衛白書における憲法 9 条の趣旨についての政府見解として次のように書かれている。保持できる自衛力については、「自衛のための必要最小限度」とし「攻撃的兵器を保有することは…いかなる場合にも許されない」とする。自衛権発動としての武力行使については次の三要件があげられている。①わが国に対する急迫不正の侵害があること、②この場合にこれを排除するために他の適当な手段がないこと、③必要最小限度の実力行使にとどまるべきこと、である。自衛権を行使できる地理的範囲については、「必ずしもわが国の領土、領海、領空に限られないが、それが具体的にどこまで及ぶかは、個々の状況に応じて異なるので、一概には言えない。しかし、武力行使の目的をもって武装した部隊を他国の領土、領海、領空に派遣するいわゆる海外派兵は、一般に自衛のための必要最小限度を超えるものであり、憲法上許されない」としていた。さらに集団的自衛権については次のように説明する。「国際法上、国家は、集団的自衛権、すなわち、自国と密接な関係にある外国に対する武力攻撃を、自国が直接攻撃されていないにもかかわらず、実力をもって阻止する権利を有するとされている。わが国は、主権国家である以上、国

---

9) この他、昭和 29（1954）年、昭和 47（1972）年にも政府は統一見解を示している。現代憲法研究会『日本国憲法：資料と判例〔6 訂版〕』（法律文化社、2001 年）122 頁以下。
10) 防衛白書における憲法についての解釈である。『平成 12 年版防衛白書』67 頁以下。

[別表 1] 関連する法律

昭和 51（1976）年		防衛大綱
		先守防衛という言葉の定着
昭和 53（1978）年		日米防衛協力のための指針（ガイドライン）
		日本への武力攻撃（おそれも含む）の事態を中心に日米共同作戦体制の強化
平成 4（1992）年		国際平和協力法（平成 4 年法律第 79 号）
		「海外派兵」と「海外派遣」を区別。武力行使の目的をもたないで部隊を他国へ派遣することは許される。
平成 7（1995）年		新防衛計画の大綱
		日本周辺地域事態への対処、地域紛争やテロなどを含む多様な事態への対応、アジア太平洋地域の平和と安定の維持にシフト。
平成 9（1997）年		新日米防衛協力のための指針
		新防衛計画の大綱の方針の明確化
平成 11（1999）年		周辺事態法（平成 11 年法律第 60 号）
		米軍に対する後方地域支援等の実施地域として、①わが国領域、②わが国周辺の公海およびその上空の範囲をあげる（同法 3 条 1 項 3 号）。②については、現在及び活動実施期間中に戦闘行為が行われないと認められることが条件。
平成 13（2001）年		国際平和協力法改正
		PKF 本体業務の凍結解除。国連軍への「参加」と「協力」を区別。国連軍の司令官の指揮下に入り、一員として行動することは「参加」であり、憲法上許されない。「参加」にいたらない「協力」については、国連軍の武力行使と一体とならないものは許される。
平成 13（2001）年		テロ対策特措法（平成 13 年法律第 113 号）
		平成 13（2001）年 9 月に米国で発生したテロ行為が契機となり成立。米軍に対する協力支援活動等の対応措置の実施地域として、①わが国領域、②公海およびその上空、③外国の領域をあげる（同法 2 条 3 項）。②③については、現在及び活動実施期間中に戦闘行為が行われないと認められることが条件であるが、自衛隊の米軍に対する支援活動を「外国の領域」（当該国の同意を条件）でも行うことをはじめて明記。
平成 15（2003）年		イラク特措法（平成 15 年法律第 137 号）
		対応措置の実施範囲が、①わが国領域、②外国の領域（イラク）、③公海及びその上空となり（同法 2 条 3 項）、「外国の領域」が、自衛隊の活動場所として正面から認められた。
平成 15（2003）年		いわゆる有事法制の成立
		武力攻撃事態法（平成 15 年法律第 79 号）、自衛隊法等改正法（平成 15 年法律第 80 号）及び安全保障会議設置法改正法（平成 15 年

法律第78号）のいわゆる「武力攻撃事態対処」関連3法が成立。さらに、「国民保護」法（平成16年法律第112号）、米軍行動関連措置法（平成16年法律第113号）、特定公共施設利用法（平成16年法律第114号）、国際人道法違反処罰法（平成16年法律第115号）、海上輸送規制法（平成16年法律第116号）、捕虜取扱法（平成16年法律第117号）、及び自衛隊法改正法（平成16年法律第118号）のいわゆる「事態対処法制」関連7法も成立。また、ACSA協定（物品役務提供協定）改正及びジュネーヴ諸条約追加議定書（第1、第2）を承認。

これらの法制は「有事法制」といわれる。「有事法制」とは、「日本の有事に際して必要な法制」をいう。内容は、①自衛隊の行動に関する法制、②米軍の行動に関する法制、③国民の生命財産保護に関する法制の3分野から構成される。そこで想定されている「有事」とは「戦争状態」のことである。

武力攻撃事態法の問題点

「武力攻撃事態等」は、「武力攻撃事態」と「武力攻撃予測事態」からなるが、これらの認定は判断権者の広範な裁量に委ねられており、さまざまな対処措置が可能となっている。政府解釈は、「武力攻撃予測事態」においては、わが国に対する武力攻撃を排除するための必要最小限度の武力の行使は憲法も否定していないとし、そのための準備をする段階において、日米が共同で対処するために相互にいろいろな協力をするということも憲法上問題にならず、したがって、弾薬を米軍に提供するということについては、憲法上の問題はないとしている（平成16（2004）年3月10日参院予算委・秋山内閣法制局長官答弁）。

国民保護法の問題点

この法律の目的は、①国民の生命・身体・財産の保護と、②武力攻撃が国民生活・国民経済に及ぼす影響の最小化（同法1条）である。しかし、「国民保護」法制でも、自衛隊の本務はあくまでも国家の防衛（自衛隊法3条）であって、たとえば本法に基づく自治体に対する避難誘導支援（同法63条1項・2項）は、「本務に支障が生じない限り」で実施される。この点で災害対策基本法における災害対策における住民の扱いとは異なる。

平成19（2007）年	防衛庁から防衛省への格上げ
平成20（2008）年	補給支援特措法
	平成19（2007）年7月のテロ対策特措法の執行により海上給油活動が中断されたが、これにより再開。
平成21（2009）年	海賊対処法
	海上自衛隊のソマリア沖等への派遣を正当化する法律。この後、護衛艦と固定翼哨戒機による監視活動を行う。

平成25（2013）年	12月に国家安全保障戦略を国家安全保障の基本理念として策定。そこには平和国家としての歩みの堅持と国際協調主義に基づく積極的平和主義の立場からわが国の安全及びアジア太平洋地域の平和と安定を実現しつつ、国際社会の平和と安定及び繁栄の確保にこれまで以上に積極的に寄与するとしている。国家安全保障戦略（外交政策及び防衛政策を中心とした安全保障の基本政策、概ね10年程度の期間）を受けて、防衛計画の大綱（防衛力のあり方と保有すべき防衛力の水準を規定、概ね10年程度の期間）を作成、それを受けて、中期防衛力整備計画（5年間の経費の総額と主要装備の整備数量を明示）を作成、またそれを受けて、年度予算（情勢などをふまえて精査の上、年度ごとに必要な経費を計上）を作成する流れとなっている。

別表において、法律名は略称を用いている。平成28年度版防衛白書の防衛年表（169頁以下及び468頁以下）、水島朝穂「第9条」『基本法コンメンタール憲法〔第5版〕』別冊法学セミナー189（日本評論社、2006年）40頁以下、愛敬浩二「第9条」『新基本法コンメンタール憲法』別冊法学セミナー210（日本評論社、2011年）46頁以下を参照して作成。

際法上、当然に集団的自衛権を有しているが、これを行使して、わが国が直接攻撃されていないにもかかわらず他国に加えられた武力攻撃を実力で阻止することは、憲法第9条のもとで許容される実力の行使の範囲を超えるものであり、許されない」。交戦権については次のように説明する。「憲法第9条第2項では、『国の交戦権は、これを認めない。』と規定しているが、ここでいう交戦権とは、戦いを交える権利という意味ではなく、交戦国が国際法上有する種々の権利の総称であって、相手国兵力の殺傷と破壊、相手国の領土の占領などの機能を含むものである。一方、自衛権の行使に当たっては、わが国を防衛するための必要最小限度の実力を行使することは当然のこととして認められており、たとえば、わが国が自衛権の行使として相手国兵力の殺傷と破壊を行う場合、外見上は同じ殺傷と破壊であっても、それは交戦権の行使とは別の観念のものである。ただし、相手国の領土の占領などは、自衛のための必要最小限度を超えるものと考えられるので、認められない。」またその他の基本政策として次の4つをあげる。専守防衛、すなわち憲法の精神に則った受動的な防衛戦略の姿勢をとる。軍事大国とならないこと、すなわち他国に脅威を与えるような強大な軍事力を保持しない。非核三原則、すなわち核兵器を持たず、作らず、持ち込ませずという原則の堅持、文民統制の確保、すなわち軍事力に対する民主主義的な政治による統制を確保する[11]。

このような政府見解ではあったが、「外国のためのみ」にする自衛隊の「武力行使」が違憲とされるのであって、日本防衛という目的があれば武力行使は許される、また武力行使以外の軍事的支援・協力であれば憲法上問題にならないという考えは示されていた。たとえば、日本来援の米艦隊の護衛は個別的自衛権の範囲内としている（昭和58（1983）年2月22日衆院予算委・夏目防衛局長答弁）[12]。こうした見解のもとで別表1の関連する法律にみられるように自衛隊の活動は拡大していった。

　しかしながら9条2項は戦力の不保持、交戦権の否認を定めており、肥大化した自衛隊は、たとえ「自衛のための必要最小限度の実力の保持」を認めたとしても相当的でないと批判されるところであった[13]。9条2項は、あくまで国際秩序維持や回復のための戦力、実力の保持を否定しているのであって、力によらない平和の維持、紛争の解決が日本に対しては要請されている。力によらない平和の維持とは、抑止力理論に頼らない平和の維持ということをさすと考えられよう。

Ⅲ　安保法制成立による有権解釈の変化

　平成29（2017）年度防衛白書においては、政府はこれまでの基本的論理、昭和47（1972）年10月14日の政府見解（「集団的自衛権と憲法との関係」すなわち自衛の措置は、あくまで外国の武力攻撃によって国民の生命、自由及び幸福追求の権利が根底から覆されるという急迫、不正の事態に対処し、国民がこれらの権利を守るためのやむをえない措置としてはじめて容認される、とする見解）は守るとしながらも、後述のように「9条のもとで許容される自衛の措置」について、環境の変化を理由に考えを変えたことを明らかにする。その他の、保持できる自衛力、自衛権を行使できる地理的範囲、交戦権についての考えは基本的に変わっていない。先守防衛、軍事大国とならないこと、非核三原則、文民統制の確

---

11)　『平成25年版防衛白書』103頁。
12)　解釈の変化については、浦田一郎編『政府の憲法9条解釈』（信山社、2013年）を参照。同旨の解釈は、同書169頁。
13)　ヨハン・ガルトゥング＝高柳先男他訳『90年代日本への提言：平和学の見地から』（中央大学出版部、1989年）99頁以下。量より質、すなわち防衛的、非挑発的防衛のあり方についてふれている。

保の基本政策を守ることもあげている。

　これまで政府は、この基本的な論理のもと、「『武力の行使』が許容されるのは、わが国に対する武力攻撃が発生した場合に限られると考えてきた。しかし、パワーバランスの変化や技術革新の急速な進展、大量破壊兵器などの脅威などによりわが国を取り巻く安全保障環境が根本的に変容し、変化し続けている状況を踏まえれば、今後他国に対して発生する武力攻撃であったとしても、その目的、規模、態様などによっては、わが国の存立を脅かすことも現実に起こり得る」として、こうした問題意識の下に、「わが国に対する武力攻撃が発生した場合のみならず、わが国と密接な関係にある他国に対する武力攻撃が発生し、これによりわが国の存立が脅かされ、国民の生命、自由及び幸福追求の権利が根底から覆される明白な危険がある場合において、これを排除し、わが国の存立を全うし、国民を守るために他に適当な手段がないときに、必要最小限度の実力を行使することは、従来の政府見解の基本的な論理に基づく自衛のための措置として、憲法上許容されると考えるべきであると判断するに至った」とする。

　すなわち、国際法上の集団的自衛権の行使としてではなく、個別的自衛権の延長として「わが国と密接な関係にある他国に対する武力攻撃が発生し、これによりわが国の存立が脅かされ、国民の生命、自由及び幸福追求の権利が根底から覆される明白な危険がある場合において」必要最小限度の実力の行使は認められる、とする。しかし外からみればそれは明らかに集団的自衛権の行使である。そこで、「集団的自衛権限定容認」と捉えられる[14]。そこでの、憲法9条の下で許容される自衛の措置としての武力行使の新3要件は①わが国に対する武力攻撃が発生したこと、またはわが国と密接な関係にある他国に対する武力攻撃が発生し、これによりわが国の存立が脅かされ、国民の生命、自由及び幸福追求の権利が根底から覆される明白な危険があること、②これを排除し、わが国の存立を全うし、国民を守るために他に適当な手段がないこと、③必要最小限度の実力行使にとどまるべきこと、となった。この措置の前提として、憲法前文の「平和的生存権」、13条の「生命、自由及び幸福追求に対する国民の権利」があげられていることにも注意が必要である。むしろこのような行使の容認は国民を戦争に巻き込むことになり、国民の平和的生存権は脅かされ、

---

14) 浦田一郎『集団的自衛権限定容認とは何か』(日本評論社、2016年)。

国民の生命、自由及び幸福追求の権利の侵害の危険性は増すと考えられよう。またこれをはたして個別的自衛権の延長上にあると捉えられるかは大いに疑問である。これはこれまでの政府の解釈を踏み越えるものであり、安全保障のあり方の転換を示している[15]。

　安保法制（戦争法とも呼ばれる）は 2 つの法案から成り立っていた。1 つは自衛隊法・武力攻撃事態法・周辺事態法等の 10 本の法律を一括改正する「平和安全法制整備法案」、もう 1 つは他国軍の軍事活動に対するグローバルな後方支援を随時行うことを可能にする「国際平和支援法案」である。これらは平成 27（2015）年 9 月に国会で可決・成立したが、その成立の経緯に疑義があり、その点をふまえてから内容について詳述したい。

　発端は平成 26（2014）年 7 月 1 日、安倍内閣が新たな安全保障法制整備のための基本方針を閣議決定したことからはじまった。閣議決定の概要は、安倍首相の下での「安全保障の法的基盤の再構築に関する懇談会」の報告書を受けたもので、あらゆる事態に切れ目のない対応を可能とする法案の整備のための基本方針を示す「国の存立を全うし国民を守るための切れ目のない安全保障の整備について」であった。すでにそこには従来の政府見解を踏み越える考え、「わが国に対する武力攻撃が発生した場合のみならず、わが国と密接な関係にある他国に対する武力攻撃が発生し、これによりわが国の存立が脅かされ、国民の生命、自由及び幸福追求の権利が根底から覆される明白な危険がある場合において、これを排除し、わが国の存立を全うし、国民を守るために他に適当な手段がないときに、必要最小限度の実力を行使することは、従来の政府見解の基本的な論理に基づく自衛のための措置として、憲法上許容される」とする文言が入っていた[16]。これにそって平成 27（2015）年 3 月政府は法案作成作業を開始した。4 月「日米防衛協力のための指針」（ガイドライン）が 18 年ぶりに改定された。ガイドラインは、昭和 53（1978）年に冷戦の情勢の背景にして、もっぱら日本への武力攻撃への対応を中心として策定され、その後平成 9（1997）年の冷戦終結による安全保障環境の変化から周辺事態への対応と協力という形で拡大してきたものである。新たなガイドラインにはすでに「自衛隊は、日本と密接な関係にある他国に対する武力攻撃が発生し、これにより日本

---

15) これまでの政府の基本的な考えについては次も参照、「憲法 9 条に関する政府の解釈について」ジュリスト 1260 号（2004 年）68 頁以下。
16) 閣議決定の概要と法整備に関しては、『平成 28 年版防衛白書』209 頁。

の存立が脅かされ、国民の生命、自由及び幸福追求の権利が根底から覆される明白な危険がある事態に対処し、日本の存立を全うし、日本国民を守るため、武力の行使を伴う適切な作戦を実施する」という文言が盛り込まれていた。日本が「集団的自衛権」を使うことが示され、米軍への後方支援への地理的制限もなくし、自衛隊の米軍への協力を地球規模に拡大するものである。平時から緊急事態まで「切れ目のない形で、日本の平和及び安全を確保する」ことに言及し、実質的に安保条約の枠組を大きく変えるものであったが、当然この時点で根拠法は存在していない。なお、ガイドラインは、条約とは異なり国会での承認手続は必要とされていない。これにより法的義務を負うものでもないと考えられているが、実際には、ガイドラインで米国と約束したことを理由に法律を見直したり、自衛隊を整備したりしている[17]。たとえば平成9（1997）年の改定後、平成11（1999）年に周辺事態法が成立している。4月末、安倍首相は、米議会上下両院合同会議で、安保関連法案を「この夏までに成就させる」と演説、国会での議論よりも先に安保法制を成立させることを表明した。

　5月11日、安保法制を構成する関連法案について与党協議で合意が成立、15日に安保法制関連11法案の内容が提示された。改正案の主な論点として次のことが議論にあがった。第一に、いわゆる集団的自衛権の行使が容認できるかという点である。これに対しては「あくまでもわが国を防衛するためのやむを得ない自衛の措置として許容される」（中谷防衛相5月14日）と自衛権の延長としての見方を示した。第二に、こうした集団的自衛権を行使する条件が歯止めとしての有効性をもつかが問題となる。これに対しては武力行使の新しい三要件が示された。すなわち、日本の存立にかかわるような明白な危険がある事態（存立危機事態）、他に適当な手段がない、事態に応じ合理的に必要と判断される限度、である。集団的自衛権行使の例として、安倍首相は国会答弁で次の2つの例、中東・ホルムズ海峡での停戦前の機雷除去と日本人を輸送する米艦の防護、をあげた。第三に、自衛隊の活動範囲の拡大が問題となる。すなわち「周辺事態法」は「重要影響事態法」にかわり、これまでの日本周辺という地理的制限がなくなり、支援対象は米軍以外にも拡大する。第四に、国際社会の平和と安全などの目的を掲げて戦争している他国軍を自衛隊がいつでも後方支援できる恒久法としての「国際平和支援法」にする意味が問われた。審議の

17）さしあたり、朝日新聞2015年4月28日朝刊参照。

中で、安倍首相は、「戦争に巻き込まれることは絶対にない」、「徴兵制が敷かれることは断じてない」、「専守防衛が防衛の基本であることにはいささかの変更もない」とした[18]が、その根拠は明確ではない。平成27（2015）年9月17日に参議院平和安全特別委員会で強行採決、19日に参議院本会議で可決・成立した。

　成立した法律の主な改正点は次のようである。

　まず、自衛隊法の改正によって、在外邦人等の保護措置に関する規定が新設された（84条の3）。従来外国における緊急事態に際しての在外邦人の保護にあたっては、安全な地域に「輸送」することに限られていたが、輸送のみならず、警護、救出などの「保護措置」も可能となった。米軍等部隊の武器等の防護に関する規定が新設され（95条の2）、防護できるようになった。米軍に対する物品役務の提供の拡大に関する規定が整備され（100条の6）、拡大した。国外犯処罰に関する規定が新設された（122条の2）。国外における自衛隊の任務が拡大することから、上官の命令に対する反抗や不服従に関する規定も設けたものである。

　周辺事態法は改正されて、重要影響事態法（重要影響事態に際して我が国の平和及び安全を確保するための措置に関する法律）となった。これまでの周辺事態法は、朝鮮半島有事などを想定し、日本周辺で米軍のみを支援することを考えるものであった。改正後は重要影響事態が想定されるときには、地理的な制限はなく、米軍と他国軍など（オーストラリア軍などを想定しているという、「国連の目的の達成に寄与する活動を行う外国の軍隊」）を支援できるとするものである。後方支援活動、捜索救助活動、船舶検査活動、その他の重要影響事態に対応する措置、があげられている。事前の国会承認が原則であるが、緊急の必要がある場合には事後承認となる。この法律改正にともない船舶検査活動法の改正が行われている。

　いわゆる武力攻撃事態法は、このような略称がふさしいかどうかは別にして、事態対処法（武力攻撃事態等及び存立危機事態における我が国の平和と独立並びに国及び国民の安全の確保に関する法律）となり、これまで認められてきた武力攻撃事態等（すなわち武力攻撃事態と武力攻撃予測事態）に対する個別的自衛権に加えて、新たに存立危機事態（わが国と密接な関係にある他国に対する武力攻撃

18）朝日新聞2015年7月31日朝刊。

が発生し、これによりわが国の存立が脅かされ、国民の生命、自由及び幸福追求の権利が根底から覆される明白な危険がある事態）に対するいわゆる集団的自衛権を認めるものとなった。その場合の条件が武力行使の新3要件（前述）として示された。これは憲法上禁じられている集団的自衛権の行使につながるものである。この法律改正にともない、特定公共施設利用法、海上輸送規制法、捕虜取扱い法が改正された。また、米軍行動関連措置法は米軍等行動関連措置法となり、武力攻撃事態等に対処する米軍に加えて、当該事態における米軍以外の外国軍隊や、存立危機事態における米軍その他の外国軍隊に対する支援活動を追加した。

武力攻撃事態は日本が直接攻撃を受けた場合、武力攻撃予測事態はその事態が切迫し予測されるにいたった事態、存立危機事態は他国への攻撃でも日本の国の存亡にかかわるような明白な危険がある場合、重要影響事態はそこまではいかないが、放っておいたら日本が攻撃されてしまうような、国の安全にかかわる場合をさすとされた。

国際平和協力法は次のようにかわった。これまでは国連主導の人道・復興支援が中心であり、自分や近くにいる人の身を守るための武器使用が認められてきた。しかし、改正後は国際的な平和協力活動の多様化、質的変化をふまえて、国連PKOなどにおいて実施できる業務の拡充や武器使用権限の見直しを行い、国連が統括しない人道復興支援や安全確保などの活動（国際連携平和安全活動）にも積極的に参加できるように、同活動にかかる規定が新設された。

なお、国際平和協力法は平成4（1992）年に成立した。国連を中心とした国際平和のための努力に積極的に寄与するため、国際平和維持活動（国連PKO）、人道的な国際救援活動、国際的な選挙監視活動を行ってきた。活動への参加にあたっては、①紛争当事者の間で停戦に合意が成立している、②国連平和維持隊が活動する地域の属する国及び紛争当事者が当該国連平和維持隊の活動及び当該国連平和維持隊へのわが国の参加に同意している、③当該国連平和維持隊が特定の紛争当事者に偏ることなく、中立的な立場を厳守している、④上記の原則のいずれかが満たされない状況が生じた場合には、わが国から参加した部隊は撤収することができる、⑤武器使用は要員の生命等の防護のための必要最小限度のものを基本とする、この参加5原則が基本方針である。性格・内容等が国連PKOと類似している国際連携平和安全活動もこの参加5原則をみたすことが必要である。

国連 PKO 等における業務について、これまでの停戦監視、被災民救援等の業務に加えて、防護を必要とする住民、被災民等のいわゆる安全確保業務、活動関係者の生命または身体に対する不測の侵害または危難等の場合のいわゆる駆けつけ警護などの業務を追加もしくは拡充した。これらの業務の追加・拡充にともなって武器使用権限も拡充され、「事態に応じ合理的に必要と判断される限度で」武器の使用が認められた。

　新たに制定された国際平和支援法は、国際社会の平和及び安全の確保のため国際平和共同対処事態、すなわち国際社会の平和及び安全を脅かす事態にあって、その脅威を除去するために国際社会が国連憲章の目的にしたがい共同して対処する活動を行い、かつわが国が国際社会の一員としてこれに主体的かつ積極的に寄与する必要がある事態に際し、わが国が諸外国の軍隊等に協力支援活動を行うことができるように新設された。重要影響事態は日本の平和や安全につながる場合であるが、国際平和共同対処事態は日本に影響がなくても国際社会が一致して対応すべき戦争や紛争がおきた場合に、自衛隊を派遣することを想定している。活動の内容や範囲は重要影響事態法とほぼ同じといわれている。これまでの特措法での非戦闘地域における後方支援から、新たな法律は恒久法となった。現に戦闘行為を行っている現場以外なら、自衛隊は弾薬の輸送などの後方支援を行える。派遣前に国会承認という手続は必要とされている。派遣の条件として、国連総会や国連安全保障理事会が支援する他国軍の軍事行動を認める決議などをだしていることがあげられている。国家安全保障会議設置法も、審議事項、必ず審議しなければならない事項を上記の法律改正もしくは制定にともなって、かえている[19]。

　安全保障法制の成立に関しては、立憲主義という観点から、そのプロセスも内容も違反していると問題になった。プロセスの点ではまず閣議決定、ガイドラインの改定から、それにあわせて違憲な法律を作るという点で問題となった。また内容的には憲法9条の規定そのものに反する法律や改正法であるという点で、それ自体合憲か疑わしいが、それでも政府が長い間、憲法の範囲内として守ってきたルールにも反する。日本国憲法9条2項は戦力の不保持、交戦権の否認を定める。すなわち既述したように「戦力によらない平和の確立」、非武装平和主義をめざすものである。その点で後述するように抑止力に頼る国連憲

---

19) これら法整備の経緯及び内容に関しては、『平成28年防衛白書』208頁以下に詳述してある。

章とも相入れない。抑止力理論による今回の安全保障法制は、憲法の理念にそぐわず、そもそも違憲である。日本国憲法と日米安保条約の共存を考えてきた従来の政府のあり方とも大きく異なる。従来は米国と同盟を結びつつも日米協力の範囲は憲法によって規制されるという政策を基本としていた。しかし、今回のガイドラインと安保法制は、従来の憲法を根拠とする制約さえもとり払うものであり、したがって、実質的な憲法改正ではないかという批判が生まれるのである。問題は、日米の軍事協力を進めれば必ず軍事紛争が防止されたり、抑止されたりするわけではないことである。「軍事力の効果を過信すれば、慎重な外交によって国際紛争を打開する機会を逃し、避けるべき戦争に突入する危険も生まれる[20]」、こうした意見もあることを忘れてはならない。

Ⅳ　学説

　自衛権とは、外国からの急迫または現実の不法な侵害に対し自国を防衛するために必要な一定の実力を行使する権利とされる。自衛権の発動要件には、急迫性（侵害が目の前に迫っている）、違法性（相手国の行為が国際法の法益を侵害している）が必要で、やむをえざる限度（これを超えれば自衛の範囲を超え違法となる）において対応するものである。また自衛は違法性阻却事由となる。一般的には、国連憲章51条で「個別的自衛権」と表現するものが伝統的自衛権に該当すると説明される。但し、憲章では「武力攻撃の発生」という開始要件と安全保障理事会が「必要な措置をとるまで」を限度とするという終了要件をつけており、伝統的自衛権より厳格に定められている[21]。このように自衛権の行使は自衛戦争と考えられている。

　9条の解釈はこの自衛権の行使としての自衛戦争をめぐって学説が分かれている。9条1項から全面的に自衛戦争も含めて一切の戦争が放棄されるとする説もある[22]が、多くは9条1項で放棄されているのは、侵略戦争であり、2項

---

20) 藤原帰一、朝日新聞2015年5月26日夕刊。
21) 筒井若水「自衛権」中川善之助監修『現代法学事典2』別冊法学セミナー増刊（日本評論社、1973年）306-307頁参照。
22) たとえば、清宮四郎『憲法Ⅰ〔新版〕』（有斐閣、1974年）110頁。この場合は、戦争の原因はすべて「国際紛争を解決する」ためにあるのだから、この文言は戦争を限定する意味にはならないとする。

で「戦力の不保持・交戦権の否認」が定められている故に侵略戦争のみならず、自衛戦争も放棄されたと解している[23]。しかし、9条2項においてもなお、侵略戦争しか放棄していないとする説もある。その場合、2項の「前項の目的を達するため」の目的を、1項を規定するにいたった基本精神「正義と秩序を基調とする国際平和を誠実に希求」するに求めず、侵略戦争の放棄の目的のための「戦力の不保持・交戦権の否認」と解する説もある。したがって、自衛のための戦力の保持は許されるとする[24]。他方で、自衛権は独立国家であれば当然有する権利であるとされる。そこで、自衛戦争は放棄したとしても固有の自衛権は放棄されていないとする考えもある。その場合、他国からの侵略に対しては、外交交渉による侵害の未然回避、警察力による侵害の排除、民衆が武器をもって対抗する群民蜂起などで対応することがあげられることがあるが、外交交渉は戦争回避のために常に行使されなければならないものである。他方、警察力や群民蜂起を自衛権の行使として認めることには妥当性と有効性に疑問が残る[25]。

近事、安保法制成立以前の政府の解釈を護憲という立場から一定程度評価する動きもみられる。これは9条護憲の幅は広く、最も左派に非武装平和主義が位置するが、右派には従来の政府の考えが位置づけられるとする[26]。こうした説の源流は次のようなものである。すなわち、9条2項が禁じているのは、「自衛のため必要な最小限度を超えた戦力」をいい、この限度内にとどまる戦力は9条2項にいう「戦力」にあたらない、「自衛力」である。この要件の第一は、自衛を目的とするもの、その際自衛の概念は狭く解すべきである。第二は、人員及び装備は自衛に必要な限度内にとどまる。それは平和主義の原則にてらし厳密に考えられ、専守防衛の域にとどまる[27]。但し、そうした学説を唱える1人である橋本公亘の場合には、憲法変遷論を前提にしてこうした解釈への変更を行った。「憲法学者の従来の学説[上記の通説的解釈をさす]は、憲法制定当時における9条の規範的意味を正しくとらえていた。しかしその後の国際情勢

---

23) たとえば、佐藤功『日本国憲法概説〔全訂第5版〕』(学陽書房、1996年) 81頁以下。長沼訴訟第一審判決 (札幌地判昭48・9・7訟月19巻9号1頁) も同旨。
24) たとえば、大石義雄『日本国憲法逐条講義』(有信堂、1953年) 66頁。
25) 杉原泰雄編『新版体系憲法事典』(青林書院、2008年) 351頁[水島朝穂担当部分]。
26) 浦田一郎『現代の平和主義と立憲主義』(日本評論社、1995年) 64頁以下参照。
27) 田上譲治「主権の概念と防衛の問題」『日本国憲法体系第2巻』(有斐閣、1965年)、橋本公亘『日本国憲法〔改訂版〕』(有斐閣、1988年) 437頁以下。

およびわが国の国際的地位は著しく変化し、いまでは9条の解釈の変更を必要とするにいたった。国民の規範意識も、現在では自衛のための戦力の保持を認めているように思われる。かくて、右の限りにおいて、9条の意味の変遷を認めざるをえない」とする。「変遷」という状況から解釈の変更を容認できるかは、疑問である。あくまでも最高法規である憲法の文言の解釈が基本であり、現実の状況の変化にあわせて憲法の解釈が拡大的にかわるとするのは容認しがたい。

「戦力」と「自衛力」を区別し「自衛力」はもてる、あるいは「戦力にいたらざる実力」はもてる、とした場合、どこがその区別を示すのかが問題になろう。すなわち攻撃的兵器と防衛のための兵器は明らかに分けられるものなのか。この説をつきつめれば、今日の自衛隊の有する人員・装備・編成はもっと最小化されてしかるべきといえよう。

また自衛戦争合憲説には次の疑問があることも指摘されている。すなわち、日本国憲法には、66条2項の文民条項以外は、戦争ないし軍隊を予定した規定が全く存在しないこと、憲法前文は、日本の安全保障の基本的なあり方として、「平和を愛する諸国民の公正と信義に信頼」するという、具体的には国際連合による安全保障方式を想定していたと解されること、仮に侵略戦争のみが放棄され、自衛戦争は放棄されていないとすれば、それは、前文に宣言されている格調高い平和主義の精神に適合しなくなること、自衛のための戦力と侵略のための戦力とを区別することは、実際に不可能に近いこと、したがって、自衛戦争が放棄されず、自衛のための戦力が合憲だとすれば、結局、戦力一般を認めることになり、2項の規定が無意味になりはしないかという疑問が生ずること、自衛戦争を認めているとするならば、なぜ「交戦権」を放棄したのかを合理的に説明できないのではないか、である[28]。

9条1項から直ちににせよ、2項によってにせよ、9条が非武装平和主義を認めているとした場合、「平和は、すべての国家が軍備を持たないとき確実であり、軍備不保持の国家における国民の安全保障は、そうした展望と結びつく」ことになる[29]、という視点は重要であるが、たとえ一国であっても、戦争のもつ不毛性、非人道性を明らかにすることは意義があるといえよう。

---

28) 芦部信喜＝高橋和之補訂『憲法〔第6版〕』（岩波書店、2015年）58頁。
29) 清水睦『日本国憲法の情景』（中央大学出版部、1987年）38頁。

V 憲法前文と9条

　日本国憲法の前文には、大日本帝国憲法下の天皇主権とする政治体制と軍国主義、全体主義に対する反省が明示されている。それ故、第1段は、国民主権、民主主義、人権保障、平和主義について明示し、国民主権原理と人権保障原理の結合が日本国憲法の依拠する「人類普遍の原理」であることを明らかにする。第2段は、永久平和主義と平和的生存権について明示し、「平和を維持し、専制と隷従、圧迫と偏狭を地上から永遠に除去しよう」と努め、そこに名誉ある地位を占めることを願う。第3段は、国家平等主義、国際協調主義を明示する。第4段は、「国家の名誉にかけ、全力をあげてこの崇高な理想と目的を達成することを誓う」としている。

　前文は憲法の一部をなし、法的規範である。したがって憲法のそれぞれの条文の解釈基準となる[30]。以前は、前文の裁判規範性を否定する考えが強かった。その根拠として、前文の内容が一般的抽象的であって明白な具体性をもっていないことがあげられていた。しかしこれに対し、本文の中においても、前文と同じく抽象的な価値原理を規範化している条項や不確定価値概念を含む一般条項などの一般的抽象的な内容をもつ条項も存在しており、それ故をもって前文の裁判規範性を否定する理由とはならないと主張されている[31]。実際、前文の中でも平和的生存権は、権利主体も権利内容も明らかで、本文中に該当する同様な権利もみあたらないことから、十分に裁判規範性を有する権利とみることができよう。今日では人権尊重や民主主義の基礎として平和が不可欠であるという認識も広まっている。平和的生存権も基本的人権の1つとして認められ、とりわけ日本においては9条によって客観的な制度的保障も受ける。

　平和的生存権は、庇護権や難民救済を含む概念である。また直接戦争状態がないことのみをさすのではなく、戦争、紛争にいたるような社会の不安定要因を取り除くことを要請する権利でもある[32]。長沼事件第一審判決（札幌地判昭48・9・7訟月19巻9号1頁）の中では、この権利を根拠に、自衛隊基地の建設に反対する住民の訴えを認めている。

---

30) 清水睦『憲法』（中央大学通信教育学部、2000年）67-68頁参照。
31) 大須賀明「前文」有倉遼吉＝小林孝輔・前掲注1)・7頁以下。
32) 山内敏弘『平和憲法の理論』（日本評論社、1992年）245頁以下参照。

第3段は、日本が偏狭な「国体」思想に基づく軍国主義により、周辺の他民族、他国家を侵略したことを反省して、独善的な国家主義を排し、他国家との対等な友好関係の下で、第2段に示された、平和で、専制と隷従、圧迫と偏狭を除去しようと努めている国際社会の発展に寄与することを述べている。これを一般に国際協調主義と解するが、「日本が独立国家として他国と対等な関係に立つことを前提としており、日本が他国に従属することにより主権が剥奪もしくは制限されることを許容するものではない[33]」と説明される。また、日本国憲法の国際協調主義は永久平和主義と不可分の関係で把握されなければならない。この点で前文と9条はあわせて理解される必要がある。また、98条2項の条約及び確立された国際法規の遵守もこうした文脈の中で理解される必要がある。

　ところで「憲法の永久平和主義と国際協調主義が現実性をもちうるには、それを保障する国際組織とその発展が必要不可欠である。国際連合はまさにそのような組織として今後期待されうるもの[34]」とされている。学説上はこれまで、世界連邦主義や国連による安全保障方式を要請しているとしてきた。

　たとえば、次のような考えがある「憲法の究極の理想としては、世界各国が憲法9条にならって戦争と軍備を放棄し、進んでは主権をも大幅に移譲した世界連邦下の平和が考えられる。」しかし、世界連邦の実現は未だ程遠い。そこで、「制憲過程に即して、当時の全体の状況から推察すれば、憲法が実現性のある安全保障の方法として第1に考えたのは、非武装中立の方式とそれに対する国際的保障であり、とくに第二次大戦の結果生まれた国際平和機構としての国際連合による安全保障であった。」「仮定の問題として、…中立的性格をもつ国連軍が、必要に応じてわが国の安全保障のために日本に駐留するならば、それをしも第9条の禁ずる戦力だという必要はないし、そうした方式による安全保障は、むしろ憲法前文の国際協調主義とも合致するであろう。」[35]

　この考え方は前提として、「9条は戦争を放棄し、軍備を禁止したけれども、それによって自衛権そのものまでも放棄したわけではない」、としていることを指摘する必要があるかもしれない。「国家の主権とともに不可分に存在する

33）大須賀・前掲注31)・10頁。
34）清水・前掲注30)・58頁。
35）小林直樹『憲法講義上』（東京大学出版会、1980年）223頁以下。もちろん同書も日本の協力できること、できないことを峻別している。

固有の自衛権は、およそ放棄の対象とはならない」と述べる。他方で、世界の安全保障の一元管理(すなわち各国の軍備は撤廃され、安全保障を世界連邦のような存在に託す)にいたる過程で、現実的制度として国連の集団安全保障体制に委ねるとするならば、当然安全保障を有効に維持するための強制力すなわち「国連軍」への分担義務は生じないのか、という問題がでてくる[36]。

ここでの問題は、前提となる自衛権概念も含めて、9条(すなわち日本の国際協調主義の基底)の想定する安全保障と国連憲章の想定する安全保障は同じなのか、ということである。すなわち、中立的性格をもつ「国連軍」の日本の駐留ならば許されるのだろうか。日米安保条約に基づく米軍の駐留は、国連の安全保障を理由とすれば許されるのだろうか。

Ⅵ 国連憲章と日本国憲法

国連はそもそも集団的安全保障という体制の上に構築されている。集団的安全保障体制とは、多数の国家が集団的に相互の間で安全を保障することで、国連では、「平和に対する脅威、平和の破壊及び侵略行為」に対して、国連安全保障理事会(以下安保理)を中心とする加盟国が共同して、平和の維持・回復に必要な措置をとるという仕組みをとっている。この体制が機能するためには、「集団安全保障体制に参加する加盟国が普遍的であること、侵略かどうかの認定が客観的でなければならないこと、侵略排除のための協力が確保されなければならない等の条件が必要」といわれる[37]が、今日ではほとんどの国が加盟しており、普遍性は備わった。

国連憲章第6章では、まず紛争の平和的解決追求の義務を定め、(33条)紛争の平和的解決を努力しても、それが不可能であるときに、当事者は、その解決を安保理に付託する(37条)。また安保理の方から、紛争の調整や解決条件の勧告をすることもできる。

第7章では、安保理が強制措置として、まず非軍事的措置と軍事的措置を決定することができると定める(39条)。41条では、兵力の使用をともなわない

---

36) 清水・前掲注30)・106頁以下、また100年計画で日本国憲法の精神に沿う総合的平和保障構想を実施するプランについては、和田英夫他編『平和憲法の創造的展開』(学陽書房、1987年)301頁以下参照。
37) 渡辺洋三『憲法と国連憲章』(岩波書店、1993年)27頁。

いかなる措置を使用すべきかを決定することができ、かつ、その措置を適用するように国際連合加盟国に要請することができるとし、これらの措置として、経済関係、鉄道、航海、航空、郵便、電信、無線通信その他の運輸通信の手段の中断や外交関係の断絶などがあげられている。さらに 42 条では、安保理は、非軍事的措置だけでは不十分なときに、国際の平和及び安全の維持または回復に必要な空軍、海軍または陸軍の行動をとることができ、この行動は、国際連合加盟国の空軍、海軍または陸軍による示威、封鎖その他の行動を含むことができるとする。また、特別協定にしたがって、国連加盟国は、必要な兵力、援助及び便益を安保理に利用させることを約束するが、この特別協定は、安保理と加盟国との間の交渉によって決まり、署名国によって各国の憲法上の手続にしたがって批准されなければならないことになっている（43 条）。こうしたことから軍事的強制措置は、慎重な手続の上での最終的な手段として位置づけられていることがわかる。しかしながら結局、冷戦構造の下で、42 条の国連軍は組織されることがなかった。

　他方で国連憲章は、自衛権につき、個別的自衛権と集団的自衛権を認めている。但しこの自衛権は既述したようにもはや伝統的な自衛権ではない。51 条の定める自衛権は、武力攻撃が発生した場合に行使されるもので、また安保理が国際の平和及び安全の維持に必要な措置をとるまでの間行使されるものである。この自衛権の行使にあたって加盟国がとった措置は、直ちに安保理に報告されなければならない[38]。

　国連憲章は、一般的集団安全保障と地域的集団安全保障との有機的関連を構想している。第 8 章は地域的取極について定める。国際の平和及び安全の維持に関する事項で地域的行動に適当なものを処理するための地域的取極または地域的機関は、国際連合の目的及び原則と一致する限りで存在する。ここでも紛争の平和的解決追求の義務が述べられている（52 条）。安保理は、強制行動において、地域的取極または地域的機関を利用する。51 条のいう集団的自衛権とは、「武力攻撃を受けた国が自国と密接な関係にある場合に、これをもって自国の平和と安全を侵害するものと認め、被攻撃国を援助して共同防衛に当たる権利」である。国連の安全保障体制の下では、地域的取極による強制行動が、安保理の事前の許可を必要とするためにそのような制約を免れ、安保理が機能

---

[38] 引用は『解説条約集〔第 4 版〕』（三省堂、1989 年）から。

しなくとも共同防衛が可能なように考えだされた法理ともされている[39]。

このように国連憲章においては、自衛権に一定の枠をはめ、紛争の平和的解決を義務とするなど日本国憲法の永久平和主義の理念に通じるところはある。しかしながら、最終的な紛争の解決に軍事的強制措置を用いる点、個別的自衛権の他に集団的自衛権を認めるが、集団的自衛権は明らかに抑止力理論に基づいている点が9条と相入れない。また非軍事的強制措置といっても経済封鎖は臨検を必要とし、「戦力」とつながる面もある。もっとも、憲章43条3項は、兵力使用に関する特別協定を締結するにあたって「署名国によって各自の憲法上の手続に従って批准」することになっており、日本が憲法上「力によらない平和の維持・紛争の解決」を明示しているからといって、国連の行動への協力に支障をきたすということにはならない。国連はあくまで主権国家の集合であり、憲法の枠の中で憲法上許されることをすればよいのである。

まとめにかえて

永久平和主義は日本国憲法誕生の支柱である。侵略国に課せられた永遠の宿題である。もし9条が改正されて実質的意味を失う、もしくは削除されるということになれば体制の変革を意味しよう。

それでは、「力によらない平和の維持」、非武装平和主義はどのようにして可能なのか。すでに予防外交や信頼醸成という考えが明らかにされている。人間の安全保障の観念も国連の受け入れるところとなっている。結局、教育や国際交流、経済支援などを通じて偏見や無理解をなくし、経済発達を促し、民主主義や人権保障の浸透をはかるということが、地道ではあるが平和への最も近道である。日本はこうしたことにこそ力を入れなければならない。

学説上では、9条により自衛戦争は否定されているけれども、自衛権は否定されていないとする説がある[40]。しかし、この場合の自衛権は国際法上の自衛権概念ではなく、新たな自衛権概念の構築を必要とする[41]。というのも国際法上の自衛権概念は一般に「戦力」を前提としているからである。

---

39) この定義は、『現代政治学小辞典〔新版〕』（有斐閣、1999年）から。なお「安全保障の理論と政策」国際政治1998年117号の各論文も参照。
40) 佐藤幸治『憲法〔第3版〕』（青林書院、1995年）653頁。
41) 樋口陽一『憲法』（創文社、1992年）137頁。

自衛隊や日米安保条約の存在は、「力によらない平和の維持」の9条の直接の要請から否定される。同時にあらゆる戦争が、個人の尊重、人権保障、民主主義、立憲主義と対立するという点が明らかにされるべきである。戦争にかかわる法令には民主的統制は及ばない。戦争の前提としての「軍」の存在は、権力の集中を招き、国家秘密保持を優先して民主主義や人権保障と対立する。戦時には国民の権利は保障されず、冤罪が横行する。かつてフランス革命は自由の保障を軍隊（力）で成し遂げた。それ故、銃や剣をもたない女性は「市民」から排除された。力による革命は差別を容認したのである。「力」、「軍」、「戦争」は、人権保障や民主主義とは対極に位置する。そのことがまさに9条の示すことであり、非武装平和主義の意義といえよう。戦争自体の不正の告発こそ、9条の意味することである。

4　基本的人権総論

はじめに

　日本国憲法は基本原理として、基本的人権の保障、永久平和主義、国民主権を掲げている。基本的人権の保障はその中でも中核となる原理である。日本国憲法の3分の1近くを人権規定が占めており、そのほとんどが「第3章　国民の権利及び義務」の中に定められている[1]。

　18世紀末になって、一定の質を具備した法的基本秩序のみが憲法の名に値するという意識が確立され、そうした憲法を近代憲法と呼ぶ[2]。それを端的に示しているのが、1789年のフランス人権宣言（正式名称は「人及び市民の権利宣言」）16条の「権利の保障が確保されず、権力分立が定められていないすべての社会は憲法を有しているとはいえない」の規定である。すなわち「憲法」というためには、人権保障と権力分立が定められていなくてはならない。その意味で日本国憲法は近代憲法の延長に位置づけられるものである。

　日本国憲法は、人権保障の根拠として個人の尊重をすえ（13条）、人権を基本的に「侵すことのできない永久の権利」（11条・97条）として定めている。これに対し、大日本帝国憲法においては、人権主体は臣民であり、人権規定はあるものの法律の留保が示され、立法府の人権制約の根拠となっていた[3]。し

---

1)　第3章の中にはないが国民の権利として認められているものに憲法改正に関する国民投票権（96条）、最高裁判所裁判官の国民審査（79条2項）があり、また15条1項の選挙権・被選挙権とかかわるものとして43条、44条の規定もある。住民の権利として93条2項、95条の規定もある。
2)　なお、近代憲法の3要件は、人権保障、権力分立、成文法典とも捉えられる。栗城寿夫「近代憲法」中川善之助監修『現代法学事典1』別冊法学セミナー増刊（日本評論社、1973年）334-335頁。

かも天皇大権が認められており、国務大権や統帥大権の行使において権利は容易に制限されえた。このような権利の保障が非常に不確かな状況から、日本国憲法においては11条で「国民は、すべての基本的人権の享有を妨げられない」とし、97条で「この憲法が日本国民に保障する基本的人権」の歴史性も明らかにして、こうした人権を保障している。それが、憲法が最高法規として位置づけられる理由となっている。

I　基本的人権の定義

憲法11条は次のように定めている。「国民は、すべての基本的人権の享有を妨げられない。この憲法が国民に保障する基本的人権は、侵すことのできない永久の権利として、現在及び将来の国民に与へられる。」

憲法11条、12条、13条そして97条は、基本的人権の保障に関する基本原則を定めている。11条、97条では「この憲法が（日本）国民に保障する基本的人権」という書き方をしているのに対し、12条は「この憲法が国民に保障する自由と権利」という書き方をしている。しかし、これは11条、97条と同じ書き方といえる。これに対し、13条は「生命、自由及び幸福追求に対する国民の権利」としており、この点は後に条文の意味を確認するときに検討したい。

憲法の教科書では、基本的人権ということばも用いられるが、人権、基本権ということばも用いられる。そこでこれらのことば、基本的人権、人権、基本権のそれぞれのことばの違いがまず問題となる。これについては、次のように説明される。基本的人権、人権、基本権は相互に区別して論ずる場合もあるが、同義として互換的に使用するのが通例とされる。そして後者の用例によれば、基本的人権、人権、基本権はいずれも人がただ人間であることにより当然に有する権利のことであるとされている[4]。

また基本的人権ということばはポツダム宣言に由来するといわれる。すなわちポツダム宣言に「『言論、宗教および思想の自由ならびに基本的人権（fundamental human rights）の尊重は、確立せらるべし』とあるのを受けて、

3）　裁判を受ける権利には法律の留保は示されていないが、実質的には変わらないとされている（杉原泰雄編『新版体系憲法事典』（青林書院、2008年）318頁参照〔石村修担当部分〕）。
4）　大須賀明他編『憲法辞典』（三省堂、2001年）73-74頁〔佐藤幸治担当部分〕参照。

基本的人権の尊重が、日本国憲法の基本的原理となった」とされている[5]。

確かに「基本的人権（fundamental human rights）は人権（human rights）ないし基本権（fundamental rights）などとも呼ばれ……個別的人権を総称することばである[6]」と説明される一方で、基本的人権、人権、基本権あるいは憲法が保障する権利ということばを使い分けて説明する場合もある。次のような人権と基本権の違いの説明もかなり一般的といえよう。

「人権とは、すべての人間が生まれながらに有する当然の権利をいう。この人権思想は、……人権をもって、各人が人間それ自体として、何人も固有する一切の権利の総合観念と考えるのである。つまり人間も権利も、すべてを一般化し抽象化して人権を万人に共通のものとし、この人権を社会生活、国家生活成立の正当性に関する価値判断の原点とした。[7]」

そしてここから、人権思想の歴史的由来が説かれる。人権は、国の制定法によって創設される実定法上の権利ではなく、「それ以前に、すでに各人が固有する普遍的な根源の権利（Urrecht）つまり自然権である」とする。それ故、国は、憲法・法律の制定、改正をもってしても、この人権を変質することは許されない。国の価値が認められるのは、人権を保障するからだとする。また人権思想は、個人を基礎とし、個人の自主性に支えられている。人権は、形式的な憲法、法律などの制定法によって創設されるものではない。成文憲法の権利条項は既存の人権を確認し、その保障を確実なものにするためである。

しかしながら、形式的な憲法の条項に定められている自由・権利のすべてが、人権を表示するものではない。憲法の規定には種々の権利があわせて規定されており、基本権とは、人権のように超憲法的な権利ではなく、国の基礎法である実質的な憲法によって直接に定められた権利ということができる。基本権は、通常の法律によって変更することは許されず、そのためには憲法改正の厳重な手続を必要とするが、それは超憲法的な人権とは本質的に区別されるべきものである、とする。

人権は超憲法的な自然権であり、実定法以前の観念であるが、実定憲法によ

---

5) 宮澤俊義＝芦部信喜補訂『全訂日本国憲法』（日本評論社、1978年）192頁。
6) 芦部信喜＝高橋和之補訂『憲法〔第6版〕』（岩波書店、2015年）75頁。
7) 田口精一「『基本的人権』の意味」『憲法の争点〔新版〕』ジュリスト増刊（1985年）56頁。以下の人権＝人間固有の超憲法的な自然権の説明も同論文による。また川添利幸「基本的人権の意義」阿部照哉＝池田政章編『新版憲法（2）』（有斐閣、1983年）31頁以下も参照。

り各人の権利として承認されることによってはじめて法の領域における権利として成立する。ここには自然法主義と実定法主義との思想的差異がある。敷衍すれば、まず国家権力があり、この国家権力が権利を与えることによって基本的人権が成立する、という法実証主義とは異なる。最後に、人権の具体的内容は、憲法の条項に規定されたものの他に、条文化されていない無名のものまで各人の生活の全般に及ぶものであるし、時代に応じて変化したり広がったりするものであるとの示唆もしている。

　ここでは人権すなわち人間固有の超憲法的な自然権がそもそも存在し、それを国家の憲法が権利条項として確認をすることで基本権、もしくは基本的人権となると読める。源である人権が憲法上、基本権として保障されている。それ故、総体として「侵すことのできない永久の権利」として定められている。その人権は、次なる3つを具備している。固有性、すなわち人が人であることに基づいて当然に有するとされる権利、人権が人間の尊厳に由来し、人間であることに固有するものであること。不可侵性、すなわち人権が人間であることの固有性に存することは、侵すことのできない永久の権利と表裏の関係にあり、人権が歴史的に現在及び将来の世代に継承していくものであること。普遍性、すなわち人間である限り誰でも広く人権と考えられているものすべてを享有することができること、である[8]。

　しかし、だからといって現実には憲法に実定化された人権は無制限に認められることを意味しない。第一に内在的制約がある。それは、すべての者が同じように人権を有しているところから「自由は他人を害しないすべてのことをなしうることに存する。その結果、各人の自然権の行使は、社会の他の構成員にこれら同種の権利の享有を確保すること以外の限界をもたない」（フランス人権宣言4条）と示される。また、憲法の中においては「公共の福祉に反しない限りで」最大の尊重がされることも示されている。

　1789年のフランス人権宣言は、既述したように正式名称を人及び市民の権利宣言とし、人の権利と市民の権利の区別があることを示唆している。ここでは、国家設立の目的は「人の、時効によって消滅することのない自然権の保全である」とし、それらの権利は「自由、所有、安全及び圧制への抵抗」としている（2条）。本文の中でのそれらの具体化としては、「自由」は10条の意見の

---

8)　芦部信喜『憲法学Ⅱ』（有斐閣、1994年）61頁以下参照。

自由や11条の言論・出版の自由、「所有」は17条の所有権、「安全」は7条の適法手続保障、8条の罪刑法定主義、9条の無罪の推定として定められているが、「圧制への抵抗」は条文として明示されてはいない。またこれらの権利が自然権だからといって同等の保障を受けるとは今日考えられていない。精神的自由（自由）と経済的自由（所有）の保障の仕方は異なると考えられているからである。また、フランス人権宣言は現在でも適用されている人権宣言であるが、内容としては広がりをもって解釈されている。たとえば10条の意見表明や良心の自由は、フランスでは宗教の自由、結婚の自由、教育の自由、労働権の確立などの根拠の規定ともなっている[9]。

こうしたことを考えると「この憲法が（日本）国民に保障する基本的人権」は、総体として固有性、不可侵性、普遍性を有する「侵すことのできない永久の権利」として定められていると解するのがふさわしいことになる。内容に関しては、人権と基本権との区別を探るよりは、憲法に書かれている自由や権利を個別的に検討すべきであるということになろう。また人権総則にかかわる規定はそれぞれの意義を理解することが重要となる。

II　基本的人権にかかわる原則

基本的人権にかかわる原則的規定としては、既述したように11条、12条、13条、97条があげられる。

11条は97条と相まって基本的人権の本質を定めるものである。すなわち11条には、国民は基本的人権を享有していること、その基本的人権が「侵すことのできない永久の権利」であることが示されている。

他方で97条は、「第10章　最高法規」の冒頭にある条文であるが、第10章はそこまでに具体的に規定された日本国憲法の近代立憲主義憲法としての基本原則を再確認するという意義を有するものである。97条は、基本的人権が、人類の多年にわたる自由獲得の努力の成果であって、現在及び将来の国民に対し、侵すことのできない永久の権利として信託されたとしている。基本的人権は、過去の人類から不断の努力によって維持、発展されてきたものを継承して、

---

9)　もっともこうした解釈の広がりはどのようにして認められてきたか、別途考察が必要である。
Sous la direction des Thierry S. RENOUX et alii, *Code constitutionnel*, LexisNexis, 2016, pp. 238 et s.

さらに将来世代にひきわたしていくものである。だからこそ我々は、基本的人権を保持し、これを濫用せず、これを利用する責任を負う（12条）。97条には基本的人権にかかわる3つの意義を見出すことができる[10]。1つは、なぜ憲法が最高法規であるかの実質的根拠を示すものであり、まさに基本的人権を「侵すことのできない永久の権利」として定めているからこそ、最高法規であるということになる。2つは、日本国憲法が「時に対して開かれた憲法」であることを明示する点である。憲法の中核にある基本的人権は「時ト経験ノ坩堝ノ中ニ於テ[11]」、生成・形成・発展されるべきものである、という考えが示されている。3つは、97条が12条とともに、憲法保障の一形態である抵抗権の根拠規定となることである。憲法保障の一形態としての抵抗権は、政府が権力を濫用して立憲主義憲法を破壊した場合に国民が実力をもって抵抗し立憲主義憲法秩序の回復を図る権利である[12]。先にフランス人権宣言が自然権の1つとして「圧制への抵抗」を認めているように、自然権を基礎にすえる立憲民主主義憲法に内在するところの実定法上の権利とされている。

　13条はこれに対し、具体的な権利の根拠規定といえるものである。13条は前段と後段に分かれる。

　前段の「すべて国民は、個人として尊重される」は、自由や平等の基本である個人の尊重を明示するとともに個人主義を明らかにしたものである。個人主義の原理とは、個人が個人そのものとして価値あるものとされ、しかも、人間社会における価値の根源とされることを宣明することである。全体のためと称して個人を犠牲にする全体主義の否定であると同時に、他人の犠牲において自己の利益を貫こうとする利己主義も否定される[13]。

　後段は、生命・自由及び幸福追求に対する国民の権利については、公共の福祉に反しない限り、最大に尊重される、とするもので、1つは人権の制限として公共の福祉が示されていること、2つは包括的権利として生命・自由及び幸

---

[10] 畑尻剛「第97条」小林孝輔＝芹沢斉編『基本法コンメンタール憲法〔第5版〕』別冊法学セミナー189号（日本評論社、2006年）439頁。

[11] この表現は総司令部草案にあった。樋口陽一他『注釈日本国憲法下巻』（青林書院、1988年）1475頁〔佐藤幸治担当部分〕。なお12条に関しては、笹川紀勝「第12条」有倉遼吉＝小林孝輔編『基本法コンメンタール憲法〔第3版〕』別冊法学セミナー78号（日本評論社、1986年）53頁以下も参照。

[12] 佐藤幸治『憲法』（青林書院、1987年）40頁。

[13] 樋口陽一「第13条」有倉＝小林編・前掲注11）・58頁。

福追求に対する国民の権利（幸福追求権）を示していることである[14]。人権の制限としての公共の福祉に関しては、基本的人権を制限する根拠規定とみる見方と、公共の福祉に反しない限りは基本的人権に最大の尊重を払うべきことをすべての国家の指導原理とした規定だとする見方の違いがあった。しかし、この規定が人権の制限の根拠規定だとしても、その制限原理は単純ではなく、今日では詳細な分析を必要とすることが認められている。すなわち、精神的自由に対する規制立法と経済的自由に対する規制立法とで違憲審査基準が異なり、精神的自由に対する規制立法は基準を厳しくすべきだという考え方（いわゆる二重の基準）も認められているし、公共の福祉による制約を、規制目的二分論（警察目的と政策的目的）に対応して規制手段を考えることも広く認められるようになっている。

幸福追求権に対しては、当初は独自の権利を引き出すことができるとする積極的な主張はなかったが、その後、判例の発達もあり、13条前段の個人の尊重と結びついて、個人の人格価値の確保や個人の生命、身体、精神及び生活に関する利益の総体としての人格権、自律的個人の自己決定等が主張されている。

14条は基本的人権にかかわる原則の1つとして平等原則を掲げており、とりわけ14条1項は、法の下の平等を定めている。平等は自由を成立させる重要な要素（すべての者が同等に自由であること）であり、また民主主義社会の基礎でもある。さらに日本国憲法においては13条と14条を家族生活の中にも反映させることを意図する24条も存在している。

Ⅲ　基本的人権の種類・義務の種類

日本国憲法の定める基本的人権は、フランス人権宣言において定められている3つの典型的な自由（精神的自由、人身の自由、経済的自由）の他に、社会権、政治的権利、国務請求権（受益権）、権利を保障するための権利に分類される。基本的人権の観念は、アメリカ独立革命、フランス市民革命において最も純化した形で成立した[15]、とされている。圧制への抵抗や身分からの解放をめざす自由権の確立がみられた。平等も意識されていたが、限定的で抽象的であった

---

14) 樋口・同論文58頁。
15) 奥平康弘「基本的人権」・中川善之助監修・前掲注2）215頁以下参照。

といえよう。19世紀後半の資本主義の発達によって労働者にとっての階級的利害をふまえた現実的な権利として社会権が発達する。第二次世界大戦後には自由権、社会権とともに男女の普通選挙制度が各国で採用された。さらに1970年代以降、科学技術の発達にともなって平和的生存権、環境権、プライバシーの権利、情報への権利などが確立されて今日にいたっている。

　精神的自由については、19条の思想及び良心の自由（すなわち内心の自由）、20条の信教の自由、21条の表現の自由、23条の学問の自由の規定がある。中心となる規定は、人の精神活動の起点ともいえる19条の思想及び良心の自由とそれを外部に表現することの自由を定める表現の自由である。内心における精神作用は本来他の人権と抵触することはない。したがって内心の心の動きには、一切の制限は考えられないはずである。しかしながら戦前・戦中には、内心を推知して、それにより不利益を課すという理不尽な状況があった。そこで、日本国憲法は、西欧の憲法とは異なり、信教の自由とは別に思想及び良心の自由を別途、条文として明示し、保障するものである。

　人身の自由には、奴隷的拘束を受けない、苦役に服せられないとする18条、そして31条の適正手続保障、33条から39条にかけての具体的な刑事的人権の保障にかかわる規定がある。また22条は、経済的自由にかかわる規定ではあるが、居住移転の自由や外国移住の自由を明示しており、移動の自由や移転・移住の自由、旅行の自由等の根拠規定となっている。人身の自由の中心的規定は31条の適正手続保障である。その内容は、罪刑法定主義と同義であるが行政作用にも適用されると解釈することができるものである。

　経済的自由は22条1項の居住・移転及び職業選択の自由と29条の財産権に定められている。自然権概念を解き明かしたジョン・ロックは、生命・自由・所有（財産）を基本的な自然権と考えていた[16]。所有はpropertyであり、人間に固有のものという意味である。生命も自由も所有も人間に固有のものであり、広義の所有（財産）と捉えられ、所有はいわば権利の原点である。したがって29条1項は財産権の不可侵を確認している。しかしながら、経済的自由を野放図に認めることが本来の自由や平等のあり方を阻害するとして、今日では経済的自由への規制を大幅に認めるにいたっている。他方で、精神的自由は民主主義を支えるものとして、とくに表現の自由や政治的意見形成を支える各

---

16) 杉原泰雄『人権の歴史』（岩波書店、1992年）16頁以下参照。

種の制度が重要視されるようになってきた。

　25条から28条までは社会権と総称される。中でも25条は基本規定であり、生存権、社会保障を受ける権利を示している。26条は教育を受ける権利と義務を定め、義務教育を無償とすることも明示されている。27条は労働の権利と義務、28条はいわゆる労働基本権、すなわち労働3権（団結権、団体交渉権、団体行動権）を定める。

　今日の自由主義社会は資本主義体制を基調としているが、国民生活への配慮を欠く自由経済政策だけでは存立しえない。国民の自由権の保障を前提として、国家には国民のそれぞれに必要とされる積極的配慮をすることが要求される。人間としての最低限の生活の保障、人間として生きるための教養や教育の保障、働きたいと望む人が働ける場の提供、働く場の環境整備、これらは国家の義務であり、国家が積極的にかかわって整えていくべきものである。こうした国家の積極的関与を社会権は必要としているところが特徴としてある。しかしこれらは、自由権とのバランスの上に存在するものであって、必要以上に自由を締めつけ、国家が干渉することは許されないが（たとえば教育権）、他方で本来救済されてしかるべき人を放置し、当人の自己責任や家族の責任とするような考え方も許されない[17]。

　政治的権利は、15条の公務員の選定・罷免権及び成人者による普通選挙の保障、16条の請願権に定められている。民主主義社会においては選挙が重要であることから、選挙権は一人一票として認められるばかりでなく、投票価値の平等という観念も不可欠として判例においても認められるにいたっている。

　国務請求権は受益権とも呼ばれるが、論者によって若干の定義や内容の違いがある。ここでは国家に対し、一定の行為なり給付なりを請求する権利で、社会権とは歴史的背景が異なるものとして、17条の国家賠償請求権、40条の刑事補償請求権をあげておく。32条の裁判を受ける権利も広い意味では国務請求権に該当するが、前二者とは若干性格が異なる。前二者は公務員の違法な行為を償うことを請求する権利である。しかしながら、裁判を受ける権利は、法治主義の下における権利保護や救済が自力ではなく国家による公正、公平な裁判においてなされることを要求するものである。いわば基本的人権を保障するための権利が、ここで保障されている。

---

17) 植野妙実子「国民保護と国家の役割」公法研究70条（2008年）105頁以下参照。

第3章は国民の権利及び義務と題するが、多くは権利にさかれている。義務として明示されているのは次の3つである。すなわち30条の納税の義務、26条2項の国民の「保護する子女に普通教育を受けさせる義務」、27条1項の国民の勤労の義務、である。これら3つはしかしながら、その性格が同じものではない。まず納税の義務は、国民として国家を構成するにあたり当然の義務ではあるが、その能力に応じて負担するという公平性の原則が適用されなければならない。また30条の条文には明示されてはいないが、義務と同様に国民の権利も存在するのであって、税金の使途や税金が目的通りに使われているか等の政府の説明責任を追及する権利を当然に包含する。子どもに教育を受けさせる親の義務や労働の義務は、それを可能ならしめる環境が必要であって、国家には当然にそれを可能にするような環境整備の義務がある。たとえば貧困であるが故に子どもに教育を受けさせることができないなら、国家は教育を受けることが可能ならしめるよう支援すべきである、ということになる。

　ところで「権利を行使するなら義務を果たせ」といわれることがある。権利行使と義務の実行が表裏一体であるかのようないわれ方をする。しかしこれはまちがっている。権利行使は権利行使、義務の実行とは別である。なぜなら、義務はやりたくてもできない場合がある。突然の生活状況の変化で納税できなくなったとしても権利行使が制限されるわけではない。また、権利は自然権に根ざすが、義務は国家のあり方によってその態様は変化する。たとえば9条があることによって一般的に義務と考えられている兵役の義務は日本には存在しない。

Ⅳ　基本的人権をめぐるその他の問題

　基本的人権をめぐる問題は多岐にわたっているが、ここでは人権の主体（後述1）と歴史的な人権の進展（後述2）、の問題にしぼってとりあげる。

1　人権の主体

　第3章は国民の権利及び義務と題し、国民の権利を取り扱っているようにみえる。また第3章は10条からはじまり、10条には国民の要件について定められている。しかしこの表題は、初めは「人権」とされていたが、総司令部の運営委員会の中で現行のような表題に変わったものである。その理由は、憲法改

正案起草の方針および要領について決定したことの中に次のような項目があったからである。「構成、章の題目等は、大日本帝国憲法の例に従う。[18]」そこで大日本帝国憲法「第 2 章　臣民権利義務」から日本国憲法「第 3 章　国民の権利及び義務」という表題になった。

　条文の中の権利を示す文章は「何人も…」ではじまるもの（16、17、18、22、31、32、33、34、35、38、39、40 条、さらに 20 条も「何人も」を用いる）もある一方で、「すべて国民は…」ではじまるもの（13、14、25、26、27 条）もあり、また、権利の主体となるものを示さず、権利の内容を示すものもある。それぞれの権利の制定過程からの議論を検討する必要があるが、13 条、14 条は総則規定として「国民の権利」を受けて設定されているようにみえ、25 条、26 条、27 条は国が責任を負う社会権という設定から「国民」を意識しているようにみえる。他方でその他の権利、特に自由権は主体を限定的に示したりはしていない。「基本的人権」がすべての人間が当然享有すべきものとして保障される権利であり、始原的には自由権を意味していた[19]ことからすると、憲法の文言上の主体の区別はあながち意味のないものとはいえない。なお、15 条の公務員の選定・罷免権は国民固有の権利とされているが、同じ政治的権利ではあっても 16 条の請願権は請願する権利であって請求権ではなく、「希望を述べる権利[20]」とされている。このあたりにも主体の設定の仕方の違いがみられる。ともあれ、憲法の文言上の設定にとらわれるのかどうかはまた別の話となる。たとえば外国人とはいってもさまざまなカテゴリーがあり、すべての外国人が社会権規定の対象からはずれるとはいいがたい。外国人の滞在の態様に応じて考慮されるべき点などもあるが、原則的に人権の享有は人間である限り妨げられないと考えるべきであろう。

　問題となるのは、法人の人権である。人権は元来、自然人だけが享有の主体と考えられてきた。しかし法人の社会的必要性、その実在性及び社会的影響力が増大するにつれてしだいに法人に対しても憲法上の人権が認められるようになった[21]とされている。

---

18) 高柳賢三他編『日本国憲法制定の過程 II』（有斐閣、1972 年）48 頁。
19) 宮澤＝芦部補訂・前掲注 5)・192 頁参照。
20) 同書 228 頁。
21) 山本浩三「法人と人権」小嶋和司編『憲法の争点〔新版〕』ジュリスト増刊（有斐閣、1985 年）72-73 頁。

宮澤俊義は、「人権宣言が本来自然人を頭においていることは明らかである」とした上で、次のように述べる。「法人の活動は、結局はその効果が自然人に帰属するものであるから、人権宣言の各規定は、その性質上それが可能である限り、法人にも適用されるとみるべきである。法人の概念は、主として財産権の主体となることにその意味をもつものであるから、人権宣言の規定は、主として財産法上の権利義務に関しては、法人にも適用される結果になる。[22]」

　また判例においても、八幡製鉄政治献金事件で最高裁は次のように認めている。「会社が、納税の義務を有し自然人たる国民とひとしく国税等の負担に任ずるものである以上、納税者たる立場において、国や地方公共団体の施策に対し、意見の表明その他の行動に出たとしても、これを禁圧すべき理由はない。のみならず、憲法第3章に定める国民の権利および義務の各条項は、性質上可能なかぎり、内国の法人にも適用されるものと解すべきである…[23]」（最大判昭45・6・24民集24巻6号625頁）。このようにして会社の政治献金を肯定したが、この論旨は、義務を果たしているものには権利が認められるとしているようにも読める。

　しかし、まず法人にはさまざまな種類、営利法人、非営利法人等が存在し、各法人の設立目的も多様である。さらに法人の権利を認める学説においても必ず「自然人に認められる人権がすべて法人にみとめられるものではない」としている。自然人ではない法人に憲法上「侵すことのできない永久の権利」と設定されているものを認めることに無理があろう。最近では反対論も多くなっており、前掲の八幡製鉄政治献金事件の最高裁判決への批判も強まっている[24]。

　樋口陽一は次のように述べる。「憲法史上の認識の問題として、人権はもともと中間団体（ここでいう法人）からの人権という課題をせおって登場してきたのだった、ということを忘れてはならない。今日の実定憲法解釈の問題としても、法人の権利主体性が法律以下の法規範によってみとめられるようになったということと、法人が自然人＝個人と同じ意味で憲法上の権利の主体と考えてよいかということとは、別のことがらである。[25]」そして、諸個人の人権を

---

22) 宮澤俊義『憲法Ⅱ〔新版〕』（有斐閣、1974年）245頁。
23) 長谷部恭男他編『憲法判例百選Ⅰ〔第6版〕』別冊ジュリスト217号（有斐閣、2013年）20頁以下参照〔毛利透担当部分〕。
24) 小泉良幸「法人と人権」大石眞＝石川健治編『憲法の争点』ジュリスト増刊（有斐閣、2008年）78-79頁。

中心におく見地からすれば、巨大法人が大きな社会的役割を演ずるようになっている今日だからこそ「法人の人権」ではなく「法人からの人権」が問題とされる必要がある、と述べている。また浦部法穂も、団体としての活動に憲法的保障を認めることの意味は小さくないが、団体・法人の人権享有主体性を認めることは、団体による人権侵害を相対化してしまう、とする[26]。

私見では、団体としての活動の自由は結社の自由という形で主張することができ、またそれに基づきその種類に応じて各法律において団体の権利、役割を定めるのがふさわしい。他方で団体自体が構成員に対して何らかの人権侵害を行うときは、個人の人権保障の重要性にてらして判断されるべきである。

次に天皇・皇族が人権主体として認められるかにつきふれておきたい。天皇は世襲制の国家機関（2条）として、一般国民と法的に平等の立場にないことから国民と同じ人権を享有することはできない[27]。天皇・皇族の身分は生まれによって決まり、女性の場合は皇后になる場合、または生まれによる皇族と婚姻する場合に後天的に皇族となる。このように特殊な身分であることが憲法や皇室典範の規定で定められている。

天皇及び皇族は政治的人権を有しない。天皇は刑事上の責任は負わないと考えられており、民事裁判権は及ばないとした判例（最判平1・11・20民集43巻10号1160頁）もある。財産権に関しても制限がある。他方で13条、19条、23条などの定める自由や権利は享有しているとされる。21条については、政治性をおびる発言は象徴としての立場から認められないと考えられている。しかし信教の自由に関しては皇室神道の関係から実際にはないといえよう。

政府の従来の見解では、天皇・皇族は、一般的にいって憲法上の基本的人権の保障を受けるが、天皇の象徴性の法理の範囲内の制限が行われることは憲法上認められるとしている[28]。

天皇は国家機関としての役割を果たす。この点でこの役割と抵触する人権の行使は許されない。このように考えると実際は多くの自由や権利を果たすことはできないのである。このおよそ人間的でない存在、機関としての人間の存在そのものが日本国憲法の理念と相入れないことが明らかであろう。

---

25) 樋口陽一『憲法』（創文社、1992年）174頁。
26) 浦部法穂『憲法学教室〔第3版〕』（日本評論社、2016年）68頁以下参照。
27) 清水睦『憲法』（中央大学通信教育学部、2000年）112頁以下。
28) 山内一夫『政府の解釈』（有信堂、1955年）20頁。

2 人権の発展

　人権は一般的に自由権の保障にはじまり、実質的自由と平等をめざすところから社会権の保障を考え、1970年代以降には新しい人権もしくは第三世代の人権の保障へと拡大しつつ発展してきた。

　長い間、自由権と社会権は、権利の意義、性質の点で対照的に捉えられ、自由権は、国家権力を制限して個人の自由を保障する権利で、国家に対して不作為を要請する権利、社会権は、個人の生存や生活を保障する権利で、国家に対してむしろ積極的な作為や関与を要請する権利と捉えられてきた。今日でもなお本質的にはこのように考えられている。しかし、自由権と社会権には相互関連性がある[29]。

　また、表現の自由は表現することを国家によって制限されたり、干渉されたりしない、という点が重要であるが、表現の場や手段を確保することができない者にとっては、国家が積極的に手を貸すことも必要となる。社会権の1つとして考えられている教育を受ける権利も、国家には教育を受けるのに必要な物的諸条件を整備する義務があるが、教育内容に関してまで細かく規制する権限はない。このように一刀両断的に解されるものではなくなってきている。

　憲法における人権規定は、その歴史的経緯からもっぱら国家に対して宣言するもので、私人間には直接効力を有しないとする考え方が一般的であった。しかし、日本国憲法の規定の中には私人間を想定して権利を規定している場合もみられる（奴隷的拘束の禁止18条、選挙における私的免責15条4項、婚姻の自由と相互協力24条1項、労働基本権28条）。学説においては判例の影響もあって間接効力説が通説とされていたが、企業が大きな経済力をもち、市井の人々の生活や権利に直接影響を及ぼすようになってくると、間接効力説、そこでは規制の根拠となる法律がない場合には民法の一般規定を根拠として規制を正当化するが、それでは不十分あるいは曖昧だと考えられるようになった。今日では、憲法の人権規定の私人間効力を問うこと自体の有効性が問われている。憲法の最高法規性から私法も憲法の下位規範として位置づけられる。憲法裁判の活発化によって、裁判官は憲法問題が生じているときは憲法にしたがって判断する、ということになるのは当然と思える[30]。

---

29) 清水・前掲注27)・47-48頁参照。

1960年代の高度経済成長による公害の発生は、人々の生活環境の維持の重要性を認識させた。公害とは「生産と消費の大規模化・高度化、開発や都市化などが必要な社会的規制を伴わないまま無規律に進行して、人の生命・健康や生活・自然の環境に被害が発生する人的被害[31]」と定義される。昭和45（1970）年前後に提訴された四大公害裁判（新潟水俣病、四日市喘息、富山イタイイタイ病、熊本水俣病）においては、いずれも企業の加害責任が認められ、原告が勝訴した。企業が公害防止に注意を払う契機にもなった。しかしながら公害問題から環境権への確固たる確立にはいまだ結びついてはいない。環境権においては、まさしく生活環境が公共性を有するが故に、公共的権利 public right として確立されるべきもの[32]といわれる。その際、基本的視点として経済的発展における公共の利益よりも、生命・健康の維持や生活環境の保持としての公共的権利が優先されるべきことが重要で、それを規制するのは国家の義務だということである。環境権の根拠規定については諸説あるが、基本的には25条1項の権利をもって具体的に請求できると解すべきである。

　他方、国際的には第三世代の人権という概念が昭和46（1971）年にはじめて登場し、提唱されている[33]。この人権の提唱の背景には、人権の国際化という現象がある。第三世代の人権の内容としては、発展への権利、平和への権利、環境への権利、人類の共同財産に関する所有権、人道的援助への権利があげられる。このうち発展への権利と環境への権利はすでに認識が深められていたが、他の3つはまだ当時は初歩的な段階にとどまっていると評されていた。しかしその後、平和的生存権や人間の安全保障などの概念の発達にともない、定着してきた[34]。その他科学技術の発達によってプライバシーの権利や人格権、肖像権、日照権、眺望権等も主張されるようになっている。

---

30) 君塚正臣「私人間における権利の保障」大石＝石川編・前掲注24)・66-67頁参照。
31) 大須賀他編・前掲注4)・130頁〔森英樹担当部分〕。また、保木本一郎「公害と環境権」中川善之助監修『現代法学辞典2』別冊法学セミナー増刊（日本評論社、1973年）20-23頁も参照。
32) 清水・前掲注27)・265頁。
33) 岡田信弘「第三世代の人権」高見勝利編『人権論の新展開』（北海道大学図書刊行会、1999年）157頁以下参照。
34) 植野妙実子「ユネスコと平和主義」深瀬忠一他編『恒久平和のために』（勁草書房、1998年）303頁以下参照。

まとめにかえて

　今日の人権保障に関しては国際的人権の保障（もしくは人権の国際化）ということを欠いては語れない。いくつかの人権においては、国際条約の署名・批准を経て、実質的保障がはかられた。たとえば女性差別撤廃条約の署名・批准を通して、憲法 14 条 1 項の性別による差別の禁止の意味や内容が明らかにされ、男女雇用機会均等法等の制定により女性の権利の充実をみた。

　しかしながら日本は欧米と比較すると国際的人権の保障に熱心というわけではない。自由権規約や女性差別撤廃条約などの主要人権条約に付置されている個人通報制度を受け入れていない。また欧米に存在する地域人権保障システムも存在していない。ヨーロッパでは欧州人権裁判所の判決が各国の法整備を促すという現象もみられる。しかし、日本では司法権の独立を侵すという点から個人通報制度を受け入れず、国際機関との連携もみられない。漸く最近になって、国際的な視点や比較法的視点を加味した判決もでてくるようになったが主流とはいえない。ましてや行政においては国連の人権委員会等から勧告や意見を受けても政策にそれが反映されるというようなことはみられない[35]。基本的人権の保障が憲法の大きな柱でもあることから、国際社会に対しても十分に応答ができる法治体制となることが望まれる。

---

35) 荒牧重人「国連・子どもの権利委員会による第 3 回日本報告審査と総括所見」国際女性 24 号（2010 年）130 頁以下参照。

5　人権規定の私人間効力

はじめに

　憲法はそもそも国家の統治の基本を示すもので、国家と国民の関係を規律するものである。歴史的にも権利宣言は国家権力に対して提示された。他方で国家は私的な関係に介入せず、私的な関係においては、契約の自由や私的自治の原則に委ねられる。こうして、いわゆる夜警国家、すなわち経済活動については消極国家が理想像とされていた[1]。これが近代国家、近代憲法の初歩における説明である。今日ではこうした国家像は妥当せず、資本主義、自由主義の発達とともにさまざまな私的な団体が個人生活とかかわり、私人間における権利侵害も続発して国家によるその解決が課題とされている。この問題に対して憲法上の人権規定が私人間にも効力を及ぼすかどうかが問題とされた。

　但しこの人権規定の私人間効力の問題はあくまでも訴訟においてのことであり、立法分野のことではない。立法においては、憲法上の規定を受けて、私人間の問題解決をはかっており、当初は、労働法、社会法、環境法などが公私混合領域における法として生じ、最近では民事不介入とされていた警察の私的関係（家庭等）への介入という現象もみられ、関連する立法もなされている[2]。

　これに対し訴訟上での問題解決については、学説上、人権規定の私人間効力の、無効力説（無関係説）、間接効力説（間接適用説）、直接効力説（直接適用説）が提示されて、間接効力説が通説といわれてきた。しかし最近では、人権規定の私人間効力という問題設定の枠組みそのものにも疑問が投げかけられる

---

1) 田上穣治編『体系憲法事典』（青林書院新社、1968年）37頁以下〔稲子恒夫担当部分〕。なお同書の基本権と私人相互間の説明は284頁以下〔阿部照哉担当部分〕。
2) 田村正博『警察行政法の基本的な考え方』（立花書房、2000年）28頁以下参照。

ようになり、間接効力説が通説とはいいきれない状況にある。

I 従来の学説

　従来の学説においても、「憲法は国家と国民との間の関係のみを規律するものであるから基本的人権保障規定は私人相互間の法律関係とは無関係であるという考え方は克服され、基本的人権保障規定は私人相互間の法律関係にも及ぶが、そのことをどのような理論で理由づけるか、また、私人間のあらゆる法律関係に及ぶか、が問題となっているというべき」と言及されていた。そして主要な学説として、直接適用説、間接適用説が説明されている[3]。

　直接適用説とは、憲法の定める諸原則は社会生活の全領域において全面的に尊重され実現されるべきものであるという憲法観にたって、とくに、憲法の保障する「人間の尊厳」、「法の下の平等」、「表現の自由」、「人間に値する生存の権利」などは、私法の領域にも直接に適用される、とする。

　間接適用説とは、公法の領域に対する私法の独自性を認める立場にたちつつ、私法の領域を支配している一般原則の中に、憲法の基本的人権の原則を組み入れることによって、私人相互間の法律関係にも基本的人権保障規定を適用させようとするもので、「私人相互間において、合理的な理由なく不当に権利・自由を侵害することは、民法におけるいわゆる『公の秩序・善良の風俗』（民法第90条）に反するという理由で無効・違法である」とする。

　通説的見解においては、こうした2つの学説の中で、間接適用説が、「私法の独自性、私的自治の原則を尊重しつつ、しかも憲法の基本的人権規定の趣旨を生かす解釈として、支持されるべき」と主張されていた。しかしこの間接適用説をとる通説的見解においても、「各種の権利・自由の性格・本質・具体的内容などに着目して、個別的に、ある種の権利・自由の保障規定については私人相互間の法律関係にも直接に適用することが認められるのではないかを考えることが必要」とされていた。その例として25条や18条があげられ、また憲法の保障する人権規定の中の、夫婦・家族・労使関係などを当事者として捉えた権利や自由（24条や28条）も直接に私人相互間の法律関係に適用される、

---

3)　佐藤功『日本国憲法概説〔全訂第4版〕』（学陽書房、1991年）151頁以下。直接適用説、間接適用説の引用も同書による。また通説的見解とは同書の主張である。

と考えている。

　こうした通説的見解が広く支持される一方で、次のような見解もあった。それによると、直接適用説にせよ、間接適用説にせよ、憲法の第三者効力を認めることに変わりはない。問題は、Ⓐいかなる基本権規定が、Ⓑいかなる法律関係に、Ⓒいかなる程度で及ぶのか、というところにある、という。そして民法の一般条項の解釈の問題であるとして打ち切らずに、憲法解釈の問題として究明する必要性を指摘していた[4]。

　この見解によれば、Ⓐいかなる基本権規定が私人間の関係に及ぶのかにつき、次のようにいう。①憲法が基本権規定の中で、明文をもって、私人間の関係においても権利を保障する趣旨を定めているとき、たとえば15条4項。②国家に対する国民の権利のみを保障し、第三者効力を論ずる余地が全くないものは除かれる。17条、25条、26条、27条、31条、ないし40条。③28条は沿革から労使関係（私人間の関係）における労働者の権利を保障している。④諸種の自由権（19条、20条、21条、22条）や法の下の平等（14条）については、これらの規定が、個々の国民の国家に対する消極的権利を定めたもので、公権力による自由の侵害や差別を禁じたものである。個人が他のすべての権利主体に対して同様の権利をもつとされているのではない。しかしながら、これらの規定が私法と全く無縁のものと考えてはならない。憲法は、国法の最高規範であり、人間の尊厳を基礎とする客観的な価値秩序が、立法、行政、司法によって尊重されなければならないとされている。私的自治といっても、憲法の価値体系の枠内で認められる。したがって、もし、私的自治の名において憲法の価値体系に反するような行為が現れるときは、これらの規定の効力が及ぶ。これが、間接適用説が客観的法規範としての基本権規定の法内容を私法の概括条項等の解釈を通じて実現しようとする趣旨であるが、さらに、客観的法規範としての基本権規定の法内容が私人間の関係に直接及ぶことも、論理上は存在するのではないか。その場合、すべての私法関係に及ぶのではなく、ある種の法律関係にのみ及ぶ、という。

　他方で、Ⓑいかなる法律関係が該当するかということについては、憲法が自由権を国家に対する権利として保障したのは、国家が自由を侵害するおそれの

---

[4] 橋本公亘『日本国憲法〔改訂版〕』（有斐閣、1988年）164頁以下。以下のA、Bの説明は、同書の見解を概略化したものである。この説は分類的には直接効力説とされている。

ある最も強大なものであったからで、今日では、強大な社会的権力ないし社会的勢力が出現し、個人の自由はそれらによって脅かされている。これらの社会的権力に対しても、個人の自由が守られなければならない。具体例をあげれば、大企業と被傭者、労働組合と組合員、医師会と医師、私立大学と学生、経済団体と一企業などの関係について、第三者効力の問題が生ずる、とする。⑤基本権規定の中には、はるかに強く他の法分野に対する効力を定めるものがある。制度的保障及び原則規範といわれるものである。これらは、憲法の客観的法規範であり、同時に、憲法以外の法の制度的保障または憲法以外の法の領域の最高の法規範としての二重の性格をもっている。その法的効力は、憲法より下位にある法規範が制度的保障または原則規範に矛盾するとき、これを無効ならしめる。この原則にあてはまるものとして、憲法18条の奴隷的拘束や苦役に服しない自由、23条の学問の自由と大学の自治、29条1項の私有財産制があげられる、とする。

　この説は客観的法規範としての基本権規定がいかなる場合に私人間に及ぶか、その上で直接適用か間接適用かを憲法解釈として考える、としている点で斬新なものであった。しかし、個々の条文にはさまざまな側面があり、一刀両断にはわりきれない点があること（たとえば25条は国家に対して向けられているだけではなく、生存権という権利の明示にも意義がある）や、制度的保障の内容と意味などに対しても批判がよせられるであろう。

II　判例の態度

　最高裁判決においては、人権規定の私人間効力についての典型例として、三菱樹脂事件があげられる。最高裁は、次のように述べて、過去の学生運動参加の有無等の調査の結果、試用期間後の本採用を拒否された労働者の訴えを退けた（最大判昭48・12・12民集27巻11号1536頁）。

　憲法19条、14条は、もっぱら国または公共団体と個人との関係を規律するものであり、私人相互の関係を直接規律することを予定するものではない。私人間に社会的支配と服従関係があっても、人権規定は直接適用されない。私人間の基本的自由や平等の侵害やそのおそれの態様、程度が社会的に許容しうる限度を超えるときは、これに対する立法措置によってその是正をはかることが可能であるし、また、場合によっては、私的自治に対する一般的制限規定であ

る民法1条、90条や不法行為に関する諸規定等の適切な運用によって、その間の適切な調整をはかる方途も存する。

憲法は、思想・信条の自由、法の下の平等と同時に、22条、29条等において、財産権の行使、営業その他広く経済活動の自由をも基本的人権として保障している。企業者は、経済活動の一環として契約締結の自由を有し、営業のためいかなる者をいかなる条件で雇うかにつき原則として自由であり、企業者が特定の思想、信条を有する者をその故をもって雇い入れることを拒んでも当然に違法ではない。

本判決は間接適用説をとったとされている[5]。しかしながらこうした間接適用説の採用は、結果的に私人間に対して人権規定が及ばないことを示唆することになり、「適用」の効果をもたらすものとはなっていない[6]。昭和女子大事件においても、自由権的基本権の保障規定は、もっぱら国または公共団体と個人との関係を規律するもので、私人相互間の関係について当然に適用ないし類推適用されるものではない、とした（最判昭49・7・19民集28巻5号790頁）。そこで、三菱樹脂事件における最高裁の態度は、実質的には無効力説ではないかと批判されている[7]。

III 最近の学説の動向

間接効力説の不明確さや振幅の広さが指摘され、直接適用を説く説や人権規定の私人間効力という枠組設定を問う説が登場してきている。直接適用を促す説として、アメリカの私的統治ないし私的政府の理論、西ドイツのニッパーダイ、ライスナーによる直接的第三者効力の理論、国家同種説が着目された[8]。

芦部信喜は直接適用説の問題点として次のことをあげる。①人権規定の直接

---

5) 芦部信喜他編『憲法判例百選I〔第4版〕』別冊ジュリスト154号（2000年）24-25頁〔小山剛担当部分〕、棟居快行「人権の私人間効力」樋口陽一＝野中俊彦編『憲法の基本判例〔第2版〕』（有斐閣、1996年）14頁以下。

6) 最高裁のとった間接適用説のもたらした遮断効果については、木下智史「私人間における人権保障と裁判所・再考」『現代立憲主義と司法権〔佐藤幸治先生還暦記念〕』（青林書院、1998年）205頁以下。

7) 他方で定年年齢の男女差につき、最高裁は民法90条の規定により無効としている。芦部他編・前掲注5)・28-29頁〔中山勲担当部分〕。

8) 芦部信喜編『憲法II』（有斐閣、1978年）58頁以下〔芦部信喜担当部分〕。

適用を認めると市民社会の原則である私的自治の原則が広く害され、私人間の行為が大幅に憲法によって規律される。②基本的人権が対国家的なものであったということは、現代においても、人権の本質的な指標であり、人権にとって最も恐るべき侵害者はなお国家権力である。③自由権・社会権の区別が相対化し、自由権も複合的な性格をもつ。こうした権利の直接適用を認めると、かえって自由権が制限されるおそれが生じる。

そして間接適用説の内容については、人権侵害行為をその態様に応じて3つに分ける。すなわち、①法律行為に基づくもの、②事実行為に基づくが、その事実行為自体が法令の概括的な条項・文言を根拠としているもの、③純然たる事実行為に基づくもの、である。そのうち①と②については、法令の解釈の際に人権規定の趣旨が考慮される。③については憲法問題として争うことはできないが、アメリカの判例で採用されている国家行為 state action の理論を参考にして、一定程度事実行為による人権侵害を違憲であると解することが考えられてよい（国家同視説と同義）とする[9]。

中村睦男は、日本で直接適用説と呼ばれるものが、ある種の人権規定に直接適用を認めるいわば限定的直接適用説であり、また間接適用説の立場にたつ学説も、憲法28条、27条3項、15条4項、18条などについては私人間への直接適用を認めていることから、両説を区別する意味に対し疑問を呈する。そして間接適用説に対し、人間を人間として価値あらしめる根本的な自由については、私人間においても基本的に保障されることによって、その自由権としての本質が完うされる、直接適用といっても、一方当事者の人権を一方的に保障するために憲法が適用されることはありえない、私的自治の原則や契約自由の原則自身も、1つの憲法上の原則ないし権利として保障されている、と批判する。憲法が私人間に適用されることを前提にして、いかなる法律関係で、いかなる人権の保障が問題となっているかを検討すべきという[10]。

奥平康弘も、間接適用説が一定の意味ある解答を与えているかにつき懐疑的である。基本権規定が国家に向けられた規範であることを示唆する明文上の手がかりはないからだという。しかし、すべての基本権規定が機械的に適用され、私人の、他の私人に対するどんな差別・侵害行為もたちどころに憲法違反とす

---

9) 芦部信喜＝高橋和之補訂『憲法〔第6版〕』（岩波書店、2015年）110頁以下。
10) 中村睦男『憲法30講〔新版〕』（青林書院、1999年）45頁以下。

る直接適用説もとらない。基本権規定が私人にも適用されうるということからはじめて、いかなる場合、私人の、他の私人に対する差別・侵害行為が基本権規定に違反し違憲無効となるかという問題可能性が切り開かれる、とする。間接適用説の本質は、立法権の優位、司法権の抑制と結びついており、歴史的に克服されるべきものだとする[11]。

　最近では、国家の基本権保護義務という理論が注目されている。基本権保護義務とは、国家S及び私人P1（加害者）・私人P2（被害者）からなる法的三極関係において、P1の侵害からP2の基本権法益を保護すべき作為義務を国家に課す法理である。そこから立法府及び裁判所は、P2を保護するために必要な私法規定を制定し、既存の私法規定を基本権保護的に解釈・適用しなければならない。事実行為による侵害については、国家は、P2の保護と同時にP1の基本権の尊重という、二重の要請を課せられる。しかし両者の基本法益の調整に対するルールは確立していない。他方で、契約的侵害においては、自己決定も重んぜられるべきであるが、形式的には自発的な合意であっても、当事者の一方が圧倒的に優位な立場にあり、契約が事実上の「他者決定」である場合には、かような契約の履行の請求は、相手の自由に対する正当化されえない侵害となろう、という[12]。

　この説は、国家の私人間における基本権保護義務を明示した点では優れているといえるが、基本権保障を私法へ転化することが前提にもなっているようにみえ、日本においてこれまで流布されてきた間接適用説とどのように異なった基本権保障が行われることになるのかわかりづらい。また、法人が一方の当事者となる場合に、法人を人権享有主体としてみることができるのか、あるいは一定の社会的権力を有している者（団体）を個人と対等な関係として基本権保護をはかってよいか、という問題が生じる[13]。そこで結局は、どのような関係において、誰の人権がいかなる形で侵害されているか、個別に検討するしかないということにもなる。

---

11) 奥平康弘『憲法Ⅲ』（有斐閣、1993年）75頁以下。
12) 小山剛「私人間における権利の保障」高橋和之＝大石眞編『憲法の争点〔第3版〕』（有斐閣、1999年）54頁以下、小山剛『基本権保護の法理』（成文堂、1998年）46頁以下。木下・前掲注6) でも言及されている。
13) 社会的権力が社会の中でどのような役割を果たすかも問題となる。樋口陽一「社会的権力と人権」芦部信喜他編『基本法学6 権力』（岩波書店、1983年）345頁以下。

まとめにかえて

　人権規定の私人間への直接効力説か間接効力説かということではなく、私人間においてどのような場合に憲法の人権規定の効力が及ばないのかという問題の立て方をする方がよいと思える。というのも、確かに淵源においては国家権力に対する権利や自由の保障が主眼であったが、今日においては、国家と私人の間のみならず、私人間においても人権についての認識が広がり、私人間でも人権が侵害されることのない社会が真に人権保障が全うされる社会として望まれるようになったからである。問題は、具体的な法律がない場合に憲法の人権規定が直接及びうるのか、公序良俗等の一般規定を援用するのかということになる。確かに公序や良俗の定義を明らかにすることで一般規定の援用が妥当する場合もあろう。しかし、たとえば下級審における労働判例のあり方をみると、民法90条の援用があまりにも多すぎ、結果として曖昧となっているといえる[14]。関係する憲法上の条文の明記が望まれる。また私人間の基本権保護についての必要な立法がなされない場合はどのように考えたらよいか。この点は過去において、私立大学の教員のセク・ハラでの処分でも問題となった。他方で、安易な部分社会論の拡大化によって、実質的な権利保障を歪めることも慎まなければならない。今日では、憲法の最高法規性の確保のために広く憲法訴訟が行われるようになっている[15]。この憲法の下に下位の法規範やさまざまな社会関係も存在する。憲法の人権規定が及ばない領域はきわめて限定された、特殊な場面だといえるであろう。

---

14) 浅倉むつ子＝今野久子編『女性労働判例ガイド』（有斐閣、1997年）。
15) 君塚正臣「私人間における権利保障」大石眞＝石川健治編『憲法の争点』ジュリスト増刊（有斐閣、2008年）66-67頁、および同『憲法の私人間効力論』（悠々社、2008年）参照。

6 　個人の尊重と幸福追求権

はじめに

　日本国憲法第 3 章は「国民の権利及び義務」の表題の下に 10 条から 40 条まで人権に関する規定をおいている。その中で 11 条から 14 条までは総則的規定といわれるものである。とりわけ 13 条と 14 条は、人権の具体的なあり方にかかわる重要な示唆を含んでいる。

　13 条の前段は「個人の尊重」、後段は「生命、自由及び幸福追求に対する国民の権利の公共の福祉に反しない限りでの最大の尊重」を定めるものである。論点としては、①個人の尊重の意味、②生命、自由及び幸福追求に対する国民の権利（幸福追求権とも呼ぶ）の意味、③幸福追求権と公共の福祉との関係、④公共の福祉の内容、⑤幸福追求権の射程すなわちどのような権利が導き出されるか、などがあげられる。しかし、前段と後段がどのような関係にあるのか、個人の尊重と幸福追求権の関係、人権規定全体における 13 条の位置づけや意義など他にも問題は多岐にわたり、十分検討されているとはいえない。

I 　個人の尊重の意味

　13 条前段は、個人主義の原理を宣明しているとされる。個人主義の原理の意については、「個人が個人そのものとして価値あるものとされ、しかも、人間社会における価値の根源とされる」と説明される[1]。そして、個人主義の原

---

[1] 樋口陽一「第 13 条」有倉遼吉 = 小林孝輔編『基本法コンメンタール憲法〔第 3 版〕』別冊法学セミナー 78 号（日本評論社、1986 年）58 頁。

理は、一方で全体主義の否定、他方で利己主義の否定を表す。個人の尊重における全体主義の否定の側面は、積極的な意味での人権の基礎を示し、利己主義の否定の側面は消極的な意味での権利の枠を示す。すべての諸個人が尊重されるべきことから必然的に権利の内在的制約が考えられる[2]。

このように解せられる個人の尊重は、個人の尊厳と同意義なのか。同意義と解するのが多数説である。たとえば13条前段の個人の尊重を「個人主義の原理ないし人間主義」を表現したものと捉え、24条2項の「個人の尊厳」と同じ意味と解する[3]。しかし、この「個人の尊厳」とドイツ連邦共和国基本法1条1項の「人間の尊厳」とは同意義とする説[4]と「両者の間には強調の違いもある」とする説[5]がある。日本国憲法の文脈の中では、個人の尊重から同意義のものとして個人の尊厳、人間の尊厳、人格の尊重が導き出されるといえる[6]。

II　11条・12条・13条の権利

13条後段は「生命、自由及び幸福追求に対する国民の権利」について述べる。これは11条あるいは97条の「この憲法が（日本）国民に保障する基本的人権」と同意義なのか。またこの基本的人権は、「侵すことのできない永久の権利」とされている。12条の方は、「この憲法が国民に保障する自由及び権利」としている。

こうした規定をめぐって、基本的人権について、自然権的人権理解と実定法的人権理解が存在する[7]。「人権」と「憲法が保障する権利」の区分も提唱されている[8]。しかし、日本国憲法においては、「この憲法が（日本）国民に保障する基本的人権」といいながら、自然権思想によって「侵すことのできない永

---

2) たとえば1789年フランス人権宣言4条の文言「自由とは、他人を害しないすべてのことをなしうることにある。したがって、各人の自然的諸権利の行使は、社会の他の構成員にこれらと同一の権利の享受を確保すること以外に限界がない。……」。
3) 宮澤俊義『憲法II〔新版〕』（有斐閣、1983年）213頁。
4) 橋本公亘『日本国憲法〔改訂版〕』（有斐閣、1988年）184頁、田口精一『基本権の理論』（信山社、1996年）1頁以下も参照。
5) 栗城壽夫＝戸波江二編『憲法』（青林書院、1995年）46-47頁〔根森健担当部分〕。
6) 青柳幸一『個人の尊重と人間の尊厳』（尚学社、1996年）10頁以下参照。
7) 戸波江二「第11条」小林孝輔＝芹沢斉編『基本法コンメンタール憲法〔第4版〕』別冊法学セミナー149号（日本評論社、1997年）63頁。
8) 奥平康弘『憲法III』（有斐閣、1993年）19頁以下。

久の権利」という考え方をとっており、そうした区分が妥当するのか明らかではない。ちなみにフランスでは、droits de l'homme（人権）と libertés publiques（公の諸自由）という区別をしていて、後者は実定法上の権利を意味していたが、最近は憲法院による憲法裁判の中で扱われる権利を droits fondamentaux（基本権）と呼び、憲法（その意味で実定法）上のより普遍的な存在の権利として用いている[9]。このようなことから必ずしも自然権的権利と実定法的権利という区分に厳密に対応して用いられているわけではない。私見では 11 条、97 条の「この憲法が（日本）国民に保障する基本的人権」はその源が固有性、不可侵性、普遍性を有する「侵すことのできない永久の権利」であるところを強調する規定であり、これに対し 12 条は憲法に定められた実定法的権利の不断の努力による保持の義務、濫用の禁止、公共の福祉のための利用の責任に意味をもたせていると思われる。

　しかしながら 13 条にいう「生命、自由及び幸福追求に対する国民の権利」は前段とも関連して、格別の意味を有する権利規定とも読むことができる。そこから人格権等の根拠規定ともなった。しかし他方で、「生命、自由及び幸福追求に対する国民の権利」を 11 条や 12 条に掲げる権利と同意義、すなわち権利一般と解するようにもしないと公共の福祉のための必要で合理的な規制をここから導き出すことはできない。というのも 12 条の自由や権利の保持の義務、濫用の禁止、公共の福祉のための利用の責任は、抽象的、訓示的でそれを導き出すのに足る規定とはみえないからである。

　12 条については、「国家協同体的思想をもそこに内包しているもの」とも指摘され、また「ある種の社会連帯性の意義の自覚に立脚するもの」とも指摘される[10]が、いずれにしても現代国家における人権保障のあり方を示していることは事実であろう。しかし、ここで掲げる「自由・権利の保持の義務」、「自由・権利の濫用の禁止」、「自由・権利を公共の福祉のために利用する責任」はいずれも「この憲法の運用における道徳的な指針」、「その行使にあたっての国民の心構えを示した」とされるものである[11]。自由や権利の活用は権利保障にとって不可欠のものであり、それによって権利も進展し、社会も発展することを示唆している。

---

9) Cf., Dominique TURPIN, *Les libertés publiques*, Dunod, 1995, pp. 7 et s.
10) 樋口陽一他『注釈日本国憲法上巻』（青林書院新社、1984 年）247 頁〔佐藤幸治担当部分〕。
11) 佐藤功『憲法（上）〔新版〕』（有斐閣、1983 年）183 頁。

Ⅲ　幸福追求権と公共の福祉

　13条の後段の趣旨については、大別して2つの考え方がある。A憲法で保障された国民の権利一般を「公共の福祉」のために「立法その他国政の上で」制限する根拠規定とする説と、B「公共の福祉」に反しない限り基本的人権に最大の尊重を払うべきことをすべての国家活動の指導原理とした規定だとする説である[12]。最高裁判所の判例は早くからA説を採用してきた。しかも初期の判例は、「公共の福祉」を分析することなしに、制約原理として、権利を規制する立法の合憲性を裏打ちすることに用いていた[13]。

　ところで「公共の福祉」という文言は、憲法22条1項、29条2項にも用いられている。そこで経済的自由権の公共の福祉による制約について明記したことの意味も解明されなければならない。宮澤俊義は、日本国憲法における公共の福祉は、自由国家的、社会国家的国家観を背景にして「人間性」の尊重をその最高の指導理念とするとしている。その上で、公共の福祉に2つの側面があることを指摘する。1つは、「すべて個人の基本的人権は、他の個人の基本的人権と衝突する可能性がある。自由国家では、各人を平等に尊重する立場から、各人の基本的人権相互の衝突の可能性を調整することが公共の福祉の要請するところと見るべきである」と説明され、自由国家的公共の福祉と呼ぶ、基本的人権を公平に保障することがその狙いという。2つは、「社会国家では、社会権が基本的人権の地位を与えられる。社会権の保障は、その本質上、必然的に各人の自由権——とりわけ財産的な自由権——に対する制約を含む。私人の財産権および財産法上の行為に対する大なり小なりの制約をはなれては、社会保障的措置の実行は、考えられない」と説明され、社会国家的公共の福祉と呼ぶ。基本的人権を実質的に保障するのがその狙いという[14]。この考え方は後の判例、小売市場事件や薬局開設事件の中で扱われる消極規制・積極規制目的区分論（規制類型二分論ともいう）の基礎をなすものである[15]。今日では、憲法13条の

---

12) 樋口陽一・前掲注1)・58-59頁。
13) 作間忠雄「幸福追求権」ジュリスト臨時増刊638号（1977年）265-266頁。
14) 宮澤俊義・前掲注3)・235頁以下。
15) 青柳幸一「人権と公共の福祉」大石眞＝石川健治編『憲法の争点』ジュリスト増刊（有斐閣、2008年）68頁。

「公共の福祉」を消極的な内在的制約原理、22条、29条の「公共の福祉」を積極的な政策的制約原理と捉える考え方が多数説といわれる。

　私見では、13条の規定自体は、前段と後段は切り離されて考えられるべきでなく、「すべて国民は、個人として尊重される」からこそ、国民の権利は「公共の福祉に反しない限り、立法その他の国政の上で、最大の尊重を必要とする」というこの点では、国家活動の指導原理を示していると解するのがふさわしいと思える。同時に国民の権利は必要最小限にもしくは公平の枠の中で「公共の福祉」により規制されることも示している。ここでこのように解するのは、同じ文言「公共の福祉」を、13条では内在的制約のみを意味し、22条、29条では積極規制のみを示しているとは思えないからである。13条では区別なく公共の福祉による制約を示し、22条、29条では重ねて公共の福祉による制約の可能性を示すことで、現代社会における経済的自由に対する政策的規制の可能性を示唆しているとみることができる。このことはさらに、経済的自由にのみ政策的規制が課せられるのか、政策的規制の場合は、立法裁量が働くという統制方法ではたしてよいのか、という問題の検討を当然含んでいる。

Ⅳ　幸福追求権の意味

　「生命、自由及び幸福追求に対する国民の権利」は、一方において既述したように「この憲法が国民に保障する基本的人権」と同様に捉えられる。他方で「個人として尊重される」という規定と相まって何らかの具体的規範を包蔵していると解することができる[16]。

　A種谷春洋は次のように述べる[17]。以前は、幸福追求権は、必ずしも実定法的意味を付与されて捉えられてはいなかった。しかし、幸福追求権は、実定法的効果をもった権利で、個別基本権に対しては一般法的性格を有する包括的な自由権的基本権である。したがって、この権利の侵害には、直接司法的救済が

---

16) 幸福追求権についての先駆的な研究として、種谷春洋「『生命・自由及び幸福追求』の権利(1)-(3)」岡山大学法経学会雑誌14巻3号55頁以下、15巻1号79頁以下、15巻2号47頁以下がある。思想的背景について、酒井吉栄「日本国憲法13条の思想的背景」ジュリスト274号(1963年)34頁以下。最近の13条に関するものとしては次のものを参照。公法研究58号の各論文。高井裕之「幸福追求権」大石＝石川編・前掲注15)・92-93頁。
17) 田上穣治編『体系憲法事典』青林書院新社1968年266頁以下〔種谷春洋担当部分〕。

与えられる。この権利は包括性をもつから、憲法上列挙されぬ権利、自由はこの権利に補充的に包摂されうる。幸福追求権は人格的利益を内実とする。これは、憲法13条前段が、個人の尊厳を明示することから不可分のものとして導出される結果である。人格的利益の内容は多様であるが、たとえば私生活の保護があげられる。

B橋本公亘は、「生命、自由及び幸福追求に対する国民の権利」は、この憲法が保障する基本的人権のみを意味すると解すべきではあるまい、として、憲法は、「14条以下において、歴史的に認められた重要な権利や自由を掲げているが、権利や自由の保障をそれだけに限定する趣旨ではない」という。幸福追求権は、憲法各条の保障する権利及び自由はもとより、各条に列記されていないが人間の尊厳を保障するために必要と思われる諸権利を広く含んでいる。公共の福祉に反しない限り一般的に自由を拘束されない一般的自由権の存在がここに認められる。個別的自由権の間隙を埋めるために一般的自由権の存在を認める必要がある、という[18]。橋本においても、私生活の保護、すなわちプライバシーの権利の根拠はこの規定にある。

私見では、B説を妥当と思う。人間は基本的に自由であり、憲法に提示された権利や自由は、歴史的に重要だとして認識されたものである。その上に必要性が認められて解釈から導き出される権利や自由が存在する。時代が経つにつれ、シンプルな内容ではなくなり拡充されてきている。このように認識され、必要と認められた権利や自由が憲法や法律の中に書き留められている。

「生命」、「自由」、「幸福追求」の三者を一体として理解する通説に対して、それぞれ異なる規範内容を有するとする考え方がある[19]が、本条の歴史的経緯、幸福追求権の固有の意味を考えると受け入れがたい。また、前段と後段とを分けて、前段にも格別の意味をもたせる考え方がある[20]。これについては、個人の尊重、個人の尊厳は、生命の尊重に通ずる固有の権利を導き出しうると思われる。私見では、プライバシーの権利は私的生活における行動の自由として幸福追求権から導き出せるが、むしろ環境権の根拠規定としては個人の尊重から導き出すべきだと思われる。個人として生命が尊重されるからこそ、自然環境

---

18) 橋本・前掲注4)・218頁以下。
19) 棟居快行「幸福追求権について」ジュリスト1089号（1996年）184頁の提示参照。
20) 長谷部恭男「国家権力の限界と人権」樋口陽一編『講座・憲法学3』（日本評論社、1994年）65頁。

の保護は重要といえる。

V　13条の射程

当初13条は判例において、公共の福祉による人権制約の根拠規定として援用された。1950年代終半頃より、13条に何らかの意味で具体的権利性を認めようとする傾向が強くなる[21]。

旅券発給拒否処分をめぐる訴訟（帆足計事件）における最高裁判決の中の田中耕太郎、下飯坂潤夫補足意見は、旅行の自由の根拠を「一般的な自由または幸福追求の権利」に求めている（最大判昭33・9・10民集12巻13号1969頁）。京都府学連のデモ行進に対する警察による写真撮影をめぐる訴訟の最高裁判決は、いわゆる肖像権について13条を根拠として認めた。すなわち、13条は、国民の私生活上の自由が、警察権等の国家権力の行使に対しても保護されるべきことを規定している、個人の私生活上の自由の1つとして、何人も、その承諾なしに、みだりにその容ぼう・姿態を撮影されない自由を有する、とした（最大判昭44・12・24刑集23巻12号1625頁）。被拘禁者に対する喫煙の禁止処分が、在監者の自由及び幸福追求の権利を侵害し、13条に違反するという訴えに対し、最高裁は、「喫煙の自由は、憲法13条の保障する基本的人権の一つに含まれるとしても、あらゆる時、所において保障されなければならないものではない」と判示している（最大判昭45・9・16民集24巻10号1410頁）。また北方ジャーナル事件において、最高裁は、名誉権侵害行為に対して差止め請求を認めることは憲法に違反しないと判示し、「人格権としての個人の名誉の保護」を認めている。但し憲法上の根拠は示していない（最大判昭61・6・11民集40巻4号872頁）。

学説上は、すでに述べたように、13条後段の幸福追求権から、人格権を中心に導き出す説と、一般的自由を中心に導き出す説がある。問題はさらにそこからどのような具体的な権利が13条の射程の範囲にあるかということである。

作間忠雄は、大略次のように幸福追求権の内容をあげる[22]。

①生命　生命に対する侵害は、警察官の職務執行（武器の使用）、堕胎、死刑

---

21) 作間・前掲注13)・265頁以下。
22) 作間・前掲注13)・268頁。

の場合等に考えられる。
②身体の自由　(a) 身体の健康および安全　衛生法上の健康診断、予防接種、優生手術あるいは刑事訴訟上の身体検査の場合、教員による体罰の場合、(b) 身体の活動の自由　警察官の職務質問及び保護、衛生法上の入院強制、隔離、出入国管理上の強制収容、行政調査権による出頭要求等の場合。
③私生活の保護　私法上の人格権の問題であり、憲法上は、一般にプライバシーの権利の問題である。(a) 住居の平穏、(b) 肖像権、(c) 秘密領域の保護　とくに会話の盗聴、文芸作品等による私生活の公表等の場合、(d) 自由な生活営為　喫煙、調髪または蓄髪、服装、散歩、旅行など。
④個人人格の尊重　(a) 人格価値の保護　おとり捜査、うそ発見器の使用、麻酔分析等の場合、(b) 名誉権、(c) 良好な環境の保護（環境権）も、自然環境との関係で成立する人格権。
⑤いわゆる平和的生存権[23]。

佐藤幸治は、生命、自由及び幸福追求権は、人格的生存に不可欠な利益を内実とし、「その対象法益に応じて、①身体の自由（生命を含む）、②精神活動の自由、③経済活動の自由、④人格価値そのものにまつわる権利、⑤人格的自律権（自己決定権）、⑥適正な手続的処遇をうける権利、⑦参政権的権利、などに類型化することができる」とする。このうち②、③は憲法の個別的規定によってカバーされている。⑥は31条の解釈のあり方にかかわる、とする[24]。

私見では、ここで指摘されたものの他、法的安定性を得る権利、既得権の保護が幸福追求権の射程としてあげられると思われる。また、たとえば作間のあげる諸権利が、「生命、自由及び幸福追求に対する国民の権利」から導かれるのか、「個人の尊重」と相まって導かれるのか、「個人の尊重」は独自に個別的権利の根拠となるのか、が問題となろう。一般的自由の観念を幸福追求権に求めるとすると、生命、身体、健康にかかわる権利、環境権（25条とあわせて）、自己決定権[25]は、むしろ個人の尊重に根拠が求められるとも考えられよう。

---

23) 久田栄正「平和的生存権」ジュリスト606号（1976年）30頁以下参照。
24) 佐藤幸治『憲法』（青林書院、1987年）313-314頁。
25) さしあたり、戸波江二「自己決定権の意義と範囲」法学教室158号（1993年）36頁以下。

まとめにかえて

　「生命、自由及び幸福追求に対する国民の権利」の起源は、1776年アメリカの独立宣言の第2節に遡ることが知られている[26]。さらにそれは、ロックの「生命、自由及び財産」にあるといわれ、ロックはまた財産におきかえて幸福追求についても述べている。

　17世紀以降イギリスでは、経済的繁栄についての探求が盛んであったが、当時は、私益と公益は必ずしも対立するものではなく、むしろ個人による私益の追求こそが公益に資すると考えられてもいた。このような中で政府の役割も「社会の繁栄の維持増進」へと変化する。すなわち「政府の義務、つまり公共善の達成は、人民の幸福の増進を可能とすること」と考えられた。こうした功利主義的な政府観はやがて、政府の政治責任を選挙民への応答責任にあるとするようになる。

　アメリカではここで、政府が人民の幸福追求に十分応えられないとき、人民に服従の義務はなく抵抗が認められるのではないかとの激しい憲法論争を引き起こしたという。すなわち、人間には政治社会に先立つ根本原則に基づく権利（生命、自由、幸福追求に対する権利）があり、これが侵害されたときは断固抵抗する。この抵抗は当然暴力によらざるをえない。政府の不当な権力行使に対して通常の法制度では無意味である。このようなことが議論され、独立後の成文憲法における権利の明確な規定と政府機構の諸権限の厳格な画定がなされていった[27]。

　こうした幸福追求権をめぐる経緯を思い起こすと、13条後段は、幸福追求に対する政府の応答義務を暗に定めたものと理解できる。幸福追求権の規定はまた、日本国憲法の自由主義的、共和主義的性格も彷彿とさせる。しかし後者については象徴天皇制と調和的に解釈されていくことが予定されている。

---

26) たとえば、芦部信喜『憲法学Ⅱ』（有斐閣、1994年）328-329頁参照。
27) 金井光太朗「幸福の追求と合衆国憲法」思想761号（1987年）36頁以下。

7　平等原則

はじめに

　日本国憲法14条は、1項で「法の下の平等」すなわち平等原則を示し、2項は、華族その他の貴族の制度は認められないこと、3項は、栄典の授与はいかなる特権をともなわず一代に限ること、を示している。

　14条の設定は、日本がポツダム宣言を受諾し、民主主義と平和主義を基本にすえる政治体制の確立を約束したときに必然とされていたといえよう。大日本帝国憲法は天皇主権の下で身分による異なる取り扱いを前提としており、平等原則についての規定はなかった。

　日本国憲法の原案の元となるマッカーサー三原則の第三原則は次のように定められており、その2項と3項は、14条の2項と3項に反映している。
「日本の封建制度は、廃止される」
「皇族を除き華族の権利は、現在生存する者一代以上におよばない」
「華族の授與は、爾後どのような國民的または公民的な政治権力を含むものではない」
「豫算の型は、英國制度に倣うこと」[1]

　総司令部草案の中では、現行憲法14条にあたる部分の他に外国人の平等に関する条文があったが、昭和21（1946）年3月6日の臨時閣議で決定され、同日公表された憲法改正草案要綱では、外国人の平等に関する条文は削除されている。

---

1)　現代憲法研究会編『日本国憲法資料と判例〔6訂版〕』（法律文化社、2001年）57頁参照。

*　なお、本稿に関しては、植野妙実子「第14条」小林孝輔＝芹沢斉『基本法コンメンタール憲法〔第5版〕』（日本評論社、2006年）88頁以下が初出であり、それに加筆修正してある。

制定過程において主に議論されたのは、平等原則と天皇の地位との関係、性別による差別の禁止と皇室典範の規定との関係、嫡出子と非嫡出子の関係、貴族制度の否認、である[2]。制定過程においては、天皇が国民に含まれ、憲法第3章の人権に関する規定が適用されるなら、女帝を設定することにもつながるとの議論もされていた。象徴天皇制とはいえ天皇制の存続をはかったが故に、平等原則との関係では曖昧となった部分がみられる。

I　14条1項の趣旨と意義

平等原則は民主主義の根幹をなすもので、近代立憲主義の確立期においても、自由と並んで平等は基本原理とされた。しかし、そこにおける平等は、いわば旧来の身分制度や特権階級の抑圧からの解放を意味するものであり、近代市民社会にあって、自立した対等な市民による、自由な契約関係の確立が重要であった。これはその後の経済社会の発展を促すことにつながる。この自由で平等な個人の措定は、自由契約を成立させるため必要とされたが、もとより抽象的なものにすぎなかった。市民の自由で自立的な経済活動の予測性を確保する必要があり、国家の統治活動を予め明確化しさらに限定することが考えられた。そこから、一方では成文憲法という形で定式化し、他方では自由で平等な個人の理念に沿った統治のあり方（権力分立、国民主権）と権利保障（自由権、裁判の独立）を掲げることになった[3]。

しかしながら、自由契約、自由競争の結果、生じた事実上の不平等が問題となるにつれ、結果の平等を求める考え方が登場し、より実質的に平等や個人の尊重が模索されるようになる。それらは、現代憲法における社会権として規定されるようになってきた[4]。

日本国憲法においては、13条前段で、個人の尊重を定め、14条1項で法の下の平等を明らかにし、24条で家族生活における個人の尊厳と平等原則を明らかにしている。26条で教育の機会均等、15条3項で成年者による普通選挙、

---

[2] たとえば、『第90回帝国議会衆議院帝国憲法改正案委員小委員会速記録』（衆栄会、1995年）94頁以下参照。
[3] 栗城寿夫「近代憲法」中川善之助監修『現代法学事典1』別冊法学セミナー増刊（日本評論社、1973年）334頁以下参照。
[4] 針生誠吉「現代憲法」中川監修・前掲注3）・415頁以下参照。

44条で議員および選挙人の資格の平等を定め、さらに25条から28条にかけて社会権的規定を定めている。憲法制定当初のGHQの考えでは、29条もニューディール政策のもとでの財産権のあり方を示した社会権的規定だったという。

それでは、平等とは何か。平等とは対等に扱われること、同等に存在することを意味する。この意味では、権利における平等が平等原則の基本である。たとえば、フランス第四共和制憲法前文は、現在も効力を有する規定であるが、男女平等につき次のように定めている。「法律は、あらゆる領域において、女性に対して、男性の諸権利と平等な諸権利を保障する」。

しかしながら、ここで注意しなければいけないのは、権利の平等という観念は、権利主体であると認められたときに当然のこととして認められるということである。権利主体でない場合には平等ということは必要ないのだろうか。たとえば子ども、あるいは権利意思を表明することができない者……彼らには平等という観点から扱われる必要はないのだろうか。いや、人間である限り誰もが平等という観点から取り扱われる必要がある。そして歴史的にみると、まさに権利主体として認められなかったが故に平等な取り扱いがなされなかったことが明白となるのである。たとえば、黒人に対する差別、女性に対する差別、植民地支配による差別などがそれを示している。また、子どもの権利条約2条には子どもの権利に対する差別の禁止が定められている。あらゆる人間がなぜ対等に取り扱われるべきか、それは、人間が文化を継承し、歴史を紡ぐ存在としてすべて同等であるからである。

次に、平等原則は権利にのみ適用されるものではなく、義務にも適用される。税における公平性やその他の公負担の平等な適用が要請される。しかし、権利以外においては、公平性や累進性などゆるい基準が用いられているといえる。

さらに国家機関や制度の運用、実態における平等感の確保の問題がある。法の下の平等といわれ、14条1項には性別による差別の禁止も明示されている。選挙権も被選挙権も男女において対等の行使が約束されているのに、選挙の結果は相変わらず男性議員が多い。たとえば、平成29（2017）年3月の列国議会同盟の調査では、日本の女性議員割合は下院10.1％と193国中158位である。ちなみに、上院は15.7％であった（平成28（2016）年）。平成27（2015）年の統一地方選挙で都道府県の市町村議会の女性議員割合は、12.1％となったが、町村議会の34.3％で女性議員が0となっている。こうした女性議員比率については、長い間改善がみられていない。こうしたことは法の上での平等の確保だけ

では十分でなく、何らかの手段をとることで現実においても平等を確保することが必要なことを示している。平成 30 (2018) 年 5 月、政治分野における男女共同参画の推進に関する法律が成立したが、効果がどれほどあるか、見通せない。

形式的平等という観点から、権利において対等に取り扱うことや人間として対等に取り扱うことを要求することは比較的たやすいが、結果としての平等の確保を創出しなければならない場合には、その方法や基準の設定は難しいといえる。ここでは、立法裁量にまかされているといわれることが多いが、全くの裁量に委ねられているとなると平等の達成が危ぶまれる。

法上の平等の確保だけでなく事実上の平等の確保が意識されるようになり、そのための手段としてアファーマティブ・アクションも認知されるようになっている。しかし、これもどのような場合にどのレベルのアクションを認めるべきか、また、達成基準をどこに設定するかなど、課題が多い。

1948 年世界人権宣言は 1 条で、「すべての人間は、生まれながらにして自由であり、かつ尊厳及び権利について平等である」と定め、2 条で権利と自由の享有に関する差別の禁止を定め、重ねて 6 条で法の前における人として認められる権利、7 条で法の前の平等を定めている。1966 年国際人権規約（日本は昭和 54 (1979) 年に批准）では締結国によりこの規約に規定する権利がいかなる差別もなしに行使されることを保障するとともに男女に同等の権利を確保することも定めている。1979 年国連で女性差別撤廃条約が採択され（日本は昭和 60 (1985) 年に批准）、これにより日本でも男女平等の進展について強化がはかられた。1965 年国連で人種差別撤廃条約が採択されているが、これに対しては日本は漸く平成 8 (1996) 年に批准している。

日本では国際条約の影響によって平等の実質的保障が進むことも多い[5]。判例においても、国際的動向の変化を理由の 1 つにあげて、判例変更を行い、違憲判決を導くこともある。たとえば、国籍法違憲判決（最大判平 20・6・4 民集 62 巻 6 号 1367 頁）や非嫡出子相続分差別違憲判決（最大決平 25・9・4 民集 67 巻 6 号 1320 頁）はそのようなものにあたる。前者の判決においては「我が国を取り巻く国内的、国際的な社会的環境等の変化」が、判例変更の理由の 1 つにあげられている。

---

5) 植野妙実子「性による差別」大石眞＝石川健治編『憲法の争点』ジュリスト増刊（有斐閣、2008 年）106-107 頁。

II　14条1項の解釈

1　主体

　14条1項における法の下の平等の対象は、「すべて国民は」となっている。総司令部草案では「すべての自然人は」となっていた。しかし、「ある程度の差別が外国人に認められるのは、やむを得ない場合がある」、「『国家』に直接関係のない生活関係においては、国民と外国人のあいだにも、事情の許すかぎり、本条の原則がみとめられるべきことは当然である」という考え方[6]が定着し、本条の対象は、日本国民と解されている。一般的には、基本的人権の保障は外国人にも及びうるが、具体的には「権利の性質」によって判断される、と解されている。昨今、定住外国人の地方政治への参加や、公務就任権が問題となり、同時に「国家」にかかわることであっても、外国人であってもかかわれる範囲や内容が問題となっている。「主権」概念の具体的検討とともに問われるようになってきた。

　平等原則の対象に天皇及び皇族が関係するのかも、問題となる。これについては、当初は、現人神から人間天皇への移行の強調がなされ、平等原則の適用を受けるかのように説明されていたが、一般的には、「天皇および皇族も日本国民であるが、憲法は、天皇の地位について世襲制をみとめているから、皇位の世襲制に必要な限度においては、天皇や皇族について、法の下の平等の例外を認め、一般国民とはちがった取扱いを定めることは、憲法の容認するところ」と解されている[7]。

　また、皇室典範1条が、皇位を皇統に属する男系の男子に限っているのは女性差別撤廃条約違反であるとする議論があったが、そもそも天皇制自体が平等原則に与しないとして一蹴されている[8]。しかし、ヨーロッパでは、ノルウェー（1990年）、ベルギー（1991年）など、平等原則の適用により王位継承を女性にも広げていることは注目されるべきであろう。

---

[6]　宮澤俊義＝芦部信喜補訂『全訂日本国憲法』（日本評論社、1978年）。
[7]　宮澤＝芦部補訂・前掲注6）・205頁。
[8]　植野妙実子「女性天皇問題」杉原泰雄＝樋口陽一編『論争憲法学』（日本評論社、1994年）49頁以下参照。

2　平等の意味

　以前は立法者非拘束説が説かれたこともあった。これは、法律の適用が平等であればよく、法律の内容そのものが不平等であることまで禁止されるものではない、とする説である[9]。今日では立法者拘束説が通説である。平等原則は立法者をも拘束し、法律の内容自体が平等でなければならないとする[10]。

　また、平等は、すべての人間を法律上完全に同一に処遇すること、すなわち絶対的平等をめざすものではない。したがって、相対的平等が通説であり、人間がそれぞれ異なる状況にあることを認めて、等しいものを等しく、異なるものをその異なる程度に応じて異なって取り扱うことは否定されるものではないとされている[11]。これを合理的差別という形で容認しているが、この場合何を合理的と判断するかが大きな問題となる。違いをやみくもに認めて異なる取扱いを容認することはかえって差別につながるからである。

　なお14条1項後段の差別禁止事由については例示説をとるのが通説であり、列挙されたもの以外にも不合理な差別事由があると考えられている[12]。より具体的に、重要な事項を例示したものである。この他には、たとえば、財産、学歴、言語、出生地などが考えられる。最近では後述するように、列挙された事由であるか否かをもって違憲判断基準が異なるとする説が有力となっている。

　日本国憲法は、他方で自由を認め、経済的自由主義と民主主義によってたつ憲法であることは、平等をその枠の中で捉えることを要請するものといえる。そこで次のようにも考えられている。近代立憲主義における平等が特権の廃止、身分による差別の禁止、市民社会への自由で平等な立場からの参加を考えるものであったところから、その基本は、まず形式的平等にある。結果の不平等の是正という後年の着想は絶対的に確立することが要請されているものではない。結果の不平等の是正は、もっぱら社会的・経済的弱者の救済という形で行われ

---

9)　佐々木惣一『改訂日本国憲法論』（有斐閣、1952年）425頁。
10)　橋本公亘『憲法』（青林書院新社、1972年）152頁。なおそこでは法の下の平等を2つの意味で捉えている。第一は、国民がもつ自然の平等を国家によって侵されない権利をもつ、すなわち国家は国民を差別してはならず、国民は差別的な取り扱いを受けない、第二は、法秩序全体の基本原則をさしている、とする。
11)　規律する事柄の性質に応じ、事実上の差異を考慮して取り扱う必要があるとされ、相対的平等の基準を決定するのは正義とされる。橋本・前掲注10)・153頁以下。
12)　橋本・前掲注10)・158頁。

るが、その結果、絶対的な平等の確立を予想するものではない。14条の平等原則は「第一義的には形式的平等を保障し、実質的平等の理念からくるその相対化の要請を相当の程度まで受け入れることを予定した規定」とする[13]。しかし、今日ではより実質的な平等の確立が要求され、それにともなって学説も進展してきているといえるであろう。

III　違憲審査基準

正義を基準とするにしても、合理性を基準とするにしても、正義や合理性に反する差別的な取扱いは違憲となる。

法の下の平等に関する違憲審査基準としてアメリカの判例理論を基礎とする学説が紹介されている。それによれば、まず合理的な区別（差別）は容認されるものであることから、その合理性の認定に際し、①立法目的が必要不可欠で、立法目的を達成する手段がぜひとも必要な最小限度のものである、厳格審査基準、③経済的自由の積極的政策規制の場合には、立法裁量が広く認められるが、その際には立法目的が正当であれば、その目的を手段との間に合理的な関連性があればたりるとする、緩やかな合理性的根拠基準、①と③の中間にある、②立法目的が重要であって、立法目的と立法目的を達成する手段との間に実質的な関連性のあることが要求される、厳格な合理性の基準が用いられるとされている[14]。

最近では、14条1項後段の列挙事由、「人種、信条、性別、社会的身分又は門地」による差別であるか否かを基準として、こうした列挙事由に関する取扱いの不平等が争われる場合には、より厳格な審査基準、すなわち立法目的がやむにやまれぬ必要不可欠なものであることを要求する厳格審査基準、または立法目的が重要なものであることを要求する厳格な合理性の基準、を適用すべしとする説が有力に唱えられている。またこれらの場合には公権力の側で合憲である理由を論証しなければならないとする[15]。それに加えて、二重の基準の考え方に基づき、対象となる権利の違いを考慮して、立法目的と立法目的を達成する手段の2つの側面から合理性の有無を判断することも主張されている[16]。

13）野中俊彦「平等原則と違憲審査の手法」法学教室195号（1997年）10-11頁。
14）中村睦男「法の下の平等と『合理的差別』」公法研究45号（1983年）39-40頁。
15）芦部信喜＝高橋和之補訂『憲法〔第6版〕』（岩波書店、2015年）133頁以下。

自由や権利に関しては、憲法上保障された権利が対象であるか、実際に侵害や制約が存在しているか、自由や権利に対する侵害や制約が正当化できるか、の三段階審査が主張されているが、平等に関しては、平等原則がすべての自由や権利にかかわるが故に、その差別的取り扱いが正当化されるかどうかが争点となる。その差別的取扱いは、法上の差別のみならず事実上の差別を生じるものであったとしても、問題になろう。そうした差別的取扱いを生じる、立法目的が問われ、その目的に対して立法手段が適切であるかが問われる。

　実際、裁判所は、アメリカの判例理論を基礎とする違憲審査基準を念頭において判断しているようには思えない。たとえば尊属殺重罰の場合は、「尊属に対する尊重報恩は、社会生活上の基本的道義ともいうべく、このような自然的情愛ないし普遍的倫理の維持は、刑法上の保護に価する」として、立法目的を正当としている。後述するようにその前提自体が問われるが、この場合は立法目的を正当とした上で、加重の程度が極端で、「立法目的達成の手段として甚だしく均衡を失する」とした（最大判昭48・4・4刑集27巻3号265頁）。国籍法違憲判決や嫡出子相続分差別違憲判決は、もともと合憲としていたものを状況の変化を理由として最高裁は違憲と判断している。これらの判決は社会的身分に関する判決といえるが、そもそも14条1項に例示されている事由であるから厳格に判断するという手法をとっているわけではない。

　区別的取扱いは、さまざまなところでみられ、それぞれ立法理由がある。まず、立法目的自体を精査して、それが正当であるかどうか考える必要がある。その上で、立法目的のための必要な手段として規制が認められるかどうか、比例性も含めて妥当性を考える。こうした手法自体は確立しつつあるといえる。しかし、立法目的に対する評価は控えめである。すなわち、国会で説明された目的理由をそのまま繰り返している。再婚禁止期間についての最高裁判決は、結果についての賛否は別として、立法目的に対する精査をふまえ、立法目的に対する必要な手段かどうかというアプローチの仕方をとった（最大判平27・12・16民集69巻8号2427頁）。他方で、確かに二重の基準を考慮する必要はあろうが、経済的自由に関する規制であっても規制目的が何であるかが問われよう。二重の基準を考慮すれば、表現の自由の保障にそれほど積極的とは思われない日本の司法が、選挙権の投票価値の平等については、積極的であり、画期

---

16) 芦部＝高橋補訂・前掲注15)・131頁。

的と評価されている。しかし、これらの判決については、選挙権行使が民主主義の基礎をなすという観点からすれば、もっと厳しい結論を出すべきだ、ということにもなろう。

IV 個別的・具体的事例

1 男女平等

　平等原則の適用において大日本帝国憲法下と比較して、著しい進歩がみられた分野は、男女平等の分野といえる。大日本帝国憲法下では、選挙権・被選挙権は男性にのみに与えられ、民法では妻は無能力者とされ、刑法では妻の姦通のみが罰せられていた。日本国憲法が制定され、14条の他にも24条、26条、44条などで、平等原則、性別による差別の禁止が確認された。これらを受けて、教育基本法における教育の機会均等や男女共学、労働基準法における男女同一賃金原則が定められ、民法の全面改正が行われた。昭和20（1945）年には女性の参政権も認められている。しかし、当初はまだ合理的差別という名の下に、男女の違いをともすると拡大的に解釈し、それ故差別を容認することにつながっていった。たとえば、民法731条にあった婚姻適齢（男満18歳、女満16歳）における男女差別も長い間、「男女の生理的条件にもとづくもの」と説明されてきた[17]。生理的条件とは何なのかが判然とせず、異なる取扱いを正当化、合理化するものではない。

　いわゆる女性差別撤廃条約は1979年12月国連で採択され、日本は昭和55（1980）年7月に署名、昭和60（1985）年6月に批准した。日本ではこの条約を契機として飛躍的に男女平等の状況が進展した。というのもこの条約は、憲法がありながら不明確に解釈されてきたこと、すなわち合理的差別の容認、を根本から問い直す、性についての定義を示していたからである。

　それはすなわち、妊娠・出産以外の差異を男女間に認めないとする考えである。したがって、出産後の育児は男女双方がかかわることになる。同時にこの条約では、社会及び家庭における伝統的な役割分担の廃止が男女平等に不可欠であると認識している。妊娠・出産以外の男女差は一般化できず、個人の違い

---

17) 宮澤＝芦部補訂・前掲注6)・262頁。

ということになる。また条約の描く社会は、男女がともに社会的責任も家庭的責任を担うものであって、とりわけ日本のように、固定的・伝統的な男女の役割分担を前提として、男性の長時間労働のもとで経済的発達をとげてきた国は根本的に点検を迫られることになった。

この条約はまた、法律による差別の撤廃のみならず、「両性いずれかの劣等性もしくは優越性の観念又は男女の定型化された役割にもとづく偏見及び習慣その他あらゆる慣行の撤廃」の実現をめざしていること（同条約5）、締約国に対して差別撤廃義務を明確化し、効果的に男女平等を保障することを求めていること（同条約2・3）、さらに「男女の事実上の平等を促進することを目的とする暫定的な特別措置をとることは、この条約に定義する差別と解してはならない」として、アファーマティブ・アクションを認めていること（同条約4）などが特徴的である[18]。

この条約により、日本でも国内法等の整備が進められ、父系優先血統主義から父母両系血統主義へと国籍法が改正され（昭和59（1984）年）、いわゆる男女雇用機会均等法が勤労婦人福祉法を全面改正するという形で成立し（昭和60（1985）年）、さらに男女双方がとることができることを「労働者」という言葉で表した、いわゆる育児休業法が制定され（平成3（1991）年）、後に育児のみならず介護にも適用できるよう改正されている（平成7（1995）年）。また、固定的・伝統的な男女の役割分担の廃止の要請から、家庭科の男女共修が文部省の通達により行われた（方針決定昭和59（1984）年）。

その後、平成2（1990）年に男女共同参画社会基本法が制定され、男女平等社会の構築の方法について明らかにされた。女性に対する暴力についての関心も高まり、平成13（2001）年には、いわゆるDV防止法（配偶者からの暴力の防止及び被害者の保護に関する法律）が成立している。ワークライフバランスという考え方も浸透してきたが、日本にとっては何といっても伝統的・固定的な男女の役割分担意識の払拭が課題となる。いまだに多くの女性差別が存在しているが、このような差別はとくに私人間（家族内や企業内）で行われており、そこでの差別をいかに効果的に防ぐかが課題である。

---

[18] 条文の訳については、国際女性地位協会編『女子差別撤廃条約注解』（尚文社、1992年）参照。

2　選挙における平等

　平等原則において進歩がみられたもう1つの分野は、一定の違憲判断を定着させてきた議員定数の不均衡の問題である。日本国憲法は、国民主権の下で代表民主制を統治の原則として採用し、選挙は、主権者である国民の意思を表明する手段として重要な意味をもっている。14条1項からも選挙における平等は要請されるが、15条1項で公務員の選定・罷免権が国民固有の権利であることを明示し、同条3項及び44条でその選挙の方法が普通・平等選挙であることも定めている。また、47条では、選挙に関する具体的事項を法律で定めるとし、44条とあわせて、これらを受けて公職選挙法が定められている。平等原則に関しては、一人一票の原則を意味するのは当然であるが、さらに進んで、選挙区間における投票価値の平等をも意味することが認められてきている。しかしながら、議員定数配分の基準をどこにおくか、どの程度まで人口偏差を認めるか、衆議院と参議院とで異なるのか、などについては議論が分かれている。

　昭和47（1972）年12月10日に施行された衆議院議員選挙において、議員1人あたりの有権者数の最大値と最小値の比が4.99対1にもなり、このような投票価値の不平等は、14条1項に違反し、この選挙について選挙区別議員定数を定めた公職選挙法別表の規定に基づいて行われた選挙は無効であることが主張された。これに対し、最高裁は次のように判示した。（最大判昭51・4・14民集30巻3号223頁）。第一に、「憲法14条1項に定める法の下の平等は、選挙権に関しては、国民はすべて政治的価値において平等であるべきであるとする徹底した平等化を志向するもの」で、「選挙権の内容、すなわち各選挙人の投票の価値の平等もまた、憲法の要求するところである」。第二に、「本件議員定数配分規定は、本件選挙当時、憲法の選挙権の平等の要求に違反し、違憲と断ぜられるべきものであった」。第三に、「本件選挙は憲法に違反する議員定数配分規定に基づいて行われた時点において違法である旨を判示するにとどめ、選挙自体はこれを無効としないこととする」。

　本判決は、投票価値の平等の要求を憲法上の要請として認め、選挙区への議員定数の配分についての国会の裁量権の行使は合理的でなければならないとした点で画期的と評されたが、行政事件訴訟法31条1項の事情判決の法理によって、当該選挙を違法と宣言しながらも、選挙無効の請求は棄却した。

その後も、衆議院の議員定数配分規定についての訴訟が相次いで提起されているが、大別すると、投票価値の平等は認められるがその基準をどこにおくのか、学説では投票価値比1対2を超えたら認められないとするのが多数説といえる[19]が、裁判所の判断はどうなのかという点と、別表改正以降の合理的期間とはどれほどなのか、改正をしたなら違憲性を免れるとするものなのか、という点が争点となっている。たとえば、選挙当時の投票価値の不平等を「憲法の選挙権の平等の要求に反する程度に至っていた」ことを認めながらも、「国会が議員定数配分規定を頻繁に改正することは、政治における安定の要請から考えて、実際的でも相当でもない」として「憲法上要求される合理的期間内における是正がされなかったものと断定することは困難」と判断して、定数配分規定の違憲を認めていない判決もある（最大判平5・1・20民集47巻1号67頁）。合理的期間の法理とも呼ばれているが、不明確で曖昧であると批判されている。
　参議院議員選挙も同様に国民の意思を表明するものとして重要であることは明らかである。しかしながら、参議院の半数改選制や地域代表的性格などに参議院の「特殊性」を見出し、「投票価値の平等の要求は、人口比例主義を基本とする選挙制度の場合と比較して一定の譲歩、後退を免れないと解せざるをえない」（最大判昭58・4・27民集37巻3号345頁）としている。したがって、衆議院と比較して、大幅な較差を認めるにいたっているが、それでも最大1対6.59の較差は認められないこととなった。しかし、参議院議員の性格の規定は、両院をともに「全国民の代表」する憲法43条1項に適うのか、参議院の「特殊性」が当然に投票価値の平等の原則を後退させる根拠となるのか、具体的な基準が明確でない、などと批判されている。
　そもそも参議院と衆議院との二院制を採用しながらも、その両院に際立った違いも憲法上設定されておらず、違いをいかすような選出方法を明確にとることが要求されていない。にもかかわらず、参議院に対しては、投票価値の平等の要請が甘いということは、国会議員選挙が唯一の国政の方向性を定めるという重要性の観点から納得できないといえよう。
　平成6（1994）年、衆議院議員の選挙制度が改正され、小選挙区比例代表並立制が導入された。衆議院議員選挙区画定審議会設置法が定められ、いわゆる区割り法も成立した。設置法の中には、選挙区に関する基準値も明らかにされ

---

19) 芦部＝高橋補訂・前掲注15)・141頁。

たが、当初から想定した較差2倍を超える選挙区が多数出た。平成8 (1996) 年11月の新制度に基づく選挙に関する訴訟において、最高裁は、小選挙区制について合憲とし、さらに選挙区間の人口較差が法改正の当初から2倍を超えていたとしても、合理性がないほどの不平等が生じたとはいえない、として合憲としている（最大判平11・11・10民集53巻8号1441頁）。この判決においては、「一人別枠方式」（都道府県を単位にまず47都道府県に1議席ずつ配分し、残りの議席を人口比例で配分し都道府県の議席数を決め、その上で、都道府県内部で議席数分の小選挙区を作るという方式）を合憲としたが、その後の判決で一人別枠方式が較差の大きな要因となっていることを指摘した（最大判平23・3・23民集65巻2号755頁）。そこで平成24 (2012) 年に国会は、選挙区画定審議会設置法の当該条文、3条2項を削除して一人別枠方式を廃止した。

地方議会における投票価値の平等について最高裁は、昭和56 (1981) 年7月に施行された東京都議会議員選挙について昭和51 (1976) 年最高裁判決を適用し、議員1人あたりの人口比率で全選挙区間で1対7.5、特別区の選挙区間で1対5.15の較差の存在を、平等の要求に反するとし、合理的期間内における是正もしなかったので、本件配分規定を14条1項違反とした（最判昭59・5・17民集38巻7号721頁）。

地方議会の議員定数配分については、国会議員の場合と異なり、公選法15条8項で「人口に比例して、条例で定めなければならない」と定数配分における人口比例原則が法定されている。それ故、国会議員の場合よりも「強く」人口比例原則が要請されるのではないかとも議論された。しかし、選挙権が議会制民主主義の根幹をなすものであることから、人口比例原則の数値的基準に差はない、とされている。

近年、憲法改正の争点の1つとして自民党は合区の解消をあげている。これは、参議院選挙で最高裁における違憲状態との判決を受けて、公職選挙法が改正され、投票価値の平等に近づけるための改正が行われるとともに、鳥取と島根、高知と徳島の2か所で県境をまたぐ合区の選挙区が設定されたことに対し、反対する意図で改正を試みようとするものである。すなわち、平成25 (2013) 年7月の参議院議員選挙において、一票の較差が最大4.77倍であったのに対し、最高裁は結果的に合憲と判断したが、違憲状態を認めた（最大判平26・11・26民集68巻9号1363頁）。これを受けて平成27 (2015) 年7月28日2つの合区を導入する公職選挙法の改正が成立し、平成28 (2016) 年夏の参院選から実施

となった。この改正は付則で、2019年参院選に向けて選挙制度の抜本的見直しをすることも盛り込んでいる。平成28（2016）年7月の参院選においては一票の較差は最大3.08となったが、これを違憲として争った件につき、最高裁は合憲の判決を下した（最大判平29・9・27集民256号101頁）。自民党は憲法47条と92条を改正して各都道府県から改選ごとに1人以上選出できるようにすることを企図しているが、こうした改正は投票価値の平等に反するばかりでなく、参議院の性格をどのように定めるかの根本にかかわる問題である。投票価値の平等は判決も述べるように14条1項から導き出される「国民はすべて政治的価値において平等である」ことの具体的要求を意味している。また、国会は衆・参両議院から構成されるが、それぞれの議院の特色等について憲法は定めていない。二院制の構造をどのように捉えるか、そこを十分に議論することなくしては、できない改正である。

　投票価値の平等以外の選挙における平等として問題となったものに、在宅投票制廃止事件がある。この事件に対しては、下級審で平等原則違反が認められたものの、最高裁では、国会の裁量的権限の範囲内にあるとして違法行為としては認められなかった（最判昭60・11・21民集39巻7号1512頁）。

　また、在外日本人選挙権剥奪違法確認等請求事件もある。この事件において、最高裁は、立法不作為が国家賠償の対象となるとの判断を下しているが、「選挙権又はその行使を制限するためには、そのような制限をすることがやむをえないと認められる事由がなければならない」とし、このような事由がなく国民の選挙権の行使を制限することは憲法15条1項及び3項、43条1項並びに44条但し書に違反するといわざるをえない、と判示している。在外日本人の選挙権行使は、このような判決により充実がはかられたが、今なお制限がある。選挙は民主主義の基本であり、あらゆる手段を尽くして平等に保障されるべきものである。

3　尊属殺重罰

　刑法200条（平成7（1995）年改正で削除）が「自己又ハ配偶者ノ直系尊属ヲ殺シタル者ハ死刑又ハ無期懲役ニ処ス」と一般殺人と比較して重い刑罰を定めていることについて問題となった事件において、最高裁は次のように判示した。その立法目的は「尊属を卑属またはその配偶者が殺害することをもって一般に高度の社会的道義的非難に値するものとし、かかる所為を通常の殺人の場合よ

り厳重に処罰し、もって特に強くこれを禁圧しようとするにある」。また、「尊属に対する尊重報恩は、社会生活上の基本的な道義というべく、このような自然的情愛ないし普遍的倫理の維持は、刑法上の保護に値する」。しかしながら、「加重の程度が極端であって、前示のごとき立法目的達成の手段として甚だしく均衡を失し、これを正当化しうべき根拠を見出しえないときは、その差別は著しく不合理なもの」として違憲となると判示した。すなわち、「刑法200条は、尊属殺の法定刑を死刑または無期懲役のみに限っている点において、その立法目的達成のため必要な限度を遥かに超え、普通殺に関する刑法199条の法定刑に比し著しく不合理な差別的取扱いをするものと認められ、憲法14条1項に違反して無効である」と判断した（最大判昭48・4・4刑集27巻3号265頁）。

この判決については、立法目的自体に対する是非、またこれを刑法の中に取り込む是非、さらに、尊属が本条1項後段列挙の「社会的身分」にあたるか否か、本判決の審査手法などが問題とされた。中でも、憲法が特に差別を禁止した後段列挙事由とそれ以外の事由とでは違憲審査の基準を区別すべきあるとする説によれば、社会的身分とするか否かで審査基準が異なってくる点が問題となった。

尊属を殺すとあってもその背景はさまざまある。立法趣旨が「家」制度の維持や強化につながるものであったことは疑いない。尊属を被害者とする加重規定をおくこと自体が人格価値の平等に反する不合理な取扱いを示すといえよう。

4　地域による不平等

売春等取締条例（昭和24年東京都条例58号）に違反した者が、都道府県ごとに取締規定が異なることは、国民の側からすると居住地が異なることにより異なる取扱いを受けることになり、憲法の平等の精神に反すると訴えたことにつき、最高裁は、「社会生活の法的規律は通常、全国にわたり画一的な効力をもつ法律によってなされているけれども、中には各地方の特殊性に応じその実情に即して規律するためにこれを各地方公共団体に委ねる方が一層合目的的なものもあり、またときにはいずれの方法によって規律しても差支えないものもある」とし、「憲法が各地方公共団体の条例制定権を認める以上、地域によって差別を生ずることは当然に予期されることであるから、かかる差別は憲法自ら容認するところであると解すべきである」と判示した（最大判昭33・10・15刑集12巻14号3305頁）。

憲法は、第8章で地方自治を認め、団体自治と住民自治に基づいて地方自治が行われることを明らかにしている。そこから各地方公共団体の条例制定権も認められているが、94条からその制定は「法律の範囲内」とされている。地方自治法14条1項も「法令に違反しない限りにおいて」条例の制定を認めている。法律もまた条例も、98条により最高法規たる憲法に違反することはできない。したがって、14条1項の平等原則に違反する条例を制定することはできないのは当然であって、地域事情により異なる規定を設けることが正当化されるときのみ、合理的として認められることになる。条例が罰則を設けることができるのは、地方自治法14条3項において条例への包括的な罰則の委任を定めているところからも明らかであるが、学説では、条例が自主立法である以上、当然できると解している。実際には、それぞれの地方でさまざまな条例による規制に差があることも問題となっている。

　この最高裁判決は、条例における地域に取扱いの差異につき、はじめて下されたものであったが、その後の福岡県青少年保護育成条例事件判決（最大判昭60・10・23刑集39巻6号413頁）、岐阜県青少年保護育成条例事件判決（最判平1・9・19刑集43巻8号785頁）においても基本的に踏襲されている。しかしながら福岡県青少年保護育成条例事件判決において、伊藤正己裁判官が反対意見として、「それ自体地域的特色を有しない、いわば国全体に共通する事項に関して、地域によってそれが処罰されたりされなかったりし、また処罰される場合でも地域によって科せられる刑罰が著しく異なるなどということは、きわめて奇異な事態」と指摘していることは、注目されるべきであろう。

まとめにかえて

　福岡県青少年保護育成条例においては、18歳未満の者のみに対する性行為を禁止処罰の対象とし、年齢による差別的取扱いをしている点も論点の1つとなっていた。この点に対し、最高裁は、青少年の範囲をどのように定めるかは立法政策に属する問題として退けている。年齢設定をすべて立法裁量の問題であるとすることはできないと思われる。何らかの基準が必要であるからだ。

　憲法改正国民投票法の施行にともない日本の選挙権年齢は満18歳以上と設定された。子どもの権利条約では、法律でより早く成年になる場合を除き、「子どもとは、18歳未満のすべての者をいう」と定めている（同条約1条）。国

内法においては、「児童」とは、児童福祉法においては、18歳未満とされている（同法6条）が、民法上の成人年齢や婚姻年齢も異なり、その他の法律における自己決定可能年齢もばらばらであった。民法上の成人年齢を選挙権年齢とあわせてばらつきをなくす方向となったが、喫煙禁止や飲酒禁止は20歳未満、馬券購入禁止も20歳未満となっている。成年と婚姻年齢（男女ともに18歳、2022年4月1日施行予定）を一致させるべきだという長い間の議論には終止符が打たれることになるが、健康面での配慮や金銭的責任能力の点から各法律の年齢の違いが設定されている。平等も十分に考慮されなければならないが、このような場合には、合理性があり必要とされる規制だということになる。

8 アファーマティブ・アクション

はじめに

　日本でも男女平等確立のために大きな影響力をもった女性差別撤廃条約（女子に対するあらゆる形態の差別の撤廃に関する条約）は、その4条に差別とならない特別措置を定め、いわゆるアファーマティブ・アクションを認めていると解釈されている。すなわち特別の措置が差別的または優遇的なものであっても、事実上の平等が達成されるまでの暫定的なものである限り、差別とみなさないとする。その審議過程においては、女性に対する過去の不正を正すもの、あくまで本質的に暫定的なもの、ということが確認されている[1]。

　1990年に国連の女性の地位委員会で採択した勧告目標では、「国レベルの政策決定権を持つ地位につく女性が最低でも30％以上になるようにする」とされた[2]。また1995年、北京における第4回世界女性会議で採択された北京宣言及び行動綱領において、労働、教育、政治の分野でのアファーマティブ・アクションが奨励されている[3]。

　日本においては、平成11（1999）年6月に男女共同参画社会基本法が成立し、その中では、国が積極的改善措置（アファーマティブ・アクションに相当）も含めて男女共同参画社会の形成の促進に関する施策を総合的に策定実施する責務を有することが明らかにされた（同法8条）。また、男女共同参画社会基本計画の策定に大きくかかわる男女共同参画会議（以前は男女共同参画審議会）の構

---

1) 大脇雅子「第4条 差別とならない特別措置」国際女性の地位協会編『女子差別撤廃条約註解』（尚学社、1992年）86頁以下。
2) 『人間開発報告書1995・ジェンダーと人間開発』（国際協力出版会、1995年）11頁。
3) 総理府男女共同参画室編『北京からのメッセージ』（大蔵省印刷局、1996年）。

成についてはいわゆるクォータ制（割り当て制）がとりいれられ、「男女のいずれか一方の議員の数は、……議員の総数の10分の4未満であってはならない」とされている（同法25条3項）。クォータ制はアファーマティブ・アクションの代表的な手段である。

このように日本においても、アファーマティブ・アクションの現実の採用は進められている。アファーマティブ・アクションの意義を探るとともに、平等原則との関連でどのように解釈されるべきかを考えてみたい。

I　アファーマティブ・アクションの定義

アファーマティブ・アクション（ポジティブ・アクションともいう）はさまざまな優遇措置（優先処遇ともいう）を含んでいる。アメリカでマイノリティーの保護のために用いられ、注目された[4]。ヨーロッパにおいてもEUの主導の下でさまざまな優遇措置が各国でとられている。EUでの労働分野でのポジティブ・アクションは次のように説明されている。「ポジティブ・アクションとは、これまで女性やマイノリティーに不利に機能してきた雇用システムを全般にわたって改善して、このような人々を、あらゆる雇用の分野やポストに積極的に増やしてゆくための具体的な方策をいう。長い間差別されてきた人々の事実上の平等を達成するためには、差別を禁止するだけでは不十分であり、積極的かつ具体的に、さまざまな援助措置が実施される必要がある」[5]。

また1995年アメリカのクリントン大統領は次のように述べた。「アファーマティブ・アクションという措置は、女性や人種的、民族的マイノリティーの機会を拡大するために、差別の対象となってきた人々からグループへの帰属を考慮にいれて試みられたすべての努力をさすものである」[6]。

フランスではアファーマティブ・アクションを積極的差別と呼ぶが、メラン

---

[4] アメリカでのアファーマティブ・アクションを扱うものにさしあたり、西村裕三『アメリカにおけるアファーマティヴ・アクションをめぐる法的諸問題』大阪府立大学経済研究叢書第66冊（1987年）、有澤知子「アメリカ合衆国における男女平等判例の動向とアファーマティブ・アクション」ジェンダーと法4号（2007年）93頁以下。また、辻村みよ子編『世界のポジティブ・アクションと男女共同参画』（東北大学出版会、2004年）も参照。

[5] 『諸外国のアファーマティブ・アクション法制』（東京女性財団、1996年）9頁。

[6] Ferdinand MELIN-SOUCRAMANIEN, Les discriminations positives-France, *A.I.J.C-1997*, P.U.A.M-Economica, 1998, pp.141 et 142.

＝スクラマニアンによって次のような基準が示されている。「第一に、そもそも<u>事実上の不平等</u>が存在することが必要である。第二に、これに対し<u>取扱いの法上の差異</u>をもって応えなければならない。第三に、取扱いの法上の差異は目的をもつものでなければならない。それは、市民の一定のカテゴリーに過去における差別を消し去るために優遇措置を与えるという規範制定権者の明確に表明された<u>意思</u>から生じるものでなければならない。第四に、取扱いの法上の差異は、平等の一つの破壊となるものではあるが、平等の補償、平等の回復という考え方を含むという意味で<u>積極的</u>でなければならない。第五に、規範制定権者の目的は事実上の平等を確立することであり、取扱いの法上の差異は必然的に<u>暫定的</u>なもので平等が回復されたときには中止される」[7]（下線はメラン＝スクラマニアン）。

　これらから、アファーマティブ・アクションとは、平等原則に違反するものではあるが、過去において長い間明らかな差別が行われ、放置しておいてはその差別意識が払拭できないので、真の平等達成のために差別された側に優先的な暫定的な措置をとるものだとわかる。

II　アファーマティブ・アクションの正当性

　アメリカでのアファーマティブ・アクションの正当性の根拠の代表的なものとして、社会的効用論、補償的正義論、配分的正義論があげられる。
　①社会的効用論とは、「過去の差別に言及することなく、優先処遇のもたらす将来の効用を強調して、その正当性を、効用主義哲学を基礎に根拠づけるもの」と説明されている。これに対しては、将来の効用を予測しているにすぎず、実際にもたらされる効果についての判断は主観的となると批判されている。
　②補償的正義論とは「黒人はこれまで不当に差別されてきた。白人は、黒人を差別することによって不当に利益を受けてきた。したがって白人は黒人に対して補償する義務を負うべきである」というものである。これに対しては次のような批判がある。被害者・加害者が、過去の世代に属する人々であるとすれば、現在マイノリティーがおかれている状況と過去の差別との因果関係が明らかにされて、はじめて補償責任が問われなければならない。集団への差別によ

---

[7]　*Ibid.*, p.142.

ってもたらされた損失と、個々人のこうむった損失とが同一であるとは限らない。補償の必要性を集団を単位として論じることと、現実に特定の黒人に補償を与えることとは別問題ではないか。黒人の中にも損失を受けなかった人々もありうるにもかかわらず、集団全体に向けられる優先処遇は、over-inclusiveではないか。

③配分的正義論とは、「現在および将来の、利益と負担の平等な配分を要請」するもので、「最も影響力のあるのは、『権利、功績、能力、貢献度、ニーズの程度等関連性ある要素をすべて考慮しつつ、利益と負担とを配分すること』という定義」だとされている。これに対しては次のような批判がある。平等アクセスに恵まれている人々まで含めている点でover-inclusiveで、他の恵まれていない集団を対象としていない点でunder-inclusiveである。差別に手を染めていない個人の平等アクセスを否定することになる。

しかしながら、配分的正義論が社会的効用論と結びついて、機会の平等配分から理想社会の接近という公式を導き出し、今日の優先処遇の最も有力な根拠とされている[8]。

アファーマティブ・アクションは、真の平等達成のためにとられる暫定的な措置であるが、他方に不利益をもたらすという点で平等原則を侵し、なおかつ目的に対して手段が厳密に一致するとはいえず、ずれが生じることから正当性についてさまざまな角度から議論されている。この問題をクリアする試みが、集団の権利を認めるものである。集団の権利が認められるとすれば「個々的な差別について過去の加害者と現在の被害者を特定しなくてもよく、ある特定集団のアイデンティティと同じものを個人が有するという事実を明らかにするだけで、同個人は集団の有する平等権を享受できる[9]」ことになる。

しかしながら人権の歴史を遡ると、まず、市民社会を形成する自由で平等な個人が、抽象的ではあるが措定され、次いで個別化されることによって人権は実質性を獲得してきた。人権の普遍化はより多くの人々に権利の享受をもたらし、人権の具体化、差異の強調は社会権の確立や平等の進化ももたらしている。こうした人権の基本は個人であった。

---

[8] 阪本昌成「優先処遇と平等権」公法研究1983年45号99頁以下、とりわけ100頁以下参照。アファーマティブ・アクションの正当化の類型については、石山文彦「『逆差別論争』と平等の概念」森際康友＝柱木隆夫編『人間的秩序』（木鐸社、1987年）292頁以下も参照。

[9] 阪本・前掲注8)・106頁。

国際社会においては、すでに発展の権利をめぐって、これが人権であるとしても集団の権利として認められるかどうかが問われている。集団の権利を認めるとすれば、権利主体や権利内容など検討すべき課題は大きい[10]。人は属している集団、カテゴリーによって、しかもその所属が人種や性別など生来のものである場合、その集団、カテゴリーが受けてきた差別の影響を属する個人が受けるのも事実である。そこで、その集団に特別に配慮して政策が講じられることがある。この場合、集団自体の権利としてではなく、「『集団』の属性にもとづいて個人に特別の配慮をし、権利を認めた[11]」と解するのがふさわしいように思われる。

Ⅲ　アファーマティブ・アクションの具体例

　アファーマティブ・アクションは、経済的自由に関しても、精神的自由に関しても、社会権の分野でも用いられる。また、クォータ制のようなものから、何らかの手当をだすようなもので、一方には認められていないが他方に認められている、過去の差別を考慮して平等状況を創りだすことを意図しているすべての措置が含まれる[12]。日本においても、さまざまなアファーマティブ・アクションの手法がとられている。

　たとえば、障害者雇用促進法においては、民間企業（一定の従業員のいる事業所が対象）や国家公務員等における雇用率が義務づけられていて、障害者を雇い入れるための施設の設置等に対する助成金、雇用率未達成事業者に対する納付金徴収、雇用率達成事業者に対する調整金の支給の制度が設けられている。この法定雇用率は労働者数と障害者数から割りだされる数値を根拠としており5年ごとに見直すことも定められている。障害者に対する差別を禁止しているが、積極的差別是正措置として障害者を有利に扱うことは、障害者であることを理由とする差別に該当しないことも示されている。これらは経済的・社会的

---

10) 横田耕一「『集団』の『人権』」公法研究61号（1999年）46頁以下、稲正樹「集団の人権」同124頁以下。

11) 横田・前掲注10)・48頁、横田耕一「平等原理の現代的展開」現代憲法学研究会編『現代国家と憲法の原理』（有斐閣、1983年）644頁以下。

12) 植野妙実子「アファーマティブ・アクションについての一考察」in Toward comparative law in the 21st century（中央大学出版部、1998年）1357頁以下参照。

弱者保護の観点からも行われている政策である。

　高年齢者等雇用安定法においては高年齢者雇用安定助成金が設定されていた（平成29（2017）年12月31日をもって廃止）。これは高年齢者の活用促進のための雇用環境整備の措置を実施する事業主に対する助成金で、高年齢者の雇用の安定をはかることが目的のものであったが、高年齢者に対する雇用差別の是正を意図していたとみることができる。しかし、平成25（2013）年からの厚生年金の支給年齢引き上げにともない、定年後原則として希望者全員の再雇用を企業に義務付づける改正が成立し（施行は平成25（2013）年4月1日）、継続雇用制度の導入等により65歳までの雇用がはかられるようになった。そこで助成金は廃止となっている。

　社会福祉の分野においては、たとえば一家の稼ぎ手が死亡したときの遺族基礎年金、また第1号被保険者に対する寡婦年金と死亡一時金の給付、さらに母子及び父子並びに寡婦福祉法における母子家庭、父子家庭の生活の安定と向上を図るための援助や優遇措置などがある。最後のものに関しては、かつては母子家庭のみに対する支援であったが、今日では「ひとり親家庭の支援」と位置づけられている。しかし実態をみると、母子家庭における母親の正規就労者の率は父親のそれと比べると圧倒的に低く（父子世帯67.2％に対し母子世帯39.4％）、また世帯年収も低い（父親の平均年間就労収入360万円に対し母親の平均年間就労収入181万円）[13]。そこで母子家庭の母等に対する就業支援等の充実がはかられている。母子家庭の母等を雇用する事業主に対する支援もある。こうした政策もアファーマティブ・アクションとして位置づけられる。男女平等が浸透し、社会的責任・家族的責任の双方を男女が共に担うという考え方が敷衍化すればこうした政策の見直しが行われよう。さらに世帯という単位ではなく、個人主義に基づく社会福祉のあり方や税制度のあり方も考えられる必要がでてくる。

　「ニッポン一億総活躍プラン」に基づき、平成27（2015）年9月に女性の職業生活における活躍の推進に関する法律（以下、女性活躍推進法）が成立した。女性活躍推進法は、平成28（2016）年4月1日以降、常時雇用する労働者が301人以上の大企業に①自社の女性の活躍に関する状況把握、課題分析、②その課題を解決するのにふさわしい数値目標と取組みを盛り込んだ行動計画の策

---

[13] いずれも厚生労働省雇用均等・児童家庭局家庭福祉課「ひとり親家庭の支援について」平成26（2014）年3月から。

定・届出・周知・公表をさせ、③自社の女性の活躍に関する情報の公表を行わなければならないとする義務づけをしている。そして、女性の活躍推進に関する取組みの実施状況が優良な企業は、厚生労働大臣の認定を受け（えるぼし認定企業）、それが公共調達で有利になるとしている。すなわち、女性活躍のためのアファーマティブ・アクションを採用している。この法律の目的は、「男女共同参画社会基本法にのっとり、……女性の職業生活における活躍を迅速かつ重点的に推進し、もって男女の人権が尊重され、かつ、急速な少子高齢化の進展、国民の需要の多様化その他の社会経済情勢の変化に対応できる豊かで活力のある社会を実現する」ことにある（1条）。但しその中心的な政策は、男性が家庭的責任を担えるような社会の構築というよりは、女性が家庭のこともでき、さらに職場でも継続的に仕事ができるようにすることとなっている。確かにこの法律は、事業主に義務を課すという点で革新的であり、優良企業を認定しそれが公共調達等にも影響するという点で、促進を図る具体策が示されているところから、効果が期待できる。他方で、男性の家事・育児・介護など家庭責任を果たすことを促進する仕組みも示される必要がある。「女性活躍推進」が女性だけに仕事と家庭の双方の責任を押しつけて「活躍」させることになるなら、本末転倒であり、平等促進とはいえない[14]。

　フランスでは1999年7月に憲法改正が行われ、アファーマティブ・アクションの1つといわれるパリテ（男女同数）を示唆する条文が憲法の中にとりいれられた[15]。これは政策決定機関への女性の参画を促すものであった。これに基づき選挙候補者の男女を同比率とする公職選挙法の改正も行われた。さらに2008年7月の憲法改正で、このパリテ促進条項は、共和国の原理を示す1条の、2項に「法律は、選挙によって選出される議員職及び公職、並びに職業的及び社会的要職への男女の平等なアクセスを促進する」と定められた。これにより、政治の場面だけでなく、会社の取締役会や各種試験の合格者を決定する会の審査員など、さまざまな場面で男女平等が進むことになった。このパリテもアファーマティブ・アクションの1つとされている[16]。

---

14) 植野妙実子「男女平等とグローバリゼーション」伊藤壽英編『法化社会のグローバル化と理論的実務的対応』（中央大学出版部、2017年）27頁以下参照。
15) 糠塚康江『パリテの論理』（信山社、2005年）参照。
16) ヴェロニック・シャンペイユ＝デスプラ著＝植野妙実子監訳＝石川裕一郎共訳「憲法学からみたパリテ」比較法雑誌51巻1号（2017年）1頁以下参照。

日本では男女共同参画社会基本法13条に基づき、政府が男女共同参画社会の形成の促進に関する男女共同参画基本計画を定めることになっている。平成27（2015）年12月25日、第4次男女共同参画基本計画が閣議決定されている。この計画で改めて強調している視点として「あらゆる分野における女性の活躍」、「安全・安心な暮らしの実現」、「男女共同参画社会の実現に向けた基盤の整備」、「推進体制の整備・強化」を掲げている。また、それぞれの政策領域の成果目標を示し、具体的な取組みも明らかにしている。

　「あらゆる分野における女性の活躍」では、5つの重点分野をとりあげて、基本的な考え方と2020年成果目標を示している。この成果目標は、あるところでは、たとえば国会両議院それぞれの議員候補者に占める割合を30％とし、また、他のところでは、たとえば国家公務員の役職、本省課室長相当職に占める割合を7％と、現実的なかなり低い数値が示されている。しかしそもそも、この目標数値は、1985年第3回世界女性会議で合意された「ナイロビ将来戦略」の中の「政府……は、それぞれ西暦2000年までに男女平等参加を達成するために1995年までに指導的地位に就く女性の割合を少なくとも30％までに増やすという目標を目指し、それらの地位に女性を就けるための募集及び訓練プログラムを定めるべきである」（勧告6）に由来している。日本政府が、「2020年30％」を最初に位置づけたのは平成15（2003）年6月であり、ここから目標達成への具体的取組みに十分な進展がみられていない、実効性のある取組みがなされてこなかったことがわかる。しかも、国会両議院それぞれの議員候補者に占める女性の割合のところには、わざわざ「政府として達成を目指す努力目標であり、政党の自律的行動を制約するものではなく、また、各政党が自ら達成を目指す目標ではない」と注釈がついている。男女共同参画社会基本法19条の「国際的協調の下に促進する」の理念がいかされておらず、第4次男女共同参画社会基本計画の4番目の視点「国際的評価を得られる社会」にももとるものである。フランスの政策と比較すると日本政府にとって男女平等の促進の優先度は低いといわざるをえない[17]。

---

17) 植野・前掲注14）・61頁。

IV 平等原則と違憲審査基準

　日本国憲法 14 条 1 項は法の下の平等を定める。その解釈については、次のような点については一致しているといえよう。「第一義的に形式的平等を保障しており、ただ実質は平等の理念からくるこの相対化の要請を相当の程度まで受容することを予定した規定だと解される」。「不合理な差別を認めない。」「事実上の差異に着目するとき、平等原則は、等しいものは等しく、等しくないものは等しくなく取り扱うべきだという相対的平等の意味に理解されなければならない。」「『法の下の平等』は、国政全般を拘束する法原則であり、法の適用についての平等だけでなく、法の内容についての平等も当然要求する。[18]」
　しかしながら、「合理的な区別は認め、不合理な差別的取扱いだけが禁止される」とするときの合理性の基準は何か、合理性とするだけでは漠然としており、より明確な判定基準としてどのようなものが考えられるか、という問題が浮上する。さらにアメリカでの議論を引いて差別の内容につき、違憲審査基準が異なるとする説が有力に展開されている[19]。
　アメリカでは、平等保護条項に対する侵害が争われたときに、3 つの審査基準が確立しているとされる。a 合理性審査基準、b 中間審査基準、c 厳格審査基準といわれるものである。a は、単なる合理性ないしは合理的関連性に関する基準で、立法府の裁量を前提とし、明らかに立法府の裁量の逸脱・濫用があった場合にのみ違憲と判断するものである。b は、立法目的は c ほどではないが重要であり、手段はこの目的の達成に実質的に関連していることを必要とし、実際には目的との密接な適合性を事実に即して国は挙証しなければならないとする。c は、立法目的に強度の必要性があり、手段がこの目的の達成に事実上不可欠なものであることの挙証責任を公権力側に負わせるものである。
　中村睦男はさらに「ある差別的取扱いにいずれの審査基準が適用されるかを区別するためには、次の三つの要素が考慮される必要がある」という。第一に、実質的平等については、立法府の裁量が肯定され緩やかな審査基準が適用されるのに対し、形式的平等については、より厳格な審査基準が適用される。第二

---

18) 高見勝利他『憲法 I〔新版〕』(有斐閣、1997 年) 260 頁以下〔野中俊彦担当部分〕。
19) 中村睦男「法の下の平等と『合理的差別』」公法研究 45 号 (1983 年) 38 頁以下、阪本昌成「優先処遇と平等原則」Law School 28 号 (1981 年) 27 頁以下参照。

に、差別禁止事由が、憲法14条1項後段所定の事由である場合は、より厳格な審査基準が必要である。第三に、差別的取扱いによって侵害される権利、利益が選挙権や精神の自由のように民主政の基盤となり、憲法上優越した地位を有する基本的人権の場合には、より厳格な審査基準を必要とする[20]。ここであげられている要素は他の論者によってもとりあげられ展開されている[21]が、平等原則にかかわるどのような事例に3つの審査基準がそれぞれ該当するかについてはさらに検討が必要である。

アメリカでは従来、アファーマティブ・アクションに対してはbが用いられていたという。しかし人種に関する差別にはcが用いられていた。人種差別と女性差別とは、同質のものとしては扱えない、との評価もある。最近では、aやbの緩和された審査基準をアファーマティブ・アクションに用いる動きもある[22]。

V アファーマティブ・アクションと司法統制

政策・方針決定過程への女性の参画を促すために、選出議会の議員の何%かを女性にあてるという方法は、民主主義の原理がそもそも問われることになり不可能である。それでは、男女共同参画社会基本法におけるように会議や審議会の委員の構成にクォータ制を用いるとか、選挙において候補者リストに女性候補者を一定程度登載することを促すとかを法律で定めることについてはどのように考えたらよいか。この場合は女性の選出される機会の平等の確保をめざすものといえる。

女性の選出される機会の平等の確保をめざすという点に着目すると、14条1項後段に列挙される性別にかかわることであり、なおかつ民主主義の基礎となる権利にかかわることでもあり、cに該当すると考えられよう。しかし、審議会の委員のクォータ制についても、候補者リストのクォータ制についても、目

---

20) 中村・前掲注19)・39-40頁。
21) 芦部信喜『憲法〔新版補訂版〕』(岩波書店、1999年) 125頁以下。
22) 中村・前掲注19)・39頁以下、阪本・前掲注8)・108頁以下、横田・前掲注11)・664頁以下参照。また大沢秀介「最近のアファーマティブ・アクションをめぐる憲法問題」法学研究63巻12号 (1990年) 223頁以下では、1989年のクロソン事件判決ではじめて具体的な審査基準として、いわゆる厳格な審査基準 (cに該当) を適用することで最高裁の多数意見が形成されることになったとしている。

的は明確ではあるが、手段としては厳密とはいえない。クォータ制の何％が妥当であるかの証明は難しく、平等達成の時期を客観的に判定することも難しい。

もっとも民主政の基盤となる選挙権や精神的自由がすべて c に服しているのかというと、そうともいえない[23]。実際、議員定数不均衡にかかわる判決においては、「国民は全て政治的価値において平等であるべきであるとする徹底した平等化を志向するもの」と投票価値の平等を認めてはいるが、他方で「憲法は前記投票価値の平等についても、これをそれらの選挙制度の決定について国会が考慮すべき唯一絶対の基準としているわけではなく……調和的に実現されるべきもの」として立法裁量による相対化を認めている（最大判昭51・4・14民集30巻3号223頁）。

男女平等原則の確立は、14条1項の示す「性別による差別の禁止」にあたるので、本来 c が該当する。しかし年少者（未就労者）のみならず、就労者であってもまだ若い場合の逸失利益算定にあっては、対象者の性別に応じ、賃金センサスによる男女別の平均賃金をその基礎収入とするのが一般的な実務となっており、最高裁も逸失利益について女性労働者の平均賃金を基礎収入として算定することは不合理とはいえない、と判示している（最判昭61・11・4判時1216号74頁）。また地方公務員災害補償法の規定で、遺族が妻の場合は遺族補償年金を年齢制限なく受け取れるのに対し、夫の受給資格については「55歳以上」とされていることが憲法違反かどうか、争われた訴訟で、最高裁判所は合憲と判断した。遺族補償年金制度は、憲法25条の定める「健康で文化的な最低限度の生活」を実現するための社会保障の性格を有する制度としたが、男女の賃金格差や雇用形態の違いなどから妻のおかれている社会的状況を考えると、夫側にのみ年齢制限を設ける規定は合理的、と判断した（最判平29・3・21集民255号55頁）。遺族補償などで男女に差がある制度は海外では1990年代に見直しが進み、先進国で残っているのは日本ぐらいという、指摘もある[24]。現実に即した判断とはいえるが、まず男女平等確立という基準が一定していないと、男女平等を促進する暫定的手段としてのアファーマティブ・アクションを許容する基準も確定しないと思われる。

---

23) さしあたり、野中俊彦「平等原則と違憲審査の手法」法学教室195号（1996年）6頁以下参照。
24) 朝日新聞3月22日朝刊。

まとめにかえて

　すでにみたようにアファーマティブ・アクションの内容はさまざまで、精神的自由にかかわるもの、経済的自由にかかわるもの等多岐にわたる。これに対し、従来の精神的自由と経済的自由とでの審査基準が違うという二重の基準を直截にもちこむことは妥当しないように思える。

　女性の政策・方針決定過程への参画を促すようなプロセスにおける機会の平等の確保にかかわるアファーマティブ・アクションはcとはいえずbが妥当する。他方で雇用にかかわるクォータ制や研修、昇進における機会の平等の確保にかかわるアファーマティブ・アクションも、経済的分野におけることとはいえ、aとはいえずbが妥当するといえる。重要な点は、カテゴリーの特性が、生来の特性として認識することができ、長い間差別を受けてきたことが明らかである場合、これに対し実質的に平等を確立するという目的でとられる暫定的な優遇措置は平等原則に違反するものではない、ということである。

　ところでフランスでパリテ論争にかかわって強力に唱えられたのが「差異への権利」である。この考え方は究極的には、「女は女を代表する」とするものである。しかしこの考え方は、もし国民がさまざまな人種や宗教に分かれるとすれば、それぞれの人種や宗教の代表を議会に送りこむべきだとする考え方につながるものである。確かに差異への権利や少数派の権利は、考慮されなければならないものである。しかしながら、女性差別撤廃条約も男性と女性との差異を決定的な身体の違い（妊娠と出産）にしか認めないことで男性と同等な女性の権利の確立をはかっている。このことによって男女平等の認識が深まったのもまぎれもない事実である。ジェンダーの視点からの法律や政策に対する点検は不可欠であり、人権の普遍性を覆すものとはいえない[25]。

---

25) 植野妙実子「日仏女性政策の展望」植野妙実子編『21世紀の女性政策』（中央大学出版部、2001年）251頁以下参照。

9 家族の権利と保護

はじめに

日本においては最近、晩婚化、少子化、離婚の増加などにより一義的に家族を論じられなくなってきた。国際的に男女平等の内容も明確にされ、家族の基本とされる夫婦（カップル）のあり方があらためて捉え直される必要がでてきた。

I　24条の従来の解釈

24条に関する従来の解釈として、次のようなものがあげられる。
　本条は、婚姻やその他の家族生活の諸関係に対する基本原理を掲げた規定であり、他の人権規定にはみられない性格や特色をもっている、旧来の「家」制度の否定、廃止が本条の目的で、家族生活の面に憲法の基本理念を浸透させることを国家に命じた、とする。本条の規範としての性格については、13条の個人の尊厳の原理と14条の平等原則とを家族生活の諸関係に関して及ぼしているが、個人の尊厳の意義は、平等原則の中にとりこまれているので、「結局、本条を、平等原則の制度化ないし具体的実現の一つとして説明することができる」。「つまり、家族に関する諸事項について、平等原則が浸透していなければならないことを立法上の指針として示し、その実現を法律に委ねている規定とみることができる。」そのこと以上に、個別の具体的な人権の保障規定としての意味をもっているかについては、「条文の文言形式からみて具体的権利性を導くことは無理」とし、本条にかかわる問題が生じて裁判所による救済を求めるとき、結局は、憲法14条の平等原則を適用する問題となるはずで、本条に

ついて具体的権利内容を理論構成する実益はないとしていた[1]。

24条に関しては、ここに掲げられているように私人間でのことにもかかわらず、憲法が規定しているという特別な性格を有するということと、大日本帝国憲法下の「家」制度の否定、廃止を意味するということについては広く認められている。しかし、24条の法的性格についての解釈は多岐にわたり、24条から由来する具体的権利について明確にする必要があろう。

II 24条の法的性格

24条の法的性格及びそこから由来する具体的権利については次のような諸説があげられる。

①平等原則の具体化とみる説——
　a 一般的には法的性格については、「平等原則の制度的具体化[2]」と捉える者が多いが、b 橋本公亘は「平等原則の家族生活における具体化」としている[3]。

②制度的保障とみる説——
　a 制度的保障には「その基本的な性格が民主制に重大な影響をもつ場合には、憲法上立法権の限界が考えられる」として関係する個人の権利を保障したものではないとする[4]。b「憲法の規定は、憲法の公法としての性格からみて、直接に家庭関係における家族の私権を根拠づけるものではない……制度的保障を内容とするものである[5]。」

③公序とみる説——
　「家」の制度を解体し、個人の尊厳を核心とする日本国憲法の下でふさわしい公序を家族生活に強制する、という意味をもつのが憲法24条だとする。

---

1) 戸松秀典「第24条」有倉遼吉＝小林孝輔『基本法コンメンタール憲法〔第3版〕』(日本評論社、1986年) 104頁以下。
2) 佐藤幸治『憲法』(青林書院、1987年) 329頁。
3) 橋本公亘『日本国憲法〔改訂版〕』(有斐閣、1988年) 213頁。ここにおいては同時に①各人の婚姻及び家族に関する個人の尊厳と両性の本質的平等にしたがった取扱いの国家に対する要求、対応する国家の法定立、法適用の義務、②制度的保障、③原則規範の意義、も明らかにしている。
4) 田上穣治『日本国憲法原論』(青林書院新社、1980年) 88頁。
5) 田口精一「家庭生活における基本原理」田上穣治編『憲法の論点』(法学書院、1968年) 140-141頁。

24条は、そのような意味で公序の強制を意味し、その効果として、公序に合致する家族を保護すべきことも含意する[6]、という。

④自由権とみる説——

a 国民にとって消極的な自由権的人権を保障するにすぎず、この意味で次条以下が積極的な生存権的人権の確認であるのと対立する、という説である[7]。b さらに24条の中の婚姻の自由に着目して次のように論ずる説がある。婚姻は「家」制度の拘束からの自由として発現し、婚姻の自由は平等独立な当事者の合意すなわち一種の契約の自由として発現する、ゆえに自由権的基本権に属するとする。この自由権の内容を「個人の尊重」の原理から流出する、人格発展を目的とする活動の自由、この意味で幸福追求権の個別化されたもの[8]と考えている[9]。c 経済的自由の1つとして24条をあげる説もある[10]。また市民法的な権利の一環として捉える説もある。この説は24条を市民の経済・社会的自由権の中で扱う[11]。

⑤社会権とみる説——

a 24条1項で婚姻の自由、夫婦平等権、夫婦協力義務を定め、2項で家族関係の諸関係が法的に規律される場合、民主主義の諸原則に立脚しなければならないことを明示するとしながら、「いわゆる『社会権』としても、より具体的な権利の性格と内容をもつように理論構成されるべき条項であろう[12]」と指摘する。b 家族条項は、基本的に2つの性格を併有しているとし、自由権的な性格と社会権的な性格をもつとする説がある[13]。それによると前

---

[6] 樋口陽一『憲法』（創文社、1992年）259頁。
[7] 法学協会編『註解日本国憲法上巻』（有斐閣、1953年）471頁。
[8] 田上穣治編『体系憲法事典』（青林書院新社、1977年）348-349頁〔種谷春洋担当部分〕。
[9] この説は続けて、「結婚したときは退職する」旨の念書に基づく女性の結婚を理由とする解雇の効力が問題となった住友セメント事件をひくが、同判決においては、婚姻の自由は自由権であるが、婚姻の自由は公序を形成するので、婚姻の自由を阻害することは民法90条の規定に反する、としており、③公序説の採用としてもとりあげられるものである（東京地判昭41・12・20労民集17巻6号1407頁）。
[10] 佐藤功『憲法（上）〔新版〕』（有斐閣、1983年）161頁。なお同『日本国憲法概説〔全訂第4版〕』（学陽書房、1991年）では「平等の原則の具体化」の中で扱われている（171頁以下）。
[11] 小林直樹『憲法講義上〔新版〕』（東京大学出版会、1980年）520頁。「個人の尊厳と両性の平等原則を、一般原則としてでなく、具体的に家庭生活の原理として据えた点で、第24条が近代市民法の憲法的基礎を示した意味がある。」
[12] 影山日出弥「第24条」有倉遼吉編『基本法コンメンタール憲法〔新版〕』（日本評論社、1977年）110頁。

者については「家族がいかなるものであるかが、そこに生まれ育つ人間の性格を決定する。民主的な家族は、民主的な社会の構成員を生み出すのである。」後者については「生存権の保障を、家族という人間の生存の基礎的な場において貫徹しようとする」と述べる。

⑥国務請求権とみる説――

　a「24条は家族生活の合理性に関する国務要求権について規定したものである[14]。」b 本条を生活権とみて「生活権(または社会権)は、国民が国家に対し、一定の作為を要求することを認めて、憲法が保障する権利であり、基本的人権だという点で、国務請求権としての性格を有するものである[15]。」

　24条の法的性格については、このように見解がさまざまに分かれている。私見では、まず24条を憲法13条と14条1項の、家族生活への投影であると把握することが重要と考える。そこで13条(個人の尊重)がすべて14条1項(平等原則)に集束されると考えることは適切であるのか疑問に思う。後述するように家族生活において家族構成員の個人の尊重が問題となることもおこりうると思えるからである。

　次に制度的保障とは「個人の権利の保障を目的とせず、一定の客観的制度を憲法で保障することを目的とする」と定義されている[16]が、内容は定かではない。実際、②aと②bも微妙に見解が分かれる。24条を制度的保障とみることは、婚姻や家族に関わる権利の存在がみえにくくなる点で問題である。

　③については、24条と13条が対抗的関係に立つ局面があることを指摘する説がある[17]。しかし、③はむしろ②a、⑤bと同様に家族のあり方と民主主義との関係を説くもので、「公序」とかかわらない分野で13条の自己決定権により自由なライフスタイルを選択することは可能だといえよう。また24条が13条を受けていることから「公序」自体を拡大することも可能と思える。

　また⑥については、国務請求権と社会権との定義の違いが問題になろう。国務請求権とは、17条、40条にみられるごとく国家に対し一定の行為を請求する権利であるが、社会権とは性格が異なり、国民の請求があってはじめて実現

---

13) 利谷信義「日本の家族」法学セミナー増刊『日本の家族』(日本評論社、1975年)10・11頁。
14) 佐々木惣一『改訂日本国憲法論』(有斐閣、1978年)434頁。
15) 田畑忍『日本國憲法條義』(有斐閣、1961年)148頁。
16) 前掲注8)田上穣治編『体系憲法事典』125頁〔橋本公亘担当部分〕。
17) 辻村みよ子「憲法24条と夫婦の同権」法律時報65巻12号(1993年)46頁。

されるものである。24条が社会権的性格を有するとしても国務請求権としての性格を有するとは考えがたい。そして⑤だとするならば、何が24条から固有に導き出される権利であって、25条からでは導き出せえない権利だとするのかが問題となる。

　①aにおいては、24条が個別的、具体的な人権の保障規定としての意味をもつかについて否定的であるが、昨今、嫡出子の相続分と異なる非嫡出子の相続分の訴訟などをはじめとして実際、裁判所において24条も根拠としてあげられ争われているケースが多くなっている[18]。

Ⅲ　家族の保護

　スペイン憲法39条1項は「公権力は、家族の社会的、経済的及び法的保護を保障する」と述べる。家族の保護が社会にとって必要な理由は、自然発生的な関係から生じる家族が社会発展にとって不可欠であり、その意味で家族は社会の基本単位だからである。日本国憲法24条においては、家族の保護という言葉は入っていない。そこで家族の保護が憲法上要請されているのかが問題となる。この問題は「家族の保護」とはどのようなものか、「家族」は何をさすのかともつながるものである。また24条から何らかの家族の保護の保障が導き出されるとしたら、25条との違いは何なのかも問われるものである。

　24条が家族の保護を要請していると解する次の説がある。その説によれば、第一に、国家は家族の自律を尊重して家族内部の問題に不当に介入してはならないという意味で、第二に、憲法は国家が立法によって家族を保護することを許容している、すなわち、家族の保護が正当な立法目的たりうるという意味で、第三に、憲法は家族の形成、維持に関する自由を個人の権利として保障しているという意味で、家族は憲法上保護されているといい、最後に、憲法は家族を保護する積極的責務を国家に課しているという意味で、家族は保護されているか問題となるが、それは憲法25条に委ねるのが妥当とする[19]。

　この説によると「家族の保護」という言葉の中に、家族の自律や、家族の私的自治という内容も含ませている。しかし「家族の保護」の主体は一般に公権

---

[18]　植野妙実子「第24条」小林孝輔＝芹沢斉編『基本法コンメンタール憲法〔第4版〕』（日本評論社、1997年）151-152頁。
[19]　米沢広一『子ども・家族・憲法』（有斐閣、1992年）271頁以下。

力、国家であって、国家による家族に対する不当な介入の排除を家族の保護という言葉で表す必要はない。むしろ、この説が否定している最後の意味、家族を保護する積極的責務を国家に課しているという点が、家族の保護ということの眼目だといえるのではないだろうか。

ところで、「憲法24条を家族（保護）主義に対する個人主義優位の規定と解する」説がある[20]。しかし「家族の保護」が制定過程において採用されなかった理由はむしろ「家族の保護」という言葉が天皇制を支える家族制度の保持を彷彿とさせるからであった[21]。

Ⅳ　24条の含意

日本国憲法24条1項は、文言上、婚姻が両性の合意のみに基づいて成立するとしているので、一見、婚姻は異性間でしか行われないと解釈される。当初の規定の趣旨は、大日本帝国憲法下の戸主を中心とする「家」制度を批判し、根本的な改革を意図したことにある。そこで近代市民社会における一夫一婦制を婚姻制度として、明らかにした。しかし、両性を男性と女性ではなく単に「二つの性」と解すれば、異性婚のみならず同性婚も含まれると解釈することは可能となる。

24条1項は、結婚の自由を示すとともに、結婚するものや家庭を築くもの、そして社会に対して、カップルとなるものが「同等の権利を有することを基本として、相互の協力により、維持されなければならない」と説く。ここには自由と平等を基礎として家庭が営まれることが示唆されている。2項は国家に対して、家族に関する法律が、個人の尊厳とカップルとなる両性の本質的平等に立脚して、制定されることを要請している。つまり2項は、13条の個人の尊厳の原理と14条1項の平等原則を受けている。ここで重要なことは、13条は14条1項にとりこまれて一本化され、平等原則の制度化、具体化とみられるべきではなく、13条、14条1項の有する趣旨が24条においてそれぞれいかされなければならないとみるべきであろう。家族構成員の個人としての尊重と構成員の権利の平等の双方を念頭において立法されなければならない、というこ

---

20) 辻村・前掲注17)・46頁。
21) 植野・前掲注18)・150頁。

とである。そのように解すると、法律婚のみならず事実婚も、また異性間のカップルのみならず同性間のカップルも、さらにシングルである者も、家族に関するさまざまな自由や権利が保障されていなければならないといえる。家族の自由な結びつきや多様な形を国は考慮して立法することが要請されている。

ところで、今日の家族の基本型であるカップルは、ともに社会的・家族的責任を有する人間の結びつきである。その重点のおき方はそれぞれのカップルの事情によって異なり、それは自由として認められる。しかし、基本的に男女の違いは妊娠・出産にのみ認められ、家事・育児・介護等家庭の事柄には双方がかかわるべきである。男女の自由と平等の確立は、伝統的・固定的な役割分担意識の払拭にかかっている。また個人で担いきれない部分は国が支援することが予定されている。

したがって、24条1項は結婚の自由とその消極面として離婚の自由を個人の権利として保障しているが、離婚における子どもの養育については双方がかかわらなければならない。この家庭的責任が履行されない場合は国家が誘導、介入することもありうる。家族の形成・維持は第一義的には、個人的で、自由かつ自立的なものである。国家の介入が基本的に許されない分野であることは、個人の私的生活に国家が関与しないことと同様である。24条1項で十分に補いえない家族の形成・維持に関する自由は、13条によって保障される。それらの自由は、妊娠・出産の自由、中絶の自由（母体保護の観点からの規制はある）、家族の維持の方法にかかわる自由（子どもの利益からの規制はある）などである。したがって国家は産児制限も奨励も強制できない。

しかしながら国家は、個人の尊重、平等原則が守られないときは、家庭にも介入しうる。家族の形成の契機はきわめて個人的でありながら、家族は社会的側面も経済的側面ももつとされる。しかしそれが国家の介入を許すのではない。あくまでも家族を構成する個人の尊重を守るために国家は介入する。たとえば、ドメスティック・バイオレンスや児童虐待、老人虐待は、個人の尊厳が踏みにじられるものである。ここにおいては家庭というプライバシーの尊重がされるべき場所であることと国家の必要な規制や介入とのバランスが問われるということができる。

今日では、家族の総体としての権利の保障と家族における家族構成員のそれぞれの権利の保障が必要である。前者の場合として、家族としての生活権の保障、家族結集の権利などを含む通常の家族生活を営む権利が考えられ、後者の

場合として、家族の形成・維持にかかわる家族構成員の同等の権利の保障、家族内における子どもの権利、構成員が暴力・虐待を受けない権利があげられる。

家族の形成にかかわる同等の権利については、すでに平成 8（1996）年の民法改正要綱試案の中でとりあげられていた、婚姻最低年齢の男女差、再婚禁止期間の合理性、夫婦の氏、嫡出子と非嫡出子との相続分差別の問題などがある。いずれも 24 条 2 項の要請に違反していることが問われている。

家族としての生活権の保障は家族の維持にかかわる男女の同等の権利の保障にもつながるものである。これまでもっぱら家族の保護として考えられてきたのはこの問題である。今日の平等という観点にてらすと、母子家庭のみならず、父子家庭も保護の対象とされるべきであった。他方で、男女のそれぞれの経済的自立が達成されれば、男女の役割分担を前提としている税制度上の配偶者に対する優遇措置は必要なく、すべて個人を単位とする税制度で十分ということになる。遺族年金に依存せずとも自らの年金で老後の生活をまかなうことができるようでなければならない。家族の生活権の保障は新たに男女平等の視点にたって捉え直しが必要となる。

その際 25 条の保障とどのように異なるのかが問題となる。私見では、家族の生活権に関する保障は、24 条と 25 条によってなされるべきと考える。家族の生活権、家族の維持にかかわる保障は従来 25 条の問題とされてきた。しかし、25 条のみならず 24 条にも依拠することで、家族にかかわる立法政策のよってたつところが、個人の尊厳と両性の本質的平等というものであることを一層明確にすることができるように思う。この点で 24 条は社会権的性格も有しているのである。

家族の権利を考えるとき、これまで日本では家族がどうあるべきかの問題は憲法上考えられてこなかった。しかし、家族像については 24 条 1 項は、「夫婦が同等の権利を有することを基本として、相互の協力により、維持される」べきことを説いている。この点は今日の国際的潮流として認められている、男女双方が同等の権利を有し、ともに社会的・家族的責任を果たす家族像と合致する。ここから「同等の権利を有し、相互に協力する」通常の家族生活を営む権利が生じる。家族が共に助け合う存在であることから、意に反して家族が引き離されて生活せざるをえないような状況に陥ることを防ぐ権利でもある。以前は日本では、職場結婚をすれば一方が（もっぱら女性が）職場をやめざるをえなかったり、あるいは配置換えにあったりした。また転勤を拒否すれば勤務成

績にひびくとして（もっぱら男性が）単身赴任を余儀なくさせられたりしていた。漸く、ワーク・ライフ・バランスという言葉も浸透しはじめ、働き方改革によって、長時間労働を防ぎ、休暇を十分に満喫できる社会、男女双方が仕事も家庭生活も楽しめる社会が考えられるようになっている。

　通常の家族生活を営む権利は、外国人にとっても重要な権利である。不法就労もしくはオーバーステイで退去強制となった外国人の場合、家族に関する権利は考慮されていない。たとえばオーバーステイで結婚し、退去強制が出た場合、法務大臣の特別在留許可に依存している。このような場合に家族の権利、通常の家族生活を営む権利が有効となろう。

V　24条をめぐる判決

　既述したように、24条が個別的、具体的な人権の保障規定としての意味をもつかについて否定的な考えもあったが、最近では14条1項とともに24条の意味を問う訴訟も多くみられるようになった。また国際的潮流の影響の下で、24条の本来の趣旨を受けて法律等の改正にいたった例もある。

　たとえば、国籍法は、国籍の取得について父系優先血統主義をとっていたが、女性差別撤廃条約の署名・批准にともない、昭和59（1984）年の改正で父母両系血統主義をとるにいたった。嫡出子と嫡出でない子との間で住民票における世帯主との続柄欄や戸籍における父母との続柄欄に表記の違いがあったが、前者は平成6（1994）年住民基本台帳事務処理要領で、後者は平成16（2004）年戸籍法施行規則の改正で改められた。いずれも関連して訴訟もおこされていた。

　平成7（1995）年最高裁は、嫡出でない子の相続分を嫡出子の相続分の2分の1とする民法900条4号但し書の規定について、民法が採用する法律婚主義は憲法24条に違反するものではなく、民法900条4号但し書は、法律婚の尊重と非嫡出子の保護の調整をはかったもので合理的根拠があり、憲法14条1項に違反しない、と判示した（最大決平7・7・5民集49巻7号1789頁）。これには5人の裁判官による反対意見が付され、その中には「憲法24条2項が相続において個人の尊厳を立法上の原則とすることを規定する趣旨と相いれない」とするものもあった。

　しかし、平成25（2013）年最高裁は、当該規定は憲法14条1項に違反すると判示し、判例変更を行った（最大決平25・9・4民集67巻6号1320頁）。「相続

制度をどのように定めるかは、立法府の合理的な裁量判断に委ねられている」としつつも、この裁量権を考慮しても、法定相続分に関する区別に合理的根拠が認められない場合には当該区別は憲法14条1項に反する、として、「事柄は時代とともに変遷する」ことを根拠に違憲とした。子にとっては自ら選択ないし修正の余地のない事柄を理由としてその子に不利益を及ぼすことは許されず、子を個人として尊重し、その権利を保障すべきであるという考えが確立されてきている、としている。

平成27（2015）年12月16日、男女平等に関する2つの判決が最高裁ででた。

1つは、民法733条1項の、女性のみに適用される再婚禁止期間として前婚解消から6か月を規定していたことに関する判決で、100日を超える部分を違憲と判断した（最大判平27・12・16民集69巻8号2427頁）。最高裁はまず次のようにいっている。「婚姻及び家族に関する事項は、国の伝統や国民感情を含めた社会状況における種々の要因を踏まえつつ、それぞれの時代における夫婦や親子関係についての全体の規律を見据えた総合的な判断を行うことによって定められるべきものである。したがって、その内容の詳細については、憲法が一義的に定めるのではなく、法律によってこれを具体化することがふさわしいものと考えられる。憲法24条2項は、このような観点から、婚姻及び家族に関する事項について、具体的な制度の構築を第1次的には国会の合理的な立法裁量に委ねるとともに、その立法にあたっては、個人の尊厳と両性の本質的平等に立脚すべきであるとする要請、指針を示すことによって、その裁量の限界を画したものといえる。」こうした考えを前提として、最高裁は、女性の再婚禁止期間についての規定の立法目的を、「女性の再婚後に生まれた子につき父性の推定の重複を回避し、もって父子関係をめぐる紛争の発生を未然に防ぐことにあると解するのが相当」として立法目的の合理性を認め、再婚禁止期間の設定自体は肯定した。そして民法772条2項の嫡出の推定に関する規定との整合性から、100日についての女性の再婚禁止期間は合理的な立法裁量の範囲を超えるものではないが100日超過部分は違憲、と判断した。DNA検査技術の発達で親子関係を確定することもできるようになったことを認めながらも、この制度の維持を認める判決を下した。

法務省は即日、離婚後100日たった女性について婚姻届けを受理するよう全国の自治体に通知をだしている。平成28（2016）年6月1日民法の733条の改正が成立したが、それは次のような内容を含むものである。「女性に係る再婚

禁止期間を前婚の解消又は取消しの日から起算して100日とする。女性が前婚の解消又は取消しの時に懐胎（妊娠）していなかった場合または女性が前婚の解消若しくは取消しの後に出産した場合には再婚禁止期間の規定を適用しないこととする」。

　もう1つは、夫婦同氏制を定める民法750条に関しての判決で、最高裁は合憲と判断した（最大判平27・12・16民集69巻8号2586頁）。

　最高裁は、まず、氏の変更を強制されない自由が憲法13条から導き出されるかについて、「氏名は、……人が個人として尊重される基礎であり、その個人の人格の象徴であって、人格権の一内容を構成する」と認める。「しかし、氏は、婚姻及び家族に関する法制度の一部として法律がその具体的な内容を規律しているものであるから、氏に関する上記人格権の内容も、憲法上一義的に捉えられるべきものではなく、憲法の趣旨を踏まえつつ定められる法制度をまって初めて具体的に捉えられるものである」という。そして氏は「社会の構成要素である家族の呼称としての意義がある」。「本件で問題となっているのは、婚姻という身分関係の変動を自らの意思で選択することに伴って夫婦の一方が氏を改めるという場面であって、自らの意思にかかわりなく氏を定めることが強制されるというものではない。」婚姻の際に「氏の変更を強制されない自由」が憲法上の権利として保障される人格権の一内容であるとはいえず、憲法13条に違反するものではない、とする。

　次に本件規定が、憲法14条1項に違反するかについては、次のように述べる。「憲法14条1項は、法の下の平等を定めており、この規定が、事柄の性質に応じた合理的な根拠に基づくものでない限り、法的な差別的取り扱いを禁止する趣旨のものである」。「本件規定は、夫婦が夫又は妻の氏を称するものとしており、夫婦がいずれの氏を称するかを夫婦となろうとする者の協議に委ねているのであって、その文言上性別に基づく法的な差別的取扱いを定めているわけではなく、本件規定の定める夫婦同氏制それ自体に男女間の形式的な不平等が存在するわけではない。我が国において、夫婦となろうとする者の間の個々の協議の結果として夫の氏を選択する夫婦が圧倒的多数を占めることが認められるとしても、それが、本件規定のあり方自体から生じた結果であるということはできない。」したがって、本件規定は、憲法14条1項に違反するものではないという。

　本件規定が憲法24条に違反するかについては次のように述べる。「憲法24

条 2 項は、具体的な制度の構築を第 1 次的には国会の合理的な立法裁量に委ねるとともに、その立法に当たっては、同条 1 項も前提としつつ、個人の尊厳と両性の本質的平等に立脚すべきであるとする要請、指針を示すことによって、その裁量の限界を画したものといえる。」憲法 24 条の要請、指針に応えて具体的にどのような立法措置を講ずるかの選択決定は国会の検討と判断に委ねられている。「夫婦が同一の氏を称することは、上記の家族という一つの集団を構成する一員であることを、対外的に公示し、識別する機能を有している……また、家族を構成する個人が、同一の氏を称することにより家族という一つの集団を構成する一員であることを実感することに意義を見いだす考え方も理解できる」とし、本件規定の定める夫婦同氏制それ自体に男女間の形式的な不平等が存在するわけでもない。妻となる女性が不利益を受ける場合が多い状況が生じているが、夫婦同氏制は、婚姻前の氏を通称として使用することまでを許さないというものではなく、婚姻前の氏を通称として使用することは社会的に広まっていて、不利益の緩和につながっている。こうしたことから本件規定は、憲法 24 条に違反するものではないとする。選択的夫婦別氏制については国会で論ぜられ、判断すべき事柄である。本件規定を改廃する立法措置をとらない立法不作為は違法の評価を受けるものではない、と判示した。

　これには反対意見、補足意見、4 名の裁判官の各意見がついているが、なかでも櫻井龍子と鬼丸かおる各裁判官が同調している岡部喜代子裁判官の意見は、次のように述べている。本件規定は、昭和 22 (1947) 年民法改正当時においては、合理性のある規定であったが、近年女性の社会進出が著しく、女性が婚姻前の氏から婚姻後の氏に変更することによって、同一人と認識されないおそれもあり、同一性識別のための婚姻前の氏の使用は合理性と必要性が増している。また、女性差別撤廃条約に基づき設置された女性差別撤廃委員会からも、平成 15 (2003) 年以降繰り返し、民法に夫婦の氏の選択に関する差別的な法規定が含まれていることについて懸念が表明され、その廃止が要請されている。夫の氏を称することは夫婦になろうとする者双方の協議によるものではあるが、96 ％もの多数が夫の氏を称することは、妻の意思に基づくものであるとしても、その意思決定の過程に現実の不平等と力関係が作用している。夫婦同氏に例外を設けないことは、個人の尊厳と両性の本質的平等に立脚した制度とはいえない。夫婦が称する氏を選択しなければならないことは、婚姻成立に不合理な要件を課したものとして婚姻の自由を制約する。家族形態も多様化している現在

において、氏が果たす家族の呼称という意義や機能をそれほどまでに重視することはできない。通称は便宜的なもので、公的な文書には使用できないという欠陥がある上、通称名と戸籍名との同一性という新たな問題を惹起することにもなる。したがって、憲法24条に違反するといわざるをえない。しかしながら、立法不作為による国家賠償請求は棄却するとしている。

なお、現在の制度の下では、離婚した女性も必要があれば婚氏続称として、前夫の氏を使い続けることができるし、離婚した夫が再婚すればその妻は、同意するなら夫の氏をなのる。こうした状況では氏が家族の一体化を示すと、単純にいうことはできなくなっている。多様な家族形態が存在しているということを前提として氏の問題も考えるべきである。結局、750条は夫婦同氏制を強制しているのである[22]。

まとめにかえて

日本においては、男女平等がなかなか進んでいない。男女の役割分担意識の払拭の必要性も一定の賛成をえてはいるが、最近は停滞気味である。家族が多様化する中で、女性だけが社会的責任も家庭的責任も双方負わなくてはならず、「いきいきと生きる」という理想には程遠い。選択的夫婦別氏制はすでに平成8（1996）年の民法改正法律案要綱の中で提案されていたものである。多様化する家族に対応する、個人の尊重に基づく制度の確立が望まれる。まさに24条の存在が問われる問題といえよう。

---

[22] 植野妙実子「選択的夫婦別氏制の必要性」中央評論300号（2017年）26頁以下。

10 思想及び良心の自由

はじめに

　日本国憲法19条は、「思想及び良心の自由は、これを侵してはならない」と定める。思想及び良心の自由は、内心の自由ともいい、精神的自由の基本となる自由である。内心における思想や信条、信念等の良心のあり方が自由であることは今日の民主主義社会においては当然の前提であり、絶対的に保障される。内心の自由と同時に、内心の吐露、外部への表出、他者及び社会への働きかけを可能とする表現の自由も保障することで、民主主義社会が十全に成立する。日本国憲法は、21条1項で、内心の表出行為である表現の自由を保障している。他に日本国憲法においては、宗教にかかわる内心のあり方とその表出について20条で、研究・教育にかかわる内心のあり方とその表出について23条で、あらためて保障している。

　ところで、思想及び良心の自由を信教の自由とは別に独立的に保障している国は多くはない、といわれる。たとえば、スペイン憲法16条1項は「個人及び団体の思想、宗教及び礼拝の自由は、これを保障する。その表現については、法律で保護する公共の秩序の維持に必要な限りでのみ制限を受ける」と定める。ドイツ連邦共和国憲法4条1項も「信仰及び良心の自由並びに信仰告白及び世界観の告白の自由は不可侵である」と定める。その3項は、良心的兵役拒否の承認についても定めている[1]。

　そこでまず、なぜ思想及び良心の自由を別途に保障しているのかが問題となる。日本国憲法は、戦前・戦中の権利の保障が不十分であったことの反省の上

---

1) 阿部照哉＝畑博行編『世界の憲法集〔第4版〕』（有信堂、2009年）参照。

に起草されており、とりわけ戦中に思想や良心のあり方によって差別をしたり、内心を推知して国家権力に反すると思われる思想や良心を厳しく取り締まったりした経験をもつ。こうしたことの反省から、この規定が生まれたと考えられる。すなわち個人の内心における精神活動への国家の無干渉・中立性が規範内容として定立されている、とされる[2]。

なお、思想及び良心の自由の由来については、一般にポツダム宣言10項後段の「言論、宗教及び思想……の自由は確立されなければならぬ」、及び昭和20 (1945) 年10月4日の「政治的、民事的及び宗教的自由に対する制限の撤廃に関する覚書」による、思想言論の制限に関する一切の法令の廃止があげられ、19条は、「憲法の明文をもってこの自由を再確認した」とされている[3]。憲法制定過程においては、いわゆる総司令部草案から日本政府案、日本国憲法にいたるプロセスで、「もっとも議論が少なく、かつ、条文の体裁のほとんど変更をみなかった部分である」ことが指摘されている[4]。このことは、思想及び良心の自由を基本的人権として明確化することはきわめて当然のことと国の内外で受けとめられていたことを示していよう[5]。

I 思想及び良心の自由の規定の目的と意義

19条は、「人間精神の自由に関する包括的・一般法的な規定であって、その具体的発現である信教の自由、表現の自由、学問の自由等に対して原理的・根柢的な地位に立つもの」とされている[6]。「外的権威に拘束されない内心の自由を保障することにより、民主主義の精神的基盤をなす国民の精神的自由を確保すること」を目的とする[7]。

その意味は大きく2つあるとされている。1つは、過去において危険思想、反国家思想、反戦思想等の名をもって思想の弾圧が行われた経験から、再びこのようなことがおきないようにすること[8]、2つは、「従来わが国においては、

---

2) 土屋英雄「第19条」小林孝輔＝芹沢斉『基本法コンメンタール憲法〔第5版〕』別冊法学セミナー189号 (2006年) 122頁。
3) 法学協会編『註解日本国憲法上巻』(有斐閣、1953年) 397頁。
4) 高柳賢三他編『日本国憲法制定の過程II』(有斐閣、1972年) 161頁参照。
5) 清水睦『増補 日本国憲法の情景』(中央大学出版部、1987年) 107頁。
6) 法学協会編・前掲注3)・397頁。
7) 法学協会編・前掲注3)・397頁。

天皇が政治的権威とともに道徳的権威をもつものと考えられて」おり、国民の内心も、天皇の絶対的権威から自由ではなかったので、19条の思想及び良心の自由を保障したことで、「国民が天皇の道徳的権威から解放され、真に自由な人間になったこと」[9]である。これらから、「各人の思想・良心にまで国家権力が抑圧的、統制的、教化的、洗脳的に介入したことを二度と許さない」[10]ということを確固として明示したところに大きな意義があると考えられる。

　既述したように、諸外国ではしばしば、良心の自由を信教の自由とは別に独立的に保障していない。世界人権宣言18条は、「思想、良心及び宗教の自由」と並列的に示し、保障している。欧州人権規約9条も「思想、良心及び宗教の自由」を保障している。フランスでは現在も適用されている1789年フランス人権宣言10条が「誰れもが、その表明が法律によって確立された公共秩序を侵害しないかぎり、意見が、たとえそれが宗教的なものであったとしても攻撃されるものではない」と定められている。フランスでは、宗教の自由 liberté religieuse と神を礼拝する宗教の自由 liberté des cultes の違いが指摘されており、宗教の自由 liberté de religion は、それぞれが信ずる宗教を選択することを意味し、きわめて個人的な自由であること、そしてこの自由は、良心や思想の自由と不可分の主観的な自由であることも示されている。これに対し、神を礼拝する宗教の自由 liberté des cultes は、団体的現象を有する宗教をさし、その表明は必然的に公共秩序との調整を必要とする、と考えられている[11]。

II　思想及び良心の自由の解釈

　思想と良心に違いがあるのか。この区別に関しては、思想を論理的内心、良心を倫理的内心と解する説もあるが、一般的には、両者を厳格に区別する実益は少ないとされ、これが通説的見解である[12]。なお、思想及び良心の自由と信仰の自由に関しては、日本国憲法にいう良心の自由は、信教の自由から区別さ

8）　法学協会編・前掲注3）・397頁。
9）　佐藤功『日本国憲法概説〔全訂第4版〕』（学陽書房、1991年）175-176頁。
10）　土屋・前掲注2）・122頁。
11）　Roseline LETTERON, *Libertés publiques*, 9ᵉ éd., Dalloz, 2012, pp. 504-505.　なお、人権宣言10条の最後の部分「攻撃されるものではない」は若干意訳であり、直接には「不安をもたれるべきものではない」となる。

れた内心の自由を意味するとするのが通説である[13]。

　さらに、両者を統一的に理解するとしても、人の内心におけるものの見方ないし考え方、事物の是非弁別の判断を包括的に保障しているとする広義説[14]と、主に内心での論理的または倫理的判断、世界観、人生観、思想体系、政治的意見など人格形成に役立つ精神活動を保障し、単なる事実の知不知、是非弁別の意識または判断は含まれないとする狭義説[15]の対立がある。

　広義説が妥当と思われる。なぜなら、19条の直接の対象とされるものとそうでないものとの間に明確な区別がはたして可能か、という疑問があるからと、人生観や価値観ぬきに事物の是非弁別の判断はできないであろうと思われるからである。このことは、後述するように、19条から沈黙の自由が導き出されるが、その対象は何か、何を沈黙することができるのかの問題とも結びつく。

　ところで、「思想及び良心の自由」は、絶対的に保障される、といわれている。たとえ憲法を否定する思想や破壊活動を肯定する思想であっても、その思想のみを理由に制限、規制することは許されない。その理由として「人の精神活動が内心にとどまる限り、他の利益と抵触することはない」があげられる[16]。

　これについては次のような説明もある。「民主主義が民主主義を否定する思想を許容することは、それ自体矛盾であるとも考えられようが、もし、これを認めると、思想の自由は、権力による"危険思想"の排撃となり、逆に思想の自由が抑圧される危険が生ずる。したがって、国民主権に挑戦し、人権を否定する思想、ニヒリズム思想などを含めて、いっさいの思想は、思想自体におい

---

12) 思想の自由と良心の自由を区別する考え方に次のものがある。清水睦『憲法』（中央大学通信教育部、2000年）158頁以下。それによると「良心」とは、道徳的、倫理的な問題についての考え方に関連し、「思想」はその他の問題についての考え方とする。通説的見解にはたとえば次のものがある。芦部信喜＝高橋和之補訂『憲法〔第6版〕』（岩波書店、2015年）150頁。「『思想及び良心』とは、世界観、人生観、主義、主張などの個人の人格的な内面的精神作用を広く含むもの」とする。

13) 宮澤俊義『憲法Ⅱ〔新版〕』有斐閣 1974年 339頁。信仰の自由から区別された良心の自由を憲法で保障することに十分の意味がある、とする。

14) 樋口陽一他『注解憲法Ⅰ』（青林書院、1994年）376頁〔浦部法穂担当部分〕、「思想・良心の自由」・「信教の自由」・「学問の自由」の区別は相対的なものにすぎず、本来明確に概念区分しえない、とする。なお、浦部法穂『憲法学教室〔第3版〕』（日本評論社、2016年）131-132頁も参照。

15) 伊藤正己『憲法〔第3版〕』（弘文堂、1995年）257-258頁。

16) 根森健「思想・良心の自由」大石眞＝石川健治編『憲法の争点』ジュリスト増刊（2008年）108頁。

て、自由が保障されるべきであるが、反面、そのような思想による具体的行為が、規制、処罰の対象となることは認められねばならない場合がある」とする[17]。

そこで、思想及び良心の自由が、思想及び良心の外部的表出を含むかどうかが問題となる。これには、包含説、非包含説、一部包含説の対立がある。

非包含説は、思想が内心にとどまっていれば19条の問題とし、外部に表明されれば、21条の表現の自由の問題となり、一定の制約を受けるとする説である。たとえば、「ある思想を外部的に表現し、あるいは学問活動として外に現れるときは、21条や23条によって保障される」という[18]。

包含説は次のようにいう。「憲法19条思想・良心の自由条項は、19条独自の規範領域と同時に、総括的・原則的規範として別条個別的・精神的自由権条項（信教の自由、表現の自由、学問の自由、法の下の平等の『信条』）に、保障の実効性確保のための解釈上の指針を与えている。このように憲法19条を総括的・原則的規範と解するならば、19条の独自の規範領域をも含み、さらに別条個別的・精神的自由権の規範領域を含み、単に内心の自由にとどまらず、それと一体不可分関係に立つ表現の自由をも含んでいる。すなわち、思想・良心の自由とは思想・良心の形成・保持、表現の一連の精神作用の自由を含んでいる。」[19]

一部包含説は次のようにいう。思想及び良心の自由は「しばしば外部的行為の規制に関連して問題とされることがある。その場合、外部的行為と『思想及び良心』とを切り離して考えうるときは、その外部的行為に対する法理が妥当すると解されるが（例えば、表現行為の域に達している場合には、『表現の自由』の法理が妥当する）、『思想及び良心の自由』に対する事実上の影響を最小限にとどめるような配慮を欠くときは、19条違反の可能性が生ずる。一見外部的行為の規制であっても、その趣旨が『思想及び良心』の規制にあると解されるときは、19条違反たるを免れない。」[20]

この点に関して、判例では、三菱樹脂事件最高裁判決（最大判昭48・12・12民集27巻11号1536頁）が、次のように述べている。「元来、人の思想、信条

---

17) 清水睦『憲法』（南雲堂深山社、1979年）160頁。
18) 伊藤・前掲注15)・257頁。
19) 久田栄正「思想・良心の自由」『体系・憲法判例研究Ⅱ』（日本評論社、1974年）79頁。
20) 佐藤幸治『憲法』（青林書院、1981年）336頁。

とその者の外部的行動との間には密接な関係があり、ことに本件において問題とされている学生運動への参加のごとき行動は、必ずしも常に特定の思想、信条に結びつくものとはいえないとしても、多くの場合、なんらかの思想、信条とのつながりをもっていることを否定することができないのである。」

また、謝罪広告事件最高裁判決（最大判昭31・7・4民集10巻7号785頁）における藤田八郎反対意見も包含説をとる。すなわち「憲法19条にいう『良心の自由』とは単に事物に関する是非弁別の内心的自由のみならず、かかる是非弁別の判断に関する事項を外部に表現する自由並びに表現せざるの自由をも包含するものと解すべき」とする。

思想や良心が内心にとどまっていれば19条の問題、それが外部に表出されれば21条の問題とする非包含説は、とりえないであろう。というのも思想及び良心とその外部的表出行為とが密接にからみあっていることがありうるからである。自己の思想・良心を自発的、能動的に外部に表現化する行動はむしろ21条の保障対象であるが、自らの思想・良心を守るために外部に表出した行為は19条の問題となる。したがって外部への表出行為であってもその一部は19条の問題となりうるのである[21]。

III　保障の効果

まず、19条の思想及び良心の自由は、自らの思想や良心について沈黙する自由を含む。思想や良心を表現することを強制されることは禁止される。また各人の意思とは無関係にその思想や良心について調査されたり何らかの方法で内心を推知されたりすることも禁止される。

この沈黙の自由に関しては「思想および良心のコロラリーとして、沈黙の自由を認めることが必要」とする19条説[22]のほかに、19条とあわせて21条の表現の自由に根拠を求める説、19条とあわせて13条の幸福追求権に根拠を求める説、21条のみを根拠とする説がある[23]。

民事訴訟法、刑事訴訟法及び議院証言法における証言拒絶は限定的であり、思想及び良心の自由の理由とする証言拒絶は認められていない。たとえば、民

---

21) 土屋・前掲注2)・123-124頁参照。
22) 宮澤・前掲注13)・339頁。
23) 土屋・前掲注2)・124頁。

事訴訟法196条は、「証言が証人又は証人と次に掲げる関係を有する者が刑事訴追を受け、又は有罪判決を受けるおそれがある事項に関するとき」証人の証言拒絶を認めている。また同法197条は、一定の職業を有する者の「職務上知り得た事実で黙秘すべきもの」等についての証言拒絶を認めている。証言拒絶を過度に認めることはできないとしても、憲法上の権利である思想及び良心の自由を根拠に証言拒絶が認められる余地があろう、と指摘されている[24]。

次に、「思想及び良心」の強制や統制の禁止があげられる。これは公権力による特定の思想や良心の強制や推奨、あるいは反対に一定の思想や良心の非難や締め出しもあるが、こうしたことの禁止である。公権力が国民に対し、特定の道徳的価値判断をおしつけるようなことは許されず、公権力がメディア等を利用して、一定の考え方を継続的に宣言することで、個人の自由な思想や良心の形成を阻害することも許されない。これに対しては、どのあたりが許される範囲とみるのか難しい問題も浮上する。この問題は後述する法的義務を課すことからの解放にもかかわる。

さらに、公権力は、思想、信条、良心のあり方によって、個人に対し差別的な取扱いをしたり、不利益を与えたりしてはならない。この点は、14条1項の信条による差別の禁止ともかかわる。私企業においても、雇用の際や賃金や昇格・昇級等で思想、信条、良心のあり方によって差別をしてはならない。これは、そうした私人間における差別が横行すれば、生きるために仕事につかざるをえない人々が、仕事をえるために、思想、信条、良心のあり方を企業の好むように変えるもしくは黙る、話さないということを招くからである。究極的には、個人の思想及び良心の自由の侵害から民主主義の基礎を崩すことにつながる。企業側の「経済活動の自由」や「雇い入れの自由」は個人の労働する権利や生存する権利と同じ面の上にはなく力関係において大きな差があることに注意しなければならない[25]。

最後に法的義務を課すことからの解放があげられる。最もわかりやすい例は良心的兵役拒否の問題であるが、思想及び良心が個人の尊厳とも深くかかわることから、法的義務が定められていてもその思想、信条、良心のあり方を理由として、法的義務を免れる1つの選択肢を示すことの重要性である。これにつ

---

[24] 土屋・前掲注2)・124頁。
[25] 芦部信喜＝高橋和之編『憲法判例百選Ⅰ』別冊ジュリスト130号（1994年）22-23頁〔深瀬忠一担当部分〕。

いて「国や地方公共団体の政治・行政が、平和主義・国民主権・基本的人権の尊重等の憲法の基本原理から深刻に逸脱する状況が生じた場合には、思想・良心の自由保障は、国等が個人に課す憲法の基本原理と衝突するような法的義務・負担から個人を解放する効果を持ちうる」と説明される。そして、この例として、良心的軍事費拒否を理由とした防衛関係費相当分の所得税納付拒否訴訟があげられている[26]。しかし、この要件は厳しく、この場合の法的義務を課すことからの解放は、非常に限られたものとなるであろう。法的義務はほとんど合憲的、合法的に設定される。それでもなお思想、信条、良心のあり方を理由として義務を遂行することに苦痛をともなう場合もあろう。その場合、思想、信条、良心のあり方が警察的目的からする規制に反するものではなく、大きな社会的リスクをもたらすようなことがない場合に、他の人に代わるなどの代替措置が可能なときには、法的義務の回避を認めてよいと思われる。たとえば裁判員の辞退などがこれにあたる。そうした選択肢を用意することが思想及び良心の保障には必要であろう。後述する教育公務員に対する国旗・国歌についての強制の問題にもかかわっている。

Ⅳ　思想及び良心の自由に関する事例

　思想及び良心の自由に関する判決としては、まず三菱樹脂事件があげられる。これは入社試験の際に在学中の学生運動歴を隠したことを理由として会社側Ｙから３か月の試用期間後に本採用を拒否された者Ｘが、思想・信条による差別であるとして雇用契約上の地位確認を求めて提訴した事件である。一審、二審は、それぞれ理由づけは異なるが、ともにＹによる採用拒否を無効とした（東京地判昭42・7・17判時498号66頁、東京高判昭43・6・12判時523号19頁）。最高裁は次のように述べて破棄差戻しとしている（最大判昭48・12・12民集27巻11号1536頁）。

　「憲法の右各規定〔19条・14条〕は、同法第３章のその他の自由権的基本権の保障規定と同じく、国または公共団体の統治行動に対して個人の基本的な自由と平等を保障する目的に出たもので、もつぱら国または公共団体と個人との関係を規律するものであり、私人相互の関係を直接規律することを予定するも

---

[26]　根森・前掲注16)・109頁。

のではない。」「私的支配関係においては、個人の基本的な自由や平等に対する具体的な侵害またはそのおそれがあり、その態様、程度が社会的に許容しうる限度を超えるときは、これに対する立法措置によつてその是正を図ることが可能であるし、また、場合によつては、私的自治に対する一般的制限規定である民法1条、90条や不法行為に関する諸規定等の適切な運用によつて、一面で私的自治の原則を尊重しながら、他面で社会的許容性の限度を超える侵害に対し基本的な自由や平等の利益を保護し、その間の適切な調整を図る方途も存するのである。」「企業者は、〔憲法22条・29条等で保障された〕かような経済活動の一環としてする契約締結の自由を有し、自己の営業のために労働者を雇傭するにあたり、いかなる者を雇い入れるか、いかなる条件でこれを雇うかについて、法律その他による特別の制限がない限り、原則として自由にこれを決定することができるのであつて、企業者が特定の思想、信条を有する者をそのゆえをもつて雇い入れることを拒んでも、それを当然に違法とすることはできないのである。」「企業者が、労働者の採否決定にあたり、労働者の思想、信条を調査し、そのためその者からこれに関連する事項についての申告を求めることも、これを法律上禁止された違法行為とすべき理由はない。」

　最高裁判所は、憲法の人権規定は本来国家に向けての権利であるため、私人間には直接適用できないことを肯定しているが、この判決が間接適用説をとったものか、無効力説をとったものか、判然とせず評価は分かれる。しかし、このようなことが問題となったことで、企業による思想、信条の調査は19条違反を形成しうるという認識が広がった[27]。

　次に、謝罪広告を判決で強制することが良心の自由に反するかという問題についての謝罪広告事件がある。これは上告人Xが被上告人Yにつき「事実無根の汚職行為」をラジオ、新聞に公表したことが、第一審で名誉毀損にあたるとされ、右の公表が「真実に相違しており、貴下の名誉を傷つけ御迷惑をおかけいたしました。ここに陳謝の意を表します」という「謝罪広告」を被告の名で新聞紙上に掲示するように命ぜられた。第二審は控訴を棄却したが、上告人Xは、「正しいと信じ、それがまた国民の幸福の為であると固く良心に従って信じてがえんじないことを上告人の意に反して『ここに陳謝の意を表します』等

---

27) 長谷部恭男他編『憲法判例百選Ⅰ〔第6版〕』別冊ジュリスト217号（2013年）24-25頁〔小山剛担当部分〕、植野妙実子＝佐藤信行編『憲法判例205』（学陽書房、2007年）70-71頁参照。

いわしめることは19条に違反する」と主張した（徳島地判昭28・6・24下民4巻6号926頁、高松高判昭28・10・3民集10巻7号818頁）。

　最高裁は、次の旨述べて、上告を棄却した（最大判昭31・7・4民集10巻7号785頁）。「民法723条にいわゆる『他人の名誉を毀損した者に対し、被害者の名誉を回復するに適当な処分』として謝罪広告を新聞紙等に掲載すべきことを加害者に命ずることは、従来学説判例の肯認するところであり、また謝罪広告を新聞紙等に掲載することは、我国民生活の実際においても行われている。尤も謝罪広告を命ずる判決にも……いわゆる強制執行に適さない場合に該当することもありうるであろうけれど、単に事態の真相を告白し陳謝の意を表明するに止まる程度のものにあつては、これが強制執行も、代替作為として民訴第733条の手続によることを得るものといわなければならない。」原判決の是認する謝罪広告内容程度のものを、新聞紙上に掲載すべきことを命ずる原判決は、「上告人に屈辱的若しくは苦役的労苦を科し、又は上告人の有する倫理的な意思、良心の自由を侵害することを要求するものとは解せられない。」

　しかし、次のような反対意見の方が説得力をもつように思える。「憲法19条にいう『良心の自由』とは単に事物に関する是非弁別の内心的自由のみならず、かかる是非弁別の判断に関する事項を外部に表現する自由並びに表現せざるの自由をも包含するものと解すべきであり……本件のごとき、人の本心に反して、事の是非善悪の判断を外部に表現せしめ、心にもない陳謝の念の発露を判決をもつて命ずることは、まさに憲法19条の保障する良心の外的自由を侵犯するものである」（藤田八郎裁判官）。

　この事件に対しては、謝罪広告を命じること自体が19条違反を形成するのかという根本的な問題がある。田中耕太郎裁判官は補足意見で、「謝罪の方法が加害者に屈辱的、奴隷的な義務を課するような不適当な場合は、個人の尊重を定める13条違反の問題が生じるが、本件はこのような場合ではない」と述べる。また、本人が納得していない場合に、その意思に反して本人の名で謝罪広告を出すことを強制するならば「屈辱的」ということができ、19条の良心の自由に違反するといえる[28]。

　政治献金が団体会員の思想、信条の自由を侵害するかが問題となったいわゆる南九州税理士会政治献金事件がある。この事件は、税理士会Yは、税理士法

28）長谷部他編・前掲注27）・77-78頁〔芹沢斉担当部分〕、植野＝佐藤編・前掲注27）・68頁参照。

改制運動資金として政治団体（税理士政治連盟）に寄付する目的で各会員に特別会費を徴収する旨の決議をなしたが、これに反対する会員Ｘがそれを納入しなかったため、税理士会内におけるＸの選挙権・被選挙権を停止したまま役員選挙を実施した。そこでＸは、Ｙによるこれらの措置の無効確認と慰謝料の支払いを求めて提訴した。一審はＸの勝訴であったが、二審はＸの請求をすべて退けた（熊本地判昭61・2・13判時1181号37頁、福岡高判平4・4・24判時1421号3頁）。

　最高裁は次のように判示して原判決を破棄した（最判平8・3・19民集50巻3号615頁）。「税理士会が政党など規正法上の政治団体に金員の寄付をすることは、たとい税理士に係る法令の制定改廃に関する政治的要求を実現するためのものであっても、法49条2項で定められた税理士会の目的の範囲外の行為であり、右寄付をするために会員から特別会費を徴収する旨の決議は無効であると解すべきである。」

　その理由として、税理士会は、会社とはその法的性格を異にする法人である。税理士会の目的は、法において直接具体的に定められている（税理士法［改正前］49条2項）。税理士会は税理士の入会が間接的に強制されるいわゆる強制加入団体である。税理士会に入会している者でなければ税理士業務を行ってはならないとされている。「税理士会は、法人として、法及び会則所定の方式による多数決原理により決定された団体の意思に基づいて活動し、その構成員である会員は、これに従い協力する義務を負い、その一つとして会則に従って税理士会の経済的基礎を成す会費を納入する義務を負う。しかし、法が税理士会を強制加入の法人としている以上、その構成員である会員には、様々な思想・信条及び主義・主張を有する者が存在することが当然に予定されている。したがって、税理士会が右の方式により決定した意思に基づいてする活動にも、そのために会員に要請される協力義務にも、おのずから限界がある。

　特に、政党など規正法上の政治団体に対して金員を寄付するかどうかは、選挙における投票の自由と表裏を成すものとして、会員各人が市民としての個人的な政治的思想、見解、判断等に基づいて自主的に決定すべき事項であるというべきである。」

　このようにして、税理士会が政党など規正法上の政治団体に対して金員の寄付をすることを税理士会の目的の範囲外の行為として本件決議を無効とした[29]。

　これに対し群馬司法書士会事件においては、最高裁は、震災復興支援という

目的での司法書士会における負担金徴収決議は、会員の思想、信条の自由を侵害するとまではいえない、としている（最判平 14・4・25 判時 1785 号 31 頁）。これは、阪神大震災で被災したA司法書士会への復興支援拠出金の寄付金の徴収であった。会員Xらは、決議が司法書士会Yの目的の範囲外にあたる、会員の思想、信条の自由等を侵害し公序良俗に反し無効であると訴えた。

最高裁は、こうした協力、援助等も活動範囲に含まれると認め、こうした拠出金の調達方法についても多数決原理に基づき自ら決定することができるとした。強制加入団体であることを考慮しても、本件負担金の徴収は、会員の政治的または宗教的立場や思想信条の自由を侵害するものではない、としている。これには、2人の裁判官の反対意見がついており、深澤武久裁判官は、本件拠出金の寄付が、その額が過大であって、強制加入団体の運営として著しく慎重さを欠く、ということを問題にし、目的の範囲を超えているとしている。横尾和子裁判官も目的の範囲外の行為としている[30]。

市立小学校の校長が音楽専科の教諭に対し、入学式における国家斉唱の際に「君が代」のピアノ伴奏を行うように命じた職務命令が憲法 19 条に違反するかどうかが争われた、いわゆるピアノ伴奏拒否事件がある。

平成 11（1999）年、国旗・国歌法（国旗及び国歌に関する法律）が成立したが、その中にこれをどのような場面で義務化するかについての規定はない。当時の第 145 国会の参議院における答弁書 27 号においても、この法律につき「国旗の掲揚等に関し義務付けを行うような規定は盛り込まれてはおらず、政府としては、現行の運用に変更が生ずることとはならない」と答えている。またこの法制化の趣旨は、「長年の慣行により、それぞれ国旗及び国歌として国民の間に広く定着している日章旗及び君が代について、その根拠を成文法で明確に規定するもの」としている。しかし、この法律案が提出されたとき、「日の丸」、「君が代」は、過去のいまわしい戦争を想起させ、国際協調を謳う憲法の理念にそぐわない、「君が代」の君は政府の説明により「日本国憲法に規定された国民統合の象徴としての天皇」であることが明らかになったが、国民主権という憲法の原則と整合しない、法制化によって「日の丸」の掲揚・「君が代」の斉唱の強制の傾向が強まる、などの問題点が指摘されていた。懸念は、学校現

---

29) 長谷部他編・前掲注 27)・83-84 頁〔西原博史担当部分〕、植野＝佐藤編・前掲注 27)・72 頁。
30) 植野＝佐藤編・前掲注 27)・73 頁。

場での国旗掲揚・国歌斉唱の問題として直ちに現実のものとなった。文部科学省は、各学校における学習指導要領に基づく国旗及び国歌に関する「適切な」指導を求め（直接的には、各都道府県及び各指定都市教育委員会にあてるものである）、実施状況の調査も行った。

なお、先述の答弁書においては、学習指導要領が法規としての性質を有し、これに基づき各学校が教育課程を編成し実施する責務を負うこと、国旗及び国歌の指導についても、各学校が学習指導要領の定めるところに基づき児童生徒を指導する責務を負うことを明らかにしていた。また、公立学校の教員は、公務員として、地方公務員法等の法令や上司の職務上の命令にしたがって職務を遂行すべきことも示していた。

さらにこの「強制の傾向」は、平成18（2006）年の教育基本法の改正によって一層明確化した。というのも、その前文第2段には、「我々は、……伝統を継承し、新しい文化の創造を目指す教育を推進する」の規定が入り、教育の目標を掲げる2条5号に「伝統と文化を尊重し、それらをはぐくんできた我が国と郷土を愛するとともに、他国を尊重し、国際社会の平和と発展に寄与する態度を養うこと」が定められたからである。この法制化はある意味、学校教育における「国旗と国歌に対する正しい理解」の促進をはかるものであったと考えられる[31]。

最高裁は次のように判示した（最判平19・2・27民集61巻1号291頁）。「市立小学校の校長が職務命令として音楽専科の教諭に対し入学式における国歌斉唱の際に『君が代』のピアノ伴奏を行うよう命じた場合において、①上記職務命令は『君が代』が過去の我が国において果たした役割に係わる同教諭の歴史観ないし世界観自体を直ちに否定するものとは認められない、②入学式の国歌斉唱の際に『君が代』のピアノ伴奏をする行為は、音楽専科の教諭等にとって通常想定され期待されるものであり、当該教諭等が特定の思想を有するということを外部に表明する行為であると評価することは困難であって、前記職務命令は前記教諭に対し特定の思想を持つことを強制したりこれを禁止したりするものではない、③前記教諭は地方公務員として法令等や上司の職務上の命令に従わなければならない立場にあり、前記職務命令は、小学校教育の目標や入学式等の意義、在り方を定めた関係諸規定の趣旨にかなうものであるなど、その

---

[31] 内閣総理大臣の談話（1999年8月9日）。

目的及び内容が不合理であるとはいえない。これらから、前記職務命令は、前記教諭の思想及び良心の自由を侵すものとして憲法 19 条に違反するということはできない。」

　これには、藤田宙靖裁判官の反対意見、那須弘平裁判官の補足意見がついた。藤田宙靖裁判官は、「本件における真の問題は、……入学式においてピアノ伴奏をすることは、自らの信条に照らし上告人にとって極めて苦痛なことであり、それにもかかわらずこれを強制することが許されるかどうかという点にこそある」とみる。すなわち、信念・信条に反する行為を強制することが憲法違反となるかどうかを検討すべきだとする。また、公務員が全体の奉仕者であったとしても、そこから当然に公務員はその基本的人権につきいかなる制限も甘受すべきであるとはいえない。ピアノ伴奏を命じる校長の職務命令によって達せられようとしている公共の利益の具体的内容は何かが問われなければならず、その利益をピアノ伴奏を拒否する上告人の思想及び良心の保護との間の慎重な考量がなされるべき、と説く。さらに入学式におけるピアノ伴奏が、他者をもって代えることのできない職務の中枢をなすものであるかを問う[32]。

　この問題はまさに「思想及び良心の自由」に反する行為を強制しようとするものであり、藤田宙靖裁判官の反対意見の方が妥当といえよう[33]。

まとめにかえて

　19 条の意義は、民主主義の核心をなすものであるが、さまざまな判決の結論からは、その重要性の認識が高まっていることが感じられない。嫌なものは嫌、おかしいと思うことにはおかしい、と声をあげることが必要であるし、それができるようでなければならない。教育現場における、国旗・国歌法にかかわる事例は、日本国憲法がその出発において否定していたはずの、国家主義、全体主義の再来を思わせる。ピアノ伴奏拒否事件最高裁判決の那須裁判官の補足意見の中に、「思想・良心の自由を理由にして職務命令を拒否することを許していては、職場の秩序が保持できないばかりか、子どもたちが入学式に参加し国歌を斉唱することを通じ新たに始まる学年に向けて気持ちを引き締め、学

---

[32] 戸松秀典＝初宿正典編『憲法判例〔第 7 版〕』（有斐閣、2014 年）136 頁以下参照。
[33] なおこの問題につき次の論文も参照。榎透「『君が代』ピアノ伴奏拒否事件にみる思想・良心の自由と教育の自由」専修大学社会科学年報 44 号（2010 年）69 頁以下。

習意欲を高めるための格好の機会を奪ったり損ねたりすることにもなり、結果的に集団活動を通じ子どもたちが修得すべき教育上の諸利益を害することとなる」というくだりがある。しかし、入学式がこのような大きな学習の意味をもちうるかどうか、またそこで国歌を歌うことにこうした学習の効果があるかどうか、疑問である。思想・信条から、それはやりたくないという者がいるなら、代替措置を探せばよいだけである。実際この事件においてもテープで代用している。「自由」に重点をおき、規制は最小限のものとする、という基本が忘れられているように思われる。

11 表現の自由

はじめに

　今日の民主主義社会において、表現の自由は最も重要な自由といえる。表現の自由は、単に自己実現としてのそれだけではなく、表現を通じて他者とのコミュニケーションを活発化させ、社会とかかわるところに意味がある。こうした自由な意見の交換は真理への到達を可能にする、とされている（いわゆる思想の自由市場論）。さらに、表現の自由は、民主主義の運営にとっても重要な意義をもち、人々の意見形成と自由な意見の流通が保障されていること、そして意見形成の前提として情報をえる権利、知る権利が保障されていることが不可欠で、これらによって民主主義は発展する。また情報を提供する役割を果たす報道機関やジャーナリストの報道の自由も、表現の自由の範疇にあるものとして重要性が増している[1]。

　それ故、表現の自由の優越的地位、すなわち憲法上とくに高い保護を受ける自由であることが提唱され、公共の福祉を理由とする制限も、厳密に必要やむをえない場合にのみ限られるとされている。その具体化として二重の基準論も示されている。二重の基準論は、表現の自由一般が他の自由、とりわけ経済的自由とは異なって手厚い保障を受けることを意味し、一般的には、経済的自由

---

1) 表現の自由の意義については、「能動的に表現する自由と、受動的に表現を受ける自由」の2つに類型を分ける見解（橋本公亘『日本国憲法〔改訂版〕』（有斐閣、1988年）260頁以下）もあったが、最近では本文の中に述べるように、自己の人格の表出、相互コミュニケーション、さらに主権者としての表現の自由（知る権利を含む）の3つの側面に着目する見解（奥平康弘「第21条」『基本法コンメンタール憲法〔新版〕』別冊法学セミナー30号（日本評論社、1977年）94頁）が定着しているといえる。

を規制する立法については合理性の基準で審査すればよいが、精神的自由、したがって表現の自由を規制する立法については、より厳格な基準によらなければならない、と説明されている[2]。

しかしながら、表現の自由の重要性に対する認識は広がっているにもかかわらず、実際にはさまざまな規制や制限がある。しかも、今日の媒体の発達は、表現の自由の新たな問題も浮かびあがらせている。

I　21条の解釈

日本国憲法21条は表現の自由を定める。19条の思想及び良心の自由、20条の信教の自由などとともに、人の精神活動の自由を保障するものである。19条が内心における精神活動を定めるのに対して、21条は、内心における精神活動を通して形成された思想や意見を外部に向けて表明し、他者や社会に対して働きかけるという外面的な精神活動の自由を示している。精神活動が内面にとどまる限りは他の社会的法益との衝突は生じない。絶対的に保障される。しかし、意見や思想を外部に向けて表明する行為は他者の権利や他の社会的法益との調整を必要とする[3]。

21条1項は「集会、結社及び言論、出版その他一切の表現の自由は、これを保障する」と定めている。「集会、結社及び言論、出版」は表現の代表的な形態であるにもかかわらず、戦争中に治安警察法、新聞紙法、出版法などによって、弾圧されてきた表現形態である。「その他一切の表現の自由」とあることから、それにとどまらず、古典的な表現形態から今日的な表現形態までのあらゆる媒体による表現の自由を保障している。2項は、検閲の禁止、通信の秘密の不可侵を定める。

表現の自由の射程として、次の3つがあげられる。1つは、自己の人格の表

---

[2]　芦部信喜『憲法訴訟の現代的展開』（有斐閣、1981年）65頁以下。但し、芦部の見解は二重の基準論の基本思想を根幹にすえながらカテゴリカルな思考を排するという立場である。二重の基準論については松井茂記『二重の基準論』（有斐閣、1994年）もある。また二重の基準論や表現の自由の違憲判断基準については、芦部信喜編『講座憲法訴訟第2巻』（有斐閣、1987年）123頁以下の各論文参照。

[3]　右崎正博「第21条」小林孝輔＝芹沢斉編『基本法コンメンタール憲法〔第5版〕』別冊法学セミナー189号（日本評論社、2006年）152頁参照。表現の自由の保障の射程についても同論文152-153頁参照。

出としての表現の自由であり、自らの表現したいことを自らの考える方法で表現することである。しかし、人間は社会の中で他者とのかかわりの中で生きるものであり、自らが表現するだけではなく、他者がそこにかかわってくることを予想し、期待もしている。そこで、自らが表現するだけでなく、他者とのコミュニケーションの自由も表現の自由の重要な要素である。そこで、2つにはコミュニケーションの自由や情報の自由な流通が表現の自由の側面として浮かびあがる。表現の送り手と受け手との相互の自由なやりとりが成立してはじめて表現の自由が意味をもつ。単に表現する自由だけでなく、表現した内容が他者に歪められることなく伝達され、活発な意見交換がされることで、民主主義社会のさらなる発展がある。また意見形成に際して、必要な情報を自由にえることができるようでなければならない。したがって、3つには、意見形成、とりわけ政治的な意見形成の保障が重要となる。その前提として情報をえる権利、知る権利も保障されなければならない。しかし、個人は政治情報などを自由に収集することは困難なので、その代替として報道機関があらゆる角度から自由に情報を集め、市民に提供することができるようでなければならない。知る権利を根拠として、国家が保有する情報の公開を求める権利や報道機関の報道の自由が重要となる。

　ところで、表現の自由は本来、国家からの自由として、国家の干渉を受けずに自由に表現がなされ、自由に情報が行き交うことが第一義的に重要と思われてきた。しかし、今日では国家が情報の送り手となることや情報の自由確保のために調整・介入することなど、国家自身が表現の自由確保のために一定の役割を果たすことが期待されている。ここに表現の自由の今日的課題がある。

　また表現の自由の規制は、表現内容の中立規制が原則とされてきた。表現の内容に着目して規制をするのではなく、いかなる内容の表現でも多種多様のメッセージが飛び交う中で自然に淘汰されていくという思想の自由市場論を基本としてきた。しかし、この「淘汰」は一般市民が同等の力をもっていることを前提にしており、今日の社会のように経済的力、あるいは社会的力の強いものが偏在する社会にあっては、力のあるものがより多くの機会に同じ言説を流すことで人々を洗脳する、1つの考えを強力に押し広めることも可能となっている。また情報引き渡しを国家に頼る面が強くなれば、国家は自らに不都合な情報を市民には渡さないという、民主主義の根幹を揺るがす事態もおこりうる。中立性の名の下での情報操作も可能となる。他方でヘイトスピーチなど特定の

集団への攻撃やネット上のフェイクニュースの急速な浸透などもみられるようになっている。これらを単純に取締りの強化と結びつけると、必要な情報が市民に届かなくなることもあり、注意が必要である。個人個人が情報を見極める力も養っていかなければならない。

II　表現の自由をめぐる違憲判断基準

表現の自由を規制する立法については、より厳格な基準によらなければならないとするところから、それを具体化する次のような原則が考えられている。

1　事前抑制禁止の原則

21条2項前段は検閲の禁止を定めるが、表現の自由に関する規制全体についてこれをあてはめるものである。検閲が行政権による表現内容に対する事前抑制を禁止するのに対し、行政権のみならず司法権によっても、また表現内容のみならず方法等についても事前規制を排除することが考えられる。

北方ジャーナル事件最高裁判決では、雑誌記事における名誉権侵害行為に対して差止め請求を認めることは憲法に違反しないとしたが、その中で、本件のような表現行為に対する司法救済すなわち仮処分による事前差止めは憲法21条2項の検閲にはあたらない、としている。判決は、表現行為に対する事前抑制が広汎にわたりやすく、濫用のおそれがある上、実際上の抑止的効果が大きいと考えられるので、21条の趣旨にてらし厳格かつ明確な要件の下においてのみ許容されうるとして、公共の利害に関係する情報に対しては、事前差止めの禁止の原則を示したが、これに対する例外を次のような要件の下で認めた。「その表現内容が真実でなく、又はそれが専ら公益を図る目的のものでないことが明白であって、かつ、被害者が重大にして著しく回復困難な損害を被る虞があるときは、……例外的に事前差止めが許される」（最大判昭61・6・11民集40巻4号872頁）[4]。例外の要件が十分であるかが問題となる。

---

[4]　長谷部恭男他編『憲法判例百選I〔第6版〕』別冊ジュリスト218号（日本評論社、2013年）152-153頁〔阪口正二郎担当部分〕参照。

2　明白かつ現在の危険の原則

　表現行為が社会的害悪を生じさせる明白かつ現在の危険が存在する場合にはじめて、そのような表現行為に対して規制が許されるとする原則である。

　泉佐野市民会館事件最高裁判決では、集会の自由の制限に際して、「単に危険な事態を生ずる蓋然性があるというだけでは足りず、明らかな差し迫った危険の発生が具体的に予見されることが必要である」とした。そう解する限り、こうした規制は、必要かつ合理的なものとして、憲法 21 条に違反するものではなく、地方自治法 244 条に違反するものでもない、その事由の存在の肯認には、そうした事態の発生が許可権者の主観により予測されるだけでなく、客観的な事実にてらして具体的に明らかに予測されなければならない、と判示した（最判平 7・3・7 民集 49 巻 3 号 687 頁）。これがどれほど厳格な基準を示しているのか、また危険性の認定がなお不確定ではないのか、という問題がある[5]。

3　明確性の原則

　罪刑法定主義の要請の 1 つとして構成要件の明確性があげられる。憲法 31 条の適正手続保障は罪刑法定主義も含むとされている。表現の自由を規制する立法についても、このような明確性が要求されるとするものである。表現の自由を規制し罰則をともなう法規が漠然不明確である場合には、手続的適正さが疑われるとともに、表現行為に対する萎縮的効果を及ぼすという実体的適正さも疑われるからである[6]。

　徳島市公安条例事件最高裁判決においては、規制の目的が表現そのものを抑制することにあるならば規制は違憲であるが、本件の徳島市条例はそのようなものではなく、行動のもたらす弊害の防止を目的とするので、規制は合憲とした。さらに刑罰法規の定める犯罪構成要件が曖昧不明確の故に、憲法 31 条に違反し無効であるとされるのは、その規定が「通常の判断能力を有する一般人の理解において、具体的場合に当該行為がその適用を受けるものかどうかの判断を可能ならしめるような基準」が読みとれない場合である。当該条例の文言は抽象的ではあるが、集団行進等における道路交通の秩序遵守についての基準

---

[5]　本判文の 2 段階審査の意味についても問題が提示されている。長谷部他編・前掲注 4)・182、183 頁〔川岸令和担当部分〕。
[6]　芦部信喜『憲法〔新版・補訂版〕』（岩波書店、1999 年）183 頁。

を読みとることは可能で、憲法31条には違反しない、とした（最大判昭50・9・10刑集29巻8号489頁）[7]。

「通常の判断能力を有する一般人の理解」においてはたして読みとれるものなのかが問題となる。構成要件の明確性は刑法175条の「わいせつ」の定義をめぐっても争われている。

4 過度に広汎な規制の理論

表現活動を規制する法律の適用範囲が過度に広汎で、そのために憲法上保障されているはずの表現活動をも規制・禁止されるにいたるものとなっている場合には、その法律は「過度の広汎性の故に無効」とすべきという理論である。3と同様に表現に萎縮的効果をもたらす点で問題となる。

輸入書籍・図画等の税関検査をめぐる最高裁判決は、輸入書籍・図画等が関税定率法21条1項3号（現行同法69条の8 7号）の「公序又は風俗を害すべき書籍」という輸入禁制品に該当するとされたことで、税関検査が検閲にあたるかを争うものであった。多数意見は、税関検査は検閲にあたらない、わいせつ表現物の輸入規制は、わが国内における健全な性的風俗の維持確保のために是認される、関税定率法21条1項3号の規定は、何ら明確性に欠けるものではなく、同規定は広汎または不明確故に違憲無効ということはできず、憲法21条1項の規定に反しない、とした。しかし少数意見は、この最後の点につき、不明確であると同時に広汎にすぎるもので、本来、規制の許されるべきでない場合にも適用される可能性が無視できず違憲としている（最大判昭59・12・12民集38巻12号1308頁）[8]。この理論については広汎性の程度が問題となる。

5 必要最小限度（LRA）の原則

「より制限的でない他の選びうる手段」の基準とも呼ばれる[9]。ある法律の合憲性が問題となったとき、その法律の目的が適法であったとしても、その目的を達成するためにその法律が採用している手段が必要最小限度のものである

---

7) 長谷部他編・前掲注4)・186-187頁〔木村草太担当部分〕参照。
8) 長谷部他編・前掲注4)・156-157頁〔阪本昌成担当部分〕参照。
9) 但し、必要最小限度の原則とより制限的でない他の選びうる手段の基準の異同も問題となる。右崎正博「『より制限的でない他の選びうる手段』の基準」芦部・前掲注2)『講座憲法訴訟第2巻』197頁以下。

かどうかが問題となる。その目的達成のためにより制限的でない他の手段を利用することが可能であると判断される場合には採用されている手段が憲法上保障された権利を必要以上に制限するものとして、その法律は違憲となる、というものである。

公務員の政治的行為に対する刑罰に関する猿払事件第一審判決では、行為に対する制裁として合理的な必要最小限の域を超えるもので、憲法21条、31条に違反するとした（旭川地判昭43・3・25下刑10巻3号293頁）。そこでは次のようにLRAの原則について述べられている。「法がある行為を禁じその禁止によって国民の憲法上の権利にある程度の制約が加えられる場合、その禁止行為に違反した場合に加えられるべき制裁は、法目的を達成するに必要最小限度のものでなければならないと解される。法の定めている制裁方法よりも、より狭い範囲の制裁方法があり、これによってもひとしく法目的を達成することができる場合には、法の定めている広い制裁方法は法目的達成の必要最小限度を超えたものとして、違憲となる場合がある」。しかし、最高裁ではこうした考えは退けられ、公務員の政治的中立性から公務員の政治的活動の禁止は合憲とされた（最大判昭49・11・6刑集28巻9号393頁）[10]。

日本においては、これらの原則について学説上は紹介されているが、これらを用いて規制を違憲とするというより、これらの例外を認めて規制を正当化するという傾向がとりわけ最高裁でみられる。

Ⅲ　表現の自由をめぐる問題

憲法21条1項は、一切の表現の自由の保障を定める。その対象は自己実現としての表現から、知る権利、報道の自由までもが含まれる。さらに表現媒体もすべてが含まれる。他の権利の発達や進化によって、必ずしも表現の自由が「優越的地位」を有するとばかりいいきれないことも現実にある。何をどのように保障するのか、問題点をアトランダムにあげてみた。

1　パブリック・フォーラム

民主主義の基礎をなすものに、思想・意見の自由市場という考えがあること

---

10)　長谷部他編・前掲注4)・30-31頁〔青井美帆担当部分〕参照。

はすでに紹介した。しかし、今日では、メディアを支配する者が世界を支配するというように、表現の手段は多くなっているようにみえても、力をもつ大きなメディアを通して表現は管理され、画一化されているようにみえる。そこで個人はどのような手段をもって表現できるのかが問題となる。

演説、ビラ配り、ビラ貼りはいずれも財産権や管理権が優先され、規制が正当とされている。たとえば、私鉄駅構内での演説とビラ配りが、財産権、管理権侵害を理由に鉄道営業法等違反による処罰が肯定された判決があるが、そこにおいて伊藤正己裁判官の補足意見には、パブリック・フォーラムについての言及があった（最判昭59・12・18刑集38巻12号3026頁）[11]。すなわち、「一般公衆が自由に出入りできる場所は、それぞれその本来の利用目的を備えているが、それは同時に、表現のための場として役立つことが少なくない。道路、公園、広場などは、その例である」、このように述べてパブリック・フォーラムにおける表現の自由の保障への配慮にふれている。表現の場所としてのパブリック・フォーラムの活用理論は日本には浸透していないようにみえる。しかし、一般公衆が自由に出入りできる場所が、財産権、管理権によって表現の場所としての利用が制限されるなら、パブリック・フォーラムの場の設定は、21条1項より市町村等自治体に課せられているとは考えられないのか。公園や広場を集会や討論の場に使用しようとしても許可制の下にあり、公会堂や公民館も利用の制限があり、しばしば他の集会と競合して自由に使用できない、また使用料がかかる、という現状では、討論の自由、意見形成の自由に基づく民主主義は育たないといえよう。

2　集団示威運動等の集団行進

集団示威運動等の集団行進も「その他一切の表現の自由」の文言から、当然に表現の自由の1つとして保障される。しかしながら実際には、交通秩序や公共の安寧維持などの理由で厳しい規制が課せられている。通常はその規制は各地の公安条例や道路交通法によってなされ、事前に公安委員会または所轄の警察署長に許可を要求し、必要と認められる場合には不許可や条件付き許可がなされ、違反した場合には処罰されることになっている。そこで、こうした表現をめぐっては、まず許可制の是非、ついで許可基準が問われている。LRAの

---

11) 長谷部他編・前掲注4)・132-133頁〔平地秀哉担当部分〕参照。

原則にしたがうならば、規制目的に達するために届出制で足りるなら、許可制を採用していることは、違憲となる。

最高裁は、新潟県公安条例事件で、一般的な許可制を定めて事前抑制をすることは許されないが、公共の秩序の保持のために特定の場所または方法について、合理的で明確な基準の下に許可制を設け、公共の安全に対し明らかな差し迫った危険が予見されるときは不許可としても違憲とはいえないと判示した（最大判昭29・11・24刑集8巻11号1866頁）[12]。しかし東京都公安条例事件で、最高裁は次のように述べている。まず、集団行動による思想等の表現は、単なる言論、出版等によるものとは異なって、現在する多数人の集合体自体の力つまり潜在する一種の物理的力によって支持されていることを特徴とする、とした。このような潜在的な力は、甚だしい場合には一瞬にして暴徒と化す危険があるので、地方公共団体が公安条例で不測の事態に備え、法と秩序を維持するに必要かつ最小限度の措置を事前に講ずることはやむをえない。また本条例は文面上では許可制を採用しているが、実質において届出制と異なるところがない（最大判昭35・7・20刑集14巻9号1243頁）[13]。このように述べて規制を合憲としたが、集団行進が暴徒と化すことを前提にしている点は問題といえよう。

3　わいせつ規制

わいせつ規制は、表現の自由のいわば伝統的なテーマである。日本におけるこの領域のリーディング・ケース「チャタレー夫人の恋人」事件は文書によるものである。刑法175条の「わいせつ」の概念の不明確性が問題となる。私見では、わいせつ規制は、現行の一般的規制は許されず、時、場所、方法によるべきだと思うが、他方で表現媒体の種類による規制のあり方も考えなければならない。写真や映画の場合は被写体の人権の問題や実写の与える影響力も考慮しなければならない。最近では電子媒体による問題も生じている。

「チャタレー夫人の恋人」事件において、最高裁はわいせつの概念として「徒らに性欲を興奮又は刺戟せしめ、且つ普通人の正常な性的羞恥心を害し、善良な性的道義観念に反するものをいう」と認めた。また著作自体が刑法175条のわいせつ文書にあたるかどうかの判断は法解釈の問題とし、その場合の裁

---

[12] 長谷部他編・前掲注4)・184-185頁〔植村勝慶担当部分〕参照。
[13] 長谷部他編・前掲注4)・155頁〔木下昌彦担当部分〕参照。

判所の判断基準は「一般社会において行われている良識すなわち社会通念」とした。さらに「性的秩序を守り、最少限度の性道徳を維持することが公共の福祉の内容をなす」として、本件翻訳はわいせつ文書であり、その出版は公共の福祉に違反すると認めた（最大判昭32・3・13刑集11巻3号997頁）[14]。このように最高裁はわいせつ文書に対する一般的規制を認めたが、この場合の最高裁のわいせつの概念も不明確といえる。

その後、「悪徳の栄え」事件においては、最高裁は、芸術的・思想的価値のある文書であっても、わいせつの文書としての取扱いを免れることはできないことを明らかにした（最大判昭44・10・15刑集23巻10号1239頁）[15]。さらに「四畳半襖の下張」事件においては、最高裁は、文書のわいせつ性の判断にあたって、「当該文書の性に関する露骨で詳細な描写叙述の程度とその手法、右描写叙述の文書全体に占める比重、文書に表現された思想等と右描写叙述との関連性、文書の構成や展開、さらには芸術性・思想性等による性的刺激の緩和の程度これらの観点から該文書を全体としてみたときに、主として、読者の好色的興味にうったえるものと認められるか否かなどの諸点を検討することが必要であり、これらの事情を総合し、その時代の健全な社会通念に照らして、それが『徒らに性欲を興奮又は刺戟せしめ、且つ普通人の正常な性的羞恥心を害し、善良な性的道義観念に反するもの』といえるか否かを決すべき」としている（最判昭55・11・28刑集34巻6号433頁）[16]。

わいせつ表現に関しては、青少年の健全育成との関係も問われている[17]。

4　戦争宣伝、差別的表現の規制

国際人権規約B規約20条1項は、戦争宣伝の法律による禁止、2項は差別、敵意または暴力の扇動となる国民的、人種的または宗教的憎悪の唱道の、法律による禁止を定める。この条文は、戦争宣伝や、国民的、人種的または宗教的憎悪が、国際間においては基本的悪であるという認識から、これらの締約国の

---

14) 長谷部他編・前掲注4）・120-121頁〔諸根貞夫担当部分〕参照。
15) 長谷部他編・前掲注4）・122-123頁〔右崎正博担当部分〕参照。
16) 長谷部他編・前掲注4）・124-125頁〔建石真公子担当部分〕参照。
17) わいせつ表現や暴力表現と青少年の「健全育成」との関係については、植村勝慶「表現の自由と青少年の保護」大石眞＝石川健治編『憲法の争点』ジュリスト増刊（有斐閣、2008年）130-131頁。

国内法で禁止する趣旨で設けられたものである[18]。表現の自由の規制との関係で規制に消極的な論調も多い。この規定が国内的効力をもつとすると、1項の国際法上の解釈においては、「戦争」とは一般に侵略戦争をさすとされているが、日本国憲法の戦争放棄の規定とあわせると、それで十分かが問題となる。2項に関連しては、日本ではすでに差別的表現の規制を肯定する見解がある[19]。これらは、平和が民主主義や人権保障の前提でもあり重要な原則であること、自由や権利の保障においては個人の尊厳や平等原則にも配慮が必要なことから生じる規制である。これらの規制は民主主義自体を否定する表現が許されるのかの問題につながる。すなわち、民主主義の価値は少くとも守るのか、民主主義そのものも国民の多数決原理に委ねてしまうのか、という問題である。各国で行われている憲法裁判の導入が多数決原理とは異なっても憲法の価値を守るという機能を有することに鑑みると、民主主義の価値を守るという傾向に世界が向いていると理解できよう。

こうした表現規制が肯定されるとしても、規制基準やまた規制をどのレベルで行うかが問題となる。法律として行うべきか、自主規制なのか。表現に萎縮効果をもたらさずに最小限の規制がなされることが検討されなければならない。

5 違法行為のせん動

破壊活動防止法40条は、騒乱、往来危険等の予備、陰謀、教唆、せん動をした者の罪を実行行為と切り離して定める。国家公務員法20条1項17号、地方公務員法61条4号（いずれも「違法な行為の遂行を共謀し、そそのかし、若しくはあおり、又はこれらの行為を企てた者」という文言が用いられている）も同様である。いずれも違法行為の実行がなされたかどうかとは関係がない。本質的に予防規制的性格を有し、規制の広汎さが問題となる[20]。こうした言論行為を規制することの意味と限界が厳格に問われるべきだと指摘されている[21]。これらの行為の規制に対する合憲性判断の基準としてブランデンバーグ原則が紹介されている[22]。これは、違法行為の唱道が差し迫った違法行為を生ぜしめる可

---

18) 「国際人権規約」臨時増刊法学セミナー1979年5月号198頁以下〔笹原桂輔担当部分〕。
19) この問題の整理については次のものを参照。木下智「差別的表現」大石＝石川編・前掲注17)・126-127頁。
20) 右崎・前掲注3)・158頁。
21) 奥平康弘『憲法裁判の可能性』（岩波書店、1995年）229頁以下。

能性がない限り、その唱道を禁止できない、とするものである。

　沖縄返還協定批准等を阻止する目的の集会において、多数の聴衆に向かって武装闘争の必要性と機動隊のせん滅等を説いたことが、破壊活動防止法39条及び40条のせん動罪にあたるとして起訴された件につき、最高裁は、外形として現れた客観的行為を処罰の対象とするものであり、行為の基礎となった思想、信条を処罰するものでないとした。さらに表現活動といえども、絶対無制限に許容されるものではない、右のようなせん動は、公共の安全を脅かす社会的に危険な行為であり、表現の自由の保護を受けるに値しない、とした（最判平2・9・28刑集44巻6号463頁）[23]。罪刑法定主義の原則からもせん動の概念は不明確といえる。

6　報道の自由

　民主主義社会において、報道機関が行う報道は、国民一人ひとりではえることが困難な、国政に関する情報、事実や意見を広く取材して、国民に提供する、その意味で国民の「知る権利」に奉仕する重要な役割を担うものである。このことは判例においても認められ、憲法21条がその根拠となることが明らかにされた（最大決昭44・11・26刑集23巻11号1490頁）[24]。権力による恣意的な統制を避け、国民が自由に意見形成するためにも知る権利、報道の自由は確保されなければならない。

　報道の自由にとっては、同時に取材の自由、取材物の編集の自由が必要である。先述の判決においては、「事実の報道の自由は、表現の自由を規定した憲法21条の保障のもとにある」ことを明らかにしたが、取材の自由に関しては、「憲法21条の精神に照らし、十分尊重に値いするもの」という表現にとどまっている。しかし、報道の自由の確立には、取材の自由にはじまり報道のための発表の自由にいたるまでのすべてのプロセスが21条から保障される必要がある。また取材の自由の確立には取材源の秘匿の保障が必要であるが、刑事事件の場合に証人として召喚されても証言を拒否できるかが問題となる。刑訴法149条が医師等の業務上の秘密に関する証言拒否権を定めるが、この規定が新

---

22)　山内敏弘「第21条」有倉遼吉＝小林孝輔編『基本法コンメンタール憲法〔第3版〕』別冊法学セミナー78号（日本評論社、1986年）89頁。
23)　長谷部他編・前掲注4)・116-117頁〔市川正人担当部分〕参照。
24)　長谷部他編・前掲注4)・166-167頁〔山口いつ子担当部分〕参照。

聞記者等へ類推適用できるのか、また刑事裁判と民事裁判とで扱いが異なるのかも問題となる。判例では、新聞記者の証言拒絶権を認めるか否かは立法政策上の問題で憲法 21 条の問題ではない、としている（最大判昭 27・8・6 刑集 6 巻 8 号 974 頁）。この判決は知る権利についての認識が広まっていないときのものである。NHK 記者証言拒否事件は民事裁判にかかわるものであるが、次のように最高裁は述べている。民事裁判において、職業の秘密に関する事項について尋問を受ける場合には証人は証言を拒否することができる（民訴法 197 条 1 項 3 号）。報道関係者の取材源は、みだりに開示されると、報道関係者と取材源となる者との間の信頼関係が損なわれ、将来にわたる自由で円滑な取材活動が妨げられることとなるので、取材源の秘密は職業の秘密にあたるというべきであり、取材源の秘密が保護に値する秘密であるかどうかは、比較衡量で決すべきである。このようにして本件証言拒絶には正当な理由があると認めた（最決平 18・10・3 民集 60 巻 8 号 2647 頁）。いずれにしても取材の自由が報道の基礎であり、国民の知る権利にとっても重要であることを考えると、立法的解決をはかることがふさわしいといえよう[25]。

　他方で取材が、公人のプライバシーや国家秘密とかかわるときに、どこまで報道が可能かが問題となる。国民の知る権利の重視という観点から規制のあり方を考えることが肝要である。

7　情報公開法

　平成 11（1999）年情報公開法（行政機関の保有する情報の公開に関する法律）が制定された[26]。国民の知る権利を具体化する法律であったが、知る権利という文言は盛り込まれていない。しかし情報公開法は従来の行政システムのあり方を根本的に変えることを要求するもので、いよいよ日本にも、真の民主主義の到来かと期待させるものであった。ここからアカウンタビリティー、すなわち行政の説明責任ということも認識されるようになった。次々とあばかれる行政の不祥事も、こうした認識の広がりと深くかかわっていよう。

　情報公開法での最大の焦点は、不開示情報規定である。不開示情報の範囲を必要最小限とし、公開原則をより徹底させることが重要である。行政文書の開

---

25) 長谷部他編・前掲注 4)・160-161 頁〔鈴木秀美担当部分〕参照。
26) 情報公開法の経緯等についてはさしあたり、宇賀克也『情報公開法の理論〔新版〕』（有斐閣、2000 年）参照。

示義務を定める5条に多くの例外が掲げられている。これは国家秘密を最小限にして国民に情報を開示するという流れに沿うものか疑われる。「公にすることにより、率直な意見の交換若しくは意思決定の中立性が不当に損なわれるおそれ、不当に国民の間に混乱を生じさせるおそれ…」（5号）という解釈の拡大を許す曖昧な表現もみられる。また行政機関の長が不開示だと判断することだけで足りるのかという問題もある。行政文書の存否に関する情報を定める8条は、行政文書が存在しているか否かを答えるだけで、不開示情報を開示することになるときは、行政機関の長は、開示請求を拒否することができる旨定めるが、これも情報公開のそもそもの意義を損なうことにならないか懸念される。情報公開請求をめぐって司法の場で争われることになった場合、裁判所がどういう形でどこまでかかわることができるのかも問題となる[27]。また情報公開法は「行政機関の保有する情報の一層の公開」をはかるものであるが、他の機関、国会や裁判所が保有する情報も当然に公開の対象とされなければならない。さらに公文書管理法もあるが、情報公開法に対応するような管理が予定されているかも問題となる。

まとめにかえて

表現の自由をめぐってはこのようにさまざまな問題が提示されている。とりわけ、コンピュータの発達を通じて、コンピュータ・ネットワークを利用する犯罪の増加が指摘され、こうした犯罪に対する捜査等の問題やコンピュータによる個人情報の管理の問題もあげられている。このような流れの中で通信事業者の捜査協力義務も唱えられている[28]。古典的な媒体と現代的な媒体とでは規制のあり方が異なる点があるともいえる。しかし安易に規制を強めて表現の自由を狭めてはならない。必要な他の権利の保護とのバランスをはかりながら解決すべきである。表現の自由の優越的地位という民主主義における基本的地位を揺るがしてはならないが、他方で規制の多様化、個別化という点で表現の自由は新しい時代に入ったといえる。

---

27)「特集情報公開法の制定」ジュリスト1156号（1999年）、「特集情報公開法の課題」法律時報70巻6号（1998年）参照。
28)「特集新世紀の法とコンピュータ」法学教室244号（2000年）参照。

12　学問の自由

はじめに

　多くの自由の中で学問の自由ほど今日、その自由の意味、保障の内容とは何かが問い直されている自由はないといえよう。

　日本国憲法23条は「学問の自由は、これを保障する」と定める。23条は、学問研究の自由を保障することを目的とする。しばしば学問の自由と、その成果を教授するという意味での教育の自由は同じカテゴリーとして捉えられる。それは、学問も教育もともに、人間社会の進歩発展にとって不可欠な精神的営為だからである。民主主義は、人々の多様な発想を尊重し、人間や社会のあり方、その方向性について、さまざまな観点からの議論を通して、豊かな理論の確立を保障するが、その基底には、民主主義精神と健全な自律心に基づいた学問探求とその成果の教授や教育が要請されて成り立つ。したがって、このような精神的営為に対する過度の規制や抑圧は排斥されなければならない。学問の自由と教育の自由の保障の重要性はここにある[1]。

　民主主義は、内心における思想、信条、良心の自由とこれを外部に表出する表現の自由を基本としているが、その前提として、知る、情報を得る、学ぶ、研究する、探求する、批判するという精神的営為があってこそ、こうした自由が確固たるものとなり、広がりをもつものとなる。学問の自由はこうした精神的営為につながるものである。

　学問の自由や教育の自由の保障の意義は、公権力にとって自らの政治体制を固めるために「都合の良い」学問研究や教育は尊重・奨励されるが、「都合の

---

[1]　清水睦『憲法』（南雲堂深山社、1979年）206頁以下参照。

悪い」学問研究や教育は、危険なものとして排斥されたり、弾圧されたりする。それ故、学問の自由やその成果を教授する自由を保障し、学問研究や教育に対して、国家権力が自制的で不介入であることが要請される。

　23条に関してとりあげるべき論点は多岐にわたるが、概ね次のようなものとなろう。第一に、思想及び良心の自由や表現の自由とは別に学問の自由がとくにとりあげられて保障されることの意義は何か。第二に、学問の自由の内容として通説的見解は大学における教授の自由を含むとするが、小・中・高の教員にもこの自由は及ぶのか。第三に、学問の自由の内容として通説的見解においては大学の自治があげられるが、大学の自治を認める法的根拠、大学の自治の法的性格、その内容とは何か。大学の自治と行政権や警察権との関係、そもそも大学の自治の主体は誰か、も問題となる[2]。また、今日、大きな問題となるのは、一連の「大学改革」が学問の自由や大学の自治にもたらすものとは何か、である。何を目的として「大学改革」が行われているのか、これを検討する必要もある。

I　学問の自由の保障の意義と内容

　学問の自由の保障の意義について、各説はそれほど大きな違いをみせているものではない。学問の自由が「特に別にとり上げて規定されているのは、学問の自由な進歩の人類社会の発展の上における重要性に基づくことはいうまでもないが、特にわが国においては、過去においていわゆる『国家のための学問』の観念が強かったこと（たとえば旧大学令1条は『国家ニ須要ナル学術』を教授し、その蘊奥を研究することを大学の任務と定めていた）にかんがみたものといえよう」[3]、と説明される。大日本帝国憲法下においては、滝川事件（昭和8（1933）年）、天皇機関説事件（昭和10（1935）年）、河合事件（昭和10（1935）年）等、ファッショ的弾圧の事例が多くあった[4]。

　それでは、この学問の自由が誰に対して保障されるかについては、まず、広義の意味と狭義の意味に分けて説明する説がある。広義においては「一切の学

---

2)　有倉遼吉＝時岡弘編『条解日本国憲法〔改訂版〕』（三省堂、1989年）190頁以下参照。
3)　佐藤功『憲法（上）〔新版〕』（有斐閣、1983年）401頁。なお、蘊奥（うんおう）とは「学問等のおくそこ」を意味する。
4)　畑博行「学問の自由」ジュリスト臨時増刊638号（1977年）289-291頁参照。

問的研究とその発表および教授の自由を意味し、要するに真理探究の自由を意味する」とし、それは、「国家のための学問」の否定をめざす。したがって、この意味では、学問の自由は「大学に限らず、すべての学校における教育および学校以外における教育においても要求される」とする。狭義においては、「高度の学問の研究・高度の教育機関の自由、特に大学の自由を意味する」とし、この大学の自由は大学の自治を包含する、と述べる。なぜなら、「大学教授の地位が外部の権力によって左右されることがない場合に、はじめて大学における学問研究・教授の自由や真理の探究が可能となるからである」という[5]。しかし、この説にあっては後述するように、大学の自治を、教授の地位や任免にかかわることだけでなく、大学という社会ないし団体そのものの地位、というように広く捉えている。この説では、広義の意味では市民一般も含めて対象を広く捉えているが、狭義の意味では大学で研究するような高度専門職としての研究者を対象とする、と分けて考えており、つながりがわかりにくい。

　このように広義の意味と狭義の意味とは分けずに、国民一般の学問の自由と研究教育機関における教育研究者の学問研究の自由とを関連づける形で説明する野上説がある。

　この説は、まず学問の自由がどのように捉えられてきたかを歴史的にふりかえる[6]。まず憲法制定議会においては、金森徳次郎国務大臣が、学問の自由の目的は「人間の完成」にあると述べ、さらに、「それが大学教授がやられようと道端の乞食がやろうと、一つもその観念に於ては区別致して居りませぬ[7]」と述べて、学問の自由を広く国民一般に対して認められる自由であると理解されていたことを紹介する。しかしながら、次に、昭和28（1953）年刊行の『註解日本国憲法』における、「学者、研究者は、その領域における専門家であり、その領域において指導的立場にあるいわば『選ばれたる人』であるから、通常人を対象とし、通常人の平均的な水準に立脚する政治や行政が、その判断に基

---

[5] 佐藤功『日本国憲法概説〔全訂第5版〕』（学陽書房、1996年）197頁。広義の意味では「この自由は広くすべての国民に対して保障される」との記述がある。佐藤・前掲注3)・401頁。

[6] 野上修市『憲法問題の解明』（成文堂、1982年）93頁以下。

[7] 清水伸『逐条日本国憲法審議録第2巻』（有斐閣、1962年）468頁。なお、その議論の冒頭に金森徳次郎国務大臣は、「大学教授の自由というような狭い意味に考えてはいない。学問の自由ということばのもっているすべての意味において学問の自由を憲法が保障している。したがって、個人的な研究の範囲における学問の自由、大学の学園において行われる学問研究の自由も共に包容している」という旨の返答をしている。同書467頁。

いてみだりに干渉すべきではなく、国家も社会もその独立性を尊重すべきであること」に代表される学問の自由として議論される5つの理由[8]を紹介して、この理解には、ドイツの伝統的な学問の自由論に強く影響された、学問の自由が、一般市民の精神的諸活動の自由とは違うという認識があることを指摘する。さらに、こうした考え方に対しては、英米型の「市民的自由」論の考え方からする厳しい批判がなされたことを指摘する。それによれば、近代の市民的自由と学問の自由とは、本来同一の価値を志向するもので、その間に本質的な矛盾対立がないことがきわめて重要なことだとして、次のような帰結を導き出す。第一に、市民的自由と学問の自由とは、その存立において相互依存的であり、その擁護において相関的であること、その意味で大学は自らの自由が、一般的・市民的自由の基盤の上においてのみ存立しうるものであり、また、自らの自由が人民の自由の存立にとって決定的に重要であることを自覚し、自らの自由を擁護するために闘う義務を人民に対して負っている。第二に、学問の自由・大学の自治は、社会が、大学及び研究者をしてその使命を果たさしめるにあたって、その職責遂行上の不可欠の条件として、大学・研究者にこれを与えたものである。第三に、市民的自由が確立した社会において学問の自由が保障されるとき、その保障の対象は真理の探究という過程ないし機能そのものである。この意味で学問の自由は、特定の身分に付着する特権ではない。また、真理探究過程における「誠実な過誤」を含むことに対し寛容である。第四に、学問の自由は市民的自由と同質ではあるが、にもかかわらず現実において特定の閉鎖的身分に付着する独善的特権に堕する危険がある[9]。

　このような市民的自由論に立つ学問の自由に対し、それでもなお学問の保障の根拠を教員研究者の市民的自由の回復に求める結果、学問の自由の意義が限定化されていることを野上説は指摘する。そうして次のように述べる。「学問の自由は……国民とは別の、国民から離れた専門研究者としての教員研究者の学問研究を意味しない。したがって、学問の自由とは学問を国民自身のものとするところに、その意義があるといえよう。そのため、学問研究の存在理由は、

---

8) 法学協会編『註解日本国憲法上巻』（有斐閣、1953年）455頁。この説明は、「特に学問の自由として論議されてきた」理由の第二にあげられている。このような理解から「大学の自由」の重要性を説くが、私人にも学問の自由があることを否定するものではない。
9) 高柳信一「学問の自由と大学の自治」東京大学社会科学研究所編『基本的人権4』（東京大学出版会、1968年）369頁以下。帰結に関しては441頁以下。

最終的には国民そのもののなかに求められるべきであろう。学問研究の主体はあくまでも国民ひとりひとりにほかならない。しかし、現代社会において、すべての国民が自ら学問研究の主体者になることは不可能である。そこで、国民一般の学問研究の自由は、主として専門的研究者を通じて実質化・現実化されることになる。したがって、専門的研究者の学問研究の自由は、国民の知的探求の自由、国民の学習権の信託にその根拠をもつものというべきである。この関係が、専門的研究者として、国民の信託にこたえて、国民の当面する歴史的な課題を明らかにし、この解決に寄与する学問・研究をすすめていくことを求める。かくして大学にあっては、教員研究者の学問研究は、教育作用を通じ、直接的には学生を媒介として、国民的要求にこたえ、その成果が学生と国民一般に対して開かれるということになる」[10]。

　このような議論を経て、今日では学問の自由の保障の意義は次のように折衷的に捉えられている。「第一に、学問研究は研究者の人格を発展させ人間的成長の基盤となるという個人の精神的人権としての価値をもつが、社会の発展に寄与し、その幸福を増進する（現代の科学技術の役割を見よ）のみならず、広く人類の文化に貢献することができるという社会的価値をもっている。第二に、学問の発達には専門的研究者の自主性の尊重が不可欠であり、政府その他の外部の圧力のもとでは、正常な発展が望めない。第三に、学問活動は既成の学問的成果を伝承し、後進の研究者を養成し、さらに新しい価値を創造していくが、これらの働きは自由な状況の下でなければ十分に行いえない。第四に、学問が真理を追求することは、しばしば既存の価値に疑問をもつことを導き、現存の体制への批判を生むから、既成秩序の支配者にとって危険なものと受け取られることが多い。それだけに政治権力の不介入を保障する必要が高い。第五に、現代の学問研究は国その他と雇用関係に立つ研究者によって行われることが多いといってよい。そこで、このような従属関係からくる制約を招きやすい。最後に、単なる学問活動の自由のみでなく、大学研究機関の自治の保障が必要であり、それには憲法上の特別の規定をおくことが望ましい。以上のように考えると、表現の自由とは別に学問の自由を憲法上の自由権として保障していることは十分の理由があると考えられる」[11]。

---

10) 野上・前掲注6)・97頁。
11) 伊藤正己『憲法〔第3版〕』（弘文堂、1995年）282頁。

その上で、今日の通説的見解が学問の自由の内容としてあげるのは次のようなものである。学問研究の自由は、真理の探究を目的として行われる人間の論理的知的な精神活動の自由である。学問の自由は、学問の活動が公権力をはじめとするさまざまな介入やコントロール、圧力を排して自由に行われることを意味する。学問上の諸活動も絶対的自由を享有するものではないが、その自由の価値からみて、その制約は研究者の自律によるのが原則である。研究者は強い自由を享受する代わりに、専門職にふさわしい職業倫理によって自らを規律しなければならない。法的規制を加えることは必要最小限でなければならない、とされる[12]。そして、学問的活動の範囲として、芸術は学問に含まれない。政治的な宣伝その他の政治的行為とみられるものは含まれない。すでにできあがった学問上の成果を職業的に単に適用するのみの活動は、学問の自由の保障の外にあることを指摘する[13]。したがって、学問研究の自由の具体的な形態は、研究活動の自由、研究成果発表の自由、講義の自由である。さらに、学問の自由が、大学における学問研究の自由を保護することが主要な内容となるとして、伝統的に学問の自由には大学の自治の保障が含まれると指摘する。

　私見では、まず、学問の自由は市民的諸自由の上にあり、関係が深い、という指摘は重要だと思う。学問の自由が市民的諸自由と深くかかわるのは、学問の自由の成果が市民にすなわち社会に還元されるという意義があるばかりでなく、個人の尊厳を否定し市民的自由を狭めるような社会的害悪をもたらす研究は是認されない、ということからも明らかである。

　しかしながら、学問の自由を、思想及び良心の自由や表現の自由とは別に定めたところには大きな意味があり、一般市民の真理の探究とは別に、研究を職務とする専門家に対して、とくに学問の自由を保障する必要がある。それは決して「選ばれたる人」ではないが、こうした専門家を抑圧したなら市民の真理の探究も深まらず、ひいては社会の発展も望めなくなるからである。

　したがって、学問の自由は、市民一般の真理の探究を保障する面ももつが、やはり、大学や専門家としての研究者の学問研究の自由の保障としての意義が大きい。今日、問題となるのは、すでに指摘されているように、学問研究の自由は、研究活動の自由、研究成果発表の自由、講義の自由もしくは教授の自由

12）伊藤・前掲注11）・282-283頁。
13）伊藤・前掲注11）・283頁。

を含むことは当然であるが、研究者が自由に学問研究を行うための前提としての、研究設備や研究費等の物的条件、環境整備の必要性である。それゆえ、学問の自由は、「単に自由な研究を保障するにとどまらず、専門研究に従事する研究者にとって必要な環境設備や研究費について配慮する義務を国に課しており、その意味で、学問の自由は研究者が国に対して研究のための物的施設や研究費を請求する権利をも保障している」と指摘される[14]。

この最後の点が十分に保障されていないことが、今日の学問の自由の制約につながっているといえる。

II 教授の自由と教育の自由

23条の学問の自由から、学問研究の自由と学問研究の成果発表の自由は広く何人に対しても保障されるとするのが多くの一致する見解である[15]。しかしながら、23条から導き出される教授の自由は、「高等教育機関、主として大学において、学者が教授する上において、国家から学説上の拘束を受けないということである」と大学における学問研究の意義を23条の規定の背景に求める考え方がある。これは、23条の教授の自由と、26条から導き出される教育を受ける権利の自由権的側面である教育の自由を、区別することにつながる。したがって、こうした考え方は、23条は教育の自由を一般的に保障するものではなく、教育の制度的保障をするものでもない、と主張する[16]。そして、23条が下級教育機関における教師の教育の自由を保障するものではないことの理由を、次のように説明する。教授の自由は、沿革上、大学における教授の自由を意味し、教育の自由を意味するものではないこと、大学における教授の自由が認められているのは、大学が昔から学問研究の中心としての地位を占めており、外部勢力の価値判断に従属するときは真理の探究が妨げられること、大学における学生は批判能力を備えていること、さらに下級教育機関は学問研究よりむしろ児童生徒の心身の発達に応じて普通教育をなすことを目的としており、児童生徒は年少で批判能力を備えていないことから、大学における教授の自由

---

14) 戸波江二「学問の自由と大学の自治」大石眞=石川健治編『憲法の争点』ジュリスト増刊（2008年）142頁。
15) 橋本公亘『憲法』（青林書院新社、1972年）190頁。
16) 橋本・前掲注15)・190頁。

の理論をそのまま下級教育機関に拡張するわけにいかないこと、である[17]。

　昭和40（1965）年6月の提訴に端を発する一連の家永教科書訴訟において、教育内容を決定する権能という意味での「教育権」の所在が問われた[18]。ここでは、国（当時は文部省）が教育権を有し教育内容・方法に広く介入することが認められる、とする国家教育権説と、教育内容を決定するのは親や教師といった国民に属するもので、国家が教育内容に介入することは許されず、公権力の任務は教育の条件整備に限定される、とする国民教育権説が、鋭く対立した[19]。こうした議論を通して、教師の教育の自由が国民教育権説の側から提示され、その憲法上の根拠や教授の自由との相違などが問われることとなった。

　家永教科書第一次訴訟第一審判決（いわゆる高津判決）においては、教育の私事性の捨象、福祉国家、議会制民主主義、教育的配慮などの理由から下級教育機関における教育の自由の制約を正当化した（東京地判昭49・7・16判時751号47頁）。他方で、第二次訴訟第一審判決（いわゆる杉本判決）においては、憲法23条は「学問研究の自由はもちろんのこと学問研究の結果自らの正当とする学問的見解を教授する自由をも保障していると解するのが相当であ」り、「下級教育機関における教師についても、基本的には、教育の自由の保障は否定されていないというべきである」と判示した[20]（東京地判昭45・7・17行集21巻7号別冊1頁）。

　最高裁は、旭川学テ事件において、23条の保障する学問の自由は、学問研究の結果を教授する自由をも含むが、さらに、「普通教育の場においても、……教授の具体的内容及び方法につき、ある程度自由な裁量が認められなければならないという意味においては、一定の範囲における教授の自由が保障されるべきことを肯定できないではない」としながらも、結局は「普通教育における教師に完全な教授の自由を認めることは、とうてい許されない」としている。（最大判昭51・5・21刑集30巻5号615頁）。但し、ポポロ事件において最高裁が「教育ないし教授の自由は、……必ずしもこれ〔憲法23条〕に含まれるもので

---

17) 橋本・前掲注15)・191頁。
18) さしあたり次の論文を参照。成嶋隆「国家の教育権と国民の教育権」ジュリスト1089号（1996年）230頁以下及び成嶋隆「最高裁学テ判決以後の教育判例の展開」市川須美子他編『教育法学と子どもの人権』（三省堂、1998年）24頁以下。
19) 杉原泰雄編『新版体系憲法事典』（青林書院、2008年）630頁以下参照〔今野健一担当部分〕。
20) 成嶋隆「教科書検定の違憲・違法性（第二次家永教科書訴訟）」樋口陽一＝野中俊彦編『憲法の基本判例〔第2版〕』法学教室増刊（1996年）147頁以下参照。

はない」としていることと比較すると、教師の教育の自由に23条もかかわることを明らかにしたといえる。

学説においては、学問の自由が下級教育機関の教育の自由を含むとする説に次のようなものがある。

まず、教育が自由かつ独立でなければならないことは、学問研究と変わることはないとし、教育は真理の探究と密接に関連して行われるものであることを示した上で、憲法上の根拠条文としては、「憲法に列挙されていない自由も基本的自由として保障されなければならない」と13条を示唆する説がある[21]。

次に、23条の学問の自由は大学教授が享有するのと同様に小学校教諭も享有する、とする説がある。この説においては、下級の教育機関で「教授の自由」が制限されるのは、被教育者たる児童生徒の学習権（ないし教育を受ける権利）ということからのみ説明されるべきことであるとする。23条が大学における「教授の自由」に限定される理由はない、と述べる[22]。

さらに、教師の教育の自由を、憲法26条と23条との双方を法的根拠とすると述べる説がある。この説においては、これまでの憲法学説が教師の教育の自由を憲法26条から論ずることをせず、23条の問題として論じてきたことを批判し、憲法23条が誰にでも、どこにでも国民一人ひとりの人権として保障されるものと考えれば、子どもにも「学問の自由」として保障されなくてはならない、そして、それが保障されるためには、その前提として一般社会における学問研究の自由とその成果の発表が保障されていなくてはならず、教師の教育の自由は、その「成果」を子どもの「学習の自由」に伝達する自由であり、教師にとって不可欠な教育の自由であるとする[23]。

私見では、この最後の教師の教育の自由は、憲法26条の「教育を受ける権利」を保障するためのもの、とする説を妥当と考える。子どもに批判能力がないことが教師の教育の自由の制約の根拠とはならない。教師には一般社会の学問研究の成果を教授する自由もあるし、自らの研究の成果を教授する自由もある。それを制約するのは、子どもの発達段階であり、心身の発達に応じた教育

---

21) 高柳信一「第23条」有倉遼吉編『基本法コンメンタール憲法〔新版〕』別冊法学セミナー30号（日本評論社、1977年）107-108頁。帆足計事件最高裁判決における田中耕太郎裁判官と下飯坂潤夫裁判官の補足意見を示している（最大判昭33・9・10民集12巻13号1969頁）。

22) 有倉遼吉「憲法と教育」公法研究32号（1970年）5頁。

23) 永井憲一『教育法学の原理と体系』（日本評論社、2000年）219頁以下。

的配慮は必要とされる。また、下級教育機関といっても小学生、中学生、高校生はそれぞれ発達段階が異なる。どのように制約されるか判断をするのは、現場の専門家としての教師である。さらに、研究の成果には当然、教育方法も含まれる。子どもの学習権に応える教師の教育の自由がある、とみるべきであろう。

　今日の教育基本法においても、1条の掲げる教育目的の実現のために、学問の自由を尊重することを示している。同様の書き方をしていた昭和22（1947）年成立の教育基本法の文部省見解においては「学問の自由の尊重は初等教育においても生かされなければならない」と記してある[24]。子どもの学習権の保障を中心として教育のあり方が捉え直されている今日においては、さらに進んで、子どもの成長・発達を保障するために「教師は自立的でなければならず、児童・生徒を的確に把握し、教育内容を編成し、教育方法を検討し、授業を展開する、学問の自由と教育の自由が確立されていなければならない」[25]。それは国家権力からの自由であり、不当な支配を排除する権利ももつが、人々の生活と知的探求の要求に立脚する学問が、公権力に規制されない教育に結びつくことで、はじめて次世代が、民主主義国家をさらに維持発展させる能力を身につけることが可能になるからである[26]。

Ⅲ　大学の自治

　多くの説において、学問の自由には大学の自治の保障が含まれていると解釈されている。そこで、大学の自治の法的根拠をどこに求めるかは、学問の自由の根拠をどこに求めるかともかかわる問題となる。

　まず、学問の自由の根拠を23条に求める説は、次のように説く。「学問の自由は、個々の国民が学問の研究や研究成果の発表について国家権力から拘束を受けないという自由であり、大学の自治は、学問研究者の組織体である大学が一定の事項について自治権を有するということであるから、両者が観念的に区別されることは認めなければなるまい。それにもかかわらず両者は不可分の関

24）教育法令研究会『教育基本法の解説』（国立書院、1947年）69頁。
25）小笠原正「国民の教育権と教師の教育権」『教育と法と子どもたち』法学セミナー増刊（日本評論社、1980年）361頁。
26）清水睦「学問の自由と教育の自由」前掲注25）・373頁。

係にあると考えられる」とする。その理由として、大学は昔から学問研究の中心として重要な地位を占めていたから、学問の自由は大学における学問の自由として認められてきた、大学が外部の勢力の干渉の下におかれると、研究者の真理探究活動が外部勢力の価値判断により制限されてしまうから、とする[27]。また、学問の自由の保障に一般の市民的自由以上の高度の自由の保障を認めないとする説にあっても、「学問研究の自由を実質的に保障せんがためには、研究教育の主要な場としての大学について一定のあり方を要求せざるをえなくなる。これが大学の自治の問題であり、一般に大学の自治は学問の自由のコロラリーであるとされるゆえんである」と認める。そして、大学の自治の意義を「外的勢力（公権力、設置者の権能等）の制約・拘束から解放し、大学がその本体的権能（研究教育）を自主的自律的に決定遂行しうるようにしようとするもの」としている[28]。

　学問の自由を23条のみならず26条にも法的根拠を認める説にあっては、大学の自治の保障の法的根拠が同様に憲法26条にも求められることを明らかにする。この説の前提には、人権保障のための学問と教育は不可分一体なものとして理解されなくてはならない、という考え方がある[29]。そして、「学問研究と教育の科学的、実践的な統一の"場"としての"大学"の自治の法的根拠」が23条と26条であるとする。大学は、教師とその教師の指導を受ける学生と学問研究と教育が行われる条件整備を責務とする職員の三者によって構成されるとし、大学の自治はその三者の連帯によって維持されるとする[30]。

　この最後の説の重要な点は、23条を中心とする説が学問の自由の自由権的側面を強調し、公権力等によって学問の自由が侵害されないことにもっぱら注意を払うのに対し、大学における国民の教育を受ける権利の保障から高等教育の無償化の合理性や「私立大学への国庫助成」の必要性の正当化の根拠を提示できることである[31]。

　従来の「大学の自治とは、大学の運営が、原則として、大学における研究者ないし教授者——大学の教授——の自主的判断に任されるべきものとする原

---

27) 橋本公亘「大学の自治」公法研究29号（1967年）44頁。
28) 高柳・前掲注21)・105頁。
29) 永井・前掲注23)・169頁。
30) 永井・前掲注23)・169頁以下。
31) 永井・前掲注23)・158頁以下。

理」という説明[32]だけでは、一定程度の必要とされる研究環境の中で学問研究をする自由は満たされない。研究の受益者が学生であり、市民であり、社会である、ということが明らかにされてこそ、一定の研究環境の整備を国や社会に求めることができる。しかしながら、その場合において、資金提供者である国等は、研究のあり方を指示するものではなく、研究における自主性・自立性は守られるべきものである。

　ところで、大学の自治の法的性格として制度的保障をあげる論者がいる。たとえば、次のように説明される。「大学の自治は、学問の自由の本質から導かれ、憲法23条に基礎を置くが、それが大学という組織団体に向けられているところから、制度的保障の意味をもつということができ、法律が大学の自治の本質的部分を侵害する定めをすることは、23条が禁じていると解される。そして、大学の自治への侵害は学問の自由への侵害につながるのであるから、制度的保障ととらえても人権保障の意義が変わるわけではない[33]」。また、次のようにも捉えられる。「第23条について見れば、制度的保障の理論を用いることによって、大学の自治を単なる慣行にとどめず、これを憲法上の保障の域まで高めることができるのである。……もし、第23条が大学の自治の制度的保障を含むと解するときは、法律で自治を否定することはできず（たとえ個人の学問の自由を侵害することはないとしても）、また、私人による自治の侵害を憲法レベルの問題とすることが可能となるであろう[34]」。

　制度的保障論とは、憲法規定の中に、個人権保障の規定とは区別して、特定の制度の存在ないし維持を保障する規定があることを認めるもので、ドイツのワイマール憲法の解釈論として理論化されたものである。日本国憲法においては、政教分離原則（20条）、大学の自治（23条）、婚姻・家族制度（24条）、私有財産制（29条）、地方自治の保障（92条）が制度的保障の例としてあげられる[35]。これについては、人権に対して制度が優越することになり人権保障が弱められる、制度の本質的内容を狭く解することで憲法の保障が狭められる危険

---

[32] 宮澤俊義『憲法Ⅱ〔新版〕』（有斐閣、1974年）396-397頁。
[33] 伊藤・前掲注11)・288頁。
[34] 橋本・前掲注15)・196頁。
[35] 大学の自治を制度的保障と解することの意義については、田上穣治『日本国憲法原論』（青林書院新社、1980年）136頁以下参照。大学の自治は、民主制並びに学問の進歩のために憲法で認められた制度、と解する。

がある、などの批判があり、大学の自治を制度的保障とみる説には、批判的な見解も多い[36]。私見では、制度的保障とすることに対してどれほどの意味があるのか懐疑的である。なぜなら制度的保障という概念が明らかでなく、大学の自治という制度が侵害されるときは、同時に大学における研究者の学問の研究の自由等の権利も侵害されるときであり、「制度」をわざわざもちだす必要はないと思われるからである。

　大学の自治の具体的内容としては、「大学の管理運営について大学構成者が自主決定権をもつこと」であり、主要なものとして、教員人事の自主決定権、研究・教育の内容・方法・対象の自主決定権、予算管理の自治権があげられる[37]。これに関しては2つの問題がある。1つは、大学の自治の限界の問題であり、とりわけ警察権の介入に関わる問題である。2つは、大学の自治の主体にかかわる問題であり、ここに学生が含まれるのかという問題である。

　前者の警察権の介入については、「大学も社会の中の一つの組織体であるから、警察権から全く自由な聖域であるわけではない。しかし、大学の自治は学問の自由を確保するために大学内の自律性をとくに強く認めるものであるから、内部秩序の維持については大学自らがそれを行うことを前提とし、警察権の発動は大学側の要請に基づいて行われるというルールが確立されなければならない」と指摘される[38]。

　後者の、大学自治の主体に学生を含めるかについては、伝統的な教授会自治を中心とする立場から認めない説、認めるとしても一定の限界を考える説、に分けられる。前者は次のようにいう。「大学の自治とは学問研究および教育という任務の達成に必要なことがらを自主的に決定することであるから、教授その他の研究者の組織が大学の自治主体となるべきである」[39]。後者については、次のような説がある。「大学がその自由〔研究教育の自由〕を損なわれその研究教育機能が歪められるときは、学生が真理を奪われるのであるから、学生も大学の自治を担う主体性を認められるべきであると考えられる」が、これがど

---

36) たとえば、高柳信一「学問の自由と警察権」法学志林61巻3・4号9頁。
37) 伊藤・前掲注11)・289-290頁。
38) 伊藤・前掲注11)・290頁。なお愛知大学事件第二審で、名古屋高裁は、許諾なき立ち入りはすべて違法とは限らないが、とくに警備情報活動としての学内立ち入りのごとき場合は、学問の自由、大学の自治にとって警察権の行使が干渉と認められる、と判示した（名古屋高判昭45・8・25判時609号7頁）。
39)「具体的には教授会が中心」という。橋本・前掲注15)・196-197頁参照。

のような制度によって実現されるべきかは、それぞれの大学の具体的状況に即して各大学が自治的に決定すべきこと、とする[40]。

なお、ポポロ事件において最高裁は、学生についていわゆる営造物利用者論を展開した（最大判昭38・5・22刑集17巻4号370頁）。すなわち「大学の施設と学生は、これらの自由と自治〔教授その他の研究者の研究、その結果の発表、研究結果の教授の自由とこれらを保障するための自治〕の効果として、施設が大学当局によつて自治的に管理され、学生も学問の自由と施設の利用を認められる」とする。これに対しては、次の批判がある。「従来は一般に営造物利用者として捉えられていたが、学生も教授の指導の下に研究に従事する存在であることに鑑み、妥当な理解とは思われない。このように研究に従事する存在として、学生は、大学の運営を批判しあるいは運営に関し要望する権利を有するものと解すべきである」とする。しかしこの説にあっても、「学生が自治の主体的構成者として管理運営に対する参加権をもつべきかどうかは、法律の定めるところに従い、それぞれの大学が自主的に決定すべき事柄」と解する[41]。

学生は、単なる営造物利用者ではないが、他方で、大学における研究者と対等の立場で大学の自治の主体として考えられるべき存在でもない。しかし、学生は大学において「教育を受ける権利」を侵害されてはならず、研究成果を享受する存在である。その意味で、大学のあり方や運営を批判し、要望する権利も当然もっている。授業評価システムの中ではすでに単なる営造物利用者という捉え方はされていない。

Ⅳ 「大学改革」と学問の自由

これまで縷々述べてきた学問の自由や大学の自治ははたして今日、望まれているような形で存在するのか、その点につき最後に明らかにしておきたい。

「大学改革」ということが意識されはじめたのは、1970年前後からであり、当時は学生運動や大学紛争への対策として大学の運営が考え直されたり、大学の管理機能の強化がはかられたりした。「大学改革」が本格化するのは、平成15（2003）年の国立大学の法人化以降であるが、当時は、危機感はあっても現

---

40) 高柳・前掲21)・106頁。
41) 佐藤幸治『憲法』（青林書院、1981年）348-349頁（なお、本文中のかっこ書は略した）。

在行われているような形で「改革」が加速度的に進むとは予想されてはいなかった。しかしながら、国立大学の法人化の構想は行政改革会議の中から出てきたことが重要である。そこには学問の自由や大学の自治、学生の学習権の充実という発想はない。今日ではこの「改革」の波は、国立大学のみならず私立大学にも及び、大学制度の根底を揺るがすほどの大きな影響力を及ぼしている。

　発端となったのは平成13（2001）年6月に示された遠山プラン、すなわち「大学（国立大学）の構造改革の方針——活力に富み国際競争力のある国公私立大学づくりの一環として——」であった[42]。そこには3つの点が示されていた。第一に、国立大学の再編・統合を大胆に進めることが示され、各大学や分野ごとの状況をふまえ再編・統合することや国立大学の数の大幅な削減をめざすことが明らかにされ「スクラップ・アンド・ビルドで活性化」とまとめられている。第二に、国立大学に民間的発想の経営手法を導入することが示され、大学役員や経営組織に外部の専門家を登用すること、経営責任の明確化により機動的・戦略的に大学を運営すること、能力主義・業績主義にたった新しい人事システムを導入すること、国立大学の機能の一部を分離・独立すること、が明らかにされ、新しい「国立大学法人」に早期に移行する、とまとめられている。第三に、大学に第三者評価による競争原理を導入することが示され、専門家・民間人が参画する第三者評価システムを導入すること、評価結果を社会に全面公開すること、評価結果に応じて資金を重点配分すること、国公私を通じた競争的資金を拡充することが明らかにされ、国公私「トップ30」を世界最高水準に育成すること、とまとめられている[43]。

　この遠山プランは、従来の学問の自由や大学の自治の捉え方と反する面をいくつも有している。第一に、全体的に経済的効率性を重視する考え方が根底に流れている。しかし、そもそも学問研究の自由は、経済的効率性とは相入れない。むだなようにみえるさまざまな試行錯誤を繰り返して一定の結論をえることもしばしばある。第二に、大学の自治を支えている教授会の意思決定を限定的なものにし、教授会の意思決定をとびこえて民間的発想の経営手法を導入するということは、学問研究の探究と、そうした手法が相入れないばかりでなく、

---

[42] 『平成13年度文部科学白書』第1部第5章参照。改革の理由として「活力ある経済社会形成のための知的基盤として世界水準の大学づくりを推進していく必要」があると述べられている。

[43] 前掲注42）の文部科学省の「大学（国立大学）の構造改革の方針：活力に富み国際競争力のある国公私立大学づくりの一環として」のレジュメから引用。

結局は外部勢力の干渉の下で研究が行われることを意味している。第三に、評価システムを導入し、評価結果に応じて資金を配分することは、評価にふりまわされて落ち着いて研究ができなくなる上に、成果を目にみえる形で出しやすい研究には資金はまわることになるが、そうではなく地味な研究には資金がゆきわたらない不平等な結果を招く。

　こうした構造改革の背景には少子化やグローバリゼーションの影響もあると指摘されるが、最も大きいのは、学術研究よりも職業教育へという高等教育機関としての大学の位置づけの変化がある。そしてこのことは結局、経営者側の意向に沿った大学をつくることであるにもかかわらず、社会的存在意義をもつ大学のあり方を考えているというような「すりかえ」が行われているのである。しかし、その「社会的意義」は、実際経済力の強化に奉仕する大学であり、純粋な、市民的自由を核とする学問研究を行う大学ではない。素朴な小さな疑問から大きな発展を生み出すような学問研究ではなく、経済界の規定路線の中で行う想像力のない研究である[44]。

　この遠山プランに基づき、平成15（2003）年7月に国立大学法人法が国会で成立した。その成立の際には、衆議院で10、参議院で23もの附帯決議がついた。衆議院の附帯決議の第1も参議院の附帯決議の第1も同文であるが、次のように書かれている。「国立大学の法人化に当たっては、憲法で保障されている学問の自由や大学の自治の理念を踏まえ、国立大学の教育研究の特性に十分配慮するとともに、その活性化が図られるよう、自主的・自律的な運営の確保に努めること」。すなわち、国立大学法人法はその成立の際にすでに、学問の自由や大学の自治の理念をふみはずすおそれのあるものだという認識があったということである。

　文部科学省の国立大学改革プラン（平成25（2013）年11月）によれば、国立大学法人化の意義は、「自律的・自主的な環境の下での国立大学活性化、優れた教育や特色ある研究に向けてより積極的な取組を推進、より個性豊かな魅力ある国立大学を実現」としている。しかし、結果的には、文部科学省自身も述

---

44) 国立大学改革プランの位置づけとして、第1期（平成16（2004）-21（2009）年度）は新たな法人制度の「始動期」、第2期（平成22（2010）-27（2015）年度）は法人化の長所を生かした改革を本格化、第3期（平成28（2016）年度-）は、持続的な"競争力"をもち、高い付加価値を生み出す国立大学へ、となっている。「国立大学改革プラン」平成25年11月文部科学省。また、「大学改革に向けた文部科学省の取組」平成29年11月29日文部科学省も参照。

べているように、大学のスクラップ・アンド・ビルドが実現され、経済的効果を第一に考える経済界目線が導入されて、十全な研究環境を研究者に保障するどころか国の政策に呼応している研究を重視するという、学問の自由や大学の自治に反する事柄が平然と行われることを許すものとなっている[45]。

　国立大学法人化と同時に明確化されたのは評価制度である。これは質保証制度ともいわれるが、現在、次のものが日本の高等教育機関に適用されている。設置認可制度、自己点検・評価、認証評価（機関別認証評価、専門分野別認証評価）、国立大学法人評価である。他に、法令違反の大学等に対する是正措置も質保証制度として存在する[46]。これらは、大学の質を一定の水準に保つための制度であるが、同時に教育研究活動の透明性を確保するためにも必要な制度である。たとえば、グローバリゼーションの影響下で学生が留学した先で取得した単位を出身大学の単位として繰り入れる単位互換制度などが存在している。こうした単位互換制度の前提として、どの大学も一定の質が確保され維持されているようでなければならない。すなわち、日本の大学も世界の諸大学と同じ程度の質を保証する必要がある。こうした観点から評価システムは急速に浸透してきた[47]。しかし、大学の質の保証はグローバリゼーション以前に、教育を受ける権利すなわち学生の学習権を保障するものとして当然に要求されていたはずのものである。たとえば、設置基準はこのようなものとして必要とされる。但し、今日ある設置基準が学生の学習権を真にみたすものとしてあるかどうかは別途考察が必要である。

　平成16（2004）年度から第三者評価制度が開始され、現在ではすべての大学が機関別認証評価を受けることが義務づけられている。さらに、国立大学法人法により、国立大学には国立大学法人評価を受けることも義務づけられている。この評価制度は法人組織の運営の効率性等を評価することが目的である。これらの評価制度は一見すると、学問の自由や大学の自治を侵害しないようにみえる。なぜなら、この制度にしたがうことは義務ではあるが、元となる報告は自己評価に基づくからである。また、国立大学の法人評価は税金を投入している

---

[45] 松井直之「国立大学改革と『大学の自治』」横浜法学25巻3号（2017年）75頁以下参照。
[46] 『高等教育分野における質保証システムの概要〔第2版〕』大学評価・学位授与機構（2014年）15頁。
[47] 戸澤幾子「高等教育の評価制度をめぐって」レファレンス平成23年1月号（2011年）7頁以下参照。

のだから当然だとする考えもある。しかし、文部科学省の定める中期目標に学問研究のあり方が制約を受ける上に、その報告内容によって大学の評価が決まるということになれば、その制度の趣旨に沿った研究を優先する必要が出てくる。評価結果に応じて資金を配分するということになれば、高評価をえるために大学に貢献した者、しない者の区別がされる。また、競争資金を獲得して大学に貢献した者、しない者の区別もされる。それらが昇格等に結びつくこともあろう。そもそも、評価が、客観的な安定的なものとして信頼がおけるものなのかも疑われる。こうしたことから国家権力が学問・大学に対して介入・干渉することを防ぐという学問の自由の保障の主眼はすでに崩されているといえる。

まとめにかえて

　学問の自由ほど、あるべき姿として説かれていることと、現実のあり方がかけ離れている自由はない。もう一度、誰のための学問研究なのかということを思いおこす必要があろう。まず、第一に、それは研究者自身の市民的自由として存在するものである。また、その研究者の学問研究の自由は「国民の知的探求の自由、国民の学習権の信託にその根拠をもつもの[48]」である。社会には、経済界に属する人たちばかりでなく、さまざまな人たちがいる。さまざまな考え方もある。学問研究は一部の人の要請にこたえるものではない。今役立つことをするものでもない。学問研究の多様性や個性が重要である。また、今はとるに足らないことであっても将来何らかの形で社会に貢献することも含まれる。広い視野でとらえるべきものである。そうした学問は自由な環境でこそ発展する。このことを忘れてはならない。

---

48) 野上・前掲注6)・97頁。

13　信教の自由と政教分離原則

はじめに

　憲法20条は3項にわたって宗教の自由について定める。その具体的内容は、信教の自由と政教分離原則である。歴史的に権力の担い手はその正当化の手段として神や宗教を用いた。たとえば、フランスの絶対主義王政の正当化の根拠として用いられたのが王権神授説であるが、その源は、カロリング朝を開いたピピン3世まで遡り、彼は自らの正当性を示すためにカトリックの高位聖職者による塗油儀礼を行った。国王に神の加護があり、王権が地上における神意の実現手段であることを示したのである[1]。1789年の革命はこのような体制を打ち倒したが、戸籍や教育などあらゆる分野における宗教の影響を廃するものであった[2]。

　大日本帝国憲法1条は「大日本帝国ハ万世一系ノ天皇之ヲ統治ス」と定め、3条は「天皇ハ神聖ニシテ侵スヘカラス」と定めていた。天皇の地位は、天壌無窮の神勅に基づくものと考えられ、天皇主権は万世にわたって変わらない原則として、宣示されていた[3]。これを支えていたのが皇室神道であり、大日本帝国憲法下では、天皇の祭祀大権と称され、国家としての皇室祭祀を行っていた。しかし、ポツダム宣言の受諾にともない、民主主義と平和主義を柱とする

---

1)　佐々木真『フランスの歴史』（河出書房新社、2011年）10頁。
2)　服部春彦＝谷川稔編『フランス近代史』（ミネルヴァ書房、1993年）82頁以下参照。フランス革命は文化革命・習俗革命でもあり、日常生活におけるカトリック教会の影響を廃することが重要とされた。教会財産の国有化、修道会の統廃合、聖職者民事基本法の成立（教区の統廃合と聖職者の公民宣誓すなわち憲法への忠誠宣言の義務化）、戸籍管理の世俗化、王や聖人の名のついた地名の変更、共和歴の導入などが行われていた。
3)　橋本公亘『憲法』（青林書院新社、1972年）381頁。

国家体制の整備が要請され、昭和20（1945）年10月4日の「政治的、公民的及び宗教的自由に対する制限の撤廃に関する覚書」による自由の確立、12月15日の国家と神道の分離を命令する指令によって、神権天皇制の解体となった[4]。今日では、皇室祭祀は天皇家の私的行事であるとの解釈がなされている。

ところで、大日本帝国憲法も28条で信教の自由を規定していた。しかし、「日本臣民ハ安寧秩序ヲ妨ケス及臣民タルノ義務ニ背カサル限ニ於テ信教ノ自由ヲ有ス」と定められており、その制約の結果、必ずしも法律の根拠を要せず、命令によっても制限できると解されていた。しかも、神社神道が特別の扱いを受ける中で「神社は宗教に非ず」との政府の強弁により、神社に国教的地位を与え、神社を崇敬することをすべての国民の義務とした[5]。このように信教の自由は実質的には存在せず、政教分離の原則も否定されていた。それ故、民主主義国家の設立のためには神道からの自由が重要で不可欠と思われたのである。

したがって、日本国憲法20条の趣旨は、信仰の問題は各個人の内心の問題であって、国家権力が絶対に介入できない個人の聖域として確保されるところにある。そして信仰の自由そのものを保障することもさることながら、それを制度的に支え保障する国家と宗教の分離すなわち政教分離原則の確立が重要と考えられている[6]。

I　信教の自由の内容

信教の自由とは文字通り信ずる宗教の自由ということであり、国民各個人が自由にいかなる宗教をも信ずることができ、またその信ずる宗派の教義に則って自由に宗教実践及び布教を行いうることをいう。

そこでまず、宗教とは何か、という問題が浮上する。宗教とは、「聖なるものに対する信仰や儀式の団体」、あるいは「そうした共通の意識を集約するもの」といわれる[7]。いずれにしても聖なるものの存在についての確信が宗教の基礎といえる。判決では、「憲法でいう宗教とは『超自然的、超人間的本質（す

---

[4]　長谷川正安「占領法体系とその意味」『日本国憲法：30年の軌跡と展望』ジュリスト臨時増刊638号（有斐閣、1977年）41頁。
[5]　橋本・前掲注3）・180頁参照。
[6]　久保田きぬ子「信教の自由」前掲注4）『日本国憲法：30年の軌跡と展望』283頁。
[7]　Olivier DUHAMEL et Yves MENY, *Dictionnaire constitutionnel*, PUF, 1992, 2010年 p. 913.

なわち絶対者、造物主、至高の存在等なかんずく神、仏、霊等）の存在を確信し、畏敬崇拝する心情と行為』をい」うとしている（津地鎮祭事件控訴審、名古屋高判昭46・5・14行集22巻5号680頁）。

したがって、信教の自由の第一には信仰の自由があり、信仰をもつあるいはもたない自由、いかなる信仰をもつか、あるいはいかに信仰をもつか、の自由がここに含まれる。第二に、このような信仰に基づき何らかの行為をすることの自由、すなわち宗教実践の自由がある。この中には信仰告白の自由、宗教儀式の自由、宗教結社の自由が含まれる。教会設立の自由もここに含まれる。第三に、自己の信ずる教義を宣伝し、これを信奉する信者を獲得し、また他の教義を信ずる者を改宗させるなどの行為をさす布教の自由がある。宗教的集会や宗教教育の自由もここに含まれる[8]。

信教の自由とは、これらの行為が公権力により妨げられないことを意味する。信仰が内面にとどまっている限りは、思想及び良心の内心における自由と同様の保障を受ける。しかし、信仰をもつ人が社会生活を行う上で、信仰する宗教の教義に基づくと国法上義務づけられた行為を受け入れられないということがしばしばおこる。このような場合に、信仰に基づいて拒否をする人に対して刑罰その他の不利益を科すことができるのか、という問題が生じる。たとえば、信ずる教義を理由に伝染病予防法上の予防接種を拒否することはできるのか。あるいは陪審制度において、人が人を裁くことは教義上許されないとして陪審員を勤めることを拒否することはできるのか。アメリカの判例では、前者においては公衆の安全が優位すると判断され、後者においては宗教の自由が優位すると判断されたことが紹介されている[9]。

日本では、平成16（2004）年5月に裁判員の参加する刑事裁判に関する法律（以下、裁判員法）が成立して、一定の重大な事件において、国民から選ばれた裁判員が裁判官とともに審理を担当し、判決を下す裁判員制度がスタートした。裁判員法においては、裁判員になることを国民の義務とし、原則として辞退を認めていない。裁判員法には13条に選任資格、14条に欠格事由、15条に職務上就くことができない者が示され、16条1号から8号にわたる辞退の申し立

---

8) 高柳信一＝大浜啓吉「第20条」有倉遼吉＝小林孝輔編『憲法〔第3版〕』別冊法学セミナー78号（日本評論社、1986年）82-83頁。なお、内心における信仰の自由、宗教的行為の自由、宗教的結社の自由と分ける場合もある。佐藤幸治『憲法』（青林書院、1981年）337頁。

9) 高柳＝大浜・前掲注8）・83頁。

ての認定が示され、さらに16条8号を受けての政令において「やむを得ない事由による辞退」があげられている。しかし、これらの規定のいずれにも、宗教に基づく辞退、宗教的信念や信条による辞退は、あげられていない。但し、16条8号を受けての政令6号には「裁判員の職務を行い又は裁判員候補者として法27条1項〔27条1項は裁判員候補者の呼出しについて定めるが、除外する者も掲げている〕に規定する裁判員等選任手続の期日に出頭することにより、自己又は第三者に身体上、精神上又は経済上の重大な不利益が生ずると認めるに足りる相当の理由があること」を掲げており、「精神上の重大な不利益」から宗教上の信念等を理由に辞退することは認められると解されている[10]。なお、出頭義務に反し、正当な理由なく出頭しないときは過料に処せられる（裁判員法112条1号）。

ところで、信教の自由が認められるからといって、これに基づく行為によって他人を傷つけたり、殺したり、犯罪を侵すことを認めることはできない。最高裁は、加持祈祷としてなされた行為であっても、「他人の生命、身体等に危害を及ぼす違法な有形力の行使…により被害者を死に致した」場合には、「信教の自由の保障の限界を逸脱したもの」であると判示している（最大判昭38・5・15刑集17巻4号302頁）[11]。

しかし、次の場合においては、裁判所は信教の自由を認めている。キリスト教会の牧師が、その牧会活動の一環として、建造物侵入罪等の被疑者として追及されていた高校生2名を教会内に宿泊させた行為が犯人蔵匿罪を構成するとして訴追された事件においては、牧師の牧会活動を正当業務行為と認め、犯罪の成立を否定した（神戸簡判昭50・2・20判時768号3頁）。判決は、牧会活動が「正当な業務行為として違法性を阻却するためには、業務そのものが正当であるとともに、行為そのものが正当な範囲に属することを要する」とし、前者については牧会活動が憲法20条により保障されていること、後者については目的が相当な範囲にとどまっていること、と示した[12]。但し、この事件の場合、

---

10) 関義央「宗教上の信念と裁判員制度」現代密教21号（2010年）233頁以下。四宮啓「裁判員制度と信教の自由」宗教法30号（2011年）161頁以下も参照。信教の自由との関係だけでなく、単なる信念、主義、主張から裁判員を辞退できるのかも「思想及び良心の自由」との関係で問題となるが、反対に裁判員選任の除外理由として何らかの信念、主義、主張をもっていることがあげられるのかも精査されなければならない。
11) 戸松秀典＝初宿正典『憲法判例〔第7版〕』（有斐閣、2014年）144、145頁参照。

牧会活動の対象者は未成年者であり、犯罪も比較的軽微なものであったこと、高校生2人はその後自首していることなども考慮に入れる必要があろう。

日曜日授業参観事件は、教会学校に通うために日曜日の午前中に実施された父母参観授業を欠席した小学校の生徒とその父母（牧師）が、日曜日の出席強制は信教の自由に反するとして提起した欠席処分取消訴訟・国賠訴訟である。東京地裁は、取消しを求める訴えが不適法であるとし、小学校において授業参観を日曜日に実施することは、法的な根拠に基づいている、不法行為を構成する違法があるとすれば、校長が裁量権の範囲を逸脱し、濫用した場合であるが、裁量権の行使に逸脱はない。授業参観日が日曜の午前中で、宗教教団の集会と抵触することになったとしても、法はやむをえない制約として容認している、と判示した[13]（東京地判昭61・3・20行集37巻3号347頁）。

信仰する宗教の絶対平和主義の教義に基づき、必修科目である体育の剣道実技に参加しなかったために、校長が体育の単位を認定せず、原級留置の処分及び2回連続原級留置を根拠とする退学処分をしたことで、この校長の処分の取消しを争った、剣道不受講事件がある。この事件においては、第一審は、本件各処分を校長の裁量権の範囲内とし（神戸地判平5・2・22判タ813号134頁）、控訴審では、本件各処分は、裁量権を著しく逸脱していると違法と判示し（大阪高判平6・12・22判時1524号8頁）、判断が分かれた。最高裁は、控訴審判決を正当として是認したが、次のように述べている。すなわち、校長が学生に対し原級留置処分または退学処分を行うかどうかの判断は、校長の合理的な教育的裁量に委ねられるべきものであり、裁判所は、「校長の裁量権の行使としての処分が、全く事実の基礎を欠くか又は社会観念上著しく妥当を欠き、裁量権の範囲を超え又は裁量権を濫用してされたと認められる場合に限り、違法であると判断すべきものである」。退学処分は学生の身分を剥奪する重大な措置であり、教育上やむをえないと認められる場合に限って退学処分を選択すべきところ、信仰上の理由による剣道実技の履修拒否の結果として退学という事態に追い込まれている、また代替措置をとるなどの配慮もされていない、そうしたことから、社会観念上著しく妥当を欠き、裁量権の範囲を超えた違法なもの、とした[14]（最判平8・3・8民集50巻3号469頁）。

---

12) 植野妙実子＝佐藤信行編『憲法判例205』（学陽書房、2007年）132頁参照。
13) 植野＝佐藤編・前掲注12)・133頁参照。

若干複雑な様相を示しているのが、自衛官合祀事件である。これは、公務従事中の事故で亡くなった自衛官の夫を、キリスト教の信仰者である妻が追慕していたところ、隊友会山口県支部連合会（県隊友会）が自衛隊山口地方連絡部職員（地連職員、国の機関である）の支援をえて、亡夫を含む殉職自衛隊員の合祀申請を山口県護国神社に行った。これを知った妻は、その合祀を断る旨申し出たが、申請は撤回されることなく祭祀は斎行された。そこで妻は、県隊友会と国を相手に政教分離原則違反、宗教上の人格権侵害（「静謐な宗教的環境のもとで信仰生活を送るべき法的利益」に対する侵害）などを理由に、精神的損害賠償、合祀申請手続の取消しを求めて訴えたものである。

　第一審（山口地判昭 54・3・22 判時 921 号 44 頁）、第二審（広島高判昭 57・6・1 判時 1046 号 3 頁）ともに、隊友会山口県支部連合会及び国に対する損害賠償請求を認容した。しかし、最高裁は次のように述べて、宗教上の人格権の法的利益を認めなかった（最大判昭 63・6・1 民集 42 巻 5 号 277 頁）。「人が自己の信仰生活の静謐を他者の宗教上の行為によつて害されたとし、そのことに不快の感情を持ち、そのようなことがないよう望むことのあるのは、その心情として当然であるとしても、かかる宗教上の感情を被侵害利益として、直ちに損害賠償を請求し、又は差止めを請求するなどの法的救済を求めることができるとするならば、かえつて相手方の信教の自由を妨げる結果となるに至ることは、見易いところである。信教の自由の保障は、何人も自己の信仰と相容れない信仰をもつ者の信仰に基づく行為に対して、それが強制や不利益の付与を伴うことにより自己の信教の自由を妨害するものでない限り寛容であることを要請しているものというべきである。」この訴訟においては、関係する団体（県隊友会及び地連職員）の性格や関与の仕方も問題となったが、最高裁は、合祀申請を地連と隊友会の共同行為ではなく、隊友会の単独行為とした。この判決には、伊藤正己裁判官の反対意見がついている[15]。

　最高裁は、妻と県隊友会の互いの信教の自由の争いという形で扱っているようにみえるが、合祀自体のもつ意味、すなわち自衛隊員の社会的地位の向上と士気の高揚を図ることを考える必要もあろう。合祀は、自衛隊員を一体のもの

---

14) 長谷部恭男他編『憲法判例百選Ⅰ〔第6版〕』別冊ジュリスト 217 号（有斐閣、2013 年）96、97 頁〔栗田佳泰担当部分〕参照。

15) 長谷部他編・前掲注 14)・100、101 頁〔赤坂正浩担当部分〕、戸松＝初宿・前掲注 11)・146 頁以下参照。

として扱い、個人性や個別性を重視しない。そこにこそ今回のような問題が生じる原因がある。そこにおいては神社があたかも準国教であるかのような扱いになっているにもかかわらず、宗教的意味はないとしているが、実は大いに宗教的意味合いをもつ行為といえよう[16]。

II　政教分離原則

　憲法20条1項後段および20条3項は、政教分離原則を示しているが、2項も政教分離原則とかかわる面をもつ。また、これを財政的側面から補強するものとして、公財産の支出・利用の制限を定める89条がある。

　政教分離原則とは、国家と宗教の分離、国家の非宗教性を意味する。「寺社・教会はその信奉する宗教的価値を政治的権力の力をかりて実現しようとしてはならず、また、国家は、特定の、あるいはすべての宗教とかかわることによって、特定の宗教を優遇し、あるいはすべての宗教を無宗教に対して優遇してはならず、国家と宗教の間に、分離の壁が築かれるべきもの」と説明される[17]。

　この目的は、1つは、個人の信仰の自由や宗教実践の自由などの信教の自由の保障を強化するためといわれ、2つは、政府を破壊から救い、宗教をして堕落から免れしめるところにある、とされている[18]。

　本来、政治と宗教は性格が異なる。政治は調整であり、妥協点をみつけるところに最も大きな本質がある。多数派の数にまかせて強行すれば、革命やクーデターを招きかねない。他方で、宗教は、信念・主義・信条であり、調整可能なものではなく、妥協点は存在しない。したがって、本来政治と宗教は相入れないはずである。にもかかわらず、歴史的には、勢力の拡大や強化のために、互いを利用しあった経緯がある。こうした反省の上で、政教分離原則は今日の民主主義において重要な原則とされている。しかも日本の場合には、大日本帝国憲法下において、神勅により、それ自身神格を有するという天皇が主権者であり、すべての権力が集中していた。このことが全体主義、国家主義の原動力となって戦争が拡大していった。このような時代の反省をふまえ、政教分離に

---

16) 植野＝佐藤編・前掲注12)・136、137頁参照。
17) 高柳＝大浜・前掲注8)・84頁。J. マディソンの言葉として示されている。
18) 高柳＝大浜・前掲注8)・84頁。

対しては厳しく対応する必要がある。

　20条及び89条から政教分離原則にかかわるいくつかの帰結が導き出される。それは、国等公権力に対しては、宗教上の行為、祝典、儀式または行事に参加することを強制してはならないこと、宗教教育その他いかなる宗教的活動もしてはならないこと、公金その他の公の財産を、宗教上の組織もしくは団体の使用、便益もしくは維持のために支出しまたは利用に供してはならないこと、である。宗教団体に対しては、国等公権力から特権を受け、または政治上の権力を行使してはならないことである[19]。

　まず、政教分離原則が制度的保障であるかどうかについて意見が分かれる。たとえば、次のような考えがある。国と宗教との分離は、信教の自由の保障を確保するために、制度として保障するのであり、一種の制度的保障として定めたものである。結局のところは、自由権の実効性を確保することを狙いとするものであるが、直接には、個々の人権の保障よりは、客観的な制度そのものを保障しようとしている点に、その特質があるとする[20]。これに対し、政教分離は、狭義の宗教の自由を強化ないし拡大するための人権保障条項である、とみる説がある。その説においては、「政教分離は、信教の自由のための単なる『手段』ではない。それは、信教の自由の確立にとっての『必須の前提』なのである。つまり、歴史的に政教融合が信教の自由を完全に否定してきたことから、信教の自由にとって政教分離が不可欠であると考えられた」とする[21]。また、「分離原則をもって端的に個人の主観的権利と解しうるかは疑問」としながらも、制度的保障説をとることにも疑問が残る、とする考え方もある。それによれば、政教分離原則は、「信教の自由を完全なものにすることに向けられた制度であり、その内容は憲法上明示されており、一定の内在的制約に服するほかは、公権力を厳格に拘束するものと解すべきであろう」と述べる[22]。

　判例は、制度的保障としている。津地鎮祭事件において、最高裁は次のように述べている。「政教分離規定は、いわゆる制度的保障の規定であって、信教

---

19) 土屋英雄「第20条」小林孝輔＝芹沢斉編『憲法〔第5版〕』別冊法学セミナー189号（日本評論社、2006年）141-142頁。佐藤功『日本国憲法概説〔全訂第5版〕』（学陽書房、1996年）206頁も参照。
20) 宮澤俊義『憲法Ⅱ〔新版〕』（有斐閣、1974年）204頁参照。
21) 浦部法穂『憲法学教室〔第3版〕』（日本評論社、2016年）148頁。
22) 佐藤・前掲注8)・342頁。

の自由そのものを直接保障するものではなく、国家と宗教との分離を制度として保障することにより、間接的に信教の自由の保障を確保しようとするものである」(最大判昭 52・7・13 民集 31 巻 4 号 533 頁)。

制度的保障の定義が論者によりさまざまであって曖昧な上に、権利性がうすめられるという大きな難点がある。現実には、政教分離原則が守られなかった故に、宗教の自由が侵害されたとする形になるケースがほとんどであると考えられ、制度的保障とすることなく、宗教の自由、信教の自由のために国等公権力、また宗教団体は、政教分離原則に則って行動することが要請されている、と考えるべきであろう。

宗教の自由もしくは信教の自由の場合の宗教と政教分離原則における宗教は同じであるのか。これについては、基本権と政教分離とで宗教を広狭に定義することは、「統一体としての信教の自由の保障に不確実性を増すことになりかねない」とする批判がある[23]。既述した津地鎮祭事件控訴審判決における宗教の定義は、通説的見解であり、信教の自由の場合にも政教分離原則の場合にも、妥当するといえる。

また、20 条 1 項の「宗教団体」と 89 条における「宗教上の組織若しくは団体」は意義上とくに区別する必要はない、とされている。箕面忠魂碑事件において最高裁は、この定義について次のように述べているが、これは狭義の定義である。「特定の宗教の信仰、礼拝又は普及等の宗教的活動を行うことを本来の目的とする組織ないし団体を指すものと解するのが相当である」(最判平 5・2・16 民集 47 巻 3 号 1687 頁)。

学説においては広義説が通説であり、「広く宗教上の組織体をいう」と解されている[24]。また、「厳格に制度化され、組織化されたものでなくとも、何らかの宗教上の事業ないし活動(運動)を目的とする団体」とも解されている[25]。

次に「いかなる宗教団体も国から特権」を受けてはならないとされている。これは、社会生活上、あらゆる団体や個人が享受できる利益を、宗教的な団体やあるいはそれに所属する者が受けられない、とするものではない。一定の条件の下で誰もが享受できる利益は、宗教上の組織や団体にも許される。「特権」とは、あらゆる特別なまたは優遇的な地位、権利、利益をさしている。文

---

23) 土屋・前掲注 19)・142 頁。
24) 佐藤功『憲法(上)〔新版〕』(有斐閣、1983 年) 307 頁。
25) 佐藤功『憲法(下)〔新版〕』(有斐閣、1984 年) 1164 頁。

化財の管理や修理のための補助金の支出は容認される。宗教団体が設立した学校法人を設置者とする私立学校に対する補助金も、そこでの宗教教育に用いることを目的とするのでなければ、89条前段に抵触するものとはいえない。しかし、問題となるのは、宗教法人に対する免税措置である。このような免税措置に対しては、実質的には免税額に相当する公金を補助するのに等しいので、89条の問題となり、厳格に解する必要があり、政教分離原則からみて憲法上疑義がある、とする説がある[26]。多数説は、「非営利法人であることを理由として、公益法人・社会福祉法人などとともに宗教法人にも免税の扱いをすること…は、ここにいう特権の賦与に当たらない」とする[27]。これに対しては、憲法は個人の私事として信教の自由を保障している、宗教の公益性の判断を国家が行うものであれば、それは国家の非宗教性＝政教分離に抵触する、という批判がある[28]。

「いかなる宗教団体も……政治上の権力を行使してはならない」の「政治上の権力」の解釈については、「国または地方公共団体に独占されている統治的権力」とする考え方[29]や「宗教団体が政治的権威の機能を営んではならないこと」とする考え方[30]、「宗教団体が積極的な政治活動によって政治に強い影響を与えることを禁止したもの」とする考え方[31]などがある。「統治権力を意味するのみならず、地位・立場上、その統治的権力を直接的または支配的に指導しうる政治力をも含む」と広く解する[32]のがふさわしいであろう。

さらに、20条3項で禁止されている「宗教教育その他いかなる宗教的活動」が何をさすのかも問題となる。「宗教教育」に関しては、特定の宗教のためのみならずあらゆる宗教のための宗教的活動となるような教育が禁止されるが、宗教一般に関する宗教的知識・教養の涵養は非宗教的知識・教育の涵養とともに許される[33]。「宗教的活動」に関しては「宗教的活動の範囲はきわめて広

---

26) 伊藤正己『憲法〔第3版〕』(弘文堂、1995年) 486頁。なお、89条に関して前段と後段に分け、前段を厳しく解するとしているように読める。
27) 佐藤・前掲注24)・308頁。
28) 土屋・前掲注19)・143-144頁。
29) 宮澤俊義＝芦部信喜補訂『全訂日本国憲法』(日本評論社、1978年) 240頁。
30) 佐藤・前掲注24)・308頁。
31) 田上穣治「宗教に関する憲法上の原則」清宮四郎＝佐藤功編『憲法講座2』(有斐閣、1963年) 139-140頁。
32) 土屋・前掲注19)・144頁。
33) 土屋・前掲注19)・144-145頁。

い」と解されている。宗教教育以外の祈祷・礼拝・祝典・儀式・行事などを含む。禁止される宗教活動を、2項との関係で宗教の布教・宣伝などの積極的な教化活動のみをさすと捉えられることもあるが、その解釈は正当でない[34]、とされている。というのも、政教分離原則が定められた意義を没却することになりかねないからである。

Ⅲ 目的効果基準

政教分離原則に関しては、多くの訴訟があるが、中でも津地鎮祭事件は代表的なものである。この事件は、津市の主催により、市体育館の起工式が神式地鎮祭として行われ、市は、神官への謝礼等のための公金7,663円を支出したことに関するものである。これに対し、同市議会議員が、同支出が憲法20条や89条に違反するとして、市長に損害賠償を求めて住民訴訟（地方自治法242条の2）を提起した。

第一審は、地鎮祭を習俗的行事とみて請求を棄却した（津地判昭42・3・16行集18巻3号246頁）。第二審は、次のような理由から、本件起工式は憲法20条3項の禁止する宗教的活動であり、公金支出は違法であると判示した（名古屋高判昭46・5・14行集22巻5号680頁）。まず、神社神道は憲法20条にいう宗教である。次に、本件地鎮祭が宗教的行為か習俗的行為かについては、主宰者が宗教家か、順序作法が宗教界で定められたものか、一般人に違和感なく受け容れられる程度に普遍性を有するものか、の3点にてらし、宗教的行為であり、習俗的行為とはいえない。さらに、憲法は完全な政教分離制度を採用し、国家の非宗教性を宣明している。その目的は、第一に、信教の自由に対する保障を制度的に補強し、確保するところにあり、第二に、国家と宗教との結合により国家を破壊し、宗教を堕落せしめる危険を防止するところにある。国または地方公共団体が行為主体になって特定の宗教的活動を行えば、一般市民に参加を強制しなくても、それだけで政教分離原則の侵害になる。

しかしながら、最高裁は、国家と宗教の完全分離を理想とはしながらも不可能に近いと退け、次のように述べて本件地鎮祭を20条3項により禁止される宗教的活動にはあたらないとした（最大判昭52・7・13民集31巻4号533頁）。

---

[34] 佐藤・前掲注24）・313頁。

「政教分離原則は、国家が宗教的に中立であることを要求するものではあるが、国家が宗教とのかかわり合いをもつことを全く許さないとするものではなく、宗教とのかかわり合いをもたらす行為の目的及び効果にかんがみ、そのかかわり合いが右の諸条件に照らし相当とされる限度を超えるものと認められる場合にこれを許さないとするものであると解すべきである。」「憲法20条3項は、『国及びその機関は、宗教教育その他いかなる宗教的活動もしてはならない。』と規定するが、ここにいう宗教的活動とは、前述の政教分離原則の意義に照らしてこれをみれば、およそ国及びその機関の活動で宗教とのかかわり合いをもつすべての行為を指すものではなく、そのかかわり合いが右にいう相当とされる限度を超えるものに限られるというべきであって、当該行為の目的が宗教的意義をもち、その効果が宗教に対する援助、助長、促進又は圧迫、干渉等になるような行為をいうものと解すべきである。」「本件起工式は、宗教とかかわり合いをもつものであることを否定しえないが、その目的は建築着工に際し土地の平安堅固、工事の無事安全を願い、社会の一般的慣習に従つた儀礼を行うという専ら世俗的なものと認められ、その効果は神道を援助、助長、促進し又は他の宗教に圧迫、干渉を加えるものとは認められないのであるから、憲法20条3項により禁止される宗教的活動にはあたらない。」

最高裁は、限定分離説をとり目的効果基準（目的効果論ともいう）を用いて判断したが、「憲法20条1項後段、同条3項及び89条に具現された政教分離原則は、国家と宗教との徹底的な分離……国家は宗教の介入を受けずまた宗教に介入すべきではないという国家の非宗教性を意味するものと解すべき」とする5人の裁判官の反対意見がついた[35]。

津地鎮祭事件の最高裁判決以降、目的効果基準が政教分離原則にかかわる判決の判断の基準として確立していった。この目的効果基準は、アメリカ連邦最高裁が *Lemon v. Kurtzman* において確立した三要件テスト（目的・効果・過度のかかわり合いのテスト、いわゆるレーモン・テスト）から借用したものとされている。アメリカにおいてもこのテストの有用性については議論があり、このテストの適用の結果としての裁判所の判断は、必ずしも首尾一貫したものでないことが指摘されている[36]。日本においても、この適用から1つの判断にたどりつかない「ずれ」があることが認められている。

---

35) 長谷部他編・前掲注14)・98-99頁参照。

その例として愛媛県玉串料事件があげられるであろう[37]。この事件は、愛媛県が、昭和56（1981）年から昭和61（1986）年にかけて、宗教法人靖国神社の挙行した恒例の宗教上の祭祀である春秋の例大祭に際し玉串料として9回にわたり各5,000円（合計45,000円）を、夏のみたま祭に際し献灯料として4回にわたり各7,000円または8,000円（合計31,000円）を、宗教法人護国神社の挙行した恒例の宗教上の祭祀である春秋の慰霊大祭に際し供物料として9回にわたり各1万円（合計90,000円）を、それぞれ県の公金から支出して奉納したことにかかわるものである。これに対し同県の住民が、憲法20条3項、89条等に違反する違法な財務会計上の行為にあたると主張して、当時知事の職にあった者および東京事務所長または老人福祉課長の職にあり知事の委任に基づき、または専決権限に基づき上記支出を行った者らに対し、地方自治法242条の2 1項4号に基づいて、県に代位して、それぞれ当該支出相当額の損害賠償を求めた。

　第一審、松山地裁は次のように述べて、玉串料・供物料の支出を20条3項の禁止する宗教的活動にあたるとした（松山地判平1・3・17行集40巻3号188頁）。すなわち、津地鎮祭事件の最高裁判決の目的効果基準を示して、本件支出が、支出側の主観的意図としては、慰霊、慰藉を目的として行われたとしても、公金の支出は一宗教団体である靖国神社の祭神そのものに対して畏敬崇拝の念を表するという一面が含まれてくる。玉串料の支出の目的は宗教的意義をもつ。本件の支出は、経済的な側面からはいえなくとも、精神的な側面からみると、靖国神社のもつ象徴的な役割の結果として靖国神社の宗教活動を援助、助長、促進する効果を有するものといえる。また現行憲法が政教分離規定を設けた経緯と意義も考慮に入れなければならない。玉串料等の支出は憲法20条3項に禁止する宗教的活動にあたる。さらに護国神社への供物料の支出も形式上は愛媛県遺族会に対してなされてはいるものの、実質は、護国神社の行う宗教上の儀式である祭祀に向けてなされた支出であり、憲法20条3項の禁止する宗教的活動にあたる、とした。

36）浦部法穂「政教分離と信教の自由」ジュリスト1022号（1993年）52頁以下。また樋口陽一＝野中俊彦編『憲法の基本判例〔第2版〕』別冊法学教室（有斐閣、1996年）65頁以下〔横田耕一担当部分〕も参照。
37）植野妙実子「愛媛玉串料訴訟事件」石村修他編『時代を刻んだ憲法判例』（尚学社、2012年）324頁以下参照。

これに対して、第二審、高松高裁では、第一審と同様に目的効果基準を用いながらも違う結論に達し、原告住民の請求を棄却した（高松高判平4・5・12行集43巻5号717頁）。すなわち、玉串料等の支出行為は、神道上の宗教的な意義をもつけれども、その行為の場所が限定されて数少なく、彼岸、盆などに合わせこれと同趣旨の祭の際に行われ、一般人にとって神社に参拝する際に玉串料等を支出することは過大でない限り社会的儀礼として受容される。支出の程度はきわめて零細な額で、一般人と同程度のもの、社会的儀礼の程度にとどまっている。社会通念にしたがって客観的に判断すれば、玉串料等の支出は特定の宗教である神社神道への関心を呼び起こし、これに対する援助、助長、促進または他の宗教に対する圧迫、干渉等になるような、憲法20条3項で禁止する国家機関による宗教的活動にはあたらない、とした。

　最高裁も、目的効果基準を示したが、次のように述べて本件玉串料等の奉納を20条3項の禁止する宗教的活動にあたり違法、89条の禁止する公金の支出にあたり違法、と認めた（最大判平9・4・2民集51巻4号1673頁）。「神社神道においては、祭祀を行うことがその中心的な宗教上の活動であるとされていること、例大祭及び慰霊大祭は、神道の祭式にのっとって行われる儀式を中心とする祭祀であり、各神社の挙行する恒例の祭祀中でも重要な意義を有するものと位置付けられている。みたま祭は、同様の儀式を行う祭祀であり、靖国神社の祭祀中最も盛大な規模で行われるものである」。玉串料及び供物料並びに献灯料は、「いずれも各神社が宗教的意義を有すると考えていることが明らかなものである。」「これらのことからすれば、県が特定の宗教団体の挙行する重要な宗教上の祭祀にかかわり合いを持ったということが明らかである。」一般に、神社自体がその境内において挙行する恒例の重要な祭祀に際して右のような玉串料等を奉納することは、「時代の推移によって既にその宗教的意義が希薄化し、慣習化した社会的儀礼にすぎないものになっていえるとまでは到底いうことができず、一般人が本件の玉串料等の奉納を社会的儀礼の一つにすぎないと評価しているとは考え難い」。「地方公共団体が特定の宗教団体に対してのみ本件のような形で特別のかかわり合いを持つことは、……特定の宗教への関心を呼び起こすものといわざるをえない。」「県が本件玉串料等を靖国神社又は護国神社に前記のとおり奉納したことは、その目的が宗教的意義を持つことを免れず、その効果が特定の宗教に対する援助、助長、促進になると認めるべき」である。県と靖国神社等とのかかわり合いは「相当とされる限度を超えるもので

あって、憲法20条3項の禁止する宗教的活動に当たる」。本件支出は、同項の禁止する宗教的活動にあたり違法、また89条の禁止する公金の支出にあたり違法である。

　目的効果基準の判定のぶれの原因は、結局基準が最終的には「社会通念に従って」判断されることになっている点である。そこで地鎮祭は建築の際には一般人がすることとして宗教的意義がうすめられ、玉串料等の奉納は一般人にはなじみがないとして宗教的意義をもつものと解されている。しかし、我々の生活のまわりには、ルーツは宗教的行為であるが、宗教的行為として認識されていないような習俗に近い行為も多く認められる[38]。たとえば、地蔵像の習俗性から、市有地での地蔵像の建立を合憲とする判決（最判平4・11・16集民166号575頁）もある[39]。問題は、国や地方公共団体が、たとえ習俗とみられる行為であっても、宗教に何らかの形でかかわるような行為をすることであって、そこに公金を使う行為である。信教の自由や政教分離原則を定めたそもそもの経緯と意義に立ち返り、20条を厳格に解するということが望まれよう[40]。

まとめにかえて

　既述したように日本においてはさまざまな政教分離原則にかかわる事例がある。一連の内閣総理大臣の靖国神社公式参拝にかかわる判決[41]、即位の礼・大嘗祭にかかわる判決[42]などがある。前者に関しては、平成13（2001）年の8月、小泉純一郎首相の靖国参拝に関し大阪高裁が違憲とし（大阪高判平17・9・30訟月52巻9号2979頁）、最高裁は違憲であることの確認を求める訴えに確認の利益がないとした[43]（最判平18・6・23判時1940号122頁）。後者に関しては、最高裁は、知事が大嘗祭に参列することは、天皇の即位に伴う皇室の伝統儀式に祭祀、日本国及び日本国民統合の象徴である天皇への社会的儀礼を尽くすも

---

38) 長谷部他編・前掲注14)・102-103頁〔岡田信弘担当部分〕。ここでは、「習俗化した行為」を「社会的儀礼」ということばで扱っている。
39) 高橋和之他編『憲法判例百選Ⅰ〔第5版〕』別冊ジュリスト186号（有斐閣、2007年）108、109頁〔桐ヶ谷章担当部分〕。
40) 土屋・前掲注19)・146頁以下参照。
41) 長谷部他編・前掲注14)・104-105頁〔横坂健治担当部分〕参照。
42) 長谷部他編・前掲注14)・106-107頁〔佐々木弘通担当部分〕参照。
43) 植野＝佐藤編・前掲注12)・141-142頁。

ので、特定の宗教に対する援助、助長、促進又は圧迫、干渉等になるものではない、として合憲としている[44]（最判平14・7・11民集56巻6号1204頁）。

　他方で、空知太神社事件は、最高裁の結論をどのように評価すべきか、とまどう事例であり、ある意味、日本の憲法裁判の限界も感じられる事例である。この事件は、北海道砂川市がその所有する土地を、空知太連合町内会が所有し使用していた建物及び鳥居や地神宮に対し無償で提供していたが、こうした市の無償提供行為が政教分離原則に違反するとして争われたものである。第一審（札幌地判平18・3・3民集64巻1号89頁）、第二審（札幌高判平19・6・26民集64巻1号119頁）ともに、目的効果基準を用いて、20条3項、20条1項後段及び89条違反を認めた。

　これに対し最高裁は次のように述べる。「国又は地方公共団体が国公有地を無償で宗教的施設の敷地としての用に供する行為は、一般的には、当該宗教施設を設置する宗教団体等に対する便宜の供与として、憲法89条との抵触が問題となる行為である。」「我が国においては、明治初期以来、一定の社寺領を国等に上知（上地）させ、官有地に編入し、又は寄付により受け入れるなどの施策が広く採られたこともあって、国公有地が無償で社寺等の敷地として供される事例が多数生じた。このような事例については、戦後、国有地につき『社寺等に無償で貸し付けてある国有財産の処分に関する法律』（昭和22年法律第53号）が公布され、公有地についても同法と同様に譲与等の処分をすべきものとする内務文部次官通牒が発出された」が、「現在に至っても、なおそのような措置を講ずることができないまま社寺等の敷地となっている国公有地が相当数残存していることがうかがわれる」。「本件神社物件は、一体として神道の神社施設に当たるものと見るほかはない。」「また、本件神社において行われている諸行事は、地域の伝統的行事として親睦などの意義を有するとしても、神道の方式にのっとって行われているその態様にかんがみると、宗教的な意義の希薄な、単なる世俗的行事にすぎないということはできない。」「本件神社物件は、神社神道のための施設であり、その行事も、このような施設の性格に沿って宗教的行事として行われている」。「氏子集団は、宗教的行事等を行うことを主たる目的としている宗教団体であって、寄付を集めて本件神社の祭事を行ってお

---

[44]　皇位の継承にかかわる儀式の詳細について次のものを参照。土屋英雄「皇位の継承」大石眞＝石川健治編『憲法の争点』（有斐閣、2008年）48-49頁。

り、憲法89条にいう『宗教上の組織若しくは団体』に当たる」。「以上のような事情を考慮し、社会通念に照らして総合的に判断すると、本件利用提供行為は、市と本件神社ないし神道とのかかわり合いが、我が国の社会的、文化的諸条件に照らし、信教の自由の保障の確保という制度の根本目的との関係で相当とされる限度を超えるものとして、憲法89条の禁止する公の財産の利用提供に当たり、ひいては憲法20条1項後段の禁止する宗教団体に対する特権の付与にも該当すると解するのが相当である」(最大判平22・1・20民集64巻1号1頁)。

　最高裁は、このように判示しながらも、長期にわたって無償で土地を提供していることは違憲であるが、「このような違憲状態の解消には、神社施設を撤去し土地を明け渡す以外にも適切な手段がありうるというべき」として、譲与や貸し付けといった方法を示し、破棄差戻しとした[45]。この判決には目的効果基準は用いられていない。この判決は、氏子集団の信教の自由と政教分離原則との調整をはかってはかっているともされる[46]。しかし、過去において国策として行われていたことの後始末を放置していたこと（不作為）に対し、特別な対応が必要とされるのか、それとも厳しく対応すべきかが問われる問題である。あくまでも政教分離原則の重視という観点から適切な処理がなされるべきといえよう。

---

45) この事件についての解説は多くあるが、さしあたり次を参照。小林武「最高裁における政教分離の判断方法」愛知大学法学部法経論集187号（2010年）69頁以下、横尾日出雄「政教分離原則と合憲性判断基準について」Chukyo Lawyer19号（2013年）27頁以下。
46) 長谷部他編・前掲注14)・110-112頁〔長谷部恭男担当部分〕。

14　経済的自由と公共の福祉

はじめに

　憲法13条後段は、「生命、自由及び幸福追求に対する国民の権利については、公共の福祉に反しない限り、立法その他の国政の上で、最大の尊重を必要とする」と定める。この部分は、前段の個人の尊重と相まって、「国家が立法その他の国政の上で、個人の権利の尊重を、それが公共の福祉に反しない場合には、積極的に図って行かねばならないという、いわば国家の心構を表明したもの」と解されている[1]。

　しかし、自由や権利の保障が無制限なものではなく、公共の福祉がその制約、限界もしくは調整を示していることも確かなことである。ただ、その公共の福祉の内容を具体的に明らかにすることなく、抽象的かつ曖昧な定義で制約原理として用いることがあれば、危険だということになる。さらに、公共の福祉の概念の分析のみならず、対象となる人権の種類、制約方法についても考察が必要となる。

　憲法では他に、22条、29条においても公共の福祉による制約を明示している。いずれも経済的自由にかかわる条項においてであり、このことが、経済的自由には他の自由、とりわけ精神的自由とは異なって制約の多いことを示す根拠となっている。さらに、経済的自由に対する公共の福祉による制約を2つの類型に分ける規制類型二分論も定着してきている。しかし、これに対しては批判も多い。ここで、公共の福祉とは何なのかを経済的自由についての考察とともに考えてみたい。

---

1)　法学協会編『註解日本国憲法上巻』（有斐閣、1953年）339頁。

I　外在的制約説と内在的制約説

　本来、公共の福祉とは、国民全体の福祉と利益を示すことばであり、個人の利己的な人権行使や濫用を制限するものである。しかし、憲法12条には、自由及び権利を「公共の福祉のためにこれを利用する」ことを定めるが、13条には、国民の権利が「公共の福祉に反しない限り」最大に尊重されること、22条1項には、「公共の福祉に反しない限り」居住・移転及び職業選択の自由を有すること、29条2項には、財産権の内容が「公共の福祉に適合するやうに」定められること、と定めており、12条以外はいずれも、公共の福祉を自由や権利の制約原理として捉える書き方がなされている。他方で、公共の福祉を、互いに矛盾することのある多数の個々の利益の正しい調和を意味すると説くこともある[2]。

　公共の福祉に関する初期の判例にみられるように、当初は公共の福祉による全面制約説とでも呼ぶべき見解が存在していた。それは代表的には「チャタレー夫人の恋人」事件最高裁判決の中に見出される。「憲法の保障する各種の基本的人権について、それぞれに関する各条文に制限の可能性を明示していると否とにかかわりなく、憲法12、13条の規定からしてその濫用が禁止せられ、公共の福祉の制限の下に立つものであり、絶対無制限のものでないことは、当裁判所がしばしば判示したところである」（最大判昭32・3・13刑集11巻3号997頁）。こうした見解が初期においては支配的だったといえる。この見解を外在的制約説とも呼ぶ[3]。

　このような当時の通説的見解に対し、「およそ個人が国家ないし社会を構成している以上、その権利や自由は絶対無制約なものたることは本来ありえない……。特に、現代においては、……個人の権利や自由については、その制約はますます大きくなりつつあると言える。しかし、それは、権利自由に外から加えられる超越的な制限・侵害と見るべきではない。むしろ権利なり自由なりは、そのような制約を当然に内包するものとして歴史的社会のうちに形成発展されて来たものと考えなくてはならない」とする見解が現れた[4]。

---

2)　竹内昭夫他編『新法律学辞典〔第3版〕』（有斐閣、1989年）401頁。
3)　全面的制約説と呼ぶこともある。有倉遼吉＝時岡弘編『条解日本国憲法〔改訂版〕』（三省堂、1989年）65頁。

そして公共の福祉は3つの類型に分けて説明されるようになる。第一は警察国家的公共の福祉であり、これは、国民の権利・自由を外部から制限する全体主義的ないしは反個人主義的な取締りの原理として公共の福祉を用いる場合をさす。第二は自由国家的公共の福祉であり、基本権が1人だけのものではなく、社会の全成員に等しく認められなければならないということから必然的に出てくる基本権の制約である。第三は社会国家的公共の福祉であり、資本主義経済の発達によって生み出された著しい実質的不平等を是正するために、とくに経済的強者の経済的基本権の規制原理として採用されるものである。

　これらのうち、第一の警察国家的公共の福祉は、戦争中の日本やヒトラーのドイツなどでも強調されていたもので正しい基本権の制約原理としては認めることはできない、と説明され、公共の福祉の外在的制約説から内在的制約説へと見解が推移してきたことがわかる。さらに、内在的制約原理としての公共の福祉の内容として、基本権の内在的制約は、基本権がすべての社会の成員に対して平等に認められなければならないということに根ざしているから、他の社会成員が同種の権利をもつことを妨げるような形で基本権の主張がなされることが許されてはならないこと、他の社会成員の異種の基本権と衝突する場合には、それとの比較衡量の結果、いずれかの基本権が制約を受けざるをえないであろうこと、が示されている[5]。

II　自由国家的公共の福祉と社会国家的公共の福祉

　権利や自由の内在的制約があることをみる意味は、「客観的な限界が存し、立法者によって左右することはできない」とするところにある[6]。したがって、外在的制約を一般に承認することは、憲法の精神に反する。また制限の形式の態様には、事後抑制と事前制限とがあるが、行政機関によって事前に権利自由を制限し取り締まることを許すことになれば、基本的人権は屏息するにいたる。そこで、権利自由に内在する制約の限度において、事後に裁判所の判断によってコントロールすることのみが、基本的人権に対する国家権力の介入の原則的な限度である。このように解すれば、個別的な権利自由の保障の諸規定の中で、

---

4)　法学協会編・前掲注1)・294-295頁。
5)　田上穣治編『体系憲法学辞典』（青林書院新社、1968年）108頁〔川添利幸担当部分〕。
6)　法学協会編・前掲注1)・295頁。

特に22条、29条において、公共の福祉を掲げた意味が出てくる、とする。この場合は、権利自由に内在する制約の限界を超えて法律によって政策的考慮に基づく制限を加えうる根拠となる、と解するのである[7]。

このようにして内在的制約説は確立され、22条と29条の経済的自由には、別途の政策的配慮からする制約があると解されるようになった。すなわち、既述した公共の福祉の3つの類型の第二（自由国家的公共の福祉）、第三（社会国家的公共の福祉）が今日の公共の福祉の内容といわれ、社会国家的公共の福祉は、決して自由国家的公共の福祉の否定を意識するのではなく、むしろ自由国家的公共の福祉の実質化を意味する、と解されている[8]。

同時にこのことは、精神的自由と経済的自由の保障の違いを認識させることになる。すなわち、表現の自由を含む精神的自由は、民主主義社会において最も重要な自由であり、民主主義社会の維持・発展において不可欠だと考えられている。表現の自由の保障は他の人権の保障にも深くかかわる。また、言論の自由な競争の中で真理は勝利しうるという思想の自由市場論の考え方、自己実現と自己統治という考え方などとも相まって、精神的自由の優越的地位が確認されていった。そこから、経済的自由を規制する立法については合理性の基準で審査すればよいが、表現の自由を含む精神的自由を規制する立法についてはより厳格な基準によらなければならないとする二重の基準論が提唱される[9]。このような見解は基本的に妥当な理論と考えられている。さらに表現の自由の違憲審査基準としてこうした考え方をより具体化した準則として事前抑制禁止の原則、「明白かつ現在の危険」の原則、明確性の原則、過度に広汎な規制の理論、LRAの原則が紹介されている[10]。

Ⅲ　規制類型二分論

1960年代に入ると、判例においては人権の制限の画定に比較衡量論が用いられるようになる。比較衡量論とは、人権を制限することによってえられる利

---

7)　法学協会編・前掲注1)・296頁。
8)　宮澤俊義『憲法Ⅱ〔新版〕』（有斐閣、1978年）236頁。
9)　芦部信喜『憲法訴訟の現代的展開』（有斐閣、1981年）65頁以下。
10)　たとえば、山内敏弘「第21条」有倉遼吉＝小林孝輔編『基本法コンメンタール憲法〔第3版〕』別冊法学セミナー78号（日本評論社、1986年）87頁以下。

益と人権を保障することによってえられる利益を、個々の事件ごとで比較衡量し、どちらの利益が優越するかによって、当該制限の合憲性を判断しようとする手法である。博多駅テレビ・フィルム提出命令事件最高裁決定でも用いられた（最大決昭44・11・26刑集23巻11号1490頁）。比較衡量論に対しては支持する見解もある一方で、異質の利益を衡量する基準が明確ではなく、予見可能性も低く、裁判官の恣意的判断に流されやすく、表現の自由の優越的地位を無視する結果を生みやすい、と批判されている[11]。実際学説で論じられているほど、表現の自由の優越的地位や二重の基準論は判例の中に浸透してはいない。

判例が人権制約の正当化原理について、1つの画期を作ったのは、規制類型二分論を提示したときである。1970年代に入って、最高裁は、小売市場事件において、個人の経済活動に対する法的規制には、個人の自由な経済活動からもたらされる諸々の弊害が社会公共の安全と秩序の維持の見地から看過することができないような場合に、消極的に、かような弊害を除去ないし緩和する目的で行われる場合と、福祉国家的理想の下に、積極的に、国民経済の健全な発達と国民生活の安定を期し、もって社会経済全体の均衡のとれた調和的発展を図る目的で行われる場合との2種類の規制目的類型があることを明らかにし、後者の積極的目的でなされる規制措置については、立法府の政策的技術的な裁量に委ねる他はなく、裁判所は、立法府の右裁量的判断を尊重するのを建前とし、ただ立法府がその裁量権を逸脱し、当該法的規制措置が著しく不合理であることの明白である場合に限って、これを違憲とするという、いわゆる明白性の基準が妥当することを判示した（最大判昭47・11・22刑集26巻9号586頁）。さらに薬事法違憲判決においては、最高裁は、小売市場事件で示された積極的規制と消極的規制という規制目的類型をそのまま踏襲して、自由な職業活動が社会公共に対してもたらす弊害を防止するための消極的、警察的措置である場合には、規制目的において、重要な公共の利益のために必要かつ合理的な措置であること、規制手段において許可制に比べて職業の自由に対するよりゆるやかな制限である職業活動の内容および態様に対する規制によっては右の目的を十分に達成することができないと認められることをそれぞれ必要とすると判示した（最大判昭50・4・30民集29巻4号572頁）。

11）右崎正博「第21条」小林孝輔＝芹沢斉編『基本法コンメンタール憲法〔第4版〕』別冊法学セミナー149号（日本評論社、1997年）126頁。

こうしたことから、経済的自由の規制については、消極的・警察的と積極的・政策的との2種類の、目的の異なる規制が存在し、それぞれの審査基準も異なる――前者にはより厳しい審査基準が妥当し、後者には明白性の基準で足りることが明らかにされたのである。

最近では、規制類型二分論を基礎として営業の自由に対する規制の態様を説明するという手法もとられている[12]。しかし、この手法で規制をすべて説明できるかは疑問となろう。また、規制類型二分論に対しては、大略次のような批判もあげられている。すなわち、第一に、営業の自由に対する規制立法の目的を消極目的か積極目的かに截然と区別することができるのか。また第二に、規制立法の目的類型に対応して、手段や措置の審査基準が決まることでよいのか。第三に、審査基準の内容は妥当なのか[13]。警察行政の領域が広がっている今日、消極的・警察的目的が何をさすのかの再検討も必要となろう[14]。

Ⅳ 内在的制約と消極的・警察的規制

権利の内在的制約の起源はフランス人権宣言4条に遡ることができる。すなわち、「自由とは、他人を害さないすべてのことをなしうることにある。したがって、各人の自然的諸権利の行使は、社会の他の構成員にこれらと同一の権利の享受を確保すること以外の限界をもたない。これらの限界は、法律によってのみ定めることができる。」

各人は互いに同等な権利と自由を有しているのであり、この点からする互いの権利と自由の制約は当然といえよう。但し、人権が制約される場面においては異なる種類の人権の衝突が問題となるのであり、比較衡量論が有効か無効かの議論も展開されている。またこうした場合の解決方法としての二重の基準論も実際には、道路交通秩序維持のための集団行進及び集団示威運動の規制のようにそのままではあてはまらないことも多い。そうなると、規制目的に対する規制手段の関連の検討が欠かせなくなる。

他方、警察法1条は警察法の目的として次のように定める。「この法律は、

---

[12] 中島茂樹「第22条」小林=芹沢編・前掲注11)・138-139頁。
[13] 前掲注12)・141頁参照。規制類型二分論の特徴については、棟居快行『憲法学再論』(信山社、2001年) 342頁以下。
[14] 編集委員会編『警察行政の新たなる展開 上・下巻』(東京法令出版、2001年) 参照。

個人の権利と自由を保護し、公共の安全と秩序を維持するため、民主的理念を基調とする警察の管理と運営を保障し、且つ、能率的にその任務を遂行するに足る警察の組織を定めることを目的とする。」

　警察の種類には、行政警察と司法警察の2種類があり、前者は、社会、公共の安全と秩序を維持して、障害を除去するために、国の統治権に基づき、国民に命令・強制してその自由を制限する作用をさし、後者は、犯罪の捜査及び被害者の逮捕その他司法作用に関して警察の責務とされる事項についての作用をさす。これを受けて警察法2条1項は、警察の責務を「警察は、個人の生命、身体及び財産の保護に任じ、犯罪の予防、鎮圧及び捜査、被疑者の逮捕、交通の取締その他公共の安全と秩序の維持に当ることをもつてその責務とする」と定める。

　したがって消極的・警察的目的からする規制とは、個人の生命、身体及び財産の保護、公共の安全と秩序の維持を目的とする規制といえる。この規制は、各人の同等な権利の保障という権利の内在的制約からする規制と全く同一のものとして捉えることができるのであろうか。確かに公共の安全と秩序の維持は社会の安定をはかるために必要であり、各人の自由や権利が同等に保障されていなければ、不平・不満が高まり社会的安定性が損なわれることが予想される。また、警察目的の1つである性道徳の維持、善良な風俗の保持は、現代的な個人の尊重（憲法13条）や平等原則（憲法14条1項）と結びつくともいえる。

　フランスでは、地方公共団体の任務の1つとして「警察と安全」が掲げられ、次のように説明されていた。「地方レベルにおいては、一般警察権限は主に知事と市町村長にある。地方公共団体一般法典は、市町村長が次のような伝統的な三大項目にしたがって再編されたさまざまな目的に必要な措置を講じうるし、また講じなければならない。
―安全（事故の予防、財産や人身の安全など）。
―静穏（過度の騒音、交通障害、集団行動のような社会生活への障害となるとされるものの予防など）。
―健康（衛生、保健行政など[15]）。
　今日では警察組織はより複雑になっているが、任務としては、予防、治安監

---

15) Françoise DREYFUS et François d'ARCY, *Les institutions politiques et administratives de la France*, 5ᵉéd., Paris, Economica, 1997, pp.322 et 323. なお今日のフランスの行政警察については、さしあたり次のものを参照。Police-Nationale.net（2018年7月20日確認）。

視、静穏、安全、公衆衛生となっており、基本的には変わらない。」
　このことは、公共の安全と秩序の維持にとっての始源的な警察の責務を示しているといえよう。つまり、人権の保障の前提として最低限の社会の安全性が確保されていなければならないということである。これを仮に始源的な警察目的と呼ぶならば、日本ではさらに進んで「個人の生命、身体及び財産の保護」という責務も、すなわちここから各人の同等な権利の保障も警察目的として位置づけられていると読みとることができる。

V　経済的自由の主体

　かつて高原賢治は「大きな財産」と「小さな財産」という概念を示した。「社会国家の使命が、なによりも先に、社会の下積みになった多くを占める国民に、人たるに価する生活を保障することだとしたならば、そこにおいて制限されるべき財産権とは、国民がその生活を営むための日常必需財産を支配する財産権を直接の対象とするのではなく——そういう『小さな財産』の財産権を意味するのではなく、もっと『大きな財産』の財産権——貧乏や失業の原因をつくった資本主義経済発展の原動力となった財産を支配する財産権を、その主要な対象とすべき筈である。なぜならば、この『小さな財産』のもつ社会性は比較的弱いのに対して、『大きな財産』のもつ社会性は、極めて強いからである」と述べている。「小さな財産」とは「最低限度の生活に必要な財産」とほぼ同様で、「国民が、その生活を支えるために、毎日使用する財産のこと」という。これに対し、「大きな財産」とは、「債権はもちろん、所有権であっても、他人の支配をともなうような財産のことであり、また一口に債権といっても、その中には潜在的債権、すなわち将来において債権となることを目的としている財産、換言すれば、その貨幣価値のみを目的としている財産も含まれる」という。そして、財産のもつ社会性の強弱によって、すなわち「小さな財産」には「完全な補償」が認められるべきで、「大きな財産」には「相当な補償」で足りる、ということを導き出した[16]。
　他方で、影山日出弥も憲法29条1項の保障する財産権は、「個人がみずからの生命を維持し、家族を養育し、労働力の再生産をおこない、精神的・文化的

---

16) 高原賢治「社会国家における財産権」『日本国憲法体系第7巻』(有斐閣、1965年) 249頁以下。

活動をおこなうなどに必要な物質的財貨や無体の財産を獲得し、自由に処理することを認める個人的財産権である」と述べている。そして、「一項の解釈を前提とするかぎり、法律が『内容と限界』を定めることによってきびしく規制されるべき財産権は、資本家のそれであり、そのような法律（例、独禁法）がなによりも、『公共の福祉』に適合するといわなければならない」という[17]。

すなわち、2項によって公共の福祉に適合すべき財産権は資本家の財産権だとした。財産権の規模や主体に着目するこのような見解を支持する者も存在する一方で批判もある。

宮澤俊義は、憲法29条2項の公共の福祉を「各人の人権を実質的公平に尊重すべきものとする原理であり、ここでは、それはとりわけ、各人に人間的な生存を保障しようとする社会国家的公共の福祉を意味する」という[18]。浦部法穂はさらに、こうした見解の不画定概念をそぎ捨てて、「人権としての財産権」と「人権でない財産権」を前提に、政策的制約（積極目的による規制）を社会権保障ないし弱者保護に限定することによって、この種の制約に服すべき権利の対象を、いわゆる「資本主義的財産権に限る」ことを提唱している[19]。

まとめにかえて

私見でも、経済的自由の行使主体に着目する見解が有効だと思われる。経済的自由に対する規制は、原則的に法人・企業等の営業主体に課せられるものである。また企業、営業は社会的影響力があるからこそ、その規模にかかわらず規制の対象となる。その規制には、消極的・警察的目的（特に始源的・警察的目的）と積極的・政策的目的からする規制があるが、すでに指摘されているようにそのようにすっきり分けられない場合もある。その際、次のことに注意が必要であろう。

第一に、法人や企業の経済的活動と個人的な営業の自由は同一ではなく、社会において弊害をもたらしがちなのは法人や企業の経済的自由である。したがって、労働力搾取を行う可能性のあるところには実質的な自由・権利や平等を

---

17) 影山日出弥「第29条」有倉遼吉編『基本法コンメンタール憲法〔新版〕』別冊法学セミナー 30号（日本評論社、1977年）132頁以下。
18) 宮澤・前掲注8)・406頁。
19) 浦部法穂「財産権制限の法理」公法研究51号（1989年）105頁。

確立するための規制がより課せられることになる。ちなみに搾取とは、資本家が労働者の労働に対して、その価値に相当する賃金を支払わないで余剰価値を独占することと説明される[20]。

　第二に、国家の規制目的たる社会国家的公共の福祉とは、国民の自由や権利と離れて存在するものではない。すでに社会国家的公共の福祉は、自由国家的公共の福祉の実質化を意味すると説かれていたように、自由・権利や平等の実質化がここでの主眼となるはずである。とするならば、社会保障や社会政策を充実して個人の生存権を保障するよりも、企業を優遇・優先する政策は問題とされなければならない。すなわち、自由や権利の保障につながり社会的・経済的弱者を救済し、平等を促進する政策が社会国家的公共の福祉を目的とする政策である。その上で、こうした目的に広い意味で沿う企業の経済活動を促進する社会経済的政策も認められよう。また、こうしたことが確認された上であれば、合理性の基準が妥当しよう。

　第三に、企業の経済的自由の対抗概念を考える必要がある。企業の経済的自由は、まず労働者の生存権（労働権）も含む、労働者の人権と対立することが多い。この労働者の生存権には正当な労働の評価も含まれる。次に、商品の安全・適正、商品選択の自由などの消費者の側からの権利とも対立する。この権利からは消費者の利益を無視した企業の独占化や系列化も問題となろう。さらに公害防止も含んだ環境権の保障も企業の経済的自由の対抗概念として考えておかなければならない。このように、労働者、消費者、地域住民の権利の保障から企業に課せられる規制もあり、このときには、労働者、消費者、地域住民の権利が優先する。中にはその目的が安全・衛生である場合もあり、その場合には消極的・警察的公共の福祉という観点からの規制とも重なっていく。このような場合にはあながち合理性の基準だけで判断できない。

　これまでは、経済的自由の積極的、政策的目的からする規制（これをどう画定するかも問題であるが）や社会保障・社会政策などは、もっぱら国家の立法政策の問題だとして、司法統制が及びにくい分野と考えられていた。しかし現在では、さまざまな具体的問題に対応する社会国家としての政策の質が問われる。たとえば、不良債権を抱える銀行に公的資金の導入をすることは、国民の権利にとってどのような影響を及ぼすのか、国民の権利の助長につながるのか、

---

[20] 『広辞林』（三省堂、1972年）811頁。

問われなければならないであろう。実質的な自由・権利や平等の保障のために、司法も統制の緻密化をはかっていかなければならない。そのためには、国民も政治・政策に関心をもち、メディアも国民のための情報提供を積極的にするなど、よりよい政治・政策がなされるように社会全体が動いていく必要がある。

15 人身の自由と適正手続保障

はじめに

　人身の自由とは、身体を拘束されない自由をさし、刑事的人権の保障も含む。人間の身体は本来自由であり、他の誰にも支配されるものではない。身体の自由から往来や移動の自由が導き出され、この自由があればこそ自由に物事を見聞し、情報をえ、自らの意見形成を可能にすることもできる。意見の発表、集会の参加も可能となる。また22条1項が定めるように歴史的にも、居住、移転の自由と職業選択の自由は結びついており、移動の自由が認められてはじめて、商業も盛んとなる。このように人身の自由は、人権の基本であり、自己発展をも促す。人身が自由であるから自らの身体を使った労働の成果は自らのものとして保障され（経済的自由）、自らの頭で考え、思うことは固有のものとして尊重される（精神的自由）ことになる。

　憲法上では、一般に18条の奴隷的拘束の禁止及びその意に反する苦役の禁止、31条の適正手続保障、33条の令状による逮捕の原則以下40条の刑事補償までが人身の自由に関する規定とされている。32条は裁判を受ける権利を定めるが、適正手続の反映として、刑事事件については裁判所以外の機関によって裁判を受け、刑罰に処せられることがないということを意味している。その意味では37条1項と重複する部分があるが、37条は被告人の権利としての強調があるのに対し、32条は裁判請求権の制度としての保障の側面をもつところに若干のニュアンスの違いがある。またすでに述べたように22条の規定（居住移転の自由、外国移住の自由）も人身の自由にかかわる規定である。

　憲法が31条以下で人身の自由にかかわる詳細な規定をおくのは、人身の自由の重要性に加えて、国家権力の発動の中心的要素である警察権を民主的統制

の下におく必要があるからである[1]。

I　18条

　18条は全体に人身の自由の基本が人間の尊厳と深くかかわることを、人類の苦い経験である奴隷制や大日本帝国憲法下での劣悪な労働状況などを想起しながら定めたものといえる。
　①a「奴隷的拘束」とは、「自由な人格者であることと両立しない程度の身体の自由の拘束状態」をさし、①b「その意に反する苦役」とは、「広く本人の意思に反して強制される労役」をさすと解されている[2]。そして、②a「消防、水防、救助その他災害の発生を防禦し、その拡大を防止するための緊急の必要があると認められる応急措置の業務への従事は本条に反しない」が、②b「徴兵制は『本人の意思に反して強制される労役』である」と解されている。また18条は③私人間にも直接効力を有すると解されている[3]。
　①aについては、奴隷的拘束が人間の尊厳の根本的否定にもつながることから、このような拘束は絶対的に禁止されると考えられている。①bについては前段の「奴隷的拘束」と関連づけて、奴隷的拘束にいたらない程度の一定の人格侵犯をともなう身体の自由の拘束と解する説もある（①c）[4]。「犯罪に因る処罰の場合」には「その意に反する苦役」を許容するが、それが、どのような施設で、またどのような方法で行われるかによっては、違憲となりうる場合がある[5]。
　②aについては、災害防止や被害者救済という観点から肯定されようが、当該人が望まない場合に、その意思と公共秩序維持との関係をどうみるか、また強制手段を用いて従わせることができるかの問題が残る。罰則など強制手段を用いるべきではない、という点では概ね一致している。
　②bについては、徴兵制を設けることのできない根拠が、18条なのか、9条

---

1)　奥平康弘『憲法Ⅲ』（有斐閣、1993年）292頁参照。
2)　宮澤俊義＝芦部信喜補訂『全訂日本国憲法』（日本評論社、1978年）233-234頁。
3)　芦部信喜『憲法〔新訂補版〕』（岩波書店、1999年）218頁。
4)　樋口陽一他『注釈日本国憲法上巻』（青林書院新社、1984年）374-375頁〔浦部法穂担当部分〕。
5)　莵原明「第18条」小林孝輔＝芹沢斉編『基本法コンメンタール憲法〔第4版〕』別冊法学セミナー149号（日本評論社、1997年）101頁。

なのか、18条及び9条なのかという問題が出てくる。また志願兵制ならどうなのか、という問題もある。日本では、9条2項が戦力の不保持、交戦権の否認を認めている以上、徴兵制も志願兵制も認められない[6]。但し、今日では、徴兵制が「強制される労役」と解され、「その意に反する苦役」に該当すると考えられるようになっている。それ故、ドイツやデンマークのように良心的兵役拒否（非軍事的代替役務義務ともいう）の制度化を認める国もある。また欧州人権裁判所も良心的兵役拒否者を認めないトルコに対し欧州人権条約3条（非人道的取扱いの禁止）違反を認定している。

II 31条

31条は公権力の恣意的な発動によって、不当に逮捕拘禁されたり、刑罰を科せられたりすることがないよう定められていると同時に、たとえ犯罪者であっても人間としての扱いを受け、法律の定める手続によって公正に刑罰を科せられることが定められている。

さまざまな人間がともに暮らす社会においては、互いに納得のできるルールを設けてそれにしたがって暮らすことにより社会的安定性を強固なものとしている。警察権は国家権力に委ねられるが、警察権の発動による利益は国民全体の社会的安定性の確保という利益であり、公権力の恣意に傾くことがないよう国民が常に監視する必要もある。それ故、法定手続の保障は、犯罪人の権利の保障として重要であるのみならず、犯罪告発から確定にいたる公正さと透明性の確保が、国民全体にとっても重要であり、どのような行為が犯罪となるのかを前もって知ることは自らの自由の確認ともなり社会における行動の予測可能性を形成するのである。

本条の系譜は1215年のマグナカルタ39条にまで遡る。直接的にはアメリカ合衆国憲法修正5条及び14条の示す「法の適正な過程 due process of law」によらずには何人も生命、自由または財産が奪われることはないと同旨とされ、適正手続の保障と解されている。こうした適正手続の要求はアメリカ合衆国においても手続のみならず実体にも及ぶようになってきている[7]。但し、31条は

---

[6] 「いわゆる『徴兵制度』が、それ自体『その意に反する苦役』にあたり、本条に反するというのは正しくない。憲法9条違反という効果をもって本条違反となるのである。」清水睦『憲法』（中央大学通信教育学部、2000年）222頁。

「法律の定める手続によらなければ except according to procedure established by law」としている[8]。

他方で1789年フランス人権宣言8条は「法律がなければ犯罪もなく、刑罰もない」という罪刑法定主義を定めている[9]。人権宣言は他にも刑事手続法定主義、事後法の禁止、無罪推定原則を掲げ、「刑事手続における人権侵害を最小限にすべきことを要請している[10]」。

1 「法律の定める手続」の意味

従来より、この解釈については次の5つに分けられるとされてきた。①手続が法律で定められていることを要求するに留まるとする説[11]、②適正な手続を法律で定めることを要求しているとする説[12]、③手続・実体の双方とも法律で定めることを要求しており、罪刑法定主義を定めるとする説[13]、④法律の定める適正な手続を要求し、なお罪刑法定主義も含むとする説[14]、⑤手続・実体の双方とも適正な法律により定められることを要求しているとする説である[15]。

⑤が通説であり、その理由としては次のようなことがあげられている。a 31条は、アメリカ合衆国憲法の適法手続条項に淵源をもつ。合衆国では、同条項は、適正な実体をも要求するものと解されている。b 実体法の内容が適正でなければ、手続法の内容のみ適正であっても人権保障は不十分なものとならざるをえない、31条が適正な実体をも要求すると解するのが妥当である。c 「法律の定める手続」とは、法律の定める仕方・方法という意味にほかならず、狭義の手続の法定のみを意味しているわけではない。d 他の憲法規定から適正

---

7) 莵原明「第31条」小林=芹沢編・前掲注5)・182頁。
8) 「法の適正な過程 due process of law」の文言をとらなかったのはこのデュープロセス条項を手がかりに、ニューディール政策を推進しようとする福祉労働・社会立法が違憲無効とされた苦い経験によるものという。奥平・前掲注1)・150頁以下、田中英夫「憲法第31条(いわゆる適正手続条項)について」『日本国憲法体系第8巻』165頁以下参照。
9) 罪刑法定主義の内容としては、罪刑の法定、罪刑の適正、刑罰不遡及の原則、類推解釈の禁止といわれている。中義勝「罪刑法定主義」中川善之助監修『現代法学事典2』別冊法学セミナー増刊(日本評論社、1973年)225-226頁。
10) 芦部信喜編『憲法Ⅲ』(有斐閣、1981年)88頁以下〔杉原泰雄担当部分〕。
11) 田中・前掲注8)・198-199頁。
12) 松井茂記『日本国憲法』(有斐閣、1999年)505頁以下。
13) 佐々木惣一『改訂日本国憲法』(有斐閣、1978年)439頁。
14) 宮澤俊義『憲法Ⅱ〔新版〕』(有斐閣、1978年)415-416頁。
15) 芦部編・前掲注10)・94-95頁〔杉原泰雄担当部分〕。

な手続・実体を要求しうるから31条を援用するまでもないという指摘に対しては、被告人の弁明を十分に聴取しないで処罰したり、曖昧な刑罰法規を制定したりしたときのように、「憲法のどの条文に反すると明らかにいえないが、憲法の精神に反するといわざるをえない場合がある。このような場合には本条によって救済するのが妥当である」。また、憲法の人権保障規定は、排他的独占的な守備範囲をもっているわけではないから、他の法条と競合的に人権を保障していると解しても差し支えはない。以上に加えてさらに次のこともあげられている。e 13条の「公共の福祉」論ないし「内在的制約」論からも、そう解することが要求されている。すなわち、31条に基づいて制定される法律は「生命」・「自由」という基本的人権を制限する法律であり、そのような法律は立法府が内容を任意に定めうるものではありえない。それは、必要最小限度の規制を内容とするもので、適正なものであることが要求される[16]。

　この最後の「適正」の要求の根拠に必要最小限度の規制が要求される、とする考え方については、次のような考えも存在する。すなわち、31条以下の諸権利は、18条のそれとかなり性格が違い、「自由権」を保障することに眼目があるのではなくて、逆に、人間に自然的に備わっている自由が、国家によって剥奪される場合の条件をさし示しているのである。「自由権」の実体的な保障ではなくて、一方では国家権力を手続的に拘束し、他方では市民に対して手続的保障の請求権を与えている。そして、31条以下の諸権利には、「公共の福祉」論や「内在的制約」論はあてはまらない[17]、とする。

　この奥平説に対しては、「手続保障は実体的自由権を確保するための制度的保障に過ぎず、目的である当該自由権が確保されるならば、手続保障は限定的に捉えてよい、という論法には対抗しづらい」、「実体的自由権のように内在的制約によって縮減されることはないが、逆に条文の文理解釈以上の解釈適用を施される可能性も封じられてしまう」、「奥平説のいう『自由の剥奪条件』としての手続保障は、実体的自由権の実体内容そのものと峻別しえないのではないか」という、批判がある[18]。

　31条が⑤手続・実体の双方とも適正な法律により定められることを要求していると解するのが妥当で、aからdの理由も首肯できよう。ただeについて

---

16) 芦部編・前掲注10)・95頁〔杉原泰雄担当部分〕。
17) 奥平・前掲注1)・297頁以下。
18) 棟居快行「適正手続と憲法」樋口陽一編『講座憲法学4』（日本評論社、1994年）235頁。

は次のことが指摘できよう。31条以下の諸権利がもっぱら刑事的手続のしかも自然犯にかかわると考える場合、かなり妥当する。社会的に必要最小限の取り締まるべき犯罪に限定することが必要であろう。しかし、今日では犯罪は自然犯にとどまらず、法定犯、行政犯も存在する。これらの犯罪は、選挙犯罪などのように行政上の目的のために設けられるもので、必要最小限度の制約があてはまらず、合理性に基づくものである。こうした犯罪の設置の適正さの判断は裁判官に委ねられることになる。したがって、13条において必要最小限度の規制が念頭におかれているからといってそれがすべてにあてはまらないように思われる。ましてや刑事手続のみならず、すべての手続の適正性（妥当性）を要求するものであるとするなら、なおのことこのようにいえるのではないか。

2　31条と13条の関係

　従来の31条をめぐる学説とは異なって統合的な手続的デュー・プロセス論といわれるものも主張されている。その条件として次のことがあげられている。
　憲法的レベルで、手続的デュー・プロセスの権利を認めるものでなければならない。行政手続も含めたすべての政府の手続についての手続的デュー・プロセス規定と理解することには、条文的に著しい困難がある、手続の役割を実体的利益の剥奪の阻止にのみ焦点をあてるのではなく、手続自体のもつ固有の価値ないし機能にも重点をおいて構築されるべきである[19]、とする。憲法31条を一般的手続的デュー・プロセス規定と理解して、それを行政手続などに適用するなら、多様な行政の作用に適応させるため、どうしても手続的デュー・プロセスの要件が緩和されざるをえない。そこで一般的な手続的デュー・プロセスの権利の条文根拠として13条の「幸福追求権」をあげる。このことにより、はじめて国民とかかわるすべての政府手続に妥当する手続的デュー・プロセスの権利が導かれる。13条と31条以下は、一般法と特別法の関係にある。憲法31条は憲法的意味における「刑事」手続に対する手続的デュー・プロセスの総則規定と考えるべきである。同様に、憲法32条は、非刑事裁判手続についての手続的デュー・プロセスの総則規定である。憲法33条以下の権利は、憲法31条の意味における「刑事」裁判及び「刑事」手続に適用される。それ以外の政府の手続には、憲法13条が適用されるということになる[20]とする。こ

---

19) 松井茂記『裁判を受ける権利』（日本評論社、1993年）90-91頁。

の松井説に対しては、「『なぜ』そういえるのかの理由づけを明示的に伴ったものではない」という批判がある[21]。

　31条を、13条との関係で刑事に関する特別法としての性格をもつとみる説は他にもある。31条は、「13条との関係では、刑事に関する特別法としての性格をもつとみることができるものであり、そして科刑に関する基礎的な一般的規定である点において、他の憲法条項によってつくされえない科刑の手続や実体要件の適正性の問題が具体的に本条の問題ということになる」。身体の自由を奪う行政的措置については、本条が妥当すると解すべき余地があるが、これらの場合でも基本的には13条の問題と解することができる。さらに広く行政手続一般の適正性の要求を31条に求めるのは、その位置・構造からみて明らかに妥当ではなく、その問題は一般的な「適正な手続的処遇を受ける権利」として13条の射程に属するものと解すべき、とする[22]。

3　「適正」の内容

　「適正」の内容として、人身の自由の規制の前提でもあった個人の尊厳を損なうものでないことがあげられ、その上で手続的適正と実体的適正の両面から考察される。

　手続的適正としては、まず32条以下の諸規定の内容があげられる。次に32条以下の諸規定でカバーできない部分が問題となる。このような例として告知と聴聞があげられ、すでに最高裁で、31条にはいわゆる「告知と聴聞」の手続が含まれることが明らかにされている（最大判昭37・11・28刑集16巻11号1593頁）。さらに不告不理の原則違反が31条違反となること（最大判昭41・7・13刑集20巻6号609頁）、違法収集証拠排除法則を31条違反から認めた例（最判昭53・9・7刑集32巻6号1672頁）などがある。これらの他、複数度の裁判の保障、公訴権の濫用禁止、無罪推定の原則、弾劾主義・当事者主義の保障が含まれると解されている[23]。また、回復不可能な死刑についての慎重手続の要求もある。日本語を使用することができない者に対する通訳つき裁判の保障は、裁判所法74条の裁判所の用語を日本語とする規定とからんで問題ともなる。

---

20)　松井・前掲注19)・93頁以下。
21)　棟居・前掲注18)・237-238頁。
22)　樋口他・前掲注4)・702及び714頁〔佐藤幸治担当部分〕。
23)　芦部編・前掲注10)・97頁〔杉原泰雄担当部分〕。

刑事確定訴訟記録の公開原則も手続的適正の問題となる[24]。

　実体的適正としては、罪刑法定主義の原則がその内容をなすとされている。したがって、刑罰不遡及の原則、類推解釈の禁止の他、絶対的不定期刑の禁止、慣習刑法の排除、刑罰の謙抑主義もあげられる。さらに犯罪構成要件の明確性の原則、罪刑の均衡の原則も要求されよう。この前者については徳島市公安条例事件判決において、刑罰法規の明確性の基準として「通常の判断能力を有する一般人の理解」を用い、結果的には市条例の規定を合憲とはしたものの、明確性の原則が31条の内容をなすことを認めている（最大判昭50・9・10刑集29巻8号489頁）。

　31条の要求する適正手続の内容は結局、個々のケースにおいて利益衡量に委ねられる点があることは否めない。それ故「憲法31条は刑事『手続のミニマム・スタンダード』を定めたものであること、及び、刑事手続には最も慎重な手続で臨むべきという趣旨を明らかにするものであることが想起されるべきである」と指摘されるのである[25]。

4　行政手続への援用

　適正手続の保障は今日刑事手続のみならず、行政手続にも及ぼされるべきことが要請されている。しかし根拠条文については意見が分かれる。①31条が適用されるとする説[26]、②31条が類推適用もしくは準用されるとする説[27]、③13条に根拠を求める説[28]がある。最高裁は成田新法事件において、31条が行政手続に及びうるとした（最大判平4・7・1民集46巻5号437頁）。

　31条が、刑罰以外の自由の制約についても適用されるとし、次のことを指摘する説がある。「本条が行政手続に対して要請していることは、生命・財産・自由を侵害、制約する要件、手続が、合理的内容を有する法律で定められ、行政庁の恣意を許さない明確性を備えていることである。そして、手続の内容が適正であるためには、右の侵害・制約を国家の行為によって受ける者に、通

24）菟原・前掲注7）・185-186頁。
25）市川正人「刑事手続と憲法31条」樋口編・前掲注18）・214頁。
26）小林直樹『憲法講義上〔新版〕』（東京大学出版会、1980年）469頁。
27）宮澤＝芦部補訂・前掲注2）・296頁。
28）樋口他・前掲注4）・714頁以下〔佐藤幸治担当部分〕。なお行政法学者は13条による者が多い。
　「研究会・行政手続法（第3回）」ジュリスト1054号（1994年）56頁以下参照。

知、公正な聴聞、行政決定の資料に接する等の機会が与えられなければならない。[29]」なお行政運営における公正の確保と透明性の向上をはかることを掲げて、行政手続法が平成5（1993）年に成立した。

　自由を制限する法律のすべてについて、実体的適正性や合理性が要求されるのは当然である。「憲法上の自由が法律にもとづかないで制限されることは許しえないし、それらの法律が正当でなければならないこともまた当然であるからである。」そして憲法上の自由を制限する規定が明確性を要求されることも当然である。しかし、「自由を制限するすべての場合に手続的保障を要求すると解することはできない。憲法31条が行政手続の上でどのような意味をもつかは、事柄の性質から判断して正当手続が人権保障の上に欠くことができないものであるかどうかによって定まることであろう[30]。」確かに個々のケースにおいて、いかなる目的で自由が侵害されるのか等、諸般の事情を考慮した上で必要とされる適切な手続的保障もさまざまに考えられよう。

　13条を根拠とするときに、手続的保障がより広く、より強固になるか、が問題となる。この点で、行政の法的安定性の要求や既得権の保護は13条を根拠とする方がふさわしいように思われる。

まとめにかえて

　適正手続の保障には、今日また新しい問題が提起されている。ストーカー行為や児童虐待、ドメスティック・バイオレンスをめぐる予防的救済の問題である[31]。ストーカー行為等の問題性が認識され、犯罪として認められて、法が対応を検討するようになったことについては異論はない。しかし、これらの犯罪に対して、緊急性と令状主義とのバランスをとる難しさが存在する。どのように手続的適正性を確保すべきかについては、十分に議論されるべきであろう。また、再犯を犯さないプログラムの構築も必要で、それをいかに義務づけるのかの問題もある。

29）清水・前掲注6）・222-223頁。
30）橋本公亘『日本国憲法〔改訂版〕』（有斐閣、1992年）299頁。
31）特別企画「検証・民事不介入の揺らぎ」法学セミナー550号（2000年）56頁以下参照。

16　生存権

はじめに

　日本国憲法25条はいわゆる生存権について定める。25条1項は「健康で文化的な最低限度の生活を営む権利」を保障する。「健康で文化的な最低限度の生活」とは「人間の尊厳にふさわしい生活」（世界人権宣言23条3項）を意味する[1]。この権利がどのような性格をもつものであるのか、その生活の内容が客観的に確定しうるものであるのか、別途問題となる。他方で25条2項は、国の社会福祉、社会保障及び公衆衛生の向上及び増進に努める義務を明らかにする。日本国憲法は社会国家の理念に仕えるもので25条2項はその趣旨を示した規定と捉えられている。「社会福祉とは、国民の生活をできるだけ豊かならしめること、社会保障とは、国民の生存を公共扶助または社会保険により確保すること、そして、公衆衛生とは、国民の健康を保全し、増進すること」と解されている[2]。ここにおける国の義務はどのような義務なのか、それも問題となるが、25条1項の権利に応える2項の国の義務であり、25条を全体としてどのように解するかも問題となるものである。

　25条の生存権を具体化する政策として、社会保障制度がある。社会保障制度は、国民の「安心」や生活の「安定」を支えるセーフティネットとして位置づけられ、時代の要請に応じて発達してきた。社会保障制度には、4つの分野

---

1) 世界人権宣言23条は労働の権利についての規定であり、22条に社会保障の権利についての規定があり、そこでは、「その尊厳及び人格の自由な発展に不可欠な経済的、社会的及び文化的権利の実現を求める権利」となっている。国際女性法研究会編『国際女性条約・資料集』（東信堂、1993年）53頁。
2) 宮澤俊義『憲法Ⅱ〔新版〕』（有斐閣、1974年）434頁。

がある。第一は、「社会保険」で、年金・医療・介護などを対象とし、国民が病気、けが、出産、死亡、老齢、障害、失業など生活の困難をもたらすいろいろな事故（保険事故）に遭遇した場合に一定の給付を行い、その生活の安定をはかることを目的とした強制加入の保険制度である。第二は、「社会福祉」で、障害者、母子家庭など社会生活をする上でさまざまなハンディキャップを負っている国民が、そのハンディキャップを克服して安心して社会生活を営めるよう、公的な支援を行う制度で、高齢者、障害者等の在宅サービス、施設サービスの提供や児童の健全育成や子育てを支援する児童福祉が含まれる。第三は、「公的扶助」で、生活に困窮する国民に対して、最低限度の生活を保障し、自立を助けようとする制度で、生活保護制度といわれるものである。第四は、「保健医療・公衆衛生」で、国民が健康に生活できるようさまざまな事項についての予防・衛生のための制度である。ここには、医療サービス、各種保健事業、食品や医薬品の安全性を確保しようとすることも含まれる。今日では、少子高齢社会に対応した社会保障制度の構造改革が急務だと指摘されており、高負担・高福祉へとシフトしてきている[3]。

　ところで25条から28条にかけての規定は、社会権的規定といわれている。従来、社会権は、市民的権利が個人主義的、自由権的、国家干渉を排斥する権利として成立したのに対し、社会・経済的または生存権的権利を内容とするものとして国家権力の積極的関与を要請する権利と対比的に捉えられてきた。確かに市民的諸権利すなわち自由権と社会権の性格を特徴的に捉えると、そのようにまとめられるかもしれない。しかし、自由権体系と社会権体系とは「相互に補充し合って現代的人権の総体を構成している」とみるのがふさわしいであろう。社会権の体系は、生存権を基礎とし、これとの関係で財産権等の自由権の制限を前提として具体的人間の実質的自由や平等を確保することを要求するものである[4]。したがって、25条の解釈は実は社会権的規定の全体とかかわる。個人主義に根ざした民主主義を確固たるものにするという意味でも、現実的に少子高齢社会を迎えているという意味でも、重要な規定である。

3）　厚生労働省の政策レポートから。http://www.mhlw.go.jp/seisaku/21.html　2018年3月10日閲覧。
4）　浦田賢治「社会権」『現代法学事典2』別冊法学セミナー増刊（日本評論社、1973年）387頁。

I　生存権の法的性格

　生存権の法的性格についての議論は、生存権の権利の裁判規範性をどのように捉えるかと結びつくものである[5]。
　第一に、プログラム規定説があげられる。プログラム規定説においては、25条はいわゆるプログラム規定、すなわち国政の目標ないし方針を宣言した規定である、とする。25条は、国がすべての国民が人たるに値する生存を営むことができるように努力することを国政の目標・方針として宣言したもので、国はそのように努力すべき政治的・道徳的義務を負うものであるとする。この見解においては、国民は生存権を政治的要求として主張することはできるが、法的権利として主張することはできない。その結果、25条は、司法権を拘束するものではなく、国が生存権実現のための十分な立法・施策を行わなくても、裁判所はこれに対して司法審査権を行使して違憲とすることはできない。その理由として、生存権をすべての国民の具体的な権利を解するには、その実質的前提を欠いている。資本主義経済組織の下に、すべての国民の具体的権利として宣言したものとは解しえない。また法律的に、これを具体的権利と解するには、その法律上の保障規定を欠いている。国が必要な立法や施策をなさない場合にも、国民が国に対し直接に、これを要求する方法はない、とする[6]。
　第二に、抽象的権利説があげられる。抽象的権利説は、プログラム規定説の再検討から、憲法に生存権を明文で規定している場合にこのように呼ぶことは不適当という認識から生まれている。当初は、25条を具体化する法律によって生存権が実質化されるとその権利的性格は無視できないとする、プログラム規定積極説と呼ばれた[7]。抽象的権利説においては次のように説明される。「国民は、国家に対し、健康で文化的な最低限度の生活を営むために、立法その他の国政の上で必要な措置を講ずることを要求する権利を有する。ただ、第25条第1項は、抽象的な規定にすぎないから、立法によってこれを具体化するこ

---

5)　佐藤功『日本国憲法概説〔全訂第5版〕』（学陽書房、1996年）295頁以下参照。
6)　法学協会編『註解日本国憲法上巻』（有斐閣、1953年）487頁以下。
7)　横川博「生存権の保障」清宮四郎＝佐藤功編『憲法講座2』（有斐閣、1963年）219頁以下、池田政章「プログラム規定における消極性と積極性（1）（2）」立教法学3号（1961年）30頁以下、及び同7号（1965年）25頁以下も参照。

とを要し、国民は、それによって具体的な生活保障を要求する権利を保障されることになる。そのような立法がない場合に、この規定を根拠として、訴えによって具体的権利を主張することはできない。しかし、この規定が直接具体的権利を保障していないということから、直ちに生存権を法的権利ではないとすべきではなく、国民は国家に対して立法その他の措置を要求する権利を有すると見るべきである。[8]」この説においては、国の義務は、諸般の条件の許す限り、立法その他の国政の上で必要な措置を講ずることであるとし、この義務は強制しうるものではないが、法的義務はある、と解する[9]。

　第三に、具体的権利説があげられる。具体的権利説は、憲法25条を具体化する立法が存在しない場合においても、国の不作為の違憲性を確認する訴訟を提起できるとするものである[10]。その代表的な論者は次のように主張する。「憲法25条は、その権利主体、権利内容、規範の名宛人において合理的にかつ客観的に確定可能で明確な規範内容をもっている。この諸要素は行政権がこの規範を直接に執行できるほどに十分なものではないにしても、立法権と司法権がこの規範の命令内容を実現するための要件つまり立法義務の要件としては十分であるといえよう。[11]」「生存権は憲法13条の定める幸福追求権のなかにふくまれることは明らかであるので、当然にこの規定の適用を受けるものといえよう。したがって生存権は個人が立法権に対し一定の作為義務の履行を請求することのできる権利すなわち主観的公権なのである。[12]」

　今日、抽象的権利説が多数説といえる。抽象的権利説においては、25条の「権利」の権利性を抽象的というレベルで認めはするが、国民は具体的な生活保障を要求する権利を有するものではない、これを具体的に実現する立法がない場合に訴えによってこれを主張できないとする。この説では、国の作為義務

---

8)　橋本公亘『憲法』(青林書院新社、1972年) 327頁。
9)　橋本・前掲注8)・327-328頁。25条全体が国民の生活保障に関する法分野の原則規範であるとして、この原則規範に積極的に反する法規範は効力を有しない。25条を具体化する法令の条項の意味は、25条の精神に即して解釈されなければならない、25条は解釈原則として行政府および司法府を拘束する、立法府に対しては立法の指導原理としての意味をもつ、とその法的意味を説く。
10)　プログラム規定説と抽象的権利説、具体的権利説との違いは、法的権利性を認めるか否かにあるという形でまとめられる。中村陸男＝永井憲一『生存権・教育権』(法律文化社、1989年) 57頁以下〔中村陸男担当部分〕参照。
11)　大須賀明『生存権論』(日本評論社、1987年) 101頁。
12)　大須賀・前掲注11)・107頁。

も抽象的になる[13]。但し、立法措置がとられればその範囲において、憲法上の具体的権利となると考えられるので、正当な理由もなしに、この立法措置を廃止したり、その範囲を縮減したりすると違憲となるとする[14]。この点でプログラム規定説とは異なるものである。

　私見では、25条の定める生存権は、具体的権利であり裁判規範であるとするのがふさわしいと考える。まずこの権利の核となる部分を考えると、生存は人間存在にとって前提であり、基本的なものである。これが確保されなければ、他の権利の規定は無意味であるし、自由と平等に基づく民主主義社会は成立しない。生存権の思想的根拠は、「個人の生存および尊厳を中核とする自然法思想」とされる[15]が、近世自然法思想においては、その生存の保障は、圧制を廃し、自由であることを要求した。これに対し、今日の時代にあっては、国家が個人の生存や尊厳を守るために配慮することが要求される[16]。生存権等の社会権が後国家的権利であることを理由に自由権よりも保障が緩くなると直截に考えるのはあたっていない。生存確保のためのさまざまな政策の基準に多少の裁量の余地が入るという点で、とりわけ精神的自由の保障とは異なる面があるということがいえるだけである。具体的権利説の代表的論者も指摘するように、生存権は日本国憲法13条前段の個人の尊重と深くかかわる[17]。プログラム規定説の代表的論者においても、13条の生命、自由及び幸福追求に対する国民の権利について、個人主義を基調とする自由権的基本権に属すべきものであり、生存権等を含んではいないが、これらの権利なくしては、個人の人格的生存は不可能であるから、ここに要請される、と指摘していた[18]。したがって、「すべて国民は」となっているが、外国人に全く保障が及ばないというものではない。人道的見地から個々のケースに応じて、保障を考えなければならない場合も生じるといえる。

---

13) 清水睦『憲法』（中央大学通信教育学部、2000年）259頁。国の法的義務はあってもそれはあくまでも「抽象的」といえる、としている。
14) 清水・前掲注13)・259頁。
15) 橋本・前掲注8)・329頁。
16) 小林直樹『憲法の構成原理』（東京大学出版会、1961年）281頁以下参照。
17) 大須賀・前掲注11)・90頁。
18) 法学協会編・前掲注6)・339頁。

II　健康で文化的な最低限度の生活

　生存権が具体的権利ではないという理由に、25条1項の定める「健康で文化的な最低限度の生活」を確定できないことがあげられる。13条は生命を保持する権利で自由権であるが、25条の権利は健康で文化的な最低限度の生活に関する権利で、どの程度にそうした生活が保障されるかは、国の財政事情と関連し、立法政策によって決定されるとして、法律の出訴できる規定に基づき、具体的に訴訟で主張できる権利ではあるが、(たとえば生活保護の場合)「被保護者は、訴訟において厚生大臣の定めた生活保護基準による扶助額を憲法の最低限度の生活需要を充たすに足りないとして争うことはできない」とする[19]。

　こうした考え方に対し、近年「『最低限度の生活』とは一定の文化的生存を営むことができる生活水準をさしているが、それは一定の歴史的時期における社会の生産力水準、国民の所得水準および生活水準、さらに、その他の社会的・文化的な発達の程度などの要素を考慮して確定されることが相当程度可能」とする絶対的確定説が主張されるようになった[20]。このように「最低限度の生活」を客観的に確定できるとなると、依拠する法律が存在しなくても生存権の具体的権利性、裁判規範性の確認につながる。

　その際、25条1項と2項との関係をどのようにみるかの問題がでてくる。「1項と2項を同一の射程をもつものとして一体的に捉える見解が有力であるが、2項は、1項を前提として、さらにより広い社会国家的視野からの国の責務を規定したものとみるべきであろう。そして2項にいうかかる国の責務に対応するものとして、『広義の生存権』を帰結することができるであろう。この『広義の生存権』は、1項の『生存権』と違って、政治部門の政策的判断に委ねられる度合いが強い」とする[21]。このように1項、2項の射程範囲を異ならせる

---

19) 田上穣治『日本国憲法原論』(青林書院新社、1980年) 176-177頁。さらにこの説においては次のようにも述べる。「国家が要保護者に直接、生活扶助・医療扶助等を支給することは必ずしも適当でなく、むしろ労働可能な者には職業を与えて自活させることが望ましく、また教育を受けないため職業に必要な知識・技能を欠く者に対しては、教育を受ける権利を与えて自活の道を与えるべきであるから、生存権は勤労の権利および教育を受ける権利によっては救済されない者に補完的に保障されるものである。」同書177頁。

20) 藤井俊夫「憲法25条の法意」大石眞＝石川健治編『憲法の争点』ジュリスト増刊 (有斐閣、2008年) 174頁。

ことで、1項にかかわる法律については「最低限度の生活」の保障という文言に対して厳格な審査を可能とし、2項に関する法律については、緩やかな審査基準を用いるということで現実的な対応が可能になると主張する[22]。

確かに、こうした主張は1つの考えとして有効かもしれない。しかし、1項は「健康で文化的な最低限度の生活」であり、生存を維持するぎりぎりの生活を意味しているのではなく、人間らしい生活の最低ラインが要求できることを意味している。私見では、「最低限度の生活」は客観的に確定できると思うが、単純に審査基準を1項、2項で分けることが妥当なのか疑問に思う。というのも、生活保護も社会保障制度の一分野であり、反対に社会福祉政策でも必要とされるラインを確定することが要求される場合もあるからである。また、1項の基準が2項のさまざまな政策と符合する必要もあろう。1項と2項の連動も考えなければならない。2項に緩い基準を適用することは裁量の幅を広く認めることにつながり、はては財政事情による安易な改廃を招くこともありうると思える。国家の基礎を成す国民に対して、国家は「健康で文化的な最低限度の生活」を保障する義務がある。その義務は国家設立の所以だといえる。

III 判例

朝日訴訟[23]第一審判決で東京地裁は、生活保護法8条2項にいう「最低限度の生活」の「具体的内容は、決して固定的なものではなく通常は絶えず進展向上しつつあるものであると考えられるが、それが人間としての生活の最低限度という一線を有する以上理論的には特定の国における特定の時点においては一応客観的に決定すべきものであり、またしうるものである」と判示して（東京地判昭35・10・19行集11巻10号2921頁）具体的権利説に理解を示した。

この事件の概略は次のようである。国立岡山療養所に入所していたXが、単身・無収入のため生活保護法に基づいて厚生大臣の定めた生活扶助基準の最高額月600円の日用品費の生活扶助等を受けていたところ、実兄から毎月1500

---

21) 佐藤幸治『憲法』（青林書院、1981年）421頁。
22) 藤井俊夫・前掲注20)・174-175頁。
23) 長谷部恭男他編『憲法判例百選II〔第6版〕』別冊ジュリスト218号（有斐閣、2013年）292-293頁〔葛西まゆこ担当部分〕、戸松秀典＝初宿正典編『憲法判例〔第7版〕』（有斐閣、2014年）393頁以下参照。

円の送金を受けることとなったが、津山市福祉事務所長は、これまで受けていた600円の生活扶助を廃止し、兄からの送金額から日用品費600円を控除した残額900円を、医療費の一部としてXに負担させる保護変更決定をした。Xはこの決定を不服として厚生大臣に不服申立てをしたが、却下する旨の裁決がされたので、Xは厚生大臣を相手どり、生活扶助基準の600円は、憲法25条の理念に基づく生活保護法の定める健康で文化的な最低限度の生活水準を維持するに足りない違法なものであると主張した。第一審判決は、「最低限度の生活水準の認定を第一次的には政府の責任のゆだねている」が、それはあくまで憲法から由来する生活保護法3条、8条2項に規定するところから逸脱することのできない羈束行為とみて、医療費の一部負担を命じた本件保護決定は生活保護法8条2項、3項に違反すると、違法と判断した。控訴審は、生活保護法3条、8条に基づく司法審査の余地を認めつつも次のように述べた（東京高判昭38・11・4行集14巻11号1963頁）。厚生大臣の定める保護基準が保護の内容を定め、その下での具体的な保護処分は羈束裁量行為と解すべきである。各規定にいう「健康で文化的な生活水準」という概念は抽象的な概念で、その具体的内容は厚生大臣が確定する。厚生大臣の裁量に委ねたものと解される[24]。このように述べて、Xの訴えを退けた。

　判決の翌年Xは死亡したので、相続人が訴訟承継を主張した。これに対し、最高裁は、次のように述べて訴訟終了を判示した（最大判昭42・5・24民集21巻5号1043頁）。「生活保護法の規定に基づき要保護者または被保護者が国から生活保護を受けるのは、単なる国の恩恵ないし社会政策の実施に伴う反射的利益ではなく、法的権利であつて、保護受給権とも称すべきものと解すべきである。しかしこの権利は、被保護者自身の最低限度の生活を維持するために当該個人に与えられた一身専属の権利であつて、他にこれを譲渡し得ないし（59条参照）、相続の対象ともなり得ないというべきである。」これには、3人の裁判

---

[24] 行政行為とは法に基づき法に従って行われる。しかし法が行政行為を規律する仕方は必ずしも一様ではない。そのうち、法が一義的に行政行為の要件・内容について規定し、行政行為をするにあたり、行政庁は、法の明文の命ずるところを、ただそのままに執行する場合がある。行政行為が文字通り法の具体化、執行にとどまる場合、これを羈束行為（処分）と呼ぶ。他方で、要件の内容が緩やかな場合を裁量行為（処分）と呼ぶ。さらに裁量行為は、裁判所がいかなる程度まで行政庁の判断を審査できるかにつき、法規裁量（または羈束裁量）と自由裁量（または便宜裁量）とに分けられる。羈束裁量行為については裁判所は行政行為を全面的に審査することになる。『法律学小辞典〔第4版〕』（有斐閣、2004年）178、447-448、549-440頁参照。

官の反対意見がついた。その要旨は次のようである。「もし本件裁決が取り消されることになれば、保護受給権が権利である以上、国は本来義務として負担すべき医療扶助給付をしなかったため、Xに支払う必要のない負担金を支払わせたことになるから、国はこれによつて法律上の原因なくして不当に利得したことになる。すなわちXは、本件裁決の取消しを条件とする不当利得返還請求権を国に対してもつことになる。この条件付権利は、一身専属的な保護受給権とは別個のものであつて、相続性を有する。」

なおこの最高裁の判決（多数意見）には、「念のため」として、生活扶助基準の適否についての意見をつけている。それによれば、25条1項の規定は、「すべての国民が健康で文化的な最低限度の生活を営み得るように国政を運営すべきことを国の責務として宣言したにとどまり、直接個々の国民に対して具体的権利を賦与したものではない……。具体的権利としては、憲法の規定の趣旨を実現するために制定された生活保護法によってはじめて与えられているというべきである。」「何が健康で文化的な最低限度の生活であるかの認定判断は、いちおう、厚生大臣の合目的的な裁量に委されており、その判断は、当不当の問題として政府の政治責任が問われることはあつても、直ちに違法の問題を生ずることはない。ただ、現実の生活条件を無視して著しく低い基準を設定する等憲法および生活保護法の趣旨・目的に反し、法律によつて与えられた裁量権の限界をこえた場合または裁量権を濫用した場合には、違法な行為として司法審査の対象となる」。

堀木訴訟[25]においては、視力障害者であるXは、障害福祉年金を受給していたが、離婚して次男を養育することになったため、県知事Yに対し、児童扶養手当受給資格の認定を申請した。この請求が却下されたXは異議申立てをしたが、Yは、Xが障害福祉年金を受給しており、児童の母親が公的年金を受給することができるときは支給しないとする当時の児童扶養手当法の規定に該当するとの理由で、これを棄却する決定を下した。そこでXが、この規定は、憲法13条、14条1項、25条に反するとして争ったものである。

第一審では、神戸地裁は、当該併給禁止規定の「公的年金給付」のうちに障害福祉年金を除外しない限りで、憲法14条1項に違反すると判断した（神戸

---

25) 長谷部他編・前掲注23)・294-295頁〔尾形健担当部分〕、戸松＝初宿編・前掲注23)・400頁以下参照。

地判昭47・9・20行集23巻8・9号711頁)。第二審では、大阪高裁は、次のように述べて、Xの主張を退けた。「憲法25条は、すべての生活部面についての社会福祉、社会保障及び公衆衛生の向上及び増進を図る諸施策の有機的な総合によって、国民に対し健康で文化的な最低限度の生活保障が行われることを予定しているものと考えられるのである。……要は、すべての施策を一体としてみた場合に、健康で文化的な最低限度の生活が保障される仕組みになつていれば、憲法第25条の要請は満たされているというべきである。」「本件第2項の趣旨が以上のようなものであるとすると、同項に基づいて国が行う個々の社会保障施策については、各々どのような目的を付し、どのような役割機能を分担させるかは立法施策の問題として、立法府の裁量を委ねられているものと解することができる。」国は国家財政との関係において、できる限り、社会生活水準の向上及び増進に努めればよいが、国のこうした努力にもかかわらず、最低限度の生活を維持しえない、おちこぼれた者に対し、一項の基準を確保する施策をなすべき責務がある、とした（大阪高判昭50・11・10行集26巻10・11号1268頁)。

　最高裁は、次のように広範な裁量を認めて、Xの主張を退けた（最大判昭57・7・7民集36巻7号1235頁)。「憲法25条の規定は、国権の作用に対し、一定の目的を設定しその実現のための積極的な発動を期待するという性質のものである。しかも、右規定にいう『健康で文化的な最低限度の生活』なるものは、きわめて抽象的・相対的な概念であつて、その具体的内容は、その時々における文化の発達の程度、経済的・社会的条件、一般的な国民生活の状況等との相関関係において判断決定されるべきものであるとともに、右規定を現実の立法として具体化するに当たつては、国の財政事情を無視することができず、また、多方面にわたる複雑多様な、しかも高度の専門技術的な考察とそれに基づいた政策的判断を必要とするものである。したがつて、憲法25条の規定の趣旨にこたえて具体的にどのような立法措置を講ずるかの選択決定は、立法府の広い裁量にゆだねられており、それが著しく合理性を欠き明らかに裁量の逸脱・濫用と見ざるをえないような場合を除き、裁判所が審査判断するのに適しない事柄であるといわなければならない。」この判決においては、社会保障給付の全般的公平をはかるため公的年金相互間における併給調整を行うかどうかは、立法府の裁量の範囲に属する事柄、と結論づけたが、当該条項は第一審判決後に改正されている。

現在は（平成26（2014）年12月1日から）、公的年金（遺族年金、障害年金、老齢年金、労災年金、遺族補償など）を受給する者で、その年金額が児童扶養手当額より低い者が、その差額分の児童扶養手当を受給できるとされている。また、（平成22（2010）年8月1日から）母子家庭のみならず父子家庭も支給対象となっている[26]。

　いずれの最高裁の判決もベースとしてあげているのは、食糧管理法違反事件[27]の最高裁判決（最大判昭23・9・29刑集2巻10号1235頁）であり、憲法25条を国家の債務として宣言したとするプログラム規定説を示しているものである。しかし、傍論をどのように位置づけるかは別として、朝日訴訟の場合は、権利性をやや強く認識しているようにみえるのに対し、堀木訴訟の場合は、2項の施策の足りない部分を1項で補うという逆転の発想になっており、1項の権利を中心として社会保障制度を認めるという形にはなっていない。またいずれも法律があるときにはその法律に基づいて具体的権利が発生するとしているが、それでは法律がない場合にはいつまでたっても権利に基づく制度の充実は認められないことになり、この点が抽象的権利説の場合に最も問題となる点であろう。

IV　環境権

　環境権は、まず自由権、次に社会権という権利の歴史的発展からみると、平和的生存権やプライバシーの権利と並んで、第三世代の人権（もしくは新しい権利）と呼ばれるカテゴリーに属する。昭和45（1970）年以降、科学技術の発展とともに注目されるようになった権利の1つである[28]。

　日本において環境権という権利が意識されはじめたのは、昭和45（1970）年9月の日本弁護士連合会第13回人権擁護大会で環境権が提唱されてから、と

---

26) 厚生労働省の児童扶養手当について。http://www.mhlw.go.jp/bunya/kodomo/osirase/100526-1.html（2018年3月10日閲覧）。
27) 戸松＝初宿編・前掲注23)・392-393頁参照。
28) 新しい権利については次のものを参照。小林直樹『現代基本権の展開』（岩波書店、1976年）58頁以下。上田勝美「『新しい人権』の憲法学的考察」公法研究40号（1978年）105頁以下、岡田信弘「第三世代の人権」高見勝利編『人権論の新展開』（北海道大学図書刊行会、1999年）157頁以下。また植野妙実子「法の進歩と環境権」中央大学論集5号（1984年）39頁以下も参照。

いわれている[29]。それ以降、それまで広く認められていた公害ということばよりも環境権ということばが定着していった。昭和45（1970）年はまた、11月から12月にかけての国会が公害国会とも呼ばれ、従来から批判のあった公害対策基本法におけるいわゆる経済調和条項が削除され、さらに典型6公害（大気汚染、水質汚濁、騒音、振動、地盤沈下、悪臭）に土壌汚染が加えられて7公害となった年でもある[30]。日本では、昭和46（1971）年から昭和48（1973）年にかけての四大公害裁判（新潟水俣病、四日市喘息、富山イタイイタイ病、熊本水俣病の4つの公害病に関する損害賠償裁判）では、いずれも原告側が勝訴し、公害から人間を守るという点に関しては、承認されていった。しかし、昭和50（1975）年頃より、公害行政、環境行政の後退がみられ、その危機感から昭和54（1979）年には、日本環境会議が開催され、環境権の基本的人権としての確立の必要性などを明らかにした日本環境宣言も採択されている[31]。その後平成5（1993）年に、環境基本法が成立し、平成9（1997）年には環境影響評価法も成立している。環境基本法は、1条にその目的として次のように述べる。「この法律は、環境の保全について、基本理念を定め、並びに国、地方公共団体、事業者及び国民の責務を明らかにするとともに、環境の保全に関する施策の基本となる事項を定めることにより、環境の保全に関する施策を総合的かつ計画的に推進し、もって現在及び将来の国民の健康で文化的な生活の確保に寄与するとともに人類の福祉に貢献することを目的とする。」

多くの公害訴訟を通じて、公害による健康被害は違法性や責任を生じることが示され、不法行為の成立要件としての因果関係への疫学的手法の導入、共同不法行為の要件の再構成、挙証責任の転換、企業の故意・過失、無過失責任、設置者や管理者としての国等の責任の検討などが明らかにされている[32]。

環境権の定義としては、一般的に、健康で快適な生活を維持する条件としての良い環境を享受し、これを支配する権利、と解されている。しかし、このように理解した場合でも、その対象は何か、という問題に直面する。大気、水、日照などの自然的な環境に限定する場合とそれ以外の遺跡、寺院、公園、学校

---

29) 大阪弁護士会環境権研究会『環境権』（日本評論社、1973年）。
30) 金沢良雄「公害対策基本法の12年」『公害総点検と環境問題の行方』ジュリスト増刊総合特集15（有斐閣、1979年）62頁以下参照。
31) 「日本環境宣言」前掲注30）・310-311頁。
32) 淡路剛久＝寺西俊一編『公害環境法理論の新たな展開』（日本評論社、1997年）参照。

などの文化的・社会的環境までも含める場合もあるが、環境権の対象を広範に広げすぎると、権利性が弱められるとして、自然環境に対象を限る考え方が多数説といえる[33]。他方で、環境権を憲法を根拠とする法的権利として認めないとする説もあるが[34]、まさに人間の生存にかかわる問題として、また持続可能な社会を創り出すために国際社会においても解決すべき問題として取り組まれるようになっている。その点から憲法を根拠とする権利として認めることの大きな現代的意義があるといえよう。環境権の権利の性格としては、公権力による環境の回復や保全等の積極的な関与を要求するという点で社会権的な側面もあるが、環境に対する侵害を排除して人間にとって良好な環境を享受するという点で自由権的側面もあると指摘される。

環境権にかかわる問題は、1人の主張である場合もあるが、多くは多数人の主張となる。被害を予測して対応が必要とされる場合もある。したがって、差止請求等予防的措置が必要である。環境の侵害に対しては原因があって結果があるという因果関係の立証が難しい。ときには結果が出るのにかなりの時間を要する場合もある。損害賠償の認定や範囲の問題もある。さらに規制の対象は多くは企業となり、経済活動を抑制して国民の生活を守るという毅然とした対応が求められる。公害裁判を通して解決がはかられた点もあるが、まだ多くの課題が残されている[35]。

25条1項は、「健康で文化的な最低限度の生活を営む権利」としており、良好な環境の中で生存する権利を25条1項から導き出すだけでは不十分として、25条とともに13条を根拠に環境権を認める説が有力となっている。判例では、大阪空港公害訴訟[36]第二審で、大阪高裁が次のように人格権として、環境権を位置づけている（大阪高判昭50・11・27判時797号36頁）。「個人の生命・身体の安全、精神的自由は、人間の存在にもっとも基本的なことがらであつて、法律上絶対的に保護されるべきであることは疑いがなく、また、人間として生存する以上、平穏、自由で人間たる尊厳にふさわしい生活を営むことも、最大限

---

33) 芦部信喜『憲法〔第6版〕』（岩波書店、2015年）272頁。
34) 伊藤正己『憲法〔第3版〕』（弘文堂、1995年）237頁。
35) たとえば、吉村良一「基地騒音公害の差止め」立命館法学2003年6号452頁以下参照。また、那須俊貴『環境権の論点』（国立国会図書館調査及び立法考査局、2007年）も参照。
36) 長谷部恭男他編『憲法判例百選Ⅰ〔第6版〕』別冊ジュリスト217号（有斐閣、2013年）58-59頁〔渋谷秀樹担当部分〕、戸松＝初宿編・前掲注23）・57頁以下参照。

度尊重されるべきものであつて、憲法 13 条はその趣旨に立脚するものであり、同 25 条も反面からこれを裏付けているものと解することができる。このような、個人の生命、身体、精神および生活に関する利益は、各人の人格に本質的なものであつて、その総体を人格権ということができ、このような人格権は何人もみだりにこれを侵害することは許されず、その侵害に対してはこれを排除する権能が認められなければならない。」

しかし、最高裁においては、民事上の請求として、一定の時間帯につき航空機の離着陸のためにする国営空港の供用の差止めを求める訴えは不適法として退けた（最大判昭 56・12・16 民集 35 巻 10 号 1369 頁）。

環境問題は、人間の生存という基本にかかわる問題である。憲法上の権利として認め、すみやかに解決方法を探求する必要がある。

まとめにかえて

生存権は長い間、後国家的権利という位置づけの下でその権利性が軽くみられてきた。生存権よりも開発や経済発展の方が国全体が豊かになり潤うとして、企業の経済活動を重視してきた。しかし、その結果は格差社会を生み出している。さらに日本は現在、少子高齢社会である。高齢者の貧困が大きな問題となっており、生活保護受給世帯数をみても高齢者世帯は平成 9（1997）年に 27.7 万世帯であったのに対し、平成 29（2017）年にはその 3 倍、83.9 万世帯となっている[37]。将来をみすえた総合的な社会保障制度の確立が急務となっている。

他方で、新自由主義的政策の導入の下で、本来国等行政がやるべき仕事の多くが民間に委ねられている[38]。その際に民間で何らかの事故がおきたときにどのように責任を問うのか、また行政の監督責任をどのように問うのか、こうしたことも課題として残されている。

---

37) 社会保障審議会生活困窮者自立支援及び生活保護部会（第 1 回）の資料（平成 29 年 5 月 11 日）から。
38) 植野妙実子「国民保護と国家の役割」公法研究 70 号（2008 年）105 頁以下参照。

17 教育をめぐる権利と自由

はじめに

　日本国憲法26条は、1項において、すべての国民の教育を受ける権利を定め、2項において、保護する子どもに普通教育を受けさせる国民の義務を定め、さらに義務教育の無償を明示している。

　人間は誰でも、学び、成長・発達する権利を有している。こうした権利は、人間存在にともなういわば自然権と位置づけられるものである。子どもが適切な教育を受ける権利を有し、教育を受ける機会を保障されることは、この人間の学び、成長・発達する権利を受けたものである。こうした権利保障の必要性は、今日では広く認められている。たとえば、世界人権宣言26条1項は、すべての者が教育について権利を有していることを定め、初等及び基礎的段階の教育の無償を定める。また、初等教育は義務とし、高等教育の能力に応じる機会均等も定める。2項は、教育が、人格の完成をめざすものであり、人権及び自由の尊重の強化を指向するものであることを明らかにしている。3項は、父母には、その子どもに与える教育の種類を選択する優先的権利があることを示している。すなわち、3項は、父母の教育における優先的権利、第一義的権利があることを明らかにしているが、日本国憲法においては、これに相当する条文は示されていない。

　大日本帝国憲法下においては、神権的天皇主権の下で、教育が天皇の勅令により掌握されていた。その教育内容は、教育勅語（明治23（1890）年）によって示され、それは、忠君愛国のための国民教化という目的をもっていた。当時、教育は、兵役、納税と並ぶ、臣民の国家への義務であった。このような教育のあり方が、国民の知的成長を妨げ、国民から知る力、考える力、すなわち学ぶ

力を奪っていた。このことを深く反省し、26条の教育を受ける権利の保障にいたったもので、歴史的に日本においては、日本国憲法においてはじめて明らかにされたものである[1]。

日本国憲法の成立を受けて、憲法理念の実現をめざす教育の基本原則を示す目的で、教育基本法が制定された。昭和21（1946）年6月の国会における田中耕太郎文部大臣の教育根本法構想に基づいて、同年8月に教育刷新委員会が設置され、教育基本法制定の基本方針が示されて制定にいたったものである。「教育の根本方針は、この憲法の精神による」ことが確認されている[2]。その前文の最後には、「ここに日本国憲法の精神に則り、教育の目的を明示して、新しい日本の教育の基本を確立するため、この法律を制定する」と定められた[3]。

平成12（2000）年12月、教育改革国民会議が、最終報告となる「教育を変える17の提案」を提出し、その中で、「新しい時代にふさわしい教育基本法」の必要性を、次の3つの観点、すなわち「新しい時代を生きる日本人の育成、伝統・文化などの次代に継承すべきものの尊重と発展、多くの基本法と同様の教育振興基本計画の策定」から提示した。それを受けて、当時の遠山敦子文部科学大臣が、中央教育審議会に対し、「新しい次代にふさわしい教育基本法の在り方について」を諮問し、平成15（2003）年3月に答申があがってきた。教育基本法改正に対しては、教育学関連15学会による懸念の表明、反対などもみられた[4]が、結局平成18（2006）年12月、先の答申に基づき、教育基本法の全面改正が成立した。新しい教育基本法では、前文の最後に、「日本国憲法の精神にのっとり」のことばは残っているが、それに続いて、「我が国の未来を切り拓く教育の基本を確立し、その振興を図るため、この法律を制定する」となっている。また2条の教育の目標には、「伝統と文化を尊重し、それらをはぐくんできた我が国と郷土を愛する」という文言もみられ、旧教育基本法が

---

1) 山崎真秀「第26条」有倉遼吉＝小林孝輔編『基本法コンメンタール憲法〔第3版〕』別冊法学セミナー78号（日本評論社、1986年）113頁以下参照。
2) 第90回帝国議会衆議院「衆議院帝国憲法改正案委員小委員会速記録」126頁。
3) 教育基本法は、「準憲法的性格のもの」という位置づけで捉えられた。有倉遼吉「教育基本法の準憲法的性格」『教育と法律』新評論（1961年）8頁以下参照。
4) たとえば、教育学関連15学会共同公開シンポジウム準備委員会編『教育基本法改正案を問う』（学文社、2006年）、日本教育法学会編『教育基本法改正批判』法律時報増刊（日本評論社、2004年）参照。

掲げた日本国憲法の描く理想の社会を教育の力によって実現するという基本姿勢は遠のくこととなった。

I 26条の解釈

　26条1項は、すべての国民の教育を受ける権利を保障している。人間はそもそも、生まれたときからさまざまなことに対し好奇心をもって、学び、成長・発達する権利を有している。したがって、子どもの学習する権利は、人間の成長・発達に欠かせないもの、基本となるものである。権利の中の権利ともいわれる。昭和22（1947）年制定の旧教育基本法は、1条で、教育の目的を「人格の完成をめざし、平和的な国家及び社会の形成者として、心身ともに健康な国民の育成」としており、その基本線は、平成18（2006）年成立の現行教育基本法においても継承されている。但し、「真理と正義を愛し、個人の価値をたつとび、勤労と責任を重んじ、自主的精神に充ちた」という「心身ともに健康な国民の育成」にかかる内容を示すことばは削られている。

　26条1項には、「法律の定めるところにより」という文言が入っている。これは、教育が天皇の大権事項として勅令により組織運営され、国民のイデオロギー教化の役割を果たしてきたことを反省して、民主的な立法の規定に教育がよることを示したものである。

　また26条1項の「能力に応じてひとしく」教育を受ける権利は、教育の機会均等を保障するものである。すなわち、より具体的には、「人種、信条、性別、社会的身分、経済的地位又は門地によって、教育上差別されない」（教育基本法4条1項）ことをさし、憲法の法の下の平等の教育面における発現といえる。しかし、その意味は、すべての者に対して一様の教育を与えることを要求しているものではなく、「すべての国民にその個人差と生活の必要に応ずる教育を与えるということを意味するのであって、それだけの教育を受けるという限りでは、社会的地位等によって差別待遇を受けぬということ」をさすとされてきた[5]。しかしこの解釈は若干消極的に解している嫌いがあり、全く一様な教育を受けることを保障するものではないにしても、適性や個性に応じて、それぞれの人間の可能性をのばす教育を受けることが保障されている、と解す

---

5)　法学協会編『註解日本国憲法上巻』（有斐閣、1953年）500頁。

るのがふさわしいといえよう。すなわち、もっと学びたいとする者に対し、高次の教育へのアクセスを容易にし、提供することができるようでなければならない。さらに、人間の発達可能性を現実のものにするための、あらゆる手段が保障されていることも必要なこととなる。しばしば障がいをもつ者に対して必要最低限の画一的な教育が準備されていることがあるが、人間の可能性に着目したさまざまな選択肢のある教育が保障されることも必要である。

「教育」には、最も本源的な教育である家庭教育、そして学校教育、社会教育が含まれるが、「教育を受ける権利」の「教育」の主眼となるものは、学校教育、「教育体系をなす制度的な機関によって行われる教育」である[6]。この教育においては、「国家が最も有力に貢献しうる」とされるが、当然その貢献のあり方が問題となるところである。

26条2項は、その保護する子どもに対し、普通教育を受けさせる国民の（すなわち一般的には親の）義務を定め、また義務教育の無償を定める。普通教育とは、専門教育や職業教育とは異なり、国民が社会生活を営むにあたり必要とされる基礎的な知識や技能を授ける教育をさす。旧教育基本法4条は、9年の普通教育を義務教育と位置づけていた。現行教育基本法5条2項は、「義務教育として行われる普通教育」について、法律に定めるとしている。学校教育法は「第2章　義務教育」の16条で、保護者には、「子に9年の普通教育を受けさせる義務」があることを明らかにしている。なお義務教育は、一般的に国民に義務づけられる教育をさすが、子どもが教育を受ける主体であることを考えると、親のあるいは保護者の義務は、国家に対して負うのではなく、その保護する子どもに対して親や保護者が義務を負っているということになる。

2項後段は、義務教育の無償を定める。普通教育が憲法によって義務づけられていることから、無償性の保障は当然といえる。すなわち、貧富の差にかかわりなく、平等に教育を受けることができるようでなければならない。歴史的にも義務教育と無償教育は同時に確立している。

II　教育思想の発展

教育の重要性は、近代国家成立とともに意識されている。コンドルセの教育

---

6) 法学協会編・前掲注5)・501頁。

思想においては、徳育 éducation と知育 instruction とを分け、徳育は第一義的に両親の自然権に属すると考え、公教育がなしうるのは知育にとどまるとされた[7]。また、公権力が、公教育に介入することは許されないと考えていたので、就学を強制する義務教育の思想はみられない。他方で、ル・ペルチエは、これまでの公教育が知育偏重に陥っていることを批判し、子どもの生活習慣全体を陶冶することをめざす全寮制の初等教育を提起していた。すなわち、共和国の市民にふさわしい新しい身体的・道徳的習慣を形成するためには、古い習慣に染まっている親から子どもを引き離すことが重要だと考えられたのである。この徳育偏重モデルは、ロベスピエールやダントンにおいて支持されたが、実現にはいたらなかった[8]。フランス革命は少なくとも、アンシャンレジーム下における、教育や学問の担い手が牧師・修道士であって、教会の影響力が強かったところから、教育を世俗に取り戻すことが重要と考えられていた。

1833年7月王政下のギゾー法によって、各コンミューン（市町村）に1校の初等学校、各県に1校の師範学校の設置を義務づけ、教育の普及をはかったが、既存の私立学校を公立として認定することが認められていたため、この時点ではまだ教会の影響力を払拭するにはいたらなかったと指摘されている。1848年の2月革命直後のカルノー法は、初等教育の無償・義務化の原則の導入をはかるものであったが、廃案となった。しかも、2月革命の革新的成果を消し去る一連の保守化政策の中で、1850年3月のファールー法によって、教会の公教育への影響は、再び強められた。

このような紆余曲折はあったが、第三共和制に入り、1881年6月に初等教育の無償を定めるフェリー法が成立する。そして翌年3月に漸く教育三原則法、すなわち教育の世俗化、義務化、無償化が成立した[9]。こうした教育の目的は、政教分離原則の確立とともに、共和主義的公民の教化をはかり、科学的世界観

---

7) 徳育と知育の区別は、近代における人間 homme と市民 citoyen（公民とも訳す）の区別に対応している。徳育は人間の内面形成に関するもので知育と区別される。堀尾輝久『現代教育の思想と構造』（岩波書店、1971年）8頁。このような公教育制度は、国家権力の強い統制下におかれる「公教育」とは対立するもので、「私事の組織化」、「親義務の共同化」と捉えられる。同書12頁。
8) 服部春彦＝谷川稔編『フランス近代史』（ミネルヴァ書房、1993年）92頁。
9) このような流れは、服部＝谷川編・前掲注8）に詳しい。フェリー法の成立については、同書191頁以下。ジュール・フェリーの政策を引きついだ、エミール・コンブは、1904年7月に修道会教育禁止法を成立させ、1905年12月には政教分離法も成立させた。

の導入をはかることにあった。

現在の第五共和制憲法は、1789年人権宣言と1946年第四共和制憲法前文、2004年環境憲章における人権規定を人権保障の根拠として示しているが、第四共和制憲法前文の13段落目（いわゆる13条）に教育についての条文がおかれている。「国家は、子ども及び成人の、教育、職業養成、教養への平等なアクセスを保障する。あらゆる段階における無償で非宗教的な公教育の組織化は、国家の責務である。」ここで、「教育」という言葉には、コンドルセの知育に相当する instruction が使われている。この条文は、2つの国家の任務を明らかにしていると解され、1つは、すべての者に対する教育、職業養成、教養への平等なアクセスを保障する責務、もう1つは、すべての者に対するあらゆる段階における無償で非宗教的な公教育を組織化する責務とされている[10]。

Ⅲ　教育を受ける権利の性格

教育権がいかなる性質や内容をもつ権利であるかが問題となる。

日本国憲法は社会国家の理念に仕える、として、そうした観点を重視する権利を社会権と位置づけ、生存権等と並んで、教育を受ける権利をその中に位置づける考え方がある。たとえば、国民は、「教育を受ける権利を有する」とは、国は、そうした権利を実現できるよう必要な措置を講ずるべきという意味と解する[11]。

他方で、26条1項の「ひとしく教育を受ける権利」を、自由権としての性質と生存権的基本権としての性質の両面をもつ、とする考え方がある。それによると、自由権の側面としては、国民がその受ける教育の内容に対して国の介入・統制を加えられることなく、自由に教育を受けることができることを意味する、とし、「ひとしく教育を受ける権利」は、とくに経済的資力のない者も教育を受ける機会を現実に保障されなければならないという生存権的基本権としての性質をもつ、と説明する[12]。

今日では、後者の考え方がかなり受け入れられているが、教育を受ける権利の自由権的側面の重視は、家永教科書訴訟を契機とする教師の教育の自由とい

---

10) Thierry S. RENOUX et alii, *Code constitutionnel*, LexisNexis, 2016, pp. 593 et s.
11) 宮澤俊義＝芦部信喜補訂『全訂日本国憲法』（日本評論社、1978年）274頁。
12) 佐藤功『日本国憲法概説〔全訂第2版〕』（学陽書房、1996年）305頁。

う形ではじまった。しかし教育を受ける権利の社会的位置づけも無視できない。というのも、教育を受ける権利が保障されていなければ、社会の中で生活を営むことや生活を支えるために職につくことがままならなくなるからである。そこで、国家は、教育を受ける権利の保障のために積極的に役割を担い、任務を果たすことが期待される。ここで、国家に何を要求するのか、という問題が浮上する。国家はどこまでかかわるのか、国家が教育内容にまで干渉することが許されるのか、それとも条件整備にとどまり、教育内容のあり方に関しては国民の自由な決定に委ねられるべきなのか、ということが問われていく。

　教育の内容は国民の決定に委ねられるべきとする、国民教育権説を裏づけるものとして脚光を浴びたのが、学習権説である。但し、この学習権説も論者によって多少のニュアンスの違いがある。

　1つは、先のコンドルセの理論に基づき、子どもの学習権を展開する説である。それによれば、子どもを保護し、教育する権利は、両親の自然権に属するが、それは同時に「自然から与えらえた義務であり、したがって放棄することのできない権利」である。この自然権の行使は、親の恣意を許し、その結果教育的偏見を生むおそれがあるので、そうした偏見を直すための「親義務の共同化」として公教育を決定した[13]。このような公教育制度は、国家権力の強い統制を排除したものであり、また、知育のみを担う。教育の義務とは、子どもの学習の権利を実現するために、親及び社会が、教育機会の配慮の共同義務を負うということであり、この思想の上に公教育が構想されている。26条の意義は、教育を受けること、学習することが、子ども、国民の生存のための、幸福追求のための基本的権利の1つとして認められた点こそが強調されなければならず、常に教育機会が国民のすべてに解放されたことを意味するだけでなく、教育の内容や方法についても、すなわちどのような教育の中身をどのような方法によって学びたいかという点に関しても、その究極の決定者が、教育の権利主体としての国民にあることが重要、とする[14]。

　2つは、生存権的学習権として教育を受ける権利を展開する説である。これによれば、学習権とは、「人間の学習による成長発達の権利がまず近代憲法下に自然権的自由権たる『学習の自由』（教育を受ける自由）として原理的に存し

---

13) 堀尾・前掲注7)・193頁。
14) 堀尾・前掲注7)・146頁、157-158頁。

たことをふまえて、現代憲法が、すべての国民の学習権が実現されるように国家に積極的条件整備を要求しうる生存権として『教育を受ける権利』を保障するにいたった」とする。「教育を受ける権利は、生存権にかんする旧来の理解におけるような現代憲法政策的意味にとどまるのではなく、人間の生来的学習権の現代における発展という教育条理的な意味をになう『教育人権』なのである」とする[15]。この説においては、教育を受ける権利を他の生存権と同じく経済的・社会政策的な性質を主とするものと解すると、この権利の文化的生存権性・学習権性を十分に捉えられない、とするところに特徴がある。

3つは、主権者教育権説と呼ばれるものである。この説においては、人間が人間として生きていく基礎を作るのに必要な教育に関する人間の生来的権利の実現を国などの社会が、法的に人権として確認し、保障するもの、すなわち教育人権と捉え、人格権としての学習権、生存権としての教育要求権とともに、公民権・文化権としての主権者教育権を考えるものである。人格権としての学習権は、一人ひとりの発達に即した学習権をさし、その目的を達成するために必要とする教育内容や方法に関する教育要求権を含む。生存権としての教育要求権は、人権保障の制度化は人間の要求行動から出発するが、その要求は、教育＝学習が作り出す。教育人権の制度保障を実現するための人権であるという。そこにさらに、よりよき次代の主権者となるための公民権・文化権などの主権者教育権を含めて理解される必要がある、とする。そして旧教育基本法の前文と8条に基づき、よりよき主権者として日本国憲法の理念とする「平和主義と民主主義」の国を維持し、発展させる公的な公民としての資質（政治的教養）を備えた人格の完成を求めている、とする[16]。但し、主権者教育権説には、学習権や生存権とのつながりを考慮せずに、国民は真の主権者たりうるように憲法理念に即した教育を国家に要求できる、とする説もある[17]。こうした説に対しては、政治主義的だと批判もされている[18]。

今日では、教育を受ける権利は、学習権を基底にして、社会権的側面と自由権的側面をあわせもつ複合的性格の人権であると捉えられている[19]。

---

15) 兼子仁『教育法〔新版〕』（有斐閣、1978年）228頁。
16) 永井憲一『教育法学の原理と体系』（日本評論社、2000年）11頁以下。
17) 星野安三郎「学問の自由と教育権」鈴木安蔵＝星野安三郎『学問の自由と教育権』（成文堂、1969年）58頁以下。
18) 成嶋隆「教育と憲法」樋口陽一編『講座憲法学4』（日本評論社、1995年）112頁。

ところで、主権者教育権説の主張は、日本国憲法と旧教育基本法との一体性を基礎としている。現行教育基本法において同一の文言が散見されるとしても、その基本理念が大きく異なり、変質しているといえる。だとするなら、主権者教育権説の根拠をどこに求めるかが、あらためて問題になろう。また、国民主権と公民教育との結びつきを指摘する点を評価する考えもみられるが、今日では、民主主義自体のあり方が問われている。共和主義的教化教育をどのようにみるかの問題ともかかわるが、まさに主権行使も公務論ではなく、自由や権利を基礎として捉えることの重要性が指摘されている。この点からすると、主権者になることを目的として意識する教育が必要なのか。そうではなく、結果として主権者であることをも意識する教育であればよいとするのがふさわしいと思われる。この点は、後述する憲法価値教育の問題ともかかわる。

Ⅳ　教科書検定制度をめぐる問題

　教科書検定制度は、教科書執筆者の思想審査の「ふるい」の役割を果たし、教育内容に関する国家統制の機能を営んでいるのではないか。こうした思いから、教科書検定制度は憲法21条2項が禁止する「検閲」にあたるとして国（文部省）を訴えたのが教科書裁判といわれるものである[20]。原告側（家永三郎教授）は、概括的には、①民主主義の存立の基礎としての国民の内面的自由、思惟ないし思想の自由とその多様性は絶対に保障されるべきであり、教育・学術・文化への政治権力の介入は許されない、②公教育は、一人ひとりの子ども

---

19) 大島佳代子「教育を受ける権利」大石眞＝石川健治編『憲法の争点』ジュリスト増刊（有斐閣、2008年）176頁。
20) 永井憲一「教育政策と教育裁判の軌跡」『教育と法と子どもたち』法学セミナー増刊（日本評論社、1980年）302頁。なお、教科書にかかわる訴訟は、検定だけではなく、採択・給付・使用の段階での訴訟もおきている。それは、小中高等学校では、検定に合格し採択された教科書を使用するよう義務づけられていることから（小中学校では無償で給付）、教科書検定が著作者の学問の自由や表現の自由を侵害しないのか、21条2項の定める検閲の禁止に違反しないのか、が問われたのであったが、また教科書の使用義務が教師の教育の自由を侵さないかも問われたのである。さらに、検定権限については、学校教育法34条が、小学校の教科用図書の使用について定めるが、そこには「文部科学大臣の検定を経た教科用図書又は文部科学省が著作の名義を有する教科用図書」を使用することが定められ、この規定は、中学校、高等学校、中等教育学校等に準用されることも定められている。米沢広一『憲法と教育15講〔第4版〕』（北樹出版、2016年）108頁以下参照。

の全面的発達の契機であり、本来的に行政権力が干渉し統制すべからざるところである、③公教育における教育内容は、教師と国民の民主的基盤の上での自由な討論を通じて進められるべきである、などの点を掲げ、「国民の教育権」の思想と法理を「教育の自由」を基本として展開した[21]。

教科書検定制度については次のような点が争点となった。第一に、教科書検定制度それ自体が憲法違反ではないか、とりわけ憲法21条2項の禁止する検閲にあたるのではないか（制度違憲論）、第二に、検定制度そのものは合憲だとしても、検定関係諸法令の運用ないし適用のレベルで違憲ではないか（適用違憲論）、第三に、文部大臣（当時）の検定権限行使に裁量権の逸脱ないし濫用の違法がなかったか、である[22]。

他方で、憲法21条2項の禁ずる「検閲」については、従来の通説的見解では、検閲とは、公権力によって外部に発表されるべき思想の内容をあらかじめ審査し、必要があるときに、その発表を禁止することをさすとする[23]。これに対し、次のような批判もある。主体は公権力、主として行政権であるが、裁判所による言論の事前差止も検閲の問題である。対象は広く表現内容と解するのが妥当である。また、検閲の時期は、発表前の抑制とされてきたが、思想・情報の受領時を基準として、受領前の抑制や、思想・情報の発表に重大な抑止的な効果を及ぼすような事後規制も検閲の問題となりうる[24]。このような考え方は、基本的に検閲と事前抑制禁止の原則とを同義と捉えるものである。

最高裁は、税関検査が検閲にあたるかが問われた事件で、21条2項の規定をおいたのは、「検閲がその性質上表現の自由に対する最も厳しい制約となるものであることにかんがみ、これについては、公共の福祉を理由とする例外の許容（憲法12条、13条参照）をも認めない趣旨を明らかにしたもの」とし、「憲法21条2項にいう『検閲』とは、行政権が主体となつて、思想内容等の表現物を対象とし、その全部又は一部の発表の禁止を目的として、対象とされる一定の表現物につき網羅的一般的に、発表前にその内容を審査した上、不適当と認めるものの発表を禁止することを、その特質として備えるものを指すと解

---

21) 永井・前掲注20）・302-303頁。
22) 成嶋隆「教科書検定の違憲・違法性」樋口陽一＝野中俊彦編『憲法の基本判例〔第2版〕』法学教室増刊（有斐閣、1996年）147頁以下。
23) 宮澤＝芦部補訂・前掲注11）・249頁。
24) 芦部信喜＝高橋和之補訂『憲法〔第6版〕』（岩波書店、2015年）198-199頁。

すべきである」と述べている（最大判昭59・12・12民集38巻12号1308頁）。

　次に検定の法的性格をどのようにみるかが問題となる[25]。1つは、確認行為説である。「検定」とは、申請のあった図書について、検定基準にてらして検査し、それが基準に合致していると認められる場合に、公の権威をもってこれを認定する行為をいい、その法律的性質は確認行為である、とする。この説においては、検定をなすことは、「検閲」を禁止した憲法21条2項とは関係がないとする[26]。2つは、設権行為説である。この説によると、教科書の検定は、出版の自由を直接に規制するものではなく、「法律に基づき、教科書としての使用ができる性質を付与する設権行為」であるとする[27]。この説によれば、結果的に行政権に裁量権が認められることになる。3つは、教育目的要請説である。その説によれば次のようである。「教科書検定は著者の発表の自由を奪うものではない。著者は、教科書としてでなければ、自由にこれを刊行することができる。だから、検定が直ちに検閲に当たるとするわけにはいかない。だれでも書物を出版する自由を有するが、教科書として出版する場合には、その内容についてある程度の規制を受けるとすることは、必ずしも理由のないことではない。教科書は児童、生徒たちが必ず読まなければならず、下級学校におけるほどこれに依存する度合いの強いものであるから、教育目的からの要請を無視するわけにはいかない。」しかし、次のように付加している。「検定は右に述べた理由で認められるのであるから、どんな審査をしてもよいというのではなく、これには限界がある。すなわち、第一に、検定者の側においても憲法を尊重しなければならない。第二に、検定制度の趣旨、目的からする当然の限界がある」[28]。4つは、許可行為説である。教科書の発行は、国民個人の出版の自由に含まれる自由であり、「検定」は「法令によるこの自由の一般的禁止を特定の場合に解除する許可行為」である。現行の検定が、検定基準についても運用状況においても思想内容の審査にわたり、また教材としての発行も妨げている以上、検定は「検閲」にあたり違憲であり、検定が「検閲」にならないための最低の要件は、検定の主体を行政権力から切りはなすことである、とする[29]。

---

25) 学説の分類については、有倉遼吉＝時岡弘編『条解日本国憲法〔改定版〕』（三省堂、1989年）170頁以下参照。
26) 儀正市『演習教育行政法』（学陽書房、1962年）104頁。
27) 田上穣治「教科書検定の合憲性」文部時報昭和44年7月号4頁。
28) 橋本公亘『憲法』（青林書院新社、1972年）215頁。

既述したように、検定制度の究極の問題は、運用の実態として、著者の思想的内容・学説などにつき、政策的な観点から審査し、スクリーンすなわちふるいにかけるものとなっていないかどうかであり、またそのことにより、教科書の特質に応じて検定制度を成立させた純粋教育的な目的を、制度上・実態上、逸脱・濫用するものとなっていないかどうか、という点にある[30]。
　一般的には、次のように解釈されている。「教科書には、判断能力の未成熟な生徒がその仕様を事実上強制されるとの特質があり、また、公教育には機会均等の要請があるため、中立性・公正の確保、発達段階への適合、一定の同水準の確保、内容の正確性等が、求められる。それ故、それらの目的を達成するために検定制をとること自体を違憲とはみなしえないであろう」[31]。そこで、「教科書内容についてはその教育的当否の教育専門的吟味がありうるので、届出制的・指導助言的検定制は存在する余地があるが、権力的内容当否決定の検定は、出版検閲に該当するものと解すべきである。したがって、教科書『検定』を定める学校教育法の規定は合憲と解する余地があるが、従前および現行の検定規則・基準にもとづく検定制度は検閲該当の違憲性を帯びている」ということになる[32]。
　問題となるのは、検定対象すなわち何を精査するのか、である。教科書としての適切性は、教師の教育の自由とも結びつく。教科書作成も表現であるが、いずれの教科書を使用し、どのように教えるかも表現であり、教師の教育の自由につながる。そうしたことを考えれば、誤記・誤植の精査、既述内容の過誤の是正や教科書として必要とされる一定の水準にあるかの精査は必要としても、最小限にとどめられるべきものである。判例においては、次の2つの判決が対照的な意見を述べている[33]。
　家永教科書第二次訴訟第一審判決（いわゆる杉本判決）は、概略次のように判示した（東京地判昭45・7・17行集21巻7号別冊1頁）。学校教育法21条の教科書検定は実質的には事前の許可たる性格のものである。教科書を教科書として著作し、発行することも基本的には憲法21条が表現の自由として保障して

---

29) 有倉遼吉『憲法秩序の保障』（日本評論社、1969年）231頁。
30) 奥平康弘「教科書訴訟：検定制度」ジュリスト418号（1969年）32頁。
31) 米沢・前掲注20)・110頁。
32) 兼子・前掲注15)・398頁。
33) 有倉＝時岡編・前掲注25)・171-172頁参照。

いる。しかし、出版に関する事前許可制がすべて検閲に該当するわけではなく、審査が「思想内容の審査」に及ぶものでない限り、検閲に該当しない。現行の教科書検定制度自体が思想内容の審査にわたるもので検閲に該当すると断定するのは相当でないが、運用を誤るときは表現の自由を侵害する。本件検定各不合格処分は、教科書執筆者としての思想内容を事前に審査するもので「検閲」に該当する。

これに対し、家永教科書第一次訴訟第一審判決（いわゆる高津判決）は、概略次のように判示した（東京地判昭49・7・16判時751号47頁）。教科書検定は申請図書につき教科書としての発行・採択を許可する行為であるので、当該申請図書は教科書検定に合格することによりはじめて教科書として発行・採択されうる資格を取得する。国民は一般的な表現の自由を有することから直ちに文部大臣に対し特定の著作物につき教科書として出版・採択することを認めるよう要求しうる権利まで有するものではない。他方、国民はすでに一般市販図書として出版・発行している図書を教科書として検定申請することにつき現行法制上何らの制限も受けず、また不合格の場合も一般市販図書として出版・発行することは全く自由である。したがって、教科書検定は思想審査を本来の目的とするものでもなく、また、あらかじめ審査する制度でもないから、思想審査を主眼とし、出版物等の事前抑制を本質とする憲法21条第2項のいわゆる検閲にはあたらない。

V　教育権の所在

「教育権の所在」とは、教育に関する権能とりわけ教育内容の決定権が国家（実際には政府・文科省）の側にあるのか、国民（実際には教師集団）の側にあるのかをめぐる問題である。家永教科書訴訟を契機としてこうした論争が活発化したが、戦後の教育政策が憲法や旧教育基本法の理念と乖離する形で進められたことに対する危機感からも生じた。

国家の教育権を認める立場は、当初は、義務教育に関する憲法26条2項の反面からして国家に教育する権利が認められる、と考えていた[34]。

しかしその後、文科省を中心として、教育内容決定権を国家に収斂させると

34）田中耕太郎『教育基本法の理論』（有斐閣、1961年）149頁。

いう考え方が唱えられるようになった。その論拠につき、高津判決は次のように示している（東京地判昭49・7・16）。「国または公共団体の設置運営する今日の学校教育は、親の私事的な子女教育に代って組織的、機能的に実施される公教育であって、本来親の教育権と矛盾対立するものではないはずである」、「日本国憲法は、国に対しその権利〔国民の教育を受ける権利〕を実現するため義務教育をはじめ各種の必要な施策を実施する権限と責務を課している」、「公教育における国の教育行政についても民主主義政治の原理が妥当し、議会制民主主義のもとでは国民の総意は国会を通じて法律に反映されるから、国は法律に準拠して公教育を運営する責務と権能を有すると言うべきであり、その反面、国のみが国民全体に対し直接責任を負いうる立場にあるのである」、「現代公教育においては教育の私事性はつとに捨象され、これを乗りこえ、国が国民の付託に基づき自からの立場と責任において公教育を実施する権限を有するものと解せざるをえない」。

これに対し、国民教育権説の立場に立って、杉本判決は次のように述べた（東京地判昭45・7・17）。「教育の本質は子どもの学習する権利を充足し、その人間性を開発して人格の完成をめざすとともに、このことを通じて、国民が今日まで築きあげられた文化を次の世代に継承し、民主的、平和的な国家の発展ひいては世界の平和をになう国民を育成する精神的、文化的ないとなみであるというべきである。」「このような教育の本質にかんがみると、子どもの教育を受ける権利に対応して子どもを教育する責務をになうものは親を中心として国民全体である」、「国民は家庭において子どもを教育し、また社会において種々の形で教育を行なうのであるが、しかし現代において、すべての親が自ら理想的に子どもを教育することは不可能であることはいうまでもなく、子どもの教育を受ける権利に対応する責務を十分に果たし得ないことになるので、公教育としての学校教育が必然的に要請されるに至り、前記のごとく、国に対し、子どもの教育を受ける権利を実現するための立法その他の措置を講ずべき責任を負わせ、とくに子どもについて学校教育を保障することになった」、「国家は、右のような国民の教育責務の遂行を助成するためにもっぱら責任を負うものであって、その責任を果たすために国家に与えられる権能は、教育内容に対する介入を必然的に要請するものではなく、教育を育成するための諸条件を整備することであると考えられ、国家が教育内容に介入することは基本的には許されないというべきである」。

こうした論争に対し、旭川学テ事件最高裁判決は、国家教育権説も国民教育権説も「いずれも極端かつ一方的」として退ける（最大判昭 51・5・21 刑集 30 巻 5 号 615 頁）。憲法 26 条が、「子どもに与えるべき教育の内容は、国の一般的な政治的意思決定手続によって決定されるべきか、それともこのような政治的意思の支配、介入から全く自由な社会的、文化的領域内の問題として決定、処理されるべきかを直接一義的に決定していると解すべき根拠はみあたらない」、「憲法 23 条により、学校において現実に教育の任にあたる教師は、教授の自由を有し、公権力による支配、介入を受けないで自由に子どもの教育内容を決定することができるとする見解も、採用することができない」。そして、親の教育の自由や私学教育における自由、教師の教授の自由を一定の範囲で認められるとしながらも、それ以外の領域においては、国は、必要かつ相当と認められる範囲において、教育内容についてもこれを決定する権能を有する、とした。

　国家教育権説の論拠については、とりわけ議会制民主主義の下では、国民の教育意思は法律を通して行政に反映されるとしている点が問題となろう。実際は、多数決で決定され、少数派の意見は反映されない。議会制民主主義には、マス・デモクラシーの問題がある。議会の無謬性への反省もあり、それ故憲法裁判が発達したことなどを考えれば、議会制民主主義の下で決定されたことがすべて国民の教育意思とはいいきれないであろう。

　他方で、国民教育権説に対しては、次のような反駁もある。国民教育権説とは、国民が学校教育における教育内容について決定する権限を意味するようであるが、この場合の「国民」とは誰をさすのか。この場合の「国民」とは、親・教師・教師集団・学校設置者、その他教育過程関係者などを意味しているようであるが、これらの者すべてが「国家」ではなく「国民」であるといってよいのか。「国民」と称される者に、それぞれの資格において有する権利（権限）には大きな違いがある。それ故、権利主体や権利・権限・権能の内容の異なるものを一緒にして「教育権」と呼ぶことの有用性も必要性もない、とする。他方で、国家教育権説については、その意味は、教育内容の決定権限を統治機関が有することを積極的に肯定することをさすが、その際 26 条 1 項に、「法律の定めるところにより」とあることから、「法律の留保」を前提として認めている。しかし、この「法律の留保」は、憲法規範に拘束されるものであって、そのときどきの政治的勢力が多数決によってどうにでも決定できることではない。ひとたび教育内容を多数決原理で決定することを容認したならば、「教育

はますます政治の侍女になってしまう可能性がある」と批判する[35]。

　国家教育権説に対する批判は首肯できるが、国民教育権説に対する批判については首肯しがたい点がある。子どもの学習権を核にして親や教師が教育についての権利や自由があるとするのが国民教育権説である。親も教師も、それぞれの子どもの成長・発達段階に応じたよりふさわしい教育のあり方を考える権利や自由がある。親は、子どもの発達と学習の権利の保障の第一次的責任を有し、それが保育士や教師に委託される形で保育所や学校が組織される。他方で、保育士や教師も専門的見地からそれぞれ子どもの成長・発達にみあった個別具体的な教育内容や教育方法を考える権利や自由を有している[36]。こうしたことは、「国民教育権」概念を打ち立てることではじめて可能となる。国民に教育権があるからこそ、親の子どもにふさわしい教育の選択の自由や教育への参加権もある。

　国民の教育権の延長上に、国民の教育に対する権利や自由があるのに対し、国家の教育権の方は、「国家の教育する権限」となり、強圧的・強制的な要素が働く危険がある。

VI　公教育の意義

　公教育については、国または地方公共団体が設置する教育機関、すなわち国公立学校で行われる教育をさす、と捉えることもある。このような理解は、教育の実施主体の公私の区別に着目した制度的観点からの定義といえる。しかし、教育の公共性という点に着目すると、私立学校における教育も、学校法人によるものは、教育基本法や学校教育法、私立学校法など公的規制に服することが想定され、補助金などの公的援助を受けている。そうしたことから、私立学校における教育が一概に公教育にあたらない、とすることは適当とはいえない[37]。したがって、公教育とは、国や地方公共団体が、国民全体のために、社会公共的事業として、学校等の施設を設置あるいは認可し、そこでの教育活動の水準の維持や円滑な実施・発展を条件的に保障する、教職員の配置、学校の管理な

---

35) 奥平康弘「教育を受ける権利」芦部信喜編『憲法Ⅲ』（有斐閣、1981 年）411 頁以下。
36) 堀尾輝久「人権思想の発展的契機としての国民の学習権」日本教育法学会年報 3 号（1974 年）28 頁以下。
37) 伊手健一他編『現代政治学辞典』（ブレーン出版、1991 年）278 頁参照。

どが公的制度のもとで公費（税金）によって整備・維持される教育をいい、そうした目的・性格に基づく国や地方公共団体の法的規制や法的保護の下に行われている教育のことである、とするのがふさわしい[38]。さらに今日の公教育は、教育の機会均等、政治的・宗教的中立性すなわち不当な支配の排除、義務教育の無償を制度原則としており、それぞれ教育基本法の4条1項、16条1項、5条4項に具体的に定められている。

これに対して、「国民全体に共通する公共的利益とは直接かかわらない、家庭教育、私塾、あるいは特定の企業や団体内でのその設置目的遂行のための要員を養成する教育訓練等、一部の私人相互間で私的利益の充足のために行われる教育は、『私教育』として公教育と区別され、公的な規制や保護を受けることなく、自由に営まれる」とされて、「私教育といえども憲法秩序のもとにあるのであるから、基本的人権の憲法的保障に抵触するようなあり方が認められるわけではない」と指摘されている[39]。

しかし、こうした「私教育」は、一括りにされるものではない。なぜなら、この中で家庭教育は、本源的な教育として捉えられ、教育基本法10条において、家庭教育のあり方を示し、支援の対象となっているからである。但し、この規定の仕方については別途検討が必要である。またそれ以外の私教育については、参加の自由、脱退の自由が前提として保障されていなければならない。

教育基本法6条は、国、地方公共団体及び法律に定める法人のみが、公の性質を有する学校を設置することができるとするが、この公の性質を有する教育が公教育と位置づけられる。さらに「公の性質を有する教育」は2つの面から捉えられる。

1つは、その教育目的、教育理念である。教育の目的は、人格の完成をめざすもので、「平和で民主的な国家及び社会の形成者として必要な資質を備えた国民の育成」（教育基本法1条）である。これは、日本国憲法の保障する基本的人権としての教育を受ける権利の具体化を示す。今日において立憲主義理念は普遍性をもつ理念として捉えられているが、その内容は近代憲法の確立とともに確認された人権保障と権力分立のみならず、平和主義、個人の尊重、平等原則、国民主権、民主主義的統治構造、憲法保障、法治主義、責任政治などがあ

---

38) 山崎真秀「公教育と私教育」前掲注20)『教育と法と子どもたち』354頁。
39) 山崎・前掲注38)・354頁。

げられる。このような立憲主義的理念の体得も、人格の形成の一部をなす教育の目的である。そしてこうした教育は、あらゆる機会にあらゆる場所において学習することができるべきものである（教育基本法3条）。

2つは、教育における国家や地方公共団体の役割である。教育基本法16条1項は、「教育は不当な支配に服することなく……、教育行政は、国と地方公共団体との適切な役割分担及び相互の協力の下、公正かつ適正に行われなければならない」とする。そして、2項に国の役割、3項に地方公共団体の役割を明示している。教育行政はもとより、旧教育基本法10条2項が示していた「教育の目的を遂行するに必要な諸条件の整備確立を目標として行われなければならない」ものである。いいかえれば、公教育とは、「現代国家が国民の教育をうける権利を積極的に保障していくために原理的に条件整備義務を負う教育」ということになる[40]。そのため、教育行政の分権化・民主化、また教師の教育の自由や権利の保障が不可欠となる。

公教育において、教師の自由や権利の保障が必要な理由は、次のようである。日本国憲法においては、親の、子どもに対する教育の自由は、明示されていないが、すでにみたように、子に対する親の教育権は、親の自然権とも考えられている。教育基本法10条1項は、「父母その他の保護者は、子の教育について第一義的責任を有する」ことを明らかにして、親の教育の権利を認めている。この親の教育の権利は、子どもにふさわしい教育を選択したり、要求したりする権利も含む。子どもの学習権の充足のためには、親の努力だけでは子どもの可能性を十全に開花させることは難しく、そこで、親に代わって教育機関が子を教育する責務を親から委ねられることになる。実際にはその責務は、専門的技能を有する教師に委ねられることになり、教師は、親の教育権の受託者として父母・市民に対し責任をもって親の委託にふさわしい教育を子どもに保障する。親の教育する自由も教師の教育の自由もその基礎は子どもの成長・発達する権利、学習権である。他方で、教師は、児童や生徒を的確に把握し、教育内容を編成し、教育方法を検討し、授業を展開する、学問の自由と教育の自由が保障される自立的な存在でなければならない[41]。その自由と自立は、国家権力からの自由と自立であり、それがまさに「不当な支配」を排除することにつな

---

[40] 兼子・前掲注15) ・234頁以下。旧教育基本法10条2項の該当する文章がなくなったとしても、憲法26条1項から、子どもの教育を受ける権利を国家から条件整備的に保障していくことが導き出される。

がるのである。

　そこで、学習指導要領が、教師の教育の自由とどのようにかかわるかが問われる[42]。本来、学習指導要領は、教育内容に深くかかわらない大綱的基準（その実質は指導助言的基準）を示すにすぎないものである[43]。

　この問題は、学習指導要領が法的拘束力をもつかの問題につながるが、指導助言的基準説においては、法規として法的拘束力を有するものではない、とする。その理由を次のようにあげている[44]。①学習指導要領の文部科学省告示は、指導助言文書の公示である。②学校教育法の委任により、文部科学大臣が立法できる「教科に関する事項」については、教育法制の基本原理に即して、教育条理解釈がなされなければならず、その場合、子どもの学習権、国民の教育の自由、学校教師の教育権等の諸原理とかかわる。③教科に関する事項の立法化で予定されているのは、学校制度的基準をなす各学校段階の教育編成単位である教科目的等の法定であり、教科書教育内容を含むものではない。④学習指導要領が各教科をはじめ学校教育活動の内容にわたる基準を記している以上、その法規性は認められない。学校教育の「一定水準確保」のために法規的国家基準が必要であるという理由は妥当ではない。⑤教科教育内容を定める法規を認めると、その流動性と有機的関連性から法的意味内容が曖昧になる。

　学習指導要領が、教育内容にまで干渉し、それが法的拘束力をもつとするなら、教師の教育の自由はそれだけ狭くなり、それぞれの子どもの発達に応じた教育内容、方法を編み出すことはできなくなる。他方で、普通教育の最低水準の内容を定める必要が全くないとすることも公教育を担う学校教育機関が何を意味することになるのかわかりづらい。学習指導要領は、一定の指標を示すものではあるが、それにより、教育内容を束縛するものではないし、法的拘束力を有するものでもない。ましてや、教師の処分の基準を示すものでもない。

　今日では、「ひきこもり」が大きな社会問題となっており、平成22（2010）

---

41) 小笠原正「国民の教育権と教師の教育権」前掲注20）・361頁。そこでは、子ども（成長発達権）→親（親権の共同化）→教師（信託の共有化）→公教育（教育の組織化・教育条件整備）という図式が示されている。
42) 植田健男「学習指導要領と教育課程編成権」日本教育法学会編『教育の現代的争点』（法律文化社、2014年）166頁以下参照。
43) 大綱的基準説の限界を批判して、指導助言的基準説へと変遷している点につき次を参照。兼子・前掲注15）・379頁以下。
44) 兼子・前掲注15）・382頁。文部大臣を文部科学大臣とした。

年4月から子ども・若者育成支援法も施行されている。ひきこもりの教育を担うフリースクールなども注目されはじめている。こうしたスクールが私塾という扱いのままで良いのか、公が何らかの形で支援すべきものなのかの問題も出てこよう。公教育がいかにあるべきかについてはまだまだ議論すべき点があるが、基本に立ち返り、自由と権利を基礎にすえ、整合性あるものとして解釈することが重要である。

まとめにかえて

　平成29（2017）年12月自民党憲法改正推進本部は、新たに自衛隊加憲を含む憲法改正4項目を発表した。その1つに、「教育の充実」があげられた。当初、「高等教育の無償化」としていたものが、後退した形となって示された。しかし、そもそも憲法26条1項から、2項が明記する義務教育の無償化のみならず、高等教育の無償化も解釈として導き出しうるものであり、あえて憲法改正は必要とされない。問題なのは、無償化とセットに大学に対する管理強化が考えられており、大学の自由や自治を脅すことになるという点である。このように、憲法の基本理念や原則が十分理解されていない行政が行われている。

　そこで、日本国憲法下の公教育には憲法価値教育が規範として要請されているとの考え方が生じる。この説は、教育内容は価値決定を含むことを率直に認め、その価値とは、人間社会の基本的なあり方に関する原理であり、現在の法体系の中ではまさに日本国憲法にあるような、「人権を尊重する」「自由を尊重する」あるいは「政治的な決定は民主的に行う」といったことだとする[45]。また、「公教育の主たる任務は、いわば聖なる文化空間としての学校にふさわしいオーソドックスな価値を教えることに存する」として、主権者教育論を再評価し、学校教育の場では、人権、民主制、平和などの価値が教えられるべき、と指摘される[46]。

　これに対し、憲法教育を憲法における規範的要請として把握することを批判する学説もある。この説によれば、「もともと憲法教育の観念には、教育を通じて国民に憲法価値を注入し、そのことにより既存の憲法秩序（国家体制）を

---

45) 戸波江二「憲法学からみた教育基本法改正の問題点」季刊教育法136号（2003年）5-6頁。
46) 内野正幸「教育権から教育を受ける権利へ」ジュリスト1222号（2002年）105頁。

保持しようとする契機が含まれている」が、教育には「既存の体制の価値を疑うという意味での体制超越的機能」があり、「現在の体制をこえて生きる主体の形成を任務としている」ことから、「国民の憲法忠誠義務をあえて明示していない日本国憲法（99条）の下では、憲法教育は規範として要請されているものとすべきではなかろう」と説く[47]。

　憲法価値教育の主張において、最も問題となるのは、憲法改正になって内容の変更が行われたときには、どうなるのか、ということである。私見では、憲法価値教育ということではなく、普遍的な立憲主義の理念を説く教育というものはありうると思う。その内容は、個人の尊重と基本的人権の保障を中心とするものである。そして、これらの基本である平等原則、前提としての平和主義、より良い保障手段としての国民主権や権力分立の理念が説かれなければならない。民主主義的統治構造、憲法保障、法治主義、責任政治の必要性も認識されなければならない。これらは、人格の形成に不可欠であり、「社会の中に生きる個人」の基礎をなすといえよう[48]。

---

47) 成嶋・前掲注18)・124頁。
48) 植野妙実子「憲法価値と公教育」日本教育法学会編・前掲注4)・30-31頁。

18 労働の権利

はじめに

　憲法27条1項は、勤労の権利及び義務、2項は労働基準法定主義、3項は児童の酷使の禁止を定め、28条は労働三権すなわち狭義の意味での労働基本権と呼ばれる団結権、団体交渉権、団体行動権を定める。従来から労働権としてよりも労働基本権のあり方に注目が集まり、とりわけ日本では公務員に対する厳しい労働基本権の規制をしていることから、この規制のあり方が大きな問題としてとりあげられてきた。

　しかしながら今日、労働基本権のあり方もさることながら、まず失業者数は172万人で少ないものの（完全失業率2.5％、2018年7月）労働者の37.5％程が非正規雇用であること（2017年）、つまり働きたくても自分の思うようには働けない状況にあるのではないか、という問題があげられる。次に、過労死や長時間労働、休暇の少なさなど、働き方あるいは働かせられ方にも問題があることが指摘できる。さらに、労働をめぐる不平等とりわけ男女不平等な取扱いが未だに根強く存在し、セク・ハラやパワ・ハラといった職場環境の改善も問題となっている。

　これらの問題は、労働基本権の充実により改善が促されるというよりは、法的規制のあり方そのものが問われる問題である。高度成長期以来、経済優先で職場で働く人それぞれの個人としての尊重を蔑ろにした結果の「ひずみ」がここに現れているといった方がよいであろう。

　他方で組合への結集率は低下しており、組合の存在意義も問われている。労働者を代表する団体として体質改善が求められるとともに、経営者側と真に対抗できる組織として多様な労働者の問題の解決をはかる姿勢が望まれる。

また、職場のIT化によるジェネレーション・ギャップの解消も必要であり、さまざまな研修や職業教育も労働者の権利として位置づけられる必要がある。

I　27条の意義と内容

27条・28条は、25条の生存権を労働の領域において具体化した規定である。

27条の「勤労の権利」は、憲法制定議会における政府説明では、労働することの自由、自由権の1つだとされている[1]。個人が自由に労働することは人間の天賦の権利の一種であるから、国家権力はそれを侵してはならないと捉えられていた。しかし、学説上は、国家が勤労者に働く機会を保障する義務を負う点に勤労者の権利の現代的意義を見出す見解が有力である[2]。

実際、労働することの自由としての権利は、22条1項の職業選択の自由や営業の自由でも保障されている。そこで、25条における国民の生存の保障に対する国の義務から、この義務を国家の労働保障の義務と解し、それに対応して国家に、労働の意思と能力がありながら職につけない勤労者に、勤労機会の提供を保障することを要求する権利と捉えることができる[3]。但し、このような捉え方をすると、私人間における勤労の権利侵害に直接適用できないおそれがでてくる。労働することが生存につながることを考えると使用者と勤労者の格差から使用者の勤労者に対する解雇権の濫用を防ぐためにも、「勤労の権利」の対国家だけではない保障が重要である。そのように捉えることではじめて、27条の勤労の権利と28条の勤労者の労働基本権とのつながりがわかることとなる。他方で、勤労の自由という側面からは選択肢があることの保障も要求されよう。

それでは、27条における「勤労の義務」の意味は何か。勤労の義務は法律上意味あるものとして宣言したものではない、自然法思想の多分に抽象的かつ道徳的な意味において、国民は一般に勤労すべきものである、という思想を表明したものである、と解されている[4]。したがって、これを国民の公義務として納税の義務と同一平面において取り扱うことは適当ではない、とされてい

---

1)　法学協会編『註解日本国憲法上巻』（有斐閣、1953年）512頁。
2)　浦田賢治「第27条」有倉遼吉編『基本法コンメンタール憲法〔新版〕』別冊法学セミナー30号（日本評論社、1977年）124頁。
3)　有倉遼吉＝時岡弘編『条解日本国憲法〔改訂版〕』（三省堂、1989年）234頁。

る[5]。また、資本主義国家においては、常に勤労できる権利があることを意味しないので、勤労の義務を強制することは論理的に矛盾する。そこで勤労の義務は、働く能力がありながら、働かない者に対し、勤労の権利の享有を保障しないといった程度の、消極的な意味しかもちえない、という指摘もある[6]。

他方で、勤労の権利に対応する国家の義務については、プログラム的意義を有するものと解する考え方[7]に対し、勤労の権利は、国家が必要な立法や施策を講じない場合に国の不作為による侵害についても裁判上争いうる具体的権利であるとする[8]。

勤労条件の法定に関しては、本条に例示されている「賃金、就業時間、休息」の他、安全衛生設備、災害補償など、あらゆる勤労条件に関する事柄を含む。勤労条件の基準を法律で定めるとの趣旨は、勤労条件の決定を使用者と勤労者との間の私的自治、自由契約にまかせていては、立場の弱い勤労者に労働力保護ばかりでなく、人間的生存の確保ができないという歴史的経験にてらして、法律によって使用者側の契約の自由を制限するものである[9]。労働基準法を中心として多くの関連法律があるが、労働時間が長く休暇が少ない日本においては、労働環境の整備は、今でもなお喫緊の解決すべき問題である。

II　28条の意義と内容

28条は、「勤労者の団結する権利及び団体交渉その他の団体行動をする権利」を保障している。この趣旨は、経済的に弱い立場にある勤労者が、その生存やより良い労働環境の確保のために使用者と対等の立場に立つことが必要とされ、一般には組合として結集し（団結権）、それを中心として使用者側と交渉し（団体交渉権）、決裂したときには団体行動すなわちストライキ等をする

---

4)　法学協会編・前掲注1)・513頁。制定過程においてもこの義務の挿入につき、義務をどのように捉えるか議論している。『第90回帝国議会衆議院帝国憲法改正案委員小委員会速記録』（衆栄会、1995年）132頁以下。
5)　法学協会編・前掲注1)・521頁参照。
6)　清水睦『憲法』（中央大学通信教育部、2000年）297-298頁。
7)　法学協会編・前掲注1)・520頁。この考え方によると、使用者の有する解雇の自由は制約されるものではない、とする。
8)　大須賀明「勤労の権利」奥平康弘＝杉原泰雄編『憲法学 (3)』（有斐閣、1977年）94頁。
9)　浦田賢治・前掲注2)・125頁。

（団体行動権）、これらの権利をもって対抗しようとすることを保障するものである。これらの権利の詳細は、労働組合法、労働関係調整法等によって定められている。このような労働基本権は、28条によって、条文上法律の留保がなく、絶対的に保障される形をとっている。

　労働基本権が憲法に明定されたことの意義は次のようにまとめられる。第一に、社会権として、国に対して勤労者の労働基本権を保障する措置を要求し、国はその施策を実施すべき義務を負う。第二に、自由権として、それを制限するような立法その他の国家行為を国に対して禁止するという意味をもつ。これを受け、労働組合法1条2項は、争議行為の刑事免責を定める。第三に、使用者対勤労者という関係において、労働者の権利を保護することを目的とする。したがって、使用者は、勤労者の労働基本権の行使を尊重すべきであって、その行為を妨げる行為は不当労働行為とみなされる[10]。労働基本権の保障は、私人間の関係にも直接適用される。これを受けて、労働組合法8条は、争議行為の民事免責を定める[11]。

　権利主体である「勤労者」をどのように解するか。勤労者とは、労働者であり、「労働者とは自己の労働を他人に提供しそれによって対価をうる者である」から、農民・漁民・小商工業者などは労働者ではない、とする見解がある[12]。これに対し、勤労者とは、一般に社会関係において階級的に従属者である社会集団人を総称するものであり、単に企業＝労使関係の内部で従属関係にある者に限定されるべきではない、公務員も、失業中の労働者や休職中の者もそれに含まれる、とする見解がある[13]。

　前者の見解は狭すぎるといえる。後者の見解については、ここで定めていることが団結権、団体交渉権、争議権であることから、失業者たちが団結して国に対して仕事を要求し、必要な施策等を要求することやそれが通らないときにピケッティング、すわりこみなどをすることが考えられなくもない。しかし、本筋は、劣悪な労働環境にいる者が1人では労働環境改善をはかれないので、

---

10) 労働組合法7条は、労働組合活動などを理由とする不利益取扱い、労働組合への不加入・脱退を雇用条件とする労働契約の禁止、正当な理由のない団体交渉拒否、労働組合への支配介入などを不当労働行為として列挙する。
11) 芦部信喜＝高橋和之補訂『憲法〔第6版〕』（岩波書店、2015年）277-278頁。
12) 佐藤功『憲法（上）〔新版〕』（有斐閣、1983年）466頁。但し、ここでは公務員も労働者とする。
13) 浦田賢治「第28条」前掲注2)『基本法コンメンタール憲法〔新版〕』126頁。

団結して改善を要求するというところにあり、使用者対勤労者を想定している。失業者たちの団結権の行使等は、政治的表現の自由として扱うこともできる。しかし、前者の見解が狭すぎると思うのは、不当に大量解雇された者たちが、すでに勤労者としての地位を失ってはいるが、使用者に対し団結権等の行使をすることは十分に考えられるからである。このような人たちの権利も憲法は保障していると解すべきであろう。なお、一般的には、「職業の種類を問わず、賃金、給料その他これに準ずる収入によって生活する者」と捉えられている[14]。

28条に関する主な論点は、労働基本権の限界である。当然これら労働基本権は単純に公共の福祉を理由として規制されるべきものではない。「これらの権利の性質に応じて決定されなければならない」とされている[15]。また、労働基本権が労働者の生きる権利として保障されているところから、それを規制する立法には、立法府の裁量を過度に重視することは妥当ではないと指摘される。そして、ある程度厳格に審査することが必要と述べて、二重の基準理論との関係では、精神的自由と経済的自由との中間に位置するものとして、LRAの基準によって合憲性を考えるのが妥当とする[16]。ここには、2つの問題点があることを指摘しておきたい。すなわち、精神的自由の保障と労働基本権の保障が違う段階に位置するということでよいのか、LRAの基準によって判断するということが適切なのか、ということである。

労働基本権の限界として、「正当性」があげられる。とりわけ争議行為は、ストライキ（同盟罷業）、怠業、ロックアウト等業務阻害をともなう行為である。業務阻害を行うことで使用者側に不利益を与え、団体交渉を有利に進めようとする。そこで、こうした行為をどのように評価するかが問題となる。一般には、労働基本権が認められているとしても、使用者などの生命、身体、財産に危険を及ぼしたり、暴力の行使をともなうような方法で行われる場合には、それらは「正当な行為」とは認められず、刑事上、民事上の免責を受けない、とされている[17]。ここで問題となるのは、「財産」であろう。既述したように業務阻害は使用者の財産への侵害をともなうとみることもできるからである。

---

14) 佐藤幸治『日本国憲法論』（成文堂、2011年）375-376頁。この規定は、労働組合法3条の労働者の定義である。
15) 佐藤功『日本国憲法概説〔全訂第5版〕』（学陽書房、1996年）307-308頁。
16) 芦部＝高橋補訂・前掲注11)・278頁。
17) 佐藤功・前掲注15)・308頁。

労働基本権の行使の基礎として、労働組合の組合活動すなわち組合組織の存立・維持・運営等のために行われる活動がある。組合活動が団結権・団体行動権の行使の一環として位置づけられるならば、刑事免責・民事免責が認められ不当労働行為制度の保護が与えられる。しかし、日常的な組合活動が企業内で就業時間内に行われる場合には、使用者の指揮命令権や施設管理権などと抵触する。そこで組合活動の「正当性」が問題となる。これについては、労働法学説上、組合活動権と使用者の保護法益との調整の視点にたつ受忍義務説、使用者の法益侵害（とりわけ施設管理権の侵害）について原則として違法としつつも、団体行動権の行使として認められる場合の違法阻却説が対立的に主張されていた[18]。

最高裁は、国鉄札幌運転区事件において、企業秩序論を基礎としつつ、許諾のない企業施設利用の組合活動は企業秩序を乱すものであって、正当な組合活動として許容されない、としている（最判昭54・10・30民集33巻6号647頁）。また、大成観光リボン闘争事件においては、最高裁は、就業時間中に行われた組合活動は正当な組合活動として認められないと判示している（最判昭57・4・13民集36巻4号659頁）。この判決には、伊藤正己裁判官の補足意見がついており、労働者には職務専念義務があるが、この義務と何ら支障なく両立し、使用者の業務を具体的に阻害することのない行動は、必ずしも職務専念義務に違背しないが、本件リボン闘争組合員たる労働者の職務を誠実に履行する義務と両立しない、としている[19]。

全体的に最高裁は組合活動に対して厳しい態度をとっている。伊藤正己裁判官が示したように、職務専念義務は、業務の形態や内容また労働者の職務の性質や内容、当該行動の態様など総合的に勘案して判断されるべきであることは当然である。しかし、組合活動が労働基本権を支えているという視点に立つとき、組合活動が特別に許容される余地はないのかも検討されるべきであろう。その余地は、人々の生存する権利に根ざすものであり、だからこそ必要とされるものである。

---

18) 西谷敏『労働法〔第3版〕』（日本評論社、2013年）599頁以下。組合活動の正当性については次のもの参照。中村和夫「組合活動の正当性（1）」及び大沼邦博「組合活動の正当性（2）」土田道夫＝山川隆一編『労働法の争点』ジュリスト増刊（有斐閣、2014年）194-198頁。

19) 浜村彰「第2章労働組合 総説」西谷敏他編『新基本法コンメンタール労働組合法』別冊法学セミナー209号（日本評論社、2011年）とりわけ57頁以下参照。

また、組合活動は、組合の決定として団体として行われるものであるが、組合員が自ら組合のために良かれと思ってする活動や自らの考えをアピールするための行動は、その組合員自身の表現の自由の問題とされる。先述の表現の自由と経済的自由の中間として捉える違憲判断基準によれば、こうした1人で行った表現の自由の方が、労働基本権としての組合の活動の権利よりも厚く保護されることになり、バランスを欠くといえる。また、LRA の原則は、ヨーロッパでの比例原則に近いと思うが、比例原則をとったとしても権利の性質に応じての強弱があることが知られている[20]。私見では、LRA の原則は、経済的自由に対する消極的規制目的を達成するための規制手段に対する判断[21]としてだけでなく、表現の自由はもちろんのこと、労働基本権に対する規制の合憲性を判断する場合にも有用と思う。但し、この場合に規制目的をどのように設定するかが鍵になる。規制目的の設定について厳格さが求められよう。

　労働基本権の中でも、使用者の企業運営との調整において、最も問題となるのは、争議権である。争議行為の正当性は、刑事免責、民事免責、不当労働行為制度の保護につながる。争議権は、「使用者と対等の立場での交渉を確保するための行動」で、「団体交渉の目的をその目的とするものでなくてはならない」とされる。そこから、「いわゆる政治ストは、ここにいう争議権に含まれない」という考え方が導き出される[22]。

　争議権の正当性の問題は、争議権の性格がどのようなもので、どのように位置づけられるかにもかかわるものである。労働法学上では、「争議権は自由を本質的な要素とする権利であるが、市民的自由と同質的なものではなく、労働者の社会的地位や争議行為の実体に即した実質的、積極的な自由であり、そして集団的な自由であると論じられ、労働基本権保障に自由権の理念を読み込みつつ、労働基本権保障と生存権保障を架橋する論理の整備が図られるに至っている」と説明されている[23]。

　また28条の核心は団体交渉にあり、団体行動は団体交渉の行き詰まりの打開策にすぎないとみるのか、それとも団結権、団体交渉権、団体行動権の各権利に独自の規範的意義を見出すのかによっても、団体行動権としての争議権の

---

20) 植野妙実子『フランスにおける憲法裁判』（中央大学出版部、2015年）147頁以下。
21) 薬局開設の距離制限に関わる最高裁判決（最大判昭50・4・30民集29巻9号572頁）参照。
22) 宮澤俊義『憲法Ⅱ〔新版〕』（有斐閣、1978年）440頁。
23) 唐津博「争議行為の概念・正当性」前掲注18)『労働法の争点』189頁以下。

正当性の範囲は異なってくる[24]。後者のように、団体行動権の規範的意義を明らかにし、その保障の趣旨にてらして捉えるのがふさわしいといえよう。なぜなら、憲法は労働三権を文言上並列的に掲げている。また、当面の団体交渉の打開が実は政策等にかかわることもありうる。いいかえれば、根本である政策等の転換を求めない限りは、交渉事項の解決がはかれないということもあり、争議行為の目的が団交目的に限定されないこともありうるからである。そこで、争議行為の正当性については、目的、態様、手段、手続等において具体的に判断されることになる。

目的の正当性として争点になるのは、政治ストや同情ストである[25]。争議権を団体交渉の一環としてみる見方からは、政治ストや同情ストは、団体交渉の解決可能性をもたないものとして正当性は否定されることになる。規範的意義にてらして判断する場合は、政治ストを、労働者の経済的利益に直接関係する立法や政策を対象とする経済的政治ストとそれ以外の純粋政治ストとに区別した上で、正当性の判断がされる。たとえば、前者は争議権保障の範囲内で、後者は表現の自由の問題となることもあろう。

争議行為の態様・手段については、労務の完全な不提供である同盟罷業（ストライキ）の正当性は認められている。労務の不完全な提供である怠業の正当性も機械や製品の破壊・毀損をもたらすような行為にでない限りは正当性は認められている。しかし、生産管理や職場占拠は、資本主義経済体制の下で保障される私的所有権、財産権を侵害する行為として正当性は否定される傾向にある。山田鋼業事件において最高裁は、同盟罷業と生産管理とを区別して、同盟罷業も財産権の侵害を生ずるが、それは労働力の給付が債務不履行になるにすぎないが、生産管理は企業経営の権能を権利者の意思を排除して非権利者が行うものであるとして違法性は阻却されないと判示した（最大判昭25・11・15刑集4巻11号2257頁）[26]。この事件は、団体交渉が決裂したため、争議行為として生産管理に入り、組合員が経営を遂行してハンマー等を製作販売して組合員の賃金支払等の費用にあてていたが、その間に会社内の鉄板を売却したことが

---

24) 唐津・前掲注23）・199頁。
25) 佐藤昭夫「政治スト・同情スト」蓼沼謙一他編『労働法の争点〔新版〕』ジュリスト増刊（有斐閣、1990年）115頁以下参照。
26) 高橋和之他編『憲法判例百選Ⅱ〔第5版〕』別冊ジュリスト（有斐閣、2007年）314-315頁〔二本柳高信担当部分〕。

業務上横領にあたるとして組合幹部が起訴されたものである。一審は無罪（大阪地判昭22・11・22刑資10号108頁）、二審は窃盗罪が成立するとされた（大阪高判昭23・5・29刑集4巻11号2305頁）ので、生産管理の憲法適合性を主張して上告したものであった。

手続面においては、団体交渉を経ない争議行為や予告なしの抜き打ち的争議行為の正当性が問われている。団体交渉の一環としてみる見方からは、こうした争議行為については正当性が否定されているが、手続面だけでなく全体をみて判断するということも主張されている。また、まず目的の正当性判断が重要で、次に手段等の正当性が問われるのか、目的も手段・態様も手続もすべて考慮して判断するのかも問われる。

憲法学においては、組合活動の正当性のみならず、争議行為の正当性の問題も深く検討されてはこなかったように思われ、今後の課題であろう。

III 労働基本権の制限

28条の労働基本権の限界として語られるもう1つの事柄が、特定産業や特定の勤労者についての労働三権のうちのいずれか、もしくはその全部を禁止することができるのかという問題である。

特定産業の争議行為の規制については、まず、労働関係調整法8条1項が、公益事業を、公衆の日常生活に欠くことのできないものとして示し、運輸事業や郵便、電気通信事業等を掲げている。さらに、内閣総理大臣は、1項に掲げられている事業以外にも、国会の承認を経て「業務の停廃が国民経済を著しく阻害し、又は公衆の日常生活を著しく危くする事業」を1年以内の期間を限って公益事業として指定できる（8条2項）。指定された公益事業は、争議行為に関し規制を受けることとなっている。争議行為をするにあたっての予告期間が存在し（37条）、場合によっては内閣総理大臣による緊急調整も受ける（35条の2）。緊急調整中の争議行為は公表から50日間、禁止される（38条）。安全保持施設の正常な維持または妨げる行為は争議行為としても禁止されている（36条）。さらに受諾された調停案の解釈・履行に関する争議行為も制限される。また電気事業及び石炭産業における争議行為の方法の規制に関する法律（いわゆるスト規制法）も存在している。スト規制法違反の争議行為は、行政解釈によれば、刑事上、民事上の免責を失い、解雇その他の不利益取扱いを受けても

不当労働行為の救済は受けられないとされている。学説では、争議権の濫用の問題として解決がはかられる事柄で、あえてスト規制法の適用を必要としない、と解されている[27]。労働関係調整法の上にスト規制法も存在するという立法の整合性や必要性の問題があるといえる。また、船員法30条は、船舶が外国の港にあるとき、または争議行為により人命もしくは船舶に危険が及ぶような場合の争議行為の禁止を定める。

　今日、公益事業が分割されたり、民営化されたりしている中で事業のあり方の変化に応じた適切な必要最小限の争議行為の制約を考えるべきであろう。たとえば、同様の業種の公益事業の担い手が数社あるなら1社が争議中でも代替が可能ということになる。公益事業の指定の拡大を許し、それらがさまざまな争議行為の制限を受けるとしたら、勤労者の労働の権利の保障はなりたたなくなる。内閣総理大臣の緊急調整は、「国民経済の運行の阻害」をも規制目的に掲げ、50日間という長期にわたる争議行為を禁止するもので、違憲の疑いが指摘されている[28]。

　特定の勤労者に関する労働三権の規制とは、公務員に関するものである。公務員の労働基本権は、その地位の特殊性と職務の公共性を理由として制約されている。公務員は大別すると、国家公務員と地方公務員に分けられる。国家公務員の一般職公務員は、①非現業職員と②現業及び特定独立行政法人職員とに分けられる。地方公務員の一般職は、③次の④に該当する以外の職員と④公営企業、特定地方独立行政法人及び技能労務職員とに分けられる。1999年以降の行政改革によって、一方で非公務員化（独立行政法人・国立大学法人）、他方で団体交渉権を有する公務員化（特定独立行政法人）が進められた[29]。

　国家公務員のうち、警察職員、海上保安庁職員、刑事施設において勤務する職員、地方公務員のうち警察職員、消防職員は、職員団体を結成・加入することは禁じられている（国公法108条の2　5項、地公法52条5項）。すなわち、団結権をはじめとする労働三権はもたない。違反には刑罰が科せられる。自衛隊員も、勤務条件等に関し交渉するための組合その他の団体の結成・加入が禁

---

27) スト規制法についてはさしあたり、林廣「争議行為の制限禁止」中川善之助監修『現代法学事典3』別冊法学セミナー（日本評論社、1973年）162頁。
28) 西谷・前掲注18）・647頁以下参照。
29) 下井康史「公共部門労使関係法制の課題」日本労働法学会編『労働法の基礎理論』（日本評論社、2017年）249頁以下参照。

じられており（自衛隊法64条1項）、争議行為・怠業的行為の禁止（同条2項）、そうした行為の共謀、教唆、せん動も禁止されている（同条3項）。これらの行為に違反すると刑罰（3年以下の懲役または禁錮）が科せられる。

①の国家公務員の非現業職員には、職員団体制度が採用され、当局と交渉することはできるが、団体協約を締結する権利はもたない（国公法108条の5 1項、2項）。交渉事項には制約がある。争議行為等は禁止され、こうした違法な行為を企て、その遂行を共謀し、そそのかし、あおる行為も禁止される（98条2項）。争議行為等の遂行を共謀し、そそのかし、あおる行為、これらの行為を企てた者には刑罰が科せられる（110条1項17号）。

②の国家公務員の現業及び特定独立行政法人職員には、労働組合制度が採用されている（特定独立行政法人等の労働関係に関する法律4条1項）。団体交渉権が保障され、労働協約を結ぶことができるが、管理運営に関する事項は除かれる（同法8条）。協約の効力には、一定の制限がある（同法16条）。争議行為は禁止されており、争議行為等禁止された行為を共謀し、そそのかし、あおってはならない（同法17条1項）。作業所閉鎖をしてはならない（同法17条2項）。

③の地方公務員の④に該当する者以外については、国家公務員の非現業職員と同様に、職員団体制度が採用されている（地公法52条）。当局と交渉することはできるが、団体協約を締結する権利はもたない（同法55条1項、2項）。地方公共団体の事務の管理および運営に関する事項は、交渉の対象とすることはできない（同法55条3項）。但し、法令、条例等に抵触しない限りにおいて、当局と書面による協定を結ぶことはできる（同法55条9項）。争議行為は禁止され（同法37条1項）、違反行為をした者は、任命上または雇用上の権利をもって対抗することはできない（同法37条2項）。禁止されている争議行為の遂行を共謀し、そそのかし、もしくはあおりまたはこれらの行為を企てた者には刑事罰がある（同法61条1項4号）。

④の地方公務員の公営企業、特定地方独立行政法人職員および技能労務職員には、労働組合制度が採用されている（地方公営企業労働関係法5条）。地方公営企業職員は、管理及び運営に関する事項以外の団体交渉をすることができ、労働協約を締結することができる（同法7条1項、2項）。協約の効力には、一定の制限がある（同法8条1項、2項）。争議行為等は禁止され、禁止されている行為を共謀し、そそのかし、またはあおってはならない（同法11条1項）。地方公営企業は、作業所閉鎖をしてはならない（11条2項）。なお、地方独立

行政法人は、特定地方独立行政法人と一般地方独立行政法人に分けられ、前者は地方公務員として地方公営企業と同様の労働基本権のあり方、すなわち争議権は認められていない。後者は、非公務員とみなされ、労働三権は認められている。但し、職員の給与は職員の勤務成績が考慮されること（地方独立行政法人法57条）が定められている。また当該地方独立行政法人の業績の実績が考慮される。この点では、雇用自体も不安定のように思える。他方で、特定地方独立行政法人の職員の給与については、「その職務の内容と責任に応ずるものであり、かつ、職員が発揮した能率が考慮されるもの」（同法51条）とされている。こちらには、公共企業体労働関係法を前身とする特定独立行政法人等の労働関係に関する法律が適用される。国の独立行政法人の制度を含めて、法制度に問題がある、と指摘されている[30]。

　公務員に採用される職員団体はオープンショップ制であり、加入を強制されるものではない。従来、日本の組合制度の特色とされていたユニオンショップ制は組合加入の自由がないという点で批判されていた。しかし、日本のような長時間労働の常態化の中で組合活動の時間的制限やまた組合活動に対する職場の理解の欠如もみられ、オープンショップ制の下での組合加入率の低さも問題となる。さらに、組合活動の制限、とりわけ争議行為の禁止に対して、代償措置として人事院、地方においては人事委員会が設けられているが、はたして代償としての機能を果たしているかが問われる。

　日本の公務員に対する厳しい労働基本権のあり方は、国際的にも問題になっており、とりわけ消防職員の団結権に対して、1973年以降ILOから適当な措置をとるよう意見が示されていた。そこで消防職員に、消防職員の意見を幅広く求めるための委員会制度が設けられた。しかしこの制度は団結権を認めるということにはつながらないきわめて限定的なものである。

　一連の公務員制度改革は、行政改革からきており、目的が経済的合理化、コスト削減にある。公務員の労働基本権を認め、必要最小限の規制とする憲法の

---

30) 赤池史孝＝荒井達夫「独立行政法人の問題の本質を考える」立法と調査308号（2010年）89頁以下。たとえば国立大学の教員は、国立大学法人法により、国家公務員としての地位を離れ労働三権を有することとなった。しかし、財政や中期目標、中期計画を通した政府による統制を受ける形となっており、全く自由な立場で団体交渉できるかというとそうはなっていない。地方自治体の公立大学の教員も同様である。国公立、私立大学の教員とも「評価」という制度に縛られているが、国公立は法人評価をうけるという点で厳しい立場にあり、私立大学はむしろ自由競争の中での淘汰という試練を受ける形となっている。

規定にそった考え方が望まれるところである。

Ⅳ 公務員の労働基本権をめぐる判例

日本国憲法28条は、いかなる限定を設けることなく労働基本権を認めている。このことは、公務員も私企業労働者と同一の権利を保障されていると読みとれる。しかしながら、公務労働者には現実にはさまざまな制約が課されている。その発端となったのは、1948年7月の政令201号で、現業公務員を含むすべての公務員の争議行為を禁止し、その違反者には刑事罰を科すことが示された。1953年最高裁は、政令201号事件において、政令201号に対し、「憲法28条が保障する勤労者の団結する権利及び団体交渉その他の団体行動をする権利も、公共の福祉のために制限を受けるのは已を得ない」とし、「殊に国家公務員は、国民全体の奉仕者として（憲法15条）公共の利益のために勤務し、且つ職務の遂行に当つては全力を挙げてこれに専念しなければならない（国家公務員法96条1項）性質のものであるから…一般の勤労者とは違つて特別の取扱を受けることがあるのは当然である」と判示した（最大判昭28・4・8刑集7巻4号775頁）。これにより、公共の福祉や全体の奉仕者を理由として公務員の労働基本権が制限されることが当然と考えられるようになった[31]。

1966年最高裁は、全逓東京中郵事件において、概略次のように判示した。なお、この事件では、東京中郵局での従業員に対し勤務時間にくいこんで職場大会に参加するよう説得し、職場離脱をさせた行為が郵便物不取扱（郵便法79条1項）の教唆にあたるとして起訴された組合の役員に対するものである。「労働基本権は、単に私企業の労働者だけについて保障されるのではなく、公共企業体の職員はもとよりのこと、国家公務員や地方公務員も、憲法28条にいう勤労者にほかならない以上、原則的には、その保障を受けるべきものであり、公務員を『全体の奉仕者』と規定する憲法15条を根拠として、公務員に対して労働基本権をすべて否定するようなことは許されない。ただし、公務員の労働基本権が何らの制約も許されない絶対的なものではなく、国民生活全体の利益の保障という見地からの制約を当然の内在的制約として内包している。その制限は、合理性の認められる必要最小限度のものでなければならず、職務等の

---

31) 植野妙実子＝佐藤信行編『要約憲法判例205』（学陽書房、2007年）194頁参照。

性質が公共性の強いものであり、その停廃が国民生活全体の利益を害し、国民生活に重大な障害をもたらすおそれのあるものについて、これを避けるために必要やむを得ない場合について考慮されるべきである。また、違反者に対して課せられる不利益については、必要な限度をこえないように、十分な配慮がなされなければならない。とくに、勤労者の争議行為等に対して刑事制裁を科することは、必要やむを得ない場合に限られるべきである。さらに、労働基本権を制限することがやむを得ない場合には、これに見合う代償措置が講ぜられなければならない」と判示した[32]。

その後、東京都教組事件（最大判昭44・4・2刑集23巻5号305頁）および全司法仙台事件（最大判昭44・4・2刑集23巻5号685頁）で最高裁はいわゆる合憲限定解釈を示した。前者においては最高裁は次のように述べている。「一見、一切の争議行為を禁止し、一切のあおり行為等を処罰の対象としていえるように見える地公法の各規定も、合理的な解釈によつて、規制の限界が認められるのであるから、その規定の表現のみをみて、直ちにこれを違憲無効の規定であるとすることはできない。そのうえで、地公法61条4号は違法性の強い争議行為を前提としており、争議行為に通常随伴して行なわれる行為については、処罰の対象とされるべきものではない。」[33]

ところが、1973年最高裁は、全農林警職法事件において、上記の判決とは異なる考え方を示した（最大判昭48・4・25刑集27巻4号547頁）。公務員の地位の特殊性と職務の公共性、勤務条件法定主義、財政民主主義を理由として、公務員の労働基本権に対する幅広い規制を認めるにいたったのである。この事件は、全農林労組の役員による警職法反対運動のいわゆる「あおり行為」が（当時の）国家公務員法98条5項に違反するとして起訴されたものである。最高裁は概略次のように述べた。「公務員の使用者は国民全体であり、公務員の労務提供義務は国民全体に対して負う。公務員の地位の特殊性と職務の公共性から、公務員の労働基本権に対し必要やむをえない限度の瀬原を加えることは、十分合理的な理由がある。公務員の場合、その給与の財源は国の財政とも関連して税収によって賄われる。その勤務条件はすべて民主国家のルールに従い、立法府において論議の上でなされるべきものであり、原則として、国民の代表

---

32) 植野＝佐藤・前掲注31)・195頁参照。
33) 植野＝佐藤・前掲注31)・196頁参照。

者により構成される国会の制定した法律、予算によって定められる。公務員が政府に対し、争議行為を行うことは、憲法の基本原則である議会制民主主義に背馳する。公務員の場合には、私企業におけるような使用者側の対抗手段もなく、市場の抑制力も働かない。公務員の労働基本権の制限にあたっては、人事院制度などの代償措置が整備されている。」また合憲限定解釈については、「不明瞭な限定解釈は、かえって犯罪構成要件の保障的機能を失わせることとなり、その明確性を要請する憲法31条に違反する疑いすら存する」とも判示した[34]。

まとめにかえて

　公務員の労働基本権の制限については、批判も多く議論されてきた。しかし、労働する権利自体については、人間の生存にかかわる基本的な権利でありながら議論は深められてこなかった。今日、大きな問題は、「働く」すなわち「生きる」ということがままならない現実がある、ということである。また働き続けることの困難さもみられる。長時間労働、休暇の少なさなどに加えて、セク・ハラやパワ・ハラの存在、子どもを育てながら働くことの困難さなども指摘できる。結局、効果的な規制がなされていない。さらに、経済社会構造上の変化への対応も考えられていない。今や一生同じ会社で働き続けて定年を迎えるといった日本型雇用形態は消失しているといえるが、それならヘッドハンティングで上昇できるのかというと必ずしもそうはなっていない。他方で、少子化、労働力不足、働いた経験の全くない「ひきこもり」の増加などの問題もある。

　労働権についての議論が深まらない理由としては、労働者すなわち国民自身が労働することを権利として自覚していないこと、また「組合」の意義が認識されていないことがあげられよう。労働することの困難に直面したとき「権利」を有効に使おうとしない。権利を有効に使うためには連帯が必要であるし、同じような意識をもつ仲間とともに情報や意見を交換し、闘うことが必要である。労働者の孤立を防ぐことも重要と思われる。さらに、労働者の権利の構築のためには、いわゆる労働基本権の枠にとらわれない自由な労働者の活動も必要である。

---

[34] 植野＝佐藤・前掲注31)・197-198頁参照。

19 選挙権の平等と立法裁量

はじめに

　日本国憲法は国民主権の下で間接民主制を主に採用している。間接民主制は代表民主制ともいい、国民が選挙を通じて選ぶ議員によって構成される議会が、国民にかわって国家権力を行使する制度である。前文には、主権を有する日本国民は、「正当に選挙された国会における代表者を通じて行動」すると定められており、例外的に、憲法改正の承認（96条）、地方自治特別法の同意（95条）が、国民が国家意思の決定に直接かかわる場合として定められている。したがって直接的な意思の表明がきわめて限られている故に、選挙は国家意思の方向性を決定する重要なファクターであり、厳正な意味が求められるといえる。

　ところで、選挙人の意思に議員の行動が拘束される関係を命令委任というが、それは近代議会制においては否定され、議員は選挙人から独立した法的地位を有すると考えられてきた。これを純代表、政治的代表と呼ぶ。憲法43条1項の「全国民を代表する選挙された議員」もこのように解されてきた[1]。

　しかし、民主主義の進展にともなって、国民の意思と国会の意思の、一定の一致が求められるようになり、「代表とは国民の政治的見解と国民が選んだ代議士の政治的見解との類似以外の何ものでもない」と考察されるようになった[2]。これをフランスでは半代表制と呼ぶ。社会学的代表ともいわれる。このようにして、国会議員の選挙を通して、国民の間の意思の多様性が、各党派の議席数に正確に現われることが要請されたり、選出された議員の活動に、選挙

---

1) 清宮四郎『憲法Ⅰ〔新版〕』法律学全集3（有斐閣、1978年）67頁。
2) 芦部信喜「第43条」有倉遼吉＝小林孝輔編『基本法コンメンタール憲法〔第3版〕』別冊法学セミナー78号（日本評論社、1986年）183頁。デュヴェルジェの言葉として引用されている。

人の意思が適正に反映されるような工夫が要請されたりしている[3]。

ところで、日本では二院制が採用されているが、両院の性格は必ずしも明確ではなく、「多様な民意を国会に反映させることが両院制の妙味を発揮させる」という意図に必ずしも沿っていない嫌いがあると思われる[4]。現在では両院の選挙制度もそんなに大きな違いはない。ここでは、投票価値の平等の問題を通して国会の立法裁量について考える。

I 昭和51（1976）年衆議院議員定数配分規定違憲判決

選挙権の平等については、一人一票の原則（公職選挙法36条）のみならず、投票価値の平等も要請されることが最高裁判所の判決の中でも明らかになっている。それは、昭和47（1972）年12月に行われた衆議院議員選挙の千葉県第1区の選挙に関し、同選挙区の選挙人が、本件議員定数配分規定が、憲法14条1項に反し違憲であり、右無効な規定による本件選挙は無効であると主張して、公職選挙法204条の選挙の効力に関する訴訟として提起した訴訟の上告審において、最高裁判所の下した判決の中で明示された（最大判昭51・4・14民集30巻3号223頁）。

本判決では①選挙権の平等と選挙制度については、「選挙権の内容、すなわち各選挙人の投票の価値の平等もまた、憲法の要求するところであると解するのが、相当である」とした。しかし、「右の投票価値の平等は、各投票が選挙の結果に及ぼす影響力が数字的に完全に同一であることまでも要求するものと考えることはできない」とし、「両議院の議員の各選挙制度の仕組みの具体的決定を原則として国会の裁量にゆだねて」おり、「それ故、憲法は、前記投票価値の平等についても、……国会が考慮すべき唯一絶対の基準としているわけではなく、国会は、衆議院及び参議院それぞれについて他にしんしゃくすることのできる事項をも考慮して、公正かつ効果的な代表という目標を実現するために適切な選挙制度を具体的に決定することができるのであり、投票価値の平等は、……原則として、国会が正当に考慮することのできる他の政策的目的な

---

[3] 清水睦編著『法学ガイド憲法Ⅰ』別冊法学セミナー93号（日本評論社、1989年）89頁。なお、43条1項は命令委任を禁止しているわけではない、とする異論もある。杉原泰雄「国民主権と国民代表制の関係」奥平康弘＝杉原泰雄編『憲法学4』（有斐閣、1976年）73頁以下。

[4] 清水編著・前掲注3）・109頁。

②本件議員定数配分規定の合憲性については、「衆議院議員の選挙における選挙区割と議員定数の配分の決定は、……結局は、国会の具体的に決定したところがその裁量権の合理的な行使として是認されるかどうかによって決するほか」はないが、「具体的に決定された選挙区割と議員定数の配分の下における選挙人の投票価値の不平等が、国会において通常考慮しうる諸般の要素をしんしゃくしてもなお、一般的に合理性を有するものとはとうてい考えられない程度に達しているときは、もはや国会の合理的裁量の限界を超えているものと推定されるべきもの」である。「本件衆議院議員選挙当時においては、各選挙区の議員1人あたりの選挙人数と全国平均のそれとの偏差は、…約5対1の割合に達していた」が、「直ちに当該議員定数配分規定を憲法違反とすべきものではなく、人口の変動の状態をも考慮して合理的期間内における是正が憲法上要求されていると考えられるのにそれが行われない場合に始めて憲法違反と断ぜられるべきもの」と述べる。「本件議員定数配分規定は、本件選挙当時、憲法の選挙権の平等の要求に違反し、違憲と断ぜられるべきもの」であり、「右配分規定は、…全体として違憲の瑕疵を帯びるものと解すべきである」。

③本件選挙の効力については、規定は憲法に違反するが、「右規定及びこれに基づく選挙を当然に無効であると解した場合、……今後における衆議院の活動が不可能となり、前記規定を憲法に適合するように改正することさえもできなくなるという明らかに憲法の所期しない結果を生ずる」。それ故、行政事件訴訟法31条1項前段に定めるいわゆる事情判決の法理を用いて、公職選挙法219条はその準用を排除しているが、「選挙を無効とすることによる不当な結果を回避する裁判をする余地もあるものと解」して「前記の法理にしたがい、本件選挙は憲法に違反する議員定数配分規定に基づいて行われた点において違法である旨を判示するにとどめ、選挙自体はこれを無効としないこととするのが、相当」とした。そして、「選挙を無効とする旨の判決を求める請求を棄却」し、同時に「当該選挙が違法である旨を主文で宣言」している。

これに対し、7裁判官の反対意見がある。

II 判決の論点

判決の論点は、違憲判断の基準と判決の範囲と効力である[5]。

違憲判断の基準の第一は投票価値の較差であるが、判旨は投票価値の平等の要請を認めつつも、「各投票が選挙の結果に及ぼす影響力が数字的に完全に同一であることまでも要求するものと考えることはできない」として、両議院の議員の各選挙制度の仕組みの具体的決定を国会の裁量に委ねる。本件の約5対1という偏差は、投票価値の不平等が「国会において通常考慮しうる諸般の要素をしんしゃくしてもなお、一般的に合理性を有するものとはとうてい考えられない程度に達している」と判断され、違憲とされたのである。しかしどの程度が違憲と判断される較差となるのか数値は示されてはいない。その後の一連の判決からは、衆議院に関しては1対3程度あるいは3以内を限界と想定しているのではないかとみられている[6]。

　学説においては、多くは人口比率を第一基準としながらも民主主義的合理性による差別とならない範囲で選挙区の大小等の地理的、歴史的要素を考慮に入れることは許されるとする見解をとっている。この場合もその許容度が問題となる[7]。これに対してはあくまでも投票価値の平等が原則であって、それにともない他の要素は制約されると考えられるべきであろう。

　基準となる数値については「選挙区間の投票価値の平等を数値の上で完全に保つことは困難であろうが、限りなく1対1に近づけることが必要であり、較差の許容範囲は1対2未満とするのが、学説では有力」とされている[8]。芦部信喜は、「1票の重みが議員1人当たりの人口の最高選挙区と最低選挙区とでおおむね2対1以上に開くことは、投票価値の平等の要請に反すると解するのが妥当」としているが、その理由として、「1票の重みが特別の合理的な根拠

---

5) さしあたり次のものを参照、野中俊彦「議員定数不均衡問題」『選挙』ジュリスト増刊総合特集38号（有斐閣、1985年）64頁以下、芦部信喜＝高橋和之編『憲法判例百選Ⅱ〔第3版〕』別冊ジュリスト131号（有斐閣、1994年）322-323頁〔山本浩三担当部分〕、吉田善明「議員定数の不均衡と法の下の平等」『憲法の基本判例〔第2版〕』法学教室増刊（有斐閣、1996年）55頁以下。

6) 1983年の最高裁判決において、1975年の定数不均衡は正の法改正により投票価値の不平等状態は一応解消されたとしており、その当時の最大較差1対2.92は最高裁の許容限度と考えられた（最大判昭58・11・7民集37巻9号1243頁）。しかし最近では1対2に近づけて判断しようとする傾向もみられる。平成23（2011）年3月23日の最高裁判決では、平成21（2009）年の衆議院選挙の2.30倍の較差を違憲状態としている。佐藤令「衆議院及び参議院における一票の格差」調査と情報714号（2011年）1頁以下参照。

7) 吉田・前掲注5)・58-59頁。

8) 清水睦『憲法』（中央大学通信教育学部、2000年）146頁。

もなく選挙区間で2倍以上の較差をもつことは、平等選挙（一人一票の原則）の本質を破壊することになる」としている。また、この前提として次の3つの点をあげている。第一に、一人一票の原則にとどまらず、投票価値の平等も含まれること、第二に、選挙権及び投票価値の平等は、表現の自由と同様に民主政を支える重要な権利であるので、厳格な司法審査が必要であり、較差の合理性の挙証責任は政府にあること、第三に、国民の意思を公正かつ効果的に代表するために考慮される非人口的要素は定数配分が人口数に比例していなければならないという大原則の範囲内で認められるにすぎないこと、である[9]。

違憲判断の基準の第二は、国会に定数配分是正のために認められる「合理的期間」である。判旨は、「昭和39年の改正後本件選挙の時まで8年余にわたってこの点についての改正がなんら施されていない」として「憲法上要求される合理的期間内における是正がされなかった」としている。その後昭和58（1983）年の最高裁判決では、昭和55（1980）年6月の衆議院選挙における1対3.94という較差について違憲状態にあることを認めつつも、定数不均衡是正の法改正が昭和50（1975）年に行われた結果投票価値の不平等状態は一応解消されたとして、その時点から本件選挙当時はなお定数不均衡を解消するために認められる合理的期間内であったとして、定数配分規定を合憲と判示している。しかしながらこの合理的期間を違憲審査の基準として採用することは、理論的根拠や起算点、許容される期間が判然とせず批判されている[10]。

違憲判決の範囲と効力の問題は密接につながっている問題である。判決において多数意見と6名の反対意見を分けたのは、定数配分規定を「全体として違憲」と示すか否かであった。a 多数意見が当然無効理論もとるべきでなく、また公選法204条に基づき、「選挙を将来に向かって形成的に無効とする」方法も憲法上決して望ましい姿ではないとして、行訴法31条1項前段の規定につき、公選法上の排除の規定（公選法219条）をふみこえてもなお、本件選挙にこの基本原則を適用して、本件選挙は無効ではないが違法としたのである。b 岡原等五裁判官の反対意見は多数意見の違憲判断の基準には同意するものの、本件選挙当時の「議員定数配分規定は千葉県第1区に関する限り違憲無効とし、これに基づく同選挙区の本件選挙もまた、無効」とする。c 岸裁判官の反対意

---

9) 芦部信喜『憲法〔第6版〕』（岩波書店、2015年）141頁。
10) 芦部＝高橋編・前掲注5) 324-325頁〔安念潤司担当部分〕。

見は、この種の訴訟を抗告訴訟として構成することを提示しつつ、さしあたりは公選法204条によることに賛同するが、千葉県第1区の選挙を無効とするも、当選人らは当選を失わない旨の判決をすべきとする。またd天野裁判官の反対意見は、「そのような訴えのために道を開いた実定法規が制定されていない以上は、結局、不適法の訴えとして却下されるほかない」としている。

学説ではaをやむをえないものとして支持するものが多いが[11]、bやcを支持するものもある[12]。私見では、議員定数がまず定められ、それを基にして各選挙区に配分されていることを考えると、配分のあり方は1選挙区にかかわらず全体に影響を及ぼすことなど、多数意見の指摘する通りであり、議員定数配分規定を不可分として違憲ではあるが無効ではないとする手法は権利救済のためにやむをえないと思われる。

Ⅲ　小選挙区比例代表並立制の導入

平成6（1994）年、小選挙区比例代表並立制が衆議院議員選挙に導入され、衆議院小選挙区の区割りについては、衆議院議員選挙区画定審議会設置法（以下、設置法もしくは区画審設置法ともいう）に基づき設置された衆議院議員選挙区画定審議会に審議が委ねられ、平成6（1994）年11月衆議院小選挙区選出議員の選挙区を定める法律、いわゆる区割り法が成立した[13]。

小選挙区比例代表並立制という選挙方法自体がそもそも選挙権の平等原則あるいは他の民主主義の原則に適うかどうかの精緻な検討が必要であるが[14]、設置法は、これまでの選挙権の平等にかかわる議論の一定の成果をふまえたものだということはできる。というのも、その審議会の設置の趣旨は、選挙区の改

---

11) 芦部信喜「議員定数配分規定違憲判決の意義と問題点」ジュリスト617号（1976年）49頁以下。
12) b、cについてはそれぞれ高橋和之「定数不均衡違憲判決に関する若干の考察」法学志林74巻4号（1977年）79頁以下、阿部泰雄「議員定数配分規定違憲判決における訴訟法上の論点」ジュリスト617号（1976年）55頁以下参照。
13) 安田充「公職選挙法の一部改正等について」ジュリスト1045号（1994年）35頁以下、同「公職選挙法の改正について」ジュリスト1063号（1995年）45頁以下。
14) それぞれの選挙制度の問題点については、堀江湛「選挙区制」『選挙』前掲注5)・52頁以下。また冨田信男「小選挙区比例代表並立制に関する一考察」選挙研究13号（1998年）140頁以下、上脇博之『なぜ4割の得票で8割の議席なのか』（日本機関紙出版センター、2013年）も参照。

定の公正の確保の観点から、いわゆる第三者機関に改正案の作成を委ねることが適当であるとして審議会を設置することになったからである[15]。

　設置法3条1項は、「改定案の作成は、各選挙区の人口の均衡を図り、各選挙区の人口のうち、その最も多いものを最も少ないもので除して得た数が2以上とならないようにすることを基本とし、行政区間、地勢、交通等の事情を総合的に考慮して合理的に行わなければならない」と基準値も明らかにした。但し、審議会は比例代表選出議員の選挙区の改定は扱わない。また、4条は、「勧告は、（10年ごとの）国勢調査の結果による人口が最初に官報で公示された日から1年以内に行うものとする（1項）、前項の規定にかかわらず、審議会は、各選挙区の人口の著しい不均衡その他特別の事情があると認めるときは、勧告を行うことができる（2項）」と勧告の期限も明らかにした（条文は当初のもの）。

　ところが、いわゆる区割り法が成立した当初から、選挙区間の較差が2倍を超えることとなっている点、較差2倍を超える選挙区が28にのぼっている点が問題となった。これに対し大出内閣法制局長官は「審議会が、投票価値の平等についての憲法上の要求も踏まえ、人口基準以外の行政区画だとか地勢だとか交通等の事情を総合的に考慮して勧告した画定案に従いまして法案化したものであり、その結果、今回の区割りによる選挙区の一部において選挙区間較差が2倍を超えるものがあるといたしましても、それは憲法上許されないものではないというふうに考えている」と答えている[16]。

　平成11（1999）年11月10日最高裁は、平成8（1996）年10月の新制度に基づく選挙について合憲と判断した。この判決においては、「およそ議員は全国民を代表するものでなければならないという制約の下で、議員の定数、選挙区、投票の方法その他選挙に関する事項は法律で定めるべきものとし（43条、47条）、両議院の議員の各選挙制度の仕組みの具体的決定を原則として国会の広い裁量にゆだねているのである。……国会が新たな選挙制度の仕組みを採用した場合には、その具体的に定めたところが、右の制約や法の下の平等などの平等などの憲法上の要請に反するため国会の右のような広い裁量権を考慮してもなおそ

---

15) 安田・前掲注13)「公職選挙法の一部改正等について」42頁。なお、山口祥義「衆議院議員選挙区画定審議会設置法・衆議院議員選挙区画定審議会設置法の一部を改正する法律」法令解説資料総攬149号（1994年）18-19頁。
16) 安田・前掲注13)「公職選挙法の改正について」46-47頁。第131回国会衆議院政治改革に関する調査特別委員会議録第3号（平成6年10月26日）2頁及び、12-13頁にある。

の限界を超えており、これを是認することができない場合に、初めてこれが憲法に違反することになる」ことを確認している。その上で、小選挙区の区割りは2つの基準、すなわち、1つは人口比例原則を重視して区割りを行い選挙区間の人口較差を2倍未満とすることを基本とすること、2つは区割りに先立ち、まず都道府県に議員の定数1を配分した上で、残る定数を人口に比例して各都道府県に配分することを定めるものであること、にしたがって策定されている。そこで、後者の基準から一定程度の定数配分上の不均衡が生じるので、前者の基準はその枠の中で定められる、とする。まず、小選挙区制を採用したことは国会の裁量の限界を超えるとはいえないとする。次に、投票価値の平等は、選挙制度の仕組みを決定する唯一絶対の基準ではなく、都道府県の役割を考えると、選挙区割りをするに際して無視することのできない基礎的な要素である、とし、各都道府県にあらかじめ定数1を配分することで、人口の少ない県に居住する国民の意見をも十分に国政に反映させることができるようにすることを目的とするもの、とする。選挙区間における投票価値の不平等は、合理性を有するとは考えられない程度まで達していたとはいえず、憲法の選挙権の平等の要求に反していない、と判示した（最大判平11・11・10民集53巻8号1704頁）。

　これには、5人の反対意見がついた。反対意見の4人（河合伸一、遠藤光男、元原利文、梶谷玄、各裁判官）は、選挙区間における人口の最大較差は本件選挙直近で1対2.309、較差2倍を超えた選挙区が60にも及んだ本件区割り規定は、明らかに投票価値の平等を侵害しており、その原因は各都道府県に1人を配分する一人別枠方式を採用したことによる、として、この規定が憲法上容認されないことを明らかにする。小選挙区制を採用するメリットは議員定数不均衡問題の解消にあったにもかかわらず、一人別枠方式をとることでこのような結果になったことは、国会の裁量権の行使に合理性は認められない、違憲状態は法制定の当初から存在していたので、「是正のための合理的期間」の有無を考慮する余地がない、と述べる。反対意見の1人（福田博裁判官）は、憲法に定める投票価値の平等は、きわめて厳格に貫徹されるべき原則であり、最大較差2倍を大幅に下回る水準で限定されるべきである、近年行われた公職選挙法の改正は平等原則を遵守するために必要な是正を行っていない。平等原則を忠実に遵守した選挙区割りを行う中心的責任は国会自身にあるが、今回の公職選挙法改正における選挙区決定は憲法に違反する、と述べる。「国会の裁量権の行使に合理性は認められない、違憲状態は法制定の当初から存在していた」、とす

る反対意見の方が正当といえる。

　また同日、新たな衆議院議員選挙制度において採用されている重複立候補制についても合憲との判断が下されている（最大判平11・11・10民集53巻8号1577頁）。選挙制度の仕組みを具体的に決定することは国会の広い裁量に委ねられているところ、としている。全員一致の判決である。若干違和感を感じるのは、一人別枠方式について反対意見を述べた裁判官たちもこちらに関しては何も語っていないということである。

　このように当初から違憲の疑義のある小選挙区比例代表並立制は、これに基づく選挙の結果さらに小選挙区で落選した候補者が比例代表制で復活するなど別の問題も提示したのであった。若干の問題が改正され、平成12（2000）年6月の衆議院議員選挙の施行となった[17]。また平成12（2000）年の国政調査に基づき、衆議院議員選挙区画定審議会は、衆議院小選挙区選出議員の選挙区の改定案についての勧告をまとめた。それにより、平成14（2002）年7月公職選挙法の一部改正が成立した。この改正の過程では、1票の較差是正のためには一人別枠方式の見直しが必要との意見もあったが、この点の改正はなされなかった。しかし平成22（2010）年の国政調査に基づいて、「衆議院小選挙区議員の選挙区間における人口較差を緊急に是正するための公職選挙法及び衆議院議員選挙区画定審議会設置法の一部を改正する法律案要綱」が作成され、いわゆる緊急是正法が平成24（2012）年11月に成立した。この法律によって一人別枠方式規定は廃止されることとなった。

Ⅳ　一人別枠方式の違憲性

　平成23（2011）年3月23日、最高裁は平成21（2009）年8月30日施行の総選挙当時において衆議院議員選挙区画定審議会設置法3条の定める衆議院小選挙区選出議員選挙区割りの基準のうち、同条2項のいわゆる一人別枠方式に係る部分は、憲法の投票価値の平等の要求に反する状態にいたっており、同基準にしたがって平成14（2002）年に改定された公職選挙法13条1項、別表第1

17）比例選で復活当選するには、小選挙区で正しく投票されたうちの10分の1以上の票をとることが必要となり、また比例選で当選した人は、政党がなくなったりしない限り、別の政党には移れないとした。ちなみに平成11（1999）年9月2日現在における衆議院議員選挙区の最高（神奈川県第14区）と最低（島根県第3区）の比率は2.44対1であった（自治省選挙部管理課）。

の定める選挙区割りも、憲法の投票価値の平等の要求に反する状態にいたっていたことを認めた。しかし、いずれも憲法上要求される合理的期間内における是正がされなかったとはいえず、各規定が憲法14条1項等に違反するものということはできない、としている（最大判平23・3・23民集65巻2号755頁）。なお、本件選挙当日における選挙区間の選挙人数の最大較差、選挙人数が最も少ない高知県第3区と選挙人数が最も多い千葉県第4区との間で1対2.304であり、高知県第3区と比べて較差が2倍以上になっている選挙区は45選挙区であった。

　最高裁はまず、「両議院の議員の各選挙制度の仕組みについて国会に広範な裁量を認めている」、「投票価値の平等は、選挙制度の仕組みを決定する絶対の基準ではなく、国会が正当に考慮することのできる他の政策的目的ないし理由との関連において調和的に実現されるべきもの」という基本的な考えには変更がないことを明らかにしている。その上で、具体的な選挙制度を定めるにあたって、これまで都道府県が定数配分及び選挙区割りの基礎として考慮されてきたことを認めている。区画審設置法3条1項は選挙区間の最大較差2倍未満になるように区割りをすることを述べ、2項においては一人別枠方式が採用されている。一人別枠方式の採用に関しては、相対的に人口の少ない県に定数を多めに配分し、人口の少ない県に居住する国民の意思をも十分に国政に反映させることができるようにすることが目的と説明されてきたが、この選挙制度によって選出される議員は、全国民を代表して国政に関与することが要請されている。一人別枠方式が選挙区間の投票価値の較差を生じさせる主要な原因である。平成6（1994）年に新選挙制度が導入されるにあたり、「激変緩和措置」としての意味を有していたが、その合理性に時間的な限界があり、新しい選挙制度が定着し、安定した運用がされるようになった段階においては、その合理性は失われた。「本件区割り基準のうち一人別枠方式に係る部分は、本件選挙時においては、立法時の合理性が失われていたにもかかわらず、投票価値の平等の要求に反する状態にいたっていたもの」、本件選挙区割りも憲法の投票価値の平等の要求に反する状態にいたっていたもの、とする。しかし、憲法上要求される合理的期間内に是正がされなかったものということはできない。このように判示したが、できる限り速やかに一人別枠方式を廃止し、投票価値の平等の要請にかなう立法的措置を講ずる必要がある、という指摘をしている。なお最後の「合理的期間内における是正」についての部分は、平成19（2007）年6月

13日大法廷判決の合憲であるとの結論とつじつまをあわせたものといえる（最大判平19・6・13民集61巻4号1617頁）。これには2名の反対意見、3名の補足意見がついた。反対意見の1つ（田原睦夫裁判官）は、一人別枠方式は制定当初から憲法に違反していた、憲法上要求される合理的期間内における是正がなされなかったものということはできないとはいえない、国会は立法不作為の責任を問われてしかるべきであるとする。反対意見のもう1つ（宮川光治裁判官）は、人口こそが議席配分の出発点であり、決定的基準であるとし、可能な限り1対1に近づける努力をしなければならないという。一人別枠方式は、民主的正統性の観念に背馳し、合理性を見出すことはできない、違憲としている。

小選挙区比例代表並立性の導入は、政党本位、政策本位の政治の実現と同時に投票価値の平等の実現のためにも効果的と説明されてきた。しかし設置法のそもそもの目的を裏切る形で一人別枠方式が採用され（その経緯についても判決はふれている）、当初から投票価値の平等が達成できない事態を招いた。国会のこうした「裏切り」を正すためにこそ司法の役割がある。平成11（1999）年の判決で違憲性を告発すべきものだったといえよう。

V 立法裁量

投票価値の平等が認識されながら実現されないのは、結局選挙制度の中に平等以外の要素をどれだけとり入れるかの許容度にかかわる。すなわち、これを立法裁量として認めるか否かが問題となる。

戸松秀典は立法裁量論とは、裁判所が法律の合憲性審査に用いる1つの手法とみて、「裁判所が法律の合憲性の審査を求められたとき、立法府の政策判断に敬意を払い、法律の目的や目的達成のための手段に詮索を加えたり裁判所独自の判断を示すことを控えることをいう」としている。さらに「違憲立法審査権を行使する裁判所が、権力分立の原理に基づき、立法府との対立をやわらげるため生み出した1つの調整機能を果すもの」とし、「司法の自己抑制という面からも語ることができる」としている。そして審査基準との関係では、立法裁量論は「合理性の基準の前提」となっているという。また立法裁量論と審査基準とは表裏一体をなす、として、「広い立法裁量論が単なる合理性の基準、狭い立法裁量論が厳格な合理性の基準、さらに立法裁量論不適用が厳格な審査基準に結びつく」ことを示している。

戸松は、「議員定数の配分には種々の要因を考慮せざるをえないということはできる」が、「そこには、選挙権の保障、すなわち、選挙権がどの選挙人についても等しく保障されなければならないとの憲法上の命令が働いており、それを諸要因より優先して考慮するか、諸要因と同じ重さにみるかが関わっている」とする。「選挙権を『民主制の根幹をなす重要な基本権』であると理解する見解からは、少なくとも明白性の原則に結びつく広い立法裁量論の適用は排斥され、厳格な審査の道が開かれることになる」が、昭和51（1976）年最高裁判決は、選挙権に関して徹底した平等化を志向するものとしながらも国会の裁量の余地を認めており、「厳格度を緩めた審査基準・厳格な合理性の基準」を適用した例としている[18]。

　そもそも立法裁量論を裁判所の違憲審査権行使のための法理という面からのみ捉えることができるかどうかは問題となるところであろう。たとえば覚道豊治は立法裁量と行政裁量を対比させ、立法府の自由裁量という視点から立法裁量を捉えている[19]。また立法裁量論と合理性の基準が結びつくものかも問題となる。統治行為論・政治問題の法理や立法府の自律行為とする手法と立法裁量論がどのように区別されまたは区別されないのかも問題となる[20]。

　野中俊彦は、「立法裁量の類型化のむずかしさの1つの原因は、立法裁量なることばがあまりにも包括的に使われているところにある」として、立法裁量を、第一は、特定の憲法規範の解釈の上で立法裁量が認められる場合、第二は、必ずしも特定の憲法規範の解釈としてではなく、憲法上いわば一般的に存在する立法裁量が語られる場合とする。第一の場合は、憲法47条、25条、84条の解釈として、あるいは22条1項の「公共の福祉」に関する解釈としての立法裁量にあたるが、第二の場合はそもそも立法裁量論を持ち出すべき領域ではないこともある、という。「憲法47条は、投票制度につき立法裁量を認めているが、……そもそも技術的な限界でやむをえない不均衡を除き投票価値の平等を相対化するほどの立法裁量はもともと認められないと解する余地もある」とす

---

18) 戸松秀典「立法裁量論」現代憲法学研究会編『現代国家と憲法の原理』（有斐閣、1983年）186頁以下。
19) 覚道豊治「立法裁量論と行政裁量」公法研究41号（1979年）171頁以下。
20) 戸松・前掲注18)・193頁。裁量行為、統治行為、自律行為と分ける場合もある。長尾一紘「立法府の自由裁量とその限界」Law School 25号（1980年）28頁以下。また藤井俊夫「権力分立制と司法権の限界」Law School 41号（1982年）28頁以下も参照。

る[21]。

まとめにかえて

　私見では、立法裁量を認める場合が幅広く設定されるということであれば、事実上違憲審査制は成り立たない。憲法の中には明文をもって、たとえば憲法30条のように「法律の定めるところにより」として立法府に判断を委ねているものもある。しかしながらこの場合に憲法原則が及ばないというのではなく、設定された目的に対し、さまざまな方法の中から何を選びとるかについては立法府の考えが尊重されるとするにすぎない。

　47条も同様の場合であるが、こと選挙権は民主政治の基礎であり、さまざまな要素が加味されるとしても、あくまでも、とりわけ衆議院については下院としての存在からも、人口比例が基本であるのはいうまでもない。その上で一方の議院が人口比例に忠実であるとき、他方の議院においては、その性格において何を極立たせるのか、その議論の上に参議院議員選挙制度のあり方は、衆議院議員選挙制度と異なりさまざまな要素の採用に許容度があるということはいえるであろう。立法裁量を認める場合であってもその限界が常に意識されるべきである。

21）野中俊彦「立法裁量論」芦部信喜編『講座憲法訴訟第2巻』93頁以下。憲法47条については同論文121頁。

20　国家賠償請求権

はじめに

　近年、国や地方公共団体の責任を問う事件についての判決が相次いでいる。平成13（2001）年4月、水俣病関西訴訟において、大阪高裁は、国と熊本県の法的責任を認め、国の対応が遅れたことは行政裁量の範囲を逸脱したものと指摘した（大阪高判平13・4・27判タ1105号96頁）。最高裁においても、国も熊本県も、水俣病による健康被害の拡大防止のために規制権限を行使しなかったことは国家賠償法1条1項の適用上違法となることを認めた（最判平16・10・15民集58巻7号1802頁）。また平成13（2001）年5月には、ハンセン病国家賠償請求訴訟において、熊本地裁は、患者の強制隔離を示した「らい予防法」は遅くとも昭和35（1960）年までには改正ないしは廃止すべきだったとして、旧厚生省の怠慢を指摘し、同時に、国会についても昭和40（1965）年までには同法を改廃すべき義務があったと判断して、国に賠償を命じている。これに対して国側は、最高裁判例（後述）とてらして熊本地裁の判断はそぐわない点があるとしたものの控訴を断念している。

I　憲法17条と国家賠償法

　憲法17条は、公務員の不法行為によって損害を受けた者が国または地方公共団体に対して損害賠償請求権を有することを定めるものである。この17条の定める権利は、国務請求権、受益権として扱われるのが一般的である。大日本帝国憲法下においては、本条のような規定は存在せず、また国の賠償責任について一般的に認めた法律もなかった。加えて旧行政裁判法16条により、行

政裁判所は損害賠償の訴えを受理しなかった。国の賠償責任は、民法上の不法行為規定の適用が認められる限度でのみ肯定されたにすぎなかった。判例は、国の私経済的活動に関して民法の適用を認め、国の賠償責任を肯定していたが、公の営造物の設置・管理の瑕疵に基づく損害についても民法717条を適用して国の賠償責任を認め、さらにその他の非権力的行政作用についても、民法715条や44条を適用して、国・公共団体の賠償責任を認めるにいたった。しかし、権力的行政作用については、一貫して国の責任を否定した[1]。17条は、権力的作用か非権力的作用かを区別することなく、すべての場合について国の不法行為責任を一般的に認めたもので、とりわけ権力的作用の場合の国の賠償責任を認めたところに、積極的意義があるといわれているものである[2]。

憲法17条を受けて昭和22 (1947) 年国家賠償法が制定された。国家賠償法は、公権力の行使に当る公務員の加害による損害の賠償責任（1条1項）、その求償権（1条2項）、公の営造物への設置管理の瑕疵に基づく損害の賠償責任（2条1項）、その求償権（2条2項）、費用負担者の損害賠償責任（3条1項）、その求償権（3条2項）、民法の適用（4条）、特別法の適用（5条）、相互保証主義（6条）を定める。特別法とは、郵便法（68条以下）等であるが、この他17条の規定とは異なる形で国家の補償責任を定めたものとして、日本国とアメリカ合衆国との間の相互協力及び安全保障条約6条に基づく施設及び区域並びに日本国における合衆国軍隊の地位に関する協定（日米地位協定）の実施に伴う民事特別法等がある。これをどうみるかに関しては別途検討が必要である。

II 国家賠償請求権の法的性格

国家賠償請求権の法的性格については、長いあいだプログラム規定説が通説的見解とされていた。それは、17条は綱領規定、すなわち「立法者に対する命令」にすぎず、この規定によって、国民は直接国または公共団体に賠償請求できないとするものである[3]。今日では、抽象的権利であると解する見解も多く存在する。17条は本来法律によって具体化されることを予定しているものであり、したがって本条の権利は本条のみを根拠として直ちに主張しうる権

---

1) 国賠訴訟実務研究会編『国家賠償訴訟の理論と実際〔改訂〕』（三協法規、2000年）3頁以下。
2) 樋口陽一他『注解憲法 I』（青林書院、1994年）358頁〔浦部法穂担当部分〕。
3) 古崎慶長『国家賠償法研究』（日本評論社、1985年）260頁。

利ではないと解すべきで、その意味では具体的権利ではないが、このことは本条の賠償請求権の権利性を否定するものではなく、抽象的権利だと解する[4]。また、本条が法律による権利の現実化・具体化を予定していると解さざるをえないことから、立法が本条の保障する権利の現実化・具体化を怠るとすれば、違憲であり、法律によって賠償責任の排除を定めることも違憲とする説がある[5]。この問題は、とりわけ憲法施行後、国家賠償法施行前の間に生じた権力作用に基づく不法行為責任について、国が負うべきか否か、すなわち本条を直接根拠にして賠償を請求しうるか否かをめぐって争われた問題である。国家賠償法附則には、「この法律施行前の行為に基づく損害については、なお従前の例による」とする経過規定があった。プログラム規定説によれば、「従前の例」は国家無責任であり、民法によっても賠償できないとする[6]。特別の定めがなされるまでは、民法の規定を適用すべきであった、とする説もある[7]。

　国家・地方公共団体はそもそも国民・住民のために活動し、権力機構の民主的運営をはかることを付託されているのであり、公権力の主体には、権力的作用であれ、非権力的作用であれ、適法性が要求される。公権力の主体である公務員の故意・過失によって違法な行為が行われ、国民に損害が与えられた場合、損害賠償をなすべきことは当然である。この権利は漸く日本国憲法において明らかとなったが、民主主義的国家運営の必然であって、それ故憲法施行後、国家賠償法制定以前には民法の規定の適用をすべきではないかという模索がなされた。こうした点をふまえると、国家賠償請求権はプログラム規定ではなく、当然に法律によって具体化されることが期待されている権利とみることができる。したがってその法律の内容も民主主義国家としてふさわしい内実を備えることが必要なものである[8]。

---

4) 佐藤功『憲法（上）〔新版〕』（有斐閣、1983年）281頁。
5) 高田敏「第17条」有倉遼吉編『基本法コンメンタール憲法〔新版〕』別冊法学セミナー30号（日本評論社、1977年）85頁。
6) 古崎慶長『国家賠償法』（有斐閣、1971年）261頁。
7) 今村成和『国家補償法』（有斐閣、1957年）84頁。
8) 高田敏編『行政法〔改訂版〕』（有斐閣、1994年）231頁、現代化の進展につき参照。

Ⅲ　国家賠償責任の本質

　公務員の権力行使が不法行為にあたるとき、なぜ国または地方公共団体が賠償責任を負わなければならないのか。これについては、代位責任説と自己責任説とがある。

　代位責任説では、公務員が不法行為を行ったとき、本来は公務員が個人的に責任を負うべきではあるが、「公務員個人に責任を負わせていたのでは、公務員の活動が事なかれ主義に陥り、また公務の遂行に当たって、公務員が萎縮してしまうおそれがあり、なによりも、公務員個人の賠償能力という点から、被害者の救済が十分には達成され難い」[9]、そこで、公務員の使用者である国に、その責任を代位させているのだと説く[10]。それ故1条2項で国の求償権を定めていると条文上の整合性からも主張する。

　これに対し、「権力というものは、その性質上、濫用の危険が伴う。そこで、国が、公権力の発動を、公務員に委ねた以上、その濫用の危険から生じる責任について、権力の授権者としてこれを負担すべき責務を負う。すなわち、損害の発生が、国家組織に内在する危険の発現である」と説く[11]、自己責任説が有力である。その理由として、代位責任説の述べる被害者救済の実効性を考慮しなければならない、とすること自体が、「国家活動の拡大によって個人主義的過失責任主義を貫くことができなくなったことを意味する」と指摘し、「国の責任は、種々の国家活動が常に個人に対し損害を生ぜしめる危険を内包していることに基づく一種の危険責任として構成すべきである」という[12]。また、「もはや単なる代位責任説ではかたづかない」、国家賠償責任の成否が、違法行為を行った公務員個人の故意・過失、すなわち主観的判断能力や認識能力に左右されるということになると、被害者の側に不公平な場合があることが避けられない。そこで客観的に非難に値すると評価される状況にあることをいうとする[13]。これを過失の客観化と呼ぶ[14]。

---

9) 村上武則編『基本行政法〔第2版〕』（有信堂、2001年）225-226頁の説明から。
10) 佐藤・前掲注4)・283頁。
11) 村上・前掲注9)・226頁の説明から。
12) 浦部・前掲注2)・360頁。
13) 村上・前掲注9)・226頁。

Ⅳ　公務員の意味

　国家賠償が請求できるのは、公務員の不法行為によって損害を受けた場合である。
　「公務員」とは、公務員の身分を有する者に限定されず、公務を委託され、それに従事する者のすべてをさすとする説が憲法上有力である[15]。他方で国賠法1条1項の「国又は公共団体の公権力の行使に当る公務員」の「公権力の行使」の解釈については、狭義説・広義説の対立がある。広義説とは、公権力を、国または公共団体の作用のうち、純然たる私経済作用と、国賠法2条によって救済される営造物の設置・管理作用を除くすべての作用と解する立場で、ここには非権力的作用も含まれる。通説といえる。狭義説とは、公権力を国家統治権に基づく優越的な意思発動たる作用に限定する立場である[16]。
　最近では、保育や介護などで民間のスタッフや施設の活用がなされており、「公権力の行使」や「公務の委託」の再確認が必要であろう。私見では、純然たる私経済活動を除いて、国家賠償請求の対象となるとする広義説がふさわしいと考える。介護保険サービスのように市等の紹介で民間施設と契約を結んだりした場合の、たとえば介護士の不法行為は国賠の枠で処理すべきとなる。その意義は、公務を委託するにあたって、必要な研修を準備するなど、国（もしくは地方公共団体）の監督責任が明確となるからである。また同時に公務の意味を明確化させ、安易な民間活用を避けさせるという意義も出てこよう。
　その意味でここの「公務員」は、国家公務員、地方公務員、すべての国または地方公共団体のため、公権力を行使する権限を委託された者をいい、公務員の資格や身分の有無とは直接関係はしない[17]。

Ⅴ　行政の作為責任・不作為責任

　国賠法1条1項の「その職務を行うについて」の「職務」は、職務行為自体

14）原田尚彦『行政法要論〔全訂第4版増補版〕』（学陽書房、2000年）244頁以下。
15）たとえば、高田・前掲注5）・86頁。
16）国賠訴訟実務研究会編・前掲注1）・34頁以下、古崎・前掲注6）・95頁。
17）村上・前掲注9）・227頁。

よりは広いが、単に職務を行うに際してよりは狭く、職務行為自体の他、職務遂行の手段として行われる行為や、職務と密接に関連し、職務行為に付随してなされる行為を含むものと解されている[18]。客観的に職務行為の外形を有すれば、「職務を行うについて」に含まれる、とされ、これを外形標準説という。

「職務を行うについて」の中には作為の他、不作為も含まれるが、不作為に違法性があるとされるには、その前提として、作為をなすべき義務が必要である。この義務をどう構成するか。行政の不作為責任訴訟にはいくつかの克服すべき問題があった[19]。それらは、作為義務の具体的根拠規定がなくても問えるが、反射的利益論や行政便宜主義の克服という問題である。その結果、現在では、判例は権限の行使・不行使について行政の裁量権を認めつつも次のような場合には、行政の権限の行使が求められるとしている。①生命・健康・財産に対しさし迫った危険が存在し、②行政の側に被害発生の予測可能性があり、③行政が権限を行使すれば被害を未然に防ぐことができるという関係にあり、④国民の側では、被害防止の知識も手立ても制限されており、行政の手による被害防止こそが社会的に期待されている場合、である[20]。

Ⅵ 不法行為の意味

「不法行為」については、第一に、民法上の不法行為と同義とする説がある[21]。この説によれば、本条の不法行為は過失責任主義をとったということになる。これに対しては、下位法たる民法によって憲法上の概念が規定されるのかという批判がある。第二に、本条の「不法行為」は漠然たる不法な行為の意味で、立法にあたってその要件を任意に定めうる、とする説がある[22]。これに対しても、不法行為の概念は一定の外延と内包を有するものであり、法律は単にそれを具体化する役割を担うにすぎない、とする批判がある。第三に、広く違法な行為をいう、とする説がある[23]。これに対しては、この説によると無過

---

18) 村上・前掲注9)・228頁。
19) 阿部泰隆『国家補償法』(有斐閣、1988年)。
20) 兼子仁他『ホーンブック行政法〔新版〕』(北樹出版、1995年)202-203頁〔村上順担当部分〕。
21) 佐藤・前掲注4)・273-274頁。
22) 法学協会編『註解日本国憲法上巻』(有斐閣、1953年)388頁。
23) 宮澤俊義=芦部信喜補訂『全訂日本国憲法』(日本評論社、1978年)230頁。

失責任を定めたものとなり、国賠法1条1項が過失責任主義を採用し、故意または過失を要件としていることにそぐわない、とする批判がある。

以上の説の批判の上で、高田敏は、本条の「不法行為」による損害賠償は、「無過失損害賠償だけでなく、さらに行為自体の適法・違法と関係なく、その行為の惹起する結果が不法である場合の救済も考慮にいれている、と解すべき」とし、結果責任をも包摂し、危険責任的に解釈すべきだという[24]。開発が原因でおきた水害や原子力発電所の事故による被害などを想定すると妥当といえよう。ちなみに国賠法1条1項は過失責任を原則とするが、2条1項は、無過失責任主義をとる。すなわち、2条1項の営造物の設置または管理の瑕疵に基づく国および地方公共団体の賠償責任については過失を必要としない（最判昭45・8・20民集24巻9号1268頁）。

VII 立法行為・司法行為と国家賠償

国賠法1条1項の「公権力の行使」に立法行為や司法行為が含まれるか。

立法行為についての消極説は、「立法行為による不法行為は、観念には認め得るとしても、いかなる場合に成立の余地ありや疑問である」とする[25]。積極説は、「国の公権力の行使から、立法行為を除外する理由はない」とする。違憲立法が制定されたことは、その立法に関与した議員全体に過失があったといえる。行政府が、違憲な法律を執行したために損害が生じたとき、国はそれについては責任を問われない。なぜなら、行政府は法律を執行する義務を負っているので違憲な法律の執行にあたった公務員の故意・過失を問題にすることは困難だからである。この場合は、違憲立法そのものを問題としなければならない[26]。しかし、国会の内閣総理大臣の指名や内閣不信任決議などの高度の政治性がある行為は統治行為として、司法審査の対象から除外されるから、国家賠償請求はできない。

判例では、在宅投票制廃止事件において、札幌地裁小樽支部は、原告が、在宅投票制度の廃止は在宅投票人に対し投票の機会を保障するための憲法上必須の制度で、それを廃止して復活しない本件立法行為は、在宅投票人の選挙権の

---

24) 高田・前掲注5）・86頁。
25) 今村・前掲注7）・102頁。
26) 古崎・前掲注6）・113頁。

行使を防げ、憲法13条、15条1項及び3項、14条1項、44条、47条ならびに93条の規定に違反する、国会議員による違法な公権力の行使であり、精神的苦痛を受けた、として国家賠償の請求をしたことに対し、認めている（札幌地小樽支判昭49・12・9判時762号8頁）。しかし最高裁は、国会議員の立法行為は、立法の内容が憲法の一義的な文言に違反しているにもかかわらず国会があえて当該立法を行うというごとき、容易に想定し難いような例外的な場合でない限り、国家賠償法1条1項の規定の適用上、違法の評価を受けない、とした[27]（最判昭60・11・21民集39巻7号1512頁）。この判決は後述するように立法内容の違憲性と立法行為の違法性を分ける考え方を示している。

　司法権の行使に対する国家責任を、除外規定をおいて認めない国もある。日本では学説上一般的に、公権力の行使とは、立法・司法・行政の三作用を含む国家行為をさし、司法作用について、国賠法はとくに除外規定を設けていないので、判決行為を含めて裁判官の職務活動について国家賠償責任を肯定するのが正当とされている[28]。これに対し、「裁判官に悪意による事実認定または法令解釈の歪曲がある場合にのみ、違法性が生じ法が適用される。しかし、単なる事実認定における経験則の違背、裁判官の独立が端的に示される法令の解釈の誤謬は、当該事件の手続内で正さるべき違法であって、国賠法が適用される違法問題とならない」、とする見解もある[29]。裁判官の独立を理由に司法免責が解釈上可能とする見解もある[30]。判例は分かれていたが、最高裁は、裁判官が商法521条を適用せず違法な判決をして原告を敗訴せしめたと主張して、国賠法1条1項に基づき国に対して損害賠償を求めたのに対し、「当該裁判官が違法又は不法な目的をもって裁判をしたなど、裁判官がその付与された権限の趣旨に明らかに背いてこれを行使したと認めうるような特別の事情のあることを必要とすると解するのが相当」として、肯定説をとることを明らかにした（最判昭57・3・12民集36巻3号329頁）。

　古崎慶長は、「裁判で示された事実認定、法令の解釈適用について、その違

---

27) 塩野宏＝小早川光郎＝宇賀克也編『行政法判例百選II〔第4版〕』別冊ジュリスト151号（有斐閣、1999年）309頁〔長谷部恭男担当部分〕。
28) 古崎・前掲注6)・276頁。
29) 西村宏一「裁判官の職務活動と国家賠償」判例タイムズ150号（1963年）84頁以下。
30) 西迪雄「司法免責論」『兼子一博士還暦記念　裁判法の諸問題　上』（有斐閣、1969年）124頁以下。

法を主張するには、その事件の手続内ですべきであって、判決確定後、たとえば、服役義務不存在確認の訴訟を提起したり、確定判決の無効確認訴訟を提起することは許されない……しかし、……発生した損害を国に負わせるための契機として、確定判決の事実認定・法令の解釈適用を攻撃することは許されなければならない」という[31]。また刑事補償法の制定をみたのも、誤った訴追、誤った裁判を受けた者の被る損失が大きく深刻なためである。同法とのバランスもとられなければならない。裁判の独立は裁判の結果の無答責を含むものではない。司法的作用も権力的作用であり、「他の権力は作用の結果について、損害塡補が要求されるときには、この司法的作用についても、まったく同様に、要求されうる」とする見解[32]に同調している。

実際には、当該裁判官を証人として取り調べるということがあれば、合議体の秘密を守る義務（裁判所法75条2項）との抵触が考えられ、法制度全体の整合性を再検討する必要がある[33]といえよう。

Ⅷ 原告適格

憲法17条は「何人も」という文言を用いており、表現上は、国民のみならず外国人にも賠償請求権が保障されているように読みとれる。ところが国賠法6条は、相互保証主義をとり、外国人が被害者である場合には、その外国人の本国法において日本人の被害者に国家賠償請求権が認められているときに限り、賠償請求ができるとする考えをとっている[34]。これについては、その合憲性に疑義を呈する見方も示されている[35]が、通説的見解は、賠償請求権が前国家的権利でないこと、本条が広く立法裁量を認めていること等を理由に合憲と解している。国家の不法行為により権利侵害を受けたことが明らかな場合に、相互保証主義を理由として賠償請求権を認めないのは、国家権力にかかわる市民の権利として問題だとの指摘もある[36]。

---

31) 古崎・前掲注6)・285頁。
32) 下山暎二『国の不法行為責任の研究』（京都大学、1962年）140頁。
33) 古崎・前掲注6)・271-272頁の指摘参照。
34) 西埜章「第17条」有倉遼吉＝小林孝輔編『基本法コンメンタール憲法〔第3版〕』別冊法学セミナー78号（日本評論社、1986頁）77頁。
35) 宮澤＝芦部補訂・前掲注23)・393頁。
36) 奥平康弘『憲法Ⅲ』（有斐閣、1993年）393頁。

なお最高裁は、日本に不法入国して逮捕され、出入国管理令違反で服役中に結核の病状が悪化、旧原爆法に基づく被爆者健康手帳の交付を申請したが知事により却下された韓国籍を有する者について、原爆医療法が人道的目的の立法であり被爆者であってわが国内に現在する者である限りは広く同法の適応を認めて救済をはかることが、同法のもつ国家補償の趣旨に適合するとした（最判昭53・3・30民集32巻2号435頁）。この他、戦争中の国家の責任に対して必要な補償がなされているか、立法措置が問われることもある。在日韓国人元軍属障害年金請求訴訟で最高裁は、戦傷病者戦没者遺族等援護法の規定により、在日韓国人が年金を受けられずにいたことは、日本人の軍人軍属との間に差別状態が生じていたことは否めない、としながらも、立法府の裁量を著しく逸脱したものとまではいえない、とした[37]（最判平13・4・5判時1751号68頁）。

まとめにかえて

　憲法17条の本来の趣旨や解釈を検討するよりも、国賠法の規定が先行し、行政法研究者の間で議論されていることが憲法研究者の議論とかみ合っていないと指摘できる。しかし国家の作用は、権力的作用にせよ、非権力的作用にせよ、国民や領域内で生活を営んでいる者の自由や権利と深くかかわっている。民主的運営がはかられるための方策が問われるとともに国家の責任も明確化されなければならない。

　17条の規定に関しては、公務員個人の責任追及のあり方、国家賠償・刑事補償・損失補償の相互関係とバランス、国家責任すなわち、国家賠償請求の成立基準の明確化など残された課題が多い。

　さらに最近では違憲国賠訴訟の意義が認識され、提起されることも多くなっている。こうした訴訟は、実質的に政治責任追及の意味をもつ。しかし、判例は、国賠法1条1項の「違法」の解釈を、「国会議員の立法活動が個別の国民に対して負う職務上の法的義務に違背すること」をさし、「当該立法の内容の違憲性の問題とは区別されるべきである」とする、いわゆる二元的違法説を明らかにした[38]。そこでたとえば平成27（2015）年12月の女性のみに適用され

---

37) 関連する判例については、戸松秀典＝初宿正典『憲法判例〔第7版〕』（有斐閣、2014年）324頁以下参照。
38) 村重慶一『国家賠償研究ノート』（判例タイムズ社、1996年）74頁以下参照。

る再婚禁止期間に関する判決も、100日を超える部分は違憲、としながらも立法不作為の国家賠償法上の違法性については次のように述べている。「国家賠償法1条1項は、国又は公共団体の公権力の行使に当たる公務員が個々の国民に対して負担する職務上の法的義務に違反して当該国民に損害を加えたときに、国又は公共団体がこれを賠償する責任を負うことを規定するものであるところ、国会議員の立法行為又は立法不作為が同項の適用上違法となるかどうかは、国会議員の立法過程における行動が個々の国民に対して負う職務上の法的義務に違反したかどうかの問題であり、立法の内容の違憲性の問題とは区別されるべきものである。そして、上記行動についての評価は原則として国民の政治的判断に委ねられるべき事柄」としている（最大判平27・12・16民集69巻8号2427頁）。しかし、憲法上、24条2項において国会の立法義務が明らかにされている、すでに平成8（1996）年法制審議会において再婚禁止期間に関する改正案を含む答申がある、女性差別撤廃委員会からの懸念の表明や廃止の要請があった、これらから国家賠償請求を認容すべきケースであったとはいえないか。同日下された夫婦別氏制度についても、私見では違憲と考えるが、同様のケースといえる[39]。国家賠償法の「違法」の意味をもう少し明確なものにしないと、政治的責任追及のインパクトも大きいものとはならないといえる。

---

39) 植野妙実子「男女平等とグローバリゼーション」伊藤壽英編『法化社会のグローバル化と理論的実務的対応』（中央大学出版部、2017年）。

21　裁判を受ける権利

はじめに

　日本国憲法32条は、裁判を受ける権利を定める。裁判を受ける権利は従来脚光を浴びてこなかった権利である。しかし最近になって裁判を受ける権利の内実が問われるようになっている。

　制定過程においては、「司法上の人権」に関する規定として「(1) 逮捕の要件、(2) 抑留、拘禁の要件、不法拘禁に対する保障、(3) 法廷の手続の保障、(4) 裁判を受ける権利」があげられ、この順序で規定されていた。また、(3)と(4)は同一の条文にあったものを別の条文として定めることになった。当時日本側には、「法律の定める手続によらなければ」という文言とデュー・プロセスとの関係ということには考えが及ばなかったといわれている[1]。大日本帝国憲法24条は「日本臣民ハ法律ニ定メタル裁判官ノ裁判ヲ受クルノ権ヲ奪ハル、コトナシ」と定めており、32条はこれを引き継ぐとする説もある[2]。

　裁判を受ける権利とは、自らの自由や権利の保護のため裁判をおこす権利であり、裁判所にアクセスする権利である。裁判を受ける権利の保障が、権利の保護にとって重要なものであることは歴史的にも示されている。この権利がなければ権利の保護自体もままならない。32条は、立法権および行政権から独立した司法権の存在（76条）を前提として、専断的な権力によることなく、すべての個人が、法のあらかじめ定立する正規の組織・権限・手続をもつ公正な裁判所において、平等に裁判を受ける権利を有することを認めることで、自由

---

1)　さしあたり、高柳賢三他編著『日本国憲法制定の過程Ⅱ』（有斐閣、1972年）183頁以下参照。
2)　芦部信喜＝高橋和之編『憲法判例百選Ⅱ〔第3版〕』別冊ジュリスト131号（有斐閣、1994年）267頁〔竹下守夫担当部分〕。

や権利の保護について、公平かつ完全な手段を保障する[3]。これは近代司法制度の原理でもある。

今日ではさらに、裁判を受ける権利の実質的な保障のあり方が問われている。

I 裁判を受ける権利の意味

裁判を受ける権利は、積極的内容（民事事件における裁判請求権）と消極的内容（刑事事件において、裁判所の裁判によるのでなければ刑罰を科せられない権利）の2つを含むとされる[4]。前者はまた、裁判所では適法な提訴であれば、裁判を拒んだり怠ったりできないこと、すなわち司法拒絶の禁止を意味し、後者は37条1項に重ねて規定されているとされる。

裁判を受ける権利の性格については、①裁判を求める権利があるという側面を受益権の一種、裁判所の裁判によらなければ刑罰に処せられないという側面を自由権の一種とみる説[5]、②裁判を受ける権利、国家賠償請求権、刑事補償請求権とあわせて国務請求権（受益権）と説明する説[6]などがある。最近では、③「『法の支配』の原理との機能的な関係から」基本権を確保するための基本権[7]という位置づけが有力になっているように思われる。この説によれば、人権保障のための手続上の権利という性格を強くおびるとする。

裁判を受ける権利は、「何人」に対しても保障され、権利の性質上、日本国民だけではなく外国人にも保障されると解されている。

一般に、32条は、貧困者に対する法律扶助を国の責任とするところまでは要求していないと解されている[8]。しかし、裁判に多額の費用を要するなら、「その金を工面できない人間にとっては、裁判を受ける権利は、単なる紙の上の存在にすぎない」ことになる[9]。この権利を実質的なものとするためには、

---

[3] 野上修市「第32条」有倉遼吉＝小林孝輔編『基本法コンメンタール憲法〔第3版〕』別冊法学セミナー78号（日本評論社、1986年）145頁。
[4] 芦部信喜編『憲法Ⅲ』（有斐閣、1981年）284頁〔芦部信喜担当部分〕。
[5] 橋本公亘『日本国憲法〔改訂版〕』（有斐閣、1988年）383頁。
[6] 清水睦『憲法』（中央大学通信教育学部、2000年）289頁以下。
[7] 芦部信喜・前掲注4)・275頁〔芦部信喜担当部分〕、樋口陽一他『注釈日本国憲法上巻』（青林書院新社、1984年）717頁〔浦部法穂担当部分〕。
[8] 小林直樹『憲法講義上〔新版〕』（東京大学出版会、1980年）609頁。
[9] 宮澤俊義『憲法Ⅱ〔新版〕』（有斐閣、1978年）450頁。

貧困者に対する法律扶助を公的な制度として確立する必要がある。刑事事件においては国選弁護人の制度がある。民事事件においては訴訟救助の制度がある。以前は、法律扶助の制度は限られたものであって、「『裁判を受ける権利』の実質化にはほど遠いのが現状」と指摘されていた[10]。平成16（2004）年に総合法律支援法が成立し、中核としての日本司法支援センター（法テラス）を定め、情報提供の充実強化や民事法律扶助事業の整備発展が盛り込まれている。

II　32条における裁判所の意味

　本条における裁判所とは、76条1項の「最高裁判所及び法律の定めるところにより設置する下級裁判所」をいい、司法権を行使するものとして憲法及び法律で設置された、権限のある、独立の裁判所のことである。76条2項は、特別裁判所の禁止、行政機関による終審裁判の禁止を定め、同条3項は裁判官の独立を定め、また広く司法権の独立が憲法上考えられているが、これらは裁判を受ける権利の充実のためにも掲げられているものである。

　制定過程においては、大日本帝国憲法下において、基本的人権の保障の観念が希薄であったが故に、それを確実ならしめるため、司法権を拡大、強化し、確固、独立の司法部を樹立することをめざし、このことに最も意を用いて起草されている、と説明されている。草案を準備したＧＨＱの中でも、司法権をあまりにも強くしすぎると司法的寡頭制をもたらすことになるのではないかと議論されている。そして、当初は、特別裁判所の禁止とともに、行政府の裁判所は司法権をもちえないとされていたのに対し、この点が司法的寡頭制をもたらすことになろうと批判されて、「行政機関は、終審として裁判を行ふことができない」（76条2項）となったのである[11]。

　このことは、行政機関が、終審ではなく前審として裁判を行うことは許されている、と解されるのであり、裁判所法でも、行政機関が前審として審判する

---

[10]　浦部・前掲注7)・716頁。法律扶助のあり方には実際無料法律相談からさまざまあり、国の扶助制度としても多くの観点から考えられる必要がある。太田勝造「法律扶助」ジュリスト1000号（1992年）225頁以下、「特集・法律扶助制度のあり方」ジュリスト1137号（1998年）10頁以下参照。本文中の刑訴法、民訴法の根拠条文は改正により変わっているので省略した。

[11]　高柳他編・前掲注1)・232頁。

ことを妨げないと定めている（裁判所法3条2項）。

「行政機関が司法権を行うというのは、一般的にいっても権力分立の原則に反するもの[12]」といわれるが、権力分立には別の側面として権力や権限の自立や自制という観念も含まれる。フランスでの行政権による行政裁判の発達は、もっぱら権力分立の基礎である権限の自立から生まれたものであった[13]。こうした考えは司法的寡頭制の排除という考えとも重なるものである。行政機関が前審について判断することは行政権限の自律性からも認められるといえる。しかしながらむしろ問題なのは、日本では「権力分立」は司法権に対して、司法権の抑制を促す場合に用いられることが多いということであろう。

ところで、32条の「裁判所において裁判を受ける権利」の「裁判所」が、訴訟法の定める管轄権を有する具体的裁判所を意味するかどうかが問題となる。

①否定説は、「裁判所の組織や、その管轄は法律の定めるところであり、本条が直接にある事件につき、ある具体的な裁判所をその管轄裁判所として保障しているわけではないから、管轄違の裁判は、法律違反にはなるが、本条の違反になることはない」とする[14]。判例も、昭和22（1947）年5月3日の裁判所法の施行によって裁判所の組織・管轄が変更されたのに、公判請求書を同法施行前の5月2日に受理したものとして日付を変更して、旧制度において審判したことが本条に違反しないかが争われた事件において、本条は「裁判所以外の機関によって裁判されることはないことを保障したものであって、訴訟法で定める管轄権を有する具体的裁判所において裁判を受ける権利を保障したものではない」として、管轄違いの裁判所の裁判は違法ではあるが違憲ではないとした[15]（最大判昭24・3・23刑集3巻3号352頁）。但しこの判決には「裁判所の裁判といえば正式の裁判所即ち憲法又は法律の定めにより権限の有る裁判所の裁判を意味するものと解すべきは当然である」とする反対意見もついている。

これに対し②肯定説は、「この『裁判所』とは法律に定める資格を有する裁判官によって構成された裁判所であるほか、法律上その事件につき正当な管轄

---

12) 藤井俊夫「第76条」小林孝輔＝芹沢斉編『基本法コンメンタール憲法〔第4版〕』別冊法学セミナー149号（日本評論社、1997年）313頁。
13) さしあたり、ティエリー・ルノー＝福岡英明・植野妙実子訳「フランスにおける権力分立論の適用への憲法院の貢献」植野妙実子編訳『フランス公法講演集』（中央大学出版部、1998年）125頁以下。
14) 宮澤俊義＝芦部信喜補訂『全訂日本国憲法』（有斐閣、1978年）299頁。
15) 芦部＝高橋編・前掲注2)・266-267頁参照。

権を有する裁判所であり、本条は国民に対しそのような裁判所によって裁判を受ける権利を保障したもの」とする。その理由として、「憲法は裁判所の管轄については法律に一任していることはもとよりであるが、法律により、ある事件をある裁判所の管轄と定めているにかかわらず、他の裁判所で裁判されることがあっても、それを単に法律に違反するのみであるとするのでは、もしも権限ある裁判所に対して訴を提起したにもかかわらずそれを拒否された場合にも憲法上保護されないことを認めることとなり、現代国家における司法制度の原則に反するといわなければならない」としている[16]。

②肯定説が通説であり、妥当といえよう。なお肯定説をとりつつも、③本条の保障は「恣意に対する保護を目的とし過誤に対する保護を目的としない」との理由から、裁判所の過誤による単なる管轄違背は直ちに違憲とはならないと説く説がある[17]。

III　32条における裁判の意味

第一に、本条における裁判とは、民事・刑事の裁判のみならず行政事件の裁判も含む。その理由として「日本国憲法の『司法権』に行政事件の裁判を含まないとすれば、人権の保障を徹底させている憲法に行政裁判に関する規定が全く存在しないという不合理が生じること、憲法はむしろ76条2項の規定を置き、かりに行政事件訴訟を取り扱う裁判所を設けるとしても、最終的には通常裁判所の系列に組み込まれるものでなければならないという建前をとっていること、また、通常裁判所に『処分』の違憲性審査権を認め（81条）、広く行政処分の違法性審査をも容認する趣旨をそこに含めていると考えられること」などがあげられ、日本国憲法の「司法権」は行政裁判をも含むと解されている[18]。第二に、裁判を受ける権利の「裁判」は、「ただ『憲法上の身分保障を受けた裁判官』の構成する裁判所の裁判であるにとどまらず、紛争解決にふさわしい手続的保障を伴うものでなければならない」とされる。すなわち、刑事裁判については37条1項で「公平な裁判所の迅速な公開裁判を受ける権利」が保障されているが、民事裁判や行政裁判においても、「裁判」にふさわしい手続が

---

16) 佐藤功『憲法（上）〔新版〕』（有斐閣、1983年）523頁以下。
17) 芦部編・前掲注4）・291-292頁〔芦部信喜担当部分〕。
18) 芦部編・前掲注4）・284-285頁〔芦部信喜担当部分〕。

要求されているのである。この点につき、82条1項は、裁判の対審及び判決の公開原則を定める。この対審は、民事訴訟においては口頭弁論、刑事訴訟においては公判手続で確保されている。しかし、対審、公開法廷の保障の及ぶ範囲は非訟事件との関係で議論がある。

1　非訟事件の増加

　非訟事件手続法が新たに平成23（2011）年に制定され、平成25（2013）年1月1日から施行されている。

　非訟事件については、以前は概略、次のように説明されていた。対審・公開構造をとらずに形式的には、非訟事件手続法（明治31年法律第14号）に規定されている事件及びその総則規定の適用または準用のある事件をいう。しかし実質的意義については、訴訟事件との区別をめぐって対立がある。両者はともに裁判所が処理する事件であるが、訴訟においては抽象的な民事法規を適用して、裁判によって具体的に権利義務の存否の確定をはかり私的紛争を解決するのが目的であるのに対して、非訟事件は民事上の生活関係を助成・監督するために国家が直接後見的作業ないし民事行政的作用をすることが主眼である。訴訟は実質的意義においても司法であるのに対し、非訟事件は本来行政作用とみるのが正当、とされていた[19]。また非訟事件の手続においては、当事者の観念が明確でなく、二当事者対立構造も希薄と指摘されていた。二当事者対立構造というのは、裁判権の行使の適正さや公平さを確保するために対立する利益を代表する者を関与協力させる主義で、民事訴訟も二当事者対立主義を基本構造としている。

　ところが近年、現代社会の複雑化に伴い、民事紛争を簡易な手続で処理する傾向がみられ、訴訟の非訟化（すなわち従来は訴訟事件であったものが非訟事件として扱われるにいたる）と呼ばれる現象がみられるようになった。非訟事件の増加は必然的に、裁判の対審及び判決の公開原則を揺るがす結果となる。他方で、非公開の非訟手続で処理される事例の増加は、訴訟の迅速、簡便な処理を促し、当事者のプライバシー保護の点で望ましい面もあると理解されるよう

---

19) たとえば、林屋礼二他編『民事訴訟法入門』（有斐閣、1999年）5頁以下の説明参照。また伊東乾「訴訟・非訟」中川善之助監修『現代法学事典3』別冊法学セミナー増刊（日本評論社、1973年）213-214頁においても「訴訟は民事司法、非訟は民事行政」と解するのが適当としている。

にもなってきた。そこで、「公開・対審手続によらずに権利義務の存否を含めて終局的解決をはかっても違憲でない法律関係の領域が広く存在することを積極的に認め、ただその場合、それらをすべて本来的な非訟手続によらしめず、事件の性質と内容に応じて適切な手続的保障を加味し、公開・対審の原則を導入してゆくことを提唱する見解」すなわち、芦部信喜の折衷説が展開された[20]。これは訴訟事件公開説の基本を維持しながら修正を加えるものである。

判例では、当初、訴訟手続で行うか非訟手続で行うかは立法政策の問題であるとして、合憲としていたが（最大決昭31・10・31民集10巻10号1355頁）、後に、「性質上純然たる訴訟事件につき、……憲法所定の例外の場合を除き、公開の法廷における対審及び判決によってなされないとするならば、それは憲法82条に違反すると共に、同32条が基本的人権として裁判請求権を認めた趣旨をも没却する」として、強制調停を違憲としている（最大決昭35・7・6民集14巻9号1657頁）。この判決については「権利義務の存否を確定する純然たる訴訟事件」の範囲が曖昧という批判がある[21]。また、公開・対審によらない家事審判と憲法32条、82条との関係が問われた事件もあるが、最高裁は合憲と判断している（最大決昭40・6・30民集19巻4号1089頁）。

新たな非訟事件手続法は、こうした論争の経緯を反映して、非訟事件が何であるかを定めずに、手続についてのみ定めるものである。

2　プライバシー保護・営業秘密

公開とは一般公開主義を意味し、広く国民一般に傍聴を認めることを原則としている。この公開の中には傍聴の自由のみならず報道の自由も含まれる。しかし実際は、法廷の施設・設備の面からする傍聴人に対する規制だけでなく、法廷内秩序維持の面からする規制もあり、運用の仕方によっては82条の保障を否定することになると指摘されている[22]。レペタ事件においては、傍聴人が法廷内でメモをとれるかが問題となったが、最高裁は、82条1項は傍聴することを権利として要求できることまでを認めたものでないことはもとより、傍

---

20) 芦部編・前掲注4)・315頁〔芦部信喜担当部分〕。
21) 芦部信喜＝高橋和之編『憲法判例百選Ⅱ〔第3版〕』別冊ジュリスト131号（有斐閣、1994年）269頁〔住吉博担当部分〕。
22) 柏﨑敏義「第82条」小林＝芹沢編・前掲注12)・338頁、杉原泰雄『憲法Ⅱ』（有斐閣、1999年）393頁。

聴人に対して法廷においてメモをとることを権利として保障しているものでもないとし、筆記行為は21条1項から尊重されるが裁判長の裁量に委ねられるとした（最大判平1・3・8民集43巻2号89頁）。

判決は公開法廷で行われ、判決書の全部が公開される。訴訟記録の閲覧も公開主義の反映である（民訴法91条、刑訴法47、53条、刑事確定訴訟記録法4条）。学説では、訴訟に関する記録を全部公開するかどうかは立法政策の問題とする説もある[23]。裁判の公開原則と秘密保護も難しい問題を提示している。裁判の公開原則が、プライバシー保護や営業秘密、あるいは行政秘密の保護との関係でジレンマに陥っていると指摘されている[24]。

82条2項は、公開の停止の場合を定める。公開の停止は、「裁判官の全員一致で」定められ、「公の秩序又は善良の風俗を害する虞があると決した場合」であるが、対審は非公開でも、判決は公開されなければならない。そこにはさらに、公開原則の例外は必要最小限にされる趣旨で但し書が定められている。すなわち、「政治犯罪」「出版に関する犯罪」「この憲法第三章で保障する国民の権利が問題となってゐる事件」については常に公開としている。ところが前二者はまだしも、最後の文言が何をさすかは明確ではない。これを、「国民の基本的人権に対して、法律で制限が課され、その制限に違反したことが犯罪の構成要件とされている事件」と解する説があり、それによると、「もっぱら刑事事件を意味する」としている[25]。これに対し、憲法は事件を限定していないのにあえて限定する点で問題がある、民事・刑事・行政事件を問わず、国民の基本的人権の侵害が実体上及び手続上問題となっている事件を意味すると解すべき、とする説[26]がある。

82条2項の「公の秩序又は善良の風俗」を民法90条の公序良俗と同じ趣旨と解し、「『対審』を公開することが、公衆を直接に騒擾その他の犯罪の実行にあおるおそれがある場合とか、わいせつその他の理由で一般の習俗上の見地から公衆にいちじるしく不快の念を与えるおそれがある場合が、本条にいう『公の秩序又は善良の風俗を害する虞』のある場合に当る」とする説[27]がある。民

---

23) 宮澤＝芦部補訂・前掲注14)・698頁。
24) 戸波江二「裁判を受ける権利」ジュリスト1089号（1996年）280頁。また、出口雅久「訴訟における秘密保護」ジュリスト1098号（1996年）68頁以下も参照。
25) 宮澤＝芦部補訂・前掲注14)・702頁以下。
26) 杉原・前掲注22)・394頁。

法90条の活用範囲は広く、同じ趣旨ととることは奇異にみえるかもしれないが、後に述べるように、「公の秩序又は善良の風俗を害する虞がある」場合をプライバシー保護や営業秘密の保護に適用できるよう広く解する説もあり、それにつながる面がある。

　裁判の公開・非公開は、特定の当事者の利益を守るためにあるのではなく、裁判の公正の確保という点からも、また裁判がどのように国民の自由や権利を保障するものであるのかを国民が知るという点からも要請されるものである。公開原則のもたらす利益は、いわば国民的利益である。他方で、裁判を受ける権利が個人の権利であり、どのような形で裁判を受けたいのか希望する権利も含まれよう。その中にプライバシーの保護や営業秘密の保護の要求も含まれてくるとみることができる。

　裁判の公開原則と秘密保護の関係については、①非公開が許されるのは2項本文の非公開事由にあたる場合のみと厳格に解する説[28]、②2項の「公の秩序又は善良の風俗」を広く解する説[29]、③32条を「裁判所へのアクセスを保障しただけでなく、非刑事裁判手続におけるデュー・プロセスを保障したものと理解し、その一要素として実効的な救済を不可能にする場合、原告は非公開審理を求める権利を主張しうる」として、32条から導く説[30]、④裁判の非公開を広く認める国際人権規約B規約14条を援用する説[31]、これらの他⑤2項の「公の秩序又は善良の風俗」を非公開に関する例示と解する説や⑥13条を根拠とする説なども考えられよう。③によりつつも82条2項本文による審理非公開は裁判官の裁量的判断による場合だけでなく32条の要請に基づく場合も含むとする説[32]もあり妥当と思われる。裁判を受ける権利を中心にすえることによって、プライバシー保護と同時に情報公開を求める場合の不開示の限定にも対応できるように思われる。また82条2項にも依拠して裁判官の全員一致という手続をふむことも重要である。さらに「『侵害利益の重大性』そして『著しく回復困難な損害であること』」を非公開の要件として考えてみる余地があ

---

27) 宮澤＝芦部補訂・前掲注14)・700頁。
28) 小橋馨「営業秘密の保護と裁判公開の原則」ジュリスト962号（1990年）42頁。
29) 戸波・前掲注24)・281頁。
30) 松井茂記『裁判を受ける権利』（日本評論社、1993年）254頁。
31) 鈴木重勝「わが国における裁判公開原則の成立過程」早稲田法学57巻3号（1982年）133頁。
32) 内野正幸「裁判を受ける権利と裁判公開原則」法律時報66巻1号（1994年）68頁。

る[33]」とする提言も裁判公開の趣旨から重要である。

なお、人事訴訟法22条は、自己の私生活上の重大な秘密に係る場合に適正な裁判を確保するために裁判官全員一致で訴訟手続を非公開としうることを定める。刑事裁判においては、犯罪被害者の保護やプライバシー等への配慮から、証人尋問に関し一定の措置をとることを認めている。

3　情報公開法と不開示理由

平成11（1999）年5月に情報公開法が成立し、それにより、知る権利という文言は明記されなかったが、憲法21条に含まれる知る権利が保障され、情報の自由な流通が確保されるとともに、政治に対する市民の監視と政治への市民の参加が促進され、開かれた政府の実現の下で、一層の人権保障と民主主義の確立が期待されることとなった[34]。同時に、情報をめぐる裁判の提起も増加することが予想され、あらためてそうした点からの裁判をおこす権利や裁判所にアクセスする権利の確立が望まれることとなった。不開示情報であることを理由に、必要な情報を市民がえられないことのないよう、知る権利を基礎に行政裁判の充実がはかられなければならない。そのためには不開示の厳格な画定が必要である。たとえば情報公開法5条3号は、防衛及び外交に関して機密保持が必要な情報を不開示とするものであるが、行政機関の長の裁量的判断が優先される趣旨が明確にされ、司法審査が制限される意図がうかがわれると批判されている。とりわけ問題となるのは、「裁判所は……行政機関の長の第一次的な判断を尊重し、その判断が合理性を持つ判断として許容される限度内のものであるかどうかを審理・判断することとするのが適当」とされ、こうした事柄について、「裁判所が実質的な初審的審理を行うことには……困難が伴うことが予想される」と受けとめられている[35]。しかし、行政機関の不開示決定が適法か違法かの判断は、最終的に裁判所以外の機関によってなされることはありえない。したがって、イン・カメラ・インスペクション（インカメラ・レヴューもしくはインカメラ審査ともいい、秘密を要する文書に対する裁判官による非公開の審査、民訴223条6項、232条1項、民訴規141条参照）の導入は不可欠であ

---

[33] 笹田栄司『裁判制度』（信山社、1997年）134頁。
[34] 右崎正博他「コンメンタール情報公開法」法律時報71巻8号（1999年）4頁以下〔右崎正博担当部分〕。
[35] 右崎他・前掲注34）・21頁。

る。なお、情報公開・個人情報保護審査会法では、行政機関の長が行った不開示決定などに対して不服申立てが行われた場合のインカメラ審査の導入がなされた。情報公開法5条3号以下の不開示理由の解釈は国民の知る権利に基づいて厳格になされる必要があろう。他方で、最高裁は、情報公開訴訟におけるインカメラ審査につき、「情報公開訴訟において証拠調べとしてのインカメラ審理を行うことは民事訴訟の基本原則に反するから、明文の規定がない限り、許されないもの」と判示している（最決平21・1・15民集63巻1号46頁）。

まとめにかえて

　裁判を受ける権利の充実は、裁判制度や裁判組織ともかかわるものである。日本の司法制度はアメリカ型の違憲審査制を採用している。裁判を受ける権利の憲法的保障の観点からすれば、アメリカ型の違憲審査制で明らかに欠ける点があれば何らかの形で補うべきということになる。

　とりわけ日本においては行政訴訟に関する裁判をおこす権利、訴える権利や裁判所にアクセスする権利の充実が課題となる。行政訴訟の対象の範囲、たとえば計画段階で行政のあり方を問うことができるのか、出訴要件の厳格化、特定の行政行為を行うことを請求するあるいは行政行為を行う義務の確認を請求する義務づけ訴訟のあり方、争訟が提起されても行政処分の執行を停止しないのが原則という執行不停止原則（行訴25条1項）など解決すべき点が多い[36]。また金のかかる裁判だけではなく、時間のかかる裁判の問題もみすごせない。裁判が長きにわたるが故に利益が失われていく点などもつとに指摘されている。さらに国家の不法行為責任を理論化し明確化することも行政訴訟の活性化につながることである。憲法17条は国及び公共団体の賠償責任を定めるが、国家賠償請求権の法的性格すら消極的に解されている。

　なお、裁判を受ける権利の充実には、国民一般の法意識の高まりが欠かせない。さまざまな法的な事柄に対する、不当だ、不正だ、疑問だという鋭敏な感覚こそ、裁判を受ける権利を発展させる基本となるものである。

---

36) さしあたり、戸波・前掲注24)・280頁、笹田・前掲注33)・190頁以下、同「『裁判を受ける権利』の再生と行政裁判手続」長谷部恭男編『リーディングス日本の憲法』（日本評論社、1995年）171頁以下参照。

22 統治機構総論

はじめに

　日本国憲法の基本原理は、永久平和主義、基本的人権の保障、国民主権である。国民主権は民主主義原理の根本であり、基本的人権の保障は、自由、平等、福祉などを包含している。これらの原理は互いに密接な関連をもっており、自由、平等、福祉、平和は民主主義の前提でもあり、目標でもあるとされている[1]。

　さらに、これらの原理の基底には、「個人の尊厳」がある。これは、「あらゆる価値の根元が個人にあると考え、他の何ものにもまさって個人を尊重しようとする原理」である[2]。すなわち、基本的人権の保障も民主主義も、この「個人の尊厳」を抜いては語れない。

　ところで、民主主義とは、「法律、命令、裁判判決、行政処分など、いろいろな形式であらわれる国家の統治意志と、それらによって統治される国民各自の意志とを一致せしめ、統治する者と統治される者との間に自同性（identity）の関係をもたせようとする原理、いいかえれば、国民の政治的自治または自律を認める原理」をいう[3]。民主主義は、日本国憲法の統治機構の根本である。民主主義においては、国家の活動が究極的には国民の自律的意思に基づくことが要求されるが、現実にはどのようにしてそれを確保するのか。今日では、その方法、手段が問われており、単純ではない。

---

1) 清宮四郎『憲法Ⅰ〔新版〕』（有斐閣、1971年）53頁。
2) 清宮・前掲注1)・54頁。
3) 清宮・前掲注1)・55頁。

I 国民主権

　民主主義を支えるものが国民主権である。主権の意味には、①広く国家の権力そのもの、②国家権力の属性としての最高独立性、③国政についての最高の決定権などの意味があるが、国民主権の場合の主権は、③である。憲法前文第一段は、国民主権に基づく民主主義のあり方を示している。ここにおいてはまず、憲法制定権が国民にあることを明示し、法体系の最高位にある憲法は、国民が最終的に確定する。憲法改正に関する国民の最終的な確定も96条に定められている。次に、主権を有する国民は「正当に選挙された国会における代表者を通じて行動」するとし、国政の権力は、国民の代表者が行使することも示している。すなわち、原則的には、議会制民主主義を中心として、国民の意思の発現と捉える「代表制」をとることを明記している。憲法41条が「国会は国権の最高機関」としていることは、国民主権の理念が国会という国家機関の位置づけに反映したものである[4]。

　憲法はまた15条1項において、公務員を選定し、罷免することは、国民固有の権利であるとし、43条、44条において、国会議員の選挙について定めている。その他にも、地方公共団体の特別法の住民投票（95条）、最高裁判所裁判官の国民審査（79条）の規定に国民（95条の場合は住民）が直接意思を示す機会が設けられている。また地方自治においては、地方公共団体の長と議員の選挙に地方公共団体の住民の直接投票が予定されている（93条）。

　しかし、国政レベルにおいては、95条や96条の場合を除いて（79条をどのように捉えるかは意見が分かれよう）、国民の意思を示す機会はきわめて限られている。そこでまず、国民の意思を量的に正しく反映する選挙方法の確立と、国民の直接投票によって選ばれる国会議員と国民との関係において、国会議員の活動に質的に国民の意思を反映させる仕組みの設定が問題となる。

　43条1項は、「両議院は、全国民を代表する選挙された議員でこれを組織する」と定めるが、その意味は、「国会は国民の代表機関であり、その構成員である議員は選挙区の選挙人だけを代表するのではないこと、すなわち選挙人の指令に拘束されないで自己の良心に従って独立に職務を行うことができること

[4)] 清水睦『憲法』（中央大学通信教育部、2000年）317頁。

を、明らかにしている」と解されている[5]。

そもそも「代表」観念は、「代理」とは異なり、国会を意思能力をもたない国民の法定代表者とみなし、国民と国会の間には継続的な結合関係、法的紐帯が存在するというような法律的代表の観念とは違う、と解されてきた[6]。こうした代表は、政治的代表と呼ばれ、次のようにも説明されていた。「国民は代表機関を通して行動し、代表機関の行為が国民の意志を反映するものとみなされる。しかし、この場合の代表関係においては、代表者は、被代表者（この場合は国民）のために行動する者とみなされるが、代表者の行為が、法的に被代表者に帰属し、被代表者の行為とみなされることを意味するものではない。[7]」

しかし、このような代表者と選挙民との選挙後のある種の断絶は批判され、社会学的代表もしくは半代表概念がより望まれる概念として認識されるようになった。その1つに、国民の政治的見解と国民が選んだ代表者の政治的見解の類似が必要とするものがある。他方、次のように半代表制を示す説もある。たとえばカダールは、半代表制のもとでの代表は、命令的委任ではなく何らかの政策を実現するための委任 mandat de réaliser telle ou telle politique とみる。つまり半代表制のもとでは、選挙人は候補者の示した政策を考慮せずに代表者を選定することはできない。しかし命令的委任ではないので、代表者は、自分が選挙期間中に発表し、代表者を選挙することによって選挙人に認められた政策綱領 programmes を適当に解釈して実行することができる。また必要があればそれを補完することもできる。理論上は代表者はいかなる制裁をうけることもなく、選挙人に約束したことと全く反対の政策をとることさえできるのである。しかしながら代表者は公約を破ることはできない。選挙人は代表者をリコールすることはできないが再選しないことはできるからである。この懸念があるので代表者は公約を実行するようになる。したがって命令的委任ではないが白紙委任でもない。さらにカダールは、こうした委任のあり方は代表者が組織政党に属しているときさらに強まると指摘する[8]。

---

5) 芦部信喜「第43条」有倉遼吉＝小林孝輔編『基本法コンメンタール憲法〔第3版〕』別冊法学セミナー78号（日本評論社、1986年）183頁。なお、次のようにも解される。「全国民を代表する」とは、全国民の意向を忠実に反映することを意味し、当該選挙区の選挙人だけを代表するのでない議員を意味し、すなわち命令委任に拘束されるものではない。宮澤俊義＝芦部信喜補訂『全訂日本国憲法』（日本評論社、1978年）352頁。
6) 芦部信喜・前掲注5)・183頁。
7) 清宮・前掲注1)・67頁。

今日では、同意型民主主義ではなく参加型民主主義が理想とされ、国民の直接的な意思の表明の機会も含んだ半直接民主主義がより良い民主主義の形とされている。議会主権の廃止が、市民と議員との間のパートナーシップへの道に通じると評されている[9]。

　しかし、日本のような国民の直接投票による政策決定の機会が設けられていない現在の段階では、せいぜい、カダールのいうところの半代表民主主義すなわち議員の公約の実現に期待する「命令的委任ではなく何らかの政策を実現するための委任」が存在するというのがふさわしいように思える。

　このような場合、まず公約を基準とすることを候補者も選挙人もしっかりと自覚して選挙が行われるべきこと、したがって公約は実行可能なもので抽象的でなく現実的なものであること、公約が守られなかったらその次の選挙で当該議員を受からせないという制裁機能を働かせる、そこまで選挙民が自覚していること、何よりも政党自身が政策の基盤を示すことが必要である。その点で、選挙が終わったあとで、政党が単なる数合わせのために連立を組むことは公約の実現を曖昧にさせ許されない。連立計画は選挙前に明らかにされるべきである。また、政党が選挙後、離合集散するなどということも、選挙民を裏切る行為である。その意味では、日本の代表制民主主義はカダールの述べる半代表概念にもまだ遠いといえる。

　さらに、国民の直接投票による意思の表明の機会を設けることが必要と指摘されるが、そのような機会を設けるとしても、誰がどのようなときにそれを決定するのか、その選挙キャンペーンはどのようにあるべきかが問題になる。フランスの場合は、大統領が法律案を国民の直接投票にかける制度が備えられているが（第五共和制憲法11条）、当該制度の活用が必要だと思われるときに行われないなど、大統領の恣意が働きやすいという批判もあった。そのため、二度の改正を通してかなり精緻な国民の直接投票の制度となり、結果的に議会からの統制が強められている[10]。

---

8) Jacques CADART, *Institutions politiques et droit constitutionnel*, 2ᵉ éd., LGDJ, 1979, pp.214 et s. なお、詳しくは、植野妙実子「普通選挙制度」杉原泰雄編『講座・憲法学の基礎 2』（勁草書房、1983年）100頁以下参照。

9) Jean GICQUEL et Jean-Éric GICQUEL, *Droit constitutionnel et institutions politiques*, 27ᵉ éd., LGDJ, 2013, p.141. ここにおいては、国民の直接投票以外の方法をとる各国の例、たとえば人民拒否権の行使やリコール制などの方法もあげられている。

直接民主制については、「国民自身が、制度の民主主義的意義をよく理解し、提案された問題の可否を正しく判断して、責任をもって投票をするようにならなければ、せっかくの制度も、その真価を発揮することはできない」と指摘される[11]。しかし、直接民主制の最も恐い点は、大衆操作であり、また直接投票がプレビシット的性格をもちうるところである。プレビシットとは、「個人的な信任問題を隠しもっているような投票」と定義づけられるが、提示された問題の争点を曖昧にさせる危険がある[12]。この点では、憲法改正国民投票の場合にも注意が必要といえる。

　他方で、15条1項は、公務員を選定するだけでなく罷免する権利も国民固有の権利としている。国民からの議員、大臣等に対する直接罷免の制度などもあってしかるべきである。いずれにしても、国民主権の充足のためには、国民の声を適正に反映する選挙制度の確立や政党の適切なあり方とともに、国民それぞれの政治的意見形成のための報道の自由、情報公開制度の充実なども必要となる。

II　権力分立

　権力分立は、人権保障とともに、実質的憲法概念の構成要素である。フランス人権宣言16条は、「権利の保障が確保されず、権力の分立が定められていないすべての社会は、憲法をもたない」と定めている。

　権力分立とは、同一の機関がすべての国家機能を行使してはならないことをさす。国家の異なる機関の間で国家機能の区別やその行使の分担は、それぞれの論者によって異なる。たとえば、モンテスキューは、執行権、立法権、司法権の典型的な区別を示し、それらの権力の「関連 rapports」を明確化する自由主義的原理を提示した。すなわち「権力が権力を抑制する」必要性である[13]。

　この権力分立概念は、結果的に2つのタイプに分かれる。1つは、大統領制に示される「チェックとバランス」に基づく1787年のアメリカ憲法に適用さ

---

10) Sous la direction des Thierry S. RENOUX et alii, *Code constitutionnel*, LexisNexis, 2015, pp.645 et s.
11) 清宮・前掲注1)・68頁。
12) 乗本せつ子「直接民主制」杉原泰雄編『講座・憲法学の基礎1』(勁草書房、1983年) 148頁以下。

れた「厳格な」権力分立概念、2つは、議会制もしくは議院内閣制に伝統的に示される「柔軟な」権力分立概念である。後者は、政府の責任と解散権を理由として権力の協働を示している。日本国憲法においても権力分立（国会、内閣、司法）が示されているが、他方で議院内閣制を採用し柔軟な権力分立のタイプである。

　日本国憲法における権力分立は次のように定められている。まず、国民主権の要請として、国民の意思が適切に示される（はずの）選挙による議員で構成される国会が、国権の最高機関としての地位を占める（41条）。この国会が、行政権を担う基盤ともなる（67条、68条1項）。内閣の組織は、国会の定める法律による（66条1項）。内閣は国会に対して連帯して責任を負う（66条3項）。衆議院による内閣不信任が内閣を総辞職に導く（69条、70条）。内閣は、条件付きではあるが衆議院の解散権を有する（69条、7条3号）。議院の国政調査権は行政権に及ぶ（62条）。国会と裁判所との関係では、裁判所の構成、裁判官の職権行使が、法律に従うべきこと（76条1項、3項）、議院の国政調査権が裁判官の独立を侵さない範囲で司法権にも及ぶこと（62条）、国会に設置する弾劾裁判所が裁判官を罷免できること（64条、78条）があげられる。これらは、国会からの抑制であり、これに対して裁判所については、法律の憲法適合性を審査できること（81条）があげられる。内閣と裁判所との関係では、裁判官の任命権は、最高裁判所長官を別として（6条2項により形式的には天皇の権能であるが、これは内閣の指名に基づくので実質的には内閣の権限）内閣が有する（79条、80条）。裁判所は、行政権の定める命令や処分の違法性を審査し、かつ違憲性を判断できる（81条）[14]。

　また、国会、内閣、裁判所は、それぞれに帰属する権限以外に、他の機関に主に帰属する権限もそれぞれ部分的に有する。たとえば、両議院に認められている国政調査権は、裁判所の機能と重なるところがある（62条）。国会における両議院の議員で組織する弾劾裁判所は、司法の役割を担うものである（64条）。行政機関は終審としては裁判を行うことはできないが、終審でなければ裁判を

---

13) Pierre AVRIL et Jean GICQUEL, *Lexique: Droit constitutionnel*, PUF, 1986, p.117. なお、ここでいう自由主義的原理とは、三権分立が問題となる場合は、「国家は自己を維持するという一般的な目的をもつが、これに加えてもつ特有の目的が政治的自由の維持にある」ことをさしている。中村恒矩他編『社会思想史講義』（新評論、1989年）84頁〔高橋誠担当部分〕参照。

14) 清水・前掲注4）・319頁。

行うことができる（76条2項）。国会は唯一の立法機関とされているが、最高裁判所は、訴訟に関する手続、弁護士、裁判所の内部規律及び司法事務処理に関する事項について規則を定める権限を有する（77条1項）[15]。

　こうした制度は、各機関の自主性・自律性の保持、他機関への抑制の機能を営み、機関相互の抑制・均衡の仕組みとなっているが、基本的には三権が対等でなく、国会優位の構図となっている。その理由は、国会は国権の最高機関と定められており、国会は主権者である国民を直接代表し、国家作用のうち最も基本的な立法権を行使し、国政全般にわたる監督者的地位にあるからである[16]。なお、会計検査院（90条）は、行政権との関係で権力分立的構造として捉えることができる。また、国家機関と地方自治体機関の間にも、地方自治の本旨（92条）をいかした、いわば垂直的な権力分立関係が示されている。

Ⅲ　議院内閣制

　権力分立の原理に基づくものとして立法府と行政府とのかかわり方にはさまざまな型がある。

　大統領制では、国民の直接選挙によって選ばれる大統領が行政府の長となり、大統領、閣僚は、立法府議員ではなく、行政府と立法府は組織の面で切断された形をとる。大統領は議会の解散権を有しないが、議会からの不信任で辞職を強制されることもない。大統領は議会に対し、政治的責任を負わない。アメリカ大統領制はこの制度の典型とされている。

　議会統治制では、政府は議会の使用人であり、政府は議会に従属している。政府は議会と異なる考えをもったとしても辞職できない。フランス革命時の国民公会は、この形をとる。

　議院内閣制は、一般的に「国会と内閣の関係において、国会に内閣の存立を左右するほどの優位性が認められ、内閣の成立と存続とが国会の意思に依存せしめられている制度」とされ、「これによって、行政部はかなり強く立法部のコントロールを受け、したがって、権力分立制はゆがめられることになる」と指摘される[17]。そこでは、国民―議会―内閣という直線的連結が民主主義を実

15）清水・前掲注4）・319-320頁参照。
16）阿部照哉「権力分立」中川善之助監修『現代法学事典2』別冊法学セミナー（日本評論社、1973年）8頁。

現する。行政部は、立法部と結びつき、立法部を背景として共働することで、行政部の行動に柔軟性と弾力性とが与えられ、国政のより円滑な能率的遂行が期待される、とする[18]。日本国憲法が議院内閣制を定めていると考えられる表象的規定は次のようにあげられる。①内閣は行政権の行使について、国会に対して連帯して責任を負う（66条3項）、②内閣総理大臣は、国会議員の中から国会の議決でこれを指名する（67条）、③国務大臣の過半数は、国会議員の中から選ばなければならない（68条1項）、④内閣は、衆議院で不信任の決議案を可決し、または信任の決議案を否決したときは、10日以内に衆議院が解散されない限り総辞職しなければならない（69条）、⑤衆議院議員総選挙の後にはじめて国会の召集があったときは、内閣は総辞職しなければならない（70条）、⑥内閣総理大臣その他の国務大臣は、両議院の一に議席を有すると有しないとにかかわらず、いつでも議案について発言するために議院に出席することができる。また、内閣総理大臣その他の国務大臣は、答弁または説明のため出席を求められたときは、議院に出席しなければならない（63条）[19]。

　ここでは、議院内閣制は元々内閣を議会のコントロールの下におくことを志向する体制であったが、内閣とりわけ内閣総理大臣が議会をリードし、コントロールする傾向が強まっていることが指摘されている。歴史的には、議院内閣制には、大きく分けて次の2つの型があるとされている。1つは、立憲君主制の下で、君主と民選議員との均衡を維持するために存在する議院内閣制で、内閣は君主と議会に責任を負い（責任二元論）、議会の解散権を君主がもつ。当初のイギリス、フランス7月王政（オルレアン型といわれる）の場合である。君主制ならずとも、大統領が右の君主のような元首として存在する議院内閣制もこの型に属することになる。この型は均衡型議院内閣制と呼ばれ、内閣の構成員ではない国家元首による議会（下院）の解散権を、均衡の本質的特色とする。2つは、名目化した君主制、あるいは共和制のもとで、議会が内閣に優位する型（責任一元論）で、今日のイギリス、フランス第四共和制憲法の場合などがこれにあたり、責任型議院内閣制と呼ばれ、内閣が行政権の行使について議会に責任を負うことを本質的メルクマールとみる[20]。

17）清水・前掲注4）・323-324頁。清宮・前掲注1）・77頁。
18）清宮・前掲注1）・77頁。
19）栗城壽夫「第5章内閣 解説」有倉遼吉＝小林孝輔『基本法コンメンタール憲法〔第3版〕』別冊法学セミナー78号（日本評論社、1986年）223頁。

これに対し、権力分立の諸形態の中で立法府と行政府の関係に着目して、厳格分立型のたとえばアメリカ大統領制、均衡型の議院内閣制、立法府優位型の議会統治制の3つをあげる場合もある[21]。ここでは、議院内閣制の本質を既に「均衡」とみている。すなわち、議院内閣制の定義で、「(a) 立法・行政の各作用を原則として各別の立法府・行政府に分属させ（権力分立）、(b) 両府が厳格に分立するのではなく、その間に協力関係を存在させ、しかも (c) 一方が他方に対して従属してしまうことのない均衡の体制である」とする。具体的には、均衡型としてその要素を探っている。

すなわち、議院内閣制の要素を、Ⓐ一方ではこれまでに議院内閣制と呼ばれてきた体制のすべてに共通する要素を指摘するもの、Ⓑ他方では、特定国の特定の憲法体制に典型を見出し、その要素を指摘するもの、とに分けて説明する。前者については、Ⓐ①議院内閣制の要素を両府間における権力分立と、立法府に対する行政府（内閣）の連帯責任の制度に求める立場、及びⒶ②上の2つのほかに、行政府による立法府解散の制度を加える立場が生じ、後者については、Ⓑ③権力分立制度、連帯責任制度のほかに、普通選挙制度ないしそれに類する選挙制度、有責の行政機関（内閣ないし総理大臣）による立法府解散の制度を要素とする立場が生じるとする。

そして、Ⓐ①の場合には、議院内閣制と呼ばれてきた一切の体制を包含する点に大きな長所はあるが、明らかに異なった実体をもつ体制、立法府と行政府間の均衡を確保しえない体制をも含めてしまうという欠点をもつとする。Ⓐ②の場合には、Ⓐ①の要素に、解散制度をも加味して議院内閣制の要素とするので、Ⓐ①の立場よりも議院内閣制の実体を明確化する。だが、この立場によっても、議院内閣制を均衡型として把握することは困難とする。そこで、Ⓑ③の要素が議院内閣制を均衡型として把握することを可能とし、あわせて民主政治と責任政治の要請に応えうる点ですぐれている、とする。その理由は、行政府と立法府の対立を、いずれか一方の意思で処理してしまうのではなく、広範な選挙人団の判断に付することを可能とすることによって、民主政治と責任政治の要請に応えようとする。普通選挙制度ないしそれに類する選挙制度と有責の機関による行使を条件とすることによって、この場合の解散制度は、たとえば、

---

20) 清水・前掲注4)・324頁。
21) 田上穣治編『体系憲法事典』（青林書院新社、1968年）142頁〔杉原泰雄担当部分〕。

フランスの第五共和制憲法の政治体制における解散制度とは本質的に異なった機能を営みうると指摘する。ちなみにこの説によれば、フランス第五共和制憲法における解散制度とは、権力分立、連帯責任、普通選挙制度が採用されているが、解散権が無責任の大統領に帰属しており、解散制度は、議会懲罰の手段として機能させられるおそれがある、と指摘する[22]。

しかしながら、フランスにおける行政府と立法府の権力分立を民主的正統性の面からみると、両府とも現在は国民の直接選挙で選ばれる。また、フランスの権力分立概念は、むしろ権力の自律的運営をさすという要素が強い。すなわち、それぞれの管轄の強調である。また、大統領の解散権は、大統領の地位から由来する特権であるが、仲裁的機能を有する本質的な手段とされている。確かに、議会に対する政治的制裁の意味をもつが、多くの場合、大統領の地位を固めることに役立っているというリスクもみなければならない[23]。このように批判されている。また、2008年7月の憲法改正においては、「よりよくコントロールされる執行権」、「強化される議会」、「市民のための新しい権利」の3つの柱による議会復権のきざしもみられる[24]。

責任に関しては、2つの方向性がみてとれる。1つは、民主的正統性としての責任であり、既述したように大統領も議会の議員（とりわけ下院）も国民の直接投票で選ばれるが、コアビタシオンのときの大統領の地位や権力の低減は、議会の責任の復権がみられる。さらに、高等院の存在や政府構成員の刑事責任を問う仕組みは、責任の実質化とも捉えられる。

したがって、これらから、互いの権力の抑制と均衡を重視する均衡型はくずれ、責任型への移行がみられると指摘できよう。当然、この場合の責任の意味を明らかにする必要がある。また、それをふまえて、日本国憲法の議院内閣制の特色をあらためて探る必要がある。

IV 国権の最高機関性の意味

日本国憲法は、国会に立法権を、内閣に行政権を、裁判所に司法権を認め、

---

22) 田上・前掲注21）・142-143頁。
23) Sous la direction des Thierry S. RENOUX et alii, op cit., p.651.
24) Cf. Edouard BALLADUR, *Une Ve République plus démocratique*, Fayard, 2008. 但し、この改正においては、12条の大統領の解散権は対象となっていない。

三権分立を採用していることは明らかである。しかし、同時に、日本国憲法41条は、「国会は国権の最高機関」と定める。このことから、権力分立をとりながら、この規定をおくことの意味が問われる。さらに統治機構をどのように把握するかは、三権のそれぞれの相互関係にかかわることになる。この最高機関性の意味について、憲法制定時の政府解釈は、主権の主体である国民によって選挙されて成り立った国会が国民に直結しているという意味で、国会はおのずから最高機関であるとしていた[25]が、従来の学説もこれをふまえ、国民から国政を信託された機関の中では国会が最高だというのにすぎず、国会が政治的に重要であることの指摘にほかならないとしている[26]。この41条の「国権の最高機関」の意味については、学説は、政治的美称説、統括機関説、国会主権説、総合調整機能説に分かれている[27]。

　政治的美称説とは、「国会は、主権者である国民を政治的に代表するという意味で最高の地位にあり、憲法41条の『最高機関』とは『政治的代表者としての国会に与えられた美称』であり、法的な意味を有しない」とするものである[28]。

　統括機関説は、「国会は国権の最高の発動を為す機関であり、国家の活動を創設・保持し、終局的な決定を下す最高機関である。また、最高機関は種々の作用を為す種々の機関と関係せしめて見るときは、これに対して統括を為す機関である」とするものである[29]。

　国会主権説は、「憲法前文は間接民主制を原則としているから、選挙権者の全体を主権者とみることはできず、反対に、41条前段の定めから、国会を主権者ということができる。選挙権者と国会議員の間に強制委任は認められないから、国会は全体としての国民を代表するにすぎず、国民主権と国会主権とは矛盾しない」とするものである[30]。

　総合調整機能説は、「憲法によって国会にあたえられている法律制定権の独占や、行政・司法に関する権限を含む重要国政に決定的に参加する権限の性質は、三権の間の総合的調整的作用である。また、いずれの国家機関に属するか

---

[25] 清水伸編『逐条日本国憲法審議録第3巻』（有斐閣、1962年）49頁。
[26] 法学協会編『註解日本国憲法下巻』（有斐閣、1953年）713頁。
[27] 学説に関しては、次を参照。有倉遼吉＝時岡弘編『条解日本国憲法〔改訂版〕』（三省堂、1989年）356-357頁。清水・前掲注4）・344頁以下参照。
[28] 代表的には、浅井清『国会概説』（有斐閣、1948年）123頁。

明らかでない権限は、国民の代表機関たる国会に推定される」とするものである[31]。

これらの説に対し、清水睦は、国権の統括機関説や国会主権説も、憲法の他の規定からの最高機関性の制約を肯定するものであると批判し、政治的美称説も総合調整機能説も含めて、「最高機関」の意味を積極的、具体的に明らかにするものとはいえないとする。つまり、これらの学説には、国会・議院の憲法上の権限に広狭を生ずるような解釈の相違を系統的に見出すことができない、と批判する。そして、国民主権の理念の反映である国会の最高機関性は、権力分立と調和的に理解されるべきではないとして、国会の最高機関性について、次のように指摘する。「憲法41条前段は、憲法の条項の一義的意味に反しないかぎり、つとめて国会優位の権限関係を他の国家機関との間に見出すことを要請している。例をあげるなら、内閣による衆議院の解散は第69条の場合に限定して解すべきであり、それも新たな民意の吸収ゆえ、行政権固有の方向（衆議院）に向けられた抑制権限とみるべきではない。また81条の権限は当然に司法作用の枠内で認められ、違憲判決の効力が個別的効力に留まるべきことも自明であり、この権限は人権保障を主眼とするものであるから、司法権固有の国会に対する抑制権限ではない。いいかえれば、国会に向けての内閣および裁判所の抑制権限は、国民主権、人権保障といった国民レベルに基調を置くものであるから、これらの権限を従来の権力分立主義における相互抑制の例とみるのは間違いである。いいかえれば、国民主権、人権保障の各原理に直接かかわらないような抑制を、内閣、裁判所が国会に向けて行うことは憲法上許されないのである。かくて国会は、国民主権原理を基調とし、他の国家機関に対して法的に最高であり、国民主権・人権保障の原理の枠内で国家意思を統合する機関であるといえよう」[32]。

すなわち、三権分立の均衡と抑制の関係の上に国会を位置づけるべきではなく、国民主権の上にある国会こそが各機関に対し、十分抑制機能を発揮するとみるべきである、とするが、別の意味では、国民主権の上にある国会の責任を問う考え方とみることができる。

---

29) 代表的には、佐々木惣一『改訂日本国憲法論』（有斐閣、1952年）256頁。
30) 代表的には、田上穣治編『憲法の論点』（法学書院、1965年）207-208頁。
31) 代表的には、酒井吉栄「国会の地位」清宮四郎＝佐藤功編『憲法講座3』（有斐閣、1959年）14頁。

V　責任内閣制

　憲法66条は、内閣の組織、国務大臣の文民資格、国会に対する連帯責任を定める。とりわけ3項は、「内閣は、行政権の行使について、国会に対し連帯して責任を負ふ」と、責任内閣制の原則を定めている。責任内閣制の原則は、「憲法上行政の最高責任機関であり、また憲法政治の実際において国政の中枢にある内閣が、その重要な権能に見合う責任を負わなければならないことは当然」とされるからである[33]。

　この内閣の責任の相手方は、いうまでもなく国会すなわち両議院であるが、国会は国民の代表機関であり、それ故に国権の最高機関性を担保されているわけであるから、内閣の国会に対する責任は、国民に対する責任を明確化することを意図する規定である。またこのことは内閣が広く両議院のコントロールの下におかれることをさす。

　国会が内閣の責任を問う手段としては、質疑、質問、国政調査などの各種の方法があげられる。したがって、質問時間の短縮は、責任追及の手段を制限することにつながる大きな問題となる。最も重要な手段は、衆議院による内閣不信任決議案の可決または信任決議案の否決である（69条）。さらに重要な法律案、条約、予算などの否決やその根本的な修正も不信任の意思表示の1つとしてみなされることも可能となる[34]。また内閣は一体として国会に対して責任を負うべき、と解され、内閣の政策に関して批判があるときは、一丸となって弁明にあたるなりすべきことになる。

　内閣が負うべき責任の内容や性質については、一般的に通常の法律的責任ではないとされる。衆議院の不信任決議によって内閣が総辞職または解散のいずれかを選ばなければならないときを除いて（すなわちこの場合は、内閣が衆議院に対して法的に無関係な責任とはいえないが）[35]、本来の法的な責任ではなく、多分に政治道徳的色彩を身につけた責任というべきとされている。その理由として内閣の職務が法的責任による拘束になじまないこと、行政権を国会の統制下

---

32) 清水・前掲注4)・347頁。
33) 作間忠雄「第66条」前掲注19)・『基本法コンメンタール憲法［第3版］』227頁。
34) 佐間・前掲注33)・228頁。
35) この場合、「いわゆる法的責任の色彩が、かなり濃厚である」清宮・前掲注1)・376頁。

におくことが民主政治にとって重要だという議院内閣制の要請があることからだとされる[36]。他方で、内閣の責任は、法理上の責任（法に違反した場合）と政策論的な責任（政策上不当な場合）に分けられるが、両者ともに法の定めとして生ずるものであるから、法律上の責任である、とする指摘もある[37]。

　責任の範囲については、内閣の行う作用によって区別されず、およそ内閣の権能に属するすべての事項に及ぶと解すべきとされている[38]。

　なお、連帯責任とは、内閣を構成する全国務大臣が一体として責任を負うことをいうので、議院内閣制のもとで、内閣が一体として行政権を担当することの当然の結果といえる。ここで、全員一致なのか、多数決によることもありうるのかの問題が生じるが、多数決にはなじまないという考え方が強い[39]。但し、特定の国務大臣が個人的不行跡や個別的管轄事項に関して、単独の責任を負うことも認められる。これに対し、野党がこれを内閣の責任として追及することも可能である。実際には、一体として責任をもつ場合と単独責任となる場合はケースバイケースとされている。

　ところで、この責任論から日本の議院内閣制をみるとどのようになるのか。まず一元型議院内閣制であることは、内閣総理大臣が実質的対外的代表権を有することから元首的地位にあり、自明である。一元型議院内閣制は歴史的には責任本質論になじむものであるが、通説的見解は、内閣が国会に対して政治的責任を負うこと、すなわち内閣が国会の民主的統制に服する点を重視しつつも、内閣が一般的な衆議院解散権をもって国会と内閣の均衡保持を強調する説が有力となっている。とりわけ、内閣による衆議院解散を 69 条に限定せず内閣の裁量的解散を認めている。しかし、内閣が国民からの支持をえている、また国民からコントロールされるという点を重視するならば、裁量的解散権行使はとりえない。69 条に限定されると解すべきであろう。この点につき、解散があっても、その結果に左右されず、すなわち国民からの信任を結果的にえたとしても、結局は内閣が総辞職をせざるえないところを責任論としての一貫性をもたないところと指摘するかもしれない。しかしながら責任論を根拠にすることのメリットは、自主解散もとりうることである。国会こそが自主的に内閣の責

---

36) 宮澤俊義＝芦部信喜補訂『全訂日本国憲法』（日本評論社、1978 年）511-512 頁。
37) 佐々木・前掲注29)・297 頁。
38) 清宮・前掲注1)・325 頁。
39) 清水・前掲注4)・411-412 頁。

任、あり方を国民に問うことを決めることができる。こうした解散を認めることが重要で必要と思われる[40]。

まとめにかえて

　行政府と立法府の対抗関係は、現実には、議会内多数派をバックにした内閣と野党（議会内少数派）との間にみられる。議会の野党勢力が弱ければ、対抗関係はやわらぎ、議院内閣制の運用は責任論が構想していたものとは異なり、内閣優位となる。均衡論により内閣の裁量的解散権を認めているなら、内閣、政府与党の都合の良いときに解散し、地歩をさらに固めることが可能になる。透明な政治はますます遠のく。確かに、69条により厳格に解散を限定すると国民の直近の声が届きにくくなる。堅固な多数派がいると不信任案の可決は通りにくく、本来の効果がえられない、というマイナス面もある。解散のあり方は、まさに日本の民主性の度合いをはかるものともいえよう。

---

[40] 清水睦『憲法』（南雲堂深山社、1979年）346-347頁。

23 国会の権能と活動

はじめに

　憲法41条は、「国会は、国権の最高機関であつて、国の唯一の立法機関である」と定める。清宮四郎は、国会は、「国権の最高機関」である意味を、「おそらく、国家権力を行使する任に当る機関のうちで、『最高』の地位を占めるというのであろう」と述べ、さらに「憲法は、明治憲法における天皇の最高機関性を否定すると同時に、国民を代表する国会を国政の中心に位する重要な機関と認め、すなわち、主権者たる国民によって直接に選任される議員から成る国会は、もっとも国民の近くにあり、各種の国家機関のうちで、国民自身に次いで、高い地位にあり、国民にかわって、国政全般にわたり、強い発言権をもつべきものとみなしているということである」と述べていた[1]。

　同時に、国会は、「国の唯一の立法機関」であることの意味を、「国の立法は、すべて、国会を通し、国会を中心にして行なわれ（国会中心立法）、かつ、国会の議決のみで成立する（国会単独立法）ことを意味する」とも述べていた[2]。

　「国権の最高機関」の解釈については、権力分立との関係で国会が他の国家機関（内閣、裁判所）に対していかなる地位を有しているのかに関して学説の対立があったことが知られている。それらの学説とは、政治的美称説、統括機関説、総合調整権能説であった[3]。従来政治的美称説が通説的見解とされてい

---

1) 清宮四郎『憲法Ⅰ〔新版〕』（有斐閣、1971年）197-198頁。
2) 清宮・前掲注1）・200頁。
3) さしあたり、有倉遼吉＝時岡弘編『条解日本国憲法〔改訂版〕』（三省堂、1989年）356-357頁。これによれば清宮四郎の説は総合調整機能説とされるが、政治的美称説の中に位置づけられていることが多い。

るが、最近では、国会の他の国家機関に対する相対的優位を表現したものとみる見解も徐々に浸透してきている[4]。

本章では、まず41条後段の「唯一の立法機関」としての内実を国会がどのように備えているかを検討する。次に国会が有する内閣の活動に対する統制機能を検討する。

I　立法機関としての国会

「唯一の立法機関」の意は「およそ立法という国家作用が専属する」という原則を認めることである。但し「唯一」は文字どおり唯一ではなく、憲法上の例外が存在する[5]。国会が唯一の立法機関であるという原則は先にも指摘があったように、通常次の2つ、国会中心立法の原則、国会単独立法の原則として説明される。前者の原則から、国会に立法権が究極的に帰属し、国会の意思が及ばない立法は許されないことが導かれる。憲法上の例外を除いて、「『法律』形式による他の立法形式の支配」を意味し、執行命令や委任命令は認められるものの、白紙委任命令や法律を骨抜きにするような委任命令は認められない。後者の原則から、国会の立法作用（手続）には、国会以外の国家機関が参加しないという建前が導かれる。

しかし、この原則は国会が行う立法形式である「法律」に関するものであるが、原則といえるかどうかは疑問だともされている。その理由として、「法律」の中に、条約、予算といった形式も含まれるとすればなおそうだといえよう。また「法律」の全プロセスを国会内の手続として行うことは憲法自体が認めていない。法律への署名、連署、公布といった手続がある。さらに議院内閣制をとる日本にあっては、政府による法律案作成・提出を否定することはできないであろう。そこで国会単独立法の原則は、国会の審議と議決を不可欠とする原則とみる見方が生まれる[6]。

---

4)　清水睦『憲法』（中央大学通信教育部、2000年）346頁。
5)　清水・前掲注4)・348頁。この憲法上の例外をどう捉えるかについても、「唯一の立法機関」の立法の概念をめぐって対立がある。憲法によって、両議院の規則制定権（憲法58条2項）及び最高裁判所の規則制定権（憲法77条1項）のような例外が認められているとする説（清宮・前掲注1)・200頁)、その例外として立法が国会の枠内に収まらない場合をさし、憲法改正手続における憲法改正の立法（憲法96条)、1つの地方公共団体のみに適用される特別法（憲法95条)、議院規則をあげる説もある。清水・前掲注4)・351頁参照。

II　法律の成立過程

ここで法律とは、国会の議決によって成立する成文法で、これを形式的意味の法律ともいう。法律の成立手続は、①発案、②審議、③議決、④署名と連署、⑤公布、⑥施行である。

まず法律の制定は法律案を国会に発案することから始まる。しかし誰に発案権があるかについては、憲法は明示していない。国会が唯一の立法機関とされているところから両議院の議員に発案権があることは疑いない。但し国会法56条が議員の議案発案や議案の処理について条件を定めている。また国会法は委員会も、所管事項に関し、法律案を提出することができると定める（同50条の2）。学説上争いがあったのは、内閣の法律案提出権についてであったが、内閣法5条はこれを明示している。内閣による法律案提出は、慣行化しているのみならず、主流化しているといえる[7]。

国会における法律案の審議については、法律案が議院に提出されると、議長はそれを適当な委員会に付託し、その審査を経て本会議に付される（国会法56条2項）。委員会は当初、予備的審査機関と位置づけられていたが、今日では第一次的審議機関の地位をえるにいたっている。こうした委員会中心主義については問題点も指摘されている[8]。

法律案は、両議院による可決を原則としている。すなわち、同じ内容の法律案について両方の議院が可決することである。但し「この憲法に特別の定のある場合」の例外を認めている。その例外とは、第一に、衆議院のみの議決で法案が法律となる場合すなわち衆議院の優越が認められる場合である（憲法59条2項・3項・4項、国会法84条2項）。第二に、参議院の緊急集会における可決の場合（憲法54条2項・3項）、この場合は次の国会後100日以内に衆議院の同意がなければ法律として成立したことにはならない。第三は、地方特別法の

---

6)　ここにおいては、「国権の最高機関」と「国の唯一の立法機関」の調和と連動の下に解釈する必要があるという見解の清水睦の説に依拠している。清水・前掲注4）・348頁以下。

7)　問題は、議員提出法案か内閣（政府）提出法案かではなく、立法過程にいかに民意を反映させるかという立法手続における民主的統制の問題、と指摘される。藤馬龍太郎「唯一の立法機関」ジュリスト臨時増刊638号（有斐閣、1977年）154頁。また議員立法の運用の推移については、岩間昭道「国政における国会の役割」ジュリスト1089号（1996年）120頁以下参照。

8)　大石眞「委員会制度：その理念と現実」ジュリスト1177号（2000年）44頁以下。

場合の住民投票による住民の同意を必要としていること（憲法95条、国会法67条）である。

　成立した法律は、主任の国務大臣が署名し、内閣総理大臣が連署することが必要とされている（憲法74条）。しかし仮にこれらが欠けても法律の効力や内閣の法律執行義務に影響はない、といわれている。この手続は、法律を執行する閣僚と内閣の責任の所在を明らかにする目的を有し、議院内閣制からの当然の義務規定となる[9]。

　公布とは、成立した法律を広く知らせる行為であり、法律の効力要件である。国会が法律案を可決したときは、最後の議決をした議院の議長から、衆議院の単独議決のときは衆議院議長から、参議院の緊急集会での法案可決のときは参議院議長から、それぞれ内閣を経由して、天皇に奏上される（国会法65条、102条の3）。公布は天皇の国事行為である（憲法7条1号）。法律の公布は、奏上から30日以内でなければならない（国会法66条）。公布の方式には特段の規定はないが官報によるのが慣行である。

　法律の施行は、法律が施行期日を定め、または命令に委任している場合はその定められた期日に、法律がとくに定めていないときは、公布の日から起算して満20日を経て施行される。

　国会において法律案に対し十分に審議が尽され議決されることと同時に、その法律の内容に民意が反映していることが要求される。それはこれまで、国会は国民から選挙された代表者で構成されていることで足るとされていた。しかし今日では、公聴会や情報公開、パブリック・コメントなどさまざまな方法を駆使して国民の声を直接吸いあげることも要請されている。

III　法律案の成立

　「国民レベルからみて当然必要と考えられる立法」[10]とは、有効に国民の権利の保障を進めることが予測される法律の制定をさしている。そのような立法がなされるためには、法案となるまでの過程も検討しなければならない。

　政府法案の立法プロセスの一般的類型は次のように説明されている。「通常、政府の基本政策の枠内で、個別政策の検討が関連各省各部局課でなされ、政策

---

9)　清水・前掲注4)・382頁。

の実現に予算措置、立法が必要と判断されると、関連審議会等の論議を経て省内で法制化が検討される。法案を作成し省議にかけるプロセスで、他の官庁との調整および各政党、とりわけ与党自民党政務調査会との調整が行われる。ついで内閣法制局で立法目的と立法内容との適合性、他法令とのかかわり、用語等につき検討がなされ、各党への根まわしをふまえて、次官会議、閣議決定を経て政府法案として確定し、国会提出の段取りとなる」[11]。

こうした立法プロセスを大きく左右するのが官庁と政党（わけても与党）である[12]。法案における官庁間の深刻な対立の調整は与党幹部に期待される。与党内では金にならない法案は推進力が弱い。長期にわたって安定した保守政権が、官僚と政党（与党）を癒着させ、官僚層を議員として吸収する与党が国会において力を発揮する。与党政調会の各部会で、各省官僚に、ベテラン先輩として、あるいは「天下り」によって影響力を行使し、協力させるようになっている[13]。このようなことは今日でも同様に行われていると考えられる。

またしばしば議員立法が本来の立法のあり方のように語られもするが、議員による法案の場合でも、政府法案と同様に、官僚、政党、利害関係者の間で調整が行われている[14]。

Ⅳ 立法過程の問題点

阿部泰隆は、立法過程の内実の問題として、①縦割立法、②情報非公開・審議不十分、③関係圧力団体に弱い体質、④立法回避の傾向、⑤法制度の不十分な面を指摘していた[15]。

①については、政府提案立法として、「総合的施策を講ずるというより、それぞれの省、場合によっては、それぞれの課の中の施策を立法化して、関係省庁といわゆる各省協議をする。」「ここで、官僚たちは権限の拡充を求め権限の

---

10) 清水睦『現代統治の憲法手法』（三省堂、1997年）61頁。
11) 清水・前掲注10)・60頁。なお本文中の（ ）は省略した。
12) 清水・前掲注10)・62頁。広瀬道貞「政権党と官僚」法学セミナー増刊『官庁と官僚』（日本評論社、1983年）222頁以下。
13) 清水・前掲注10)・62-63頁。
14) 前田英昭「立法過程の構造と実態」法学セミナー増刊『内閣と官僚』（日本評論社、1979年）74頁。
15) 阿部泰隆「日本の立法過程管見」『現代立憲主義の展開・下』（有斐閣、1993年）303頁以下。

削減に対抗して、徹底的に協議する。この過程で縦割立法の弊害も起きる」とする。議員立法は、特定の分野に関する法律、行政としては賛成できない場合、政府部内で躊躇がみられたため、さらに官庁間の妥協が困難なためなど、縦割立法の弊害として現われる。

②については、「わが国の立法過程は基本的には官僚主導型、非公開の秘密進行型と位置づけられる」と指摘する。そして、関係方面だけの、一般的な意思聴取、専門的法的意見の軽視が行われているという。また、各省は法案を作る前に審議会答申をえているが、答申は公開されても、答申にいたる過程、審議会の議事録は非公開、内閣法制局の法案審査の内容やその理論的傾向は不明確、各省協議の内容も非公開だという。水面下の調整がさらに問題点をわかりにくくする。国会審議に関して情報不十分の状況がある。

③については、日本の政府は、情報非公開ではあるが、利害関係のある業界とは事前に調整している。とくに、国会議員をバックにする業界とはそうである。こうしたことは官庁にとってメリットであるが、関係業界に甘い立法になりやすい。

④については、立法すべきところを回避して行政指導ですまそうとする。反対に立法は族議員など応援団がいるかどうかで決まる面がある。利害調整の困難さから、利害が対立する立法や規制立法はしない傾向にある。「重要な法律の整備に関して、日本は先進諸外国の中でいちばん遅れている。」

⑤については、法律の適用を受ける庶民の立場に考慮しないわかりにくい法律が多い、「横並びの物まね立法」が多く、不合理な法律を改正することが困難だという。また立法に関してリスク回避の傾向がある。「ルーズな法律」を作り、法治行政違反の状況がある。さらに機能しない法律も作っている[16]。

このような指摘がなされていたが、立法府改革が課題となり、1999年には国会審議活性化法も制定されて、改善されてきた点もある。情報公開への関心も高まり、審議会での答申にいたる過程や議事録の概要なども公開されるようになった。また論稿の中で「遅れている」と指摘された重要な法律は制定されている。しかし、これらの批判は、今日でも通用している面がある。とりわけ⑤に関して、まず法律が何を定めるのか、という認識が徹底していない。法律

---

16) 以上の点につき、阿部泰隆『行政の法システム上・下』(有斐閣、1992年)、また阿部泰隆「立法過程」法学セミナー 450号 (1992年) 66頁以下も参照。

の意義は、自由や権利の所在を明らかにし、必要最小限度の規制をもって、有効な措置が設けられるところにある。その点でしばしば努力規定をおくにすぎず、有効な規制とならない場合もある。また……基本法という法律のタイプはアドバルンをあげただけで具体的な内容をさらに個別法に委ねる場合もある。最近は国際的動向から生じた国家の責任や義務から、立法せざるをえないという場合もある。内閣主導による法律では作れず、超党派の議員立法で制定される場合もある。こうした法律制定のあり方は、一定の評価はできるものの、いつまでたっても問題の認識が広がらないという懸念もある。そもそも法律制定には審議を十分に尽くすべきで、国会における審議が後の解釈の基本ともなる。しかしながら、重要法案の拙速な審議、強行採決もめだっている。

　以上述べたことから次のようなことを指摘しておきたい。

　1つは、すでにふれたように、そもそも「法律」というのは何なのか、「法律」は何を定めるべきなのか、ということの認識がないことである。憲法は法律の成立手続については語っているが、立法の中身についてはふれていない。この問題は、法律事項の範囲の問題にも連なり、さらに41条の「唯一の立法機関」の意味を問うことにもなる。すなわち、唯一の立法機関の意味、いかなる事項を法律という形式に盛るかを国会の判断に委ねているとしても、国会の審議や実態がまさに形骸化しているときはどのように考えたらよいのだろうか。

　2つは、法案成立も含めた、民主的な立法過程はどのようにして確保されるのか、ということである。昨今の情報公開やパブリック・コメントのあり方は確かに民主的な立法過程の確保に制度としては一役買っているといえる。しかしその内実が骨抜き（必要な情報が非公開であったり、提出した意見がどのように反映したかわからないなど）であったら、効果は薄い。民意を反映する法律、十分に審議が尽くされて人々が納得し、人々にとってよりよい法律を作るためにはどうしたらよいかが考えられなければならない[17]。

　この問題はまた議員立法のあり方も含めて考察されるべきである。というのも議員立法といえども内閣主導の立法のもつさまざまな問題点を克服しているわけではないからである[18]。

---

[17]　立法府改革については、「特集・立法府改革の現状と課題」法律時報72巻2号（2000年）参照。
[18]　橘幸信「議員提出法律の立法の過程」法学教室173号（1995年）31頁以下。中村睦男編『議員立法の研究』（信山社、1993年）も参照。

V　国政調査権

　代表民主主義の意味は、1つには、代表者の行動が国民の主権的統制を受けることを意味し、2つには、代表者の行動は、たえず主権者、国民に対して責任を負うことを意味している、とされる。すなわち、国会の活動は主権者による統制に服し、それを受けて国会は政府や行政に対して統制を効果的に発揮するようでなければならない。国会の活動は民意を反映し、国民の知る権利に応え、必要とされる情報の提供により国民の政治的意思形成がスムーズに行えるようでなければならない。

　今日の議会は、立法を通して国政の重要事項、基本事項を決定するが、同時に政府や行政に対するさまざまな統制の手段を有している。たとえばフランス第五共和制憲法は、議会の立法権（発議、審議、修正、表決を含む）の他、立法過程最終段階における上下両院を通った法律の審署前の憲法院への提訴、違憲が疑われる国際的取極めの提訴、両議院の共同の提案による法律案の国民投票への付託、政府の行動の統制、公共政策の評価、決議の表決、宣戦の承認、戒厳令の延長の承認、経済社会環境評議会への諮問、権利擁護官の活動報告の授受を定めている。また、下院の国民議会には不信任案の表決による政府の責任追及の手段もある。上下両院議長による憲法院の構成員の任命、国民議会議長による高等院の主宰と大統領の罷免手続への議会の関与、政府閣僚の刑事責任を問う共和国法院への各議員からの構成員の選出もあげられる。

　これに対し、日本の場合は、立法権、規則制定権の他、条約の承認（61条）、両議院の各々の議員の資格争訟（55条）、裁判官の弾劾制度（64条）、それぞれの議院の国政調査権（62条）、解散につながる衆議院の不信任の決議案の可決もしくは信任の決議案の否決（69条）があげられる。フランスと比較すると政府や行政に対する統制の手段がとぼしいことがわかる。

　そうしたなかで、国政調査権は、重要な制度である。国政調査権は、国会が立法権をはじめとする自らの諸権限を有効かつ的確に行使できるように、国政上必要な情報を自ら入手するための権限とされる[19]。この国政調査権に基づき、

---

19) 大石泰彦「第62条」小林孝輔＝芹沢斉編『基本法コンメンタール憲法〔第5版〕』別冊法学セミナー189号（日本評論社、2006年）306頁。

議院証言法(議院における証人の宣誓及び証言等に関する法律)が定められ、証人として出頭を求められれば出頭しなければならず、その際、良心にしたがって真実を述べることを宣誓し、虚偽の陳述をした場合は偽証罪で罰せられるとしている。この調査権は各議院が独自に行使できるが、実際においては常任委員会ないし特別委員会においてもその所管事項について行使されている。

　学説においては、いわゆる独立権能説と補助的権能説の対立がある[20]。この学説上の対立は、41条の国会の最高機関性をどう捉えるかの問題につながっている。すなわち、独立権能説は統括機関説に、補助的権能説は政治的美称説に対応しているとされる。

　独立権能説とは次のように説明される。「国会は、最高機関たる性質と立法機関たる性質とをあわせもっており、最高機関としての国会は、他の行政機関及び司法機関と併立するものではなく、これらの機関の上に立ち国権の最高の発動または国権の統括に任ずるものである。議院の国政調査権は、国会が国権の統括をなすための一方法であり、国政のいっさいは調査の対照となる[21]」。

　補助的権能説とは、「憲法62条の国政調査権が国権の最高機関たる国会の地位を背景にしていることは疑いないが、憲法上議院に調査権が認められた事実は、最高機関性にもとづき議院の権限事項から独立の権能としての調査権をとくに附与したものと解すべきではなく、憲法62条の意義は、いわば議会の自然権ともいうべき事実の調査権を、証言強制をともなう『真正の調査権』(ランメルス)として議院に与えた点に存するとみるべきであって、国政調査権は諸国と同じく議院の補助的権能と解するのが正当」とする[22]。

　補助的権能説が通説とされているが、最近では次のように説かれている。すなわち、いずれの説をとるかによって、調査権の内容、範囲、限界に相違が生ずると説かれるが、「しかし、独立権能説といえども、他の国家機関の権能そのものたる作用を行うことは認めず、また基本的人権に対する配慮を前提とするものであり、他方、補助的権能説といえども、国会の権能が立法・予算審議・行政監督など広汎なものであり、調査権もほとんど国政全般にわたることを認めるわけであるから、両説の違いは普通説かれている程には大きなもので

---

20) 有倉＝時岡編・前掲注3)・415-416頁。
21) 磯崎辰五郎「議院の司法に関する国政調査権」阪大法学1号(1953年)5頁以下。
22) 芦部信喜『憲法と議会政』(東京大学出版会、1971年)152頁。この説はむしろ権力分立論を背景にしている。

はない。国政調査権の本来的性格はいわゆる補助的なものと理解すべきだとしても、国会は『最高機関』として国政の中心にあって世論の表明・形成の焦点であることが期待されるのであるから、国政調査権のもつ国民に対する情報提起機能・争点提起機能は軽視さるべきではなく、むしろ調査権のそのような機能を前提とした上で他の政府利益や国民の基本的人権との現実的調整がはかられるべきものと解される」[23]。

VI 国会の活動と議員

国会は衆議院と参議院との両院により構成され（憲法42条）、ともに公選による議員からなる（43条1項）。両院制をとることの意義は、1つは、審議に時間をかけ、慎重審議ができることであり、2つは、2つの議院を設けることで多角的な民意を反映することができることである[24]。後者の点に関しては、多様な民意を反映させるために議員資格、選挙制度、選挙の時期をかえることが必要となる。そこで憲法及び公職選挙法は、両院の構成につき次のような相違を設けている。

まず、両議院の議員は兼職を禁じられており（48条）、定数も異なる。議院の被選挙資格は、衆議院議員は満25年以上、参議院議員は満30年以上である。議員の任期は、衆議院4年（45条）、参議院6年（46条）であるが、衆議院については、解散の場合があり、そのときは任期満了前に終了する。参議院については、3年ごとに議員の半数を改選する形をとっている。

両院の活動に関しては、同時活動原則と独立活動原則がある[25]。同時活動原則とは、国会の両院は、召集、開会、閉会が同時であることをさす。衆議院が解散されたときは参議院は同時に閉会になる（54条2項）。但し、衆議院が解散された場合の参議院の緊急集会が例外としてある。独立活動原則とは、各議院が他の議院とは独自に議事を行い、議決することをさす。しかし両院の意思が異なる場合に、なるべく一致させる手段として両院協議会の制度がある。両院協議会は独立活動原則の例外ともいえるが、憲法上必ず開くことが要求されている場合（60条2項、61条、67条2項）と任意の場合（59条3項）がある。

---

23) 佐藤幸治『憲法』（青林書院、1981年）143頁。
24) 加藤一彦「42条」小林＝芹沢編・前掲注19)・263頁。
25) 清水・前掲注4)・355頁。

ところで各議院の権限は対等ではない。衆議院に優位性が認められている[26]。まず、内閣に対する不信任決議が憲法上の効果、すなわち内閣総辞職が衆議院の解散を生ずるのは衆議院による場合のみである（69条）。衆議院は予算先権を有する（60条1項）。衆議院の解散中の参議院の緊急集会での措置は衆議院での同意がない場合には効力を失う（54条3項）。法律の制定（59条）、予算の議決（60条）、条約の承認（61条）、内閣総理大臣の指名（67条）の場合には、衆議院の議決が優位する。憲法改正の発議には、衆議院の優越は認められておらず、両院は対等である（96条1項）。法律で衆議院に優越を認める例として、国会の臨時会・特別会の会期の決定と会期延長をきめる場合や内閣による会計検査院検査官の任命に対する両議院の同意の場合などがある。

　こうした衆議院の優越は、解散制度があり、直近の民意を反映するというところから肯定されよう。また便宜上できる限り早く成立をはかるという点からも認められているように思われるが、早く成立をはかるということとじっくり審議するということは矛盾する場合もある。反対派の意見もきき、歩みよりながら調整して着地点を確認するというのが、望ましい国会の姿であろう。そのときに、衆議院の優越が妨げとなることはないのか懸念される。

　議院の組織・作用に関する自律の機能は重要である[27]。組織権（役員選任権、議院懲罰権）、立法権（議院規則制定権）、裁判権（議員資格争訟）、自主活動の機能（「議員特権」を含めて、議院の議事運営など作用の自主権）などをあげることができる。

　また、国会議員は、その属する議院において議員活動を行うためのさまざまな行為を権能として行うことが認められている[28]。この活動には、単独で行う活動と他の議員との協力で行う活動がある。まず議院の総議員の4分の1以上が必要であるが、臨時会の召集要求がある。さらに一定数が必要であるが、議案の発議権、修正の動議も提出できる。

　議員は、議長の承認を得て内閣に質問する機能を有する。この質問は一般質問と呼ばれ、簡明な主意書を必要とする（国会法74条1項・2項）。質問が緊急を要するときは、議院の議決により口頭でも質問できる。緊急質問と呼ぶ（同76条）。議員は、議題となっている案件について、委員長、発議者、国務大臣

26）清水・前掲注4）・355-356頁。
27）清水・前掲注4）・357頁。
28）清水・前掲注4）・361-362頁。

などに対し、疑義を明らかにするため、口頭で説明を求めることができる（参議院規則 108 条、69 条、衆議院規則 118 条、134 条の 2 等）。本会議における場合と異なり、委員会での質疑は一問一答形式が原則で自由に質疑し、意見を述べることができる（衆規 45 条 1 項、参規 42 条 1 項）。なお、国務大臣に対する質疑権の保障は、憲法 63 条から導き出せる。議員は、当然討論に参加し、表決に加わる権能を有している。表決に対する議員の責任を明らかにする憲法上の保障としては憲法 57 条 3 項が明らかにしている。

憲法は、議員がその重大な職務を自由に遂行できるよう、一般国民が有しない特別の権利を認めている。憲法の規定する特権としては、不逮捕特権（50 条）と、院内の演説、討論、表決に関する特権（51 条）がある。こうした特権は、議員の職務故のものであるから、議員の個人的利益を法的にとくに保護する目的を有してはいない[29]。

議員の義務としては次のことがあげられる。議員が国会の召集に応じ、会議、委員会に出席することは最低限の義務であり、正当な理由もないまま一定期間これらの義務に違反すると懲罰の対象となる（国会法 124 条）、また、会議で発言し、表決に参加することも議員の職務遂行にかかわる義務と解すべきである。会議中、議事の運営を妨げ、議院の規律をみだす行為は、議長の強制措置（制止、発言の取消し、発言の禁止、議場外への退去）に服せしめられる（同 116 条）。なお、議員は、各議院の議決により定める政治倫理綱領と、これによって各議院が議決で定める行為規範を遵守する義務を負っている（同 124 条の 2）[30]。

国会には活動期間が設けられている[31]。但し、憲法上会期制についての明文規定はない。しかし、憲法 52 条に常会、53 条に臨時会等を定めていることから会期制を認めていると類推できる。会期制は、国会の活動に区切りを設けることで、国会運営の能率を高めることが目的とされているが、後述するように批判もある。

国会の会期は国会の召集（憲法 7 条 2 号）にはじまり閉会によって終わる。召集の実質的決定は内閣（52 条・53 条）による場合と、いずれかの議院の総議員の 4 分の 1 以上の者（53 条）による場合とがある。会期は、会期期間の経過、議員の任期満了、衆議院の解散で閉会となる（54 条 2 項）。国会の活動期間を、

---

29) 清水・前掲注 4)・363 頁。
30) 清水・前掲注 4)・366 頁。
31) 清水・前掲注 4)・367 頁以下。

立法期の中で、当初の会期を超えて延長することは、本来国会の自主性にまかせられるべきであり、両議院一致の議決によるのが筋である。しかし、国会法上、限定が設けられている。

ところで、国会は会期という区切りの中で活動するが、国会の意思は会期ごとに独立していて、会期が異なれば、国会の意思に継続はみられないとする原則を会期不継続の原則という。この原則は、会期中の意思の一貫性を要請するものである。したがって、同一会期において同一問題を再度審議し決定しないという一事不再議の原則ともかかわる。しかし、この原則が厳格に守られると、国会の審議は停滞し、国会の機能は十分発揮しえないことになる。そこで、常任委員会や特別委員会は、各議院の議決でとくに付託された案件（懲罰事犯の件を含む）については、閉会中でも審査できることになっており（国会法47条）、閉会中審査した議案および懲罰事犯の件は、後の会期に継続することとなっている（同68条）。

また、審議公開の原則もある。この原則につき、憲法は、「両議院の会議は、公開とする」（57条1項）と定めている。審議公開とは、会議の内容を国民に広く見聞させることで、会議録の公表はもとより、報道の自由、傍聴の自由を含むものである。したがって、審議公開の原則は、国民の「知る権利」と密接にかかわる。委員会は、非公開が原則となっており、議員以外では、報道の任務にあたる者その他の者で委員長の許可を得たものについては例外とする旨、国会法は定めている（52条1項）。秘密会とすることもできる（国会法52条2項）。なお、調査会にもこれらは準用されている。

最後に、議院の活動に関する原則に反する議院の行為、たとえば憲法56条の定める定足数や議決方法に反する行為は違憲であり、法的効果を生じないことを指摘しておきたい。

Ⅶ 国会改革

国会をめぐる問題は、国会審議の実質的な活性化である[32]。既述のように1999年7月に国会審議活性化法が成立し、首相と野党党首による党首討論や

---

32)「特集・議会制の現状と改革の方向性」の各論文、法律時報90巻5号（2018年）4頁以下及び「国会改革1～5」読売新聞2018年8月21日から8月26日参照。

閣僚の代わりに国会で答弁できる副大臣・政務官の制度の導入などがはかられた。しかし、党首討論は減少傾向にあり、副大臣・政務官の国会答弁も限定的と指摘されている。党首討論は本来、各党の政策の特色を示す場である。党首討論における「対決」が有権者の選択を決めるはずである。本来は毎週行われるはずの党首討論が「各院の本会議、予算委員会及び重要広範議案の委員会に総理が出席する週には開催しない」という 2000 年の合意のために行われていない。党首討論の定例化は必要といえよう。

　他方で、憲法 63 条により、首相や閣僚は国会から「答弁又は説明のため出席を求められたときは」国会の出席に応じなければならない。このため、国会出席に長時間拘束され、海外での会議出席がままならないと批判されている。しかし、この規定は、国会による内閣に対する責任追及の重要な手段である。また内閣総理大臣は国会議員の中から指名されるが、それ以外の国務大臣はその過半数が国会議員の中から選出され、国会に議席を有しない国務大臣が存在する可能性がある。さらに、国務大臣が国会議員だったとしても両議院議員兼職禁止規定により、両議院いずれかに議席を有するのみだからだとも説明される[33]。いずれにしても、審議は重要であり、基本である。その基本を十分におさえることなくして外遊優先はありえない。

　憲法 68 条は、会期不継続の原則を掲げるが、この原則があるため、野党は法案を成立させないために不信任や解任など責任を問う決議案を提出して、徹底的な抵抗戦術をとることが多い。政府・与党は、審議を継続させる手続もとれるが、次の国会にもちこせば、他の法案にしわ寄せがいく。そこで、会期不継続の原則の見直しや、1 年を通して国会を開く「通年国会」の実現などが主張されている。しかし、問題は、強引に日程通りに法案の成立を急ぐ与党にもある。熟議の上の調整という形になっていない。

　法案の成立に関する大きな問題点は、政府提出法案の、政府が法案を閣議決定する前の与党の内容のチェックすなわち「事前審査」にあるとされている。この段階で与党の意見は反映されているとされ、固まったあとは修正は必要ないと判断されている。フランスでは法案の条文について 1 条ずつ修正の必要性を議論する逐条審査が行われている。法案は、その過程においてかなりの修正を受けることもある。政府にも修正権がある[34]。日本においてはこの修正権の

---

33) 大石泰彦「第 63 条」小林＝芹沢編・前掲注 19)・310-311 頁。

行使の限定が、国会審議の空洞化を招いているともいえるであろう。

　委員会制度については憲法上明文規定はない。国会法は衆議院、参議院にそれぞれ 17 の常任委員会をおいている。議院の審議はこれらの常任委員会で行われ、国会の本会議は形式的なものとなっている。しかし委員会における限られた議員による審議と多くの議員が出席する中での審議は双方ともに重要であろう。

まとめにかえて

　昨今問題となるのは、大臣等の責任追及のあり方である。たとえば、議院の活動に関する原則に違反する行為があっても、それを議院の自律的な判断に任せるべきだとする考えも散見される。しかし、はたしてこれでよいのか。実体のみならず手続違反もしっかりと追及されるべきである。担当する問題を理解していない、政治家としての基本的な事柄を理解していない（たとえば、政治資金規正法に基づく処理）など、大臣の資質も問題となる。曖昧にされることなくこれらの追及のあり方も考えられるべきである。

　他方で、熟議の理論をいくら説いても、専横的な進め方をする首相には通じない。効果的な責任追及のあり方は、比較法的見地からもどのような方法があるのか考察を深めて確立されるべきである。それはまさに国会が国権の最高機関だからである。何が国民の側に立った改革なのか、真摯に考える必要がある。

---

34) 植野妙実子『フランスにおける憲法裁判』（中央大学出版部、2015 年）247 頁以下。そこでは、フランスの立法過程がどのようになっているか詳述し、法律の質に対してどのように憲法院が統制を加えているかを述べた。

24 違憲審査制

はじめに

　日本国憲法81条から導き出される違憲審査制については、従来、次のような点につき解説されていた。すなわち、①違憲審査制の趣旨、②違憲審査権の法的性格、③違憲審査権の主体、④違憲審査の対象、⑤違憲判決の効力、⑥司法消極主義と司法積極主義についてである[1]。この中では、④については、その対象と限界をめぐって、議論は活発化しているものの、①②③⑤については通説的見解がゆるぎない地位を占めているようにみえ、⑥については、若干の変化がみられると指摘されていても、最高裁判所の司法消極主義的態度が批判されるのが通例である。最後の点については、この状況を何とかしなければならない、という認識が広まっている。

　②違憲審査権の法的性格をめぐる議論は制度の基本にかかわるものである。ここにはA司法裁判所説（付随的審査制説あるいは司法審査説とも呼ばれる）とB憲法裁判所並存説（独立審査説とも呼ばれる）との対立があった。判例では、B説を退け、A説が定着している。しかし、客観訴訟の存在をめぐって何らかの抽象的審査の認められる余地もあると指摘されている。また⑥とかかわって、違憲審査制のあり方を根本から捉え直そうとする動きもみられる。

　他方で比較憲法的見地からすると、フランスでは、違憲審査制の実態を政治のあり方にひきつけて分析しようという試みがなされている。違憲審査制がそもそも何を目的とし、どうあるべきかがあらためて問われているといえる。

---

1) たとえば、大須賀明「第81条」有倉遼吉編『基本法コンメンタール憲法〔新版〕』別冊法学セミナー30号（日本評論社、1977年）258頁以下。

日本では既述したように違憲審査の対象と限界の画定に多くの力が注がれてきた。これに対し、違憲審査と他の権力との実際上の関係を探りながら、違憲審査制の社会における意義を明確にすることは必ずしもなされてこなかったように思われる。違憲審査制も当然、裁判の公正・中立の要請から司法の独立を前提としていると考えられている。この場合の「司法の独立」は違憲審査と司法審査とで同様であるのか。このことも含めて、フランスでの議論も紹介しながら、違憲審査制について検討してみたい。

I　違憲審査制の根拠

　なぜ違憲審査制が必要なのか。フランスでは長い間、法律は民意の反映であるということから法律中心主義をとり、それ以上に違憲審査制を導入することに対しては躊躇がみられた。しかし、ナチズムやファシズムの経験から、法律に対する絶対的信頼は失われ、アメリカ型とは異なる新しい制度としてヨーロッパ型の憲法裁判が模索されていった[2]。

　日本では、違憲審査制が認められる根拠として次の3つがあげられている。「第一は、憲法の最高法規性に照らし、それに反する国家行為は当然無効とされるべきであるという法理論的理由である。これは、硬性憲法を前提として成り立つ理由である。硬性の憲法典をもたない、イギリスのような国では、違憲立法審査の問題は当初から起り得ない。第二は、権力分立の原則にもとづき、憲法の解釈適用につき、立法部に対する司法部の自主独立性を認めようとする、政治的・制度的理由である。第三は、これによって、他の国家機関殊に立法府の専横から国民の基本権を守り、裁判所を『憲法の番人』にしようとの実際的理由である。[3]」

　これらはそれぞれ、論理的根拠、制度的根拠、実践的根拠と説明されていて、異論はみられない。第二、第三の根拠から日本の違憲審査制は権力分立の概念と結びついている、といえる。ここから前提として、司法部が立法部から「自主独立」であること、立法部の専横から国民の基本権を守る何らかの資格が司法部にあることが必要となる。他方でこの根拠は、憲法秩序の維持、権力分立、

---

2)　ルイ・ファボルー＝植野妙実子訳「2つの憲法裁判モデル」植野妙実子編訳『フランス公法講演集』（中央大学出版部、1998年）198頁。

3)　清宮四郎『憲法I〔新版〕』（有斐閣、1978年）364-365頁。

基本権の保障という目的に対応しているとみることができる[4]。

II 違憲審査権の法的性格

違憲審査権の法的性格については、既述したようにA司法裁判所説とB憲法裁判所並存説の対立があった。

A説は、81条が、最高裁判所に、具体的な争訟事件の裁判に際して、その前提として、それに必要な範囲において、当該法令の違憲性を最終的に審査する権限を与えたにすぎない、とするものである。その根拠として、a憲法制定の経緯から、アメリカ合衆国憲法の司法審査の影響を受けていること、b憲法第6章の「司法」とは、歴史的沿革的に、具体的争訟の解決作用を意味するので、本条の権限もその意味の範囲内にあるものと解されること、c抽象的違憲審査制を認めるのであれば、憲法上積極的な明文規定が必要であること、d最高裁に抽象的違憲審査権を付与すれば、権力分立や国民主権の原理に反すること、e 81条が最高裁を憲法判断に関する「終審裁判所」と規定していることは、憲法判断を行う下級審の存在を想定していることになること、などがあげられている[5]。

B説は、81条が、最高裁判所に、そうした司法裁判所たる性格の他に、憲法裁判所たる性格を認め、具体的争訟事件とは無関係に一般的・抽象的に当該法令の違憲性を審査し決定する権限をも与えた、とするものである。その根拠として、a付随的違憲審査制は、76条によってすでに定められているので、81条が別におかれていることは、81条に独自の意味をもたせるものであること、b B説のように解することが81条の規定に最も忠実な解釈であること、c 81条が「司法」の章にあるが、司法の概念は、流動的、相対的で抽象的違憲審査を含みうること、d訴訟手続についての明文の規定はないが、詳細な規

---

4) 違憲審査制の趣旨を、国民の基本的人権の保障、憲法規範とくに基本権規範の保障と解する場合もある。大須賀・前掲注1)・258頁。

5) 法学協会編『註解日本国憲法下巻』(有斐閣、1954年) 1227頁以下、武居一正「第81条」小林孝輔＝芹沢斉編『基本法コンメンタール憲法〔第4版〕』別冊法学セミナー149号 (日本評論社、1997年) 332頁、有倉遼吉＝時岡弘編『条解日本国憲法〔改訂版〕』(三省堂、1993年) 500頁参照。なお、違憲審査制ではなく司法審査制と呼ぶこともあるが、この場合でも「アメリカ合衆国の制度にならいつつも独自の発展をたど」ったと認識する場合があり、明確な区別があるわけではない。戸松秀典『司法審査制』(勁草書房、1989年) 2頁。

定をおくかどうかは憲法上の立法政策の問題であること、e 憲法裁判所としての性格の承認が 81 条の立法目的に最も適合する解釈であること、f この解釈の方が憲法制定に関与した人の意図になじむこと、などがあげられている[6]。

この他 C 説として最高裁に憲法裁判所的権限を認めることは、憲法上肯定も否定もされておらず、法律によってこうした権限を付与しようとする法定説も存在する[7]。

A 説が通説であり、判例もそれを肯定しているようにみえる。最高裁は、まず、「最高裁判所の違憲審査権は、憲法 81 条によって定められていると説かれるが、……よしやかかる規定がなくとも、第 98 条の最高法規の規定又は第 76 条若しくは第 99 条の裁判官の憲法遵守義務の規定から、……十分に抽出され得るのである。……81 条は、米国憲法の解釈として樹立せられた違憲審査権を、明文をもつて規定した」と述べ（最大判昭 23・7・7 刑集 2 巻 8 号 801 頁）、「裁判官が、具体的な訴訟事件に法令を適用して裁判するに当たり、その法令が憲法に適合するか否かを判断することは、憲法によって裁判官に課せられた職務と職権であって、このことは最高裁判所の裁判官であると下級裁判所の裁判官であるとを問わない」と判示した（最大判昭 25・2・1 刑集 4 巻 2 号 73 頁）。さらに、警察予備隊訴訟において、「わが現行の制度の下においては、特定の者の具体的な法律関係につき紛争の存する場合においてのみ裁判所にその判断を求めることができるのであり、裁判所がかような具体的事件を離れて抽象的に法律命令等の合憲性を判断する権限を有するとの見解には、憲法上及び法令上何等の根拠も存しない」（最大判昭 27・10・8 民集 6 巻 9 号 783 頁）として、「現行制度」が付随的違憲審査制であることをあらためて確認した。こうしたことから、

---

[6] 前掲注 5）と同じ。また B 説の代表である佐々木惣一は次のように説明する。
「國家行為の合憲性が、最高裁判所において、問題とせられる、という場合に二種考えられる。一は、或る法律、命令、規則又は處分について、それが憲法に適合するかしないかということを、獨立の問題として、最高裁判所の決定を求めるものであり、他は、或る一の係争事件に関する裁判において、或る法律、命令、規則又は處分が憲法に適合するかしないかが問題となり、最高裁判所の決定を求めるのである。」佐々木惣一『改訂日本国憲法論』（有斐閣、1978 年）357-358 頁。

[7] 小嶋和司他『憲法の基礎知識』（有斐閣、1966 年）182 頁。これに対しては、「一般的抽象的な法令審査を認めるかどうか立法政策の問題に属するばかりでなく、下級裁判所の審査権を否認したり、国民の提訴権を奪ったり、制限したりすることもまた、立法政策の問題になる。このような説が正当かどうか、かなり問題である」という強い異論が存在する。田上穣治編『体系憲法事典』（青林書院新社、1977 年）613 頁〔奥平康弘担当部分〕。

アメリカ型の付随的違憲審査制を前提としていることが明らかにされ、最高裁のみならず下級裁判所も、すなわちすべての裁判所が違憲審査権をもつことが明らかにされたといわれている。

しかし確かに、憲法上いずれの型の審査制を有するのか明文の規定はない。76条1項が「すべて司法権は、最高裁判所及び……下級裁判所に属する」と定めているが、司法権の意味は明らかにされていない。B説cのように司法権の意義の流動性、相対性を指摘する意見もあるが、一般に次のように述べられているにすぎない。「近代司法制度における司法権とは、具体的な争訟を裁判する作用、すなわち具体的な争訟に法を適用し、その結果を宣告することによって、その争訟を裁定し、解決する国家の公権力の作用をいう」。「『具体的な争訟について』というのは、当事者の間の具体的な法律関係……または権利・義務の存否についての紛争（事件）があり、その紛争について当事者から裁判所にその裁定を求められた場合においてのみ、司法権は行使されるということを意味する。これを司法裁判における『事件性』または『争訟性』の要件という[8]」。

そして「第6章　司法」の中に81条も位置づけられている。この位置づけからすると81条も76条の司法権を前提として違憲審査権を有しているようにみえるが、81条でわざわざ定めている理由は最高裁が付随的違憲審査権以上の審査権を有しているという独自の意味を示すためのようにもみえるのである。ともあれ、学説、判例ではA説が定着した。

Ⅲ　通説の再検討

ところが、別の観点から通説の再検討の動きがみられる。それは、最高裁が実際に行使している違憲審査の実態が、通説的見解の認める付随的違憲審査制と相当異なる点があると指摘されていることである。

そうしたことは第一に、行政事件訴訟法における客観訴訟での憲法判断のあり方が示しているとされる。すなわち、行政事件訴訟法は、客観訴訟として「民衆訴訟」と、「機関訴訟」を認め、「法律に定める場合において、法律に定める者に限り、提起することができる」（行訴法42条）と規定する。民衆訴訟

---

[8]　佐藤功『憲法（下）〔新版〕』（有斐閣、1984年）927頁以下。

は「国又は公共団体の機関の法規に適合しない行為の是正を求める訴訟で、選挙人たる資格その他自己の法律上の利益にかかわらない資格で提起するものをいう」(行訴法5条) と定義されているように、これらの客観訴訟は司法権本来の対象である「法律上の争訟」ではなく、「その他法律において特に定める権限」(裁判所法3条1項) に位置づけられる。その定義から民衆訴訟は個人の権利・自由の保護を目的とはせず、法規が正しく適用されることを求め、公益保護のための訴訟といえる。

このように法律上の争訟にはあたらない客観訴訟における違憲審査は、司法権の行使には付随しない違憲審査となる。さらに、私権保護を目的としない、個人の具体的な権利義務に関係する争いを前提にしていないので、具体性のない抽象的な違憲審査といえる。そこで、法律を定めて抽象的な違憲審査を導入できるのではないか、とする意見もある[9]。

これに対し、佐藤幸治は、「『司法権』とは、具体的紛争の当事者がそれぞれ自己の権利義務をめぐって理をつくして真剣に争うことを前提にして、公平な第三者たる裁判所がそれに依拠して行う法原理的な決定に当事者が拘束されるという構造である」と捉える[10]。もっとも彼も「わが国では、合衆国流の『付随的審査制』だとされながら、その実は当初から『特殊機能』的側面がかなり意識されてきたのではなかったか」と指摘していた[11]。

また、例として林屋礼二の説が引かれ、林屋礼二が、81条の違憲審査制には「主観的な権利の保護」と「客観的な憲法の維持」の2つの目的があり、それにふさわしい憲法訴訟の手続理論を構築すべきことを説いていることが述べられている。すなわち、「林屋教授は、憲法訴訟にあっては『具体的事件』と並んで『法令の違憲性』も『審判の対象』として考えるべきであり、違憲判決が出されたときは、『客観的な憲法秩序の維持』という目的から、『法令の違憲性』という『審査の対象』についての裁判所の判断には『一般的効力』があると論結すべきものとされた」という[12]。

そして、裁判実務は「主観的権利の保護」に徹してきたかというと、そうで

---

9) 武居・前掲注5)・333-334頁。
10) 佐藤幸治『現代国家と司法権』(有斐閣、1988年) 57-58頁。司法権の本質につき、野坂泰司「『司法権の本質論』について」杉原泰雄＝樋口陽一編『論争憲法学』(日本評論社、1994年) 289頁以下。
11) 佐藤・前掲注10)・219頁。

はない。とりわけ、最高裁判所の判決の様式や先例の引用の仕方についてそれがうかがわれると強調する。結局、日本の最高裁判所の判決は、アメリカ合衆国裁判所と異なるやり方をしており、日本の違憲審査制は、アメリカ型の付随審査制とされるが、実際はそれとは異なり、ヨーロッパ型の憲法裁判の影響も受けているようであり、またそれとも異なる独特のものだとする。「何故こうした制度ができたのか、これをどう評価すべきなのか。[13]」そこで登場するのが「接ぎ木文化としての法律文化」論である[14]。

このようにアメリカ型司法審査制との異同が述べられる。他方で、具体的事件性を司法権の本質と考えない説がある。高橋和之は、司法を「適法な提訴を待って、法律の解釈・適用に関する争いを、適切な手続の下に、終局的に裁定する作用」と定義し、アメリカ合衆国憲法の3条2項に該当する規定が日本国憲法にないことから、日本の司法権の概念内容としては事件性を含んでいないとする。そして、憲法裁判所型と司法審査型の違いは独立審査と付随審査の違いにあり、付随審査制においては「事件」の存在が前提となる。しかしここでの「事件」は具体的事件に限定されず、司法裁判所に適法に係属した「事件」なら「抽象的」事件でもかまわない、という。かくして民衆訴訟、客観訴訟も扱われることを説明するのである[15]。

さらに次のようなことも指摘されている。「付随型の司法審査制を採用した日本国憲法においては、『具体的な争訟』が司法権の本質的な要素とされ、アメリカ合衆国憲法第3編2条の文言を借りて『事件・争訟性』（cases and controversies）の要件といわれてきた。……しかし、今日では『事件・争訟性』という文言よりも『司法判断適合性』（justiciability）という文言を用いることがより一般的となりつつあり、『訴えの利益』（standing）、『成熟性』（ripeness）、『ムートネス』（mootness）、『政治的問題』（political question）、『勧告的意見』（advisory opinion）等の法理が、司法判断適合性を判断する法理として用いられるに至っている[16]」。

---

12) 佐藤幸治「わが国の違憲審査制の特徴と課題」『憲法裁判と行政訴訟』（有斐閣、1999年）5頁。また林屋礼二『憲法訴訟の手続理論』（信山社、1995年）参照。
13) 佐藤・前掲注10)・6-7頁。
14) 園部逸夫「接ぎ木文化としての法律文化」時事英語研究1994年6月号68頁以下。
15) 高橋和之「司法の観念」樋口陽一編『講座憲法学6』（日本評論社、1995年）13頁以下。
16) 木下毅「アメリカの司法審査」芦部信喜編『講座憲法訴訟第1巻』（有斐閣、1987年）50頁。なお一般的には、アメリカ合衆国憲法3条2節とされている。

第二に、裁判所は訴えの利益がないと判断しているにもかかわらず「念のため」と憲法判断を行う場合がある。長沼事件控訴審判決においては、原告の訴えの利益は消失したとして、原判決を取消したが、原審とは異なる見解を付加している。そこでは「結局自衛隊の存在等が憲法第9条に違反するか否かの問題は、統治行為に関する判断であり、国会及び内閣の政治行為として窮極的には国民全体の政治的判断に委ねられるべきものであり、これを裁判所が判断すべきものではないと解すべきである」という考えを示した（札幌高判昭51・8・5行集27巻8号1175頁）。このことは判決の主文を導き出す上で必要もないのに付加的に論じられている、と批判されている[17]。

　このことはまた訴えの利益ともかかわる。行政事件訴訟法9条は、かっこ書きにおいて、「処分又は裁決の効果が期間の経過その他の理由によりなくなった後においてもなお処分又は裁決の取消しによって回復すべき法律上の利益を有する者」は訴えの利益をもつ、と規定している。そこで、「回復すべき法律上の利益を有する」場合とはどのような場合なのか、訴えの利益が事後的に喪失したとされるのはどのような場合なのかが問題となる。しかし「『回復すべき法律上の利益を有する』とすることに裁判所は消極的である」といわれる[18]。

　長沼事件控訴審においても訴えの利益は失われたとするものの「見解」を付加したのであった。行政事件訴訟法9条の「回復すべき法律上の利益を有する場合」を明らかにする必要があろう。他方で「念のため」という裁判所の見解も必要な場合があろうが、それが「政治性」を背景として登場してくる場合があることに注意が必要である。すなわち同様の裁判を政治的に牽制する意図においてなされる場合である。

　ムートネスの法理とは「訴訟のあらゆる段階において、現実の争訟が存在することを要求するもので、存在しない、もしくは、すでに解決された争訟は司法判断適合性なしとして却下することを要求する」と説明されている[19]。日本ではムートネスの問題を意識的に検討しているようにはみえない。そこで「ムートネス」の問題も憲法上とりあげられなければならない課題だと指摘される。

---

17) 芦部信喜＝高橋和之＝長谷部恭男編『憲法判例百選Ⅱ〔第4版〕』別冊ジュリスト155号（有斐閣、2000年）366頁〔山内敏弘担当部分〕。なお最高裁は言及していない。
18) 中谷実編『憲法訴訟の基本問題』（法曹同人、1989年）69頁〔中谷実担当部分〕。
19) 中谷・前掲注18)・70頁〔中谷実担当部分〕。野坂泰司「訴えの利益とムートネスの法理」芦部編・前掲注16)・283頁以下参照。

他方で、ムートネスということばこそ使われていないが、既述した行政事件訴訟法９条かっこ書きがそれを示しているとする立場もある[20]。

なお裁判所法10条２号は最高裁判所が職権で当事者の主張に基づかなくても法律、命令、規則または処分が憲法に適合するかどうか審査する権限があることを示しているが、その義務を常に負うわけではないと解されている[21]。裁判所が当事者の主張をまたないで判断する点は抽象的違憲審査権の付与とも捉えられる。

第一の議論も第二の議論も日本の違憲審査制がアメリカのいわゆる付随型司法審査制とは同様の扱われ方をしていないことを示していよう。

そこで、「付随的審査制説をとる通説・判例には論理的に疑問がある。まず、付随的審査制説はその根拠として憲法76条の『司法』＝『事件性』を重視するが、事件性の要件は必ずしも例外を許さない絶対的な要件ではないと解される」。「次に、抽象的違憲審査制の観念自体が多義的であり、法律の合憲性を争って国会議員が提訴するという抽象的審査のほかに、通常の訴訟過程で生じた憲法問題を最高裁判所に移送する制度などもある。さらには、付随的審査制説の指摘する憲法上の明文規定のないことは、必ずしも決定的な理由とはいえない」といわれ、抽象的違憲審査制は憲法改正を経ずに拡大できると主張されている[22]。

問題の発端は、アメリカ型の司法審査制がどういうものであるか細かな検証のないまま、「法律上の争訟」という法律レベルでの具体化を憲法レベルにあてはめたことにあろう。別の観点から司法審査制と違憲審査制は両立するのか、憲法裁判とはどのような目的をもっているのか、という問題も登場してくる。

Ⅳ 憲法裁判の意味

これまでの議論の多くは、司法の意味から違憲審査制を解明しようとしているようにみえる。しかし、そもそも司法裁判と憲法裁判は同じ意味、同じ目的をもつものであろうか。同じ性格をもつものであろうか。

フランスでは、裁判系列は３つに分かれる。憲法裁判、行政裁判、司法裁判

---

20) 奥平康弘『憲法裁判の可能性』（岩波書店、1995年）54頁。
21) 『裁判所法逐条解説上巻』（法曹会、1967年）88-89頁。
22) 戸波江二『憲法〔新版〕』（ぎょうせい、1999年）440頁。

である。司法裁判には民事と刑事が含まれる。行政裁判は行政権に所属し、行政のいわば自主規制という形で解決をはかる。憲法裁判が発達するまでは、行政裁判は、法律中心主義を背景に行政行為や行政活動の合法性の審査を行い、人権保障を担ってきた。しかし1970年代から、一般意思の表明である法律も無謬性までは保証されないということを理由として憲法裁判が行われるようになった。

　フランスでの憲法裁判は、法律事項と命令事項の区分を前提として、憲法院が、議会が法律事項を守っているかを監視する役割を果たすところからはじまった。したがって当初は、人権保障を担う機関として憲法院が考えられていたわけではなかったが、1974年10月の憲法改正により、付託権者が拡大したことで飛躍的に付託数が拡大し、憲法院が重要な判決を下すようになった。この憲法院の法律の合憲性審査は、法律案が上下両院を通った後、審署前に憲法院に付託されることでなされる事前審査である。改正により、それまでの大統領、首相、上下いずれかの議院の議長に限られていたところに、60名の国民議会（下院）議員もしくは60名のセナ（上院）議員の付託によっても法律の合憲性審査が行われることとなった。しかし、立法過程における事前審査だけでは、それ以前に施行されている多くの法律の合憲性の疑わしいものは扱うことができない。そうした法律の合憲性を判断するための事後審査も必要との要望は強かった。漸く2008年7月の憲法改正で、通常裁判において根拠となる法律の合憲性が疑われる場合に、当該裁判所さらにはその系列の最高裁判所の「二重のフィルター」を通して憲法判断が必要とされたときに、憲法院へ移送する仕組みによって、事後的に法律の合憲性審査も行われるようになった。憲法院の、立法過程における法律の合憲性審査、すなわち事前審査は具体的事件をともなわない抽象的審査であることは明らかであるが、フランスでは事後審査においても、憲法院に具体的事案は送られず、抽象的審査であると考えられている[23]。

　ここでの憲法裁判の目的は憲法秩序の維持、人権保障、立法権に対するコン

23）フランスの憲法裁判については植野妙実子『フランスにおける憲法裁判』（中央大学出版部、2015年）、1970年代以降の憲法院による憲法裁判の発達についてはルイ・ファヴォルー＝植野妙実子監訳『法にとらわれる政治』（中央大学出版部、2016年）参照。またフランスでの事後審査の詳細については、ベルトラン・マチュー＝植野妙実子・兼頭ゆみ子訳『フランスの事後的違憲審査制』（日本評論社、2015年）。事後審査も抽象審査と考えていることについては、ベルトラン・マチュー＝植野妙実子・兼頭ゆみ子訳「フランスの合憲性優先問題」比較法雑誌50巻1号（2016年）99頁以下参照。

トロールである。但し立法権に対するコントロールはしばしば現実には立法権と行政権の協働に対するコントロールとなる。というのも法律案の多くは政府提出法律案であり、それらは政府を支える議会内多数派の賛成により成立するからである。そこで付託権者の拡大は、多数派（与党）に対する少数派（野党）の異議申し立てを可能にすることを意味した。

　日本でも裁判所が行う違憲法令審査は、立法権と行政権に対するコントロールであると説明されている。しかし現実には、このコントロールが十分作用しておらず、効果が薄いことが問題となっている。憲法裁判の意義は、憲法秩序の維持、人権保障が十分になされるために他の権力へのコントロールが効果的に行われるところにあり、その点では日本は十分に機能しているとはいえない。憲法裁判のみならず行政裁判の不十分性も問題となる。

　憲法裁判が必要な理由は、憲法を最高法規、根本法規として憲法の理念・原則の実現をあまねく社会の隅々にまで広め、浸透させる必要があるからである。憲法の理念・原則の実現は実際には法律や政策として行われていく。憲法による政治、立憲主義が実現しているかをチェックする必要がある。したがって憲法裁判の対象は原則的には国家権力であり、立法府や行政府のあり方が問われる。

　日本では権力分立が強調されてはいるが、実際は議院内閣制の要素が強く、議会は行政権のチェックをするというよりは議会内多数派を通して行政権を支え助ける役割を果たすことが多い。立法府からの行政府へのチェックとされる内閣不信任決議も議会内多数派が確固として存在しているときは働かない。行政府から立法府へのチェックとされる解散も現在では、内閣の都合のよいときに行われるにすぎず、むしろ議会内多数派を固めることに役立っている。

　したがって日本には現在、政府と議会内多数派もしくは立法権と行政権の協働に歯止めをかけ、コントロールする手段は（最高裁判所が憲法裁判所として十分に機能すれば別だが）ないといえる。憲法秩序を客観的に語り、その点から法律や政策をチェックする機関はない。もっとも議会内多数派は選挙による民意の反映であるから、チェックする必要がない、という声があるかもしれない。しかしそれならばこれほどまでに各国で憲法裁判の必要性が説かれて発達するということはなかったであろう。

　憲法裁判は憲法の理念や趣旨からみて法律や政策を評価する機能をもつ。また憲法の下にある法律や政策の整合性をはかる機能ももつ。憲法裁判の主眼が

人権保障にあるのは法律や政策は人権保障の確立と結びつくものでなければならないからである。こうした点から客観的な憲法秩序の維持が憲法裁判には期待されているのである。

V　司法裁判の意味

これに対して一般的な司法裁判とはどのようなものであろうか。フランス第五共和制憲法においては、第8篇司法機関の66条1項に恣意的拘禁の禁止を定め、2項には「司法機関は、個人的自由の守護者であり、法律によって定められた条件にしたがって、この原則の尊重を保障する」と定める[24]。「個人的自由」の内容についてはフランスでも議論があるところだが[25]、その意味は、第一に安全であり、人身の自由[26]をさす。人権宣言2条の中に自由、所有、圧制への抵抗と並んで安全も、人間の時効によって消滅することのない自然権として位置づけられている。第二に憲法上に必ずしも述べられてはいないこの自由に結びつく複合的自由があげられる。それらは、往来の自由、私生活の自由、住居や通信の不可侵、結婚の自由である。個人のもつ諸権利という意味で個人的自由と同一のものとして捉えられることもある。もちろん一般裁判を扱う裁判所がこれら以外の自由や権利を扱わないという意味ではないが、司法裁判の特色をある意味表していよう。それが既述した林屋礼二の「主観的権利の保護」にあたるものであろう。こうして刑事事件においては、刑事的人権の保障にも留意しながら、公益である公共秩序維持をはかり、民事事件においては私人間の生活関係に関する事件を裁定する。

---

24) さしあたり、次のものを参照。Thierry S. RENOUX et alii., *Code constitutionnel* Lexis Nexis, 2016, pp.1144 et s.
25) Cf., Roseline LETTERON, *Libertés publiques*, 9ᵉ ed., Dalloz, 2012, pp. 146 et s. 複数で使用されるときと単数で使用されるときとで意味が異なるとされている。ちなみに66条2項は単数で書かれている。
26) habeas corpus と総称される。逮捕されたすべての人間が、こうした逮捕の正当性について裁定されるよう裁判所に付託される権利をさす。Sous la direction de Dominique CHAGNOLLAUD et Guillaume DRAGO, *Dictionnaire des droits fondamentaux*, Dalloz, 2006, pp.685 et s.

VI　裁判所の二重の機能

　ところで司法の意味は何なのか。司法に固有の意味があるのか。日本国憲法76条1項は「すべて司法権は、最高裁判所及び法律の定めるところにより設置する下級裁判所に属する」と定めるが、司法権の中身については述べてはいない。しかし歴史的に国民の人権保障という観点から裁判所の存在は不可欠なものとなっている。恣意的な権力から人身を守るためにも、客観的に法を適用して争訟を裁定してもらうためにも、権力から独立した、公正で中立な裁判が求められた。まずは身近な問題の第三者の、法を適用しての公正な裁定が求められ、刑事事件においては権力の恣意を退けた公正な判断が求められた。やがて行政行為の違法性を明らかにする裁判や行政責任の追及をする裁判、立憲主義に基づき憲法によって社会を治めることを求める裁判へと発展してきた。

　司法を裁判とするならば、裁判とは、対立する当事者間の具体的な争いを解決するために第三者の下す判断を一般にいう[27]。少なくとも司法権はその沿革から国民の権利の保障を目的として他の権力から公正さを担保するために独立した機関が客観的に法の適用をする権限をいうとすることができる。司法権の行使の具体的なあり方はそれぞれの国において異なっている。

　日本では、憲法81条から、裁判所が違憲法令審査権を有すること、最高裁判所がこの権限の終審裁判所なので下級裁判所も有することが導かれてきた。また裁判所法3条1項から、「裁判所は、日本国憲法に特別の定のある場合を除いて一切の法律上の争訟を裁判」するとして、一切の法律上の争訟を裁判することを原則と考えてきた。しかし同時にそれに限られず、裁判所は「その他法律において特に定める権限」（同3条1項後段）も有するのである。先述のB説は81条の規定を「日本国憲法に特別の定のある場合」に該当すると解して、法律上の争訟を前提とせず、具体的争訟事件とは無関係に一般的・抽象的に法令の違憲性を審査し決定する権限を裁判所に与えたとする。しかしB説においても、抽象的に法令の違憲性を審査し決定する権限だけを裁判所に認める趣旨

---

[27]　狭義には、司法機関たる裁判所が法律上の争訟を解決するために法の手続にしたがって、確定された事実に法を適用して行う公権的判断をいい、広義には、仲裁、調停のほか、立法機関や行政機関の行う裁判等を含む意味で用いられる。鈴木茂嗣「裁判」中川善之助監修『現代法学事典2』別冊法学セミナー増刊（日本評論社、1973年）271頁。

ではなく、具体的な争訟事件にともなう憲法裁判も認めるものであろう。

かくして日本の裁判所には司法裁判所としての機能と憲法裁判所としての機能と、そしてまたこれらの性格とは異なる行政裁判所としての機能も負わされることになった。

Ⅶ 日本型違憲審査制

こうしたことからどのような問題が生じるか考えてみたい。ファヴォルーは、きわめて図式的に憲法裁判のヨーロッパ型とアメリカ型を示している[28]。ヨーロッパ型といっても当然さまざまな態様を含む[29]が、いずれにしてもヨーロッパ型の特色として、他のすべての国家機関から独立した憲法裁判機関に独占的に憲法争訟が委ねられていること、その機関の裁判官は職業裁判官から構成されてはいないことをあげることができる。他方でファヴォルーは、アメリカ型の一般的特色として①通常裁判所による統制、②個人による開放的な申立て、③事後審査による弁論の方法を用いる統制、④判決の効力は裁判中の当該事件のみに適用を宣言する相対的効果をあげている[30]。

日本では、第一に、「法律上の争訟」の存在が裁判所への提訴の原則である。これは事件・争訟性とも司法判断適合性とも解されている。また非訟事件を契機として法令の違憲性を問うということもありうることである。「法律上の争訟」は提訴の契機であり窓口である。したがって裁判所は憲法問題がある場合、事件への対処と同様に、法令の合憲性の問題も裁定しなければならない。また憲法問題を提起する当事者の適格を広く解することにより、より憲法問題にコミットすることもできる[31]が、現実にはそうなってはいない。さらに裁判所法10条2号は、最高裁判所が職権で当事者の主張に基づかなくても法律、命令、規則または処分が憲法に適合するかどうか審査する権限があることを示しているが、これはそもそも弁論主義、当事者主義の下ではとりにくい制度であろう。

---

28) ファボルー＝植野訳・前掲注2)、とりわけ200頁以下参照。なおこの本においてはファボルーと表記されている。
29) これらの詳細については次のものを参照。Louis FAVOREU et Wanda MASTOR, *Les Cours constitutionnelles*, 2ᵉ éd., Dalloz, 2016.
30) ファボルー＝植野訳・前掲注2)・215頁。
31) たとえば、不特定の第三者の権利を援用したり、当事者自身に直接適用されない法令の違憲性を主張したりするなど。中谷編・前掲注18)・109頁以下〔中谷担当部分〕。

一般の司法裁判と異なる憲法裁判の側面は、第二に憲法及び法律の解釈が問題になるという点である。判決の効力が当該事件のみで相対的だとしても判例史上に与える影響力は大きい。解釈に対する慎重さと大胆さの双方が要求される。他方で、一般裁判官は憲法解釈に常に精通しているとはいえず、とりわけ今日では憲法の解釈も国際的な動向を加味して解釈しなければならない場合も多い。この点ではこの問題にかかわらず弁護士の研修と同様に裁判官の研修も必要となる。また憲法問題の裁定には、他の権力に与える政治的意味や世論に与える社会的意味も加味しなければならない。たとえば、選挙権の投票価値の平等を争う選挙では、法的安定性を考慮した事情判決の援用という形で判断が下されたのはこのためである。だからといって違憲の宣言にあまりにも消極的だというのでは憲法裁判の本来の意義が失われる。必要な場合には立法権・行政権に憲法的視点から楔を差すことも必要となる。

　行政訴訟における客観訴訟は「その他法律において特に定める権限」に該当するものである。行政訴訟は元来、行政行為や行政活動を問うものであるから、憲法に基づく法律による行政が国民のために行われるためには、幅広い提訴が可能でなければならない。現在の憲法17条の限定的な解釈をはじめとして行政事件として系属しにくい状況の改善が望まれる。また行政計画の段階から行政の活動が問われるようでないと行政問題の実質的解決にはつながらない[32]。

Ⅷ　裁判官の構成

　アメリカ型を採用する日本においては、憲法問題を裁定する終審の裁判所である最高裁判所の裁判官には、職業裁判官、弁護士、検察官、公務員（外交官も含む）、大学教授が任命されている。職業裁判官が多くを占めるのは最高裁判所が通常の司法裁判所の頂点に位置するからである。刑事・民事・行政の事件が系属するので検察官や弁護士・行政官も裁判官として入って外見的には専門性・中立性が保たれているようにみえる。ヨーロッパで通常裁判所と憲法裁判所との大きな違いは、裁判官のあり方である。通常裁判所の裁判官は司法問題にしか通じておらず、しかも司法裁判所の頂点の裁判所に登ることを考えるので、司法裁判所の最高裁判所において憲法問題を裁定するのは不向きと考え

---

[32] 阿部泰隆『行政訴訟改革論』（有斐閣、1993年）223頁以下参照。

られている。

　日本はまさにそうした結果の例となっている。すなわち、下級裁判所の裁判官はいずれは最高裁判所の裁判官になりたいと願うので、任命権を有している内閣（長たる裁判官の場合は天皇による任命であるが、天皇は実質的権限を有さない）に背くような違憲判決は出しにくい。そのことが今日の「司法消極主義」という状況を産み出したと考えられる。日本の最高裁判所の裁判官は職業裁判官を中心として検察官、弁護士、行政官、外交官、大学教授から構成されているが、このところ、裁判官6名、検察官2名の数は変わってはおらず、これで過半数を占める。彼らが体制維持という立場で一致するだろうということは容易に考えられる。かつては在野という立場で自由に発言できるのは弁護士と大学教授と考えられていた。しかし、法科大学院の存在で、実務家教員も見られるようになると大学の教員だからといって、在野からの発言を期待できるとする単純な発想は成り立たない。さらに裁判官出身者が常に裁判長となっている。またしばしば元内閣法制局長官が裁判官として入っているが、これは憲法問題の裁定としてはふさわしくないと思われる。自らがかかわったものにコメントを付す立場であり、批判をする立場にないからである。このように日本の最高裁判所の裁判官の構成は憲法裁判所の役割を果たすようにはなっていない[33]。

　司法裁判を担当する裁判所には独立・公正・中立が要求される。憲法問題を裁定する裁判所も当然他の権力から独立の機関でなければ他の権力に対して自由に批判し、注文を付けたりすることはできない。また国民の信頼をえるためには公正であることも当然である。こうしたことに加えてヨーロッパで問題となっていることは、憲法裁判所が、国民の代表者で構成された国会を経て成立した法律にどのような理由でコントロールすることが許されるのかということである。憲法裁判所の行為の正当性の根拠である。これに対して政治的機関による自由な裁判官の任命という形で解決をはかってきた。政治的機関そのものの正当性は国民自体にある。フランスでは大統領と上下両院議長が3名ずつ任命するが、実際には保守と革新との間の政権交代が存在するので、それぞれの政党の任命による裁判官が存在することになる。このような制度にとっては政権交代が不可欠な条件といえるであろう。なお2008年7月の改正でこうした

---

33) 最高裁判所の裁判官の人権感覚も問題とされている。栗城壽夫＝戸波江二編『憲法』（青林書院、1995年）316頁〔畑尻剛担当部分〕。

任命に各議院の常任委員会も意見を付す形で関与することになった。アメリカ合衆国においても合衆国最高裁判所の裁判官の任命は、大統領が上院の助言と承認をえて行っている。しかしヨーロッパでも一度任命されれば、任命した政党と離れて独立・公正に判断をするものだといわれている。憲法問題はときとしてはきわめて政治的な問題である場合もある。そこで裁判官の任命の経路を明らかにする方が国民にはわかりやすいと考えられるからである。また政治的任命は誰に対して責任をもつのかを示すことにもなる。

　日本では最高裁判所の裁判官の任命については、裁判官や検察官に対しては部内からの推薦、弁護士からの任命については、日本弁護士連合会からの推薦で実際には内閣の任命が行われているという[34]。形式的には内閣の任命によっていても、政治的機関による自由な任命ではない。政権交代が頻繁にあるとはいえない日本においては政治的機関による憲法裁判所の裁判官の任命はむしろファッショを招きかねない。しかし、少なくとも任命に関する透明性の確保は重要である。この点では政治が未成熟であることが憲法裁判についての認識の遅れを示しているといえる。

IX　判例の効力

　日本では判例の拘束力について、判例法主義と制定法主義の違いが述べられ、かつては判例の法源性否定説が通説とされ、現在でも拘束力は強くないと考えられているのが一般的であろう。この場合の判決の効力は、下級審に対する上級審の判例の拘束力と上級審の判例の上級審自身に対する拘束力である[35]。最高裁判所では最近意識的に先例の援用を示すようになってきているようにみえるが、その援用がはたして何を示しているのか理解しがたいときもある。実際には、上級裁判所がすでに類似の事件で示した判決があっても、それとは異なる判決を下す下級裁判所もあり、それがむしろさまざまな捉え方を示すことにもつながっている。

　ところで憲法裁判の判決の効力は、単に司法権内部に与える効力だけではなくて、問題となった他の権力がそれに従うかが重要な点となる[36]。問題となっ

---

34) 和田英夫「最高裁判所裁判官のありよう」『今日の最高裁判所』法学セミナー増刊（日本評論社、1988年）46頁以下。
35) 中谷編・前掲注18)・290頁〔井上典之担当部分〕。

た法律の条文が違憲と判断されれば直ちに停止となり、適用されない。憲法裁判の意義が他の国家権力のコントロールにあるならば、判決の効果は絶対的であるべきであろう。国民にとっても法の下の平等の保障となる。そして指摘を受けた国家機関は迅速な対応と何らかの措置をはからなければならない。こうした権力間の連携があってこそ、憲法裁判の意義が大きくなる。現在の日本では、違憲判決の効力について個別的効力説を基礎にしつつも、立法権や行政権の違憲判決に対する政治的道徳的義務を説くにすぎないことが多い[37]。そこでの問題は、裁判所が、判決によって国民の代表である立法府をコントロールできるのか、裁判官に法創造が許されるのか、という憲法裁判の民主的正当性の基本的問題が再び問われることになる。

まとめにかえて

　私見では、司法裁判と憲法裁判という、目的も果たすべき機能も異なる２つの裁判が同時に行われていることを問題とすべきであって、「司法」の意味を拡大することでは解決ははかられないように思う。こうしたことを前提として制度の整備を考えるべきであろう。日本では現行制度の下で、あくまでも具体的争訟の着地点を見つけることを優先しているならば「緩い憲法裁判」しか期待できない。とはいえ民主主義の成熟によってその価値はいくらかでも発揮されるであろう。この制度の下では、さらに行政訴訟の充実をはかり、行政権のコントロールを通して、議院内閣制の下で行政権と協働・協調している立法権をコントロールするという方策の強化が不可欠といえよう。

---

36) 戸松秀典『憲法訴訟』（有斐閣、2000 年）379 頁以下参照。
37) 学説の展開については、さしあたり大沢秀介「法令違憲判決の効力」高橋和之＝大石眞編『憲法の争点〔第3版〕』ジュリスト増刊（有斐閣、1999 年）250-251 頁。

25 裁判官の独立

はじめに

　「第6章　司法」の冒頭に位置する76条は、司法についての総括的規定として、司法権の帰属、司法権の範囲、および司法権の独立の中核をなす裁判官の職権の独立を定めている。76条1項は、立法権が国会に属することを定める41条、行政権が内閣に属することを定める65条とともに、司法権が裁判所に属し、裁判所が行使することを定める、権力分立にかかわる規定である[1]。

　裁判所の有する紛争解決機能は、他の2つの権力への統制や人権保障とかかわり、裁判の公正の確保という観点から司法権を実際に行使する裁判官の独立が必要である。そこで3項に、裁判官の職権の独立が定められている。裁判官の独立は、他方で裁判官の身分保障として他の条文によっても補われ保障されている。78条では、司法権の独立、裁判官の職権の独立を実効的に保障するために、裁判官に特別の身分保障を与えることが、必要だと考えられている。そこでは、裁判官の罷免の制度が限定的に定められ、罷免は「裁判により、心身の故障のために職務を執ることができないと決定された場合」と「公の弾劾」による場合にしか認められない。79条は最高裁判所の裁判官について定められ、最高裁判所の裁判官については、78条以外に国民審査による罷免の方法が明示されている（79条2項・3項・4項）。最高裁判所の裁判官の報酬については79条6項、下級裁判所の裁判官の報酬については80条2項に定められている。また、77条の最高裁判所の規則制定権の規定も広い意味で司法の

---

[1] 有吉遼吉＝時岡弘編『条解・日本国憲法〔改訂版〕』（三省堂、1989年）448頁、藤井俊夫「第6章司法　総説」小林孝輔＝芹沢斉編『基本法コンメンタール憲法〔第4版〕』別冊法学セミナー149号（日本評論社、1997年）306頁参照。

自律の確保という観点から司法権の独立を支えるものでもある。司法行政も司法権の独立の確保のため最高裁判所以下の裁判所に属する。

ところで下級裁判所の裁判官の任期と再任については80条1項が定めているが、実際には任官拒否、再任拒否という事態がおこり、このことをどうみるかの問題がある。また、78条後段は、裁判官の懲戒処分にふれている。裁判官の独立とかかわり、裁判官の中立や公正に対する要請と、裁判官自身の市民的自由の保障とがどのようにかかわるのかも問題となるところである。

I　76条3項の解釈

裁判官の独立とは、76条3項に定められているように裁判官がその職権を行使するにあたって、他の何者からも指示や干渉を受けることなく独立してこれを行い、憲法及び法律にのみ拘束されることをいう。これを狭義の裁判官の独立という。裁判官の独立が必要とされる理由は、裁判の公正の確保にあり、裁判の公正は裁判制度に対する信頼を形づくる。

他方で、裁判官の独立を確保するためには、裁判官の身分保障が不可欠である。裁判官の身分保障がなければ、他の勢力からの干渉や圧力をはねのけて公正に職権を行使することができなくなるおそれがある。裁判官の身分保障は、狭義の裁判官の独立と相まって発達してきた。狭義の裁判官の独立と裁判官の身分保障とをあわせて、広義の裁判官の独立という[2]。

司法権の独立とは、つまるところ裁判官の独立をさす。「司法権の独立とは、裁判所という司法府が、他の国家機関の圧力、干渉を排除してその独立を守り活動することと、個々の裁判官の行う裁判等の職務の執行が、法以外のもので拘束されないことを意味するのであるが……右の原則の核は、裁判官の独立であり、裁判所全体の対外独立問題も、裁判官の独立の外延的なものと把握するのが妥当」とされる[3]。

この裁判官の独立は、他の権力すなわち立法権、行政権からの独立を意味するばかりでなく、司法内部からの干渉や圧力からの独立も意味し、また今日ではさまざまな社会的勢力の存在があるがそれらの干渉や圧力からも独立である

---

[2]　橋本公亘『日本国憲法〔改訂版〕』（有斐閣、1988年）594頁参照。
[3]　清水睦『憲法』（中央大学通信教育学部、2000年）429頁。

ことを意味する。76条3項の裁判官の職権行使における独立は、この規定における「その良心に従ひ」という文言と「憲法及び法律にのみ拘束される」という文言の意味と関係をめぐって説が分かれる。

Aまず、「すべて裁判官は、その良心に従ひ独立してその職権を行ひ」の文脈における「良心に従ひ」を読みこまず、「この憲法及び法律にのみ拘束される」ことを定めている、とする説がある。「『良心』を裁判官の個人的、主観的良心と解するわけにはいかない。良心という語をどうしても用いたければ、裁判官としての客観的良心といいあらわすよりほかはない。要するに、この規定は、裁判官が他の何者からの指令や拘束を受けることなく、独立して判断すること、裁判官は『憲法及び法律』にのみ従うことを定めているのである[4]」。

B次に、裁判官としての良心をさすとする説がある。「『良心』とは、その裁判官の個人としての良心すなわちその主観的な価値観、信念、人生観、世界観などを指すものではなく、裁判官としての良心を指す[5]」。他方で19条が思想及び良心の自由を定めており、19条と76条3項の「良心」の異同が問題となる。B説によると19条とは異なった裁判官の良心を認めるものである（良心二元論）。

Cそこで、人の良心は1つだけであるはずだから、本項の「良心」も19条の良心と同じ良心をさすのではないか、とする説も存在する（良心一元論）。「76条の趣旨は、裁判官に対し、自己が選択した職業に結びついている義務を自己の良心に照らして正しく遂行することを要請するにある。19条、76条は当然かように立法の目的を異にするが、良心の意義について憲法が両者を別個に規定しているとすることは無理」という[6]。このC説においても、「裁判官は職務を行うにつき、すべてみずからの判断によって行えばよく、自己の良心に照らし何等の規整にも服さないのであるか？ これにこたえたのが76条3項後段の『この憲法及び法律にのみ拘束される』の規定である[7]」としており、結果的に3つの説が違う結論にいたっているわけではない。

---

4) 橋本・前掲注2)・595頁。
5) 佐藤功『憲法（下）〔新版〕』（有斐閣、1984年）968頁。この場合、裁判官が服すべきものは「自己の良心と法のみ」とされる（同書971頁）。また、「憲法で『良心』といわれるのは、裁判官が適用する法のうちに客観的に存在する心意・精神、いわゆる『裁判官としての良心』を意味する」ともいわれる。清宮四郎『憲法Ⅰ〔新版〕』（有斐閣、1971年）352頁。
6) 結城光太郎「裁判官の良心」ジュリスト638号（1977年）189頁。
7) 結城・前掲注6)・189頁。

A説、B説は、分かちがたい点もあるが、いずれにしても、良心二元論とされるものが通説的見解といわれている[8]。

なお判例においては、「裁判官が有形無形の外部の圧迫乃至誘惑に屈しないで自己内心の良識と道徳感に従うの意味である」（最大判昭23・11・17刑集2巻12号1565頁）とし、あるいは「裁判官は法の範囲内において、自ら是なりと信ずる処に従つて裁判をすれば、それで憲法のいう良心に従つた裁判といえる」（最大判昭23・12・15刑集2巻13号1783頁）としており、必ずしも明確ではない。

この問題はさらに、法と良心の衝突の問題として論じられてきた。すなわち、裁判において適用を予定されている法とその裁判を担当する裁判官の「良心」が抵触するような場合に、裁判官は自己の「良心」にしたがって裁判を行うべきか、それとも良心に反しても法を適用すべきなのか、という問題として提起されてきた[9]。これに対して「客観的法規範をはなれた主観的『良心』に準拠して裁判を行なうことは、近代司法においては認められない道理であるから、こうした問題設定そのものが無意味というべきである。裁判官は、その職権を行なうにあたって、あくまでも『法』に従わなければならず、法以外のものに従うことは許されない」とする考え方がある[10]。しかしながら現実には法律の規定は一義的ではなく、さまざまな解釈を生むことが多い。そこで、「『裁判官の良心』という問題は、主として裁判官がその職権の行使にさいして、憲法および実定法の定める枠内で許容された自由裁量にかかわる問題である」という捉え方が生じる[11]。ここでは刑事裁判における自由心証主義の問題に結びつくことも指摘されている。このような捉え方は「良心に従ひ」という意味をA説のように没却するのではなく、積極的に捉えるところに意義がある。

私見では、19条の良心と76条3項の良心はいずれも自らの正しいと思うところを意味し、基本的には同じであると思う。但し、19条の場合には、思想及び良心の自由として、一般市民が思想や主義・主張・信念等が自由であり侵されないとするところに意義があるのに対し、76条3項の場合は、裁判官の

---

8) 佐々木惣一は、職業上の良心の自由に従うとして、裁判官の自粛の義務と呼ぶ。また「憲法及び法律にのみ拘束される」は裁判官が職務を行う方法について、ただ憲法および法律のみに拘束されるとして、裁判官が憲法および法律を適用することを意味しないとする。佐々木惣一『改訂日本国憲法論』（有斐閣、1978年）364頁。
9) 結城・前掲注6)・189頁以下。
10) 樋口陽一他『注釈日本国憲法下巻』（青林書院、1978年）1146頁〔浦部法穂担当部分〕。
11) 清水睦「裁判官の良心」『思想・信仰と現代』法学セミナー増刊（日本評論社、1977年）235頁。

職権行使における良心のあり方を述べているのである。裁判官の職権行使においては、客観的な「憲法及び法律にのみ拘束される」ことが定められている。法を離れて良心にしたがうことはもとより予定されていない。

しかし、客観的とはいえ、「憲法及び法律」は、そこには形式的意味の法律のみならずおよそ一切の客観的法規範——法律、政令、条例その他の形式のいかんを問わず、また不文法たる慣習や条理をも含むとされる[12]が、それらはその解釈が一義的ではなく、とりわけこうした法の解釈、適用において、裁判官は現行憲法の価値体系という枠組の中で、自らが正しいと信ずるところにしたがって判断を下すのである。そこに「良心に従ひ」をあえて述べていることの意義があると思われる[13]。

ところで、裁判官は「憲法及び法律にのみ拘束される」が、「憲法及び法律」に判例法が含まれるか、が争点としてある。「憲法及び法律」は、裁判が客観的法規範に準拠して行われなければならないという法治主義の原理を示している。他方で憲法は81条に違憲審査制を掲げ、憲法に違反する法は適用されない。したがって、76条3項の文言も81条と相まって、具体的争訟の裁判に付随して行われる裁判所の違憲審査制を根拠づけるとされる[14]。

客観的法規範の中に判例法が含まれるか否かについては、a 判例法も含まれるとする説[15]、b 判例は法規ではないから裁判官を拘束しないとする説[16]、c 確立された判例法といいうるものは裁判官を拘束するが判例そのものは直ちに裁判官を拘束しないとする説[17]、がある。

日本は判例法主義の国ではなく制定法主義をとっており、裁判において最初に依拠すべきは制定法とされる。同時に判例は制定法と別個に存在しているわけではない。また裁判所の法解釈が各事例によって異なるということでは、法的安定性を欠き国民の生活は不安定なものとなる。その意味では、判例に一定

---

12) 樋口他・前掲注10)・1147頁〔浦部法穂担当部分〕。
13) 清水・前掲注11)・235頁参照。なお結城・前掲注6)においては、「良心が登場するのは、裁判作用がどのようなものであれ、それが裁判官自身以外の力によって歪められようとする場合、これに対する警告者としてなのである」(190頁)と述べ、裁判官の良心を独立性の確保にとって必要とみている点で異なる。
14) 樋口他・前掲注10)・1147頁〔浦部法穂担当部分〕、佐藤・前掲注5)・971頁。
15) 清宮・前掲注5)・351頁。
16) 田上穣治『憲法原論』(春秋社、1953年) 268頁。
17) 佐藤・前掲注5)・971頁。

の拘束力は認められていると考えるべきである[18]。しかしそれが実際どのようなものであるか、裁判官の法解釈の統一性や判決の拘束力の問題はさらに検討が必要である。とりわけ既判力という概念がどのように個々の判決に作用しているかも検討する必要がある。さしあたり現行法上、最高裁判所の判例違反は上告理由とされており（刑訴法405条、民訴法318条）、また上級裁判所の判断はその事件について下級裁判所の裁判を拘束するものとされている（裁判所法4条）。ｃ説が妥当といえよう。

II　裁判官の独立の実態

　裁判官の独立は、他の権力からの独立、司法権内部からの独立、さまざまな社会的勢力からの独立が問題となるが、最後の問題は裁判官が世論の裁判批判とどう向き合うのかの問題でもある。

　第一に、裁判官は裁判権の行使において、国会から干渉、圧力を受けない。ここで問題となるのは、各議院のもつ国政調査権との関係である。国政調査権とは、「国会が立法権をはじめ、憲法上認められる行政統制等国政について広く認められる権限を有効に行使できるよう認められた手段的権能であり、この手段としての核は、議院が必要とする資料を入手して、諸事情を的確に判断することにある[19]」ものだが、司法権とのかかわりにおいては、係属中の訴訟事件について調査をすることは、裁判官の独立を侵害することになるとして否定されている。係属中の事件でなくても、調査を行う方法が司法権の独立を害するおそれがある場合は許されない。判決確定後の事件については、当該裁判官自身を調査の対象とするがごときは許されない。裁判所におけるのと同様の取調べを行うことは、再審の実際的効果をもつ点で司法権の独立に反するとされる。判決確定後であっても、議院が裁判内容の当否を調査、批判することは、その後の同種の事件の裁判に実際上影響を及ぼす可能性があり、司法権の独立を侵害する[20]。

　浦和事件においては、議院が国政調査権に基づき具体的な判決の当否を調査の対象とした。昭和24（1949）年、刑事事件の判決確定後に、参議院法務委員

---

18)　樋口他・前掲注10)・1148頁〔浦部法穂担当部分〕、浦部法穂『憲法学教室II』（日本評論社、1991年）29-30頁。
19)　清水睦編『法学ガイド憲法I』別冊法学セミナー93号（1989年）124頁〔清水睦担当部分〕。

会が国政調査の対象としてとりあげ、被告人を証人喚問するなどの調査を行って、裁判所の下した量刑は当をえないと決議した。これに対し、最高裁判所は、司法権の独立を侵害するとして抗議している[21]。

　昭和28（1953）年の吹田黙禱事件においては、係属中の裁判における裁判官の訴訟指揮について、国会の裁判官訴追委員会が調査に着手したものである。この調査は、公判廷で被告人らが朝鮮戦争の停戦成立への拍手、戦死者への黙禱をし、それを制止しなかった裁判長に対して、その訴訟指揮をめぐるものであった。最高裁は、裁判干渉となるおそれがある、という見解を示しながらも、他方で「法廷の威信について」と題する通達を全国の裁判官に出し、「法廷を指揮する裁判官の態度いかんによつて法廷の威信がそこなわれ、国民の法に対する尊重の念がゆらぎ、法の権威を失墜するに至ることがある」と、裁判長の訴訟指揮を遺憾とする見解を表明したので、司法内部における司法行政上の監督権による裁判官の職権の独立の侵害という問題もおきた。訴追委員会は、裁判官の罷免事由ありとしながらも、罷免訴追猶予の決定を行っている[22]。

　裁判官は、裁判により、心身の故障のために職務を執ることができない、と決定された場合を除いては、公の弾劾によらなければ罷免されない（78条）。公の弾劾の制度として国会に弾劾裁判所が設けられるが、裁判官の弾劾事由を広く定めたり、漠然と規定したりすることは裁判官の身分を不安定にし、司法権の独立を危うくする[23]。裁判官弾劾法2条は、弾劾による罷免事由を、①職務上の義務に著しく違反し、または職務をはなはだしく怠ったとき、②その他職務の内外を問わず、裁判官としての威信を著しく失うべき非行があったときに限定しているが、これは裁判官の職権の独立を脅かすことがないよう留意するものである。

　第二に、裁判官は裁判権の行使において、上級裁判所の指揮監督、その他の干渉、圧力を受けない[24]。憲法は最高裁判所、下級裁判所の設置を認め（76条1項）、審級制によって裁判は進められるが、すべての裁判官はそれぞれ独立

---

20) 宮澤俊義＝芦部信喜補訂『全訂日本国憲法』（日本評論社、1978年）471-472頁。清水編・前掲注19) も具体的事件については常に調査はできないとする（127頁）。
21) 岩間昭道「浦和充子事件」『法律事件百選』ジュリスト900号（有斐閣、1988年）40-41頁。
22) 大久保史郎「吹田祈祷事件」前掲注21)『法律事件百選』82-83頁。
23) 田上穣治編『体系憲法事典』（青林書院新社、1968年）602頁〔山本浩二担当部分〕。
24) 矢口俊昭「司法権の独立と司法行政権」ジュリスト1089号（1996年）131頁以下。

に裁判権を行使し、上級裁判所の裁判官の指示に拘束されることはない。他方で司法を運営していく上で必要な行政である司法行政は、具体的には、人事、予算、組織などを意味するが、司法権の独立の確保のため、最高裁判所以下の裁判所に属している。但し、下級裁判所の裁判官の任命、予算の編成は形式上内閣の権限とされているが、任命については最高裁判所の指名した者の名簿によってなされ（憲法80条、裁判所法40条）、予算の作成等においても裁判所の自律性に配慮がなされている（財政法18～21条）。司法行政権は、その内容に応じて、最高裁判所以下の裁判所に分配されているが、「その作用を全体として有機的に統合する必要があるため」、審級制と対応した段階的な指揮、監督系列が予定され（裁判所法80条）、最高裁判所はその頂点にあって、司法行政作用全般を統轄するため、広汎な司法行政事務を担う[25]。裁判所法12条1項の定めから、最高裁判所の裁判官会議が、全国の裁判所の司法行政事務を統轄する最高、最終の責任者である。裁判所法81条は、司法行政の監督権は、「裁判官の裁判権に影響を及ぼし、又はこれを制限することはない」と定めるが、実際には既述した吹田黙禱事件における最高裁の通達のようなことがおこりうる。最高裁の自主規制が、司法権の独立を「内部から堀り崩しかねない」と危惧されるのである[26]。

　昭和41（1966）年の平賀書簡問題は、正規の監督権の行使ではないとされるが、長沼ナイキ基地訴訟が札幌地裁に係属中であったとき同地裁の所長が事件の担当裁判官に「先輩のアドバイス」という形をとって書簡を送り、裁判所には憲法9条違反についての判断権がないなど国側の主張を支持する見解を示したものである。最高裁は、裁判官会議で、この書簡が、裁判の独立と公正について国民の疑惑を招いたとして、所長を注意処分とした。しかし、平賀書簡問題が大きな波紋を広げたのは、裁判官が所長の私信を公開して問題としたことこそが問題であるとして、この事件を契機に、当該裁判官が所属していた、憲法擁護を設立目的としていた青年法律家協会の会員である裁判官の排除などが行われたことである。すなわち青法協会員を裁判官として任官、もしくは再任しないとした。結局、訴追委員会は、所長に対して、裁判官への干渉ではない

---

[25]　竹崎博允「最高裁判所事務局の機構と機能」『今日の最高裁判所』法学セミナー増刊（日本評論社、1988年）105頁。
[26]　大谷正義「司法権の独立」中川善之助監修『現代法学事典2』別冊法学セミナー増刊（日本評論社、1973年）369頁。

として不訴追の決定を行い、裁判官に対しては、裁判官弾劾法2条1号の「職務上の義務に著しく違反」し、また裁判官の政治的中立性にも疑いがあるとして、訴追猶予とした[27]。

裁判官の任官、再任拒否は、司法行政権の内部の問題にとどまらない面をもつ。他方で内閣は、最高裁判所長官の指名権、その他の裁判官の任命権を通じて、最高裁判所以下の裁判所の活動を支配する可能性があると指摘されている。青法協会員である裁判官では、裁判の公正や中立性は保たれないのか、裁判官が個人として一切の市民的自由をもたず、政治的意見や主義・主張・信念をもたないことが裁判の公正や中立性の担保となりうるのか、この問題は、先述の裁判官の良心の問題ともかかわってくる。裁判官の政治運動と捉えられた寺西裁判官懲戒処分事件は、こうした問題の根の深さを思い知らせるものである[28]。

なお、平成11 (1999) 年8月に国家公務員倫理法が成立し、翌年4月に施行している。この法律は国家公務員の職務と利害関係を有する者から、国家公務員が金銭や物品の贈与や接待を受けること等を禁止するものである。これにともない、裁判官も倫理法、倫理規程及び倫理規則の各規定の趣旨・内容を尊重して行動することが望ましいとされている（平成12 (2000) 年6月15日高等裁判所長官による申し合わせ）。

III 裁判官の服務

憲法は裁判官の懲戒についての規定を設けてはいない。

裁判所法49条は裁判官の懲戒について、「職務上の義務に違反し、若しくは職務を怠り、又は品位を辱める行状があつたときは、別に法律で定めるところにより裁判によつて懲戒される」と定め、これを受けて、裁判官分限法がある。この懲戒は、最高裁判所の裁判官たると下級裁判所の裁判官たるとを問わず、適用される。

他方で憲法は、78条後段により、裁判官の懲戒処分は、行政機関で行うことはできないとしている。裁判官の任命権は内閣にあるが、司法の独立を尊重する趣旨から、裁判官に対する監督権や懲戒権を行政部に認めないこととし

---

27) 大久保史郎「平賀書簡問題」前掲注21)『法律事件百選』174-175頁、同「裁判官不再任問題」同書188-189頁。
28) さしあたり、特集「裁判官と政治的表現の自由」ジュリスト1150号 (1999年) 10頁以下。

た[29]。また、司法行政機関たる最高裁判所（裁判官会議）、高等裁判所（裁判官会議）等の権限とすることも78条の容認しないところとされている。これも独立の趣旨の徹底からであり、裁判所の裁判によってなされる[30]。

裁判官の服務として次のことが考えられている[31]。第一に、職務専念義務である。裁判官は国家公務員法上の特別職であるから、直接には国家公務員法96条以下の服務上の規定を受けないが、国家公務員法101条は、国家公務員の職務に専念する義務を定める。裁判所法49条は、懲戒事由の1つとして、「職務上の義務に違反し、若しくは職務を怠」ることをあげている。裁判官も、国家公務員の1つであり、法律上一定の職務を与えられて、職務上の義務を負っている。その職務上の義務に違反し、または怠ったときは、懲戒される。

しかし、何が裁判官の職務であるかについては、明確な規定は存在しない。そこで「本法［裁判所法をさす］のほか、民、刑訴訟法その他の法律、最高裁判所規則の諸規定のうち、裁判所または裁判官に関する事項を合理的に解釈し、その職務の内容を決するほかない」と解されている[32]。この職務とは、裁判事務と司法行政上の事務をさす。

裁判をすることは裁判官の本質的な職務であり、事件を適正、迅速に処理すべき職務を負っている。手続面においては、訴訟指揮権、法廷警察権等を与えられ、実体面においては、証拠により事実を確定しこれに法規を適用して判断を示す職務権限を有する。これらの職務権限について、義務違反ないし懈怠があれば、懲戒事由となる。しかしながら注意すべきは、裁判官は、「その良心に従ひ独立してその職権を行う」ことである（76条3項）。訴訟指揮権や法廷警察権の行使等は、裁判官の裁量に委ねられ、事実の認定についても証拠法の制限内において裁判官の自由な判断によっている（民訴法247条、刑訴法318条、裁判員法62条に裁判官の自由心証主義についての規定がある）。裁判官の独立の保障から裁判事務に関する懲戒権の行使は慎重な配慮が要請される[33]。その反面、裁判権の行使が放恣に流れることがないよう、明白な職務違反行為に対しては、

---

29) 兼子一＝竹下守夫『裁判法〔第3版〕』（有斐閣、1996年）260頁。懲戒の手続については、最高裁判所事務総局総務局編『裁判所法逐条解説中巻』（法曹会、1969年）148-150頁。
30) 内藤頼博「新しい裁判官の地位」ジュリスト92号（1955年）5-6頁。
31) 兼子＝竹下・前掲注29)・256-257頁参照。
32) 最高裁判所事務総局総務局編・前掲注29)・145頁。
33) 最高裁判所事務総局総務局編・前掲注29)・146頁。

適正な処置がとられるべきである。裁判事件の記録の紛失、法律解釈適用の明白な過誤、裁判上の秘密の漏洩、裁判書作成の著しい遅延その他事件処理の不当な渋滞等がそれらにあたる[34]。

　裁判官は、司法行政機関たる裁判官会議の構成員として、司法行政事務に関与する。また、最高裁判所長官、各高等裁判所長官、各地方裁判所長及び各家庭裁判所長は、それぞれの裁判所における司法行政事務の総括者として、司法行政事務に関与するなど、さまざまな立場から関与する。こうした司法行政事務についても、義務違反や懈怠があれば、懲戒事由となる。司法行政事務は、上級機関の指揮監督に基づいて行われる性質のものであるから、これに関する職務上の義務違反または職務懈怠に対しては、十分に責任が追及されるべきだとされている[35]。

　しかし、本来司法の独立や公正を尊重する趣旨から司法権の自律に委ねられた司法行政権が、最高裁判所から下級裁判所の系列化の下で、一般監督権や人事行政にかかわる下級裁判所裁判官の指名、司法修習生の任免などと関連して、司法権内部での裁判官の独立の侵害の可能性を含むことが指摘されている[36]。こうした観点から司法行政にかかわる職務専念義務違反の懲戒も注意が必要ということになる。また他方で司法行政を担うはずの裁判官会議自体の形骸化も指摘されており、司法行政事務に関する責任も問題となろう[37]。

　第二に、秘密保持義務である。国家公務員法100条は職務上知りえた秘密を守る義務を定めるが、裁判所法75条2項は、裁判の評議の秘密の保持を定める。評議の秘密を定める理由は、裁判官が憲法76条3項の趣旨に沿って独立して職権行使ができるためには、「各裁判官の意見が忌憚なく述べられてこそ、真に客観性をそなえた合議体の判断に到達することができる」と考えられるからである。「評議の経過および内容がいっさいの外部に漏れないことが保障さ

---

[34] 最高裁判所事務総局総務局編・前掲注29)・146頁。
[35] 最高裁判所事務総局総務局編・前掲注29)・146-147頁。
[36] 裁判所法81条は、裁判の公正を確保するため、司法権内部での上級裁判所等の干渉を排除して、事件担当裁判官の自主独立性を要求する趣旨から、司法行政の「監督権は、裁判官の裁判権に影響を及ぼし、又はこれを制限することはない」と定める。最高裁判所事務総局総務局編『裁判所法逐条解説　下巻』(法曹会、1969年) 157頁。矢口俊昭「司法権の独立と司法行政権」ジュリスト1089号 (1996年) 131頁以下も参照。
[37] 矢口・前掲注36)・132頁、小島武司編『現代裁判法』(三嶺書房、1987年) 64頁〔上野泰男担当部分〕。

れていれば、裁判官は、外部のいかなる者の影響からも独立して、その意見を述べることができる。」そこで、評議は公行せず、かつその秘密を守らなければならないとする[38]。秘密を守らなければならないのは、「その評議の経過並びに各裁判官の意見及びその多少の数について」である。評議の列席者にも評議の内容についての秘密を守らせることによって、各裁判官の自由な意見の発表を一層確保しようとしている。国家公務員の守秘義務違反とは異なって、裁判官が評議の秘密を漏らしても刑事罰はない。職務上の義務違反として、懲戒もしくは弾劾の事由となる[39]。

　裁判員にも守秘義務がある（裁判員法70条）。その内容は、「評議の秘密」と「その他の職務上知り得た秘密」である。前者は、評議がどのような過程を経て結論にいたったのかというようなことや、評議における裁判官や裁判員の表明した意見の内容などをさし、後者は、事件関係者のプライバシーに関する事項などをさす。現に裁判員である者が、守秘義務違反をすると解任されることがある。また罰則もある（同法79条）が、現在裁判員である者だけでなく裁判員であった者にも守秘義務は課せられる。他方で、公開の法廷で見聞きしたことや裁判員として裁判に参加した感想を話すことは守秘義務の対象外とされている。守秘義務の範囲が広く、表現の自由を妨げる、国民が裁判員としての経験を広く共有できないとして批判されている。

　ところで評議の秘密は、裁判所法に「特別の定」がある場合は、例外的に守ることを要しない。それに該当するのが裁判所法11条である。11条は「裁判書には、各裁判官の意見を表示しなければならない」と定める。これは、最高裁判所の裁判書における裁判官の意見の表示について規定したと解され、最高裁判所の裁判官については、その任命について国民の審査に付されることから、国民としては、裁判に関与した裁判官がどのような意見をもっていたかを知って、国民審査の際の判断の材料とする必要があるからだと説明されている[40]。

　昨今では、知る権利に基づく情報公開の要求が高まり、真に国民に開かれた民主主義の要請から、国民にとって判断の材料となる情報はできる限り公開されるべきで、不開示はきわめて限定的なものと解されなければならない。この点で公務員法制も、守秘義務と情報公開とのバランスをとる必要がある[41]。す

---

38) 最高裁判所事務総局総務局編・前掲注36)・72頁。
39) 最高裁判所事務総局総務局編・前掲注36)・79-80頁。

なわち、職務上知りえた秘密はとくにプライバシー保護に注意して守らなければならないが、国民にとって必要な情報は別途の確立したルールに則り、公開されなければならない。裁判所における評議の秘密についても、主張した論点が扱われていない場合など評議の公行が要請される場合もあろう。

なお11条の「裁判書」を最高裁判所の裁判書と限定的に解することについては、前記の理由の他に、下級裁判所の裁判は事実の判断に関するものもあり、また上級審により取り消されることもあるなど少数意見の公表をさせるのに適しないから、と説明されるが[42]、裁判の質的向上のためには下級裁判所においても（合議制の場合に）あってもよい制度だと思う。フランスで憲法院の評定官の各自の意見が公表されないのは、判決の権威を守るためとされている。

第三に、品位保持義務である。国家公務員法99条は、「官職の信用を傷つけ、又は官職全体の不名誉となるような行為をしてはならない」と信用失墜行為の禁止を定める。この規定は「この義務に違反する行為は、職務上の行為でもあり得るが、職務外においてなされることもあり、いずれの場合にも、勤務に影響する範囲で『国民全体の奉仕者たるにふさわしくない非行』と判断される程度であれば、懲戒原因となるし、また個々の行為が刑法その他の条項にふれれば、それぞれの法条に照して刑罰を科せられる」と解されている[43]。

既述した裁判所法49条は、懲戒事由の1つとして「品位を辱める行状があったとき」をあげている。この点については「裁判官の職務は特に、廉潔さと、公明性が要求されるものであるから、当事者に不信の念を抱かせ、一般人から指弾されるような行動をしないように慎まなければならない」とされている。しかしながら「品位を辱める行状があつたとき」というのも、必ずしもどのよ

---

40) 最高裁判所事務総局総務局編『裁判所法逐条解説上巻』（法曹会、1968年）95-96頁。なお合議体の裁判所において、各裁判官の意見を裁判書に表示するという制度は、英米法系から由来するとされるが、廃止論もある。その根拠としては、法的安定性の侵害、裁判所の権威や威信の低下、訴訟のさらなる誘発、実際には国民は国民審査の際の判断材料としない、などがあげられる。反論として、個々の裁判官の所信と責任の明確化、判決の質的向上や信頼感の確保、などがあげられる。同書96-97頁。

41) たとえば、フランスの1983年7月13日法は公務員の権利や義務について定めるが、27条は、公務員には26条の守秘義務を尊重しつつ情報公開の要求を満足させる義務もあることを定める。Tanneguy LARZUL, *La fonction publique, documents d'études n° 2. 01*, 1992, La D. F., Paris, p.39.

42) 最高裁判所事務総局総務局編・前掲注40)・97頁。

43) 鵜飼信成『公務員法〔新版〕』（有斐閣、1974年）253頁。

うな行為を意味するのか明らかではない。「それにより世人の裁判官に対する信頼、ひいては裁判制度そのものに対する信頼の念を危くするかどうかにより決すべき」と解されており、例として事件の関係人と酒席をともにするようなことがあげられている[44]。利害関係人との関係については、別途倫理法で慎むべき行為は明らかとなっている。「品位を辱める行状」にあたる行為は裁判官に任命される前のものであったとしても、それにより裁判官としての品位を辱めるものであるかぎり、懲戒事由になると解されているが「品位を辱める行状」が倫理法が定める行為以外として明確ではない上に遡ってまで関係するとなると、要求される「品位」が何であるか判断は難しいといえる。

Ⅳ 裁判官に禁止される行為

裁判所法52条は、さらに裁判官の服務として在任中禁止される行為をあげる。裁判官の公正かつ廉潔な地位を守るため、これを傷つけるおそれのある行為を列挙するものとされている。それらは「国会若しくは地方公共団体の議会の議員となり、又は積極的に政治運動をすること」、「最高裁判所の許可のある場合を除いて、報酬のある他の職務に従事すること」、「商業を営み、その他金銭上の利益を目的とする業務を行うこと」である。国家公務員法も同様に102条は政治的行為の制限、103条は私企業からの隔離、104条は他の事業または事務の関与の制限について定める。これらの行為は在任中に限りできないとされるものである。したがって裁判官に任命されるまで政治運動等に従事していた者でも、任命されると同時にこれをやめればさしつかえないと解されている。なお、賃貸アパート経営はできないという最高裁の裁決が下っている（平成29（2017）年10月25日）。職務以外での高額な収入が見込まれるため、「最も公正かつ廉潔であることが求められる裁判官には認められない」と判断した。

52条の規定に違反して、禁じられている行為をした場合には、事情によって、「裁判官としての威信を著しく失うべき非行があつた」ものとして、弾劾による罷免の対象となり（裁判官弾劾法2条2号）、または「品位を辱める行状があつた」ものとして懲戒の対象となる（裁判所法49条）と説明されている[45]。ちなみに弾劾による罷免事由は「職務上の義務に著しく違反し、又は職務を甚し

---

44) 最高裁判所事務総局総務局編・前掲注29)・147-148頁。

く怠ったとき」と「その他職務の内外を問わず、裁判官としての威信を著しく失うべき非行があったとき」である（裁判官弾劾法2条）。すなわち、職務専念義務を著しく違反、甚だしく怠る場合、在任中禁止される3つの行為の違反については程度によって甚しく重いとみなされる場合、弾劾による罷免の対象となる。また、その他にも裁判官としての威信を著しく失うべき非行とみなされれば、弾劾による罷免の対象となる。しかし、ここで懲戒事由と弾劾事由は程度の差ということだけでよいのかという問題が生じる[46]。

弾劾裁判は、裁判官の公の弾劾による罷免を決定する制度であり、憲法においては、弾劾裁判所を国会に設置し、国民監視の下に行わせることとしている（憲法64条）。これはまた「司法部と立法部との権力の均衡をはかるという権力分立の思想に由来する」と説明され[47]、三権分立の機構図の中でも、行政権を有する内閣が最高裁判所長官の指名、裁判官の任命を担当し、立法権を有する国会が裁判官の弾劾を担当するが、司法権を有する裁判所は立法権や行政権に対し違憲審査権を行使するという三権のチェックアンドバランスの文脈の中で語られるものである[48]。しかし実際は日本の政治体制は議院内閣制を中心としており、議会内多数派が結局は指名、任命や弾劾裁判の制度を使って司法の独立を侵しうることにも注意しなければならない[49]。

裁判官に禁止される行為の中で、とくに問題となるのが、「積極的に政治運動をすること」である。このことは、「自ら進んで政治活動をすること」と解されており、国家公務員法102条の規定及び右規定に基づく人事院規則14-7（政治的行為）の規定が「解釈上の一つの重要な準拠となる」とされている。但し、国民の一員として当然果たすべき義務としての政治的行動は、積極的に政治運動をすることにあたらないし、単に特定の政党に加入して政党員になったり、一般国民としての立場において政府や政党の政策を批判することも、これ

---

45) ちなみに、平成3（1991）年から現在までの10年間における懲戒処分は合計で16件で、その理由は、監督責任、記録紛失、酒気帯び運転、判決過誤、積極的政治運動である（最高裁判所・広報）。
46) 積極的政治運動は罷免事由となりうるのかという問題がある。
47) 田上編・前掲注23）・546頁〔丸山健担当部分〕。
48) 初宿正典他編『目で見る憲法』（有斐閣、2000年）65頁。
49) 実際には内閣による指名、任命は表面上、形式的なものとなり、司法権内部での統制の方が問題となっている。樋口陽一「裁判の独立」樋口陽一編『講座憲法学6』（日本評論社、1995年）41頁以下参照。なお弾劾裁判については、佐藤立夫『新版弾劾制度の研究』（前野書店、1979年）、佐々木高雄『裁判官弾劾制度論』（日本評論社、1988年）がある。

に含まれないものと解されている[50]。

　この積極的政治運動の禁止は一般職の国家公務員と比較して強いのか弱いのか。これについて「国家公務員等の場合とは異なり、裁判官の市民的自由をかなり広く認める趣旨」と解する見解が存在する[51]。また同様に制定過程において、「公然且つ積極的に政治上の活動をすること」を禁ずる旨の規定を「積極的に政治運動をすること」を禁ずる趣旨に改めその範囲を狭くしたことから、狭いと解する見解も存在する[52]。

　しかし、既述したように、最高裁判所事務総局の見解は、同時に「解釈上の一つの重要な準拠」として国家公務員法102条の規定及び人事院規則14-7をあげており、そこからすると許される政治的行為は、選挙権の行使や単に政党員になること、一般国民としての立場において（筆者が解するに、公の場所ではなく肩書きも使わずに茶飲み話としての程度で）政府や政党の政策を批判することだけとも捉えられる[53]。平成10（1998）年の裁判官分限事件（寺西裁判官懲戒処分事件）において、最高裁は、「積極的に政治運動すること」の禁止の目的を、「裁判官の独立及び中立・公正を確保し、裁判に対する国民の信頼を維持するとともに、三権分立主義の下における司法と立法、行政とのあるべき関係を規律すること」とし、「裁判官に対する政治運動禁止の要請は、一般職の国家公務員に対する政治的行為禁止の要請より強い」、公務員に対して具体的列挙事項によって限定するのは「違反行為が懲戒事由となるほか刑罰の対象ともなり得る」からで、裁判所法52条1号についてはそのような規定はなく「あくまで右文言自体の解釈に懸かっている」と、結果的に『遂条解説』における見解よりもさらに厳しく解釈している（最大決平10・12・1民集52巻9号1761頁）。これに対しては、「国民の信頼」と「積極的政治運動」の禁止とは関連性がないという批判[54]、裁判所法の解釈の誤り、先例との矛盾があるという批判などがある[55]。

---

50) 最高裁判所事務総局総務局編・前掲注29)・178頁。
51) 小田中聰樹他編『自由のない日本の裁判官』（日本評論社、1998年）64頁以下参照。
52) 喜多村洋一「制定過程・類例から見た『裁判官の政治運動』」ジュリスト1150号（1999年）32頁。
53) 政治目的をもつ政治的行為を規制する人事院規則14-7の5項5号においては政治目的の1つを「政治の方向に影響を与える意図で特定の政策を主張し又はこれに反対すること」としている点に注意が必要である。
54) 棟居快行「裁判官の独立と市民的自由」ジュリスト1150号（1999年）10頁以下。

まとめにかえて

　裁判官に一般市民のもつ自由や権利を禁止する根拠は何か。「裁判官の公正かつ廉潔な地位を守るため」とされるが、つまるところ裁判の独立・中立・公正を確保するためである。しかしそれは裁判官が「良心に従ひ独立してその職権を行ひ、この憲法及び法律にのみ拘束」されればよいことである。自由や権利の行使が職務専念義務違反や懈怠につながるおそれがあるのはそれらの権利のうち罷業権の行使だけである。迅速な裁判が望めなくなる、幹部職に裁判を代替させるというわけにもいかない。しかし実際には、裁判官は、組合結成権も行使していない。裁判官には労働三権（労働基本権）の行使を禁ずる規定はない。あくまでも自己規制によってそれらが行われている。

　裁判所法49条の懲戒事由は、職務専念義務違反といわゆる信用失墜行為である。後者の例として『逐条解説』であげられているのは、むしろ職業倫理の問題である。また裁判所法52条はそもそも「禁止される」行為としてしか定めていないこともあって、49条との関連性が疑われる[56]。裁判官弾劾法2条の罷免事由も職務専念義務違反といわゆる信用失墜行為であり、これも後者は職業倫理の問題といえる。直接的には裁判官の有する自由や権利を極端に狭めることが予定されているとは解せないはずである。職業倫理を確立して事件の関係人と酒席をともにしたり、買収されたりしないことを本来戒めるものである。それが裁判の独立・中立・公正の確保に不可欠だからである。外見上積極的に行われた政治運動は、裁判の独立・中立・公正の確保に誤解を生みやすい。それ故、政治活動は禁止しないが積極的政治運動は禁止されるとしたのであろう。しかし「積極的政治運動」の定義は難しい。裁判官であっても現実の政治に対して批判をしたり、あるべき政治を論じたりするのは当然であろう。専門家としての立場から手続的に疑義のある内容の法案に異を唱えるのも当然であろう（ましてやロースクールにおいて、学生に教える実務家教員の一人である裁判官ならA説を支持しB説を支持しないということを示し、たまたまそのA説はある政党が支持を表明している説であるということもあろう）。他方で裁判官の市民的

---

55) 喜多村・前掲注52)・36頁。
56) たとえば、裁判官分限事件における園部逸夫裁判官の少数意見。

自由や権利に対して必要不可欠な規制しか認めないことが肝要であるのは、彼らの自由や権利に対する感覚が市民の自由や権利のあり方を決するからである。裁判官自身が具体的に自由な社会を創造することに貢献する存在だからである[57]。

そもそも憲法裁判は、憲法が政治と結びついているが故に政治的判断とかかわりやすい。そこでその過程を明白にするために、政治的権力による憲法裁判官の任命が行われている国が多い[58]。そのような国の憲法裁判官と比較すると日本のキャリア裁判官には一定の政治的中立性が求められていると解される[59]。日本の、通常の裁判において付随的に憲法裁判を行うアメリカ型の違憲審査制の中で裁判官に対する裁判所法52条1号の「積極的政治運動」の禁止はバランスをとっているとみることもできる。しかしだからといって、すでに述べたように政治的中立性が日本のキャリア裁判官に対して過度に要求されているとは解せない。にもかかわらず、任官・再任の拒否をおそれて「政治的表現」に神経質になっている傾向がある。また裁判官の上昇志向の中で、最高裁判所の15名の裁判官のうち概ね6名のキャリア裁判官が存在することは、いずれは登りつめたい地位として、下級裁判所の裁判官のときから憲法判断に対して消極的な判決を下すことも予想される。

モラルの点で公務員や裁判官に自己規制を課す国が多いのも事実である。日本ではそれがかえって過剰となり、人間としてありえない「高潔さ」まで求められている。そのことが司法の消極主義、停滞を生み、はては裁判官の萎縮につながり、市民の常識から離れた判決を生むことになっているといったら、いいすぎであろうか。

---

57) 小田中聰樹「裁判官の市民的自由」小田中・前掲注51)・66頁参照。
58) 植野妙実子『フランスにおける憲法裁判』(中央大学出版部、2015年) 105頁以下。
59) Jean VINCENT, *Institutions judiciaires*, 5e éd., Dalloz, Paris, 2005, pp.174 et s.

26 裁判員制度

はじめに

平成16（2004）年5月、いわゆる裁判員法（裁判員の参加する刑事裁判に関する法律）が成立し、平成21（2009）年5月から特定の刑事事件において裁判員制度が開始された。この制度は、平成13（2001）年6月、司法制度改革審議会[1]が司法制度改革の一環として打ち出した「国民の司法参加」を具体的に制度化したものである。

裁判員制度とは、国民から無作為に選ばれた裁判員が、地方裁判所で行われる、殺人、傷害致死などの重大事件の刑事事件について、裁判官とともに、被告人が無罪か有罪かを決め、量刑についても判断するという制度である。原則として裁判員6人、裁判官3人から成り立つ裁判体で審理が行われる[2]。なお、裁判員は、法令の解釈や訴訟手続にかかわる判断はしない（裁判員法6条2項）。

I 裁判員制度と陪審制度

平成11（1999）年7月に司法制度改革審議会が設置され、平成13（2001）年6月に最終意見書がまとめられた。司法制度改革は、「内外の社会経済情勢が大きく変容している中で、我が国において司法の役割の重要性が増大している

---

[1] 21世紀の日本の社会において司法が果たすべき役割を明らかにし、国民がより利用しやすい司法制度の実現、国民の司法制度への関与、法曹のあり方とその機能の充実や強化その他の司法制度の改革と基盤の整備に関し必要な基本的施策について調査審議することを目的として内閣に設けられた審議会である。平成13（2001）年7月26日で2年の設置期限を満了した。
[2] 詳しくは最高裁判所のHP、もしくは法務省のHP参照。

ことを踏まえ、司法制度の機能を充実強化することが緊要な課題であることにかんがみ、……（中略）……我が国の司法がその役割を十全に果たすことができるようにし、もって自由かつ公正な社会の形成に資すること」を目的として、①「国民の期待に応える司法制度」とするための制度的基盤の整備、②「司法制度を支える法曹の在り方」を改革するための人的基盤の拡充、③「国民的基盤の確立」のための国民の司法参加、を3つの柱として行われたものである。

裁判員制度は、前述の3つの柱のうち③の「国民的基盤の確立」のために創設された「刑事訴訟手続において、広く一般の国民が、裁判官と共に責任を分担しつつ協働し、裁判内容の決定に主体的、実質的に関与する」制度である。訴訟手続が司法の中核をなすものであることから「一般の国民が、裁判の過程に参加し、裁判内容に国民の健全な社会常識がより反映されるようになることによって、国民の司法に対する理解・支持が深まり、司法はより強固な国民基盤を得る」ことになると位置づけられた。さらに「長期的に見て裁判の正当性に対する国民の信頼を高めること」にもつながるとされた[3]。司法制度改革審議会においてこのように導入が提言され、さまざまな分野での議論や提言を受けた上で、国会で平成16（2004）年5月21日に「裁判員の参加する刑事裁判に関する法律」（以下、裁判員法とする）が成立し、5年後に施行にいたった。

しかしながら、当初より裁判員制度は違憲ではないかという主張も少なからず展開された。憲法は陪審制について何も定めていないが、裁判所法3条3項は「この法律の規定は、刑事について、別に法律で陪審の制度を設けることを妨げない」としている。陪審制はイギリスを中心に発達したが、職業裁判官に、そうでない人々を加えて合議で裁判を行う制度である。ドイツを中心に発達した参審制とともに、裁判に国民が参加する主要な制度として知られている。

日本にもかつて陪審法が存在し、陪審制度が実施されていたが、昭和18（1943）年に停止された。この陪審制の採用が日本国憲法に違反するかについては、学説では、憲法76条3項による裁判官の職権の独立が、裁判官が裁判にあたり、陪審の答申に拘束されることになると矛盾するという見解[4]と、陪審員の意見だけで判決がなされるような陪審制は違憲であるが、裁判官が結論

---

[3] いずれも「　」内は司法制度改革審議会「司法制度改革審議会意見書」から引用。
[4] 法学協会編『註解日本国憲法下巻』（有斐閣、1954年）1128頁参照。ここでは参審制についても「裁判官の任期、報酬、身分保障等が専門的裁判官だけを予定して規定されている以上、参審員として素人の臨時裁判官を認める余地がない」としている。

を下すたてまえを崩さない限り、必ずしも違憲ではないという見解[5]とがあった。また古い判決ではあるが、最高裁判所は次のように述べたこともある。「憲法37条及び憲法前文は陪審による裁判を保障するものではない。その他民主主義国家であるからといって、必ずしも陪審制度を採用しなければならぬという理由はない」（最大判昭25・10・25刑集4巻10号2166頁）。なお裁判員制度は、陪審制とは異なり、参審制の1つと捉えられている。

II 裁判員制度違憲論

　裁判員制度の採用が現実味をおびたときからとくに裁判官経験者を中心に違憲論が主張された[6]。また訴訟の中でも裁判員制度違憲論が主張されたが、最高裁判所では平成23年11月16日大法廷判決（刑集65巻8号1285頁）及び平成24年1月13日判決（刑集66巻1号1頁）において、合憲という方向性を示している。

　裁判員法違憲論者は、裁判員法の「制度実現に急な余り、日本国憲法下、本来絶対にあってはならないことだが、合憲性の十分な検討を欠いたまま立法されたことは明白な事実」としている[7]。違憲論の主な主張は以下のようである。

① 憲法は、裁判官以外の者が関与する裁判を想定していない（憲法第6章、とくに80条1項）。
② 裁判員制度は、憲法第6章に規定する裁判所の裁判を受ける権利を侵害する（32条、第6章）。
③ 裁判員裁判は「公平な裁判所」にあたらない（37条1項）。具体的には
　a 無作為抽出では、判断能力の不十分な者が必然的に一定割合で混入する。

---

5) 宮澤俊義『コンメンタール日本国憲法』（日本評論社、1955年）600頁参照。
6) 裁判官経験者によるものとして、西野喜一『裁判員制度の正体』（講談社現代新書、2007年）、同『裁判員制度批判』（西神田編集室、2008年）、同『司法制度改革原論』（悠々社、2011年）、大久保太郎「裁判員制度案批判（続）上・下」判例時報1772・1774号（2002年）、香城敏麿『憲法解釈の法理』（信山社、2004年）等。検察官経験者によるものとして、田邉信好『これでいいのか裁判員制度』（新風舎、2007年）。弁護士によるものとして、高山俊吉『裁判員制度はいらない』（講談社＋α文庫版、2009年）。違憲論といっても、そのニュアンスは論者により異なる。また、違憲論に言及することなく、裁判員制度を批判する論者もある。
7) たとえば、前掲注5）における西野喜一及び大久保太郎の主張。

b　構成上、裁判官裁判よりも不利になる場合がある。
　　c　裁判員の負担の都合上、ラフな審理、粗雑な認定・判断が予想される。
　　d　手続更新の場合、証拠調の一部しか知らない者が事実認定と量刑に関与する。
　　e　区分審査の場合、証拠調の一部しか知らない者が全体の量刑に関与することになる。
④　上記③d、eの結果、被告人の審問の機会の保障（37条2項）の趣旨が没却される。
⑤　裁判員制度は裁判官の独立を侵害する（76条3項）。
⑥　非公開の公判前整理手続に付す点（裁判員法49条）で公開原則に違反する（37条1項）。
⑦　無作為抽出で選んだ者に重い負担を課すのは平等原則違反となる（14条）。
⑧　裁判員に認定された者の意に反する苦役を課すことになる（18条）。
⑨　裁判員に選任された者の幸福追求権を侵害する（13条）。
⑩　裁判員に選任された者の思想・良心の自由に反する（19条）。
⑪　くじの利用は公平な裁判所に違反する（37条1項）。
⑫　裁判員特定情報の不開示がある（37条1項）。
⑬　公務員の選定罷免権との関係で問題がある（15条）。
⑭　就職禁止事由は平等原則違反となる（14条1項）。

　違憲論の構造としては、国民の司法参加制度を憲法が想定していないこと（①）を大前提に、裁判官以外の者が裁判に関与することはありえないとする。そこで、裁判官以外の者が裁判官に関与することとなれば、裁判所の構成に関する②③④⑤等の各違憲論が派生し、他方、裁判員の選任・職務との関係で⑦ないし⑭という違憲論が導かれる[8]。

　憲法79条1項は、最高裁判所の裁判官の構成と長たる裁判官以外の任命について定める。また80条1項は、下級裁判所の裁判官の任命方法と任期について定める。確かに日本国憲法には、裁判官以外の裁判員が裁判に関与することについてはふれられてはいない。他方で、「裁判所」というものが専門の裁判官のみをもって審判する機関と解すべき根拠規定もない。

---

[8]　新屋達之「裁判員制度の合憲性（最判平24・1・13日刑集66巻1号1頁）」大宮ローレヴュー9号（2013年）136-137頁の整理から。

また、この問題の前提として、司法への国民参加制度自体が許容されるのかの問題もある。多くの国で国民の司法への参加がさまざまな形で認められている現実が存在する。たとえば参審制や陪審制を認めているのみならず、裁判官や検察官に対する国民投票制度を採用する国もある。日本においても79条2項において最高裁判所の裁判官の国民審査を定めている。裁判官の地位も結局は国民の公務員選定・罷免権（憲法15条1項）に基づくことの表れであり、最高裁判所裁判官の任命に対する国民の民主的コントロールの確保がこの制度の目的である。こうしたことから、日本の裁判制度全体が国民の司法参加や国民の側からの裁判のあり方のチェックを排除するものとは考えにくい。

III　裁判官と裁判員

　憲法上、国民の司法参加が禁じられていると解すべき根拠がないとするならば、国民の司法参加に関する制度の合憲性はむしろ、具体的に設けられた制度が憲法31条を中心とする適正な刑事裁判を実現するための諸原則に抵触するか否かが、次に検討されるべきこととなる。

　最高裁判所においては、平成23年11月16日大法廷判決において、「憲法は、一般的には国民の司法参加を許容しており、これを採用する場合には、上記の諸原則が確保されている限り、陪審制とするか参審制とするかを含め、その内容を立法政策に委ねていると解される」とした。その上で問題は、裁判員制度の下で裁判官と国民とにより構成される裁判体が、刑事裁判に関するさまざまな憲法上の要請に適合した「裁判所」といいうるものであるか否かにある、として次のように述べる。「裁判員法では……裁判員の選任については、衆議院議員の選挙権を有する者の中から、くじによって候補者が選定されて裁判所に呼び出され、選任のための手続において、不公平な裁判をするおそれがある者、あるいは検察官及び被告人に一定数まで認められた理由を示さない不選任の請求の対象とされた者などが除かれた上、残った候補者から更にくじその他の作為が加わらない方法に従って選任されるものとしている。また、解任制度により、判決にいたるまで裁判員の適格性が確保されるよう配慮されている。裁判員は、裁判官と共に合議体を構成し、事実の認定、法令の適用及び刑の量定について合議することとされ、法令の解釈に係る判断及び訴訟手続に関する判断等は裁判官に委ねられている。裁判員は、法令に従い公平誠実にその職務を行

う義務等を負う一方、裁判官、検察官及び弁護人は、裁判員がその職責を十分に果たすことができるよう、審理を迅速で分かりやすいものとすることに努めなければならないものとされている。裁判官と裁判員の評議は、裁判官と裁判員が対等の権限を有することを前提にその合議によるものとされ、その際、裁判長は、必要な法令に関する説明を丁寧に行うとともに、評議を裁判員に分かりやすいものとなるように整理し、裁判員が発言する機会を十分に設けるなど、裁判員がその職責を十分に果たすことができるように配慮しなければならないとされている。評決については、裁判官と裁判員の双方の意見を含む合議体の員数の過半数の意見によることとされ、刑の量定についても同様の原則の下に決定するものとされている。評議における自由な意見表明を保障するために、評議の経過等に関する守秘義務も設け、裁判員に対する請託、威迫等は罰則をもって禁止されている。」

このように述べた上で、「裁判員裁判対象事件を取り扱う裁判体は、身分保障の下、独立して職権を行使することが保障された裁判官と、公平性、中立性を確保できるよう配慮された手続の下に選任された裁判員とによって構成されるものとされている。また、裁判員の権限は、裁判官と共に公判廷で審理に臨み、評議において事実認定、法令の適用及び有罪の場合の刑の量定について意見を述べ、評決を行うことにある。これら裁判員の関与する判断は、いずれも司法作用の内容をなすものであるが、必ずしもあらかじめ法律的な知識、経験を有することが不可欠な事項であるとはいえない。さらに、裁判長は、裁判員がその職責を十分に果たすことができるように配慮しなければならないとされていることも考慮すると、上記のような権限を付与された裁判員が、さまざまな視点や感覚を反映させつつ、裁判官との協議を通じて良識ある結論に達することは、十分期待することができる。他方、憲法が定める刑事裁判の諸原則の保障は、裁判官の判断に委ねられている」として、このような裁判員制度の仕組みを考慮すれば、公平な『裁判所』における法と証拠に基づく適正な裁判が行われること（憲法31条、32条、37条1項）は制度的に十分保障されている、裁判官は刑事裁判の基本的な担い手とされているものと認められ、憲法が定める刑事裁判の諸原則を確保する上での支障はないと結論づけた[9]。

しかし他方で、憲法76条3項は「すべて裁判官は、その良心に従い独立してその職権を行ひ、この憲法及び法律にのみ拘束される」と定める。裁判員法が規定する評決制度の下で、裁判官がときに自らの意見と異なる結論にしたが

わざるをえない場合はないのか。憲法76条3項違反をいう見解からは、裁判官の2倍の数の国民が加わって裁判体を構成し、多数決で結論をだす制度の下では、裁判が国民の感覚的な判断に支配され、裁判官のみで判断する場合と結論が異なってしまう場合があり、裁判所が果たすべき被告人の人権保障の役割を全うできないことになりかねないから、そのような構成は憲法上許容されないという主張もある[10]。これに対して最高裁は、憲法に適合する法律であることを根拠に次のように述べる。「そもそも、国民が参加した場合であっても、裁判官の多数意見と同じ結論が常に確保されなければならないということであれば、国民の司法参加を認める意義の重要な部分が没却されることにもなりかねず、憲法が国民の司法参加を許容している以上、裁判体の構成員である裁判官の多数意見が常に裁判の結論でなければならないとは解されない。……評決の対象が限定されている上、評議に当たって裁判長が十分な説明を行う旨が定められ、評決については、単なる多数決でなく、多数意見の中に少なくとも1人の裁判官が加わっていることが必要とされていることなどを考えると、被告人の権利保護という観点からの配慮もされている」[11]。学説上では、「『裁判所』に一般国民が参加することを否定すべきではないが、『裁判官による裁判』を形骸化するようなものであってはならない」とし、「少なくとも、法の専門家である裁判官（の多数）が無罪とするものを一般国民の参加で有罪にするということのないような制度設計が必要と思われる」との主張もある[12]。しかし、こうした考えは、やはり制度の趣旨とは異なるといえよう。「裁判官による裁判」よりも「民主的な裁判」に重きをおくことが選ばれたからである[13]。但し、法の解釈、訴訟手続等に関する判断はあくまでも裁判官に委ねられている。

　陪審制や参審制はいずれも司法の民主化という要請に基づく。問題は、司法

---

9) 青野篤「裁判員制度の合憲性：最高裁平成23年11月16日大法廷判決」大分大学経済論集64巻1号（2012年）66-67頁。笹田栄司「裁判員制度の合憲性」『平成24年度重要判例解説』ジュリスト1453号（有斐閣、2013年）10-11頁及び長谷部恭男他編『憲法判例百選Ⅱ〔第6版〕』ジュリスト218号（有斐閣、2013年）386頁以下〔土井真一担当部分〕も参照。
10) 青野・前掲注9）・68頁。
11) 青野・前掲注9）・68-69頁。
12) 高橋和之『立憲主義と日本国憲法〔第2版〕』（有斐閣、2010年）256頁参照。なお青野・前掲注9）における「検討」部分も参照。
13) 柳瀬昇「裁判員制度の憲法適合性」日本法学82巻3号（2016年）133頁。

の民主化という要請もある一方で、裁判所は国民の一時的な意思やそのときどきの世論の動向などにかかわりなく、偏に独立・公正に正義を宣言するという使命も負っている。こうした司法権の独立・公正の要請といかに調和させるかが重要なポイントとなる。その意味で正義を追求するという司法権の本質に反するものとなってはならない[14]。

Ⅳ　裁判員の職務

　裁判員の職務等の義務づけが、憲法18条後段の「その意に反する苦役に服せられない」に反するのではないかという批判もある。裁判員の職務等の義務づけが憲法18条後段に違反しないとの結論を導くためには、①裁判員の職務等は「苦役」にあたらない、②憲法18条の「犯罪による処罰の場合を除いては」という文言は例示にすぎない、③真にやむをえない理由があれば不当な負担でない限り「苦役」を課すことも許されるという3つの解釈がありうるが、判決では、①の立場をとると解される[15]。その際、判決は、「裁判員の職務等は、司法権の行使に対する国民の参加という点で参政権と同様の権限を国民に付与するもの」とするが、はたしてこのように比べることができるかは異論がある。参政権は権利と位置づけられる上に、行使する義務も守秘義務も課せられてはいない。

　裁判員制度の下で、憲法18条後段の意に反する苦役の禁止以外に考えられうる裁判員・裁判員候補者の基本的人権の問題として、憲法13条の幸福追求権（裁判員の職務等の義務づけは幸福追求権を侵害しないか）、憲法19条の思想・良心の自由（裁判員制度は妥当ではないと考えている人に裁判員の職務等を義務づけることは、思想・良心の自由を侵害しないか）、憲法20条1項の信教の自由（宗教上の信念に基づいて人を裁くことを拒否する人に裁判員の職務等を義務づけることは、信教の自由を侵害しないか）、憲法21条1項の表現の自由（裁判員、補充裁判員及びこれらの職にあった者に守秘義務や意見表明の規制を課すことは表現の自由を侵害しないか）、憲法29条1項の財産権（裁判員や補充裁判員に日当が支払われるとしてもそれを上回る収入をえている人や突如として従業員が裁判員に任

---

14)　佐藤功『日本国憲法概説〔全訂第5版〕』（学陽書房、1996年）464-465頁参照。
15)　青野・前掲注9)・78頁。

命された事業者の財産権を侵害しないか）などの問題がある[16]。

これらの問題について、判決は、「その他の基本的人権を侵害するところも見当たらない」として、きわめて簡略に判示したが、丁寧な論証が必要であろう。また、裁判員・裁判員候補者の基本的人権の問題以外にも、とくにマス・メディアの取材・報道の自由（憲法21条1項）との関係で、訴訟関係者の表現の規制（裁判員法109条）、憲法82条1項の問題とも絡むともされるが、裁判員等選任手続の非公開（裁判員法33条1項）、裁判員等への接触禁止（同102条）、裁判員を特定する情報の公表禁止（同101条）、事件の審判に影響を及ぼす目的で、裁判員として行う判断について意見を述べることや情報を提供することの禁止（同106条2項・4項）などの問題も指摘されている[17]。

V 被告人の権利

最高裁判所の平成24年1月13日判決における被告側の上告趣意は事実誤認の他、被告の権利に焦点をあてて裁判員制度の違憲性を展開した。そこでは、「裁判員制度には被告人に対する配慮が欠けている」ので、「被告人に裁判員の参加する裁判の選択権を与えるべきである」ので、「現在の裁判員制度は、被告の裁判の選択権を認めない限りにおいて、憲法32条、37条に違反する」と主張している[18]。

これに対して最高裁判所は、次のように判示した。「憲法は、刑事裁判における国民の司法参加を許容しており、憲法の定める適正な刑事裁判を実現するための諸原則が確保されている限り、その内容を立法政策に委ねていると解されるところ、裁判員制度においては、公平な裁判所における法と証拠に基づく適正な裁判が制度的に保障されているなど、上記の諸原則が確保されている。したがって、裁判員制度による審理裁判を受けるか否かについて被告人に選択権が認められていないからといって、同制度が憲法32条、37条に違反するものではない。このように解すべきことは、当裁判所の判例[19]の趣旨に徴して明らか」である[20]。

---

16) 青野・前掲注9)・79-80頁。
17) 青野・前掲注9)・80頁の注38参照。
18) 新屋・前掲注8)・134頁。
19) 最大判平23・11・16の判決をさす。

裁判員制度において、被告人の裁判員裁判を受けるかどうかの選択権あるいは拒否権が存在しないことが、憲法37条1項の定める「すべて刑事事件においては、被告人は、公平な裁判所の迅速な公開裁判を受ける権利を有する」の「公平な裁判所」に反するか、については、まず、「公平な裁判所」の裁判の意味が問題となる。判例では、昭和23年に最高裁判所が「構成其他について偏頗の惧なき裁判所」（最大判昭23・5・5刑集2巻5号447頁）と判示している。学説では、「公平な裁判所」の具体的内容として、構成における公平に加えて訴訟手続のあり方の公平も含むと解している。訴訟手続の公平は、裁判官に事件について予断を抱かせない訴訟手続の構造を要請する。また裁判内容の実質的公平まで保障するかについては、通常は個別の裁判内容の公平性は「公平な裁判所」が保障されることで間接的に保障されると理解されている[21]。

　一般の裁判官を中心とした法廷も裁判員を含む法廷も、裁判所として公平であるなら、刑事被告人にそのどちらを選択するのか、あるいは裁判員裁判を拒否するのか、必要な情報を開示した上で、こうした権利を保障することは、公平な裁判を受ける権利の保障としてふさわしいといえよう。刑事被告人に、裁判員裁判に対する選択権、拒否権を保障しないことは、37条1項に違反するのではないか。あるいは、刑事手続における重要な利害関係人である被告人の意思や納得は、尊重される必要はないのかが問題となろう[22]。

　被告人の権利保障に関して、手続二分論も主張されている。刑事事件においては、量刑判断が重要であるが、裁判員制度の導入によってこれまで不明確であった量刑判断のプロセスが裁判官の裁判員への説明責任もあることから、「量刑判断の透明化と合理化」が進むと考えられている。他方で、裁判員という法律の専門家ではない人たちが量刑判断に加わることから、とりわけ刑事被告人の権利という観点から問題がおきることも予想されている。そこで、裁判員制度において、被告人がその防御権を十分に保障されること、そしてより公平な裁判所の裁判を受けるための量刑手続を実現するための制度として、罪責認定手続と量刑手続を分離するという「手続二分制」が主張されている[23]。

---

20) 新屋・前掲注8)・134-135頁。
21) 青井未帆「第37条」芹沢斉他編『新基本法コンメンタール憲法』別冊法学セミナー210号（日本評論社、2011年）279頁。
22) 新屋・前掲注8)・100頁。
23) 畑桜「裁判員制度下における手続二分論の有効性」立命館法政論集9号（2011年）171頁。

手続二分とは「起訴状に記載された犯罪事実の存否に対する立証の段階（罪責認定手続）」と「有罪と認定された被告人に対する刑の量定の為の情状立証の段階（量刑手続）」を分離するという考え方である。その主たるメリットとしては、罪責認定手続の純化（誤判の防止）、刑罰の個別化、弁護人のジレンマの解消、訴訟の合理化、である。刑事被告人においても防御権の保障につながる。手続二分制導入による罪責認定手続の純粋性の確保は、予断や偏見の排除をすることができるという裁判員にとっての意義だけでなく、刑事被告人にとってはより一層の公平な裁判を受ける権利の保障となり、重要な意義があると主張されている[24]。

VI 討議民主主義と裁判員制度

討議民主主義と裁判員制度との関係も論じられている。討議民主主義とは、1980年代からアメリカで論じられるようになり、90年代後半に日本でも活性化した新たな民主主義理論であるが、「公共的な事項の検討・決定にあたっては、十分な情報に基づく個人の内心における熟慮と他者との間の討議という過程によって形成される選好を重視すべきであるという民主主義理論」とされている。「討議が ⅰ 集合的決定の正当性を高め、ⅱ 公的な政策争点についての公共心あふれるものの見方を奨励し、ⅲ 相互に尊重しあえる意思決定過程を促進し、ⅳ 市民や官僚の行う集合的行為に不可避な誤りを犯す誤りを是正するという積極面を有することを背景に、『討議参加者が、相互に学び、自分個人または集団の誤解を認識するようになり、そして、批判的な吟味に耐えうるような新たな視点と政策を発展させることができる』という優位性をもった民主主義観だとされる。それは、公共的な事項は国民自らが決定しなければならず、そのために、国民は公民的徳性を涵養し、公共善の実現のための政治的営みに能動的に参加すべきだという、いわゆる共和主義的憲法観とも密接に関連する」[25]、という。

討議民主主義の観点から、裁判員制度を積極的に評価し、裁判員制度についての違憲論や被告人の拒否権を克服する考えを示している。裁判員制度との関

---

24) 畑・前掲注23)・171頁以下。
25) 新屋・前掲注8)・141頁。

係でいえば、その創設の契機となった司法制度改革審議会の思考過程は「統治に主体的に参画することこそ善き善であると措定し、国民に対して、『公共性の空間』である政治部門や司法部門を支えることを要請しているという点に着目すれば、そこには、政治参加に能動的な公民としての国民を前提とする共和主義的な憲法観を読み取ることができ」、裁判員制度もその表れとされる。このような観点から、被告人の辞退や拒否の権利を認めることについては、裁判員制度が「公共的な事項を討議することを通じて参加する国民の公民的徳性を涵養する場」である以上、「その機会を被告人の自由意思によって閉鎖しうるとすることは、社会全体における討議の場を減少させることを意味し、否定的に評価される」こととなる。他方、国民に対する裁判員としての義務・負担の賦課については、公共的討議の場への参加は公民として推奨されるし、「参加を希望しない国民に対しては、より一層、裁判員としての職務遂行を通じて公民的徳性を涵養することが求められる」として、討議による公共的徳性の涵養が強調されている[26]。

しかし、討議民主主義と裁判員制度を安易に重ねあわせることは、両者の違いをわかりにくくさせる。討議民主主義はいわば手段であり、熟議によってさまざまな情報を市民が共有することで共通する課題の解決に向かうことを望むものである。その意味で着地点はある意味相対的といえる。他方で、裁判員制度は公共秩序維持という目標はあるが、被告人の権利の保障や刑事法に関するさまざまな原則の保障など、議論で着地点を探すことよりも絶対的に前提として保障されなければならないことがある。

そもそも裁判員制度の成立が、その立法過程において討議民主主義の豊かな意見交換からうまれているとはいいがたい。むしろ新自由主義的国家再編の一環として、国家の権威主義的再編過程の中で生み出されたともいえる[27]。

まとめにかえて

裁判員制度が、当初予想されていたよりも国民に受け入れられ、定着しつつあるとしても、まだまだ改善すべき点が多く存在していることを忘れてはなら

---

26) 新屋・前掲注8)・141頁以下。討議民主主義との関係で裁判員制度を説くものとして柳瀬昇『裁判員制度の立法学』(日本評論社、2009年)。
27) 新屋・前掲注8)・144頁。

ない[28]。制度設計において、裁判員制度をどのように位置づけるのか、その合意が成立していなかったところに、裁判員制度の曖昧性、不十分性があるように思える。裁判官と裁判員、それぞれの数をどのくらいで構成するかは、裁判員制度の根本にかかわる重要な問題であったはずである[29]。こうしたことが多くの疑問を生じさせたことは否めない。

[28) 内田亜也子「施行後6年を迎えた裁判員制度の評価と課題」立法と調査368号(2015年)16頁以下参照。
29) 安村勉「裁判体の構成」ジュリスト1268号(2004年)58頁以下参照。
* なお、本稿に関しては、中央大学教育力向上推進事業の1つとして、大学院公共政策研究科が一般財団法人公務人材開発協会の協力を得て、ケーススタディの開発を進めた際の、9つのケースの中の1つに「裁判員制度」(開発責任者植野妙実子、協力者兼頭ゆみ子)をとりあげ、そのティーチングノートの「3.裁判員制度の合憲性」(執筆は植野)が初出であり、それに加筆修正してある。ティーチングノートは非売品、2014年に作成された。

27 財政をめぐる諸問題

はじめに

　財政とは、国や地方公共団体が、その存立を維持しその目的を達成するために、必要な財貨を入手し、使用し、または管理する各種の活動を総称する観念である[1]。日本国憲法第7章は、「財政」と題し、83条から91条までの規定をおいている。しかしながら、過去においては、憲法研究者が憲法の概説書を書くにあたって、財政を1つの項目として取り扱わないこともあった。その場合、国会による財政のコントロールという形で、国会の権限の中で財政について扱うことが多かった[2]。今日では、そのような「国会の財政に対するコントロール」、すなわち財政民主主義をその額面通りに捉えるだけでよいのか、という疑問があがっている。なお、財政民主主義は一般的に、租税法律主義、予算事前承認主義、法律事後承認原則を含むとされている。さらに、財政をめぐる問題もさまざまな分野にわたっている。たとえば、憲法改正に関して浮上している「教育の無償化」も財源をどのように確保し、どのように実際に活用するのか、が問題となっている。

　日本国憲法第7章の規定は以下のようなものである。財政処理の基本原則として財政国会中心主義（財政民主主義、財政立憲主義とも呼ばれる）を定める83条、財政国会中心主義の収入面の具体化として租税法律主義を定める84条、同じく支出面の具体化としての国会議決主義を定める85条、予算における国会議決主義を定める86条、予備費や皇室費に対する国会の権能を定める87条

---

1) 金子宏他『法律学小辞典〔第4版〕』（有斐閣、2004年）434頁参照。
2) たとえば、清水睦『憲法』（南雲堂深山社、1985年）358頁。ここでは「国会の議決が国の財政処理の原点」とする。

と88条、公財産の支出・利用の制限を定める89条（この条文は国家の中立性を保ち財政民主主義の見地から公費乱用防止をはかるものといえる）、会計検査院の決算検査と国会の決算審査を定める90条、内閣の国会および国民に対する財政状況の報告を定める91条、このような規定をおいている[3]。

財政のあり方が、国民生活に大きな影響を及ぼすことが自覚されたのは最近のことといえる。財政は実際国民生活と大きくかかわる。それ故、財政は憲法の理念や基本原則に則り、国民の人権保障に寄与するものでなければならない。

I　83条

日本国憲法第7章冒頭の83条は、「国の財政を処理する権限は、国会の議決に基いて、これを行使しなければならない」と定め、財政の基本原則である財政国会中心主義を明らかにしている。この趣旨は、常に議会の議決を経ればよいといったものではなく、その議決が終局的には主権者たる国民の意思に沿う必要があるという実質的財政民主主義の原則を定めていると解されている[4]。また、財政民主主義は理念であり原則である、財政議会議決主義は財政民主主義の手段・手続であって目的ではない、と厳密に定義する説もある[5]。納税者主権主義とも呼ばれている[6]。

83条は、従来、国の財政処理の基本原則を定めたもので具体的事項は84条以下の規定で定められていると考えられていた。しかし、近年では、84条以下の規定以外に存在する財政にかかわる事柄にも、議会による統制を認める趣

---

3) これら条文の解釈については、次のものを参照している。有倉遼吉＝小林孝輔編『基本法コンメンタール憲法〔第3版〕』別冊法学セミナー78号（日本評論社、1986年）277頁以下、小林孝輔＝芹沢斉編『基本法コンメンタール憲法〔第5版〕』別冊法学セミナー189号（日本評論社、2006年）386頁以下、芹沢斉他編『新基本法コンメンタール憲法』別冊法学セミナー210号（日本評論社、2011年）443頁以下、山田邦夫「財政制度の論点」シリーズ憲法の論点④（国立国会図書館調査及び立法考査局、2004年）、『財政に関する基礎的資料』衆憲資第47号（衆議院憲法調査会事務局、2004年）。

4) 小林＝芹沢編・前掲注3)・389頁〔三木義一担当部分〕。国民の代表からなる国会の監督の下において国の財政支出を厳格に実行することを意図したもの、ともいわれる。有倉＝小林編・前掲注3)・279頁〔吉田善明担当部分〕。

5) 新井隆一「財政民主主義：憲法学から」日本財政法学会編『財政民主主義』財政法叢書10号（1994年）43頁以下。

6) 池上惇「財政民主主義：財政学の立場から」財政法学会編・前掲注5)・32頁以下。

旨であると解する考え方や、議会の予算修正の根拠規定と解する考え方などが説かれ、その役割が広がり、より重要な規定と考えられている[7]。

83条の「国会の議決に基いて」とは、83条の作用が国会の直接のコントロールの下に行われるべきであるという意味である。個別的に国会の議決が必要であるという意味ではないが、事情の許す限り、具体的・個別的に国会の意思に基づいてあらゆる財政作用がなされるべきである、とされる[8]。

国会の財政コントロールを実効性あるものにするために、租税の収入・支出面のコントロールが重要であることはいうまでもない。しかしこのコントロールは、一般会計には及ぶものの特別会計や財政投融資には十分に及んでいないと指摘されている。租税ではない有償資金、それが財政投融資であり、透明性の欠如が指摘されている[9]。

83条は「国の財政」となっているが、この原則は地方公共団体の財政にも妥当すると考えられている。憲法92条の地方自治の本旨に基づいて財政自主権が認められるとされているが、地方公共団体の財政処理権限は、地方議会の議決に基づいて行使されるべきということになる[10]。

II　84条

84条は、いわゆる租税法律主義を定め、83条の財政国会中心主義を財政収入とりわけ租税の賦課・徴収の面で具体化したものである。国の課税権を国民代表議会の同意に服させることは、近代国家成立の1つのメルクマールであった。しかし、日本国憲法の租税法律主義は、租税の賦課・徴収が法律の形式によることを定めるのみならず、租税に対する国民の権利という人権として定めたものと解されている[11]。さらに、租税にかかわる法律の内容が、憲法の人権規定と適合的でなければならないが、そのことは、議会の課税立法権を制約すると考えられている。

また、84条の租税法律主義は、具体的な課税要件、納付や徴収の手続など

---

7) 小林＝芹沢編・前掲注3)・387-388頁〔三木義一担当部分〕。
8) 宮澤俊義＝芦部信喜補訂『全訂日本国憲法』（日本評論社、1993年）708-709頁。
9) 山田・前掲注3)・14頁。
10) 宮澤＝芦部補訂・前掲注8)・708頁。
11) 北野弘久『税法学原論〔第5版〕』（青林書院、2003年）106頁。

が法律によって定められることを要請する。課税要件法定主義（課税要件明確主義とも呼ぶ）を含むものである。このことは、判例によっても認められている（最大判昭30・3・23民集9巻3号336頁）。課税要件法定主義から、不確定概念の排除、通達の法源性の否定（通達は行政の内規にすぎず納税者や裁判所を拘束する法令ではないことや通達を根拠に課税を合法化することはできないことをさす）、命令への白紙委任の禁止、類推・拡張解釈の禁止、行政慣習法や先例法による課税の禁止、課税の不遡及原則、「疑わしきは納税者の利益に」などの法理が導き出される[12]。

租税法律主義の適用範囲も問題となる。一般に租税とは国が国民に対して一方的、強制的に課する金銭給付のことをいうが、租税法律主義の対象となる「租税」は広く解されている。たとえば、公共事業による開発行為にともなう受益者負担金や社会保険の保険料、手数料も租税法律主義の適用を受けると解されている[13]。しかし、最高裁は、条例により国民健康保険料の料率の決定・告示を市長に委任した事件において、84条違反ではないとして国民健康保険料への84条の適用を否定した（最大判平18・3・1民集60巻2号587頁）。

地方公共団体が徴収する地方税とそれにかかわる条例が84条の租税法律主義の適用を受けるか、という問題も生じる。条例は、憲法が地方公共団体に直接授権した自主立法権により定められ、国レベルの国会と地方レベルの地方議会の、代表者の選出方法も類似していることからも代表性のあり方に違いはない。そのことから地方税に対しても84条は、租税条例主義と読みかえて、適用されると考えられる。判例もそれを肯定している（最大判平18・3・1民集60巻2号587頁）。しかしながら、地方公共団体の自主課税権の範囲については広く解釈されてはおらず、法律を根拠とすることが求められている。

III　85条

83条の財政国会中心主義を支出面において具体化し、国の直接・間接の支出を国会の議決に基づくことを定めるのが85条である。憲法上は85条の唯一

---

12) 小林＝芹沢編・前掲注3)・390-391頁〔三木義一担当部分〕及び芹沢他編・前掲注3)・447-448頁〔小沢隆一担当部分〕。
13) 小林＝芹沢編・前掲注3)・391-392頁〔三木義一担当部分〕及び芹沢他編・前掲注3)・449-450頁〔小沢隆一担当部分〕。

の例外として、87条の予備費（予見しがたい予算の不足にあてる予備費）の制度を定めている。国費支出のための「国会の議決」は86条により予算の形式によってなされる。85条が国費の支出に対する国会の議決について実質面から規定するのに対して、86条はこれを形式面から規定する、と解されている[14]。85条は、国費の支出の他に国の債務の負担も国会の議決に基づくことを要求している。国の債務負担とは、国家の各般の経費を調達するために金銭給付を内容とする債務を負担することをさす。将来的にはその債務の弁済のために国費の支出を必要とすることから、債務の負担も国会の統制を確保するために国会の議決に基づくこととした。

債務負担行為の主たるものは、公債（財政公債）の発行である。大日本帝国憲法下の赤字公債や借入金の濫発を反省して、財政法4条1項前段は、「国の歳出は、公債又は借入金以外の歳入を以て、その財源としなければならない」と原則を示し、「但し、公共事業費、出資金及び貸付金の財源については、国会の議決を経た金額の範囲内で、公債を発行し又は借入金をなすことができる」としている。これは、健全財政主義の原則を明らかにしたものとされているが、公債発行または借入金をなす場合の条件として償還の計画を国会に提出する義務が定められている。

しかしながら、一般会計における公債発行額は30％以上にのぼり、（たとえば平成28年度歳出総額96.7兆円に対し、一般会計税収57.6兆円、公債発行額34.4兆円である）、当初の趣旨を逸脱しているといえる。

Ⅳ　86条

86条は、内閣が毎会計年度の予算を作成・提出することと、国会はそれを審議し、議決することを定める。国会が予算についての最終的な決定権を有する。すなわち、議会による予算統制権を明確にしている。予算に対しては、憲法及び財政法等から次のような原則が導き出されている。会計年度独立の原則、会計統一の原則、総計予算主義の原則、予算事前議決の原則である。

---

14) 芹沢他編・前掲注3)・451頁〔藤野美都子担当部分〕。

1　予算をめぐる諸原則

　会計年度独立の原則とは、健全な財政運営のために、当該会計年度の歳出は当該年度の歳入で賄わなければならないとするものである。憲法は、会計年度を1年としていると一般的には解されている[15]。財政法11条は、「国の会計年度は、毎年4月1日に始まり、翌年3月31日に終るものとする」と定め、予算単年度主義を明らかにしている。しかし、86条自体が会計年度の期間を示していないことから、複数年度予算を排除していない、あるいは単年度予算を前提としつつ別途複数年度予算を追加することも可能、といった指摘もある[16]。実際、複数年にわたる予算執行を部分的に認める場合もある。

　会計統一の原則とは、歳入歳出については、単一の会計により経理すべきというものである。財政状況の全容の把握を容易にし、経理の紊乱を防止するための原則と説明され、財政法もこの原則を基本とするといわれている。しかし、財政法13条1項は、一般会計とは別に特別会計の存在を認めている。特別会計は、財政法13条2項によれば、国が特定の事業を行う場合、特定の資金を保有してその運用を行う場合、その他特定の歳入をもって特定の歳出にあて一般の歳入歳出を区別して経理する必要がある場合、これらの3つの場合に限って認められるものである（平成27年度には14存在）。ところが、その財政規模は、たとえば、平成15年度予算の歳出総額において、一般会計81.8兆円に対し特別会計歳出総額369.3兆円（当時32存在）となっており、特別会計の見直しが必要なことが指摘された。

　財務省によれば、特別会計を設ける理由や意義について、国の行政の活動が広範になり複雑化してくると、場合によっては、単一の会計では国の各個の事業の状況や資金の運営実績等が不明確となり、その事業や資金の運営にかかる適切な経理が難しくなりかねないとして、「このような場合には、一般会計とは別に会計を設け（特別会計）、特定の歳入と特定の歳出を一般会計と区分して経理することにより、特定の事業や資金運用の状況を明確化することが望ましい」としている[17]。

　特別会計は、予算編成上の扱いや国会審議における扱いにおいて、一般会計

---

[15]　たとえば宮澤＝芦部補訂・前掲注8）・719頁。
[16]　芹沢他編・前掲注3）・453頁〔藤野美都子担当部分〕。
[17]　『平成28年度版特別会計ガイドブック』（財務省主計局、2017年）1頁。

との間に基本的な違いはない。したがって、予算の編成にあたっては、各省庁の概算要求を受けて財務省が査定を行うとともに、一般会計とあわせて国会に提出し、審議・議決を経て、予算として成立する。予算の執行、決算提出、会計検査院の検査などについても、基本的には一般会計と同様の手続を経る。

但し、財政法45条は、「各特別会計において必要がある場合には、この法律の規定と異なる定めをなすことができる」と特別会計における特例を認めている。また、平成19 (2007) 年3月には、特別会計に関する法律も成立している。いずれにしても、財政状況全体をみわたすことができ、わかりやすいものであることが必要とされる。

総計予算主義の原則とは、財政法14条が定める「歳入歳出は、すべて、これを予算に編入しなければならない」ということをさす。歳入歳出を相殺してその差額を計上する純計予算主義があるが、これでは予算統制が全体に及ばなくなる。これを避けるために総計予算主義を採用し、歳入と歳出のそれぞれを計上することが求められている。

予算の執行前に国会の議決を受けるべきことが、予算事前議決の原則である。予算不成立の場合には財政法30条における暫定予算によるが、当該年度の予算が成立したときは失効する。

2 予算の内容と種類

予算の内容については、憲法はとくに規定していない。予算の中核をなすのは歳入歳出予算である。財政法16条は、予算の内容につき、「予算総則、歳入歳出予算、継続費、繰越明許費及び国庫債務負担行為」としている。継続費については、予算単年度主義に対する重大な例外で違憲の疑いがあるとする説もある[18]。

予算の種類については、既述のように一般会計予算と特別会計予算がある。また、政府関係機関の予算も存在する。しかし、特別会計予算や政府関係機関予算は、相互に種々の繰り入れが行われていると指摘され[19]、会計統一の原則から限定的に考えるべきであるとされている[20]。

---

[18] 杉原泰雄『憲法Ⅱ』(有斐閣、1989年) 448頁以下。制度自体の必要性を問う意見もある。芹沢他編・前掲注3)・454頁〔藤野美都子担当部分〕。
[19] 田中治「予算制度の検討」法律時報57巻8号 (1985年) 40頁。
[20] 芹沢他編・前掲注3)・455頁〔藤野美都子担当部分〕。

また、財政投融資計画も存在する。財務省によると財政投融資とは、「①租税負担に拠ることなく、独立採算で、②財投債（国債）の発行などにより調達した資金を財源として、③政策的な必要性があるものの、民間では対応が困難な長期・固定・低利の資金供給や大規模・超長期プロジェクトの実施を可能とするための投融資活動（資金の融資、出資）」をさす[21]。

経済を完全に市場メカニズムに委ねると、社会全体として必要な財・サービスが供給されなかったり、経済的に著しい不平等が生じたりすることがある。そこで、このような問題を解決するため、政府の財政政策が行われる。この実施のための政府による資金供給には、返済義務を課さずに資金を供与する無償資金と、融資や投資といった元本の償還、利子や配当など将来のリターンを前提に資金を供与する有償資金があるが、財政投融資は有償資金によるものである。財政投融資の機能としては、資金配分の調整機能、経済の安定化機能があげられる。もっとも、そもそも特別会計や財政投融資に対する議会統制の有効性が疑問視されていた[22]。財政投融資は、市場経済が成熟したときには存在意義は縮小していたが、バブル崩壊後は財政投融資への依存度は大きくなった。

しかし、透明性に欠けるとの批判を受け、スリム化に向かっている。財政投融資計画自体は国会の議決の対象となっていない。予算審議のときに参考資料として国会に提出されている。「国民の視点からの財政統制が困難であるということは、財政民主主義の形骸化・空洞化を意味し、結果として国民負担の無益な増大を招く」という指摘[23]は重要であり、情報開示を進めて透明性をはかり、必要な統制を可能にすることが望まれる。

3　予算の成立

予算の審議・議決に関しては、まず内閣の職権を定める73条5号に「予算を作成して国会に提出すること」と定められ、予算の作成が内閣にあることが明示されている。予算の成立によって、それぞれの法律が実施でき、行政目的が達成できる。したがって、行政権を担当する内閣がその原案を作成し、国会に提出する。また、60条1項には「予算は、さきに衆議院に提出しなければならない」と衆議院の予算先議権が定められ、さらに2項には予算の議決に関

---

21) 財務省HPの説明（HP等サイトの参照は2017年6月17日、以下も同様）。
22) 山田・前掲注3）・14頁以下。
23) 山田・前掲注3）・16頁。

して衆議院の優越が定められている。

　予算の議決形式をめぐっては、予算法形式説と予算法律説との対立がある。

　予算法形式説とは、予算を法律とは異なる特殊な法形式と解するもので、通説的見解とされている。すなわち、予算とは、一会計年度における、国の財政行為の準則であり、予算が法的性質をもつことは明らかであるが、「一会計年度内の具体的な行為を規律するという点で、一般国民の行為を一般的に規律する法令とは区別される」。「広義の法規範性をもった係数である」。こうした予算の特殊性を考慮して、これに「予算」という独自の形式が与えられている、とする。その根拠としては、予算が政府を拘束するのみで一般国民を直接拘束しない、予算の効力は一会計年度に限られている、内容的に計数のみを扱っている、提出権が内閣に属する、衆議院に先議権があり、他の法律のように衆議院の再議決制がない、などがあげられる[24]。

　これに対し、予算法律説は、予算の法的性格を他の諸国にみられるように予算法律主義を採用していると解する。これによると、予算が法律とは異なるとする根拠としてあげられるものは、法律にもあてはまると述べる。つまり、国家機関のみを拘束することや期間を限定することなどは法律にもある。また、予算の議決は単なる計数の確定ではなく、規制的効果をもつ規範の確定だと解する。予算と法律との差異はなく、予算は財政議決主義の下での法律と解することに何ら問題はない、としている[25]。

　憲法上は、予算は予算としての議決方式を認めており、法律と全く同じと解することには無理があるようにも思われる。そこで、予算を法律と同じと解することに何らかのメリットがあるかが問われる。これについては、予算と法律とでその議決手続が異なるため、両者の間に不一致が生じる場合があるが、予算法律説の場合は、予算が法律として成立するので、両者の矛盾は解消されると考えられている[26]。予算の議決形式をどのようにみるかは、予算の修正権や決算の法的性格をどのようにみるかとつながる問題でもある。

　予算の修正に関しては、減額修正と増額修正がある。予算の修正に関しては、

24）清宮四郎『憲法〔新版〕』（有斐閣、1971年）263頁以下。
25）吉田善明『日本国憲法論〔新版〕』（三省堂、1995年）191頁、同『現代憲法の構造』（勁草書房、1979年）245頁。
26）有倉＝小林編・前掲注3）・292頁〔吉田善明担当部分〕。関連する議論として日本財政法学会編『財政健全化をめぐる法と制度』（全国会計職員協会、2015年）129頁参照。

減額修正、増額修正とともに、財政国会中心主義や財政民主主義の観点から自由に行いうるとする意見もある一方で、とりわけ、増額修正は認められないとする意見もある。

　減額修正については、一般的には制約はないと解されている。但し、国会が法律を執行するための予算を廃除削減する場合には、法律をもあわせて改廃すべきであろうと指摘されている[27]。

　増額修正についても、学説の多数はこれを肯定しており、増額修正を前提とする法律の規定も存在する。国会法56条1項は、議員が予算をともなう法律案を発議することを認め、57条は「法律案に対する修正動議で、予算の増額を伴うもの又は予算を伴うこととなるもの」を認めている。57条の2は、予算につき修正の動議を議題とすることも認めている。しかし、いずれの場合も、予算の裏付けを要しない通常の議案を発議するときよりも多数の賛成を要するとしている。これは、議員によるお手盛り予算やおみやげ法案を制限する意図から定められていると説明されるが、このように通常の議案より多数の議員の賛成を要するとしていることについては、「財政処理の最高機関である国会の議員の権限を剥奪することになり問題である」との指摘もある[28]。

　増額修正に何らかの限界があるかについては、限界があるとする説が多数説である。理由は、予算発案権が内閣に認められているからとする。「予算発案権を内閣に専属せしめているのであるから、この建前を根本からくつがえし、予算の同一性をそこなうような大修正は許されないものと解さなければならない」[29]とする。政府見解においても、「国会の予算修正については……内閣の予算提案権を損わない範囲内において可能」とされている[30]。他方で、財政国会中心主義を貫くならば、増額修正に限界は認められないとする説も存在する。また、予算法律説では、予算が法律であるとの当然の結果として国会が自由に修正できるとする[31]。

　政府提出法律案であっても国会は自由に改廃できる。内閣に提出権があることが予算修正の限界の根拠とはいえないことは事実である[32]。むしろ、内閣、

---

27) 芹沢他編・前掲注3)・456頁〔藤野美都子担当部分〕。
28) 有倉＝小林編・前掲注3)・292頁〔吉田善明担当部分〕。
29) 清宮・前掲注24)・269頁。ここには反対意見として佐藤功の意見もあげられている。
30) 有倉＝小林編・前掲注3)・292頁〔吉田善明担当部分〕。
31) 吉田・前掲注25)『日本国憲法論』183頁。

すなわち政府の政策の一体性を損なうことが問題となろう。その点で、修正権は政府の政策を問う手段として位置づけられ、自由に行使できると考えるべきである。実際は日本においては、予算は国会の場に出てくるまでに綿密に調整が行われており、修正が加えられることは少ないと指摘されている。また予算作成過程の公開が必要との指摘もある[33]。

ところで、フランスでは、予算も決算も法律であり、議員から憲法院への提訴が可能である。すなわち、このような観点から議会からのコントロールが可能となっている。しかし、修正権は議員の重要な権利と位置づけられているものの、修正が公的な財源の減少が予測される場合や公的負担の新たな設定や増大が見込まれる場合には制限されている（第五共和制憲法40条）。一方では、予算が政策とかかわっており、それ故に政府がその主導権を握っていると考えられること、他方では、少子高齢問題を抱える現代社会においては、健全財政という視点を外すことはできず、政策を前提としない「野放図な」予算の増減には厳しい目が向けられる。こうしたことは、日本とも無縁ではない。フランスでは、後述するように、議会の役割の1つとして政策評価があり、この点からも政府に対するコントロールが可能となっている点にも注意する必要がある[34]。

V 90条

憲法90条1項は、決算について、「国の収入支出の決算は、すべて毎年会計検査院がこれを検査し、内閣は、次の年度に、その検査報告とともに、これを国会に提出しなければならない」と定めている。

決算とは「一会計年度における国家の現実の収入支出の実績を示す確定的計数を内容とする国家行為の一形式」である[35]。決算は予算とは異なり、法規範性はもたないとされている。財務大臣が歳入歳出の決算を作成し（財政法38条1項）、閣議によって決定する。90条1項の規定から、国の会計行為は事後において、会計検査院の検査と国会の審査との二重の監督に服することがわかる。

---

32) 佐藤功『憲法研究入門（下）』（日本評論社、1967年）305頁。
33) 新井・前掲注5)・51頁以下、また、同書68頁以下の討論も参照。
34) 植野妙実子『フランスにおける憲法裁判』（中央大学出版部、2015年）255頁以下。
35) 清宮・前掲注24)・277頁。

会計検査院は、法的見地から、決算内容の合法性と適確性を検討し、確認するために行い、国会は、政治的見地から、決算内容を批判し、予算執行責任者である内閣の責任を明らかにするために行われる[36]、とされている。

90条2項は「会計検査院の組織及び権限は、法律でこれを定める」とする。会計検査院は、3人の検査官で構成される検査官会議と事務局より組織される。検査官は任期7年で、両議院の同意を経て内閣によって任命され、裁判官に準じる身分保障が与えられている。会計検査院には、自主人事権と規則制定権が付与されている。会計検査院が国の決算の合法性と適確性を検査し、確認するためには、内閣から独立した存在である必要があるが、そのことは会計検査院法1条に「会計検査院は、内閣に対し独立の地位を有する」と定められている。

会計検査院の検査基準については、同法20条3項に「会計検査院は、正確性、合規性、経済性、効率性及び有効性の観点その他会計検査上必要な観点から検査を行う」と定められている[37]。会計検査院が、検査の結果、決算を違法・不当と判断したときは、会計検査院の意見が表明されるが、それは過去に行われた収入・支出を無効としたり取り消したりすることにはならない、と解されている[38]。なお、平成9（1997）年から、国会は会計検査院に対し、特定の事項について検査を行い、その結果を報告するよう求めることができるようになっている。その概要は決算検査報告に掲記されている[39]。

内閣は、会計検査院による検査が終わった後、次の年度にその検査報告書とともに決算を国会に提出する。このことについて、財政法40条1項は、「翌年度開会の常会において国会に提出するのを常例とする」を定める。

具体的な国会の審査方法については、憲法には特段の規定はなく、現在の実務は大日本帝国憲法下の慣行を踏襲している。それによれば次のようである。

①内閣は、決算を提出するにあたって、衆参両院に同じにかつ別々に提出し、各院は、独立、別個に意見を決定して、これを他院に送付しない。
②会期中に審査を終了しなかった決算は、次の会期に継続して審査し、内閣も改めて提出することはしない。

---

36) 清宮・前掲注24)・278頁。
37) 会計検査院については、次のものを参照。財政法学会編『会計検査院』（全国会計職員協会、2011年）。
38) 芹沢他編・前掲注3)・468-469頁〔岡田俊幸担当部分〕。
39) 村上武則「会計検査院と国民」日本財政法学会編・前掲注37)『会計検査院』76頁。

③各院は、決算の全部を議題とし、これを是認するかどうか決し、是認しない部分については違法または不当と決議し、またそれらの事項に関し必要と認めたときは政府に相当の処分を求める決議をする[40]。

すなわち、決算は内閣から「報告」案件として両議院に同時に提出され、各議院で別個に審査・議決するものである。両院交渉の議案としては扱われない。この国会における決算の取扱いについては学説の対立がある。1つは議院議決説で、もう1つは国会議決説である。

議院議決説は、「国会に提出」するというのは、国会が提出された決算を審議し、それを認めるか否か議決することを要するものであるが、両議院一致の議決は必要なく、各議院の議決は決算の効力には関係ない、と解するものである[41]。

これに対し、国会議決説は、憲法83条の財政国会中心主義の民主的徹底の保障という視点から、決算の議決形式は予算の議決形式と同様である、という主張である[42]。しかしこれによれば、両院の議決が一致しないときに衆議院の優越が明文で定められていないので、これが適用できるか不透明な点がある。そこで「憲法が国会の議決を要する旨を明文で示さなかったのは、立法技術上の欠点」とする見解もある[43]。

確かに、財政民主主義、財政国会中心主義の原則からすれば、予算のみならず決算に関しても国会での十分な審議、議決が必要となろう。決算の議決によってしめくくりをつけることは、憲法の精神に合致する、国会としての決算に対する意思表示ができる、政治効果上の迫力がある、政府の責任追及としての手段としても妥当する、ということが指摘できる。とりわけ今日では予算や決算のあり方が、何をどこに重点をおいて使うのかだけでなく、実際どのように使ったのかも、問われるといえよう。

---

40) 芹沢他編・前掲注3)・469頁〔岡田俊幸担当部分〕。
41) 芦部信喜=高橋和之補訂『憲法〔第6版〕』364-365頁。
42) 吉田善明「国会の決算審査の憲法統制について」樋口陽一=高橋和之編『現代立憲主義の展開(下)』(有斐閣、1993年) 413頁以下。
43) 清宮四郎『憲法の理論』(有斐閣、1969年) 411頁。

Ⅵ 健全財政

 日本の財政収支は悪化している。平成16（2004）年度当初予算における公債依存度は、44.6％、その後、財政悪化が懸念され、平成20（2008）年には30.5％に抑えられたものの、平成22（2010）年には48.0％にまでふくらみ、平成28（2016）年は35.6％である。公債依存度とは、国の一般会計予算に占める国債発行額の割合をさす。

 国債依存度が高まると、財政の自由度が失われ、将来の利払い負担で財政の破綻を引き起こす。国債残高の急増の危機感から、橋本内閣の下で平成9（1997）年に、財政構造改革法（財政構造改革の推進に関する特例措置法）が成立した。この法律は、財政赤字の対GDP（国内総生産）比3％以下、特例公債脱却目標を平成15（2003）年とする、財政健全化目標を明記し、「法的な拘束力によって財政再建を推し進めよう」としたものであった。しかし、その後の金融システム不安や景気後退によって停止された（平成10（1998）年の財政構造改革の推進に関する特例措置法の停止に関する法律）。

 その後、財政運営の中期目標としてプライマリーバランスを黒字にすること（過去の借金の元利払い以外の歳出は新たな借金に頼らないこと）を目標とすることになった。プライマリーバランスは基礎的財政収支ともいうが、単年度の財政赤字ではなく、財政収支あるいは政府の予算制約の長期的な持続可能性にかかわる概念とされる。しかしながら、政府は2020年度に国と地方の基礎的財政収支の黒字化をめざす目標の撤回を含めた財政健全化計画を見直す検討を始めている。むしろ、債務残高の対GDP比率を減らすことを重視しようとしている。平成29（2017）年度は180％台後半の見込みで先進国の中で最悪の水準だが、高めの経済成長を達成できれば平成30（2018）年度からはわずかに比率は下がることになる。

 この達成目標の変化の理由としては、プライマリーバランスの改善に向けて歳出削減や増税にふみきれば、景気が冷え込み、税収が減り、かえって財政が悪化すること予想されるからだという。それ故、むしろプライマリーバランスの赤字を許容して、財政支出を増やし、経済成長を加速させるべきだとする。これには批判もある[44]。このような「迷走」をみると、財政健全化に正解はないように思える。いずれにしても日本の財政状況は良くない。他国と比較して

も良くない。単純にいえば、たとえば平成27（2015）年度国の税収は54.5兆円、これに対し、支出が72.8兆円、税収で賄えない支出部分は国債発行に頼っている。今日、総債務残高は1,000兆円を超えるといわれている。財政赤字の大きな原因は高齢化であって、社会保障費の増大である。社会保障費は25年前と比べると3倍になっている[45]。

こうしたことから、憲法改正により財政健全化を条文として示したらどうか、という提案もされている。たとえば、自民党の日本国憲法改正草案では、83条2項として新たに「財政の健全性は、法律の定めるところにより、確保されなければならない」と定めることを提案している[46]。しかし、そもそもこのようなことを提示する必要があるのかが問題となる。また、「財政の健全性」が何を意味するのか、これまでの経緯をふまえると、財政の健全性の基準をどこにすえるのかという点でも意見が分かれよう。これを達成する具体的な手段も問題となる。さらに、憲法に書き込めばその実現可能性が問われる。実現可能性の低いものを書き込めば、かえって何らかの「ごまかし」を招くあるいは最初から空文化することになりかねない。

他方で、財政法4条はすでに健全財政主義についてふれている。すなわち、財政法4条1項の但し書により、公共事業費、出資金および貸付金の財源については、例外的に公債発行または借入金により調達することを認めている。これに基づいて発行される国債を建設国債と呼ぶ。この建設国債は国会の議決を経た金額の範囲内で発行できるとされており、その発行限度額は一般会計予算総則に計上される。また、公共事業費の範囲についても、毎会計年度、国会の議決を経る（財政法4条3項）。その償還の計画も国会に提出することが義務づけられている（同法4条2項）。

建設国債を発行してもなお歳入が不足すると見込まれる場合には、政府は公共事業費以外の歳出にあてる資金を調達することを目的として、特別の法律によって国債を発行することがある。これらの国債は特例国債と呼ばれ、その性質上、赤字国債とも呼ばれている[47]。従来はこの特例法を必要に応じて毎会計

---

44) 産経新聞2017年4月30日朝刊、朝日新聞2017年6月14日朝刊社説、さらに朝日新聞2017年3月4日朝刊オピニオン、2017年5月16日朝刊オピニオンも参照。
45) いずれも財務省のHP。
46) 自由民主党「日本国憲法改正草案」平成24（2012）年4月27日決定。
47) 財務省のHP参照。

年度成立させてきた。しかし、平成24（2012）年度から27（2015）年度にかけて発行を一括で認めるように修正し、さらに、平成28（2016）年3月、平成28（2016）年度から32（2020）年度にかけて、予算成立とともに自動的に赤字国債が発行できるようにした。国会での審議が及ばなくなり、財政規律という点では緩和化されたといえる[48]。

　財政規律と財政民主主義との関係もとりあげておかなければならない。財政民主主義は必ずしも健全財政を保障するものではない。なぜなら、政治家は次の選挙に勝つために選挙民にとって「受け」の良い政策しかを掲げないからである。ときには、「ばらまき」につながる政策を提示することもある。しかも財政破綻はすぐには現れない。問題解決の先送りをはかることにもなる。

Ⅶ　財政をめぐる訴訟

　アベノミクスは、平成24（2012）年12月に発足した安倍内閣の下で示された経済政策で、いわゆる「3本の矢」として「大胆な金融政策、機動的な財政政策、民間投資を喚起する成長戦略」を柱とするものであった。この政策の下で「金融緩和は円安・株高」を招き、企業の業績も上がってきたといわれ、多少なりとも実現したものの、それ以外は評価されているとはいえない。

　平成27（2015）年9月、安倍首相は「アベノミクスは第2ステージに移る」と宣言し、経済成長の推進力として「新たな3本の矢」を発表した。それは、「希望を生み出す強い経済、夢を紡ぐ子育て支援、安心につながる社会保障」である。これらとともに「ニッポン一億総活躍プラン」がまとめられ、50年後も人口1億人を維持し、そのときには、消費税増税を平成29（2017）年4月に予定通り行うことも宣言された。

　しかし、平成28（2016）年6月には、消費税増税は2019年10月に再延期された。消費税率10％引き上げの延期表明は平成26（2014）年11月に続き二度目である。再延期の理由として、「世界経済が不透明感を増している」、「増税すれば内需を腰折れさせかねない」を首相はあげている。

　財務省の説明によれば、「少子高齢化により現役世代が減り、高齢者が増え

---

[48] 谷口洋志「日本における財政規律」中央大学経済学論纂58巻3・4合併号（2018年）293頁以下参照。

ている。社会保障財源のために所得税や法人税の引上げを行えば、一層現役世代に負担が集中する。国民全体で広く負担する消費税が、高齢化社会における社会保障の財源にふさわしい」とされている。しかし、この説明に対しては、「消費税は高齢化に伴い拡大を続ける社会保障給付費を満たすための安定財源ではない」、「消費税増税に伴う世代間格差是正効果は大きくない」、「消費税は低所得者に対して特に厳しい税である」とする批判がある[49]。

　問題は、少子高齢社会が明らかに進んでいるのに、その対応の財源とされる消費増税が二度も延期され、それを補うべき政策なり、対処なりが十分できているのか、わからないことである。このような場合に、その政策なり、対処なりが十分にできていないのではないか、ということをどのように国民は問うことができるのか。政府には説明責任があるが、それが果たされていない、国会において追及されても政府がそれにこたえようとしない、そのような場合に、国民はどうしたらよいのか。

　地方自治においては、地方公共団体の財務行政の適正な運営をはかるための住民訴訟制度があり、普通地方公共団体の長もしくは委員会もしくは委員または職員を対象に、違法、不当な公金の支出、財産の取得、管理もしくは処分、契約の締結もしくは履行もしくは債務その他の義務の負担、違法もしくは不当に公金の賦課もしくは徴収もしくは財産の管理を怠る事実について問うことができる。しかしながら、こうした訴訟は国レベルではない。国家賠償請求権はあるが、「故意又は重大な過失」（国家賠償法1条）という限定された状況の下でしか責任は問えない。

　国民の意識を高め、選挙で判断を下すことしか、国民の側からの政府の責任に対する審判の道は残されていないのか。しかしこれは選挙で争点化されていないと審判が認識されにくい。また、住民訴訟に対応する国レベルの訴訟がないことは法律の不備といえないのか、このような疑問も生じる。

　1つは、会計検査院の機能の強化があげられる。もっとも会計検査院をどのように位置づけるかがまず問題となる。会計検査院を立法府に付属する機関とみる見方もあるが、これには政府をコントロールする機関として十分に活動できるのか、疑問が生じる。これに対し、すべての権力から中立・独立した財政

---

[49] 日本経済新聞2016年11月18日。消費税に対する批判として、さしあたり、片岡剛士「消費増税再延期②～消費税引き上げの問題点～」（視点・論点）NHK解説アーカイブス（NHK解説委員室、2016年7月20日）http://www.nhk.or.jp/kaisetsu-blog/400/249472.html 参照。

統制機関とする考え方もあるが、そうであるなら、任命の仕方は今のままでよいのか、国民からの統制は必要とされないのか、なども考えなければならない[50]。ともあれ、会計検査院が、予算や財政運営に対して、すべての国家機関から中立的な立場で独自の専門的意見を述べることは重要と思われる。

会計検査院は、いわゆる情報公開法に基づく市民からの開示請求も受ける。また、会計検査院の会計検査の基準は、すでにみたように、会計検査院法20条3項において「正確性、合規性、経済性、効率性及び有効性の観点その他会計検査上必要な観点」となっている。この規定から、検査基準が外部化されて法的な統制基準となったと解する見方がある[51]。これによれば、いかなる目的で給付や補助金が交付されるのか、当該法律の目的の確定から目的達成手段を比例性原則により統制することができるが、その際、「正確性、合規性、経済性、効率性及び有効性」が裁判所による統制の判断基準として活用可能だとする。とするならば、どのようにして給付や補助金のみならず、国家の経済活動を全般にわたって問うことができるのか、また、その訴訟はどのような形になるのか、が問題となる。

生存権にかかわる給付行政に対しては、利害関係人であれば訴えることができる。しかし、給付行政のあり方を問題とするような訴訟は、どのようにして行うことができるのか。会計検査院法34条から37条は、「第6節　雑則」となっているが、この節は雑則の名にふさわしくない重要な会計検査院の役割を定めている。

34条は、会計検査院が検査の進行にともなって「会計経理に関し法令に違反し又は不当であると認める事項がある場合」の意見の表示、適宜の処置の要求、その後の経理の是正改善処置をさせることが定められている。35条は、「会計検査院は、国の会計事務を処理する職員の会計経理の取扱に関し、利害関係人から審査の要求があったときは、これを審査し、その結果是正を要するものがあると認めるときは、その判定を主務官庁その他責任者に通知しなけれ

---

[50] 有川博「会計検査院法の変遷と課題」日本財政法学会編『会計検査院』（全国会計職員協会、2011年）9頁以下。とりわけ21頁。また、すべての国家権力から中立・独立した国家機関との位置づけについては村上武則「会計検査院と国民」同書71頁以下参照。

[51] 村上・前掲注39）・74-75頁。なお比例性の原則は、常に比例的に措置が行われたかではなく、目的に対して選択された手段が適合的であるかを問うもので、比例性原則の審査の要素として適切性、必要性、比例性があげられる。植野・前掲注34）・147頁以下参照。

ばならない」と定め、通知を受けた主務官庁または責任者は、適当な処置をとることが定められている。36条は、「会計検査院は、検査の結果法令、制度又は行政に関し改善を必要とする事項があると認めるときは、主務官庁その他の責任者に意見を表示し又は改善の処置を要求することができる」と定める。37条は、会計検査院が通知を受けた場合の意見の表示を定めるが、その中には、「国の会計事務を処理する職員がその職務の執行に関し疑義のある事項につき会計検査院の意見を求めたときは、会計検査院は、これに対し意見を表示しなければならない」という規定もある（2項）。

　これらが十分に機能するようであれば、会計検査院の役割は重要といえる。しかしながら、たとえば、35条の「利害関係人」はかなり狭く解釈されていることが指摘されている[52]。この解釈を拡大して納税者も「利害関係人」ととらえ、自由な審査請求を認めるべきとする考え方もある。また、会計検査院の意見の表示や改善措置要求の効果が、しっかりと担保されることも必要となる。

　いずれにしても、会計検査院の審査を通してあるいは裁判所の裁判を通して、納税者である私たちが税金の使い方について、政治家の恣意に陥らずに、公正公明で憲法の理念や原則に沿った使い方をしているかどうか問うことができるようでなければならない。

まとめにかえて

　国会の重要な役割は、国民の代表機関として法律を制定することと政府の活動をコントロールすることである。税のあり方に関しては財政民主主義、財政国会中心主義をふまえて、憲法の理念や原則に則り、国民の権利が十全に保障されているかどうか、政府を、さらにいえば政府の政策をコントロールすることが国会に期待されている。これは政府の政策評価にもかかわることである。

　日本にもいわゆる政策評価法がある。公共政策の評価を行う趣旨は、政策決定の支援、参加と透明性、多様な基準による分析、組織化された手法の活用にあると考えられている[53]。しかし、日本の政策評価法は、行政機関が行う政策評価に関する法律である。つまり、行政機関が、「自らその政策の効果を把

---

52) 村上・前掲注39)・75頁。
53) 総務省HP「政策評価Q&A」http://www.soumu.go.jp/main_sosiki/hyouka/seisaku_n/q_and_a.html から。

握・分析し、評価を行うことにより、次の企画立案や実施に役立てるもの」と位置づけられている。こうした自己点検は、それなりに意味はもつものの、政策評価を行うそもそもの意義を失わせることになるのではないかと思われる。政府の政策の効果が本当にあったのか、無駄はなかったのか、を批判的に分析した上で次の政策にいかし、より効果的な政策を生み出すことにつながるようでなければならない。そのためには、自己点検ではなく、国会なり会計検査院なりが、客観的に行うべきものではないのか。

　財政をめぐる仕組みの中で強化すべきは会計検査院であるし、国民からの財政を含む政策を問うさまざまな方法や訴訟のあり方である。経済政策においても国民の権利保障が優先的に考えられなければならない。また格差の是正をはかるものでなければならない[54]。課題は多いが、納税者は我々である。税の使い方が、自分たちの権利を守り、平和な社会を維持することに寄与しているのか、こうした点に対して国民自身が認識を高めることも欠かせない。

---

54) この点、たとえば「103万円の壁」といわれていた配偶者控除の問題があげられる。妻の年収が103万円を超えないなら妻自身に所得税が課税されない制度である。この制度の不平等性・不公平さは、1990年代半ばから批判されていた。というのも、この制度は明らかに男女の固定的・伝統的役割分担意識に基づき、外で働く夫を妻が家で支える構造を前提としたものだからである。「本当の意味で女性に固有の年金権を保障したものではない」と指摘されている。本澤巳代子「社会保険における被扶養者」ジェンダーと法7号（2010年）102頁以下、「103万円の壁」については、植野妙実子編『21世紀の女性政策』（中央大学出版部、2001年）も参照。また、一定の立法裁量が認められるとしても、それぞれの政策は、憲法の理念や原則に則ったものでなければならない。生存権の具体化に際して、安易に国の財政事情や財政民主主義を根拠として制限的に解されていることについても再考が必要であろう。

28　地方自治

はじめに

　日本国憲法第8章は「地方自治」と題し、4つの条文を置いている。地方自治とは、国家の内部に存在する地域共同体である地方公共団体が自らその政治や行政を行うことを意味する。

　大日本帝国憲法下では、天皇主権の下で中央集権体制がとられており、地方自治という概念はなかった。とはいえ、中央政府は、明治4（1871）年に戸籍法制定（行政区画の設置）、廃藩置県（全国に3府302県を設置）、府県官制制定（知事・県知事の設置）をしたことに始まり、明治21（1888）年に市制・町村制制定（市町村に独立の法人格を認定）、明治23（1890）年に府県制・郡制制定（地方公共団体としての府県・郡）をそれぞれ法律として成立させている。しかし、その実態は、「近代国家形成のための体制を整え、また中央政府の存在を前提としてその政策実施を末端において担い、補充するための地方制度であった」と指摘されている[1]。

　このようなことから、憲法制定過程において、当初地方自治についての関心は薄かったが、地方自治という表題は日本側が示したものであった。また92条の「地方自治の本旨」を定めた条文も日本側が示したものが受け入れられたものである（昭和21（1946）年3月2日案）。他方で総司令部側がこだわっていたのは、首長及び議会の議員の直接選挙による選任であって、これはSWNCC-228の要請に由来している[2]。

1）　渋谷秀樹「第8章地方自治 総説」芹沢斉他編『新基本法コンメンタール憲法』別冊法学セミナー210号（日本評論社、2011年）472頁。
2）　高柳賢三他編『日本国憲法制定の過程Ⅱ』（有斐閣、1972年）264頁以下参照。

地方自治における4つの条文は次のようなものである。92条は、地方自治の基本原則を「地方自治の本旨」に基づく地方自治という形で定める。93条は、地方公共団体の機関としての議会の設置（1項）と地方公共団体の長、その議会の議員及び法律の定めるその他の吏員の住民による直接選挙を定める（2項）。94条は、地方公共団体の権能を定めるが、とりわけ条例制定権を有していることが重要である。95条は、1つの地方公共団体のみに適用される特別法の制定は、当該地方公共団体の住民投票による同意を得る必要があることを定める。

　憲法にこのような地方自治に関する規定が設けられたことの意義は、次のようにまとめられる。第一に、「地方自治の本旨」という積極的な指標を明記したこと、これは国に対して地方自治を防衛する法規概念であると同時に、地方自治制度の発展を誘導する指導概念の意味をあわせて有している。第二に、地方公共団体の自治権は、国によってみだりに制約してはならない保障であると同時に、地方自治制度の中核部分は、立法権によっても制約できない。第三に、より積極的に地方公共団体の権限の拡大を明記している。このことにより、地方地自体は公共サービスのみならず、地域の安全と秩序を維持し、福祉を増進するための権力的・統治的作用をも行うことが明らかにされた[3]。

　今日では地方自治は日本の統治構造において欠かせないものとなっている。統治構造上の権力分立の具体化として、国レベルでの三権の水平的権力分立に対して、国と地方との垂直的権力分立をおくことで、国民、地域住民の権利を保障し、民主主義の一層の確立に役立っている[4]。そこで、地方自治が有用であることは次のようにまとめられる[5]。第一に、権力の分割であり、国が各権力（立法・行政・司法）を3つに分けているのは、権力の集中を避けて権利の保障をはかるためであるが、国と地方とで権力を分けもつのも、権力の集中を排除し、恣意的運用や腐敗などを避けて、権利の保障を一層充実するためである。第二に、民主主義の強化をはかることができる。国の政治体制に国民が主権者として直接に関与する機会は少ない。主には選挙のときといえる。しかし、地方公共団体においては直接請求制度、住民訴訟など参加の手段が多様に保障されている。それにより、地域住民が直接、権力をコントロールすることがで

---

3) 吉田善明『日本国憲法論〔新版〕』（三省堂、1995年）200頁。
4) 西浦公「第4章国会 総説」小林孝輔＝芹沢斉編『基本法コンメンタール憲法〔第5版〕』別冊法学セミナー189号（日本評論社、2006年）256頁。
5) 仲地博「第8章地方自治 総説」小林＝芹沢編・前掲注4)・415-416頁。

きる。地方政治の中に民主主義の基礎があるといわれる所以である。第三に、地域の実情に即した行政の確保ができることである。国レベルで行われることは、全国画一的で、地域の実情に沿った行政の確保をはかれない場合がある。また、しばしば合意をえるまでに時間がかかり、対応が遅れることもある。そこで、地域の実情に即して、すばやく対応できる地方自治が有用となる。第四に、人権保障の強化である。第一から第三にかけて述べたことはすべて地域住民の人権保障につながる。参加の機会も多く、政治がどのように動いていくのか知る機会も多い。国レベルの不正を暴くことは難しく、政党などの力を借りなければならないことが多い。しかし、地域レベルの政治の透明性を確保し、必要な手立てを要求することは比較的たやすい。自らの権利がどのような形で侵害されているのかを知ることもでき、その対応をすばやく請求することもできる。

　地方自治は、今日では、人々との間に浸透し、民主主義や人権の保障の実現のために重要な制度になっているのである。

I　地方自治保障の根拠

　地方自治をどのような制度として捉えるのかは、地方自治の保障のあり方を決定する基本的な問題である。これについてはまず、国家の創設した制度であるとする伝来説（承認説ともいう）が強力に唱えられ、それを批判する形で制度的保障説、固有権説が唱えられていった。

　伝来説の代表的なものは次のように述べる。「地方団体の存在なり、その自治行政能力は、それが国家的制度であるかぎり、地方団体に固有のものではなく、たとい社会的事実として地域社会の固有の存在が認められても、その法人格は国法の創設にかかるものであり、その自治権も国家から伝来するものと解するほかはない[6]」。しかしこの考え方では、憲法の改正によって全く地方自治が廃止されるということになっても、日本国憲法の民主主義の理念に沿うものといえるのか、という批判が生じよう。また、あまりにも法実証主義的な発想で「ことに基本的人権に関する自然法思想の定着した日本国憲法の下で、はたしてなお維持貫徹できるものであろうか」とする批判もある[7]。

---

6)　俵静夫『地方自治法』（有斐閣、1965年）9頁。

これに対し、制度的保障説は、次のように述べる。「人権の保障は原則として個人の私的自治を保障するもので、この自治の範囲を越えて他人の自由を侵すことはできず、まして公共の利益に関する政治につき自由を保障するものではない。これに反して地方自治は不特定多数の住民に関する政治であり、当然に民主制の論理が適用されるから、関係自治体が国政と独立に自由に運営できるものではない。国家は民主制の論理によって国民の総意に基づいて、法律により地方自治を支配できることになる。したがって憲法92条は制度的保障の一種であり、公の組織の保障に属する。団体の自治権が国から侵されても、権利侵害として裁判所に訴訟を提起することはできない。[8]」

この説においては、地方自治を制度的保障として、政教分離原則や婚姻と家族の規定と同列にみている[9]。制度であって権利性がないとみる。しかしはたしてそうなのか。政教分離原則は信教の自由という権利と深くかかわるものであるし、婚姻・家族の制度も平等や個人の尊重とかかわる。地方自治制度も同様に地方政治にかかわる住民の諸権利と関係する。制度的保障とすることによって揺るぎない保障を与えることにつながるのか、そこが問題となろう。

これらの説に対し、地方自治の権利性に着目するのが固有権説である。この説の１つは、大革命時代のフランスに発生した地方権の思想を原型とする。これは個人の自然権を地方公共団体に類推するものである。今日ではさらに進んでより高度の自由と民主主義を志向する現代的憲法構造を支える政治哲学・法思想を根底におく、とする。そしてこれは、「住民がその最も身近な地域社会を基礎に地方公共団体を形成し、共同事務を最大限自力で処理することを通して、自らの自由と権利を守り伸張するのは、まさに人間としての前国家的な基本的人権（憲13）に属する」と主張する。そして、「この地方公共団体の自治固有権は、人間の社会生活の全体を、個人→家庭→地方公共団体→国家へと漸次補完的任務を担当するより広規模の社会団体単位へ拡大してゆく同心円的構造として把握する『補完性原理』（Subsidiaritätsprinzip）の社会哲学によって、さらに一層明確となろう」と述べる[10]。このような固有権説に対しては、「主

---

7) 手島孝「地方自治」中川善之助監修『現代法学辞典3』別冊法学セミナー増刊（日本評論社、1973年）310頁。
8) 田上穣治『日本国憲法原論』（青林書院新社、1980年）285頁。
9) 田上・前掲注8)・86頁以下参照。
10) 手島孝・前掲注7)・310頁。

権の単一・不可分性の近代理論にどう対応するか、日本国憲法の立脚する個人主義の原則にてらして、なお地方公共団体が自然法的な絶対権を前提にしたものとみることができるか、地方公共団体はヨーロッパのそれのような歴史的基盤を欠いてはいないか、そうした絶対的な固有権の主体というには地方公共団体というのは漠然としすぎてはいないか、憲法が地方自治の組織・運営につき法律に留保しつつ保障していることの関係をどう評価するか、固有権であるといってもその具体的内実は明確を欠くところがないか」などの批判がある[11]。しかし、太古においても人々は集まり、議論し合いながら、そのコミュニティーの中での掟を作り、守らせるというようなことをしていた。自分たちの生活を守り、安全を確保するために自分たちで決める、治めるという権利はあったというべきであろう。自治権と呼ばれるものの始源的な形がある。歴史的には、地方のコミュニティーが中央政府の専横に対して反旗を翻すということもあった。今日の憲法においては、地方自治の原則を政府も尊重し、また地方もそれに則って、地方の統治を担当することとなっている。地方の統治は地域住民の権利とも結びつく。固有権説がもっともふさわしいといえよう。

しかしながら、判例は、制度的保障と捉えているようである。大牟田市電気税訴訟第一審判決には、「憲法は地方自治の制度を制度として保障している」という文言がみられる[12]（福岡地判昭 55・6・5 判時 966 号 3 頁）。

なお固有権説とみたとしても、憲法においては憲法を最高法規とする法体系の中に自主立法権である条例は位置づけられ、またその自主立法権の行使は、94 条が定めるように「法律の範囲内」でなされるべきことはいうまでもない。もっとも 94 条の「法律の範囲内で条例を制定する」の解釈は別途問題となる。

II 地方自治の本旨

92 条は、「地方公共団体の組織及び運営に関する事項は、地方自治の本旨に基づいて、法律でこれを定める」としている。92 条は、「第 8 章 地方自治」の総則的規定にあたり、地方自治を担う基礎団体として地方公共団体がおかれ

---

[11] 佐藤幸治『日本国憲法論』（成文堂、2011 年）549 頁。この論者においては、伝来説に対しても憲法が地方自治権につき条章を設けていることの意義を重視していないと批判する。
[12] たとえば、岩橋健定「自治体財政権の現状と課題」新世代法政策研究 14 号（2012 年）225-226 頁参照。

ることと、地方自治は「地方自治の本旨」に基づいて行われなければならないことを明らかにしている。

そこでまず、「地方自治の本旨」とは何かが問題となる。一般的には、「地方自治の本旨」は、団体自治と住民自治によって構成されていると解されている。団体自治は、ドイツやフランスにおいて発達した自治の制度といわれ、国との関係で自治を捉えるものである。国から独立した団体（地方公共団体等）が、自己の責任で、自己の固有の仕事を自己の機関で処理することをさす。住民自治とは、イギリスの自治の歴史に基づくものとされ、地域の住民が地域的な行政需要を自己の意思に基づき自己の責任において充足することをさす[13]。住民自治については93条が、団体自治については94条が規定している。

しかしながら、地方自治の本旨を団体自治・住民自治と捉える考え方に対して、不明確な説明であり、団体自治・住民自治の中のどういう事項が法律をもってしても侵しえない地方自治制度の核心となるかが明らかにされなければならない、とされる[14]。ここにおいては、まさに、自治とは何かが問われるが、単に直接民主主義・間接民主主義という手法のあり方だけではなく、個人の尊重、人権保障という自治によって果たされる内容のあり方も問われる。究極的には国と地方とはどのような関係にあるのか、その補完のあり方が問題となる。地方ですべてが完結するのなら国は必要とされない。他方で国が地域住民の意

13) この説明に関しては次のものを参照。清水睦『憲法』（南雲堂深山社、1979年）418-419頁。仲地博「92条」小林＝芹沢・前掲注4）・416頁。なおイギリスにおける地方自治の発達を地方自治行政と捉え、「地方自治は住民自治又は人民自治であることを本質的要素」とするとし、これに対し、ヨーロッパ大陸の諸国では、中央集権主義的・官僚主義的な傾向が強く、地方自治を認める場合においても、地方行政のあるものは、国、役所の地方出先機関に処理をさせ、他は国から独立した地方公共団体が処理をする、これが団体自治であると説明する場合もある。法学協会編『註解日本国憲法下巻』（有斐閣、1954年）1370-1371頁。但しこの説明は17世紀以降のことであって、フランスでも歴史的には、12世紀に入ると都市の発達がみられ、コンミューンの運動により、自治組織を設立して自治権獲得のための暴動・反乱がおきたりしている。また、中世都市の推進力となったのは、ギルド組織であるが、それは自発的に団体組織を形成して、都市に定住し、領主から自治権を買い取るもしくは奪い取るなどして、裁判権と治安権を獲得している。こうした流れがあるからこそ、フランスの地方権の思想を源とする固有権説、すなわち個人が国家に対して固有かつ不可侵の権利をもつのと同様に、地方公共団体もまた固有の基本権を有するという考え方が生まれている。フランスの歴史については、金沢誠『フランス史』（ダヴィット社、1956年）55-56、70-71、84-85頁参照。また、人民主権型の地方自治について、杉原泰雄『憲法Ⅰ』（有斐閣、1987年）357頁以下参照。
14) 成田頼明「地方自治の本旨」小嶋和司編『憲法の争点〔新版〕』ジュリスト増刊（有斐閣、1985年）244-245頁。

向をきくこともなく、国のために当該地域を犠牲にすることを決定するなら、それは地方自治が蔑ろにされているといわざるをえないであろう。

Ⅲ　地方公共団体

　地方自治を担う団体は地方公共団体である。憲法では、地方公共団体の概念について明らかにしていない。憲法が地方自治について、章を設けて定めたことを受けて、その趣旨に基づき、さらに地方行政の民主化と地方分権の徹底をはかるために、地方自治法が制定され、昭和22（1947）年5月3日、日本国憲法と同時に施行されている[15]。地方自治法においては、地方公共団体を普通地方公共団体と特別地方公共団体とに分け（1条の3）、前者は、都道府県と市町村、後者は、特別区、地方公共団体の組合及び財産区としている。

　憲法上の地方公共団体が何をさすのかにつき議論がある。すなわち、憲法施行当時に存在していた都道府県と市町村という広狭2つの団体に限られるのかどうか、である。これに関しては、一般的には、次のように解されている。憲法にいう「地方公共団体」とは、基礎的・普遍的な地方公共団体をさすものである。地方自治法における特別地方公共団体に属するものは、もっぱら政策的見地から設けられたもので、本質上、基礎的・普遍的な性質を有するものではない。これに対して、都道府県及び市町村は、基礎的・普遍的な地方公共団体であり、憲法はこのような都道府県及び市町村の存在を前提として、その存在とその自治を保障している。

　その理由としては、次のようにいう。「都道府県および市町村は、明治憲法下において、仮に不十分なものであつたにせよ、地方公共団体としての長い歴史的沿革を有するものであり、また全国を通じて一般的・普遍的に存在する地方公共団体である。また、その結果として、これらの地方公共団体とその住民との間の関係は直接的であり、またその住民の共同体意識も、他のものの場合におけるよりも強いということができよう。従つて、これらの地方公共団体の自主性を確保し、その行政への住民の参加を保障することが『地方自治の本旨』を達成する上に必要・不可欠であると考えられる[16]」。いわゆる共同体意

15）野中俊彦他『憲法Ⅱ〔新版〕』（有斐閣、1992年）326頁〔中村睦男担当部分〕。
16）佐藤功『日本国憲法概説〔全訂第5版〕』（学陽書房、1996年）537-538頁。

識説といわれるものである。なお、地方自治法においては、市町村を「基礎的な地方公共団体」と位置づけ、都道府県を「市町村を包括する広域の地方公共団体」としている（地方自治法 2 条 3 項及び 5 項）。

特別地方公共団体としての特別区が憲法上の地方公共団体に該当するかどうかが問題となったことがある。それは、昭和 27（1952）年の地方自治法の改正で、それまで特別区の長をその住民が直接に選挙することとしていた公選制を廃止し、特別区の議会が都知事の同意を得て選任することとした。そこで、この改正が、憲法 93 条に反するのではないかと疑われた。先述の共同体意識説においては、消極的に解し、93 条に反するものではないと、次のようにいう。「歴史的および実体的に見て、特別区は従来、実質的には東京都という大都市の内部組織としての性質を強く有していたのであり、またその結果、その権能も限定されており、またそのために住民の共同体意識も強いものではなかつたことから考えて、必ずしもそれを憲法上の『地方公共団体』と考える必要はないからである。すなわち、特別区については、憲法上、その区長を公選とすることは必ずしも必要ではなく、それを公選とするかどうかは、特別区の権能の範囲をいかに定めるかとともに、法律に委ねられているものと解される[17]」。

渋谷区議会における区長の選任に関する贈収賄罪で起訴された刑事事件において、最高裁は次のように述べる。地方公共団体とは、「単に法律で地方公共団体として取り扱われているということだけでは足らず、事実上住民が経済的文化的に密接な共同生活を営み、共同体意識をもっているという社会的基盤が存在し、沿革的にみても、また現実の行政の上においても、相当程度の自主立法権、自主行政権、自主財政権等地方自治の基本的権能を附与された地域団体であることを必要とするものというべきである。」特別区の実体は、これに該当しないので、93 条 2 項の地方公共団体と認めることはできない。改正地方自治法が、公選制を廃止してもそれは立法政策の問題である、とした（最大判昭 38・3・27 刑集 17 巻 2 号 121 頁）。なお、昭和 49（1974）年 6 月の地方自治法の改正によって特別区長の直接公選制は復活している。

確かに、都道府県と市町村が沿革的に、といってもたかだか 130 年の歴史をもつにすぎないが、地方公共団体の役割を果たしてきたといえるかもしれない。しかし、都道府県と市町村という二重構造が一般的に設定されているのに対し

---

[17] 佐藤・前掲注 16)・539 頁。

て、東京都だけが下部の組織をもたない、というのは平等原則に反する。そもそも、この二重構造が、「市町村のほかに、国の防波堤となる広域的な自治体として都道府県」がおかれている[18]とみるならば、東京都においては、特別区は市町村と同等に扱われるべきといえるであろう。さらに公選制が否定されたということは、住民自治が奪われたということを意味していよう。

　ところで、共同体意識説を基準とすると、昨今の市町村合併は理由がつかない。この合併の多くは、財政上の問題の解決や合理化のためであったりした[19]。地方自治を担うための地方公共団体とは何か、どうあるべきかの議論を今一度する必要があろう。たとえば、都道府県を廃止して、道州制のような地方の行政の広域化に対応する地方公共団体を設けること、もしくは都道府県の上部にこのような地方公共団体を設けて三重構造とすることは、憲法上どのように捉えられるべきか、検討が必要である[20]。

Ⅳ　地方公共団体の組織と権能

　憲法では、国のレベルにおいては議院内閣制を採用しているが、地方のレベルでは、いわゆる首長制もしくは二元代表制とも指摘される、国のレベルとは異なる制度を採用している[21]。

　93条は、地方公共団体の組織に関する憲法上の要件として、住民の直接公選による議員で構成される議会を議事機関として設置することと、地方公共団体の執行機関である地方公共団体の長及び法律の定めるその他の吏員が住民の直接選挙で選ばれることをあげている[22]。なぜこのような制度をとるのかにつ

---

[18] 仲地・前掲注13)・420頁。また、最高裁判決については、次のものを参照。長谷部恭男他編『憲法判例百選Ⅱ〔第6版〕』別冊ジュリスト218号（有斐閣、2013年）440-441頁〔中里見博担当部分〕
[19] 島田恵司「『平成の大合併』からみる分権改革」阿部昌樹他編『自治制度の抜本的改革』（法律文化社、2017年）2項以下参照。
[20] 野中他編・前掲注15)・331頁以下参照。このような場合に、「地方自治の本旨」に反しない限り立法政策の問題とする見解があるが（たとえば、伊藤正己『憲法〔第3版〕』（弘文堂、1995年）603-604頁）、そうであるならなおのこと「地方自治の本旨」とは何かが問われる。
[21] 首長主義とするのは野中他編・前掲注15)・337頁、二元代表制とするのが渋谷秀樹「93条」芹沢他編・前掲注1)・482頁以下。
[22] 「法律の定めるその他の吏員」に該当する者は現在存在しない。かつては、教育委員会委員が住民の直接選挙によることとされていたが（旧教育委員会法7条）、1956年に廃止された。

いては、「議決機関としての議会と執行機関としての長がともに直接民意に基礎をおく住民の代表機関として対立させ、それぞれの権限を分かち、その自主性を尊重しながら相互の間の均衡と調和とをはかるという見地に立って、地方自治の運営をはかろうとしている」と説明される[23]。

地方公共団体における議会は「議事機関」である。憲法41条は「国会は、国権の最高機関であつて、国の唯一の立法機関である」と定めるが、これに該当する規定は第8章の中にはない。そこで、地方議会と国会との地位や権能の違いが問題となる。議事機関としての地方議会の主要な役割は条例制定である。さらに、議事機関としたのは、「議会の権能が条例の制定に限らず、広く地方公共団体の行為について住民代表機関として各種の事項を審議し議決する権能を有するものであることを示す」からと説明される[24]。確かに、議会には自主立法権に限らず、地域住民の福祉のために身近なさまざまな事柄を議論し、解決することが期待されているといえる。

一般には、地方議会には住民代表機能、行政監視機能、自治立法機能があると説明される[25]。しかし、注意しなければならないのは、94条に「地方公共団体は、……法律の範囲内で条例を制定することができる」としている点である。すなわち、地方自治法においては、地方議会が中心となることは想定されていても、地方議会のみで条例制定が完結するものでもないことが示されている。実際、議会は、首長の議案・予算案の提出権に対応して、議決権を有するが、首長は、議会に対して再議を付託することができ（地方自治法176条1項）、これをのりこえるためには議会の側で条例もしくは予算に関するものについては特別多数決、すなわち出席議員の3分の2以上の賛成（同法176条3項）が必要となる。他方で、行政監視機能としては、首長の不信任決議権すなわち3分の2以上の出席で出席議員の4分の3以上の賛成で首長の不信任を議決できること（同法178条）、補助機関の任命に対する同意権をもっていること（同法162条）、また検査・監査の請求権や調査権が与えられていること（同法98条）があげられる。

なお、地方自治法94条は、町村が条例で議会をおかず、選挙権を有する者で総会を設けることを認めている。また、同法95条は、それが議会の権限を

---

23) 野中他編・前掲注15)・337頁。
24) 佐藤・前掲注16)・541頁。
25) 礒崎初仁他『ホーンブック地方自治』北樹出版2007年60頁以下〔伊藤正次担当部分〕参照。

行使することも認めている。

　地方公共団体の執行機関である長として、都道府県には知事が、市町村には市町村長がおかれる。この首長については、地方自治法は、次の2つの権限を掲げる。1つは、当該普通地方公共団体を統轄し、これを代表すること（同法147条）と当該普通地方公共団体の事務を管理し、これを執行すること（同法148条）である。首長の権能としては、議会に対して条例案や予算案等の提出権、法律・政令に反しない限りでの規則制定権、自治体職員の人事権、組織編成権があげられる[26]。独任制の長には、強大な権限が集中するので、その職務の執行における公正さをどのように担保するかは、従来から問題として指摘されていた。平成18（2006）年7月の地方自治法の改正によってそうしたことの整備が行われ、現在、副知事・副市町村長、会計管理者、専門委員が補助機関として存在する。また、地方公共団体においては、執行機関多元主義と呼ばれ、首長以外に各種の委員会・委員が存在する。いわゆる行政委員会であり、準立法的機能も準司法的機能もあわせもつ。このような執行機関多元主義がとられた理由としては、政治的中立性の確保が求められる領域に対して、首長が過度に介入したり、干渉したりするのを防ぐことがあげられる[27]。しかしながら、こうした委員会・委員は、予算を調整したり、執行したりすることはできず、また議案を提出することもできない。あくまでも長の統括、代表、総合調整の下で動くことになる。

　地方自治法は、数回の改正を経て、自治の実質性を備えてきたといえる[28]。とりわけ平成11（1999）年の地方分権一括法による地方自治の改正により国の関与等のあり方全体が抜本的に見直され、原則、基準、手続等に新たなルールが創設された。すなわち、①機関委任事務制度の下での包括的指揮監督権の廃止、②法定主義の明文化、③基本原則の明文化、④事務区分に応じた関与の基本類型を提示し、基本類型以外の関与を設けることを制限、⑤手続ルールの創設、⑥係争処理手続の創設である。中でも、第一にあげられる機関委任事務制度の廃止の意義は大きい。

　機関委任事務とは、自治体の首長を国の下部機関とみなして執行させるもの

---

26) 礒崎他・前掲注25)・69-70頁。
27) 礒崎他・前掲注25)・72-74頁。
28) 総務省HP「地方自治制度の歴史」参照。http://www.soumu.go.jp/main_sosiki/jichi_gyousei/bunken/history.html

であったが、都道府県の事務の7〜8割、市町村の事務の3〜4割を占めていた。それらの事務のほとんどは、自治体の事務である。自治事務と法定受託事務となった[29]。法定受託事務とは、法令により自治体が処理することとされている事務のうち、「国が本来果たすべき役割に係るものであって、国においてその適正な処理を特に確保する必要があるもの」である（地方自治法2条9項）。法定受託事務以外の事務はすべて自治事務とされた（同法2条8項）。

地方自治法は、国と地方公共団体の役割も明示している。地方公共団体は、「住民の福祉の増進を図ることを基本として、地域における行政を自主的かつ総合的に実施する役割を広く担う」（1条の2第1項）と位置づけられ、「住民に身近な行政はできる限り地方公共団体にゆだねる」ことも明らかにされている（1条の2第2項）。同時に「地方公共団体の自主性及び自立性が十分に発揮される」ことも望まれている（1条の2第2項）。それは当然、住民がいかに地方政治にかかわるかにかかってくる。

V 条例制定権

条例制定権に関しては、憲法94条は「法律の範囲内で条例を制定することができる」となっている。地方公共団体が条例制定権を有することは、92条にすでに「地方自治の本旨」に基づいて地方政治の運営が行われることが明らかにされ、その柱が団体自治・住民自治となっていることに根拠をもつ[30]。

そこで条例制定の範囲と限界が問題となる。「法律の範囲内」という定めは、あたかも、法律の制定された範囲において、条例制定が許されるかのように読める。しかし、このような読み方をすると、地域の身近な問題を解決するのに不都合がでる場合がある。かつて、公害規制におけるいわゆる「上乗せ条例」（法律の定める規制基準よりも厳しい基準を定める条例）の適法性が問題となったことがあった。当時は、国法の先占領域の観念を広く認め、条例の規律内容が国の法令の規律内容と矛盾抵触する場合だけではなく、国の法令が規律の対象としている基準以下のものを条例が設定したり、あるいは法律より厳しい規制をしたりするようなことに対して、国法との関係で抵触とみなして違法とする

---

29) 礒崎他・前掲注25)・38-39頁。
30) 澤野義一「94条」小林＝芹沢編・前掲注4)・427頁参照。

考え方が強かった。しかし、公害規制の問題を契機としてこのような厳格な国法先占理論に反省と批判が向けられ、法令違反とは、法令との抵触が明白な場合にのみに限られる、とする考え方に変わってきた[31]。今日では、「法令に違反しない限りにおいて」条例を制定することができると解されており、地方自治法14条1項もそのように定めている。これは、条例も法律と同様の手続で、地域代表者の集う議会で制定されるということから、また身近な問題を地域の実情にあわせてすばやく解決することが望まれることから、という理由で認められている。但し、対象となる事項は、地方自治法2条2項の「地域における事務及びその他の事務で法律又はこれに基づく政令により処理することとされるもの」となっている。そこにさらに、都道府県で処理することが適切なもの（地方自治法2条5項）とそれ以外のものを市町村が処理する（同法2条3項）という形で分けている。

　条例制定権に関しては、「法律の範囲内」の解釈に関連して、財産権の規制（憲法29条2項）、罰則をともなう規制（31条）、課税（30条及び84条）における法定主義との整合性が問われていた[32]。

　財産権の規制については、奈良県ため池条例事件で最高裁は、本件条例による規制を災害防止のためのやむをえないものであり、財産権についても権利濫用の場合には条例による独自の規制は合憲である、と判示した（最大判昭38・6・26刑集17巻5号521頁）。

　条例による罰則をともなう規制が、31条の適正手続保障（法律の定める手続による刑罰）に適合するのかどうかの問題については、大阪市売春勧誘行為等の取締条例における刑罰をめぐって、最高裁は次のように述べている（最大判昭37・5・30刑集16巻5号577頁）。「憲法31条はかならずしも刑罰がすべて法律そのもので定められなければならないとするものでなく、法律の授権によってそれ以下の法令によって定めることもできると解すべきで、このことは憲法73条6号但書によっても明らかである。」すなわち、最高裁は、条例法律授権説をとって、合憲とした[33]。これに対しては、自治権に基づく自治体自主条例の観点から、条例による罰則の制定は憲法94条に基づくものである、とする

---

31) 成田頼明「法律と条例」小嶋編・前掲注14）・248頁以下参照。
32) 澤野・前掲注30）・427頁参照。
33) 大隈義和「条例における罰則」樋口陽一＝野中俊彦編『憲法の基本判例〔第3版〕』法学教室増刊（有斐閣、1996年）216頁以下参照。

考え方がある[34]。この考え方の方が、今日においては有力といえよう。地方自治法14条3項は、条例が罰則を設けることを認めている。実際、罰則が設けられていなければ、実効性を確保できないといえる。こうした罰則に構成要件の明確性や警察比例の原則等、罪刑法定主義の原則から要請されるものが適用されるのはいうまでもない。

　憲法84条は、租税法律主義の原則を明示しているが、条例による課税は可能か。この問題については、憲法84条にいう「法律」には条例を含むものと解すべき[35]、もしくは、地方公共団体には固有の財産権が存在するので、地方税については、租税条例主義こそが憲法の予定するところ[36]、などの理由で、一般的には可能である、違憲ではない、と解されている。地方自治法223条は、地方税につき「普通地方公共団体は、法律の定めるところにより、地方税を賦課徴収することができる」としており、法律の授権をもって地方税の設定ができるようにも読める。他方で、地方財政の健全性を確保し、地方自治の発達に資することを目的とする地方財政法は、その2条2項で、国は、地方財政の自主的かつ健全な運営を助長することに努め、地方の自律性を損なうようなことや地方公共団体に負担を転嫁するような施策を行ってはならないことを定め、地方公共団体の自主性、自律性が強調されている。

　地方税法は、自治体に地方税法で定められている税以外の税（法定外税）を独自に制定する権限を認めている。平成12（2000）年の改正により、この法定外税を目的税としても導入できることになり、また総務大臣の同意の要件が緩和されたことや自治体財政の逼迫などにより、さまざまな独自の税が自治体で模索されていることが指摘されている[37]。

　いずれにしても、国の財政に適用される原則と同様のものが地方にも適用される。すなわち公正性や適正性の確保であるが、地方財政に関しては、とくに健全性の確保も要求されている[38]。その内容は、収支の均衡・合理性、財政の安定な運営、財政の効率的運営、費用負担の公平性、弾力的な運用であり、加えて財政秩序の適正化もあげられる。最後のものは、地方財政法2条1項の

---

34) たとえば吉田善明『日本国憲法論〔新版〕』（三省堂、1995年）209頁。
35) 成田頼明「法律と条例」清宮四郎＝佐藤功『憲法講座4』（有斐閣、1963年）206頁。
36) 北野弘久『税法学原論〔第4版〕』（青林書院、1997年）316頁。
37) 三木義一「84条」小林＝芹沢編・前掲注4)・393頁。
38) 地方公共団体の財政の健全化に関する法律は平成19（2007）年に成立している。

「地方公共団体は……国の政策に反し、又は国の財政若しくは他の地方公共団体の財政に累を及ぼすような施策を行ってはならない」を根拠とする[39]。

　自治体の自治権に基づく自主・自立による条例制定の意義を強調したいところであるが、それを阻むのは、少子高齢化の加速度的進行、都市及びベッドタウンへの人口集中、換言すれば地方の過疎化の進行である。このような現実を前にすると健全財政という枠をはずれた施策やそれを実行するような条例は、いくら自主・自立を掲げても奨励できない。最終的には、個人の尊重が重要であり、どのような過疎地帯に住む人であっても、一定の福祉を享受することができるように、地方公共団体が、それが難しいなら国が、手助けをするようでなければならない。

Ⅵ　住民の権利

　地方自治にはさまざまな、住民の意思を地方の政治や行政に生かす仕組みが整えられている。また、このような仕組みが整えられてこそ住民自治の実があるといえる。まず憲法93条2項に定められているように、地方公共団体の長、および議会の議員を住民の直接投票で選ぶ。また95条には、地方特別法の制定に関する住民投票が定められている。但し、この住民投票制度に関しては、誰がどのような基準で該当する法案を判断するのかの問題がある。

　次に、住民の直接請求制度がある。第一に、条例の制定・改廃請求がある。有権者の50分の1以上の署名で長に請求、その上で議会の議決の過半数で成立する（地方自治法74条、但し、地方税の賦課徴収等にかかわるものは除かれる）。第二に、議会の解散請求がある。有権者の3分の1以上の署名で選挙管理委員会に請求、住民投票の結果、過半数の同意があれば、議会は解散となる（同法76条・78条、有権者が40万人以下のときは必要署名数が異なる）。第三に、議員・長の解職請求がある。有権者の3分の1以上の署名で選挙管理委員会に請求、住民投票の結果、過半数の同意があれば失職する（同法80条・81条・82条・83条、有権者数40万人以下のときは必要署名数が異なる）。第四に、主要役員、すなわち副知事、副市町村長、選挙管理委員、監査委員、公安委員会委員の解職

---

[39] 三野靖「自治財政権」人見剛＝須藤陽子編『ホーンブック地方自治法〔第3版〕』（北樹出版、2015年）218頁以下参照。

請求ができる。有権者の3分の1以上の署名で当該地方公共団体の長に請求、議会において議員の3分の2以上が出席し、その4分の3以上の同意があれば失職する（同法86条・87条、有権者数が40万人以下の場合は必要署名数が異なる）。また教育委員会の教育長や委員の解職請求もある。農業委員会の委員の解任請求、海区漁業調整委員会の委員の解職請求もできる。第五に、事務監査請求がある。これは普通地方公共団体の事務の執行を対象とするもので、有権者の50分の1以上の署名で、監査委員に請求する（同法75条）。外部監査請求も可能である（同法252条の39）[40]。

さらに、重要な制度として、住民監査請求（同法242条）と住民訴訟（同法242条の2）がある。

住民監査請求では、長・委員会・委員・職員の違法または不当な①公金の支出、②財産の取得・管理・処分、③契約の締結・履行、④債務その他の義務の負担があるとき（これらの行為は、相当な確実さをもって予測される場合を含む）、さらに、違法または不当な⑤公金の賦課・徴収もしくは財産の管理を怠る事実、このようなことが認められるときに監査委員に対し、監査を求め、必要な措置を請求できる。住民監査請求の重要な点は、住民には、法人や外国人も含まれ、また住民1人でも請求できる点である。

監査委員の監査結果もしくは必要な措置の勧告に不服である場合、あるいは監査委員が監査・勧告を60日以内に行わない場合（242条5号は監査及び勧告は請求があった日から60日以内に行われなければならないことが定められている）、または、議会・長・委員会・委員・職員が勧告の措置を講じないというような場合は住民訴訟を提起できる。この住民訴訟には出訴期間が定められており、地方裁判所の管轄となる。請求の内容は、差止め、取消しまたは無効確認、怠る事実の違法確認、賠償であり、行政事件訴訟法43条（民衆訴訟）の適用がある。住民監査請求をせずに直接住民訴訟をすることはできず、監査請求前置主義がとられている[41]。

この他にもそれぞれの自治体においてさまざまな形での住民参加の形が考えられている。たとえば審議会の委員の何人かを公募でつのる、施策や条例制定等についてパブリックコメントをつのるなどのことが行われている。

---

40) 大城純男『新（図表）地方自治法・公務員法〔14訂〕』（東京法令出版、2017年）31頁以下参照。
41) 大城・前掲注40)・140頁以下参照。

ここでは、最後に3つの課題を指摘しておきたい。

第一は、住民投票制度の充実である。憲法95条に基づく住民投票の他、すでにみたように、地方自治法においては、直接請求制度に伴う住民投票が定められている。また市町村合併の合併協議会設置協議についての投票制度及び大都市地域における特別区の設置に関する法律（大都市地域特別区設置法）による特別区の設置についての投票制度が存在する。しかし一般的な制度としての住民投票制度はない。地方公共団体が住民の意思を問う、あるいは意向を調べるための住民投票は諮問的住民投票とされるが、法律上禁止されてはいない。地域における重要な問題については（例えば原発の設置など）、地域住民の意思を問う仕組みが定められるべきものと思われる[42]。

第二は、地方政治における住民の参加を促すためには、何よりも情報公開が重要である。住民の「知る権利」の充実があればこそ、住民は適切な判断を下したり、意見を述べたり、あるいは不正を告発したりすることもできる。これに対しては、一般的制度として情報公開法、さらに各地域での情報公開条例が存在する。法律の中には、情報公開請求がなくても情報公開や縦覧を義務づけるものもある[43]。不開示を最小限にして、さまざまな情報を住民が共有できるようでなければならない。また、いうまでもないことであるが、公文書記録の保存がしっかりと行われ、いつでも開示請求に対応できるようでなければならない。

第三に、既述したような住民の直接請求制度等の廃止や後退は許されないことが確認されなければならない。これらの制度は、92条の「地方自治の本旨」に基づき、整備され発展してきた。このように民主主義の充実を担うことが明らかな制度を廃止・後退させることは立法裁量の限界を超え、違憲であると解される[44]。

まとめにかえて

地方自治は、充実の方向で発展してきている。皮肉なことは、この発達が真

---

42) 浦部法穂『全訂憲法学教室』（日本評論社、2000年）576頁以下参照。
43) 髙乘智之「現行法における住民参加制度に関する一考察」高岡法学34号（2016年）77頁以下参照。
44) 樋口陽一他『注解憲法Ⅳ』（青林書院、2004年）260-261頁〔中村陸男担当部分〕。

に充実をめざすという単純な改革の意図で進んでいるわけではないことである。国のやることを少しでも減らし、その代わりに「住民に身近な行政はできる限り地方公共団体にゆだねる」という効率性、安上がりな国家観が見え隠れする。その結果、地域間格差が広がり、どこに住む住民でも同様に福祉を享受できるかというとそうなってはいない。また特定の事柄を国が地域におしつける、というようなこともしばしば行われる。「地方自治の本旨」を忘れた国の政策のための「地方自治」が行われている。

こうした問題の解決のために、国と地方との紛争解決のための国地方係争処理委員会が存在する（250条の7）。これは「国の関与」に関する審査の申出につき、定められた事項を処理するもので、所管は総務省である。なお、地方公共団体相互に関しては自治紛争処理機関（自治紛争処理委員）が存在する（251条）。こうした機関が適切な判断を行うことでさらに地方自治の充実がはかられることが期待される。

地方自治の充実のためには、地域住民が自らのもつ権利を理解し、それを活用することである。18歳選挙権が導入され、より多くの地域住民が地方政治にかかわれるようになった。しかし、どのような権利が自らにあり、どのような場合に行使できるのかを知らなければ、せっかくの政治参加の機会がいかされない。1つは主権者教育の充実、もう1つは政治の仕組みについて周知徹底が必要である。一般に地方自治法は長文でわかりにくい。総務省や地域の役所のHPなどにおける適切でわかりやすい地方自治や住民参加のあり方の説明が求められる。住民の権利の行使が行われやすいようにするためには、そうした配慮も必要であろう。

29　象徴天皇制

はじめに

　日本国憲法第1章は、天皇について定めている。多くの憲法は、第1章もしくは1条にその国の基本原理を定める。たとえばイタリア共和国憲法は1条に、労働に基礎をおく民主共和国であることと国民主権を定める。スウェーデン憲法統治法典も第1章は憲法の基本原理と題し、1条は国民主権を定める。スペイン憲法1条も法治国家、国民主権、議会制民主主義といった基本原理を明示している[1]。翻って日本国憲法は第1章を「天皇」と題し、1条には天皇が「日本国の象徴であり日本国民統合の象徴」であることと天皇の地位が「主権の存する日本国民の総意に基く」ことが示されている。

　日本国憲法第1章が天皇と題することについては、2つの理由がある。その1つは新旧憲法の間で法的連続性を確保すべきであるとの要請から両者の間に根本的な基本原理の転換があったにもかかわらず、日本国憲法は大日本帝国憲法73条による憲法改正として成立したこと、2つは、日本側の憲法草案起草者たちに「国体の護持」の意識が強く残っており、大日本帝国憲法における天皇の地位に与えられる打撃をできる限り最小化しようという意図があったことがあげられる[2]。

　それ故に第1章天皇については、全体として新旧憲法における天皇のあり方の対比を通してその趣旨が明らかにされなければならない。その違いの第一は、

---

1) 阿部照哉＝畑博行編『世界の憲法集〔第4版〕』（有信堂、2009年）における各憲法参照。
2) 芹沢斉「第1章」小林孝輔＝芹沢斉編『基本法コンメンタール憲法〔第5版〕』別冊法学セミナー189号（日本評論社、2006年）13頁。また憲法調査会『憲法制定の経過に関する小委員会報告書』憲法調査会付属文書第3号（昭和39年7月）（1964年）303頁も参照。

天皇の地位の根拠である。大日本帝国憲法における天孫降臨の神勅を万世一系の天皇による統治という伝統と血統に基づくところから、「主権の存する日本国民の総意に基く」ものとされた。このことは、国民により憲法改正によって天皇制を廃止することも可能であることを示唆している。第二は、天皇は国政に関する権能を有しないことである。統治権の総攬者であり、多くの大権を有していた大日本帝国憲法下の天皇から、現行憲法における天皇は、憲法上、6条及び7条に定められた形式的・儀礼的な性格の国事行為のみを行う。第三は、天皇及び皇室に関する事項の国法上の位置づけの違いである。大日本帝国憲法下では、皇室の自律主義が強く保障されていたが、現行憲法においては皇室典範も国会の議決する法律の1つにすぎない[3]。かくして1条は天皇の地位が以前とは異なったものであることを示すとともに基本原理としての国民主権も示すものである。

　昭和20（1945）年7月に示されたポツダム宣言は、天皇制の存続について言及していなかった。日本側は、8月10日の同宣言受諾の申入れにおいて「天皇の国家統治の大権を変更するの要求を包含していないとの了解の下に受諾する」と留保を示した。これに対する連合国側の回答は「日本国の最終的な政府の形態は、ポツダム宣言に従い、日本国国民の自由に表明せる意思により決定さるべきものとする」とあった[4]。昭和21（1946）年1月のSWNCC-228においてあらためてアメリカ政府の天皇制についての見解が示されていたが、そこには「日本における最終的な政治形態は、日本国民が自由に表明した意思によって決定さるべきものであるが、天皇制を現在の形態で維持することは、日本の統治体制の改革の一般的な目的に合致しない」とし、天皇制を維持する場合は民主主義的な方向で改革されなければならないと示されていた[5]。実際に天皇制の存置を決めることになったのはマッカーサー三原則の第一原則にそれが書かれたことによる[6]。これにより、日本の天皇制は、世界でも最小の形の象徴天皇制として存続することになった[7]。

3）　芹沢・前掲注2）・13-14頁。
4）　高柳賢三他編『日本国憲法制定の過程Ⅱ』（有斐閣、1972年）3頁。
5）　高柳・前掲注4）・117頁。
6）　憲法調査会・前掲注2）・315頁。但し、the head of the State の訳についてはこれを元首と訳すべきかの対立がある。
7）　橋本公亘『憲法』（青林書院新社、1972年）383-384頁、憲法調査会・前掲注2）・67頁以下参照。

I　象徴天皇制の意味

　大日本帝国憲法が天皇主権の憲法であったのに対し、日本国憲法は、国民主権の下で天皇の憲法上の地位を国家の象徴として定めた。この象徴という地位については「統治権を行なうという積極的・能動的な地位ではなく、消極的・受動的な地位であり、また中立的な無色透明というべき地位である」と説明される[8]。1条には「天皇は、日本国の象徴であり日本国民統合の象徴であつて」と象徴が繰り返されて用いられているが、両者は区別されず同じことを意味していると解されている[9]。

　天皇が日本国の象徴であることと、天皇の機能との関係が問題となる。これについては、天皇の非権力性・無能力性が象徴としての機能に適するとする説と、天皇が象徴であるためには象徴的機能すなわち統合の機能が必要だとする説がある。後者の説にあっては、しかるに日本国憲法は天皇に象徴的機能の場を与えていないと主張する者もいる[10]。これに対しては、天皇は6条、7条に定める国事行為を行うが、これが象徴としての機能を果たすものである、天皇の権力的要素が少ないほど象徴として適する、との批判がある[11]。

　他方で、天皇は、日本国家を構成する特別の一員として象徴としての地位、国家機関としての地位及び人としての私的地位が認められている、とする説もある。すなわち、国家機関として国事行為を行う他に、象徴としての行為として、国会の開会式に参列して「おことば」を賜う行為、外国の元首との親書・親電の交換、公的な色彩をもった国内巡幸などをあげる[12]。これに対しては、こうした象徴としての行為を認めることが、国事行為以外に広く天皇の公的行為を認めることにつながる、という批判がある[13]。すなわちこのような批判をする説においては、天皇の地位は、国家機関としての公的地位か私的地位しかない、と説く（後述する天皇行為二種類説）。

[8)　憲法調査会第三委員会「憲法運用の実際についての調査報告書」（1964年）18頁。
[9)　橋本・前掲注7)・387頁。
[10)　黒田覚「天皇の憲法上の地位」公法研究10号（1954年）。
[11)　橋本・前掲注7)・388頁。
[12)　清宮四郎『憲法Ⅰ〔新版〕』（有斐閣、1971年）151頁。
[13)　橋本・前掲注7)・389頁。

さらに天皇の象徴性の法的意義を説く説もある。これによれば、天皇は国事行為について責任を問われない（憲法3条）、天皇には刑事責任はない（皇室典範21条に摂政は在任中訴追されない、とあるが、これは天皇が象徴性ゆえに訴追されないことを受けるものである）、天皇は象徴性によって基本権の保障が制限される、とする[14]。こうした象徴性の法的意義を説く説にあっては、天皇の地位が「国民の総意に基く」との定めを、国民が天皇の地位を投票によって左右することを認める規定ではない、とする。さらに「天皇の自由意思によらない廃立は、象徴性・世襲制および政治的無答責の規定（憲法1条ないし3条）に反するから、皇室典範の改正によってこれを認めることは違憲」とも述べる[15]。象徴性ということを強調すると国家機関としての意味以上のものをそこに与えることになることを示唆しているといえる。さらにこの象徴性が、旧憲法の天皇制との連続性を意味するかも問題になるが、象徴天皇制の象徴性はあくまでも現行憲法の成立により設定されたとみるべきである[16]。

憲法2条は、皇位の世襲主義と皇位継承の法定主義を定める。世襲とは、皇統に属する者のみが天皇の地位に就くことを認められることである。皇位は「国会の議決した皇室典範の定めるところにより」継承することとなった（2条）。大日本帝国憲法においては、皇室典範は、天皇が勅定したものであり、その改正は議会の議決を経ることを要しないもので、憲法と並んで国家の基本法を構成していた。しかしながら、日本国憲法においては、皇室典範は通常の法律である。したがって皇位継承の順序等についてはすべて法律の定めるところによることとなった。

皇位継承の順序に関する皇室典範の原則は、男系主義、直系主義、長系主義である。皇室典範1条は、「皇位は、皇統に属する男系の男子が、これを継承する」と定める。これは、旧典範1条の原則をそのまま採用したものである。皇位を継承するのは皇族に限られ（皇室典範2条）、また嫡男系嫡出の子孫に限り皇族たることを認めている（同6条）。庶系庶出のものが皇族にならないとする点が旧皇室典範の規定と異なっている（旧皇室典範4条及び8条参照）。な

14）田上穣治『日本国憲法概論』（青林書院新社、1980年）57頁。
15）田上・前掲注14）・58頁。また天皇の象徴性を保護するために不敬罪の規定を設けるとしても、違憲ではない、とする。
16）藤野美都子「国民主権と象徴天皇制」大石眞＝石川健治編『憲法の争点』ジュリスト増刊（有斐閣、2008年）45頁参照。

お、一世一元制については、戦後法的根拠を失っていたが、昭和54（1979）年に元号法が制定された。

　皇位継承資格を男系の男子に限るとすることが、憲法の男女平等に反するという疑義がある。しかし、もともと天皇制を認めること自体が、天皇及び皇族に国民と異なる特殊な身分を与えることになるのであるから、皇位継承資格について男女平等原則を適用しなければならないというものではない、と主張される。しかし、国家機関における平等の反映の必要性という点から、女性天皇を認めることに異論はなかろう。西欧の君主制国家では、近年平等原則の適用を理由として王位継承を女性にも広げている[17]。皇室典範を改正してこの点を改めればよいだけである。

　象徴天皇は元首であるのか。元首とは、一般に行政府の長であってかつ対外的に国家を代表する権限を有する機関をいう[18]。君主制国家における君主は元首とされているが、天皇は元首ではないとするのが多数説である[19]。その理由は、天皇は法的にみて行政府の首長でもなければ対外的に日本を代表する権限を有するものでもないからである[20]。あえていうなら、日本における元首は内閣総理大臣といえよう。天皇は、にもかかわらず「君主であるということはできる」。そうなると日本の国家形態は君主制国家なのか。「君主を有する共和国」という指摘もある[21]が、「伝統的・典型的な意味における君主制でないことは明らかである。しかし、日本国はまた同時に典型的な意味における共和制でもなく、そこには君主制的な要素がなお残存している。」[22]との指摘もある。私見では、君主が単なる象徴にすぎず、形式的・儀礼的役割しか果たさないとしても、君主という国家機関が何らかの役割を果たすために存在する限りは、

---

17) 植野妙実子「女性天皇問題」杉原泰雄＝樋口陽一編『論争憲法学』（日本評論社、1994年）49頁以下参照。
18) フランス憲法においては、国家のトップに位置する機関で、国家を代表し、とりわけ国際関係においてコミットするものである、と説明される。英語では Head of State ということも記されている。Pierre AVRIL et Jean GICQUEL, *Lexique: Droit constitutionnel*, PUF, 1986, p. 21.
19) たとえば、清水睦『憲法』（南雲堂深山社、1974年）431頁。
20) ここに象徴するものと象徴されるものとの関係、また象徴ということばが代表という概念を含むのかの論争の意義がある。大須賀明「象徴の意味」法学セミナー増刊・総合特集シリーズ1『現代天皇制』（1977年）192頁。有倉遼吉＝時岡弘編『条解日本国憲法〔改訂版〕』（三省堂、1989年）14頁参照。
21) 清水・前掲注19)・431頁。
22) 佐藤功『日本国憲法概説〔全訂第5版〕』（学陽書房、1996年）360頁。

日本は君主制を採用しているというべきであろう。そうした認識がないと現実を見誤ることにもなる。日本は憲法上、最小の形態の天皇制なのである。

II 天皇の権能

憲法4条1項は「天皇は、この憲法の定める国事に関する行為のみを行ひ、国政に関する権能を有しない」と定める。「国事に関する行為」とは、他の国家機関によって実質的に決定された国家意思を形式的・儀礼的に表示し、または、これを公証する行為である[23]。具体的には憲法6条、7条に示されている行為である。4条2項の「国事に関する行為を委任する」ことができるのも、このような国事に関する行為である。したがって、憲法上は、天皇は6条、7条に定められた形式的・儀礼的行為のみを行い、実質的に国家意思を決定する権能を有しない。

本来は、天皇は憲法上に規定されている国事行為と私人としての生活を行う行為を行っているはずである。私人としての行為の中には、私的な宗教行為としての皇室祭祀も含まれる。これらの費用は内廷費等でまかなわれるもので、公金(宮廷費)から支出されてはならない。私人としての行為には公務員を使用することもできない。私的行為が国政に影響を与えるということも許されない[24]。

ところが実際には、天皇は憲法上規定された国事行為以外に、公的な性格を有すると思われる行為を多くしている。たとえば、国会の開会式において「おことば」を述べる行為、国内巡幸、国民体育大会への出席など、また対外的には、外国への親善訪問、外国元首の接受、外国元首との親書・親電の交換などがある。これらをどのように位置づけるかの問題がある。

また憲法3条は、「天皇の国事に関するすべての行為には、内閣の助言と承認を必要とし、内閣が、その責任を負ふ」と定められている。これは天皇の単独行為を否定し、民主的責任政治の実現を期待するもの、とされるが、公的行為のすべてにもこれが妥当するかが問題となる。

まず、3条の「内閣の助言と承認」については、助言と承認とは、その法的

---

23) 橋本・前掲注7)・395頁。
24) 武永淳「天皇の公的行為と国事行為」大石=石川編・前掲注16)・50頁。

性格が異なるとして、助言は内閣がその意思を表明することで、いつ、どこで、どのように行うべきかについて、内閣が天皇に伝達することをさすのに対し、承認は、天皇の行為の事後に、受動的に内閣が同意を与える、内閣の監督統制のために行われるものと解し、憲法の文字通りに双方とも必要とする説がある[25]。これに対し、通説的見解においては、「助言と承認は、いいかえれば内閣の補佐という一つの行為であり、国事行為ないし公的行為が、天皇の単独ではなく、つねに内閣の意思にもとづいて行われることを意味する」とされている[26]。なお、私的な行為に関しては、内閣の助言と承認は必要としないが、皇室典範によって「皇室会議の議を経る」ことが必要なものもある。

重要な点は、憲法が、国事行為は形式的・儀礼的な性格をもつ行為にもかかわらず、あえて、助言と承認を必要としていると規定していることである。この趣旨に則り、緩和化されるべきでなく、厳格に手順をふむべきである。既述したように、本来は天皇の行為は、憲法上に示された国事行為と私的な生活にかかわる行為だけであるはずであった。しかし、多くの公的行為が存在する。この行為をどのようにみるかについては以下のように説は分かれる。

まず天皇行為二種類説が存在する。すなわち「象徴としての天皇が、憲法に定めた以外の行為を行うことができるとすることは、憲法の精神に反する」と述べ、天皇は、「国家機関として、憲法に定める行為のみを行うものであり、それ以外には、国法上、国家機関としての天皇の行為はありえない」と主張する。その理由として次のことをあげる。

「(1) 天皇が、象徴としての地位において、憲法の定める行為以外に、公的行為をなす条文上の根拠はどこにもない。(2) 象徴天皇の趣旨は天皇の非権力性にあると考えられるから、明文がない場合、天皇の公的行為を認める方向で解釈すべきではない。(3) 内閣の助言と承認があれば、天皇は国事行為以外に公的行為をなしうるとすることは、内閣の権限を憲法の規定を超えて拡大することになるのではないか。(4) 〔象徴としての天皇の行為を認める〕清宮教授は内閣の責任を強調され、同時にそれでじゅうぶんであると考えられているようだが、内閣の責任は政治的責任にすぎず、また政治の現実においてそれがどんな意味をもっているかを顧みると、内閣の責任を拠りどころとして天皇の公的

---

[25] 山下威士「第3条」有倉遼吉＝小林孝輔編『基本法コンメンタール憲法〔第3版〕』別冊法学セミナー78号（日本評論社、1986年）19頁。
[26] 伊藤正己『憲法〔第3版〕』（弘文堂、1995年）149-150頁。

行為を広げるわけにはいかない。(5) いわゆる象徴としての天皇の行為がひとたびなされたら、これを取り消す方法はない。したがって、公的行為を広く認めるのは危険である。(6) 天皇は内閣の助言と承認を拒否できないから、清宮説によると、天皇が内閣により利用されるおそれがある。たとえば、外交問題、防衛問題のように国民の意思が大きく分かれている事柄について、内閣が天皇の公的行為を通じて世論を形成しようとすることが起こりかねない。天皇が象徴としての地位において憲法に定める国事行為以外に公的行為をなしうるとする学説は、こうした危険をもたらす可能性をはらんでいるのではないか。」[27]〔〕内は、植野によるものである)。

これらの理由の中で (1) や (2) は当然の指摘であるが、(5) や (6) の理由も重要である。

これに対して、天皇行為三種類説があるが、国事行為と私的行為以外の公的行為の理由づけには、次の3つの理由があげられている。

第一は象徴行為説といわれるものである。それは、「象徴天皇が認められる以上、それが国家機関としてのほかに、象徴として、何らかの行為をなすことは当然考えられるところであり、憲法もそれを予期しているものと解せられる」と主張する。こうした行為は、公的行為であっても、「国政に関する」行為であってはならないし、「国事に関する」行為であってもならない、とする。またこうした行為は、公的性質の行為であるから、天皇が単独に行いうる行為ではなく、内閣の直接または間接の補佐と責任とにおいて、行われるべき行為としている[28]。

第二は準国事行為説である。この説は天皇行為二種類説を厳格すぎると批判し、また象徴行為説を天皇の公的行為は、形式的なものでさえあれば、すべて象徴としての行為に包摂される、とも批判して次のように述べる。「天皇の国事行為に密接に関連する公的行為は、国事行為に準ずる行為(準国事行為)として、憲法上認めてよいと判断する。たとえば、『おことば』は『国会の召集』と、外国元首に対する親電、儀礼的交際は、第7条の外交上の行為と、それぞれ密接に関連するから、準国事行為として許容される。…準国事行為についても、内閣の助言と承認が必要なことは当然である。」[29]

---

27) 橋本・前掲注7)・397頁。
28) 清宮・前掲注12)・152頁。
29) 清水・前掲注19)・435-436頁。

第三は、公人行為説である。この説にあっては、天皇が国会の開会式に臨んで「おことば」を述べる行為などを、国事行為とも私的行為とも異なる「象徴としての公的行為」として容認する説を批判しながら、「天皇は象徴的役割を果たすことを求められ、また国家機関として一定の国事行為をなすことを求められる存在という意味において公人であって、そのような公人としての儀礼的行為を認められるものはありえよう」とする。そして、こうした公人としての行為も、「政治に影響を及ぼすようなものであってはならず、また、単なる私的行為ではないので、内閣の直接または間接の（宮内庁を通じての）補佐の下に、内閣が責任を負う形で行われる必要がある」とする[30]。

　こうした３説の中では、天皇の公的行為をあくまで国事行為と密接に関連する範囲で認める準国事行為と解する説がきわめて限定的に捉えることができる説である。しかし、本来は、天皇行為二種類説でいくべきであったであろう。二種類説をとったとしても、たとえば、７条10号の「儀式を行ふ」は「儀式を主宰し、執行するだけでなく、儀式に参列することをも意味する」と解されたり、多かれ少なかれ「社交的性格をもつ会合ないし催しをも含む」と解されたりする[31]など広がりをみせている。

　いずれにしても、こうした公的行為は憲法上認める余地はないはずであるが、あえてそのようなものを認めるとしても、すべて国事行為と同様の助言と承認が必要であることはいうまでもない。このような行為にこそ、内閣の指示と監督がさらに必要であるとする見解は妥当である[32]。

Ⅲ　皇室財産と皇室費用

　憲法88条は、８条とともに、皇室の財政について財政国会中心主義が及ぶことを明確化し、皇室財政の民主化、公正化をはかっている。大日本帝国憲法下では皇室経済自律主義がとられ、その膨大な皇室財産が社会・経済面ばかりでなく、政治・軍事面でも強大な影響力をもった。日本国憲法下では、このようなことを反省し、88条で、公的性格をもつ皇室財産を国有財産に移管し、同時に、皇室の費用を予算として国会の議決の下においている。８条は、皇室

---

30) 佐藤幸治『憲法』（青林書院、1981年）174-175頁。
31) 宮澤俊義＝芦部信喜補訂『全訂日本国憲法』（日本評論社、1978年）140頁以下。
32) 山下・前掲注25) 20頁。

の財産授受については国会の議決に基づかなければならないことを定める。

 88条の「すべて皇室財産は、国に属する」の規定は、従来の厖大な皇室財産が日本国憲法施行とともに国有財産に移管されることを意味し、その限りで経過規定としての性格を有するが、それのみでなく、将来にわたって大日本帝国憲法下の皇室財産のようなものは認められないということを示している[33]。

 「皇室財産」とは、天皇及び皇族の所有する財産の総称である。しかし、88条の主眼が、従来の皇室財政自律主義を排除し、国会の統制の下に、すなわち国民のコントロールの下におくことにあるので、皇室の財産権享有能力を完全に否定し、純然たる個人的財産をも認めないという趣旨ではない。このことは、8条において、異論もあるが、皇室に私有財産が認められることを前提とした規定であることからも明らかである。したがって88条は、公的性格を有する財産はすべて国有財産として皇室の私有を認めない意味で解されている[34]。その結果、従来の皇室財産は次の3つに分けられている。

①完全に国有に帰属せしめられたもの。
②国有財産に編入されたが、国において皇室の用に供し、または供するものと決定したものは、皇室用財産とされ、皇室の用に供される。
③天皇・皇族の純然たる私有財産として残されたもの、これには、三種の神器、宮中三殿のような「皇位とともに伝わるべき由緒あるもの」(皇室経済法7条)も含まれる[35]。

 「皇室の費用」とは、天皇及び皇族が公的・私的生活を営む上で必要な費用をいう。すべて予算に計上し、国庫から支出する。これらは、内廷費(天皇等内廷にある皇族の日常の費用等)、宮廷費(天皇および皇族の公的地位における活動のための費用、公金)、皇族費(内廷にある皇族以外の皇族のための費用等)である(皇室経済法3条以下)。それらの定額はそれぞれ別に法律(皇室経済法施行法)で定められる[36]。なお皇室経済についての重要事項は皇室経済会議の議を経る。その構成は皇室経済法8条で定められている。

 8条は、皇室の財産上の行為の制限についての規定である。これは、皇室と

---

33) 芹沢斉「第88条」芹沢斉他編『新基本法コンメンタール憲法』別冊法学セミナー210号(日本評論社、2011年)461頁。
34) 鴨野幸雄「第88条」有倉＝小林編・前掲注25)・295頁。
35) 佐藤・前掲注22)・357頁。
36) 「象徴天皇制に関する基礎資料」衆憲資13号(2003年)70頁以下参照。

皇室以外の者との財産授受関係を国民に対して公明ならしめ、皇室が特定の国民と特殊の経済的関係に立つことを防止しようとするものである[37]。但し、弊害の生じるおそれのない場合や、金額が少額である場合までも、その個々について国会の個別的な議決を経る必要はないので、皇室経済法には国会の議決を要しない場合についての規定が示されている。

8条の対象となる財産については、皇室の公用財産に限定する説もあるが、通説では「個人として、その私産を授受する行為に限られる」としている。また、議決方法は法律の議決形式ではなく、8条独特のものとされている。さらに8条の趣旨を徹底する趣旨から、皇室経済法及び同施行法等の法律の定めた限界を超えて、しかも国会の議決に基づかないでした財産の譲渡もしくは譲受または賜与は、無効と解すべきとされている[38]。

まとめにかえて

日本の天皇制における主な問題点は何か。

第一には、象徴としての行為なのか、公人としての行為なのか、憲法上定められていない公的行為が限りなく広がってきていることである。最近では、ビデオメッセージを通して国民に語りかけるということまで行われるようになった。こうした公的行為の拡大は、当初の意図をはるかに超えて社会的影響力を有するものとなっている。

平成28（2016）年8月8日、「国事行為を行うと共に、日本国憲法下で象徴と位置づけられた天皇の望ましい在り方を、日々模索しつつ過ごして来ました」と、天皇はビデオメッセージで即位後の28年間をふりかえった。このビデオメッセージで天皇は生前退位の思いを強くにじませて「お気持ち」として国民へ訴えた。この背景には、多くなった公務を高齢で十分にこなすことは難しくなったとの天皇の思いがある。

しかし、この天皇のビデオメッセージは、憲法研究者にとって、複雑な思いを抱かせるものである。なぜなら、まず、いわば「判子を押す機械」のような存在であったはずの天皇が、その「お気持ち」を肉声として国民に届けたから

---

[37] 佐藤・前掲注22)・357頁。
[38] 有倉＝時岡編・前掲注20)・41-42頁参照。

である。また生前退位を促す原因としての「公務」は、憲法上に定められた国事行為はきわめて限定的であることから、こうした国事行為以外の象徴としての公的行為であって、ある意味では自らが拡大してきた行為だからである。さらにこのビデオメッセージを直接受けて、という形をとらないよう政府は注意しながらも結局は、生前退位への道を特例法という形で認めた。これは天皇の国政への関与を示す行為である。このように憲法上直接には定められていないグレーゾーンの行為のもつ危険性が明らかとなったのである[39]。

　第二には、天皇は公的存在ではあるが、私的生活においては数々の伝統的な祭祀を行っていることである。これが私的生活にとどまっている限りは、全く問題はない。しかし、昭和64／平成元（1989）年の昭和天皇の逝去と新天皇の即位のときにその点が大きく問題となった[40]。皇室典範は単に4条に「天皇が崩じたときは、皇嗣が、直ちに即位する」と定めるだけである。しかし実際は、旧皇室典範を受けて定められた明治42（1909）年公布の登極令を参考にして即位にかかわる式典が行われた。旧皇室典範と登極令はすでに昭和22（1947）年に廃止されている。ここに国民主権の下での象徴天皇制との大きな齟齬が存在することは明らかである。しかも即位の礼を「儀式を行ふこと」（7条10号）の国事行為として行った。即位に伴う大嘗祭は宗教的色彩が強いことから国事行為とはしなかったが、即位の礼には神器などを引き継ぐ剣璽等承継の儀も含まれていた。なおこの儀には女性皇族の参列は認められていない。このようにあくまでも伝統に固執し憲法に定める民主主義とは相入れないことが行われる危険性を有している[41]。

　第三には、すでに述べたことともかかわるが、伝統の偏重による閉鎖性である。平成24（2012）年の自民党の日本国憲法改正草案の前文には、「日本国は、長い歴史と固有の文化を持ち、国民統合の象徴である天皇を戴く国家であって…」という、時代を逆戻るような表現もみられる。伝統は確かに大切である。しかし、個人の尊重や平等原則、基本的人権の保障を蔑ろにしてまで伝統を重んじる必要はない。そのような伝統であるなら、現代民主主義国家にふさわしい形に変えていかなければならない。

39）横田耕一「務め過多の象徴天皇像を前提とせず」WEBRONZA 2016年11月21日参照。
40）『図説天皇の即位礼と大嘗祭』別冊歴史読本（新人物往来社、1990年）。明治・大正の即位礼の様子、また登極令も資料として掲載されている（同書132頁以下）。
41）笹川紀勝「即位の礼・大嘗祭と憲法」ジュリスト974号（1991年）60頁以下参照。

また天皇制は結局、あり方次第で国民の統合作用を強くもつ。政府側はその統合作用を利用したがる。この作用は個人を基礎とする社会とは対極にあるものである。このことも常に念頭におく必要がある。象徴天皇制の現在のあり方をみても、血統を重視し、男女平等原則等の現代国家原理と相入れない面をもつ。さらにはそもそも法治国家原理の根本を曖昧にしている面もある。原点に立ち返り、あるべき象徴天皇制とは何か、考える必要があろう[42]。

---

42) 天皇をめぐっては法的根拠のない「自制」もしばしば行われる。長谷部恭男他編『憲法判例百選Ⅱ〔第6版〕』別冊ジュリスト218号（有斐閣、2013年）356-357頁〔植野妙実子担当部分〕参照。

30 憲法と条約

はじめに

　近年、国際的な動向を受けて法律が制定されたり、改正されたりすることが多い。たとえば国連で採択されたいわゆる女性差別撤廃条約の日本の署名・批准を通して、日本でも国内法の整備がなされ、国籍法の改正、男女雇用機会均等法の制定などがなされた。男女共同参画社会基本法は、前文に「男女平等の実現に向けた様々な取組が、国際社会における取組とも連動しつつ、着実に進められてきた」と法律制定の背景を国際社会の動向として明示している。しかし、国際的動向を受けて新たな法律制定や改正が行われても、必ずしもその理由を明確化しているとは限らない。また国際的な動向を受けることなくしては、時期尚早として日本においては見送られる可能性の高い事柄にかかわる法律制定や改正だと思われる場合もある。他方で人権の国際化ということもいわれている。人権の普遍化に基づいて、国際的に人権を保障する必要が出てきただけでなく、国際的に保障を考えなければ保障が成り立たない、たとえば環境権などが登場してきている。

　日本国憲法98条1項は、憲法の最高法規性を示し、憲法に反する国家行為を認めない。2項は、日本が締結した条約及び確立された国際法規の遵守を定める。98条2項をめぐっては、憲法と条約の関係、国際法と国内法の関係も問われている。これについての従来の議論は、国際化の浸透が進む現実にそぐわない面もあり、あらためて検討が必要と思われる。憲法では他に、7条1号で条約が天皇による公布の対象となること、73条3号で条約締結権が内閣にあること、但し事前に、時宜によっては事後に、国会の承認を経ることを要することを定め、61条が条約の国会承認についての衆議院の優越を定めている。

これらの条文からの総合的な検討も必要となる。

ところで注意されるべきは、しばしば憲法改正を主張する政治勢力もまた、「憲法の国際化」をその論拠としてあげることがある。「国連」を中心として国際「貢献」をするにあたって日本国憲法のとくに9条2項が足枷になるとしてその改正を論ずる。すなわち自衛隊の海外出動体制の確立を「国連」や「国際化」を理由としてスムーズならしめようとしている[1]。

こうしたせめぎ合いの中で、国際化は必然として要請されているのであるが、憲法の予定する憲法と条約の関係、国際法と国内法の関係はいかなるものか整理を試みると同時に、憲法の述べる条約とは何なのかも確認しておきたい。

I 条約の国内法的効力

条約の国内法的効力については争いなく認められている。その論拠として次のことがあげられる。第一に、国家が条約を遵守すべきことは国際法上当然のことである。98条2項は国際協調主義と相まって、条約の国内法的効力を認めたものと解しなければ無意味だからである。第二に、条約の締結については国会の承認が必要とされており、この承認には、条約が国内法として施行されることに対する立法機関たる国会の承認が含まれていると解することができるからである[2]。ちなみに国際協調主義とは、前文第3段の意味することをさすが、これはその時々の国際情勢に追従することを求めるものではなく、憲法の基本原理と両立する相当程度内容が特定化されたものとされている[3]。

国際法と国内法の関係については、相互に独立した法体系とする二元論と同一の法体系とする一元論の対立がみられる[4]。芦部信喜は、戦後西欧型民主主義の諸国の憲法の下では、一元的な考え方が支配的な傾向になったが、純粋に一元的な考え方ではなく、「条約が国内法の一部を構成するのは、その条約が国内法によって補完・具体化されなくても、内容的にそのままの形で国内法と

---

1) 渡辺治他『「憲法改正」批判』(労働旬報社、1994年) 234頁以下〔森英樹担当部分〕参照。
2) 市原富三郎「憲法と条約」田上穣治編『憲法の論点』(法学書院、1965年) 353頁。
3) 浦田一郎「前文」小林孝輔＝芹沢斉編『基本法コンメンタール憲法〔第4版〕』別冊法学セミナー149号 (日本評論社、1997年) 11頁。
4) 一元論と二元論については、小針司「国際法・国内法一元論と二元論」新正幸他編『公法の思想と制度』(信山社、1999年) 169頁以下。

して実施することのできる自助執行力のある（Self-executing）ものに限られ、自助執行力のない条約（たとえば抽象的な一般原則や政治的な義務を宣言する条約）の場合には、それを実施するための特別の立法措置を必要とするが、両者の区別は当該国家の立法・執行両権（最終的には条約を解釈・適用する裁判所）によって行われるので、国による相違があ」るという[5]。日本国憲法の場合は「すべての条約（実質的意味）に国会の承認が必要であるという建前をとり（73条3号）、承認された条約はそれ自体として天皇が自動的に公布することとし（7条1号。天皇には公布を拒否する権能はない）、……条約および確立された国際法規の遵守義務を謳っている（98条2項）ので、条約は原則として特別の変型手続（立法措置）を要せず、公布によって直ちに国内法として受容され国内法的効力を有するという立場をとっている」とする[6]。

II　条約と憲法の効力関係

　国際法と国内法の関係について二元論をとる場合には、国際法と国内法をそれぞれ独立した法体系とみるので抵触の問題は生じない。しかし、一元論において、既述したように直接国内法的効力を有する条約は、国内法においてどのように位置づけられるかが問題となる。条約が法律に優越することについてはほぼ争いがない。条約と憲法の関係については、条約優位説、憲法優位説、折衷説に分けられる。
(1)　条約優位説の論拠として次の点があげられる。
　①憲法前文、9条が国際協調主義を宣言している。②98条1項で憲法の最高法規性を示す条文の中に条約があげられておらず、2項で条約の遵守が定められている。③81条の裁判所の違憲審査権を示す条文の中に、対象として条約が記されてはいない[7]。
(2)　憲法優位説は、条約優位説の各論拠を批判し、次のような正当化の論拠を掲げている。
　①国民主権主義に矛盾する。憲法改正手続よりはるかに簡易な国会の承認だけで足りる条約に憲法を改廃する効力を認めることは、主権者たる国民の意思

---

[5]　芦部信喜『憲法学I』（有斐閣、1992年）87-88頁。
[6]　芦部・前掲注5)・89頁。
[7]　宮澤俊義＝芦部信喜編『全訂日本国憲法』（日本評論社、1978年）816頁。

を軽視することになる。国際協調主義も条約の遵守も日本国憲法自身が命ずるものである。②98条1項が条約を除外しているのは、国内法秩序における憲法の最高法規性を示す条文なので当然である。違憲の条約までも守らなくてならないという意味を含むものとは解されない。③81条が違憲審査権の対象に条約を示さなかったのは、条約のもつ特殊な性格すなわち国家間の合意で相手国があるためだからである。④条約締結権は憲法に基づく権能である。自己の根拠となる憲法を変更することは背理である。とくに99条の国家機関の憲法尊重擁護義務からしても、内閣と国会は、違憲な条約を成立させることはできない。⑤一般的に、法令の形式的効力は、その制定・改廃手続の厳重性や複雑性に対応するものである。この法理からしても憲法は条約に優位する形式的効力をもつものである[8]。

(3) 折衷説の論拠としては次のことがあげられる。

①憲法の中の根本規範的部分は、法理論的にも実際的にも、あらゆる条約に優位するとみるべきで、日本国憲法についていえば、国民主権・基本的人権・平和主義の基本規定は、条約の上位にあり、これに違反する条約は締結しえない。②条約と区別して「確立された国際法規」の優位性が認められているが、民主＝平和憲法の根本規範は、その最高性を主張しうる実質的意味をもつ。確立された国際法規は憲法に優位するという単純な結論は引き出せない。③国際協調主義が憲法の基調であり、その意味で「確立された国際法規」も条約も、法律以下の国内法の諸形式には優位し、憲法律に対しても同位もしくは部分的には優位の関係にある[9]。

憲法優位説が多数説であり、妥当と思われる。なお、憲法優位説をとっても条約の違憲審査に対して消極的な立場をとる見解がある[10]。

Ⅲ　確立された国際法規

98条2項の誠実遵守の対象は、「日本国が締結した条約」と「確立された国

---

[8] 芦部・前掲注7)・92-93頁。
[9] 小林直樹『憲法講義下〔新版〕』（東京大学出版会、1981年）527-528頁。
[10] 清宮四郎『憲法Ⅰ〔第3版〕』（有斐閣、1979年）375頁。理由として81条の列挙からとくに除かれている、国家間の合意という特質をもち、しかも、きわめて政治的な内容を含むものが多い、という。

際法規」である。そこで、確立された国際法規とは何をさすかが問題となる。

確立された国際法規とは①一般に承認され、実施されている国際慣習法[11]、②大多数の国によって承認され、実施されている成文・不文の国際法規[12]などと解されている。橋本公亘は③ボン基本法（現在のドイツ連邦共和国基本法）25条の「一般的な国際法規は連邦法の構成部分である」をあげて「一般的な国際法規」と同じもの、としている[13]。

当時の韓国政府に敵対する活動を行っていた韓国人が密入国で摘発され、韓国を送還先とする退去強制令書の発布を受けた尹秀吉（ユンスンギル）事件においては、政治犯罪人不引渡の原則が確立された国際法規であるかどうかが問われた。これについて、一審（東京地判昭44・1・25行集20巻1号28頁）は肯定したが、二審（東京高判昭47・4・19判夕276号89頁）及び上告審（最判昭51・1・26訟月22巻2号578頁）は否定している。すなわち政治犯罪人不引渡の原則は未だ確立した一般的な国際慣習法であるとは認められない、とした[14]。

なお、上記の①の解釈においては、「『国際法規』とは条約及び国際慣習法を総称するが、条約については別に引き出して規定し、かつ日本国が締結したものに限っているのであるから、『確立された国際法規』とは国際慣習法のみであり、かつ大多数の国によって承認され、実施されているものをいう」とする[15]。しかし国際慣習法で条約として確認され、日本が締結していないものもあるだろうから、このように狭く解釈する必要はないと思われる。

世界人権宣言9条は逮捕、拘禁、追放の制限を定め、14条は庇護権（個人が国籍国の迫害から逃れて他国領域内に保護を求めること）を定める。国際人権B規約13条は外国人の追放を定めるが、庇護権については明定しなかった。他方で難民条約、難民議定書もあり、難民の追放、送還の禁止が定められている。これをノン・ルフルーマンの原則といい、慣習国際法上の原則とされている[16]。また国際法研究者によれば、政治犯不引渡の原則の法的性質については、これ

---

11) 佐藤功『憲法（下）〔新版〕』（有斐閣、1984年）1287頁。
12) 戸波江二『憲法〔新版〕』（ぎょうせい、1998年）509頁。
13) 橋本公亘『日本国憲法〔改訂版〕』（有斐閣、1992年）662頁。
14) 小林武「亡命者・政治難民の保護」芦部信喜＝高橋和之編『憲法判例百選Ⅰ〔第3版〕』別冊ジュリスト130号（有斐閣、1994年）16-17頁参照。
15) 佐藤・前掲注11)・1287頁。
16) 野本俊輔「コンメンタールB規約第13条」『国際人権規約』法学セミナー臨時増刊1979年5月号（日本評論社、1979年）166頁以下。なお同書43頁以下も参照。

が慣習国際法上の原則であるとする学説が有力という[17]）。

　政府の見解では、確立された国際法規は、憲法の規定に優越する、として、確立された国際法規の例として、外交官の治外法権をあげている[18]）。

Ⅳ　条約と司法審査

　条約の司法審査が論ぜられる場合、その前提として憲法優位説が存在する。しかし、すでに述べたように憲法優位説の立場にあっても、条約の司法審査を否定する場合がある。多くは統治行為論を根拠に条約を審査の対象から除外する[19]）。

　フランスでは、統治行為（acte de gouvernement）とはすべての司法審査を免れる決定と解されている。それには2種類あり、1つは、フランス共和国の国際的な関係に関する行為、2つは、立法権や行政権の関係に関わる行為である。前者については、裁判所は、国際的な諸条約や合意の策定、署名、批准、解釈、執行について判断することはないが、分離しうる補佐的な行為（actes détachables）の正当性は審査の対象となり、行政裁判所の最高裁判所であるコンセイユ・デタでは、国際協定から生じた損害に対して国家の責任を認めている。後者については、まず大統領が第五共和制憲法 16 条（いわゆる非常事態措置についての権限）によって講じた決定あるいはその適用を終わらせる決定は統治行為と認められている。今日ではこの権限行使については憲法院への諮問が必要となっている（16 条 3 項）。さらに 30 日経過後の憲法院への審査のための付託、60 日経過後の憲法院の職権による審査、すなわち非常事態措置の継続に対する憲法院の合憲性審査は認められている（16 条 6 項）。他方で、この決定によって講じられたさまざまな措置は、統治行為としては認められず、コンセイユ・デタの合法性審査の対象となっている。立法府の行為で、統治行為を形成するものとしては、法律案の上程の拒否、レファレンダムの決定、法律の公布があげられる。また、フランスでも統治行為は「国家の理由（raison

---

[17]）　たとえば、松井芳郎他『国際法〔新版〕』（有斐閣、1993 年）173 頁以下〔岡田泉担当部分〕。なお内田久司 = 山本草二編『国際法を学ぶ』（有斐閣、1977 年）129-130 頁〔川島慶雄担当部分〕も参照。
[18]）　山内一夫編『政府の憲法解釈』（有信堂、1965 年）248 頁。
[19]）　橋本・前掲注 13）・618 頁以下参照。

d'Etat)」という悪習として考えられ、批判されている。これに対し支持する者は行政機能と区別される統治機能があるとする[20]。また憲法院には、条約に憲法に違反する条項が含まれていないかの審査をする権限がある（54条）。

　砂川事件上告審においては、安保条約は、高度の政治性を有するものというべきでその内容が違憲かについての司法判断は、その条約を締結した内閣及びこれを承認した国会の高度の政治的ないし自由裁量的判断と表裏をなす点が少なくない、それゆえ裁判所の審査には原則としてなじまない性質のもので、一見きわめて明白に違憲無効であると認められない限りは、裁判所の司法審査権の範囲外とした（最大判昭34・12・16刑集13巻13号3225頁）。いわゆる明白性の原則と呼ばれるものを示した。この判決が条約を違憲審査の対象から外そうとするものなのかどうかについては読み方が分かれる[21]。

　条約の司法審査といっても、手続、内容、運用（施行するための国内法令を含む）の審査に分けられる。これまでは、統治行為論から条約の実質的審査が否定されることが多かったが、統治行為論自体が法治主義の例外としてその存在意義を疑われている今日、条約も司法審査の対象となると考えるべきであろう。憲法優位説に基づけば、人権の保障に深く関係する二国間協定のような場合の合憲性を審査する権限を裁判所が有するのは当然といえる。さらに日本の司法制度の下では、具体的な事件をともなわない限り、条約の合憲性が問われにくいことにも注意しておかなければならない。

V　条約の多義性

　これまで条約そのものが何をさすかについてはふれずにきた。98条2項における条約とは、「条約（形式上の条約）・協約・協定・議定書・取極・憲章その他の名称のいかんを問わず、文書による国家間の合意であり、国家間の権利義務を定めるものをいう。本項の条約は73条3号のそれよりも広く、その締結が国会の承認を経たものであるが否かを問わない」と説明される[22]。

---

20) Raymond BARRILION et alii, *Lexique: Droit administratif*, P.U.F., 1979, pp.13 et 14; Sous la direction des Thierry S. RENOUX et alii, *Code constitutionnel*, LexisNexis, 2015, pp.659 et 670.
21) 芦部信喜＝高橋和之編『憲法判例百選Ⅱ〔第3版〕』別冊ジュリスト131号（有斐閣、1994年）408-409頁〔古川純担当部分〕参照。

73条3号により、条約は、内閣の締結と国会の承認により成立するが、すでに成立し拘束力を有する条約の内容を国民に周知させるための表示行為として、天皇が公布する（7条1号）。

　98条2項で扱うすべての「条約」が、国会の承認を経るわけではない。この点についての政府の見解は昭和49（1974）年2月20日の外務委員会における大平正芳外務大臣の答弁に示されている。それによると、国会の承認を得るべき条約はすべての国際約束をさすものではなく、①「いわゆる法律事項を含む国際約束」、②「いわゆる財政事項を含む国際約束」、③「わが国と相手国との間あるいは国家間一般の基本的な関係を法的に規定するという意味において政治的に重要な国際約束で、それゆえに発効のために批准が要件とされているもの」としている。他方で、④「すでに国会の承認を経た条約や国内法あるいは国会の議決を経た予算の範囲内で実施し得る国際約束」については、行政取極として73条2号にいう外交関係の処理の一環として行政府限りで締結しうるという[23]。

　上記④のような、既存の条約の委任に基づく合意（いわゆる委任協定）及び既存の条約の施行細則を定める合意（いわゆる執行協定）については73条2号の権限行使の範囲内において処理されるべきもので国会の承認を要しないとの主張は、多数説として認められている[24]。砂川事件においても旧日米安保条約に基づく行政協定について、最高裁は、当該行政協定は「既に国会の承認を経た安全保障条約3条の委任の範囲内」と認め、「国会の承認を経なかったからといって、違憲無効であるとは認められない」とした（最大判昭34・12・16刑集13巻13号3225頁）。

　③については、基準が曖昧で、条約締結の民主的統制を骨抜きにするおそれがあると批判されている。というのも批准を発効要件とするかについては内閣の判断によることが多いからである[25]。④についても、条約の変質をもたらす

---

22) 畑尻剛「第98条」小林＝芹沢編・前掲3）・399頁。また甲斐素直「憲法における条約の多義性とその法的性格」司法研究所紀要8巻（1996年）1頁以下も参照。
23) 第72回国会衆議院外務委員会議録第5号（昭和49年2月20日）2頁。いわゆる大平原則といわれている。中内康夫「条約の国会承認に関する制度・運用と国会における議論」立法と調査330号（2012年）3頁以下参照。
24) 宮澤俊義＝芦部信喜補訂『全訂日本国憲法』（日本評論社、1978年）562頁。
25) 西谷元「国際社会と憲法」畑博行＝阪本昌成編『憲法フォーラム』（有信堂高文社、1999年）262-263頁。

ものについてコントロールできないおそれがある。たとえば平成26（2014）年の、日米安保条約に関するガイドラインは本質的な変更をもたらしたと思われるが、国会の承認の対象となっていない。

現実には多国間条約、二国間条約は国会の承認を経ている。共同宣言の類においては、過去においてたとえば日ソ共同宣言は承認の対象となり、天皇による公布もされている。民主主義に基づく政治の徹底を考えると、内閣の権限として外交関係の処理が認められ（73条2号）、対外政策についてのイニシアティブを内閣が有することは明らかではあるが、あくまでも国会にそれをコントロールする手段があるとみるべきである。

まとめにかえて

昨今の国際化の動向はともすると、国際情勢に各国主権もしたがわざるをえないかのような印象を与えている。EU連合ではこうした強い統合の組織化の下に各国主権がおかれている。しかしEUの目的は、自由市場の確立や通貨統合から経済的繁栄と安定をはかり同時に共通安全保障から平和を維持しようとするもので、各国が納得してしたがう統合の目的というものをもっている。場合によっては各国がしたがうことを強制されるような場合もあるが、だからこそEUの政策立案の過程やそれに携わる公務員の質なども問題とされている。

日本はこれまで十分に精査せずに国際協調主義や国連中心主義を語ってきた。しかし国際協力や国連の組織の運営も各国主権の上にある。いいかえれば国際関係の基礎は国家主権である。多国間条約において留保や解釈宣言が存在するのも多くの国の参加を促し、条約の有効性を狙うとともにそれぞれの国家主権に配慮するためでもある[26]。

他方で、国際協力や国際「貢献」のために直ちに憲法改正が要請される、ということはありえない。どのような国際協調主義や国連中心主義を日本国憲法がその理念や原理から許しているのか、みきわめることが必要である。また国連の政策立案における民主主義的統制も必要である。

他方、女性差別撤廃条約や子どもの権利条約については日本国憲法の中にもその理念は謳われており、条約が実現の具体的方向性を示しているとみるべき

---

26) 留保や解釈宣言については、さしあたり戸波・前掲注12）・513-514頁参照。

であろう。その点では、憲法優位説をとっても、「国際的人権保障については、それと適合的な憲法解釈は可能であり、憲法自体がその保障の障害となる場合は想定し難い[27]」という指摘がある。またこの場合、条約が権利保障の実現の根拠となりうるかの問題も考えられなければならない。すなわち、条約の裁判規範性である[28]。

「条約」は多岐にわたるが、対外政策に対する国会のコントロールが蔑ろにされるようでは問題である。政府の国会の承認を得るべき条約の基準はいまだ曖昧で条約が十分に国会のコントロール下にあるとはいえない。しばしば海外に対する多額の援助を約束する場合もあるが、何が優先順位となるのか、国会で議論し国民の理解を得る必要がある。

---

27) 吉川和宏「条約の国内法的効力」高橋和久＝大石眞編『憲法の争点〔第3版〕』（有斐閣、1999年）297頁。
28) 江橋崇「国際人権条約を活用するには」法学セミナー500号（1996年）32頁以下参照。

31 外国人の人権と移民政策

はじめに

　厚生労働省の社会保障人口問題研究所の推計によれば、2060年の日本の人口は約8000万人で、生産年齢（15～64歳）人口の割合は49％である。さらにその50年後の2110年の日本の人口は約3000万人で、生産年齢人口の割合は45％と予測されている。すなわち、今後日本は深刻な労働力不足に陥ることが予想されている。この深刻な状況を改善するためには、もはや出生率を向上する対策を練るだけでは間に合わず、海外からの移民に頼って労働力不足を補う必要があると指摘されている。そこで、高度な技術や技能を有し、受入れ国の標準語でのコミュニケーションが可能な人材を受け入れることで受入れ国の経済成長を促進し、自国労働者の社会保障負担を軽減し、財政安定化をはかることができる、という移民政策のあり方が確認されている。

　多くの国で、語学力、学歴、収入などで一定の要件を満たした移民のみを受け入れる、という選択的移民制度がとられている[1]。しかし、このような移民政策は「良い移民」なら受け入れたいという受入れ国のエゴではないかとする批判もある。日本も平成26（2014）年の出入国管理及び難民認定法の改正によって、従来の高度人材ビザに加えて高度専門職1号及び高度専門職2号の在留資格を新たに創設した。1号は5年、2号は無期限であり、1号で3年在留すると2号への変更申請ができる。日本社会への貢献度が審査され、これにより在留資格をえることができる。こうした改正も選択的移民制度の強化と評することができる。

---

1) 近藤敦他編『非正規滞在者と在留特別許可』（日本評論社、2010年）1頁以下。

ところで、「移民」とは法的にどのように定義されるのか。日本の法律用語辞典には、移民という項目はない。憲法の教科書では、一般に人権の主体の中で「外国人」が扱われている[2]。また、外国人の人権としては、国籍、出入国、在留、戦後補償といった問題が扱われている[3]。欧米諸国、たとえばフランスにおいては、外国人の権利としても扱われているが、実際は移民の権利として議論されていることが多い[4]。

I　外国人をめぐる法令の変化

日本では、江戸時代はいわゆる鎖国政策をとっており、幕末まで国の政策としての移民政策はとっていない。明治時代になると、日本はむしろ移民送出国となる。ハワイ、アメリカ合衆国本土やブラジル、ペルー、パラグアイなどの南米諸国等への移民が徐々に増加する。しかし戦後、政策としての日本人の他国への移住は限定的となっている。

日本で問題となるのは、日本統治時代の中国や朝鮮半島などから日本へ移住した人たちである。「ポツダム宣言の受諾に伴い発する命令（昭和20年勅令543号）」に基づき昭和22（1947）年外国人登録令（昭和22年勅令第207号）、昭和26（1951）年出入国管理令（昭和26年政令第319号）、さらに、昭和27（1952）年のサンフランシスコ講和条約発効とあわせて、外国人登録法（昭和27年法律第125号）が施行された。それぞれ講和条約の締結によって、朝鮮に属すべき人々は日本国籍を喪失し、台湾に属すべき人々も同様に日本国籍を失った。すなわち、日本統治下にあった地域から日本に移り住んでいたいわゆる在日外国人は、日本国籍を失うことになったのである。さらに、難民の地位に関する条約（難民条約ともいう）への加入にともない、昭和57（1982）年に法律名が出入国管理及び難民認定法へと改められた[5]。

1980年代に労働力不足が深刻化し外国人の出入国も急増したことから、平成2（1990）年、出入国及び難民認定法が改正された。日系3世まで就労可能な地位が与えられ、これにより、日系ブラジル人や日系ペルー人など外国人労

---

2)　たとえば、橋本公亘『日本国憲法〔改訂版〕』（有斐閣、1988年）129頁。
3)　たとえば、萩野芳夫『判例研究外国人の人権』（明石書店、1996年）。
4)　Cf., Rosaline LETTERON, *Libertés publiques*, 9ᵉ ed., Dalloz, 2013, pp.220 et s.
5)　手塚和彰『外国人と法〔第3版〕』（有斐閣、2005年）26-27頁参照。

働者が増大した。平成3（1991）年、日本との平和条約に基づき日本の国籍を離脱した者等の出入国管理に関する特例法が施行され、「特別永住者」という地位が法的に規定された[6]。また、中国残留孤児等を想定した「定住者」という法的地位も新設された[7]。平成28（2016）年では、約200万人の外国人労働者および家族がいると推定されており、日本に定住、永住する者も増えている。

　他方で、外国人の人権の侵害という問題も、言語、宗教、文化、習慣の違いからおきていると指摘されている。また、特定の国籍の外国人を排斥する趣旨の言動を行う「ヘイトスピーチ」も問題となっている。文化等の多様性を認め、生活習慣の違いを理解し、人権に配慮することが求められている。

II　外国人の人権享有主体性

　外国人が、日本国憲法の定める人権の享有主体であるかどうかについては、次のように学説は分かれる[8]。

　第1説は、憲法第3章は日本国民の権利を保障したものであって、外国人の権利まで保障するものではない、とする説である。しかし、日本国憲法は、前国家的な人間の権利を保障するという思想に基づいて、基本的人権の規定をおいている。また、憲法98条2項が「……国際法規は、これを誠実に遵守する」と定めており、国際人権規約等にみられるように人権の国際化の傾向があることから、外国人をその保障の枠外におくと解することは、憲法の精神や理念に反する、といえる。したがって、第1説は受け入れがたい。しかしながら、第3章の規定がすべて外国人に対して、適用されると解すべきかについては、さらに見解が分かれる。

　第2説は、憲法規定の文言によって区別すべきであるとする説である。すなわち、条文の規定上、「国民は」と定めている場合は、日本国民の権利のみを保障する趣旨であり、「何人も」と定めている場合は、外国人も含めて人間の権利を保障する趣旨である、と解する。しかし、この見解に対しては、そもそも憲法制定者がそのような意図をもって用語を使い分けているのかというと、そうとはとれない、という批判がある。したがって、その説も受け入れがたい。

---

6)　手塚・前掲注5)・62頁。
7)　手塚・前掲注5)・64頁。
8)　橋本・前掲注2)・129頁。

第3説は、憲法が保障する権利の性質上、外国人にも保障が及びうるものと、そうでないものとを区別すべきである、とする説である。この説は、外国人に対しても権利の性質が許す限り、保障を認めようとするものであって多数説である。判例も基本的には同様の見解をとっている。最高裁は、「憲法第3章の諸規定による基本的人権の保障は、権利の性質上日本国民のみを対象としていると解されるものを除き、わが国に在留する外国人に対しても等しく及ぶものと解すべきである」と判示している（最大判昭53・10・4民集32巻7号1223頁）。

　しかし、そもそも外国人の人権は、日本にすでに入国している外国人についての問題である。外国人の入国自体が自由なのか、その延長としての滞在も自由なのかあるいはそうでないのかという問題がある。そこで、このようなことを前提として、日本における外国人に「権利の性質上保障されないことが明らかな権利」とは何か、ということになる。これに関して一般的には、参政権、社会権、入国の権利があげられる[9]。参政権については国民主権の原理から、社会権については各人が属する国家により保障されるべき権利であることを理由に、また、入国の自由については、外国人の入国を決めるか否かは、当該国家の裁量に属するという考え方から、外国人に対しては保障されないとする。

　他方で、権利の性質のみから外国人の人権を考えるのではなく、外国人の滞在類型も考慮しなければならないとされている[10]。外国人には旅行者も含まれるが定住外国人も難民も含まれる。そこで、外国人の人権を考える際には、こうした外国人の類型、生活実態も考慮する必要があるとされている[11]。

Ⅲ　外国人の人権をめぐる判例

　外国人の人権については、外国人にも権利の性質上適用可能な人権規定はすべて及ぶとするのが通説や判例での見解である。そこで、既述したように、問題は「権利の性質」をどのように解するか、具体的にいかなる人権がどの程度保障可能であるのか、ということになり、さらに、その権利主体である外国人が一時的な旅行者なのか、正規の滞在者か、非正規の滞在者か、日本に生活の本拠をもち、しかも永住資格を認められた定住外国人（特別永住者や定住者）

---

9)　芦部信喜＝高橋和之補訂『憲法〔第6版〕』（岩波書店、2015年）92頁。
10)　芦部＝高橋補訂・前掲注9)・92頁。
11)　浦部法穂『憲法学教室〔第3版〕』（日本評論社、2016年）66頁。

なのか、あるいは難民か、などの外国人の滞在類型や生活実態も考慮されなければならない。

1 参政権

　参政権（選挙権・被選挙権）は、「国民が自己の属する国の政治に参加する権利であり、その性質上当該国家の国民にのみ認められる権利」とされている[12]。法律においても日本国民に保障されるものであることが定められている（公職選挙法9条・10条、地方自治法18条・19条参照）。しかし、「地方自治体、とくに市町村という住民の生活に最も密着した地方自治体のレベルにおける選挙権は、永住資格を有する定住外国人に認めることもできる、と解すべき」とする意見もある[13]。この場合、なぜ国政への参加はできず地方自治体の選挙への参加だけは認められるのか、また、選挙権が認められても被選挙権は認められないのか、認められる範囲は永住資格を有する定住外国人だけなのか、という問題が出てくる。

　民主主義を共同体の自治と捉え、「生活の本拠をもつ住民」を単位として認めることも提案されている[14]。しかし、まだ国民国家を基準とする今日にあっては、国政選挙における選挙権・被選挙権は、国の政治のあり方を決定するものであり、その意味では主権者である国民の人権といえる。他方で、地方自治体の選挙は、身近な問題を解決する共同体の自治を決定する選挙であり、定住外国人にも認められると解すべきであろう。その点で、国政選挙と地方自治体の選挙のもつ意味は違うといえるからである。

　判例は、定住外国人に法律で選挙を付与することは憲法上禁止されていないが、しかし、そのような措置を講じるか否かは国の立法政策にかかわる問題であり、このような措置を講じないからといって違法とはいえないとした（最判平7・2・28民集49巻2号639頁）[15]。

---

12) 芦部＝高橋補訂・前掲注9)・92頁。
13) 芦部＝高橋補訂・前掲注9)・92頁。
14) 浦部・前掲注11)・66頁。また、後藤光男「外国人の人権」大石眞＝石川健治編『憲法の争点』ジュリスト増刊（有斐閣、2008年）74頁も参照。
15) 長谷部恭男他編『憲法判例百選Ⅰ〔第6版〕』別冊ジュリスト217号（有斐閣、2013年）10-11頁参照〔柳内健一担当部分〕。

2 公務就任権

　公務就任権も基本的には参政権と同様の考え方がとられているが、法的な根拠はない。「公務員に関する当然の法理として、公権力の行使または国家意思の形成への参画にたずさわる公務員となるためには、日本国籍を必要とする」という昭和28（1953）年の内閣法制局の見解が根拠とされていて、いわゆる「公務員に関する当然の法理」と呼ばれている。

　しかし、公務員の職種は多種多様であり、国家公務員もあれば、地方公務員もあり、その他の公職もある。さらに、公権力の行使のかかわり方もさまざまである。したがって、一般的に公務就任権から外国人が排除されるべきいわれはない。公務の態様に応じて、能力、適格性を有する者は採用すべきだと考えられる。なかには積極的に外国人を任用すべき場面もあろう。内閣法制局の見解における「公権力の行使または国家意思の形成への参画にたずさわる公務員」という基準は「包括的すぎ、漠然としている」と批判されている[16]。

　判例において代表的なものとして次のものがあげられる。韓国籍の特別永住者が東京都に保健婦として採用された後、管理職選考試験受験を拒否された事件において東京地裁は、「公権力の行使あるいは公の意思の形成に参画することによって直接的または間接的に我が国の統治作用にかかわる職務に従事する地方公務員に就任することはできない」としつつ、それ以外の「上司の命を受けて行う補佐的・補助的事務、もっぱら専門分野の学術的・技術的な事務等に従事する地方公務員に就任する」ことは許容されているとした。しかし、「本件の管理職選考は、決定権限の行使を通じて公の意思の形成に参画することによって我が国の統治作用にかかわる職への任用を目的とするもの」であり、外国人である原告は管理職選考の結果、任用されることとなる職に就任することは憲法上保障されていない、と結論づけた（東京地判平 8・5・16 判時 1566 号 23 頁）。

　これに対し東京高裁は、公務員を職務内容に即して分類し、統治作用にかかわる程度の低い管理職も存在するので、外国人の管理職への一律排除は憲法22 条 1 項、14 条 1 項に反するとした（東京高判平 9・11・26 判時 1639 号 30 頁）。

---

16) 芦部＝高橋補訂・前掲注9)・93 頁。また、佐藤幸治『日本国憲法論』（成文堂、2011 年）146 頁も参照。

反対に、最高裁は、管理職を日本国籍に限る規定を合理的理由があるとして、憲法14条1項に違反しないとした（最大判平17・1・26民集59巻1号128頁）[17]。

3　社会権

　社会権は、各人の属するそれぞれの国の責務であるとの考えの下に、外国人には保障されないとの考えが強い。日本国民にとってさえ社会権はそれほど確かな権利とは捉えられてはおらず、理論的再構築が必要と思われているところである。しかし、実際に飢えて死にいたる人がいることを憲法が肯定しているとは思われない。生存する権利は日本人のみならず外国人にも認められるべきである。さらにその上で、財政事情等との支障がない限り、保障が及ぶと解すべきである。またこの分野においては地方自治体における参政権と同様に、日本に定住する外国人にもその生活実態を基準として日本人と同様に保障されるべきである[18]。日本においては、国際人権規約の批准及び難民の地位に関する条約の批准に対応して、昭和56（1981）年に社会保障関係法令の国籍要件は原則として撤廃されている。なお、厚生労働省によると、生活保護を受給している外国人は、平成23（2011）年には43,479世帯であって年間5,000世帯のペースで急増している。

　外国人の社会保障に関しては、塩見日出事件がある。原告、塩見日出は昭和9（1934）年、日本が朝鮮を植民地としていた時代に在日朝鮮人を父母として大阪市で出生し、当時は日本国籍を有していた。昭和27（1952）年のサンフランシスコ講和条約の締結による外国人登録法の施行で日本国籍を失い、特別永住者となった。昭和34（1959）年に制定された国民年金法は、国民年金の受給資格に、年齢要件、居住要件とともに、国籍要件を課していた。そのため特別永住者などの在日外国人は、老齢・死亡・障害のいずれの年金からも対象として外されていた。子どもの頃のはしかが原因で全盲となった原告は、昭和45（1970）年に日本国籍の全盲の男性と結婚し、帰化して日本国籍を取得した。しかし、障害の認定日（本件の場合は法施行日である昭和34（1959）年とされていた）に日本国民でない者には年金を支給しないと定めていた規定（国民年金法56条1項）に基づき、原告が年金支給を求めたところ申請は却下された。そ

---

17) 長谷部他編・前掲注15)・12-13頁参照〔近藤敦担当部分〕。
18) 後藤・前掲注14)・75頁。

こで、原告は、この規定が憲法13条（個人の尊重）、14条1項（平等原則）、25条（生存権、社会保障を受ける権利）に反するとして訴えた。大阪地裁（昭55・10・29行集31巻10号2274頁）も大阪高裁（昭59・12・19行集35巻12号2220頁）もともに請求を棄却した。

最高裁も、合憲として訴えを退けた。その理由として、次のように述べている。憲法25条の具体化にあたっては、国の財政事情を無視することができず、政策的判断を必要とするため、どのような立法措置を講ずるかの選択決定は、立法府の広い裁量に委ねられており、それが著しく合理性を欠き明らかに裁量の逸脱・濫用とみざるをえないような場合を除き、裁判所が審査判断するに適しない事柄である。障害福祉年金の支給対象者から在留外国人を除外すること等は立法府の裁量の範囲に属する。14条1項にも違反しない。また、最高裁判決においては、国際人権規約は法的拘束力を有しないものとし、人権の漸進的達成を締結国に義務づけているが実現の手段は各国の裁量に委ねられている、とした。したがって、国際法の遵守を定めている憲法98条2項にも違反しないとした（最判平1・3・2訟月35巻9号1754頁）[19]。これは、国際人権A規約2条1項の締結国の実施義務、9条の社会保障を受ける権利についての解釈を示したものであるが妥当といえるか疑問である[20]。

4　入国・出国・再入国の自由

そもそも外国人の人権とは、日本にすでに入国している外国人についての問題である。外国人の人権の前提である入国の自由は権利として認められてしかるべきものと思われるが、通説的見解ではそのように考えられてはいない。

判例では、外国人の入国は「自由」ではなく「国際慣習法上、外国人の入国の許否は当該国家の自由裁量により決定し得るもの」（最大判昭32・6・19刑集11巻6号1663頁）と解されている。学説上も同様の考えが多数説であるが、「ただし、それは決して国家が恣意的に許否を決定できることを意味しない」[21]と考えられている。このように考えるならばその基準が問題となる。滞在も入国の継続と考えられるが、判例では「外国人は……在留の権利ないし引き続き在留することを要求しうる権利を保障されているものでもない」と解され、

19）長谷部他編・前掲注15）・14-15頁〔大藤紀子担当部分〕。
20）長谷部他編・前掲注15）・15頁参照。
21）芦部＝高橋補訂・前掲注9）・94頁。

「法務大臣の裁量権の範囲が広範なものとされているのは当然のこと」としている（最大判昭53・10・4民集32巻7号1223頁）。もっとも、正規の手続で入国を許可された者、とりわけ定住外国人は、その在留資格をみだりに奪われないことを保障されると解されている[22]。前述の判決においては、「憲法22条1項は、日本国内における居住・移転の自由を保障する旨を規定するにとどまり、外国人がわが国に入国することについてはなんら規定していない」と述べる（最大判昭53・10・4民集32巻7号1223頁）。ちなみに日本人の海外渡航の自由の憲法上の根拠としては、帆足計事件において、最高裁は22条2項が根拠条文であることを明らかにしている（最大判昭33・9・10民集12巻13号1969頁）。「外国に移住」するとの文言は、外国に住所を移すことのほかに、一時的な海外旅行の自由も含まれると解したのである。

　外国人に入国の自由が保障されないとする見解には異論もある。「今日の国際的な人権の尊重傾向と自由往来の原則からみるならば、原則的には外国人の出入国の自由を認めたのちに、国家の独立と安全を侵すかあるいは公序良俗に反する現実かつ明白なおそれがある外国人の入国を拒否すれば足りる」とする説がある[23]。

　出国の自由に関しては、国際慣行ないし国際慣習法上の問題とする説がある一方で、22条1項ないし2項を根拠に権利として保障されるとする見解が有力である。そこで、「外国人の出国の自由が憲法上の権利だというならば、外国人の入国の自由も憲法上の権利だといわなければ論理的に一貫しない」という指摘もある[24]。

　たとえば、家族と会うために入国しようとする場合、ジャーナリストが報道のために事件もしくは紛争がある地域に入国しようとする場合など、当該国の裁量で阻止されるのではなく、出入国の自由として権利性を認めることが重要な場合もある。そもそも、22条1項の居住・移転及び職業選択の自由の結合には、アンシャンレジーム期の、移動の自由がなくそれ故に知識や情報を得ることができず土地に縛り付けられていて農業のみで生計を立てていた時代の反省が含まれている。したがって、22条1項を根拠に出入国の自由を権利とし

---

[22] 芦部＝高橋補訂・前掲注9）・94-95頁。
[23] 小嶋和司編『憲法の争点〔新版〕』ジュリスト増刊（有斐閣、1985年）71頁〔作間忠雄担当部分〕。
[24] 佐藤・前掲16）・143頁。

て認め、公共の福祉にてらして必要な規制をすればよいと考えられる[25]。

　ここで問題となるのが、再入国の自由である。最高裁は、憲法22条2項を根拠として外国人の出国の自由を認めている（最大判昭32・12・25刑集11巻14号3377頁）。そのように解すると、出国は一般には当然帰国（再入国）を前提とするので、再入国の自由もまた外国人に保障される、ということになるはずである。しかし、最高裁は、森川キャサリーン事件において、入国の自由と在留権を否認した判例にてらして、外国人には「憲法上外国へ一時旅行する自由を保障されているものではない」ので、再入国の自由も保障されないとしている（最判平4・11・16集民166号575頁）[26]。なお、森川キャサリーン事件とは、昭和48（1973）年日本に入国し日本人と結婚した定住外国人（アメリカ国籍）森川キャサリーンが、韓国への旅行計画を立て再入国許可の申請をしたところ、過去に3度再入国許可を得ていたが、指紋押捺を拒否して罰金の判決を受けていることを理由に不許可とされた。そこで、この不許可の取消と国家賠償を請求した事件である。当時は、後述するように、外国人登録法によって要求される外国人登録原票への指紋押捺の義務づけが大きな問題となっていた。東京地裁（東京地判昭61・3・26行集37巻3号459頁）、東京高裁（東京高判昭63・9・29行集39巻9号948頁）とともに請求を棄却し、最高裁も棄却した。

　日本では、特別永住者の再入国は認められている。再入国に関して法務大臣の裁量権を認める説にあっても、国際人権規約B規約や難民条約からの制限を受けることが指摘されている。すなわち、国際人権規約B規約12条2項が「すべての者は、いずれの国（自国を含む）からも自由に離れることができる」、同条4項が「何人も自国に戻る権利を恣意的に奪われない」とそれぞれ定め、しかも「自国に戻る」とは「国籍国」のみならず「定住国」をも含むとする解釈が存在すること、また、難民条約28条が締結国に対し、「合法的にその領域内に滞在する難民に対し、国の安全又は公の秩序のためのやむを得ない理由がある場合を除くほか、その領域外への旅行のための旅行証明書を発給する」義務を課していること、が留保されなければならない[27]、と指摘している。

　再入国に関して、学説では、当該外国人が日本国内に滞在していることが前提となっているので、新規の入国とは異なる特別の配慮を加える必要はあるが

---

25) 後藤・前掲注14)・75頁。
26) 長谷部他編・前掲注15)・6-7頁〔門田孝担当部分〕。
27) 佐藤・前掲注16)・143頁、注55) の説明。

最小限度の規制は許され、「著しくかつ直接にわが国の利益を害することのない限り、再入国が許されるべきである」と説く見解が有力とされている[28]。他方で、権利性を保障すると考える説も根強くある[29]。

5 表現の自由・政治活動の自由

　外国人には、参政権が否定されているので、それと関連して日本国民よりも大きな制約を受けると一般的に考えられている。とくに日本の政治に直接介入するための政治結社を組織すること、政府打倒の運動をすることなどは、禁止されると考えられている[30]。

　外国人の政治活動に関しては、マクリーン事件がある。これは、アメリカ国籍をもつロナルド・アラン・マクリーンが在留期間1年としてわが国に入国し、その延長を求めて、在留期間更新の申請をしたところ、法務大臣が、マクリーンが在留中に政治活動（ベトナム反戦や日米安保条約反対等のデモや集会に参加した行為）を行ったことを理由に、更新を拒否した事件である。最高裁は、基本的人権の保障は、権利の性質上日本国民を対象としていると解されるものを除き、在留する外国人にも等しく及ぶとし、政治活動についても、わが国の政治的意思決定またはその実施に影響を及ぼす活動等外国人の地位に鑑み認めることが相当でないと解されるものを除き、保障が及ぶとしたが、人権の保障は外国人在留制度の枠内で与えられているにすぎないので、在留中の外国人の行為を、法務大臣は更新拒否のための消極的事情として斟酌できる、とした。そして本件において、法務大臣の裁量権の著しい逸脱・濫用は存在しない、と判示した（最大判昭53・10・4民集32巻7号1223頁）[31]。

　この判決に対して「認められない政治活動」の基準が不明確であるとの批判がある[32]。また、外国人に参政権が認められていないことを根拠に政治活動を限定的に捉える多数説に対し、次のようなことを理由として外国人の政治的表現の自由を認める見解もある。「（外国人の）政治活動は……国民の主権的意思決定になんらかの影響を与えうるものではあっても、主権的意思決定それじた

---

28) 芦部＝高橋補訂・前掲注9）・95頁。
29) 藤井俊夫『憲法と人権Ⅰ』（成文堂、2008年）62頁。
30) 芦部＝高橋補訂・前掲注9）・96頁参照。
31) 長谷部他編・前掲注15）・4-5頁〔愛敬浩二担当部分〕。
32) 芦部＝高橋補訂・前掲注9）・97頁参照。

いに関与するものではないのである。しかも、国民の主権的意思決定に外国人の考え方が反映されることは、決して否定的に評価されるべき事柄ではなく、むしろ、国民が多様な観点からの見解に接することは、国民の主権的意思決定にとって必要なことでさえある」[33]。傾聴に値する意見といえよう。

6　指紋押捺

　外国人登録法によって要求されていた外国人登録原票への指紋押捺の義務づけについては、憲法13条（個人の尊重、プライバシーの権利）、14条（平等原則）、19条（内心の自由）、国際人権規約等、に違反するとして争われた多くの訴訟がある[34]。

　指紋押捺制度は、「外国人の居住関係及び身分関係を明確ならしめ、もって在留外国人の公正な管理に資する」（外国人登録法1条）という目的のため、戸籍制度のない外国人の人物特定につき最も確実な制度として導入された。しかし、同一性認定のために写真ではなく、なぜ指紋押捺なのかが、大いに問われた。

　その後、指紋押捺制度に対する内外からの批判やその撤廃を求める運動を受けて、この制度は、昭和62（1987）年の法改正で、一度指紋を押したことのある者については2回目以降の押捺は原則不要と改められた。平成4（1992）年の法改正で、永住者、特別永住者については、廃止され、平成11（1999）年の法改正で全廃されるにいたった[35]。さらに外国人登録法は、平成24（2012）年7月に廃止され、永住外国人や中長期在留外国人についても住民票が作成され住民基本台帳に登録されることとなった。これにともない、従来の外国人登録証は「特別永住者証明書」と「在留カード」に切りかえられた。しかし、平成19（2007）年の出入国管理及び難民認定法の改正により、テロ対策という観点から、日本に入国する外国人の指紋押捺採取が新たに義務づけられている。

　最高裁は、押捺義務が3年に一度で、押捺対象指紋も一指のみであった当時の制度（昭和57年法律第75号による改正前のもの）に対し、「何人もみだりに指

---

33) 浦部・前掲注11)・64頁。
34) さしあたり、横田耕一「外国人登録法の指紋押捺制度の合憲性」法政研究56巻2号1990年121頁以下参照。
35) 改正の経緯や運動の進展については、草加道常「『新たな在留管理制度』は何をもたらすか」移民政策研究2号（2010年）120頁以下参照。

紋の押なつを強制されない自由」を憲法13条によって保護される「個人の私生活上の自由の一つ」とし認めたが、立法目的に「十分な合理性があり、かつ、必要性も肯定できる」とし、方法も「一般的に許容される限度を超えない相当なものであった」と判示した（最判平7・12・15刑集49巻10号842頁）[36]。

7　庇護権

　政治的理由によって本国で迫害を受けるおそれのあるために現在本国の外にあり本国の保護を受けることのできない者または保護を望まない者を亡命者といい、政治的信条の違いなどのために本国外におり帰国できない者または帰国を望まない者を政治難民という[37]。こうした者たちが他国に対して避難を求めあるいは他国の庇護を享受する権利を庇護権という。世界人権宣言14条は、迫害を免れるために他国に避難する権利を定める。難民の地位に関する条約は1951年に国連で採択され、日本は昭和56（1981）年に批准した。これにより、昭和57（1982）年に出入国管理令が改正されて、難民認定制度が付加され、出入国管理及び難民認定法が成立した。18条の2には、一時保護のための上陸許可制度が定められている。

　ところで、一般的に、国家は外国人の入国の許可や出国の強制について、領域主権の概念から広範な裁量を有する、と考えられている。この場合、問題は退去強制に対して制約があるかということになる。亡命者や政治難民に対して、国家は、領域主権に基づいて庇護権を有するが、国際慣習法上、国家が亡命者を保護する義務はないとされ、庇護を与えるか否かは国家の裁量であり、庇護を求める外国人の側に庇護を求める権利があると考えられていない。

　他方、日本国憲法は、亡命権ないし庇護を受ける権利を明示していない。それ故、庇護を受ける権利を保障するか否かは、立法的に解決されるべき問題であると考えられている[38]。しかし、前文が「全世界の国民が、ひとしく恐怖と欠乏から免れ、平和のうちに生存する権利を有することを確認する」と定めているところから、庇護権を認めていると解する余地がある。そしてここから、出入国管理と難民認定にあたっての法務大臣の裁量は制約されると考えられる。「政治的亡命を、外国人の権利として認めるのではないにしても、国際法上確

---

36)　長谷部他編・前掲注15)・8-9頁〔志田陽子担当部分〕。
37)　大須賀明他編『憲法辞典』（三省堂、2001年）440頁。
38)　佐藤・前掲注16)・144頁。

立された慣習法上の例として、積極的に認めることが、憲法の趣旨に沿う」とする意見もある³⁹⁾。

なお、逃亡犯罪者が政治犯の場合は、引き渡さないことが国際慣行であるが、それが法的拘束力を有するか、また、「政治犯」をどう定義するかについては、日本では意見が分かれている。日本に密入国し、日本国内で韓国に対する反政府運動を行い、強制退去処分を受けた、尹秀吉（ユンスンギル）事件において最高裁は、当該処分を認めている（最判昭51・1・26訟月22巻2号578頁）。

今日では、戦争により多くの難民が生まれ、ヨーロッパにおしかけるなどの問題もおきている。自国に残れば、命の保障がない人々をどのように救済するかが国際的な課題となっている。

まとめにかえて

国連によれば、世界にはおよそ2億人の移民がおり、その内2,000万人ないし3,000万人が非正規滞在者といわれている。日本の非正規滞在者は平成22（2010）年1月の推計で約11万人といわれている。非正規滞在者は、いわゆる不法入国者（密入国や正規のパスポートなしの入国者）と正規の滞在許可の期間を超過した不法残留者をさす。難民申請者が難民認定を拒否されたのちも本国に戻らない場合も非正規滞在者であり、さらに非正規滞在が長期化する中で、生まれた非正規滞在者2世も含まれる。

非正規滞在者が増加するにともない、入国規制の強化や非正規滞在者を雇用する雇用者に対する罰則などもみられるが、他方で、新たな非正規滞在者を生み出さない規制強化とセットとして非正規滞在者を正規化する試みも考えられている。正規化プログラムや正規化メカニズムといわれるものであり、議会の法律や政府の命令などにより一定の申請期間において、一定の要件（滞在期間など）を満たす非正規滞在者を正規化し、在留資格を認める方法である[40]。

日本においては、こうしたことは1度も行われたことはない。しかし在留特別許可は認められることがある。在留特別許可とは、法務大臣などが申請期間を設けることなく個別に人道上の理由などの特別な事情に応じて裁量により強

---

39) 清水睦『憲法』（南雲堂深山社、1979年）119頁。
40) 近藤敦他編『非正規滞在者と在留特別許可』（日本評論社、2010年）1頁以下。

制退去をせず、在留資格を認める方法である。在留特別許可は、非正規滞在者に加えて、資格外活動を行った合法滞在者や一定の罪を犯した合法滞在者も対象となっている。在留特別許可については入管法50条1項に定められている。法務大臣が不許可の裁決を行い、退去強制が発令された場合、それを不服とする者は、行政訴訟を提起することができる。

　一般的に在留特別許可の許否について法務大臣に広範な裁量が認められるが、法務省入国管理局は平成16（2004）年頃より許可事例や不許可事例をHPで公開するようになった。在留特別許可に関するガイドラインも発表され、透明化がはかられるようになっている[41]。しかしながら、相変わらず日本が移民とくに非正規滞在者に対して厳しい国であることには変わりなく、移民を広く受け入れることを宣言する政府の態度には矛盾もみられる。また、外国人の人権に対する行政の裁量優先の考え方や頑なな司法の対応は「国際化」の時代にそぐわないものといえる。

41）近藤・前掲注40）・9-11頁。

32 憲法改正

はじめに

　憲法改正とは、「憲法がみずから定める手続で、（イ）憲法の条項の削除・修正・追加をしたり、（ロ）別に条項を新たに設けて、その憲法典を増補することにより、憲法に変更を加えること」をさす[1]。同様の説明ではあるが、「憲法に意識的に修正を加える行為」と「意識的」という言葉を用いて説明されることもある[2]。この場合は、憲法の運用上、ある規定に何らかの不具合が生じ、しかも当該規定の解釈運用ではまかないきれないので、規定の修正・削除・追加等によって憲法に意識的に変改を加える行為、を改正という[3]。

　憲法は最高法規、根本法であるから法秩序の基本として安定性が強く要請される。そこで憲法改正手続には、一般法制定手続よりも硬性性が要求されていることが多い。他方で憲法はその制定時の社会的状況や現実を反映しており、それをふまえた構想に沿って制定されている。しかし時代とともに、そうした状況や現実が変化し、構想の修正を余儀なくされることもある。そこで改正が必要となる。「憲法はむやみに改変されてはならぬが、さりとて絶対に変えてはならぬものではない」といえる。重要な問題は、憲法の制定者の趣旨をいかしつつ、状況や現実の変化にあわせてどうしても必要と思われる修正をいかに行うか、その調整である。

　ところで、憲法改正の意義を明確にするためには、憲法の破棄、廃止、停止

---

1) 清水睦『憲法』（南雲堂深山社、1985年）14頁。
2) 浦田一郎「第9章改正　総説」小林孝輔＝芹沢斉編『基本法コンメンタール憲法〔第5版〕』別冊法学セミナー189号（日本評論社、2006年）434頁。
3) 清宮四郎『憲法Ⅰ〔新版〕』（有斐閣、1971年）380頁。

という状況があることも知っておかなければならない。憲法の破棄とは、憲法の基調である基本原理を否定し、そもそもの憲法制定権力を除去することである。憲法の廃止とは、憲法制定権力自体が、憲法を廃止することで、憲法改正とは異なり、廃止された憲法と新しい憲法との間には継続性がない。憲法の停止は、国家緊急事態の下での憲法の効力の一時的停止をさすとされる。しかし、立憲主義の時代にあっては、たとえ緊急事態であったとしても自ら憲法を全面的に停止することはありうるのか、疑問である。占領下のような、特殊な事態の下でしか憲法の全面的停止は想定されえないであろう。

憲法改正は、憲法の破棄や廃止とは異なることではあるが、憲法条項の削除・修正・付加を通して、新たな憲法の解釈を確定する行為である。したがって場合によっては憲法の破棄や廃止に通じる行為であることも認識する必要がある。憲法改正については、その手続とその内容（すなわち改正の限界）が問題となる。

I 憲法改正の手続

日本国憲法、第9章96条は憲法改正手続を定める。日本国憲法は、厳格な手続をふまないと改正できない硬性憲法として定められている。憲法上の規定は、「この憲法の改正は、各議院の総議員の3分の2以上の賛成で、国会がこれを発議し、国民に提案してその承認を経なければならない。この承認には、特別の国民投票又は国会の定める選挙の際行はれる投票において、その過半数の賛成を必要とする」（96条1項）となっている。その承認を経た後、「天皇は、国民の名で、この憲法と一体を成すものとして、直ちにこれを公布する」（96条2項）としている。

すなわち、憲法改正は、国会の発議、国民の承認、天皇の公布という3つの手続を経て行われる。

1 国会の発議の決定

96条にいう「国会の発議」とは、通常の議案の発議とは異なり、国民に提案される憲法改正案を国会が決定することをいう。憲法改正を発議するには改正案が提示されなければならない。

この原案を提出する権能（すなわち発案権）は国会の各議員にある。通常の

議案の場合は、衆議院20人以上、参議院10人以上の賛成を要する（国会法56条1項）が、憲法改正案の場合はその重要性に鑑み、「衆議院においては議員100人以上、参議院においては議員50人以上の賛成を要する」（同法68条の2）と定められている。憲法改正原案は、内容において関連する事項ごとに区分して提案されることになっている（同法68条の3）。発案権が、国会すなわち両議院の議員のみにあるのか、それとも内閣にもあるのかについては争いがある。内閣にもあるとする肯定説は、「国会が、これを発議し」と定めていることは、発案権者が議員に限られることを当然には意味しない、内閣法5条が憲法改正案についてふれていないのは、提出されることが少ない議案であることから、とくに明記していない、96条の重点は国民主権に基づく国民投票の制度にあるのであって、その原案の発議権・提出権の所在については、とくに内閣を排斥する必要はない、仮に内閣には発議権・提出権がないとした場合であっても、内閣を構成する内閣総理大臣は国会議員であり、その他の国務大臣の半数は国会議員であるので、国会議員たる資格において改正案を提出できるので、内閣に発議権・提出権を認めないとすることの実益は乏しい、とする[4]。否定説は、憲法96条に「国会が、これを発議し」と定めていることから、この発議はその原案の発案・提出をも定めているものであり、それを国会の権能としたものと解する[5]。否定説が正当と思われる。なぜなら憲法改正は国民の代表者がその原案を提起し、十分な議論を経て発議を決定し、最終的には主権者である国民による国民投票において決まる、と解する方が、憲法制定権との関係で論理的にも整合するからである。

　法律の制定・改廃の議決が、各議院の総議員の3分の1以上の出席とその出席議員の過半数の賛成によって行われるのに対し、憲法改正の発議の決定は、各議院の総議員の3分の2以上の賛成で行われる。憲法改正の発議には衆議院の優越は認められていない。その理由は、「憲法改正は、国民の間に賛否の意見の対立がある場合に、衆議院のみによる強行を避け、できる限り両議院の意見の一致を図るべきである」ことにある[6]。

　ところで、後述の平成19（2007）年の憲法改正国民投票法の成立を受けて、

---

[4]　佐藤功『日本国憲法概説〔全訂第4版〕』（学陽書房、1991年）557-558頁。
[5]　清水・前掲注1)・454頁。橋本公宣『憲法』（青林書院新社、1972年）597頁、「発議が全体として、国会以外の機関の関与を排して、国会のみが、発案、審議、議決するものである」。
[6]　佐藤・前掲注4)・556頁。

第167回国会の召集の日（平成19（2007）年8月7日）から、国会法第102条の6の規定に基づき、憲法審査会が両議院に設けられた。憲法審査会とは、「日本国憲法及び日本国憲法に密接に関連する基本法制について広範かつ総合的に調査を行い、憲法改正原案、日本国憲法に係る改正の発議又は国民投票に関する法律案等を審査するため」の機関である（同法102条の6）[7]。憲法審査会は、憲法改正原案および日本国憲法に係る改正の発議または国民投票に関する法律案を提出することができる（同法102条の7）。この場合における憲法改正原案の提出については、国会法68条の3の規定が準用され、関連する事項ごとに区分して提案される。

ということは、憲法改正原案の提出は、国会議員の衆議院100人以上、参議院50人以上による提出の他に、憲法審査会による提出もあるということである。さらに、各議院の憲法審査会は、憲法改正原案に関し、他の議院の憲法審査会と協議して合同審査会を開くことができることとなっており、この合同審査会が憲法改正原案に関し、各議院の憲法審査会に勧告することもできる。「憲法改正の発議までの流れ」によると、国会議員の憲法改正原案の提案がなされたときに、本会議における趣旨説明・質疑の後に憲法審査会での審査となる[8]。平成29（2017）年12月現在衆議院の憲法審査会の委員は50人、参議院の憲法審査会の委員は45人となっている。いずれも定足数は半数、評決は出席議員の過半数で決まり、可否同数のときは、会長の決するところによる。憲法改正原案に関しては、公聴会の開催が義務づけられている。憲法審査会で可決された原案が、本会議に提示される。ここで重要な点は、憲法審査会においても十分に議論し、さらに本会議においても十分に議論される必要があるということである。

2 国民投票による承認

国会で憲法改正原案の発議が決定されると、国民に提案される。日本国憲法の改正手続に関する法律（いわゆる憲法改正国民投票法）は平成19（2007）年5月18日に公布された。しかし、その審議の過程で参議院委員会においては18の附帯決議がついた。附帯決議とは、国会の委員会や本会議において法案や予

---

[7] この役割は必ずしも明確とはいえない。高見勝利『憲法改正とは何だろうか』（岩波新書、2017年）182-183頁参照。
[8] 衆議院憲法審査会関係資料集〔平成29年度版〕20頁。

算案の採決にあたり、所管する省庁に対する運用上の努力目標や注意事項あるいは解釈基準等、種々の意見や注文などを、本案の議決とは別個ではあるがそれに附帯して表明するもので、法的拘束力はない。参議院委員会での附帯決議の中には、低投票率により、憲法改正の正当性に疑義が生じないよう検討を加えること、公務員等及び教育者の地位利用による国民投票運動の規制については、意見表明の自由、学問の自由、教育の自由等を侵害することとならないようとくに慎重な運用をはかるとともに、その基準と表現を検討すること、罰則については構成要件の明確化をはかるなどの観点から検討を加えること、など看過できない事柄も指摘されている。

　さらに制定時、附則には3つの検討課題が掲げられていた。それらは、18歳以上20歳未満の者の国政選挙への参加等についての法制上の措置、公務員の政治的行為の制限に関する検討、憲法改正問題についての国民投票制度に関する検討である。この法律の施行は3年後の平成22（2010）年5月18日であり、本来は施行までに検討課題の解決がはかられることとなっていた。実際は検討課題についての対応は、平成26（2014）年6月20日、憲法改正国民投票法の改正の公布・施行によりなされた。これにより投票権者は18歳以上の日本国民であるが、経過的に平成30（2018）年6月20日までの間は20歳以上とされている。選挙権年齢については、公職選挙法の改正が平成27（2015）年6月19日になされ、18歳となった。公務員が行う国民投票運動については、公務員であっても、特定の政治的目的をもたない賛否の勧誘は自由に行えるようにすべきであるとの考えから、賛成・反対の投票等の勧誘行為及び憲法改正に関する意見表明としてされるものに限り、これを行うことができるとした。但し、当該勧誘行為が公務員に係る他の法令に禁止されている他の政治的行為をともなう場合は、この限りではないとしている。一方で、公務員の政治的中立性や公務の公正性の確保の観点に鑑み、組織により行われる勧誘運動、署名運動及び示威運動の公務員による企画、主宰等に対する規制のあり方については、速やかに必要な法制上の措置を講ずる旨の検討条項を設けた。また、国民投票運動を直接取り締まる、あるいはそれについて判断を下す者については、国民投票運動を禁止する必要があるとの判断から、裁判官、検察官、公安委員会の委員、警察官については、在職中、国民投票運動をすることができないとした。憲法改正以外に国民投票の対象を拡大することについては間接民主制との整合性等に留意しつつ、引き続き検討していくとしている[9]。

この改正に関しては、衆議院で7、参議院で20の附帯決議が行われている。その中には、成年年齢の引下げをふまえ国民に対し周知啓発をはかること、学校教育における憲法教育等の充実をはかること、公務員等及び教育者の地位利用による国民投票運動の禁止規定違反に対し罰則を設けることの是非を検討すること、国民投票運動を行う公務員に萎縮的効果を与えることにならないような配慮をすること、最低投票率制度の意義・是非を検討することなどが含まれている。制定時の附帯決議ともあわせて思うに、十分に議論を尽くして法律制定が行われたのか、さらに不十分な点について議論を尽くして改正にいたったのか、疑われるところである。拙速な法律制定であったといわざるをえない。

　この法律によれば、国会での国民に対する発議が決定され、期日の議決が行われると、国民に告示されることになる。国民投票公報等を通しての周知がはかられ、国民の国民投票運動は原則自由とされている[10]。しかし、公務員等・教育者の地位利用による運動、組織的多数人買収など悪質なものは禁止される。発議から投票までは60日から180日とされている。投票日前の2週間は、スポットCMは禁止される。有効投票総数の過半数で憲法改正が決定し、結果は官報で告示される。最低投票率は定められていない。それゆえ投票率が低ければ、有権者全体からみてわずかな支持であっても改正は成立する[11]。

3　天皇の公布

　国民投票で改正が承認されれば、天皇により、「国民の名で」、「この憲法と一体を成すものとして」公布される。主権者は国民であり、憲法改正権が国民にあることから、「国民の名で」行われる。また、「この憲法と一体を成すものとして」の意味は、憲法改正による文言が、日本国憲法の一部として、それと同じ効力をもつことを確認するものである。天皇の公布は、形式的な国事行為である。憲法改正の公布のための手続は、内閣総理大臣によって「直ちに」とられなければならない（憲法改正国民投票法126条2項）。

---

9)　前掲注8)・22-25頁。
10)　規制に関してはさしあたり次を参照、高見・前掲注7)・149頁以下。
11)　最低投票率についての論点に関しては次を参照、高見・前掲注7)・130頁以下。

II　憲法改正の限界

　憲法改正において大きな問題は、憲法改正に内容として限界はあるか、である。たとえばフランス第五共和制憲法は、89条4項に「領土の一体性が侵害されているときは、いかなる改正手続も着手されたり、継続されたりすることはできない」と定めるが、5項には改正の内容的限界として「共和政体は、改正の対象とすることができない」と明示している。日本国憲法においてはこのような改正の内容についての規定はない。憲法改正の内容の限界については、まず無限界説と限界説の対立がある。

　無限界説の論拠は、大別すると法実証主義的無限界説と主権全能論的無限界説に分けられる[12]。前者は、憲法典は国家の根本規範の明文化であり、その内容を重要部分（改正不可能部分）と重要ならざる部分（改正可能部分）に分けることは認められない。したがって改正規定はその対象を憲法全文においている、とする[13]。後者は、憲法改正の究極的主体は憲法制定権力の主体つまり主権者に他ならない、主権は憲法超越的な存在であるので実定法的拘束は及ばない。憲法制定権と同様に改正権も、憲法の外において上にあるものであるので全てに及ぶ、とする[14]。

　限界説の論拠はさまざまであるが、大別すると憲法制定権力と改正権とを峻別することで法理上の限界を導き出す説と、憲法規範の中に価値序列を認め、上位の憲法規範（根本規範）の存在を認めることによってここに限界があるとする説に分けられる。前者の代表的な説は、成文憲法で定められた憲法改正権は、全体としての憲法の同一性及び継続性が守られるという前提の下においてのみ、憲法の条項を修正することができる。憲法改正権は、憲法により与えられている憲法上の権限であるので、憲法の基礎となっている憲法制定権力を排除することはできない、とする[15]。後者の代表的な説は、憲法の基礎をなし、その窮極にある原理を定める根本規範にふれることは許されない。根本規範の定める原理にふれるような変改は、実は憲法の改正ではなくて、憲法の破壊で

---

12) 有倉遼吉＝時岡弘編『条解日本国憲法〔改訂版〕』（三省堂、1989年）586頁。
13) 大石義雄「憲法改正とその限界」公法研究8号（1953年）11頁以下。
14) 結城光太郎「憲法改正無限界の理論」山形大学紀要（人文科学）3巻3号（1952年）290頁。
15) 橋本・前掲注5）・600頁。

あり、憲法を超えた革命行為である。根本規範は、憲法の明文の有無にかかわらず、憲法改正行為の限界をなす、とする。憲法改正限界説が多数説である。

しかし、改正限界説をとるとしても、具体的に改正権が及ばない条項が何であるかについては意見が分かれる。①憲法典を支える最終的権威である憲法制定権力の担い手の変更はありえないとする説[16]、②国民主権の原理及びそこから「論理必然に出てくるコロラリーとしての基本的人権の尊重の原理」には及ばないとする説[17]、③日本国憲法の制定権力の主体は国民であって、憲法制定権力によって行われた国家の政治的統一の特質と形式に関する基礎的政治的決定としての民主主義も改正権で動かせない、法治主義の原理や基本的人権の保障の本質を害するような改正もなしえないとする説[18]、④a 国民主権、基本的人権の尊重、平和主義の条項には及ばないとする説[19]、また④b それに個人の尊厳を加える説[20]、④c その基本原理に、憲法の平和主義の特色は9条2項にあるとみるべきなので改正の外にあることを強調する説[21]、などがある。④a 説が多数説である。

また最近、憲法改正発議のルールとして次のようなことも提案されている。

憲法は権力の制限規範なので権力の拡大を目的としない、権力の拡大につながる改正にはより厳格な理由が必要である、目的達成のために憲法改正しか手段がない場合に限る、条文を変える場合は解釈では解決できない問題に限る、改正しても憲法の基本原理が損なわれない場合に限る[22]。

まず、憲法は最高法規であるので、安易な改正は行われてはならない。また権力の拡大につながる改正ではないのかを見極める必要がある。さらに目的達

---

16) 佐藤幸治『憲法』(青林書院、1981年) 32頁。憲法典を支える最終的権威である憲法制定権力の担い手の変更はありえない、元の憲法典との同一性を失わせるようなものは法的な改正行為として不可能である、憲法の改正手続規定および改正禁止規定は改正の対象とはなりえない、の3点をあげる。
17) 宮澤俊義＝芦部信喜補訂『全訂日本国憲法』(日本評論社、1978年) 787頁以下。「国民主権の原理こそ、日本国憲法の全体制を基礎づけている」ことを前文の「人類普遍の原理」から導き出す。
18) 橋本・前掲注5)・600-602頁。
19) 佐藤・前掲注4)・586-588頁、「これらの原理そのものを否定するような変更は、憲法改正としては行い得ない」。
20) 芦部信喜『憲法〔第6版〕』(岩波書店、2015年) 398頁。
21) 佐藤・前掲注4)・588頁。
22) とりわけ改正規定の改正に関しては、高見・前掲注7)・30頁以下。

成のためには憲法改正しかない、解釈では解決できないということが必要である。こうした必要性の上に、憲法改正の限界を超えるものでないことが要求される。私見では、憲法の基本原理を損なう改正は認められない。すなわち国民主権原理、基本的人権の尊重、平和主義を根本から覆す改正は認められない。これに加えて立憲主義の基本や憲法保障につながる条項の改正は、認められない。すなわち、憲法尊重擁護義務、違憲審査制、硬性憲法であることを示す憲法改正手続についての規定、これらを変えることはできない。なぜなら、憲法がまさに最高法規であることを示し、憲法の安定性を確保する規定だからである。また立憲主義は個人個人の存在が民主主義、法治主義の基本であることを示している。そこで個人主義を示す規定を変えることもできない。たとえば、自民党の平成24 (2012) 年の憲法改正草案においては、「個人の尊重」を「人の尊重」としているが、このようなことは立憲主義の基本にかかわることで許されない。なお、憲法改正手続規定の改正に関しては、改正権者が自身の行為の根拠となる改正規定を同じ改正規定に基づいて改正することは法論理的に不可能であるが、のみならず憲法制定権と憲法改正権の混同となる、とも主張されている[23]。

　残る問題は、改正限界説において改正の限界を超えた改正が行われたときに、限界を超えた改正を法的に無効とできるのか、改正の限界を超えた改正を訴えることができるのか、である。前者に関しては、一般的に限界を超えた改正を法的に無効とするところまでは考えられていない、とされている[24]。憲法改正国民投票法、第4章は国民投票無効の訴訟について定める。その対象はもっぱら手続と読めるが、128条1項2号にあるような解釈に幅があると思われるようなものも対象になっている。但し訴訟の提起がなされても国民投票の効力の停止はない。しかし、「憲法改正が無効とされることにより生ずる重大な支障を避けるため緊急の必要があるときは、裁判所は、申立てにより、決定をもって、憲法改正の効果の発生の全部又は一部の停止をするものとする」という規

---

23) 清宮・前掲注3)・405頁。
24) 浦部法穂「第96条」有倉遼吉＝小林孝輔編『基本法コンメンタール憲法〔第3版〕』別冊法学セミナー178号 (1986年) 322頁。佐藤功は、法的・論理的にその限界を論ずることと憲法が実際にどのように変更されるかということは別の問題、実際に憲法を改正すべきかどうかが問題となる場合においては、その変更の内容に賛成するか反対するかについての判断が重要、としている。佐藤・前掲注4)・588頁。

定もある（同法133条1項）[25]。

III 憲法の変遷

　憲法の変遷は、憲法の改正手続によらずに、憲法の成文の意味が改正と同様に実質的に変化すること、をさす[26]。「憲法変遷の概念が独自の意味を発揮するのは、国家機関の行為（議会の立法、行政機関の措置、裁判所の判決など）によって惹起された事態であって、憲法規定の解釈として成立可能な範囲を逸脱し、憲法規範がもちうるいかなる意味によっても正当化されえない事態」が起きたときにある[27]。別の言い方をするなら、規範に全く反するような現実が意識的に国家機関によって惹き起こされ、それが一定の段階に達し、規範を改正せずとも規範を改正したときと同じ法的効果を生じているときに、これを「憲法の変遷」であるとして認めてよいのか、という問題である。

　憲法の変遷を肯定的に捉える立場は、慣行による憲法の変動を認める立場である。否定する立場は「改正」以外には憲法の変動を認めない。肯定論は、「およそ法を法たらしめるものは何かといえば、社会的規範意識が法を法規範であると認めるところにある」とする考えを基本に据える。したがって、従来の意味とは異なる意味が社会的規範意識によって支持されるにいたったとき、憲法の変遷が生じる、とする[28]。これに対し否定論は、最高法規性をもつ硬性憲法の本質と相入れないとする。硬性憲法のもとでは、憲法条項の改廃はあくまでも憲法所定の改正手続を通して行われるべきで、憲法条項に違反・矛盾する実例が当該憲法条項に代わって憲法規範性を獲得することを認めることは、立憲主義の観点に立って硬性の憲法典を制定する趣旨と相入れない[29]。否定説が妥当である。憲法変遷の概念を認めることは、権力側の意識的憲法の改悪、

---

25) 効果に関しては次を参照、高見・前掲注7）・186頁以下。
26) 石村修「憲法変遷の意義と性格」大石眞＝石川健治編『憲法の争点』ジュリスト増刊（有斐閣、2008年）330-331頁参照。
27) 大須賀明他『憲法事典』（三省堂、2001年）124頁〔栗城壽夫担当部分〕。
28) 橋本公宣『日本国憲法〔改訂版〕』（有斐閣、1988年）45-46頁。
29) 「法が法としての効力をもつには、国民を拘束し、国民に遵守を要求する『拘束性』の要素と、現実に守られていなければならないとする『実効性』の要素が必要である」とする。そこから、憲法変遷を肯定する説は、実効性が失われた憲法規範はもはや法とはいえないとするが、実効性が消滅した時点を捉えることは容易ではない上に、法としての拘束性は規定が存在する限り消滅しない、と主張する。芦部・前掲注20）・399-400頁。

解釈からの大いなる逸脱を認めることになる。憲法解釈としてぎりぎり認められるものとその解釈の枠を逸脱するものがあり、後者は認められない。さらに変遷は、社会的規範意識を基準にしているが、社会的規範意識は曖昧で、たとえ繰り返し行われ、定着しているかにみえても、解釈の枠を超えたものは違憲である。

また、憲法変遷においては、最高裁判所の役割も問われている。「日本国憲法のもとで憲法の変遷の主役を演ずるのは、最高裁判所の判例による憲法の変遷であろう」とする[30]。最高裁判所が憲法の最終解釈権をもっていることに着目しての発言であろうが、最高裁判所は、具体的な事例の中で、あくまで解釈の枠の中で判断するにすぎない。事実としての「変遷」の積極的肯定は、憲法の崩壊現象を認めることにつながるといえる。

まとめにかえて

平成29（2017）年5月3日、安倍首相は突如、憲法改正をめざす「公開憲法フォーラム」で、9条1項・2項に加えて自衛隊を明記すること、高等教育の無償化を明記すること、これらを憲法改正として2020年までに成しとげたいとビデオメッセージで示した。このようなことは、第一に、99条が定める公務員の憲法尊重擁護義務に反する行為である。国民は国家権力に携わるものが最高法規である憲法を守るという信頼のもとに権力行使を委ねている。それを裏切る行為である。第二に、憲法改正は国会が発議を決定し、最終的には国民投票で決まる。首相の意向で改正の内容や時期が決まるものではない。第三に、自民党の総裁としての発言だとするが、それなら平成24（2012）年の自民党の憲法改正草案と異なる提案であることについての十分な説明がほしい。提案の根拠も希薄である。憲法が、最高法規であり、国民の生活とも深くかかわることから、憲法改正については丁寧な説明が必要であり、十分議論した上で国民の判断が下されるべきである。

ところで、憲法改正は本当に必要とされているのであろうか。朝日新聞（平成29（2017）年10月24日）によると、衆議院選挙後の当選者議員の82％が改憲に賛成だという。他方で、国民の首相に一番力に入れてほしい政策は、社会

---

[30] 橋本・前掲注5）・46頁。

保障32％、景気・雇用20％、教育15％、憲法改正は6％だという。このギャップをどのように理解したらよいのか、戸惑うところである。

　憲法改正には、まず必要性、解釈では対応できない重大な問題が生じていること、次に改正の目的の明確性、何をどう変えようとしているのか、変わるとどうなるのかについての説明が明示されていること、さらに改正の限界を超えないこと、すなわち憲法のそもそもの制定意思や全体の整合性を侵害しないこと、こうしたことが要求される。憲法改正はしばしば、権力側にとっては、憲法が権力を縛る働きをしていることから、自らを縛る軛を外して、専横な権力行使を意図するために用いられることが多い。こうしたことを念頭におき、改正の原則に則っているかどうか十分に見極めた上で判断する必要がある。

33 立憲主義と国家緊急権

はじめに

　国家緊急権は、憲法保障の項目のところでとりあげられることが多い。というのも国家緊急権は憲法保障の例外にあたり、「立憲主義体制を一時停止して多かれ少なかれ権力集中を伴うのを通例とする」と理解されているからである[1]。日本国憲法には国家緊急権に関する規定はない。そこで憲法改正をして、国家緊急権の規定を憲法にとりこむべきであるとも主張されている[2]。はたしてそうなのか。国家緊急権の定義、国家緊急権をめぐる学説、日本国憲法に国家緊急権の規定がない理由、法律における緊急権の制度化のあり方、立憲主義と国家緊急権の関係などをここで考える[3]。

I　立憲主義と憲法保障

　近代立憲主義は、「成文憲法を制定して個人の人権を保障し、権力分立を定め、その一環として国民の国政参加への道を開いた」といわれる[4]。立憲主義の定義に関しては、権利保障と権力分立によって権力を制限しようとする原理、すなわち1789年フランス人権宣言16条における規定を示しておきたい。そこ

---

1) 佐藤幸治『日本国憲法論』（成文堂、2011年）48頁。
2) 第189回国会、平成27（2015）年5月7日の衆議院憲法審査会では現行憲法の制定過程と緊急事態条項について議論があった。緊急事態条項についてはその必要性に賛意を示す政党が多かった。
3) 国家緊急権に関してはさしあたり、井口文男「国家緊急権」『憲法の争点』ジュリスト増刊（有斐閣、2008年）30-31頁及び『「緊急事態」に関する資料』衆憲資87号（2013年）参照。
4) 佐藤・前掲注1)・7頁。

には「権利の保障が確保されず、権力の分立が定められていない社会は、憲法をもたない」と記されている。この規定は立憲主義の論理的内容を提示するものであり、「憲法」にふさわしい内容とは何かを示している。

さらに立憲主義においては、国家の基本となる憲法を誰が制定するのか、また権力はどこに源をもち、どのように行使されるのかを問題とする。すなわち、正統性原理としての国民主権が重要な要素である。したがって国家権力の淵源は国民に由来し、憲法制定権力は国民にあり、権力を行使するものはそれに縛られる。また、権力抑制の目的は、個人主義を基本とする、すなわち個人をかけがえのない存在と捉えて個人を尊重する、こうした体制を護ることにあり、個人の自由と自立的な活動を保障するところにある。

立憲主義と議会制民主主義の関係については、正統性原理との関係で、議会に国民の声が正しく反映しているか、選挙制度が国民の声を反映するものになっているのかも問題となる。他方で、多数決ですべてを決めてよいのか、少数派の意見をどのようにとりこむのか、また憲法価値の反映が図られているのかも問題となる。この点は、民主主義と立憲主義の相克という形で捉えられ、今日の憲法学上の大きな問題となっている。

立憲主義においては、憲法を守らせる仕組みが必要となる。これを憲法保障という。反憲法的な政治行為を排除し、憲法の最高法規性を守るために、憲法秩序の中に設けられる装置や制度をさしており、憲法上、次のような仕組みをもっている。第一に、公務員の憲法尊重擁護義務（99条）、憲法尊重擁護義務は権力行使にあたる公務員等がもつのであって、国民に守ることが要請されるものではない。第二に、権力分立（41条、65条、76条1項）、但し日本の議院内閣制は権力分立の型としては弱い型といわれる。第三に、違憲審査制（81条）、議院内閣制が弱い権力分立の型であるからこそ、司法権の他の権力への統制作用は重要となっている。第四に、厳格な憲法改正手続（96条）があげられる。基本である憲法が安易に変えられることのないように、通常の法律よりも改正が困難な硬性憲法という仕組みをとっている。こうした憲法における立憲主義に沿った保障を一時停止するのが、国家緊急権とされている。

II　憲法改正と国家緊急権

平成24（2012）年4月、自民党は日本国憲法改正草案（以下、草案）を発表

したが、その中には、「第9章　緊急事態」という規定が盛り込まれていた。そこには、緊急事態の宣言として、「内閣総理大臣は、我が国に対する外部からの武力攻撃、内乱等による社会秩序の混乱、地震等による大規模な自然災害その他の法律で定める緊急事態において、特に必要があると認めるときは、法律の定めるところにより、閣議にかけて、緊急事態の宣言を発することができる」（草案98条1項）としている。また、国家緊急権の効果として「緊急事態の宣言が発せられたときは、法律の定めるところにより、内閣は法律と同一の効力を有する政令を制定することができるほか、内閣総理大臣は財政上必要な支出その他の処分を行い、地方自治体の長に対して必要な指示をすることができる」（同99条1項）としている。国家緊急権が発動されれば、国民の権利は制限され、国その他公の機関の指示にしたがうことが要請される。

　ここにはいくつかの疑問点が浮かび上がる。まず、国家緊急権にかかわる条文を憲法におく必要があるのか、法律では不十分なのか、という根本的な疑問である。これに対し「このような規定は、外国の憲法でも、ほとんどの国で盛り込まれている」と説明している[5]が、はたしてそうか。緊急事態宣言の根拠については、「我が国に対する外部からの武力攻撃、内乱等による社会秩序の混乱、地震等による大規模な自然災害その他の法律で定める緊急事態において」と広範に定められているが、事象によって異なる対応が求められるのではないか。それらがすべて「国家緊急権」というくくりで語られるものなのか。また判断者と判断基準については、内閣総理大臣が「特に必要があると認めるときは、法律の定めるところにより」緊急事態の宣言を発する形となっており、法律で広範に定められれば歯止めはきかないことになる。草案では、宣言の「事前又は事後の国会の承認」としているが、事後の承認の場合も想定されており、効果があるか疑問である。緊急事態宣言の目安として100日をあげており、長過ぎることも気にかかる。内閣の「法律と同一の効力を有する政令」、内閣総理大臣の「財政上必要な支出その他の処分」、「地方自治体の長に対して必要な指示」のように広範な権限を承認することは必要であるのか。ここには、立法権の侵害となるものも含まれている。政令や処分に対する事後の国会の承認は、国会が歯止めの役割は果たせない。さらに国民の、緊急事態宣言にともなう公の機関の指示にしたがう国民の義務が明示されている。他方でこの事態

---

[5]　『日本国憲法改正草案 Q&A〔増補版〕』（自由民主党、2013年）32頁。

においても、法の下の平等、社会的または経済的関係における身体の不拘束、苦役からの自由、思想及び良心の自由、個人情報保護、表現の自由、その他の「基本的人権の最大限の尊重」をすることを定めているが、もともとこの憲法草案における基本的人権は「常に公益及び公の秩序に反してはならない」と幅広く規制されることを肯定している。このような状況下で、どのように自由や権利を保障するのか、疑問である。「衆議院は解散されない」、「両議院の議員の任期及びその選挙期日の特例」も定めているが、緊急事態下において国会はむしろ当然に召集され、緊急事態の推移を見守り、内閣の権力の必要以上の逸脱がないように監視する存在となるべきと思う[6]。

　全体的に緊急事態についての基本原則も明らかにされておらず、「法律の定めるところにより」という形で、法律によるさまざまな規制を肯定している。とりわけ、国民が義務にしたがわないときに、刑事罰、民事罰をかす事ができるかは、大きな問題となる。この草案では、自衛隊が「国防軍」と軍隊になることを想定していることにも注意が必要で、そのような場合、義務違反はどこで裁かれるのか、軍事法廷は予定されていないが、裁かれるプロセスも問題となる。

Ⅲ　国家緊急権にかかわる学説

　一般的に、国家緊急権とは、「戦争・内乱・恐慌・大規模な自然災害など、平時の統治機構をもっては対処できない非常事態において、国家の存立を維持するために、国家権力が、立憲的な憲法秩序を一時停止して、非常措置をとる権限」と定義されているが、「立憲的な憲法秩序を一時的にせよ停止し執行権への権力の集中と強化を図って危機を乗り切ろうとするものであるから、立憲主義を破壊する大きな危険性をもっている」と指摘される[7]。また、国家緊急権を厳格に憲法で位置づけるなら想定外の緊急事態の場合に対応が困難となるという問題が生じ、また包括的・抽象的に定めるだけということになれば、国家緊急権に対する実効的な統制が失われ濫用の危険性が増すというジレンマがあることも指摘される[8]。国家緊急権の定義に関しては、2つの疑問が浮かび

---

[6] 自民党の憲法改正草案に対する批判については、次のものを参照。植野妙実子「立憲主義と国家緊急権」日本の科学者2016年4月号12-17頁。
[7] 芦部信喜＝高橋和之補訂『憲法〔第6版〕』（岩波書店、2015年）376頁。

上がる。1つは、「戦争・内乱・恐慌・大規模な自然災害など」という国家緊急権の対象である。これらは性質の異なる「緊急事態」であり、それぞれ異なる対応が必要とされると思われる。2つは、たとえこうした「緊急事態」にあっても、「立憲的な憲法秩序を一時停止して、非常措置をとる」ことが肯定されるのか、という点である。

これまで国家緊急権をめぐっては学説において次のように主張されていた。

第一には欠陥説といわれるもので、憲法改正の主張につながるものである。それによれば、国家緊急権とは、緊急事態（国家の非常事態）に際して「平常時の統治方式では社会の秩序を維持し、国家の存立を保持しえないような場合に、……超憲法的な権力をもって統治を行う作用をいう」とする。このような超憲法的な権力行使は望ましくないものである。したがってこれを憲法の枠内に立憲的な制度として予定しておくことが望ましい。というのも、「あらゆる場合に権力者の恣意によってではなく、予測可能性と責任政治を要求するのが法治主義の原則である」からだとする。緊急権の絶対的条件は、憲法秩序の維持・回復という目的と緊急事態の存続期間の一時性・臨時性だという。この制約を逸脱した権力行使は正当性を欠く。緊急権の制度はもとより矛盾を抱えているが、立憲的緊急権のミニマムな条件として次のようなものがあげられるという。それらは、緊急権の条件および効果は憲法もしくは法律で定められるべきこと、緊急権の発動の決定権は議会に留保すべきこと、緊急権の終期は発動時に明定されるべきこと、緊急権の効力は必要最小限を超えてはならず、永久的であってはならないこと、緊急権行使の責任を追及する制度を設けるべきこと、である[9]。日本国憲法は恒久の平和を念願することを宣言し、それ自体としては崇高な理想として正しいが、緊急事態の危機がおこらないとは何人も保証することはできない。緊急事態の可能性が全く否定できないにもかかわらず、「日本国憲法に非常事態に関する規定をおいていないことは、むしろ法の欠陥である」と述べる[10]。

第二には否認説があり、これはそうした規定は有害で無用であるとする説である。これによれば、「憲法および法律による国家緊急権の制度化が、はたし

---

8) 佐藤・前掲注1)・49頁参照。「国家緊急権のパラドックスは、立憲主義を守るために立憲主義を破るということ」であると指摘する。
9) 大西芳雄『憲法の基礎理論』（有斐閣、1975年）205頁以下。
10) 大西・前掲注9)・223頁。

てどれだけの現実的意義と機能をもちうるか」と、欠陥説を批判し、「憲法が緊急権規定をもたなかったのは、ある種の人々が考えるように、憲法の欠陥ではなくて、旧体制の遺物の払拭というネガティブな側面と、平和原則と民主主義に徹するというポジティブな意味を有するといわねばなるまい。緊急権に関する憲法の沈黙は、憲法の基本原則に憲法自ら忠実であろうとする当然の結果として、むしろ積極的な政治＝社会的意義を認めら（れ）るべきである」と述べる。「立憲体制への復元力を失うようなおそれのある場合には、どのような緊急の名でも権力の集中や拡大を許さない、というのが、緊急権について憲法が沈黙している基本的意味」と緊急権規定が定められていないことに積極的意味を見出す。「緊急権制度は有害か無用かという選択しか残されない」、「早急な制度化に、賛意を表する積極的理由はない」とし、もっとも有効な民主主義防衛の方策は「緊急権よりも基本的人権に対する国民の憲法感覚と意志の育成にある」と主張する[11]。

　第三には容認説がある。これは、日本国憲法の下でも国家緊急権の行使は可能とするもので、その根拠に対して「必要性の原則」を説くものと「不文の原理」を説くものとがある。「必要性の原則」を根拠にする説は、「マーシャル・ルールの下における手段の合法性の基準は必要性である」ことを指摘し、日本国憲法には緊急状態に関する規定がないので、それに関する法律をあらかじめ定めることは憲法上許されない、必要性があったときに「それを克服するのに必要な最小限度の措置を立法部、または……行政部においてとる事とするより外はない」とするものである。この説においては、必要性の有無とその限度の最終的判定権を裁判所に与えることにより、行き過ぎを制することができるとする[12]。これに対し後者の「不文の原理」を根拠にする説は、「緊急事態に不幸にして陥った場合、憲法の存続を図るため非常措置を講ずることは不文の法理として肯定しなければならない」と述べる。その場合、「かかる非常措置は、単に『国家の存立』のためということではなく、個人の自由と権利の保障を核

---

11) 小林直樹「緊急権」『日本国憲法体系 (1)』（有斐閣、1961年）211頁以下、とりわけ256頁以下参照（引用はルビ等省略してある）。なお、ここではとくに次の点が注目される。憲法9条と関連して自衛隊法が防衛出動や治安出動を定めていることは憲法の精神からみて正当性をもたない、としている点、また緊急権発動のコントロールに関して、司法部による事後的審査の重要性を指摘している点である。小林直樹『国家緊急権』（学陽書房、1979年）も参照。
12) 河原畯一郎「マーシャル・ルール、反乱、緊急事態」ジュリスト163号（1958年）38頁以下。

とする憲法秩序の維持ないし回復を図るためのもの」すなわち目的の明確性の原則が必要で、さらに非常措置の一時的かつ必要最小限度性の原則、濫用阻止のための責任制の原則が貫徹されなければならない、としている[13]。

ここにおいて注目すべきことは、国家緊急権を憲法に定めることを肯定する説にあっても、その規定のあり方に条件を付している、ということである。なお、憲法制定当時、国家緊急権について全く議論がされなかったわけではなかった。しかし、日本側が緊急事態に対処する措置を規定する必要を主張した際、総司令部側は「憲法に明文を設けて置かなくとも、委任立法を活用すればよいとし、それで対処し得ないときは、内閣のエマージェンシー・パワーによって処理すればよい」という考えを示したことが知られている[14]。

Ⅳ　法律による緊急事態の制度化

既述したように、日本国憲法には国家緊急権についての規定はないが、法律においては緊急事態を想定して、その対応が定められている。

外敵の侵入その他に対しては自衛隊の防衛出動が定められている（自衛隊法76条）。事態対処法（武力攻撃事態等及び存立危機事態における我が国の平和と独立並びに国及び国民の安全の確保に関する法律）9条の定めるところにより国会の承認をえることとなっている。それらの対象となる事態は、我が国に対する外部からの武力攻撃が発生した事態、我が国に対する外部からの武力攻撃が発生する明白な危険が切迫していると認められるにいたった事態、我が国と密接な関係にある他国に対する武力攻撃が発生し、これにより我が国の存立が脅かされ、国民の生命、自由及び幸福追求の権利が根底から覆される明白な危険がある事態、である。しかし、「我が国に対する外部からの武力攻撃が発生する明白な危険が切迫している」という想定や、「他国に対する武力攻撃が発生し、これにより我が国の存立が脅かされ、国民の生命、自由及び幸福追求の権利が根底から覆される明白な危険がある」という想定が、何をさすのか明らかでない上に、後者の事態は、これまで否定されてきた集団的自衛権の行使につながるものと批判されている。

---

13) 佐藤・前掲注1)・50頁。
14) 高柳賢三他編『日本国憲法制定の過程Ⅱ』（有斐閣、1972年）205頁。

次に、内乱その他に対する自衛隊の治安出動（自衛隊法78条）がある。間接侵略その他の緊急事態に一般の警察力をもっては治安を維持することができない場合の自衛隊の出動とされている。なお、内乱罪は、刑法77条により、首謀者は死刑または無期禁固となる。

他方で、治安維持に関しては、警察緊急事態（警察法第6章）の規定がある。「内閣総理大臣は、大規模な災害又は騒乱その他の緊急事態に際して、治安の維持のため特に必要があると認めるときは、国家公安委員会の勧告に基き、全国又は一部の区域について緊急事態の布告を発することができる」（警察法71条1項）となっており、その布告には「その区域、事態の概要及び布告の効力を発する日時」が記載されなければならない（同法71条2項）。

大規模な自然災害に関しては、災害対策基本法の災害緊急事態（第9章）の規定がある。「非常災害が発生し、かつ、当該災害が国の経済及び公共の福祉に重大な影響を及ぼすべき異常かつ激甚なものである場合において、当該災害にかかる災害応急対策を推進し、国の経済の秩序を維持し、その他当該災害に係る重要な課題に対応するため特別の必要があると認めるときは、内閣総理大臣は、閣議にかけて、関係地域の全部又は一部について災害緊急事態の布告を発することができる」（災害対策基本法105条1項）、その布告には「布告を必要とする事態の概要及び布告の効力を発する日時」が明示されなければならない（同法105条2項）。内閣総理大臣は、布告を発した日から20日以内に国会に付議して、承認を求めなければならない（同法106条1項）。内閣総理大臣は、国会の布告の不承認の議決や布告の廃止の議決がなされたとき、または布告の必要がなくなったときは、速やかに布告を廃止しなければならない（同法106条2項）、と定められている。

国家安全保障会議は、我が国の安全保障に関する重要事項を審議する機関であるが、国家安全保障会議設置法において、武力攻撃事態等または存立危機事態、重要影響事態、国際平和共同対処事態への対処に関する重要事項、国際平和協力業務の実施等に関する重要事項などを審議し、必要に応じて内閣総理大臣に意見を述べることとなっている。

平成15（2003）年の有事関連3法、平成16（2004）年の有事関連7法が成立し、その中核である武力攻撃事態対処法は緊急事態基本法の性格を有していた。そこに平成27（2015）年9月に安全保障関連法（安保法制）と呼ばれるものが成立し、10法律改正一括法、その中には周辺事態法を重要影響事態法へと名

称変更し、日本の平和に重要な影響を及ぼす事態であれば日本周辺に限らず自衛隊による米軍などへの後方支援を可能とし、武力攻撃事態法を武力攻撃・存立危機事態法（事態対処法ともいう）へと名称変更し、集団的自衛権を行使できる存立危機事態を新たに規定することが加わった。ここにさらに国際平和支援法が新設され、これまでの先守防衛からの転換を示すこととなった。これにより緊急事態の宣言の可能性は拡大したといえる。

　自民党の憲法改正草案が憲法で定めることを必要としている「我が国に対する外部からの武力攻撃、内乱等による社会秩序の混乱、地震等による大規模な自然災害その他の法律で定める緊急事態」については、すでにそれぞれの分野の法律が定めている。その意味では、憲法でわざわざ定めることの必要性は何なのかがあらためて問われる。他方で、これらの法律が整合性のあるものとして定められているかというと、そうとはいえない。またこれらの法律には、国家緊急権の規定に必要な諸原則は考えられていない。憲法の基本原理の1つである永久平和主義という点では、憲法の平和主義の理念にそぐわない法律の制定が進むことで、国民の自由や権利が侵犯される可能性は広がっている。

まとめにかえて

　国家緊急権を憲法上制度化していない国は他国にもある。一概に欠陥とはいえない。憲法に規定すれば安易に活用されることも考えられる。緊急事態の必要最小限の対処は各法律において考えればすむことである。その場合でも、国家緊急権の規定に必要な諸原則、すなわち緊急権設定の目的の明確性の原則、それにともなってとられる措置の一時的かつ必要最小限度性の原則、あらかじめ終期を定め、発動および延長は国会のコントロールの下で承認する原則、濫用阻止のための責任制の原則にのっとる必要がある。

　重要な点は、対象とされている事象が一般的・概括的に「国家緊急権」の想定を必要としているのか、ということである。たとえば「大規模な自然災害」の場合は地域的・局所的な対応ですむものが多く「国家」緊急権の発動を必要とするとは思われない。また「内乱・恐慌」は国内における警察秩序維持の問題である。またしばしば、テロ対策から国家緊急権の設定が必要といわれるが、フランスでの経験から、テロがおきた場合の緊急事態の設定は終息のみえない緊急事態になると危惧され、慎重に考えるべきである。とするならば真に国家

緊急権の発動が考えられる場合は、他国の侵略等による自衛戦争の場合ということになる。しかし、日本は憲法9条によって、「戦力の不保持、交戦権の否認」を定める。したがって戦争回避の努力を極力しなければならない。憲法に国家緊急権を書き込む必要はない。また今日の立憲主義に基づく社会においては、たとえいかなる場合であろうとも、立憲的憲法秩序の停止をすることは考えられない。緊急事態にあっても、政府が専横に権力を行使することがないように、政府の権限行使は監視され、検証される必要がある。緊急事態を理由に国民の権利が規制される場合に、それに疑問をもつ国民が裁判所に訴えて、判断を仰ぐということが当然にできるようでなければならない。国家緊急権発動が権限濫用と結びつかぬよう、国会や裁判所はチェックやコントロールの手を緩めないようにしなければならない[15]。緊急権の発動は短期間でなければならず、地域的にも必要以上に広げることは許されない。日本では議院内閣制をとっており、国会の多数派から内閣が形成されるので、国会からのコントロールが形式的になりがちであるが、それでも国会のチェックの下で行われなければならない。また裁判所が、緊急権の設定の目的や条件、それにともなう措置を、必要に応じてコントロールできるようでなければならない。さらに、のちの検証、責任追及の仕組みも考えられなければならない。その意味では「立憲的な憲法秩序の停止」をそのまま認めるものではない。短期間の立憲主義の例外的状況、すなわち政府主導で決められることが多く、国民の権利が規制されやすい状況があったとしても、立憲主義の観点から、検証することができるようでなければならない。いずれにしても、日本国憲法の基本原理に立ち返り、国家緊急権発動の事態にいたることを防ぐことこそが最も大切といえる。

---

15) フランスでは緊急事態権限（例外的権限ともいう）を憲法で定めるが、その行使には慎重であり、チェックやコントロールの仕組みも考えられている。植野妙実子「フランスの国家緊急権」『憲法の思想と発展』（信山社、2017年）参照。

事項索引 (法律に関しては、省略した表記を用いている場合もある。)

あ

悪徳の栄え事件 ……………………………147
旭川学テ事件 …………………………159, 235
朝日訴訟 …………………………………213, 217
安全保障会議設置法 ……………………………29
家永教科書訴訟 …………159, 226, 232, 233
育児休業法 …………………………………90
泉佐野市民会館事件 ……………………………142
一事不再議の原則 ……………………………319
浦和事件 …………………………………345
上乗せ条例 …………………………………402
SWNCC-228 …………………4, 26, 391, 410
NHK 記者証言拒否事件 ……………………150
愛媛県玉串料事件 ……………………………182
欧州人権規約 ……………………………125, 200
大阪空港公害訴訟 ……………………………219
大牟田市電気税訴訟 ……………………………395

か

会期不継続の原則 ……………………………319, 320
会計検査院法 ……………………………382, 388
外国人登録法 ……………………………433, 438, 443
学校教育法 …………………224, 232, 236, 239
環境基本法 …………………………………218
環境権 …………………………55, 77, 79, 422
間接民主制 …………………………7, 8, 11, 12, 451
議院証言法 ……………………………128, 315
議院内閣制 …………………………………8, 399
議会制民主主義 …………235, 293, 409, 460
規制目的二分論 ……………………………54
岐阜県青少年保護育成条例 ……………………96
教育基本法 …89, 135, 161, 222-, 229, 236, 237, 238
教育勅語 …………………………………221
行政事件訴訟法 ……………………………259
行政手続法 …………………………………206
国地方係争処理委員会 ……………………408
群馬司法書士会事件 ……………………………133
警察法 …………………………………192
警察予備隊訴訟 ……………………………325
刑事訴訟 (刑訴) 法 …………128, 149, 345
刑事補償法 …………………………………278
刑法 …………………………………143, 146
契約の自由 ………………………64, 112, 244
剣道不受講事件 ……………………………174
憲法改正国民投票法 …96, 449, 451, 452, 455
憲法審査会 ……………………………14, 450
憲法制定権力 …………………………………460
憲法尊重擁護義務 ……………………………460
憲法調査会 …………………………………14
憲法保障 …………………………………459
公害対策基本法 ……………………………218
皇室経済法 …………………………………419
皇室典範 ……………………………85, 412
公職選挙法 ………91, 93, 104, 259-, 316, 451
硬性憲法 ……………………………448, 455, 56
公文書管理法 …………………………………151
小売市場事件 ……………………………75, 191
合理的差別 ……………………………86, 89
国際人権規約 ……84, 147, 289, 434, 438, 439, 441
国際平和協力法 ……………………………29, 37
国際平和支援法 ……………………………35, 38, 467
国事行為 …………………………………414
国籍法 …………………………………90, 422
国籍法違憲判決 ……………………………84, 88
国鉄札幌運転区事件 ……………………………247
国民教育権説 ……………………159, 227, 234-
国民年金法 …………………………………438
国民保護法 …………………………………30
国立大学法人法 ……………………………167, 168
国連憲章 ……………………………26, 44
国家安全保障会議設置法 ……………………38, 466

国会審議活性化法……………………312, 319
国会法………309, 310, 317-, 321, 380, 449, 450
国家教育権説………………………159, 235, 236
国家公務員法……148, 254, 255, 349, 350, 352, 353, 354
国家公務員倫理法………………………………348
国家賠償法………………………270-, 277, 387
国旗・国家法……………………………134, 136
子どもの権利条約…………………83, 96, 430
子ども・若者育成支援法………………………240

さ

災害対策基本法…………………………………466
在外日本人選挙権剥奪違法確認等請求事件
………………………………………………94
財政国会中心主義……371-, 380, 383, 389, 417
財政法……………………………347, 375-, 382, 385
在宅投票制廃止事件……………………94, 276
裁判員法………………172, 173, 351, 358, 359
裁判官弾劾法…………346, 348, 353, 354, 356
裁判官分限法……………………………………348
裁判所法……………278, 284, 345, 347-, 359
猿払事件………………………………………144
三段階審査………………………………………88
サンフランシスコ講和条約………………433, 438
自衛官合祀事件…………………………………175
自衛隊法………………………………29, 34, 36
塩見日出事件……………………………………438
思想の自由市場論…………………138, 140, 190
事態対処法……………………………36, 465, 467
自治事務…………………………………………402
私的自治の原則………………64, 65, 69, 131
司法消極主義……………………………………22
謝罪広告事件……………………………128, 131
衆議院の優越…………309, 317, 379, 422, 449
集団的自衛権……………………………465, 467
集団の権利………………………………101, 102
周辺事態法…………………………29, 34-, 466
住民自治…………………………96, 396, 402, 405
住民訴訟……………………………………392, 406

重要影響事態法……………………35, 36, 466
出入国管理及び難民認定法……432, 433, 443
準国事行為………………………………416, 417
障害者雇用促進法………………………………102
商法………………………………………………277
情報公開法………………………150, 290, 291, 407
昭和女子大事件…………………………………68
食糧管理法違反事件……………………………217
女性活躍推進法…………………………………103
女性差別撤廃条約
…………………………63, 84, 85, 89, 98, 121, 422
私立学校法………………………………………236
人格権……………………………………………62
審議公開の原則…………………………………319
人事訴訟法………………………………………290
人種差別撤廃条約………………………………84
吹田黙禱事件……………………………346, 347
スト規制法………………………………250, 251
砂川事件……………………………………27, 428
生活保護法……………………………………213-
政策評価法………………………………………389
正当業務行為……………………………………173
制度の保障…67, 111, 113, 158, 163, 164, 177, 178, 394, 395
政令201号事件…………………………………254
世界人権宣言………84, 125, 207, 221, 426, 444
責任制の原則……………………………465, 467
責任本質論………………………………………305
選挙区画定審議会設置法………………………93
全司法仙台事件…………………………………255
選択的夫婦別氏制………………………………122
全逓東京中郵事件………………………………254
全農林警職法事件………………………………255
総合法律支援法…………………………………283
総司令部草案……………………3, 26, 81, 85, 124
空知太神社事件…………………………………185

た

第五共和制憲法
………………………5, 226, 295, 314, 381, 427, 453

事項索引　471

第三世代の人権 …………………… 61, 62, 217
大成観光リボン闘争事件 …………………247
大日本帝国憲法 …… 13, 26, 42, 48, 81, 89, 153, 170, 171, 176, 199, 221, 270, 281, 283, 411
男女共同参画社会基本法 …… 90, 98, 104, 105, 107, 422
男女雇用機会均等法 ……………… 63, 90, 422
団体自治 ……………………… 96, 396, 402
地方公務員法 ………………………………148
地方財政法 …………………………………404
地方自治法 ………… 142, 397, 398, 400-, 408
地方税法 ……………………………………404
嫡出子相続分差別違憲判決 …………………88
チャタレー夫人の恋人事件 …………146, 188
直接請求制度 ………………… 392, 405, 407
直接投票 ……… 11, 12, 293, 295, 296, 301, 405
直接民主制 ……………………………… 11, 12
沈黙の自由 …………………………………128
津地鎮祭事件 ………………… 177, 178, 180-
DV防止法 ……………………………………90
帝国憲法改正草案 ……………………… 3, 26
寺西裁判官懲戒処分事件 …………… 348, 355
天皇大権 …………………………………1, 49
東京都教組事件 ……………………………255
東京都公安条例事件 ………………………146
統治行為論 …………………………… 268, 427
投票価値の平等 ……… 56, 88, 91, 92, 94, 258-
道路交通法 …………………………………145
徳島市公安条例事件 ………………… 142, 205

な

内閣法 ………………………………… 309, 449
長沼事件 ……………………………………329
長沼ナイキ基地訴訟 ………………………347
ナシオン主権 …………………………………10
奈良県ため池条例事件 ……………………403
成田新法事件 ………………………………205
難民条約 ……………………………………426
難民の地位に関する条約 ……… 433, 438, 444

新潟県公安条例事件 ………………………146
二元代表制 …………………………………399
二重の基準 ……………… 54, 87, 88, 109, 246
二重の基準論 ………………… 138, 190, 191
日米安全保障条約 …………………………… 28
日曜日授業参観事件 ………………………174

は

破壊活動防止法 ……………………… 148, 149
博多駅テレビ・フィルム提出命令事件 …191
八月革命説 ……………………………………4
パリテ ……………………………… 104, 109
ハンセン病国家賠償請求訴訟 ……………270
半代表制 ……………………………… 257, 294
ピアノ伴奏拒否事件 ………………… 134, 136
非核三原則 ………………………………31, 32
非訟事件手続法 ……………………… 286, 287
非嫡出子相続分差別違憲判決 ………………84
平賀書簡問題 ………………………………347
プープル主権 …………………………………10
福岡県青少年保護育成条例事件 ……………96
附帯決議 ……………………………… 450, 452
不当労働行為 ………………… 245, 247, 248, 251
父母両系血統主義 …………………………118
プライバシーの権利 ………… 55, 62, 77, 79
フランス人権宣言 …… 48, 51-, 125, 192, 201, 296, 459
ブランデンバーグ原則 ……………………148
武力攻撃事態法 ……………… 29, 30, 34, 36
武力行使の新3要件 ……………………33, 37
平和的生存権 ………………………42, 62, 55
北京宣言及び行動綱領 ………………………98
帆足計事件 …………………………… 78, 440
法解釈論争 ……………………………………16
法人の人権 ……………………………… 58, 60
法定受託事務 ………………………………402
補完性原理 …………………………………394
ポツダム宣言 ………… 1, 5, 6, 25, 49, 124, 170
北方ジャーナル事件 ………………… 78, 141
ポポロ事件 …………………………… 159, 165

堀木訴訟……………………………215, 217

ま

マクリーン事件……………………………442
マッカーサー三原則………………… 2, 26, 81
三菱樹脂事件 ………………67, 68, 127, 130
水俣病関西訴訟……………………………270
南九州税理士会政治献金事件 …………132
箕面忠魂碑事件 ……………………………178
民事訴訟（民訴）法 ……………128, 150, 345
民法 ……………………………89, 272, 288
明確性の原則 …………………………465, 467
明白性の基準 ……………………191, 268, 428
森川キャサリーン事件 ……………………441

や

薬局開設事件 ………………………………75
八幡製鉄政治献金事件 ……………………59
山田鉱業事件 ………………………………249
尹秀吉（ユンスンギル）事件 ……426, 445
四畳半襖の下張事件 ………………………147
四大公害裁判 …………………………62, 218

ら

倫理法……………………………………353
レペタ事件………………………………287
労働関係調整法………………245, 250, 251
労働基準法………………………………89, 244
労働組合法………………………………245

判例索引

最高裁判所

最大判昭 23・5・5 刑集 2 巻 5 号 447 頁 …………………………………367

最大判昭 23・7・7 刑集 2 巻 8 号 801 頁 …………………………………325

最大判昭 23・9・29 刑集 2 巻 10 号 1235 頁（食糧管理法違反事件）……217

最大判昭 23・11・17 刑集 2 巻 12 号 1565 頁 …………………………………343

最大判昭 23・12・15 刑集 2 巻 13 号 1783 頁 …………………………………343

最大判昭 24・3・23 刑集 3 巻 3 号 352 頁 …………………………………284

最大判昭 25・2・1 刑集 4 巻 2 号 73 頁…325

最大判昭 25・10・25 刑集 4 巻 10 号 2166 頁 …………………………………360

最大判昭 25・11・15 刑集 4 巻 11 号 2257 頁（山田鋼業事件上告審）……249

最大判昭 27・8・6 刑集 6 巻 8 号 974 頁 …………………………………150

最大判昭 27・10・8 民集 6 巻 9 号 783 頁（警察予備隊訴訟）………………325

最大判昭 28・4・8 刑集 7 巻 4 号 775 頁（政令 201 号事件）………………254

最大判昭 29・11・24 刑集 8 巻 11 号 1866 頁（新潟県公安条例事件）………146

最大判昭 30・3・23 民集 9 巻 3 号 336 頁 …………………………………374

最大判昭 31・7・4 民集 10 巻 7 号 785 頁（謝罪広告事件上告審）……128, 131

最大決昭 31・10・31 民集 10 巻 10 号 1355 頁 …………………………………287

最大判昭 32・3・13 刑集 11 巻 3 号 997 頁（チャタレー夫人の恋人事件）…147, 188

最大判昭 32・6・19 刑集 11 巻 6 号 1663 頁 …………………………………439

最大判昭 32・12・25 刑集 11 巻 14 号 3377 頁 …………………………………441

最大判昭 33・9・10 民集 12 巻 13 号 1969 頁（帆足計事件）…………78, 160, 440

最大判昭 33・10・15 刑集 12 巻 14 号 3305 頁 …………………………………95

最大判昭 34・12・16 刑集 13 巻 13 号 3225 頁（砂川事件）……………28, 428, 429

最大決昭 35・7・6 民集 14 巻 9 号 1657 頁 …………………………………287

最大判昭 35・7・20 刑集 14 巻 9 号 1243 頁（東京都公安条例事件）………146

最大判昭 37・5・30 刑集 16 巻 5 号 577 頁 …………………………………403

最大判昭 37・11・28 刑集 16 巻 11 号 1593 頁 …………………………………204

最大判昭 38・3・27 刑集 17 巻 2 号 121 頁 …………………………………398

最大判昭 38・5・15 刑集 17 巻 4 号 302 頁 …………………………………173

最大判昭 38・5・22 刑集 17 巻 4 号 370 頁（ポポロ事件）…………………166

最大判昭 38・6・26 刑集 17 巻 5 号 521 頁（奈良県ため池条例事件）………403

最大決昭 40・6・30 民集 19 巻 4 号 1089 頁 …………………………………287

最大判昭 41・7・13 刑集 20 巻 6 号 609 頁 …………………………………204

最大判昭 42・5・24 民集 21 巻 5 号 1043 頁（朝日訴訟上告審）……………214

最大判昭 44・4・2 刑集 23 巻 5 号 305 頁（東京都教組事件）………………255

最大判昭 44・4・2 刑集 23 巻 5 号 685 頁（全司法仙台事件）………………255

最大判昭 44・10・15 刑集 23 巻 10 号 1239 頁（悪徳の栄え事件）……………147

最大決昭 44・11・26 刑集 23 巻 11 号 1490 頁（博多駅テレビ・フィルム提出命令事件）………………149, 191

最大判昭44・12・24刑集23巻12号1625
　頁（京都府学連事件）……………78
最大判昭45・6・24民集24巻6号625頁
　（八幡製鉄政治献金事件）…………59
最判昭45・8・20民集24巻9号1268頁
　……………………………………276
最大判昭45・9・16民集24巻10号1410
　頁………………………………………78
最大判昭47・11・22刑集26巻9号586頁
　（小売市場事件）………………191
最大判昭48・4・4刑集27巻3号265頁
　…………………………………88, 95
最大判昭48・4・25刑集27巻4号547頁
　（全農林警職法事件）…………255
最大判昭48・12・12民集27巻11号1536
　頁（三菱樹脂事件上告審）…67, 127, 130
最判昭49・7・19民集28巻5号790頁
　（昭和女子大事件）……………68
最大判昭49・11・6刑集28巻9号393頁
　（猿払事件上告審）……………144
最大判昭50・4・30民集29巻4号572頁
　（薬事法違憲判決）…………191, 248
最大判昭50・9・10刑集29巻8号489頁
　（徳島市公安条例事件）……143, 205
最判昭51・1・26訟月22巻2号578頁
　（尹秀吉事件上告審）………426, 445
最大判昭51・4・14民集30巻3号223頁
　………………………………91, 108, 258
最大判昭51・5・21刑集30巻5号615頁
　（旭川学テ事件）………………159, 235
最判昭52・7・13民集31巻4号533頁
　（津地鎮祭事件上告審）………178, 180
最判昭53・3・30民集32巻2号435頁
　……………………………………279
最判昭53・9・7刑集32巻6号1672頁
　……………………………………204
最大判昭53・10・4民集32巻7号1223頁
　（マクリーン事件）………435, 440, 442
最判昭54・10・30民集33巻6号647頁
　（国鉄札幌運転区事件）………247
最判昭55・11・28刑集34巻6号433頁

（四畳半襖の下張事件）……………147
最大判昭56・12・16民集35巻10号1369
　頁（大阪空港公害訴訟上告審）……220
最判昭57・3・12民集36巻3号329頁
　……………………………………277
最判昭57・4・13民集36巻4号659頁
　（大成観光リボン闘争事件）…………247
最大判昭57・7・7民集36巻7号1235頁
　（堀木訴訟上告審）……………216
最大判昭58・4・27民集37巻3号345頁
　……………………………………92
最大判昭58・11・7民集37巻9号1243頁
　……………………………………260
最判昭59・5・17民集38巻7号721頁…93
最大判昭59・12・12民集38巻12号1308
　頁………………………………143, 231
最判昭59・12・18刑集38巻12号3026頁
　……………………………………145
最大判昭60・10・23刑集39巻6号413頁
　（福岡県青少年保護育成条例事件）…96
最大判昭60・11・21民集39巻7号1512頁
　…………………………………94, 277
最大判昭61・6・11民集40巻4号872頁
　（北方ジャーナル事件）…………78, 141
最判昭61・11・4判時1216号74頁……108
最大判昭63・6・1民集42巻5号277頁
　（自衛官合祀事件上告審）………175
最判平1・3・2訟月35巻9号1754頁（塩
　見日出事件上告審）………………439
最大判平1・3・8民集43巻2号89頁…288
最判平1・9・19刑集43巻8号785頁（岐
　阜県青少年保護育成条例事件）………96
最判平1・11・20民集43巻10号1160頁
　……………………………………60
最判平2・9・28刑集44巻6号463頁…149
最大判平4・7・1民集46巻5号437頁
　（成田新法事件）…………………205
最判平4・11・16集民166号575頁
　（森川キャサリーン事件上告審）
　………………………………184, 441
最大判平5・1・20民集47巻1号67頁

.... 92
最判平 5・2・16 民集 47 巻 3 号 1687 頁
　（箕面忠魂碑事件）......................178
最判平 7・2・28 民集 49 巻 2 号 639 頁 ... 436
最判平 7・3・7 民集 49 巻 3 号 687 頁（泉佐
　野市民会館事件）..........................142
最大決平 7・7・5 民集 49 巻 7 号 1789 頁
　..118
最判平 7・12・15 刑集 49 巻 10 号 842 頁
　..444
最判平 8・3・8 民集 50 巻 3 号 469 頁
　（剣道不受講事件上告審）.............174
最判平 8・3・19 民集 50 巻 3 号 615 頁
　（南九州税理士会政治献金事件上告審）
　..133
最大判平 9・4・2 民集 51 巻 4 号 1673 頁
　（愛媛県玉串料事件）.....................183
最大決平 10・12・1 民集 52 巻 9 号 1761 頁
　（寺西裁判官懲戒処分事件）..........355
最大判平 11・11・10 民集 53 巻 8 号 1441 頁
　..93
最大判平 11・11・10 民集 53 巻 8 号 1577 頁
　..265
最大判平 11・11・10 民集 53 巻 8 号 1704 頁
　..264
最判平 13・4・5 判時 1751 号 68 頁 279
最判平 14・4・25 判時 1785 号 31 頁
　（群馬司法書士会事件）.................134
最判平 14・7・11 民集 56 巻 6 号 1204 頁
　..185
最判平 16・10・15 民集 58 巻 7 号 1802 頁
　（水俣病関西訴訟上告審）.............270
最大判平 17・1・26 民集 59 巻 1 号 128 頁
　..438
最大判平 18・3・1 民集 60 巻 2 号 587 頁
　..374
最判平 18・6・23 判時 1940 号 122 頁 184
最決平 18・10・3 民集 60 巻 8 号 2647 頁
　（NHK 記者証言拒否事件）............150
最判平 19・2・27 民集 61 巻 1 号 291 頁
　..135

最大判平 19・6・13 民集 61 巻 4 号 1617 頁
　..267
最大判平 20・6・4 民集 62 巻 6 号 1367 頁
　（国籍法違憲判決）..........................84
最決平 21・1・15 民集 63 巻 1 号 46 頁 ... 291
最大判平 22・1・20 民集 64 巻 1 号 1 頁
　（空知太神社事件上告審）.............186
最大判平 23・3・23 民集 65 巻 2 号 755 頁
　..93, 266
最大判平 23・11・16 刑集 65 巻 8 号 1285 頁
　...360, 366
最判平 24・1・13 日刑集 66 巻 1 号 1 頁
　..360
最大決平 25・9・4 民集 67 巻 6 号 1320 頁
　（非嫡出子相続分差別違憲判決）
　..84, 118
最判平 26・11・26 民集 68 巻 9 号 1363 頁
　..93
最大判平 27・12・16 民集 69 巻 8 号 2586 頁
　..120
最大判平 27・12・16 民集 69 巻 8 号 2427 頁
　.....................................88, 119, 280
最判平 29・3・21 集民 255 号 55 頁 ...108
最大判平 29・9・27 集民 256 号 101 頁 94

高等裁判所

大阪高判昭 23・5・29 刑集 4 巻 11 号 2305
　頁（山田鋼業事件控訴審）.............250
高松高判昭 28・10・3 民集 10 巻 7 号 818 頁
　（謝罪広告事件控訴審）.................132
東京高判昭 38・11・4 行集 14 巻 11 号 1963
　頁（朝日訴訟控訴審）.....................214
東京高判昭 43・6・12 判時 523 号 19 頁
　（三菱樹脂事件控訴審）.................130
名古屋高判昭 45・8・25 判時 609 号 7 頁
　..164
名古屋高判昭 46・5・14 行集 22 巻 5 号 680
　頁（津地鎮祭事件控訴審）.......172, 180
東京高判昭 47・4・19 判タ 276 号 89 頁
　（尹秀吉事件控訴審）.....................426
大阪高判昭 50・11・10 行集 26 巻 10・11 号

1268頁（堀木訴訟控訴審）…………216
大阪高判昭50・11・27判時797号36頁
　　　（大阪空港公害訴訟控訴審）………219
札幌高判昭51・8・5行集27巻8号1175頁
　　　（長沼事件控訴審）………………329
広島高判昭57・6・1判時1046号3頁
　　　（自衛官合祀事件控訴審）…………175
大阪高判昭59・12・19行集35巻12号
　　　2220頁（塩見日出事件控訴審）……439
東京高判昭63・9・29行集39巻9号948頁
　　　（森川キャサリーン事件控訴審）……441
福岡高判平4・4・24判時1421号3頁
　　　（南九州税理士会政治献金事件控訴審）
　　　………………………………………133
高松高判平4・5・12行集43巻5号717頁
　　　（愛媛県玉串料事件）………………183
大阪高判平6・12・22判時1524号8頁
　　　（剣道不受講事件控訴審）…………174
東京高判平9・11・26判時1639号30頁
　　　………………………………………437
大阪高判平13・4・27判タ1105号96頁
　　　（水俣病関西訴訟控訴審）…………270
大阪高判平17・9・30訟月52巻9号2979
　　　頁…………………………………184
札幌高判平19・6・26民集64巻1号119頁
　　　（空知太神社事件控訴審）…………185

地方裁判所

大阪地判昭22・11・22刑資10号108頁
　　　（山田鋼業事件第一審）……………250
徳島地判昭28・6・24下民4巻6号926頁
　　　（謝罪広告事件第一審）……………132
東京地判昭35・10・19行集11巻10号
　　　2921頁（朝日訴訟第一審）…………213
東京地判昭41・12・20労民集17巻6号
　　　1407頁………………………………112
津地判昭42・3・16行集18巻3号246頁
　　　（津地鎮祭事件第一審）……………180
東京地判昭42・7・17判時498号66頁
　　　（三菱樹脂事件第一審）……………130
旭川地判昭43・3・25下刑10巻3号293頁
　　　（猿払事件第一審）…………………144
東京地判昭44・1・25行集20巻1号28頁
　　　（尹秀吉事件第一審）………………426
東京地判昭45・7・17行集21巻7号別冊1
　　　頁（家永教科書第二次訴訟第一審）
　　　…………………………159, 232, 234
神戸地判昭47・9・20行集23巻8・9号
　　　711頁（堀木訴訟第一審）…………215
札幌地判昭48・9・7訟月19巻9号1頁
　　　（長沼訴訟第一審）…………………42
東京地判昭49・7・16判時751号47頁
　　　（家永教科書第一次訴訟第一審）……159,
　　　233, 234
札幌地小樽支判昭49・12・9判時762号8
　　　頁（在宅投票制廃止事件）…………277
山口地判昭54・3・22判時921号44頁
　　　（自衛官合祀事件第一審）…………175
福岡地判昭55・6・5判時966号3頁
　　　（大牟田市電気税訴訟）……………395
大阪地判昭55・10・29行集31巻10号
　　　2274頁（塩見日出事件第一審）……439
熊本地判昭61・2・13判時1181号37頁
　　　（南九州税理士会政治献金事件第一審）
　　　………………………………………133
東京地判昭61・3・20行集37巻3号347頁
　　　（日曜日授業参観事件）……………174
東京地判昭61・3・26行集37巻3号459頁
　　　（森川キャサリーン事件第一審）……441
松山地判平1・3・17行集40巻3号188頁
　　　（愛媛県玉串料事件）………………182
神戸地判平5・2・22判タ813号134頁
　　　（剣道不受講事件第一審）…………174
東京地判平8・5・16判時1566号23頁
　　　………………………………………437
札幌地判平18・3・3民集64巻1号89頁
　　　（空知太神社事件第一審）…………185

簡易裁判所

神戸簡判昭50・2・20判時768号3頁…173

［著者紹介］

植野妙実子（うえの・まみこ）

中央大学名誉教授
東京都出身
中央大学法学部法律学科卒業後、同大学大学院法学研究科博士前期課程修了、後期課程満期退学。中央大学理工学部専任講師・助教授を経て、1993年〜2019年中央大学理工学部教授
2006年フランスエックス・マルセイユ第3大学にて法学博士（公法学）取得

〈主な著書〉
『憲法の基本──人権・平和・男女共生』（学陽書房、2000年）、『フランス憲法と統治構造（日本比較法研究所研究叢書）』（中央大学出版部、2011年）、『フランスにおける憲法裁判（日本比較法研究所研究叢書）』（中央大学出版部、2015年）、『フランスの事後的違憲審査制』（ベルトラン・マチュー著、共訳、日本評論社、2015年）など

基本に学ぶ憲法

2019年4月25日　第1版第1刷発行
2021年2月10日　第1版第2刷発行

著　者　植野妙実子
発行所　株式会社 日本評論社
　　　　〒170-8474 東京都豊島区南大塚3-12-4
　　　　電話 03-3987-8621（販売）　　　-8592（編集）
　　　　FAX 03-3987-8590（販売）　　　-8596（編集）
　　　　振替 00100-3-16　　https://www.nippyo.co.jp/
印刷所　平文社
製本所　松岳社
装　幀　百駱駝工房
検印省略　Ⓒ M. UENO 2019
ISBN978-4-535-52400-2　　　Printed in Japan

JCOPY　〈(社)出版者著作権管理機構 委託出版物〉
本書の無断複写は著作権法上での例外を除き禁じられています。複写される場合は、そのつど事前に、(社)出版者著作権管理機構（電話 03-5244-5088、FAX03-5244-5089、e-mail: info@jcopy.or.jp）の許諾を得てください。また、本書を代行業者等の第三者に依頼してスキャニング等の行為によりデジタル化することは、個人の家庭内の利用であっても、一切認められておりません。

日本評論社の法律学習基本図書

※表示価格は本体価格です。別途消費税がかかります

日評ベーシック・シリーズ (NBS Nippyo Basic Series)

憲法Ⅰ 総論・統治 **憲法Ⅱ** 人権
新井 誠・曽我部真裕・佐々木くみ・横大道 聡［著］
第2版：Ⅰ＝'21年3月刊／Ⅱ＝2月刊 ●各1,900円

行政法
下山憲治・友岡史仁・筑紫圭一［著］ ●1,800円

租税法
浅妻章如・酒井貴子［著］ ●1,900円

民法総則［補訂版］
原田昌和・寺川 永・吉永一行［著］ ●1,800円

物権法［第2版］ ●1,700円
秋山靖浩・伊藤栄寿・大場浩之・水津太郎［著］

担保物権法［第2版］
田髙寛貴・白石 大・鳥山泰志［著］ ●1,700円

債権総論
石田 剛・荻野奈緒・齋藤由起［著］ ●1,900円

家族法［第3版］ ●1,800円
本山 敦・青竹美佳・羽生香織・水野貴浩［著］

刑法Ⅰ 総論 **刑法Ⅱ** 各論
亀井源太郎・和田俊憲・佐藤拓磨 Ⅰ：1,900円
小池信太郎・薮中 悠［著］ Ⅱ：2,000円

民事訴訟法
渡部美由紀・鶴田 滋・岡庭幹司［著］ ●1,900円

労働法［第2版］ ●1,900円
和田 肇・相澤美智子・緒方桂子・山川和義［著］

［新版］**法学の世界**
南野 森［編］
●2,200円

基本憲法Ⅰ 基本的人権
木下智史・伊藤 建［著］ ●3,000円

基本行政法［第3版］ 中原茂樹［著］
●3,400円

基本刑法Ⅰ 総論［第3版］ ●3,800円
大塚裕史・十河太朗・塩谷 毅・豊田兼彦［著］

基本刑法Ⅱ 各論［第2版］ ●3,900円

基本刑事訴訟法Ⅰ 手続理解編
吉開多一・緑 大輔・設楽あづさ・國井恒志［著］
Ⅱ＝3月刊 ●3,000円

憲法Ⅰ 基本権 **憲法Ⅱ** 総論・統治
渡辺康行・宍戸常寿・松本和彦・工藤達朗［著］
●各3,200円

民法学入門［第2版］増補版
河上正二［著］ ●3,000円

スタートライン民法総論［第3版］
池田真朗［著］ ●2,200円

スタートライン債権法［第7版］
池田真朗［著］ ●2,400円

民法入門 債権総論［第4版］
森泉 章・鎌野邦樹［著］ ●3,000円

新法令用語の常識
吉田利宏［著］ ●1,200円

〈**新・判例ハンドブック**〉 ●物権法：1,300円
憲法［第2版］高橋和之［編］ ほか：各1,400円

民法総則 河上正二・中舎寛樹［編著］

物権法 松岡久和・山野目章夫［編著］

債権法Ⅰ・Ⅱ ●Ⅰ：1,400円
潮見佳男・山野目章夫・山本敬三・窪田充見［編著］ ●Ⅱ：1,500円

親族・相続 二宮周平・潮見佳男［編著］

刑法総論／各論 ●総論1,600円
高橋則夫・十河太朗［編］ ●各論1,500円

商法総則・商行為法・手形法
鳥山恭一・高田晴仁［編著］

会社法 鳥山恭一・高田晴仁［編著］

日本評論社
https://www.nippyo.co.jp/